세계여행사전 ❶

일생에 한번은 가고 싶은
여행지 500

500 Journeys of a Lifetime by National Geographic
Copyright ⓒ2007 Toucan Books Ltd. All Rights Reserved.
Copyright Korean Edition ⓒ2010 Toucan Books Ltd.
All rights reserved.
Korean translation copyright ⓒ2017 Touch Art Publishing Co., Ltd.
This Korean edition published by arrangement with National Geographic Society, USA
through Yu Ri Jang Literary Agency, Korea.

이 책의 한국어판 저작권은 유리장 에이전시를 통해
저작권자와 독점 계약한 (주)터치아트에 있습니다.
신 저작권법에 의해 한국 내에서 보호를 받는 저작물이므로
무단 전재와 무단 복제를 금합니다.

세계여행사전 ❶

일생에 한번은 가고 싶은
여행지 500

JOURNEYS of a LIFETIME
500 of the World's Greatest Trips

내셔널 지오그래픽 엮음 | 서영조 옮김

터치아트

세상으로 나가 탐험하고 보라

증기선을 타고 5대호와 대서양을 연결하는 세인트로렌스 강을 따라 북아메리카 대륙 속으로 천천히 들어간다. 강 양쪽으로 울창한 상록수들이 끝없이 늘어서 있고, 뱃머리에서는 돌고래들이 뛰논다. 기차를 타고 산골짜기를 따라, 황무지를 넘어 스코틀랜드 하일랜드의 헤더로 덮인 산을 돌아서 간다. 스타페리의 난간에 서서 홍콩 항의 눈부신 야경을 감상하고, 인도 케랄라 주의 푸른 강물을 따라 가면서 강가의 논에서 일을 하고 있는 사리를 입은 여인들을 바라보자. 고대 그리스의 축복 받은 에게해의 태양 아래 미로처럼 복잡하게 떠 있는 섬들도 아름답다. 캘리포니아의 1번 도로를 따라 오픈카를 타고 빅서를 향해 황홀한 자연 풍광 사이로 롤러코스터를 타듯 달린다.

이상은 시간이 갈수록 윤이 나고 몇십 년이 지나도 마법처럼 살아 있는 행복한 여행의 기억들 중 일부이자, 이 책에서 소개하는 일생에 한 번은 꼭 가고 싶은 5백 군데 여행지에 속해 있는 것들이다. 이 책은 여행지에 도착하기까지에 대한 것이 아니라 여행하는 과정 전체에 대한 책이다. 한 번 가면 절대로 잊을 수 없고, 때로는 한 사람의 삶을 바꿔 놓기도 하는 여행들과 그 여행길에서 들르게 되는 멋진 곳들을 소개한다. 바다, 강, 산, 언덕과 골짜기, 마을과 도시 등 다양한 풍경을 아우르고 있으며, 기차와 자동차, 걷기, 배는 물론 경비행기까지 여러 가지 교통수단을 이용한다.

이 책을 가지고 여러분도 넓은 세계로 박차고 나가길 바란다. 그리고 참되고 진정한 세상을 경험하기 바란다. 길을 잃는 것을 두려워할 필요는 없다. 놀라움과 우연을 기꺼이 경험하자. 그래야 여행의 고유한 매력을 온전히 느낄 수 있다.

자, 이제 세상으로 나가 탐험하고 바라보자.

내셔널 지오그래픽 수석 편집인
키스 벨로스 Keith Bellows

차례

세상으로 나가 탐험하고 보라　　5

1 강, 바다, 호수를 따라가는
물길 여행 *Across Water*

캐나다　세인트로렌스 강	20
캐나다　트렌트-세번 워터웨이	22
미국　프런티어 컨트리	24
미국　찰스턴, 로우컨트리 크루즈	26
TOP 10　시티 보트 트립	28
미국　미시시피 강 외륜선	30
미국　에버글레이즈의 수상비행기	32
미국　시애틀에서 알래스카로	35
카리브 해　동부 카리브 해 크루즈	37
니카라과　니카라과 호수	40
베네수엘라　오리노코 강 크루즈	42
페루　티티카카 호수의 페리	44
남아메리카　아마존 강	47
인도　케랄라의 후미진 강줄기들	49
중국　양쯔 강의 삼협	52
중국　리 강	54
라오스　메콩 강	56
파푸아뉴기니　세픽 강	58
오스트레일리아	
그레이트 머레이 리버 런 크루즈	60

뉴질랜드　밀퍼드사운드 크루즈	62
핀란드　삼포 북극 쇄빙선 크루즈	64
노르웨이　노르웨이 피오르드	66
스웨덴　스톡홀름 군도	68
러시아　차르의 물길	70
남극대륙　남극으로의 크루즈	73
그리스　키클라데스 제도 유람	75
독일　라인 강 크루즈	78
TOP 10　운하 여행	80
오스트리아｜헝가리｜독일　다뉴브 강 크루즈	82
이탈리아　이탈리아 호수 지방 유람	84
TOP 10　돛단배 크루즈	86
크로아티아　달마시아 해안	88
터키　리비에라 해안	90
이집트　나일 강 펠루카 여행	92
말리　니제르 강의 통나무배들	94
잠비아｜짐바브웨	
잠베지 강 하류 카누 사파리	96
마다가스카르　망고키 강	98

2 끝없이 이야기가 펼쳐지는
자동차 여행 By Road

미국	버몬트 주의 가을	102
미국	미시간 호 호반 드라이브	104
미국	아우터 뱅크의 12번 도로	106
미국	오버시즈 하이웨이, 마이애미에서 키웨스트까지	108
TOP 10	시티 버스 투어	110
미국	골든 하이웨이	112
미국	오리건 트레일	114
미국	산후안 스카이웨이	116
미국	12번 도로, 브라이스캐니언에서 캐피톨 리프까지	118
미국	66번 도로, 애리조나 주 횡단	120
미국	태평양 연안 1번 고속도로	122
칠레 | 아르헨티나	팬 아메리칸 하이웨이	124
볼리비아 | 칠레	볼리비아에서 칠레까지 안데스 산맥 횡단	126
캐나다	아이스필즈 파크웨이	128
파키스탄 | 인도	그랜드 트렁크 로드	131
인도	델리에서 아그라까지	134
일본	다케노우치 가도	136
오스트레일리아	타나미 트랙	138
오스트레일리아	블루마운틴스 국립공원	140
뉴질랜드	웨스트 코스트 로드	143
이탈리아	돌로미테 도로	145
아이슬란드	아이슬란드 링 로드	148
스코틀랜드	하일랜즈를 따라서	150
아일랜드	코네마라 스카이 로드	152
독일	바바리아 로만틱 가도	154
TOP 10	고대의 도로	156
프랑스	프렌치 리비에라의 해안도로	158
포르투갈	리스본에서 포르투까지	160
스페인	스페인의 역사 속으로	162
스페인	안달루시아의 하얀 마을	164
오만	오만 요새	166
아프리카	카이로에서 케이프타운까지 아프리카 종단 여행	168
모로코 | 서 사하라 | 모리타니	사하라 사막 횡단	170
남아프리카공화국	남아프리카공화국 가든 루트	172

3 꿈의 세계로 달리는 기차 여행 By Rail

캐나다	로키 마운티니어	176
미국	캘리포니아 제퍼	178
미국	컴버스 앤드 톨텍 시닉 철도	180
미국	미국 서부 국립공원 순례	182
멕시코	엘 체페	184
에콰도르	치바 익스프레스	186
페루	안데스 익스플로러	188
TOP 10	증기기관차 여행	190
일본	신칸센	192
베트남	통일 특급	194
중국	티베트 칭짱철도	196
태국	방콕-칸차나부리-남톡 철도	198
싱가포르	말레이시아	태국
	이스턴 앤드 오리엔탈 익스프레스	200
인도	다르질링 토이 트레인	202
인도	팰리스 온 휠스	205

러시아	몽골	중국 시베리아 횡단열차	207
러시아	볼쇼이 익스프레스	210
오스트레일리아	인디언 퍼시픽	212
뉴질랜드	트랜스알파인	214
노르웨이	베르겐 철도	216
스웨덴	인란즈바난	218
TOP 10	도시 전차 투어	220
스코틀랜드	인버니스에서 카일 오브 로할시까지	222
잉글랜드	프랑스	스위스	오스트리아	이탈리아
	베니스 심플론 오리엔트 익스프레스	224
터키	토로스 익스프레스	226
스위스	융프라우 산악열차	228
스위스	빙하특급열차	230
남아프리카공화국
	로보스 레일- 야생동물 사파리	233

4 순수하고 소박한 즐거움을 찾는
걷기 여행 On Foot

미국	그리니치빌리지	238
미국	내셔널 몰	240
미국	그레이트 스모키 산맥	242
미국	애팔래치아 트레일	244
TOP 10	장거리 하이킹	246
미국	콜로라도 트레일	248
미국	파리아캐니언	250
미국	맥킨리 바 트레일에서 맥고나걸 고개로	252
미국	칼랄라우 트레일	254
미국	존 뮤어 트레일	257
페루	잉카 트레일	259
사우스조지아	섀클턴 크로싱	262
아르헨티나	피츠로이 산괴	264
칠레	토레스 델 파이네	267
말레이시아	헤드헌터스 트레일	269
일본	후지 산 등반	272
중국	만리장성	274
태국	치앙마이의 언덕 위 마을들	276
네팔	안나푸르나 우회로	278
TOP 10	지하 산책로	280
부탄	릭섬 곰파 트렉	282
네팔	에베레스트 베이스캠프	284
파키스탄	훈자 계곡	286
키르기스스탄 | 카자흐스탄	이식-쿨 호수	288
오스트레일리아	머레이 밸리 트레일	290
뉴질랜드	통가리로 크로싱	292
뉴질랜드	그랜드 트래버스	294
TOP 10	세계 최고의 다리	296
스웨덴	쿵스르덴	298
루마니아	카르파티아 산맥	300
잉글랜드	웨인라이트의 코스트 투 코스트 워크	302
아일랜드	딩글 웨이	304
TOP 10	쇼핑 거리	306
오스트리아	티롤	308
프랑스 | 스위스 | 이탈리아	투르 뒤 몽블랑	310
이탈리아	돌로미테 하이 루트	312
이탈리아	움브리아 산책	314
이탈리아	친퀘테레	317
포르투갈	마데이라 섬의 레바다	319
TOP 10	도시의 성곽	322
그리스	사마리아 협곡	324
모로코	아틀라스 산맥	326
탄자니아	킬리만자로 등반	328
남아프리카공화국	드라켄즈버그 산맥	330

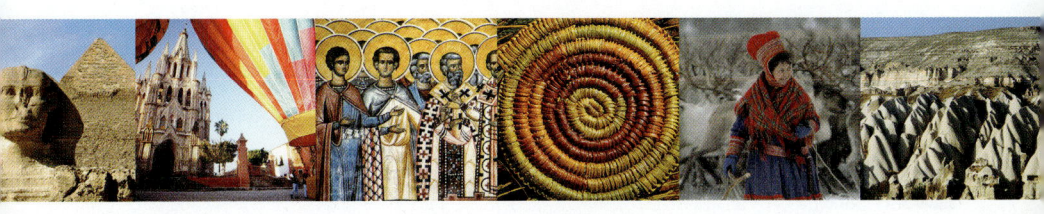

5 인간의 무한한 상상력을 느끼는
문화 탐험 여행 *In Search of Culture*

미국 버지니아 식민지	334
미국 오크파크에서 만나는 프랭크 로이드 라이트	336
미국 아미시 마을	338
멕시코 | 벨리즈 | 과테말라 마야 사원	340
멕시코 멕시코의 식민지 도시들	342
TOP 10 역사 산책	344
일본 가부키	346
일본 일본의 고도, 교토	348
태국 태국의 사원들	350
인도 골든 트라이앵글	352
요르단 요르단의 보물	354
오스트레일리아 아넘랜드 문화 사파리	357
잉글랜드 잉글랜드의 정원들	359
덴마크 | 스웨덴 | 노르웨이 바이킹의 유산	362
네덜란드 거장 화가들의 자취를 따라서	364
프랑스 솜 전투지	366
프랑스 프랑스 인상주의 화가들	368
프랑스 프랑스의 성당들	370
체코공화국 | 오스트리아 | 헝가리 중부 유럽으로의 음악 여행	372
이탈리아 | 그리스 베네치아의 유산	374
이탈리아 팔라디오의 이탈리아	376
이탈리아 르네상스 이탈리아	378
TOP 10 과거로의 여행	380
스페인 로마네스크 양식 교회들	382
스페인 무어 시대의 유산	384
루마니아 몰다비아의 수도원들	386
터키 카파도키아 동굴 교회	389
그리스 고전 그리스	392
이집트 고대 이집트	394
예멘 예멘의 진흙 건축물	396
남아프리카공화국 줄루족 문화 투어	398

6 이국적인 맛과 향을 즐기는 음식 여행 *In Gourmet Heaven*

미국	뉴욕 델리 투어	402
미국	켄터키 버번위스키 투어	404
미국	루이지애나의 케이준 요리	406
미국	나파 밸리 와인 투어	408
TOP 10	음식 순례지	410
자메이카	블루마운틴 커피	412
칠레	칠레 센트럴 밸리 와인	414
아르헨티나	멘도사의 말벡 와인	416
일본	도쿄, 데파치카 쇼핑	418
일본	스시를 찾아서	420
베트남	베트남 요리 투어	422
태국	태국 요리 투어	425
인도	인도 요리 투어	427
스리랑카	스리랑카 차 농장	430
말레이시아	말레이시아 맛 기행	432
뉴질랜드	센트럴 오타고 와인 트레일	434
오스트레일리아	시드니 식도락 투어	436
오스트레일리아	마가렛 강 와인 투어	438

리투아니아 | 라트비아 | 에스토니아		
	발트 해 연안 식도락 투어	440
스코틀랜드	스코틀랜드 위스키 트레일	442
체코공화국	체코 라거 비어의 맛	444
벨기에	트라피스트 수도원 맥주	446
헝가리	헝가리 와인 루트를 따라서	448
이탈리아 | 프랑스 | 스페인		
	페스토 소스부터 빠에야까지	451
프랑스	샴페인 투어	454
프랑스	노르망디 치즈	456
TOP 10	이탈리아 와인 기행	458
프랑스	보르도 와인	460
이탈리아	송로와 버섯	462
이탈리아	토스카나의 슬로푸드	464
이탈리아	시칠리아의 음식과 와인	466
스페인	바르셀로나의 타파스	468
포르투갈	포르투와 도우로 강	470
요르단	베두인 족의 진수성찬	472
남아프리카공화국	케이프 주의 와인 루트	474

7 열정과 모험으로 가득 찬
레저, 스포츠 여행 Into the Action

미국	알래스카에서 개썰매 타기	478
캐나다	캐나다의 북극곰	480
캐나다	브리티시컬럼비아 주에서 헬리하이킹하기	482
캐나다	트랜스 캐나다 트레일	485
미국	노새 타고 그랜드캐니언 여행하기	487
미국	캐터마운트 트레일	490
미국	모래밭에서 듄버기 타기	492
미국	웨스트버지니아 주에서 래프팅하기	494
미국	산타페 트레일 말로 달리기	496
미국	그랜드캐니언에서 래프팅하기	498
미국	하와이에서 서핑하기	500
푸에르토리코	푸에르토리코 동굴 탐험	502
멕시코	멕시코 앞바다에서 카약 타기	504
벨리즈	벨리즈의 보초 탐험	506
TOP 10	급류 래프팅	508
아르헨티나	부에노스아이레스에서 탱고를	510
브라질	볼리비아	파라과이 판타날 습지의 야생동물들	512
아르헨티나	칠레	페루 체 게바라의 자취를 따라	514
볼리비아	오토바이로 데스 하이웨이 달리기	516
브라질	리우에서 행글라이딩을	518
아르헨티나	칠레	페루	에콰도르 안데스 산맥 말 타고 트레킹하기	520
네팔	코끼리 사파리	522
인도	호랑이 사파리	524
오스트레일리아	오스트레일리아 캐틀 드라이브	527
스코틀랜드	스코틀랜드에서 골프 치기	529
아일랜드	포장마차 타고 아일랜드 유람	532
프랑스	사이클로 루베롱 산맥 횡단	534
네덜란드	프리슬란트 주 11개 도시 스케이트 투어	536
네덜란드	네덜란드의 튤립 꽃밭	538
TOP 10	자전거 여행	540
프랑스	몽블랑 발레 블랑쉬에서 스키 타기	542
루마니아	트란실바니아 횡단	544
루마니아	다뉴브 삼각주에서 들새 관찰하기	546
노르웨이	릴레함메르에서 크로스컨트리 즐기기	548
아조레스 군도	아조레스 군도에서 고래 관찰	550
케냐	탄자니아 동부 아프리카에서 들새 관찰하기	553
모로코	모로코의 낙타 행렬	556
남아프리카공화국	잠수하고 상어 관찰하기	558
보츠와나	빅 파이브 사파리	560
나미비아	나미브의 모래언덕에서 ATV 타기	562

8 새들의 눈높이에서 바라보는
비행기 여행 Up And Away

미국 후버 댐 공중 투어	566
미국 알래스카 비행기 여행	568
미국 낙원 위의 비행	570
캐나다 수상비행기를 타고 나하니 국립공원으로	572
캐나다 브리티시컬럼비아 주 상공 비행	574
세인트루시아 세인트루시아 하늘 위로 스카이라이딩	576
페루 나스카 지상 그림	578
TOP 10 케이블카	580
캄보디아 헬리콥터 타고 앙코르 유적지 투어	582
오스트레일리아 비행기로 오지의 술집 유람	584
오스트레일리아 오스트레일리아 우림 감상	586

오스트레일리아 그레이트배리어리프 상공 비행 588
뉴질랜드 뉴질랜드 남섬 빙하 항공 투어 590
폴리네시아 코랄 루트 항공 여행 592
스위스 알프스 열기구 축제 594
프랑스 | 이탈리아 | 오스트리아 | 스위스
　알프스에서 헬리스키 타기 596
이집트 나일 강 열기구 여행 599
세이셸공화국 비행기 타고 세이셸 섬 여행 601
TOP 10 엘리베이터 604
잠비아 | 짐바브웨 빅토리아 폭포 투어 606
남아프리카공화국
　크루거 국립공원 상공 비행 608

9 위대한 사람들의 발자취를 따라가는
인물 여행 *In Their Footsteps*

캐나다 캐벗 트레일	612	
캐나다 허드슨 베이 컴퍼니의 사냥꾼들	614	
TOP 10 탐험가들의 발자취	616	
미국 루이스와 클라크의 원정길을 따라	618	
미국 헨리 데이비드 소로의 숲 속의 집	620	
미국 클라크스데일 블루스 순례	622	
미국 케루악을 따라 '길 위에서'	624	
미국 안셀 애덤스의 요세미티 국립공원	626	
칠레 파블로 네루다가 살던 집	628	
쿠바 헤밍웨이의 쿠바	630	
에콰도르 갈라파고스 탐험	632	
폴리네시아 쿡 선장의 폴리네시아	634	
중국 마오쩌둥의 대장정	636	
네팔｜인도 부처의 깨달음으로의 길	638	
러시아 톨스토이의 러시아	640	
중국｜키르기스스탄｜우즈베키스탄 실크 로드	642	

터키 알렉산드로스대왕의 유산을 따라	644
터키｜그리스 호메로스의 오디세이아	646
TOP 10 영화 촬영지 여행	648
이탈리아 헨리 제임스의 이탈리아	650
이탈리아 괴테의 이탈리아 기행	652
프랑스 당나귀와 떠난 여행	654
프랑스 노르망디 해안	656
프랑스 나폴레옹 루트	658
스페인 돈키호테의 스페인	660
스페인 산티아고 순례길	662
독일｜스위스 마크 트웨인 따라 걷기 여행	664
잉글랜드 워즈워드의 레이크 디스트릭트	666
잉글랜드 제인 오스틴 투어	668
아일랜드 제임스 조이스의 더블린	670
이스라엘｜웨스트뱅크 성지의 예수 그리스도	672
감비아 알렉스 헤일리의 '뿌리'	674

찾아보기 676

1

강, 바다, 호수를 따라가는
물길 여행

Across Water

배를 타고 여행하면 새로운 차원의 여행을 경험할 수 있다. 강은 도로로는 절대 갈 수 없는 곳으로 우리를 이끌고, 바다에서 바라보는 해안선은 육지에서 볼 때와는 전혀 다른 모습을 보여 준다. 물길을 따라가는 여행은 단순히 이 항구에서 저 항구로 이동하는 것이 전부가 아니다. 그 길에서 마주치는 수많은 광경과 풍경, 그리고 역사적이고 이국적인 장소들이 담고 있는 이야기를 만나는 것이다. 심지어 배 자체와 배를 타고 지나치는 강과 바다도 모두 각각의 이야기를 담고 있다.

마다가스카르의 망고키 강에서 래프팅을 하다 보면 춤추는 여우원숭이를 만날 수 있다. 카누를 타고 오리노코 강을 여행할 때엔 남아메리카의 밀림을 탐험할 수 있고, 쇄빙선을 타고 북극의 얼음을 깨며 나아가거나, 플로리다에서 수상비행기를 타고 악어 위를 스치듯 날아 보는 것도 색다른 경험일 것이다. 배를 타면 지구상에서 못 갈 대륙이 없다.

편안하게 쉬면서 공상에 잠기고 싶은 사람들을 위한 크루즈 여행도 있고, 큰 돛대 위로 올라가거나 직접 카누를 저으면서 천년 전의 모습 그대로를 간직한 마을을 탐험하고 싶은 모험가들을 위한 도전적인 여행도 있다.

태국 서쪽 해안 안다만 해(Andaman Sea)에 정박되어 있는 전통적인 나무배들. 6일 일정의 정크 크루즈로 안다만 해의 3천 5백 개 섬들 중 일부를 방문할 수 있다.

퀘벡 시 세인트로렌스 부두에 있는 호텔 샤토 프롱트낙. 프랑스의 영향을 명확하게 느낄 수 있다.

| 캐나다 |

세인트로렌스 강 *The St. Lawrence*

캐나다 남동부의 세인트로렌스 강을 따라가는 매혹적인 크루즈 여행을 통해
원시 모습을 간직한 강의 야생적인 매력과 역사적인 도시들을 만나 보자.

유럽 식민지인들이 처음 북아메리카에 도착했을 때부터 세인트로렌스 강은 아메리카 대륙 심장부로 들어가는 가장 훌륭한 길 중 하나로 이용되어 왔다. 많은 사람들이 퀘벡 시에서 몬트리올까지 숲으로 뒤덮인 장엄한 풍경을 보기 위해, 작은 크루즈선을 타고 이 역사적인 물길을 따라 온다.

푸른색 왜가리들이 베르티에-소렐 제도(Berthier-Sorel islands)의 둥지를 향해 날개

를 퍼덕이며 날아가고, 오리와 거위들은 계절을 따라 생 피에르 호수로 모여든다. 크루즈선의 중간 기착지인 몬트리올에서는 세련된 상점에서 쇼핑을 하고 화려한 나이트클럽에서 즐거운 밤을 보내며, 그때까지 보았던 풍경과는 상반되는 매력을 느낄 수 있다.

몬트리올을 떠나 서쪽으로 향하면 1959년에 개통된 세인트로렌스 해로(Saint Lawrence Seaway)의 운하와 수문을 만나게 된다. 배들은 세인트로렌스 해로를 통해서 대서양에서 오대호로 항해할 수 있게 되었다. 작은 배들이 수문을 빠져나가는 광경을 보는 것도 이 여행의 하이라이트 중 하나다. 온타리오 호의 킹스턴에서 배를 내리기 전, 사우전드 아일랜드의 여름 유원지를 지나가게 되는데, 이곳은 이름 그대로 천 개 정도의 섬들이 모여 있는 곳이다. 섬은 하나의 마을을 이룰 정도의 크기인 것도 있고, 집 한 채가 간신히 올라앉을 만큼 작은 것도 있다. 모터보트는 그 섬들 사이를 빠른 속도로 지나다닌다.

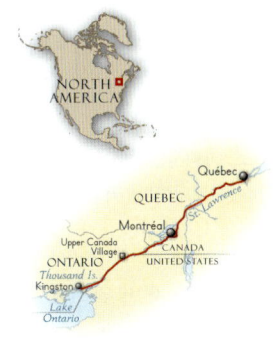

When to go 5월 중순부터 10월 중순까지가 가장 좋다. 10월 초에는 단풍을 비롯하여 눈부신 가을 색이 절정을 이룬다.

How Long 6박 7일 일정의 크루즈가 킹스턴과 퀘벡 시 사이를 운행한다. 킹스턴에서 출발할 수도 있고, 퀘벡 시에서 출발할 수도 있다.

Planning 크루즈 비용에 육상 관광료가 모두 포함되어 있다. 이곳의 물은 잔잔하고, 선상에서 즐길 수 있는 다양한 오락과 맛있는 음식이 준비되어 있으며, 강변에서도 흥미로운 오락을 즐길 수 있다.

Inside Information 이 크루즈 여행은 작은 규모로 편안하게 즐길 수 있는 여행이다. 햇볕을 가릴 수 있는 챙 넓은 모자와 선글라스, 가벼운 재킷, 걷기 편한 신, 쌍안경이면 충분하다.

Websites www.stlawrencecruiselines.com

- 퀘벡 구시가지(Vieux Quebec)는 유네스코 세계문화유산으로 지정되어 있으며, 북아메리카에서 가장 역사적 의미를 지니고 있는 아름다운 도시 중 하나다. 크루즈 여행을 시작하기 전이나 후에 하루 시간을 내서 자갈이 깔린 퀘벡 구시가지를 거닐어 보자.
- 캐나다의 유행을 선도하는 도시인 몬트리올에서는 어디에서건 프랑스의 도회적 세련미를 느낄 수 있다. 해안에는 17세기에 지어진 건물들도 남아 있다.
- 온타리오 주 모리스버그에 있는 캐나다 민속촌(Upper Canada Village)에서 과거 생활상을 엿볼 수 있다. 1860년대 강변의 전원 마을을 재현한 이곳은 캐나다에서 가장 규모가 크고 정교한 역사 유적지다.
- 사우전드 아일랜드의 빙하가 깎아낸 해안에는 백 년도 더 된 화려한 저택들이 곳곳에 서 있다. 특히 인상적인 것은 하트 섬에 있는 중세풍의 볼트 성(Boldt Castle)인데, 방이 무려 120개나 된다.

캐나다

트렌트-세번 워터웨이
The Trent-Severn Waterway

보트 여행자들과 자연을 즐기고 싶어하는 사람들에게 각광받는 이 여정은
캐나다의 광활한 야생 세계를 보여 준다.

    트렌트-세번 워터웨이는 온타리오 호 인근의 트렌턴(Trenton)에서부터 원시 자연을 그대로 지닌 휴런 호의 조지아 만의 해변에 이르기까지 386킬로미터에 달한다. 여러 개의 운하와 호수, 강들이 하나의 거대한 네트워크를 이루고 있는 이 수로를 따라가면 토론토 북부의 친숙한 풍광 속을 항해할 수 있다. 유럽풍의 매혹적인 마을들과 농장들, 바위 골짜기들, 숲으로 둘러싸인 맑은 사파이어 색의 빛나는 호수들이 이 물길을 인기 있는 수로 여행 코스로 만들었다.

    이 수로에서는 다양한 항해를 경험할 수 있다. 워터웨이 동쪽 끝의 트렌턴과 프랭크포드 사이에서 격렬한 코스를 즐길 수도 있고, 카와다레이크스(Kawartha Lakes) 시까지 이어지는 미로같이 얽힌 수로들에서 느긋한 코스를 즐길 수도 있다. 10킬로미터밖에

트렌트-세번 워터웨이의 많은 수문들 중 하나를 통과하는 배들.

안 되는 트렌턴과 프랭크포드 사이에는 수문이 6개나 되고, 수문의 높이 차이는 최대 35미터나 된다. 카와다레이크스 부근의 미로 같은 수로는 수영과 일광욕을 하기에 안성맞춤이고, 갓 잡아 올린 신선한 물고기로 요리를 해서 먹을 수도 있다. 근처 숲에서 먹을 것을 찾아 헤매는 흰꼬리사슴과 흑곰들을 볼 수도 있으니 천천히 주변을 둘러보자.

트렌트-세번 워터웨이의 운하는 좁기 때문에 큰 크루즈선은 다닐 수 없다. 대부분 자신의 배로 여행하거나 작은 배를 빌려서 여행한다. 야외에서 캠핑하는 것을 좋아하는 사람들이라면 카누나 카약을 타고 여행하는 것도 좋겠다. 물론 고급 호텔 못지않은 호화로운 시설을 자랑하는 15미터 길이의 하우스보트로 여행할 수도 있다.

▪ 고요한 호수의 수면 위로 아침 안개가 올라올 때쯤 물새의 일종인 아비의 울음소리에 귀를 기울여 보자.
▪ 피터버러에는 1904년에 완공된 세계에서 가장 큰 개폐형 수문이 있다. 트렌트-세번 워터웨이의 모든 운하와 수문은 19세기에 만들어진 것으로, 19세기 공학 기술의 놀라움을 느낄 수 있을 것이다.
▪ 역사적으로 중요한 의미를 지니는 도시인 레이크필드를 비롯하여 매력적인 도시와 마을들이 많이 있다. 밥케이전(Bobcaygeon)과 페넬론 폴즈(Fenelon Falls)에서는 상점과 식당들을 돌아보자.
▪ 트렌트-세번 워터웨이의 수정처럼 맑은 물에서 무게가 2킬로그램에 달하는 농어 낚시를 즐기자.

When to go 5월 하순부터 10월이 가장 좋다. 6월 하순쯤에는 낮이 길고 따뜻하다. 9월의 낮은 햇볕이 강하고 따뜻하며 밤에는 선선하다. 9월 하순부터 10월 중순까지는 단풍이 절정에 달하고, 낚시를 즐기기에도 가장 좋다.

How Long 카누나 카약을 타고 트렌트-세번 워터웨이를 일주하려면 7일 정도가 걸린다. 하우스보트는 대개 4일에서 7일 정도 일정으로 피터버러(Peterborough)와 심코 호(Lake Simcoe) 사이를 왕복 유람한다.

Planning 하우스보트는 작동하기가 쉽고, 집과 같은 편의시설이 모두 갖춰져 있다. 수문을 통과할 때는 소정의 통행료를 지불해야 한다.

Inside Information 하우스보트를 빌려 주는 곳에서 작동법과 이용법을 알려 준다. 복장은 간편한 것이면 된다. 모자와 선글라스를 가져가고, 자외선 차단 크림을 꼭 바르도록 하자. 물가에서 산책할 때를 위해 편안한 신발을 신는 게 좋다.

Websites www.happydayshouseboats.com

켄터키 주 루이빌에 있는 경마장 처칠 다운스에서 경주마와 기수를 응원하는 관객들.

미국 | 테네시 주 | 켄터키 주 | 오하이오 주

프런티어 컨트리 *Frontier Country*

배를 타고 컴벌랜드 강과 오하이오 강을 따라 미국 심장부를 여행하면서 지나간 날들의 정취를 느껴 보자.

오랜 역사가 담겨 있는 이 지역은 과거에 체로키 인디언, 치커소 인디언, 쇼니 인디언 등 여러 원주민 부족들이 거주했었다. 그 후에는 프랑스에서 온 모피 상인들과 서부로 진출하던 초기 식민지 개척자들이 살았었다. 멋진 풍광으로 가득한 이 지역의 크루즈 여행은 우리를 미국의 과거로 데려다 준다. 미국 컨트리음악의 중심지인 테네시 주 내슈빌에서 출발하여 컴벌랜드 강과 오하이오 강을 따라 오하이오 주 신시내티까지 이어지는 크루즈에서 느리고 온화한 삶의 속도를 느껴 보자.

컴벌랜드 강에서는 대공황 시대에 테네시 강 유역 개발공사(TVA)에서 세운 여러 개의 수문을 통과하고, 랜드 비트윈 더 레이크스 국립유원지에 있는 바클리 호수를 지난다. 그리고 곧이어 오하이오 강으로 접어들어 켄터키 주 파두카 시를 통과한다. 파두카 시에서는 수많은 골동품점이 늘어서 있는 19세기 분위기를 그대로 간직한 구시가지를 탐험해 보자. 또한 철도 박물관, 강 유적 박물관(River Heritage Museum), 미국 퀼트 협회 박물관 등도 놓치지 말자. 그 후 이틀간은 오하이오 강을 따라 켄터키 주 루이빌까지 들어간다. 루이빌은 1875년에 시작된 경마대회인 켄터키 더비(Kentucky Derby)의 본고장이다. 대부분의 크루즈 여행 상품은 루이빌에 있는 경마장인 '처칠 다운스'까지의 버스 투어를 제공하는데, 이곳에서는 해마다 켄터키 더비가 열린다. 켄터키 더비 박물관을 방문하고 경마 트랙을 직접 걸어 보거나, 유명한 경주마들의 묘를 둘러보는 것도 색다른 경험일 것이다.

인디애나 주 오로라에 잠깐 들른 후 하루를 더 천천히 이동하면, 신시내티에서 크루즈 여행은 막을 내린다. 신시내티는 증기선이 오하이오 강을 누비던 19세기에 서부의 '퀸 시티'라고 불렸으며, 오하이오 강에서 가장 바쁜 항구 중 하나였다.

When to go 4월부터 11월까지가 좋다. 켄터키 더비는 5월 첫 주에 열리므로 경마 팬들은 대회 기간 중에 루이빌에 들를 수 있도록 일정을 짜는 것이 좋겠다.

How Long 내슈빌에서 시작하여 신시내티에서 끝나는 이 크루즈 여행은 총 8일이 걸린다.

Planning 신시내티에서 내슈빌까지 운항하는 크루즈 여행 상품들도 있고, 다른 도시를 오가는 상품도 있다.

Inside Information 크루즈선의 상층 갑판에서 강과 강변의 야생동물을 관찰하고 싶다면 쌍안경을 반드시 준비하도록 한다.

Websites www.riverbarge.com

- 컨트리음악의 본고장 내슈빌에서는 공연장이나 클럽 등에 반드시 들러 보자. 컨트리음악계의 거장들이 라이브 연주를 들려 주는 그랜드 올 오프리 극장은 반드시 들러야 할 곳이다.
- 인디애나 주 오로라 시에서는 오하이오 강을 내려다보는 절벽 위에 서 있는 저택 힐포레스트(Hill forest)를 방문해 보자. 힐포레스트는 1855년부터 1891년까지 미국의 기업가 토머스 개프(Thomas Gaff)가 살았던 곳으로, 선박 건축술의 특징을 엿볼 수 있다. 19세기 가구와 비품들을 고스란히 간직한 이곳은 1992년에 국립역사유적지(National Historic Landmark)로 지정되었다.
- 크루즈선의 상층 갑판에 느긋하게 앉아 미끄러지듯 지나가는 강물을 바라보는 여유를 즐겨도 좋다.

사우스캐롤라이나 주 찰스턴의 해안에 늘어서 있는 긴 역사를 지닌 저택들과 정원들.

미국 사우스캐롤라이나 주 | 조지아 주 | 플로리다 주

찰스턴, 로우컨트리 크루즈
Charleston and the Low Country Cruise

남북전쟁 전에 지어진 저택들과 인공의 손길이 닿지 않은 해변들, 울창한 나뭇가지가 드리워져 있는 수로가 이 여행의 트레이드 마크다.

씨 아일랜즈(sea islands, 사우스캐롤라이나 주, 조지아 주, 플로리다 주의 대서양 연안에 있는 수많은 작은 섬들), 남북전쟁 이전에 지어진 우아한 저택들, 야생동물로 가득한 바닷물이 드나드는 늪지 등, 이 모든 것을 가리켜 로우컨트리라고 부른다. 로우컨트리는 미국에서 가장 신비롭고 가장 많은 사람들을 이끄는 지역 중 하나다.

크루즈선이라기보다 큰 모터가 달린 요트라고 볼 수 있는 작은 배는, 사우스캐롤라이나 주의 찰스턴에서 남쪽으로 대서양 연안 수로(the Atlantic Intracoastal Waterway)를 따라 나아간다. 사우스캐롤라이나 주의 보포트와 조지아 주의 사바나에서는, 쌀과 면화를 취급하던 거상들이 살던 19세기 저택들이 길가에 늘어서 있는 모습을 볼 수 있다.

특히 보포트는 낭만적인 매력을 지닌 도시라서 영화감독들이 무척 선호하는 곳이기도 하다. 영화〈빅 칠Big Chil〉과〈포레스트 검프Forrest Gump〉가 이곳에서 촬영되었다.

배는 이후 광대한 습지로 나아가는데, 해오라기와 왜가리들이 물 위를 걸어 다니고, 무수한 수로들이 황금빛 코드풀 덤불 사이로 곡선을 그리며 나아간다. 그리고 남북전쟁 이전에 지어진 플랜테이션 농가와 농가를 둘러싼 정원들이 나타난다. 좀 더 남쪽으로 내려가면 조지아 주의 아름다운 씨 아일랜즈에 도달한다. 씨 아일랜즈는 원시의 모습이 남아 있는 긴 해변을 지니고 있다. 이 섬들은 과거, 부유한 사람들이 여름 휴가를 보내던 곳이었다. 지킬 섬에서는 19세기 미국의 철도왕, 선박왕으로 불렸던 밴더빌트 가문, 19세기 미국 금융업을 장악했던 모건 가문, 퓰리처상을 제정한 출판 · 언론인 조셉 퓰리처 가문 등의 해변 '별장' 투어도 할 수 있다.

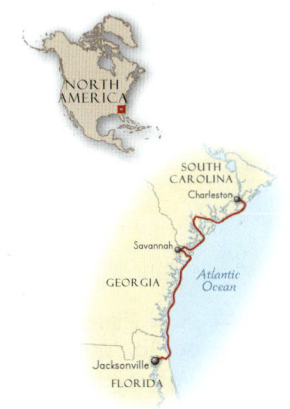

When to go 대부분의 크루즈 여행은 4월에 출발한다. 이때 찰스턴과 사바나 시의 아름답고 정교한 정원에는 꽃이 만개한다.

How Long 사우스캐롤라이나 주 찰스턴에서 플로리다 주 잭슨빌까지 402킬로미터 거리를 7박 8일 동안 여행한다.

Planning 역사적인 도시 찰스턴은 미국 남동부에서도 가장 인기 있는 관광도시 중 하나이다. 일정에 여유가 있다면 역사적으로 의미 있는 지역을 좀 더 돌아보면서, 19세기의 우아하고 기품 있는 생활상을 느껴 보는 것도 좋겠다.

Inside Information 4월에는 날씨가 따뜻하고 선선한 미풍이 불며 습도도 낮다. 편안하고 걷기 좋은 신을 신고, 쌍안경을 지참하도록 하자. 쌍안경은 배에서 새를 관찰할 때 유용한데, 특히 씨 아일랜즈에서는 반드시 필요하다.

Websites www.cruisewest.com

- 유서 깊은 찰스턴 마켓에서 쇼핑을 하자. 걸러(Gullah, 미국에 노예로 끌려왔던 흑인들의 후손) 여성들이 향모(sweetgrass, 벼과의 다년초)로 정교하게 만든 바구니를 비롯한 다양한 공예품들을 판매한다.
- 사우스캐롤라이나 주 보포트의 서던 스위츠(Southern Sweets)에서 아이스크림을 사서, 부둣가에 늘어서 있는 그네 의자에서 먹는 것도 즐거울 것이다.
- 조지아 주 사바나 시 구시가지의 자갈 깔린 거리를 거닐어 보자. 길 양쪽에 늘어서 있는 18~19세기의 저택들을 구경하는 재미도 쏠쏠하다. 또한 이 지역에서 나는 신선한 새우, 게, 굴 등을 맛보는 것도 잊지 말자.

TOP 10

시티 보트 트립 *City Boat Trips*

페리를 타고 현지인들 사이에 섞여, 세계에서 가장 멋진 도시들의 그림엽서 같은 풍경을 즐겨 보자.

❶ 밴쿠버 페리 Vancouver Ferries 캐나다

밴쿠버와 인근의 섬들 사이로 예술적인 외양을 지닌 페리들이 물보라를 일으키며 지나간다. 물가에는 울창한 낙엽수들로 가득한 숲이 있고, 그 뒤로 만년설이 덮인 산봉우리들이 물 위에 비친다.

Planning 브리티시컬럼비아 주의 해안 지역을 여행할 생각이라면 인터넷에서 세일패스(SailPass)를 구매하는 것이 좋다. www.bcferries.com

❷ 뉴욕 스태튼 섬 페리 Staten Island Ferry 미국

페리가 자유의 여신상과 엘리스 섬(Ellis Island) 옆을 빠른 속도로 지나갈 때, 맨해튼의 거대한 고층 빌딩들이 뉴욕 항의 수면 위에 긴 그림자를 드리운다. 이 여행의 가장 좋은 점은 무료라는 것이다.

Planning 예약은 필요 없다. www.nyc.gov/html/dot/html/ferrybus/statfery.shtml

❸ 샌프란시스코~소살리토 페리 San Francisco to Sausalito Ferry 미국

이 30분간의 페리 여행에서는 금문교(Golden Gate Bridge), 알카트라스 감옥, 앤젤 섬, 샌프란시스코 시내 전경 등 눈부신 풍광을 즐길 수 있다. 멋진 풍경을 보려면 반드시 맑은 날에 가야 한다.

Planning 자전거를 가지고 페리에 탈 수도 있다. www.goldengateferry.org

❹ 뉴올리언스~앨지어스 페리 New Orleans to Algiers Ferry 미국

위풍당당한 앨지어스 페리는 승객들을 무료로 태우고 미시시피 강을 횡단하여 앨지어스 포인트의 구시가지와 뉴올리언스의 나머지 지역 사이를 왕복 운행한다.

Planning 페리는 매일, 15분마다 운행한다. www.neworleansonline.com/tools/transportation/gettingaround/ferry.html

❺ 스타 페리 Star Ferry 홍콩

홍콩 섬과 카우룽 반도 사이를 운행하는 유명한 스타 페리는 운행 시간이 5분밖에 되지 않는다. 그러나 페리에서 시원한 바닷바람을 맞으며 보는

도시 풍경은 장관이다. 특히 해질녘의 풍경은 대단히 인상적이다.
Planning 예약은 필요 없다. www.starferry.com.hk/new/en/index.asp

❻ 브리즈번 시티캣 Brisbane CityCat 오스트레일리아

날씬하고 현대적인 페리 '시티캣'은 스토리 브리지와 사우스 뱅크 파크랜즈를 지난다. 시티캣은 속도가 무척 빠르다. 좀 더 천천히 느긋하게 도시를 감상하고 싶다면 시티 페리(City Ferry)를 이용하도록 한다.
Planning 티켓은 지역별로 판매하며, 해당 지역의 모든 대중교통 수단을 이용할 수 있다. www.brisbane.qld.gov.au, www.translink.com.au

❼ 이스탄불의 보스포러스 페리 Bosphorus Ferry 터키

보스포러스 페리의 갑판 위에 서면 아름다운 이슬람 사원의 우뚝 솟은 미나레트와 화려한 건축물들이 눈앞에 펼쳐진다. 페리가 오토만 궁전에서부터 보스포러스 다리에 이르기까지 멋진 명소들을 지나며 나아갈 때, 노천갑판에 앉아 차를 마시면서 그 풍경들을 감상해 보자.
Planning 6월부터 8월까지는 덥고 습할 수 있고, 11월부터 1월까지는 무척 추울 수 있다. www.istanbul.com/splash.html

❽ 베네치아의 바포레토 Venice Vaporetto 이탈리아

베네치아 시민들은 바포레토, 혹은 수상버스를 타고 도시를 빠르게 누빈다. 바포레토는 무라노 섬, 리도 섬을 거쳐 산마르코 광장까지 운행한다. 페리를 타고 베네치아 근처의 섬들로 투어를 떠나 보는 것도 좋다.
Planning 타기 전에 표를 사지 못했다면 배에 탄 후 반드시 차장에게 표를 구입하도록 한다. www.actv.it/english/home.php

❾ 나폴리~카프리 페리 Naples to Capri Ferry 이탈리아

페리를 타고 나폴리에서 카프리까지 푸른빛 바다 위를 달려 보자. 그리고 해식동굴 '블루 그로토(Blue Grotto)'를 탐험해 보자. 블루 그로토는 동굴 입구의 바닷물이 눈부실 정도의 푸른빛으로 보이는 것으로 유명하다.
Planning 나폴리의 몰로 베베렐로(Molo Beverello) 항구에서 출발하는 이 페리 여행은 약 80분이 소요된다. www.capri.net

❿ 머지 페리 Mersey Ferry 잉글랜드

12세기에 시작된 머지 페리는 유럽에서 가장 오래된 페리 서비스다. 기본 페리 서비스 외에 머지사이드(Merseyside, 리버풀이 속해 있는 잉글랜드 서부의 카운티) 전체 투어 프로그램과 테마 크루즈 프로그램도 있다.
Planning 시콤(Seacombe) 페리 터미널과 피어 헤드(Pier Head)에서 20분마다 출발한다. www.merseyferries.co.uk

외륜 증기선은 과거에 미시시피 강과 지류를 따라 화물과 사람들을 실어 나르던 가장 중요한 교통수단이었다.

미국 | 루이지애나 주 | 미시시피 주 | 아칸소 주 | 테네시 주

미시시피 강 외륜선 *Mississippi River Paddle Steamer*

오래전부터 미시시피 강을 오갔던 고전적인 증기선을 타고 미국 남부의
풍요로운 문화와 역사에 빠져 보자.

2005년 9월에 이 지역을 강타했던 허리케인 카트리나는 뉴올리언스와 인근 지역의 문화적·물리적 윤곽을 바꿔 놓았지만, 미시시피 강을 오가는 전설적인 배는 변함없이 흘러가고 있다. 지난 시대의 대표적인 유물 가운데 하나인 증기선에 올라 뉴올리언스에서 멤피스로 강을 따라 올라가다 보면, 미국에서 가장 넓은 강의 살아 있는 역사를 체험할 수 있다.

이곳을 오가는 배는 넓은 특등실과 훌륭한 음식, 현대적 편의 시설을 갖추고 새롭게 탄생한 외륜 증기선이다. 배는 천천히 움직이므로 선상에서 이루어지는 딕시랜드 재즈 밴드의 라이브 공연과 배 옆쪽으로 지나가는 강변의 저택들을 감상할 시간은 충분하다. 미시시피 강변에 있는 저택들 중 가장 규모가 크고 유명한 것은 '오크앨리(Oak Alley)'로, 배는 이곳에 잠시 멈춰 구경할 수 있게 해준다. 오래된 오크나무들이 늘어서 있는 길을 따라가면 나오는 오크앨리는 루이지애나 주에 남아 있는 농가 저택들 가운데 가장 아름다우며, 1830년대 당시 유행하던 그리스 부흥 건축양식으로 지어진 것이다.

배는 미시시피 주의 나체즈와 빅스버그의 항구에도 들른다. 거리에는 가로수가 늘어서 있고 19세기 면화 재벌들의 호화로운 저택이 남아 있는 이 도시들은 남북전쟁 이전의 우아한 분위기를 고스란히 간직하고 있다. 또한 머디 워터스에서부터 B.B. 킹까지 위대한 블루스 음악가들과 엘비스 프레슬리의 메아리가 생생히 울려 퍼진다.

When to go 크루즈는 연중 계속 출발한다.

How Long 뉴올리언스에서 멤피스까지는 7박이 걸린다. 4박에서부터 8박까지의 왕복 크루즈 여행도 가능하다.

Planning 이 크루즈는 한참 전에 예약을 해야 한다. 미시시피 강을 따라서는 여행지들이 엄청나게 많이 있다. 저 멀리 북쪽으로는 미네소타 주의 세인트폴까지, 동쪽으로는 오하이오 강 유역의 신시내티와 피츠버그까지 이어진다.

Inside Information 복장은 간편하게 해도 된다. 직원들에게는 팁을 줘야 하는데, 크루즈가 끝날 때 한 번에 지불한다.

Websites www.majesticamericaline.com

- 여행 중에 적어도 하루는 해 뜨기 전에 일어나서 강 위로 태양이 떠오르는 광경을 지켜보자.
- 증기선 내부의 빅토리아 왕조 양식의 가구와 비품들을 감상하고, 래그타임(ragtime, 재즈의 일종)부터 블루그래스(bluegrass, 미국 남부의 컨트리음악)까지 매일 저녁 공연되는 라이브 음악을 즐겨 보자.
- 남북전쟁 전의 나체즈는 미국에서 인구 대비 백만장자의 수가 가장 많은 도시였다. 그런 유산은 화려한 실내장식으로 유명한 웅장한 저택들에 그대로 남아 있다.
- 빅스버그에 있는 국립군사공원(National Military Park)은 남북전쟁 당시 중요한 전투 중 하나였던 1863년 빅스버그 포위 공격을 기념하는 것이다.

미국 _ 플로리다 주

에버글레이즈의 수상비행기
Airboat in the Everglades

억새풀 사이로 수상비행기를 타고 달리면서 거대한 악어를 만나는 것은,
플로리다 주의 습지 에버글레이즈에서 절대 놓쳐서는 안 될 경험이다.

배 뒤편에 붙어 있는 커다란 팬의 동력으로 나아가는 가벼운 수상비행기를 타고 에버글레이즈를 횡단해 보자. 수상비행기는 광막한 아열대 습지인 에버글레이즈로 들어가는 가장 좋은 수단이다. 에버글레이즈는 억새풀로 덮인 강으로 폭이 64킬로미터에 달한다. 중간 중간 사이프러스 늪과 망그로브 숲도 등장하는데, '오커초비 호(Lake Okeechobee)'에서 시작하여 남쪽으로 160킬로미터 이상 이어진다. 조종사가 미로 같은 수로 사이로 수상비행기를 조종해서 나아가면, 해오라기와 왜가리들이 하늘로 날아오른다.

이 습지에서는 배 밖으로 모터가 나와 있는 형태의 배는 운행할 수가 없다. 모터의 프로펠러에 갈대를 비롯한 온갖 풀과 흙이 엉겨 붙기 때문이다. 수상비행기를 타고 여행

에버글레이즈 습지를 지나가는 비행정 양옆으로 억새풀이 우거져 있다.

을 시작한 지 얼마 지나지 않아 외진 늪으로 들어가면, 에버글레이즈에 서식하는 가장 유명한 동물인 악어를 만날 수 있다. 안쪽으로 들어가면 들어갈수록 악어의 몸집은 더 커지고 인상도 더 무서워진다.

수상비행기를 타고 여행하다가 좀 더 구미가 당긴다면, 에버글레이즈 국립공원 내에 있는 더욱 은밀한 곳으로 가 보자. 그곳은 모터를 달지 않은 배들만 호수로 들어갈 수 있다. 운이 좋다면 희귀한 플로리다 표범이나 귀엽고도 성가신 해우(海牛, manatee)를 볼 수도 있다. 해우는 몸집이 큰 수생 포유동물로 얕은 물에 살며, 망그로브 잎이나 해조류를 먹고 산다.

When to go 겨울(12월~4월)이 날씨가 온화하고 쾌적하지만, 조금 추울 수도 있다. 6월부터 10월까지는 우기며 모기도 너무 많고, 허리케인도 올 수 있다.

How Long 가장 짧은 투어는 시간이 20분밖에 안 된다. 에버글레이즈의 풍경을 충분히 감상하면서 야생동물을 보고 싶다면 적어도 2시간 동안 64킬로미터를 달리는 왕복 투어를 하도록 한다.

Planning 비행정을 운행하는 사람들도 많고, 출발 지점도 몇 군데가 있다. 비행정의 크기도 다양하다. 승객이 한두 명밖에 탈 수 없는 것은 스릴 넘치는 투어를 원하는 사람에게 권한다. 24명까지 탈 수 있는 것도 있는데, 이것은 좀 더 편안하고 차분하게 풍경을 즐기고 싶은 사람에게 권한다. 국립공원의 플라밍고 방문객 센터와 걸프 코스트 방문객 센터에서 카누를 빌릴 수도 있다.

Inside Information 많은 비행정 업체에서 엔진의 소음을 막기 위한 귀마개를 제공한다. 여름에는 모기로부터 몸을 보호할 수 있게 단단히 채비를 하고 가야 한다.

Websites www.cypressairboats.com, www.airboatusa.com, www.everglades.national-park.com

- 에버글레이즈에서 볼 수 있는 야생동물로는 가마우지, 학, 황새, 넓적부리홍저어새 등 수많은 종의 새들과 거북이, 잠자리, 플로리다 흑곰, 망그로브 여우다람쥐, 에버글레이즈 밍크 등이 있다.
- 카누를 타고 유람하면 새를 관찰하기에 좋은 나인 마일 연못(Nine Mile Pond)과 헬즈 만(Hells Bay) 같은 곳에 갈 수 있다.
- 빅 사이프러스 인디언 보호구역에 있는 아타티키 박물관(Ah-Tah-Thi-Ki Museum)은 에버글레이즈의 인디언 부족인 세미놀(Seminole)의 문화와 역사를 기리는 박물관이다.
- 캠핑장에 머무르면 밤새 황야의 고독을 느낄 수 있다. 캠핑장은 배로만 갈 수 있다.

알래스카의 한 만에 빙하에서 떨어져 나온 얼음들이 떠 있다.

미국 워싱턴 주 | 알래스카 주

시애틀에서 알래스카로 Seattle to Alaska

크루즈선을 타고 북아메리카의 광막한 해안을 여행하면서 피오르드, 혹등고래,
수천 년 된 빙하의 세계를 탐험해 보자.

해발 4,575미터 높이로 우뚝 솟아 있는 산들 사이로 배가 부드럽게 미끄러져 지나간다. 피오르드 사이로 흐르는 거울같이 맑고 고요한 물 위로 눈 덮인 산봉우리가 비치고, 머리 위로는 흰머리독수리 몇 마리가 날아간다. 이 크루즈 여행은 시애틀이나 밴쿠버에서 출발하여 북쪽으로 1천 6백 킬로미터를 올라가 인사이드 패시지까지 닿는다. 인사이드 패시지는 캐나다 브리티시컬럼비아 주와 알래스카 남동부의 좁고 긴 땅 사이의 해협들과 그 주변 섬들을 가리킨다.

갑판 위에 올라서서 지나가는 해안선들이 만들어 내는 감동적인 풍경을 즐겨 보자. 알래스카 주 남동쪽 끝에 있는 케치칸 근처에서는 미스티 피오르드의 짙푸른 바다 위로 915미터 높이의 절벽이 솟아 있는 걸 볼 수 있다. 인사이드 패시지 양쪽으로는 온대 우림인 통가스 국유림(Tongass National Forest)이 펼쳐져 있는데, 이 지역의 습한 기후 덕분에 형성된 침엽수와 활엽수가 세계에서 가장 진귀한 생태계 중 하나를 형성하고 있다. 북쪽으로 더 올라가면 '글레이셔 베이(Glacier Bay)'가 나온다.

주노의 한 공원에 있는 원주민들의 나무 조각.

브리타니아 해변에 오래된 증기선이 정박해 있다.

35

글레이셔 베이는 16개의 빙하가 바다 쪽으로 삐져나와 있는 것인데, 천 년도 더 된 집채 만한 얼음덩어리가 빙하에서 갈라져 바다로 빠질 때면, 천둥이 치는 듯한 굉음이 울려 퍼진다. 고무보트를 타고 글레이셔 베이를 횡단하면서 바다표범과 고래, 빙괴가 떨어져 나가는 빙하의 모습 등을 좀 더 가까이에서 관찰해 보자.

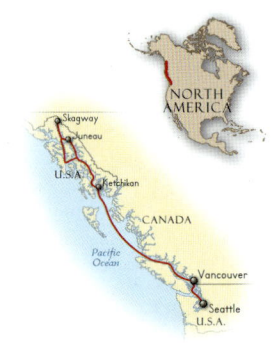

배는 산 아래 항구 주변에 형성되어 있는 해안 마을들에도 정박한다. 각 마을은 다양한 문화가 남긴 영향을 보여 주는데, 북아메리카 북서해안과 알래스카 남동부 원주민 부족들의 토템폴을 비롯하여 다양한 색이 어우러진 스칸디나비아반도 양식의 건물들, 19세기 후반 골드러시 시절의 유적들, 러시아 정교회 예배당 등이 대표적이다.

When to go 크루즈 시즌이 시작되는 5월과 시즌이 끝나는 9월에 덜 붐비는 편이다. 9월 초의 날씨는 보통 쾌적하고 온화하다.

How Long 크루즈 여행은 7일짜리에서부터 14일짜리까지 다양하므로 여정을 신중하게 선택하도록 한다. 기간이 긴 크루즈는 인사이드 패시지를 왕복하기도 한다. 기간이 짧은 크루즈는 인사이드 패시지의 많은 부분을 우회하고 알래스카 북부에서 더 많은 시간을 보낸다.

Planning 원하는 여행을 하려면 1년 전에는 예약하는 것이 좋다. 승객이 50~100명 정도인 작은 크루즈선으로 여행을 해야 좀 더 친밀하고 자연과 가까운 여행을 할 수 있다.

Inside Information 따뜻하고 햇볕이 강한 날씨부터 춥고 비가 오는 날씨까지 모두 대비할 수 있도록 짐을 싸야 한다. 따뜻한 모자와 재킷, 우비와 우산, 선글라스, 성능 좋은 쌍안경을 반드시 준비한다.

Websites www.Alaska.com, www.alaskatravel.com, www.smallshipcruises.com

- 캐나다 태평양 연안에 있는 퀸샬럿 제도(Queen Charlotte slands)의 우림 속을 하이킹하다 보면 희귀한 흰색 커모드곰(Kermode bear, 스피릿곰이라고도 불림)을 볼 수도 있다.
- 케치칸(틀링깃 족 언어로 '독수리의 우레 같은 날개'라는 뜻)에는 세계에서 가장 많은 토템폴이 있다.
- 프레데릭 해협에서는 물고기를 잡는 회색곰, 하늘을 미끄러지듯 날아가는 독수리, 물수리, 매, 물 위를 넘나들며 먹이를 찾는 혹등고래 등을 볼 수 있으니 유심히 보자.
- 헬리콥터를 타고 멘덴홀 빙하(Mendenhall Glacier)를 조망한 후 빙하 위를 걸어 볼 수 있다. 멘덴홀 빙하는 알래스카의 주도(州都)인 주노에서 북서쪽으로 19킬로미터 떨어진 곳에 있는 빙하다.

카리브 해

동부 카리브 해 크루즈
Eastern Caribbean Cruise

카리브 해의 숨막히게 아름다운 바다 위를 여행하면서 호화로운 서비스와 쇼핑, 야외 오락을 모두 즐길 수 있다.

하늘색, 담청색, 청옥색은 모두 동부 카리브 해를 일컫는 색이다. 세인트마틴 섬, 앤티거 섬, 푸에르토리코, 앵귈러 섬 등을 비롯하여 아직 사람들의 발길이 닿지 않은 수많은 작은 섬들도 아름답지만, 원시 그대로의 모습을 간직하고 있는 카리브 해는 정말 숨 막힐 듯 아름답다. 해변의 하얀 모래밭, 부드러운 바닷바람에 흔들리는 야자수들, 무지갯빛 열대어들이 무수히 우글거리는 산호초, 칼립소(calypso, 트리니다드 섬 원주민의 민요풍 재즈)가 울려 퍼지는 활기 넘치는 거리 등 카리브 해의 섬들은 가히 낙원이라고 할 만하다.

이 바다 위에 펼쳐진 동화의 나라를 탐험하는 가장 좋은 방법은 크루즈선을 타는 것이다. 많은 사람들의 취향과 예산에 맞춘 다양한 크루즈 여행 상품들이 준비되어 있다. 이 지역에서 운행되는 대부분의 크루즈선은 골프 강습에서부터 가라오케에 이르기까지 여러 가지 선상 오락을 제공한다. 그러나 이 크루즈를 세계 제일의 크루즈 여행으로 만드는 것은 무엇보다도 해안에서 보내는 시간이다.

과들루프 섬(Guadeloupe)의 분홍색 알라만다 꽃.

버진 고다 섬(Virgin Gorda)으로 다가가는 크루즈선.

세인트토머스 섬에서는 17세기 창고를 개조한 상점에서 면세 쇼핑을 할 수 있고, 세인트마틴 섬에서는 북쪽에 위치한 고급 프랑스 레스토랑에서 훌륭한 식사를 즐길 수 있다. 또한 인근 해안에서는 스노클을 쓰고 바다 속을 관찰해 볼 수도 있는데, 산호를 비롯하여 노랑과 검정으로 이루어진 자리돔, 분홍색 말미잘, 오렌지색과 흰색의 클라운피시, 그리고 물결을 따라 부드럽게 흔들리는 붉은색 산호가 환상적인 색을 만들어 낸다.

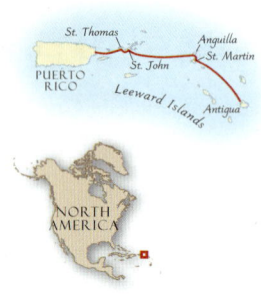

이곳의 섬들은 소박하고 아름다운 해변, 스릴 넘치는 수상 스포츠뿐만 아니라 식민주의의 긴 역사를 함께해 온 럼주 칵테일 등 다양한 사람들에게 어필할 수 있는 매력을 지니고 있다. 여행을 최대한 즐기려면 첨단 대형 범선을 이용하는 것도 좋다. 대형 범선 크루즈에서는 큰 배의 호화로움과 작은 배의 친근함, 돛단배의 낭만적인 항해까지 모두 경험할 수 있다.

When to go 연중 많은 수의 크루즈가 운행된다. 성수기는 12월부터 4월까지다. 물론 가격도 이때가 가장 비싸다.

How Long 대부분의 크루즈는 7일 일정이다. 하지만, 더 많은 섬을 방문하고 싶다면 10일에서 14일짜리 크루즈를 선택할 수도 있다.

Planning 여행 일정을 유연하게 잡을 수 있다면, 일정이 임박해서 제공되는 할인 요금을 적극 활용하도록 하자. 11월에는 흔히 세일을 한다.

Inside Information 간편한 복장을 하도록 한다. 단, 일부 크루즈에서는 저녁 식사에 세미 정장을 요구하기도 한다. 열대의 태양은 무척 강렬하므로 모자와 선글라스를 지참하고 자외선 차단 크림을 잘 바르도록 하자.

Websites www.windstarcruises.com, www.carnival.com

- 크리스토퍼 콜럼버스가 아메리카 대륙을 발견했을 때부터 그 자리에 있어 온 바닷가 마을들에서 쇼핑을 즐겨 보자. 최고의 쇼핑 명소는 세인트토머스 섬의 샬롯 아말리(Charlotte Amalie), 세인트존 섬의 크루즈 만(Cruz Bay), 세인트마틴 섬의 필립스버그(Philipsburg) 면세점 등이다.

- 수많은 관광객들에게서 벗어나고 싶다면 내륙으로 하이킹을 떠나 보자. 높은 언덕을 향해 난 길을 따라 올라가면 눈부실 정도로 푸른 바다와 투명한 만, 울창한 열대 풍경을 감상할 수 있다.

- 향기 짙은 열대 식물과 꽃들로 가득한 식물원을 방문해 볼 만하다. 식물원에서는 화려한 색을 자랑하는 앵무새가 날아다니고, 아름다운 꽃들 사이로 벌새가 보석처럼 반짝이며 공중을 떠다닌다.

세인트존 섬의 해안. 하얀 모래밭이 깔린 이곳 해안 인근에서는 스노클링을 하기 좋다.

니카라과 호수에 있는 가장 큰 섬인 오메테페 섬의 기슭에 작은 나룻배가 떠 있다.

니카라과

니카라과 호수 *Lake Nicaragua*

세계에서 가장 큰 호수 가운데 하나인 중앙아메리카 니카라과의 니카라과 호수에는 열대의 신비로움이 가득하다.

    화산들이 둘러싸고 있고 녹색 작은 섬들이 점점이 떠 있는 이 광대한 열대의 담수호를 현지인들은 마르 둘체(Mar Dulce, '신선한 바다'라는 뜻으로, 담수호를 의미함)라 부른다. 니카라과 호수는 태평양에서 16킬로미터 정도 떨어져 있고, 산후안 강을 통해 카리브 해와 연결된다.

    이 호수는 넓이가 8,262제곱킬로미터나 되기 때문에, 스페인 정복자들은 이곳에 처음 도착했을 때 호수가 아니라 새로운 바다를 발견했다고 믿었다. 반짝이는 호수에는

350개 정도의 울창한 숲으로 뒤덮인 열대 섬들이 있다. 그 가운데 이 호수에서 가장 큰 섬인 오메테페 섬에는 뾰족한 화산 두 개가 웅장하게 솟아 있고, 화산이 보이는 인적이 드문 해안에서 수영을 할 수도 있다. 호수 남쪽에는 36개의 작은 섬들로 이루어진 솔렌티나메 군도(Solentiname archipelago)가 있다. 소수의 사람들이 흩어져 살고 있고 거대한 망고나무들이 그늘을 드리우고 있는 섬들에는 고대 거북과 줄무늬 보아뱀 등 독특한 야생 동물들이 살고 있다.

나뭇가지에 붙어서 일광욕을 즐기는 이구아나를 찾아보고, 새소리 외에는 아무 소리도 들리지 않는 곳에서 철저한 고요를 즐겨 보자. 또한 열대의 색과 풍습을 멋지게 화폭에 담는 솔렌티나메의 화가들을 만나는 기회도 놓치지 말자. 그들은 기꺼이 집을 개방하고 방문객들에게 자신들의 작품을 보여 줄 것이다.

When to go 건기의 전반부인 12월부터 2월 사이에 방문하는 것이 좋다. 땅은 우기의 기운이 남아 있어 수풀이 무성하고, 낮에는 햇볕이 강하고 건조하다.

How Long 제대로 다 보려면 2박에서 3박은 해야 한다. 섬과 섬 사이를 이동하는 시간은 보통 2시간이 채 걸리지 않는다.

Planning 쇼핑을 좋아하는 사람이라면 천으로 된 큰 가방을 따로 가져가는 것이 좋다. 그래서 마사야(Masaya) 시의 토산품인 아름다운 수공예 해먹이나 무척 싼 값에 팔리는 전통 무늬가 새겨진 도기류를 사서 담아 오자.

Inside Information 이 지역을 제대로 느껴 보고 싶다면 섬에서 숙박하는 것이 좋다. 오메테페 섬에는 숙박료가 저렴하고 좋은 호텔과 호스텔이 많이 있고, 솔렌티나메 군도의 망카롱(Mancarron) 섬에도 기본적인 숙박 시설이 있다.

Websites www.nica-adventures.com

- 오메테페 섬의 마데라스 화산(Maderas Volcano, 1,394미터)에 올라 보자. 열대 밀림을 뚫고 정상에 오르면 신비로운 연못이 있고, 정상에서는 태평양의 환상적인 풍광을 내려다볼 수 있다.
- 팡가(panga, 모터 달린 작은 카누)를 타고 솔렌티나메 반도의 로스 과투조스 야생동물 보호구역(Los Guatuzos Wildlife Refuge)의 운하를 통과해 보자. 이곳에는 380종의 새들이 서식하고 있다. 밤에 운하의 수면에 손전등 불빛을 비춰 보면 수백 개의 눈이 반짝이고 있는 것을 볼 수 있는데, 이것이 카이만(caiman)이라는 악어 비슷한 파충류의 눈이다.
- 니카라과 호수에는 황새치와 거대한 타폰(tarpon)이 아주 많기 때문에 스포츠 낚시를 즐기기도 좋다. 낚시는 현지 가이드와 함께 가야 최고의 경험을 할 수 있다.

베네수엘라

오리노코 강 크루즈 *The Orinoco River Cruise*

카누를 타고 오리노코 삼각주의 어마어마하게 넓은 습지대와 안개 짙은 밀림 속으로 모험을 떠나자.

오리노코 강의 지류를 따라 '오리노코 삼각주'로 여행을 떠나면, 지구상에서 가장 크고 가장 고립된 습지대 중 한 곳을 만나게 된다. 이 습지대는 모터보트나 통나무를 파서 만든 카누를 타고서만 접근할 수 있다.

복잡하게 이리저리 뻗은 미로 같은 물길에는 엄청나게 다양한 동식물들이 살고 있다. 빽빽한 밀림과 망그로브 늪, 석호(潟湖)를 구불구불 지나 대서양으로 빠져나가는 동안에는 마코앵무, 큰부리새, 앵무새, 저어새(넓적부리새), 검은머리황새 등 형형색색의 화려한 새들을 볼 수 있다. 흰목꼬리감기원숭이와 짖는원숭이 무리가 나무에서 나무로 우아한 포물선을 그리며 옮겨 다니고, 병모양주둥아리 강돌고래, 피라냐, 아나콘

오리노코 강의 습지대에 있는 나무에 앉아 있는 나무황새들.

다가 수면 아래를 쓱쓱 미끄러져 지나간다. 또한 이 지역 원주민인 와라오 족(Warao, '카누를 타는 사람들'이라는 뜻)을 가까이서 만날 수도 있다. 이들은 숙련된 어부이자 사냥꾼으로, 강 위에 나무로 된 집을 짓고 생활한다. 와라오 족의 독특한 집을 방문하여 그들의 생활을 엿보고, 장인들을 만나고, 이들이 즐겨 먹는 진미인 마레체(Mareche) 나무에서 사는 노란색 벌레를 맛보자.

해 뜰 무렵에 일어나면 밀림이 깨어나는 소리를 들을 수 있다. 짖는원숭이는 포효와 흰목꼬리감기원숭이가 떠드는 소리, 그리고 무수한 새들이 고막이 떨어져 나갈 듯 울어 대는 소리가 가득하다.

When to go 5월부터 12월까지의 우기에는 오후에 잠깐 소나기가 오고 수위가 높아진다. 1월부터 3월 하순이나 4월까지는 건조한 편으로, 이때는 수상동물보다는 캐피바라(남미산 설치류 중 몸집이 가장 큰 동물), 여우, 개미핥기 등 육지의 포유동물들을 더 많이 볼 수 있다. 여행 프로그램은 연중 내내 운영된다.

How Long 1박 여행부터 3박 여행까지 프로그램은 다양하게 준비되어 있다. 밀림 속으로 얼마나 깊숙이 들어갈 것인가와 언제 여행을 가느냐에 따라 다양한 선택이 가능하다. 건기의 여행이 기간이 더 짧다.

Planning 숙박 시설은 다양하다. 전통적인 와라오 마을의 집에 걸린 해먹에서 밤을 보낼 수도 있고, 욕실이 있고 수돗물과 전기가 공급되는 편안한 개인 오두막에서 묵을 수도 있다.

Inside Information 밤에는 날이 선선해질 수 있다. 특히 건기에는 더욱 심하므로 가벼운 플리스 소재 재킷을 가져가자. 이 지역은 모기가 심각한 문제다. 해 뜰 무렵과 해질녘에는 긴 바지와 긴 소매 셔츠를 입도록 하고, 반드시 방충제를 가져가도록 한다.

Websites www.ospreyvenezuela.com, www.angel-ecotours.com,

- 와라오 마을을 방문하여 현지인들이 먹는 끈적거리는 빵을 맛보자. 이 빵은 마레체 나무의 펄프로 만든 것이다. 빵뿐만 아니라 해먹과 집을 만드는 데도 사용되는 마레체 나무를 와라오 사람들은 '생명의 나무'라고 부른다.
- 고요한 석호로 배를 타고 가 보자. 이곳 석호의 물은 타닌 성분으로 인해 검은색을 띠고 있고, 부레옥잠(열대산 부초)이 수면 가득 떠 있다.

한 소년이 갈대를 엮어 만든 전통 배를 타고 티티카카 호수의 흔들리는 갈대밭 옆을 지나가고 있다.

페루

티티카카 호수의 페리 *Ferry over Lake Titicaca*

세계에서 가장 높은 곳에 위치한 호수 위의 섬들 사이로 보트 여행을 떠나자.

매일 아침 모터 달린 대형 보트들이 티티카카 호수의 페루 쪽 항구인 푸노 항에서 출발한다. 푸노 만의 해협들 사이를 빠져나간 배들은 지구상에서 가장 높은 고도에 위치한 티티카카 호수의 맑고 푸른 물살을 헤치며 고기잡이를 나가는 작은 돛단배들을 지나쳐 나아간다.

티티카카 호수의 풍경은 지중해를 연상케 한다. 크루즈가 시작되면, 이 지역 원주민인 우로스 족 사람들이 사는 떠다니는 섬들(islas flotantes)을 보게 될 것이다. 우로스 족은 잉카제국 시대부터 이곳에 살아 온 사람들이다. 떠다니는 섬들은 사실 푸노 만 기슭에서 자라는 갈대로 만든 거대한 뗏목인데, 아래쪽부터 썩어서 없어지기 때문에 계속해서 위쪽에 새로운 갈대를 덧대야 한다. 건조한 평원과 나무 하나 없는 봉우리들로 둘러싸인 티티카카 호수는 안데스 산맥 위 해발 3,810미터에 위치한 내해(內海)로, 겨울 동안 내리는 비와 여름철에 안데스 산의 만년설이 녹는 물로 유지된다. 호수 곳곳에는 섬들이 흩어져 있다. 그 섬들에는 돌담과 선인장 울타리로 구분된 계단식 밭이 있고, 튼튼한 돌집들로 형성된 작은 마을들이 있으며 각기 고유한 문화를 가지고 있다. 그들의 문화는 알록달록한 의상으로 대변되는데, 양모로 짠 정교한 패턴의 숄과 장식띠, 모자 등이 특징이다. 한편, 호수의 차가운 물에서 수영을 할 용기가 있는 사람들을 위해 모래 해변이 있는 섬도 있다.

When to go 5월부터 10월이 좋다.

How Long 당일치기부터 4일짜리 프로그램까지 다양한 투어 중에서 선택할 수 있다.

Planning 낮에는 햇볕이 무서울 정도로 따갑고 밤에는 기온이 섭씨 0도 정도로 떨어지는 극한의 날씨에 대비해야 한다. 자외선 차단 크림과 따뜻한 플리스 소재 재킷이 필수다. 또한 손전등도 반드시 가져가야 한다. 이곳에는 전기가 들어오지 않는 집들도 적지 않고, 배수 시설이 갖춰진 집도 거의 없으므로 여행에 참고하도록 하자.

Inside Information 타킬레(Taquile) 섬에는 숙박 시설과 식당이 많이 있다. 70개 정도 되는 민박집과 두 개의 작은 호스텔, 그리고 20개가 넘는 소박한 식당들이 있다. 기본적인 음식과 병에 든 식수는 아만타니(Amantani) 섬에서 구할 수 있으므로 통조림을 가져와서 다른 사람들과 나눠 먹거나 섬에 사는 주민들에게 선물로 주면 좋다. 단, 주민들이 좋아하지 않으므로 섬에 있는 아이들에게 사탕을 가져와서 주지는 말도록 하자.

Websites www.peru.info, www.peru-explorer.com

- 시간을 내서 페루에 면한 티티카카 호수에서 가장 큰 항구인 푸노 항을 탐험해 보자. 이 활기 넘치고 국제적인 작은 도시에는 다양한 물건을 파는 시장들이 있다. 중심가에는 알파카 스테이크, 기니피그 구이, 호수에서 잡은 물고기 요리 등 페루의 전통 음식을 파는 식당들이 늘어서 있다.
- 타킬레(Taquile) 섬이나 아만타니(Amantani) 섬에서 하룻밤 묵어보자. 민박을 해도 괜찮고, 소박한 게스트하우스에서 묵을 수도 있다.

페루의 아마존 강 상류 퀘브라다 피차나(Quebrada Pichana)에서 원주민들이 카누를 탄 채 채소와 과일을 팔고 있다.

남아메리카

아마존 강 *Amazon River*

고전적인 배를 타고 아마존 강을 유람하며, 아마존의 매혹적인
야생동물들과 우림, 원주민들을 만나 보자.

아마존의 광활한 흙탕물 위를 배를 타고 미끄러져 가다 보면, 이것이 세계에서 가장 넓은 강이라는 사실을 잊어버리기가 쉽다. 페루의 안데스 산맥에서 발원한 아마존 강은 6천 킬로미터 이상을 흘러서 대서양으로 빠져나간다. 그리고 볼리비아, 에콰도르, 콜롬비아, 베네수엘라 등지의 지류와 합쳐져 남아메리카 북반부 전체에 물을 공급하는 거대한 강을 형성한다. 물론 큰 호화 유람선도 아마존 강을 순항하지만, 2층으로 된 전통적인 강배가 더 내밀하고 느긋한 경험을 하게 해 준다.

강물 위를 흘러가는 강배의 갑판에 올라서면 열대우림의 무수한 동식물이 가까이에서 지나가고, 나무 사이로 천진하게 손을 흔드는 현지 아이들과 강둑에서 그물을 던지거나 카누를 저어가는 어부들을 만날 수 있다. 밀림 속 더 깊은 곳으로 들어가면, 차양처럼 드리워진 나뭇가지와 잎들이 햇빛을 가린다. 이곳에서는 원주민들의 마을을 방문하고 우림을 탐험할 수 있다. 그 경험은 실로 경이롭고 말문이 막힐 정도로 아름답다.

브라질 북서부 지방의 나뭇가지에 앉아 있는 마코앵무.

아마존 강 상류의 지류 중 하나인 야나야쿠 강(Yanayacu River).

아니면 거대한 수련들로 뒤덮인 고요한 석호를 보러 갈 수도 있다.

아마존 강의 풍부한 야생동물들은 이른 아침이나 저녁에 가장 잘 볼 수 있다. 메아리치는 원숭이들의 울음소리와 이국적인 새들의 울음소리를 들으며 배 위에서 피라냐 낚시를 해 보고, 저녁에는 따뜻하게 옷을 갖춰 입고 카누를 탄 채 강물 위를 미끄러져 악어를 찾아보자. 아마존 원주민들이 몇 백 년 동안 해 왔던 것처럼, 막대기로 된 낚싯대로 붉은배피라냐를 잡아서 요리해 먹어도 좋겠다. 어둠이 내릴 때, 배는 조용히 하류로 내려간다. 강 하류에는 손전등 불빛이나 요리를 하기 위한 불빛이 드문드문 밝혀져 있다. 고요히 밀림 속 생물들의 다채로운 소리 속으로 빠져들어 보자.

When to go 우기의 절정인 4월과 5월이 새들을 관찰하고 영장류를 보기에 가장 좋은 시기다. 과일이 풍부하기 때문이다. 강의 수위가 낮아지는 시기인 7월부터 2월에는 접근할 수 없는 곳도 있지만, 오히려 메마른 강둑으로 물을 마시기 위해 올라오는 다양한 동물들을 볼 수도 있다.

How Long 대부분의 크루즈 투어는 8일 일정으로 강 하류를 여행하게 된다.

Planning 방충제와 손전등, 면으로 된 긴소매 셔츠와 긴 바지는 필수다. 카메라 같은 전자제품을 높은 습도로부터 보호하기 위한 투명 비닐봉지도 준비하도록 한다. 짐은 가볍게 싸자. 많은 크루즈 배들이 수하물 무게 제한이 있다.

Inside Information 사진 찍는 것을 좋아하는 사람이라면 고감도 필름과 플래시는 필수다. 우림 내부는 두려움을 느낄 정도로 어두울 수 있기 때문이다.

Websites www.amazoncruise.net/river-cruises, www.amazonadventures.com

- 아마존 강에서는 분홍색 강돌고래, 카이만(중남미산 소형 악어), 악어, 앵무새 등을 모두 배에 탄 채로 볼 수 있다. 밀림 내륙 여행에서는 원숭이, 이구아나, 나비 등을 볼 수 있다.
- 넓고 평탄한 강을 계속해서 보는 것이 지루하다면 중간 중간 강변으로 올라가 보는 것도 좋다. 대부분의 크루즈가 원주민 마을 방문과 밀림 트레킹 등의 프로그램을 알선해 준다.
- 강의 지류를 따라 카누를 타고 가는 것은 빼놓아서는 안 될 경험이다. 열대우림이 드리운 차양 속에서 온갖 야생동식물을 볼 수 있고 낚시도 즐길 수 있다.

인도

케랄라의 후미진 강줄기들
Kerala Backwaters

수많은 해협, 섬, 석호가 거대한 미로처럼 얽혀 있는 인도 남부 케랄라 해안의 비취색 바다에서 어부들을 지나치며 항해를 해 보자.

인도 남서부 케랄라 지방의 울창한 내륙으로부터 수많은 좁은 물줄기들이 거대한 석호로 흘러들어 간다. 그 석호에서 바다까지는 엎어지면 코 닿을 거리다. 인도 사람들은 케랄라 지방을 '신의 땅'이라고 부른다. 조류가 형성한 모래톱이 자연적인 댐 역할을 해서 케랄라를 바다로부터 차단시키기 때문이다. 그러나 내륙으로부터 뻗어 나온 9백 킬로미터 정도의 무수한 강줄기들이 인도를 동방과 서방의 상인들, 선교사들, 침략자들에게 문을 열어 주는 역할을 했다.

강둑에는 진주조개를 잡고 코코넛을 재배하며 살아가는 사람들이 사는 작은 마을들이 늘어서 있다. 갈색의 거친 코코넛 껍질이 담긴 짐짝들이 방파제 옆에 쌓여 있거나 작은 배에 실려 있다. 이곳의 잔잔한 물결은 빠르게 움직이는 '뱀 보트(곤돌라처럼 생긴 케랄라 지방 고유의 배)'와 쌀을 잔뜩 실은 바지선, 진주조개잡이 어부들이 얕은 바다에서 이용하는 갈대로 만든 작은 뗏목 등을 지나갈 수 있게 해 준다.

에르나쿨람(Ernakulam)에서 열린 코끼리 축제.

테이얌(Theyyam) 여신을 기리는 공연에 등장하는 무용수.

주민들의 많은 수가 기독교 신자들이고(2천 년 전쯤 인도로 와서 선교 활동을 했던 예의 열두 제자 중 한 명인 성 토마에 의해 개종한 사람들의 후손이라고 전해진다), 섬 곳곳에 흰색 회칠을 한 교회가 야자나무 그늘 아래 서 있다. 방문객들은 에어컨도 가동되는 케투발람(선체 위에 지붕이 있는 케랄라 지방의 집배)의 편안한 좌석에서 고요하고 평온한 분위기를 즐길 수 있다. 손으로 만든 바지선인 케투발람은 길이가 보통 25미터쯤 되며, 전통적으로 나무판자에 야자 껍질 섬유로 만든 밧줄을 엮어서 만든다. 그리고 그 위에 고리버들로 우아한 세공 장식을 한다. 케투발람에서는 전속 요리사가 요리한 홍다리얼룩새우(tiger prawn) 요리를 반드시 먹어 보자.

- 해질녘, 코치 항에서는 중국식 큰 어망의 나무 골격이 자줏빛 하늘을 배경으로 마치 거대한 거미의 다리 같은 으스스한 실루엣을 만들어 낸다. 이 어망은 5백 년도 더 전에 동방으로부터 전해진 설계도에 따라 만들어진 것이다.
- 코코넛 윗부분을 칼로 잘라낸 다음 빨대를 꽂아서 반투명한 즙을 마셔 보자.
- 케랄라 뱀 보트 경주를 챙겨 보자. 강력한 모터에 의해 움직이는 뱀 보트 경주는 연중 수시로 열리는데, 보통 화려한 축제와 함께 열린다.

When to go 11월부터 2월까지 배는 매일 출발한다. 3월부터 10월까지의 우기는 피하자.

How Long 다양한 일정이 가능하다. 콜람(kollam)과 알라푸자(Alappuzha) 사이의 여행은 6~8시간 정도 걸리고, 알라푸자에서 코타얌(Kottayam)까지는 2~3시간이 소요된다. 그리고 쌀을 운송하는 바지선을 개조한 배를 이용하는 코치(kochi)와 콜람 사이의 크루즈는 2~3일이 걸린다.

Planning 케랄라에서 가장 가까운 국제공항은 코치 국제공항이다. 이곳에는 인도에서 가장 세련된 호텔들이 있다. 강에는 모기가 매우 많으므로 말라리아 예방약을 반드시 먹고 가야 한다.

Inside Information 호화로운 경험을 하고 싶다면 현대식 케투발람을 타면 된다. 현대식 케투발람은 대부분 화장실과 주방, 더블침대가 갖춰진 큰 선실을 갖추고 있고, 요리사를 포함한 선원 3~4명이 함께 탑승한다.

Websites www.ktdc.com, www.indiatourism.com, www.keralagreenery.com

아이람텡구(Ayiramthengu) 근처의 케랄라 강줄기의 어느 강에서 한 남자가 작은 돛단배를 저어 가고 있다.

양쯔 강변의 마을 우산(巫山)에 있는 누각에서 바라본 양쯔 강과, 세 개의 협곡 가운데 두 번째인 우샤의 광경.

중국

양쯔 강의 삼협 *Yangtze River-The Three Gorges*

고대 유적지들과 현대 공학의 경이를 느낄 수 있는 건물들을 지나, 세 개의 깊은 골짜기 사이로
중국에서 가장 큰 강을 유람해 보자.

양쯔 강은 칭하이-티베트 고원에서 발원하여 상하이 바로 위쪽의 강 하구에서 동중국해로 나아갈 때까지 중국을 가로지르며 장장 6,380킬로미터에 걸쳐 흐른다. 이제 양쯔 강은 더 이상 과거처럼 중요한 무역로의 역할을 하지는 않지만, 다양한 여객선이 여전히 양쯔 강에서 가장 유명한 구간을 운행한다. 그 구간은 세 개의 깊고 거대한 골짜기 사이로 강이 구불구불하고 좁게 흐르는 삼협(三峽, 싼샤)이다.

삼협은 중국 쓰촨성과 후베이성의 경계 지역인 추시산지를 양쯔 강이 가로지르는 곳에 형성된 협곡이다. 이곳을 지나는 크루즈선이나 석탄 바지선, 어선에는 험한 절벽의

거대한 그림자가 드리우고, 현대적인 관광선의 세련된 흰색 선체 옆으로는 작은 삼판(중국 및 동남아시아의 연안, 항구 부근, 하천에서 사용되는 길이 3~4미터에 바닥이 평평한 배)이 노란 돛을 까닥까닥 움직이며 지나간다.

여러 지류들을 둘러보거나 홍수로부터 보호하기 위해 위치를 옮긴 근처의 사원들에 들르는 등 짧은 여행들도 할 수 있고, 세계에서 가장 큰 수량을 자랑하는 댐인 싼샤 댐(삼협 댐)을 방문할 수도 있다. 싼샤 댐은 강철과 콘크리트로 만들어진 것으로, 높이 180미터, 폭 1.6킬로미터에 달한다.

When to go 초가을이 가장 좋다. 중국의 추석인 중추절 즈음에 가면 중국 추석 풍습을 볼 수도 있다.

How Long 삼협으로의 여행은 이창에서 1시간가량 걸리는 버스 여행으로 시작되고 끝난다. 크루즈로 충칭까지 가려면 3박이나 4박 정도는 필요하다. 수중익선(선체 밑에 날개가 달려 있어 고속으로 달릴 때 선체가 물 위로 떠오르는 배로, 배 가운데 속력이 가장 빠르다)으로는 산두핑에서 완시안까지, 그리고 이창과 충칭까지 버스로 연결되는 시간까지 합해서 약 12시간이 걸린다.

Planning 여행사나 웹사이트를 통해 미리 예약하는 것보다 이창이나 충칭의 부두에서 직접 표를 사는 가격이 60퍼센트 정도 저렴하다. 아니면 중국인들과 함께 스푸트니크 시대(세계 최초의 인공위성인 구소련의 스푸트니크 호가 발사된 1957년 이후 몇 년을 가리킴)의 러시아제 수중익선을 타면 훨씬 싼 가격에 이용할 수 있다.

Inside Information 일류 크루즈 선의 식사는 대체로 맛이 없고, 저렴한 중국 페리나 수중익선의 식사는 먹을 수 없는 수준이다. 저렴한 배를 이용한다면 간식과 물을 싸가도록 한다.

Websites www.victoriacruise.com, www.orientroyalcruise.com

- 이창 바로 위쪽 산두핑에 있는 위풍당당한 싼샤 댐은 총 길이가 645킬로미터에 달하는 저수지에 물을 저장할 수 있고, 핵발전소 15개에 맞먹는 전기를 만들어 낼 수 있다.
- 삼협, 즉 취탕샤, 우샤, 시링샤의 세 협곡을 지나갈 때는 위쪽을 바라보자. 이 지점에서는 많은 배들이 가파른 절벽 사이를 지그재그로 지나간다.
- 충칭에서 280킬로미터 떨어진 곳의 강기슭에 있는 붉은색 목재 누각 스바오자이(石寶寨, 석보채)에서 바라보는 양쯔 강과 그 주변의 멋진 풍경을 절대 놓치지 말자.

리강의 싱핑 부두에서 나무로 된 유람선이 승객을 기다리고 있다.

중국

리강 *The Li River*

수많은 수채화의 영감이 되어 온 숨 막히도록 아름다운 풍경을 지나치는 리 강 크루즈를 통해 아름다운 중국을 만날 수 있다.

광시좡족자치구(廣西壯族自治區) 북동쪽의 구이린과 양숴 사이의 지평선에는 리 강 강둑에 서로 밀치듯 서 있는 뾰족한 석회암 봉우리들이 수를 놓고 있다. 마치 구부러진 치아가 물 위로 솟아 있는 듯한 모습의 이 봉우리들은 그 생김새 때문에 여러 가지 이름을 얻었다. '코끼리 코 봉우리'는 거대한 석회암 코끼리가 물속에 코를 담그고 물을 마시려 하는 모습을 닮았다고 해서 붙은 이름이고, '벽화 봉우리'는 다양한 색을 지닌 암벽면이 눈부신 자연 벽화를 방불케 한다고 해서 붙은 이름이다. 그 외에 불멸의 신이나 가정에서 쓰이는 물건의 이름이 붙은 봉우리들도 있다.

리 강은 거대한 죽순 가지들과 온순한 물소 등에 올라탄 농촌 아이들을 지나 느릿느릿 흘러간다. 관광용 바지선에 앉아 창밖으로 아름다운 풍경이 지나가는 것을 보면서 전통 중국 음식을 즐길 수도 있다. 구이린과 리 강의 풍광은 예로부터 수많은 화가들과 시인들에게 영감을 주었다.

양쉮에서는 밤이면 가마우지를 이용해 물고기를 잡는 어부들이 관광객들을 강으로 데리고 가서 가마우지로 물고기 잡는 것을 보여 준다. 이 지역에 흔한 새인 가마우지의 목에 줄을 맨 후 물속에 넣어 가마우지가 물고기를 입에 물면 가마우지를 물 위로 잡아 올려 물고기를 낚아채고 다시 가마우지를 물속으로 넣는 것인데, 이는 광시 좡족자치구 사람들이 몇 백 년 전부터 리 강의 얕은 물에서 물고기를 잡아 온 방법이다. 가마우지를 이용해 물고기를 잡는 어부들은 저녁에 강물 위로 등불을 비추고, 가마우지는 그 불빛을 보고 물속으로 들어갔다가 물고기를 잡아서 물 위로 다시 올라온다.

- 양디와 싱핑 사이의 강에 비치는 봉우리들은 중국에서 가장 유명한 풍경 중 하나다. 그 풍경은 고대의 수묵화부터 현대의 지폐에까지 등장한다.
- 술집이 모두 문을 닫은 뒤에 호텔 옥상에 올라가서 고요하게 잠든 양쉮의 풍경을 감상해 보자. 뾰족한 봉우리들이 달빛을 받고 서 있는 모습이 장관이다.

When to go 봄과 가을의 기온이 쾌적하다. 여름은 덥고 습하다.

How Long 구이린의 부두까지 버스로 30분 정도, 24킬로미터를 간 다음 배로 4~5시간 동안 84킬로미터를 간다.

Planning 미리 예약할 필요는 없다. 부두에서 표를 사면 된다. 대개 찜 종류의 식사가 승선권 가격에 포함된다.

Inside Information 외국인들은 보통 두 배의 돈을 내고 관광객 전용 배에 타게 된다. 그러나 현지 여행사를 통해 적당한 가격에 현지인들이 타는 배를 탈 수도 있다. 단, 영어 가이드 비용을 따로 내야 한다.

Websites www.travelchinaguide.com

| 라오스 |

메콩 강 *The Mekong River*

메콩 강에서 천천히 움직이는 배를 타고 가면서 라오스의 안개 자욱한
강둑을 바라보면 절로 마음이 편안해진다.

    티베트 고원지대의 산에서 시작된 메콩 강은 일곱 개 국가를 통과하며 4,025킬로미터를 굽이쳐서 흐른다. 그 가운데 라오스의 안개 자욱한 진녹색 언덕 사이를 흐르는 구간이 가장 아름답다. 고성능이지만 시끄러운 '빠른 배'는 살짝 거절하고, 밝게 칠해진 나무로 만든 '느린 배'를 선택하자. 배 뒤쪽에 붙은 게으른 엔진에 익숙해지기만 하면, 숲으로 뒤덮인 산들과 논이 강물을 따라 흘러가는 것을 바라보며 몇 시간 동안 이 생각 저 생각에 빠질 수 있을 것이다.

라오스 루앙프라방 시 근처 메콩 강의 해질 무렵 풍경.

하지만 이 느린 배에서는 좋든 싫든 친구를 사귈 각오를 해야 한다. 좁고 불편한 좌석에 앉아서 몇 시간을 가다 보면 동지애를 느낄 수밖에 없기 때문이다. 중간 중간 배가 마을에 잠깐씩 서면 먹을 것과 음료를 사고 다리를 좀 펼 수 있다. 체력에 자신이 있는 여행자라면 중간에 들를 수 있는 멋진 곳들이 많이 있다. 특히 팍우(Pak-Ou) 동굴에 있는 불교 사원에는 꼭 들르기 바란다. 우뚝 솟은 회녹색 절벽에 뚫린 이 석회암 동굴에는 각양각색의 불상이 수백 개가 있는데, 무표정한 얼굴로 어둠 속을 바라보고 있는 불상들의 모습이 장관이다.

여행이 끝나는 곳은 루앙프라방이다. 이곳은 프랑스 식민시대의 건축물과 라오스 전통 건축물들이 우아하게 조화를 이루고 있어서 유네스코 세계유산으로 지정된 곳이다. 특히 프랑스와 라오스의 건축술로부터 영향을 받은 아름다운 국립 왕궁 박물관에는 라오스 군주제의 역사가 간직되어 있다

- 강변에 있는 작은 어촌 마을들에서는 행복한 표정의 아이들이 지치지 않고 손을 흔든다.
- 아무것도 하지 말고 풍경만 바라보면서 천천히 시간이 흘러가게 놔두자.
- 루앙프라방에서 24킬로미터 정도 떨어져 있는 쾅시 폭포까지 툭툭(자동 인력거)을 타고 가는 것도 재미있을 것이다. 쾅시 폭포는 천연 석회암 지형에 생긴 폭포다.

When to go 12월에서 2월 사이가 시원하고 건조하여 여행을 즐기기에 좋다.

How Long 2일짜리 여행부터 일주일 여행까지 다양한 일정이 가능하다. '느린 배'를 타다가 중간에 몇 시간은 '빠른 배'를 타고 투어를 할 수도 있다. 단, '빠른 배'를 탈 때는 구명조끼와 안전 헬멧을 착용해야 한다.

Planning 부두의 배 앞에서 직접 표를 사는 것이 가장 싼 가격에 살 수 있는 방법이다.

Inside Information 좌석이 딱딱하고 불편할 수 있으므로 작은 쿠션을 가져가자. '느린 배'는 선상에 화장실이 있긴 하지만 화장지는 가져가야 한다. 단조로운 엔진 소음을 막아줄 수 있는 귀마개를 가져가는 것이 좋다.

Websites www.visit-mekong.com/laos/index.html

파푸아뉴기니

세픽 강 *The Sepik River*

잃어버린 세계의 심장 속으로 강물을 따라 느릿느릿 들어가면, 파푸아뉴기니 고대 부족들의 생활을 엿볼 수 있다.

울창한 녹색 숲과 초원 사이로 천천히 구불구불 흘러가는 강 위에 이른 아침 안개가 어려 있다. 떠오르는 태양을 배경으로 한 어부가 통나무 속을 깎아 만든 카누를 저으며 갈색 흙탕물 위를 나아간다. 강둑에서는 악어들이 햇볕을 쬐고 있고, 머리 위로는 두 개의 관모를 가진 큰 독수리가 바람을 타고 미끄러져 날아간다.

파푸아뉴기니의 중앙 산맥에서 발원하여 북부의 저지대를 굽어 흐르는 세픽 강은 총 길이가 1,127킬로미터에 달하는 세계에서 가장 큰 강 중 하나다. 또한 세픽 강은 지구상에서 가장 손상이 덜 된 강으로, 인공 댐도 없고, 산업으로 인한 오염도 전혀 되지 않

세픽 강 부근에 있는 아름다운 호수들 가운데 하나인 와구(Wagu) 호수 기슭에서 무언가를 만들고 있는 부족민.

았다. 작은 크루즈용 배를 타든, 모터가 달린 카누를 타든, 모든 배는 강변에 있는 마을들 사이를 지나간다. 이 마을들에서는 얼굴에 칠을 한 이 지역 부족의 노인들이 전통 춤과 음악으로 관광객들을 반갑게 맞이한다.

캘리포니아 주보다 조금 더 넓은 지역에서 3백 개가 넘는 다양한 언어를 사용하는 것에서 알 수 있듯이, 이곳은 문화적으로 대단히 풍요로운 곳이다. 실제로 많은 면에서 그들의 예술적 솜씨를 발견할 수 있다. 의식이 거행되는 곳인 '영혼의 집(haus tambaran)'이나 현지 장인이 조각한 무시무시한 목재 사냥용 가면, 심지어는 성인식에서 등에 새기는 악어에 물린 자국을 닮은 무늬에서조차 모두 예술적 상상력이 넘친다.

마을마다 공예품을 만드는 전통적 솜씨와 방식도 다른데, 나무로 만든 가면, 등 없는 의자, 기둥 등 훌륭한 작품들은 '영혼의 집'에 보관된다. 영혼의 집 관람 시 입장료를 받는 마을도 있으니 참고하자.

- 중간에 잠깐 우회해서 참브리(Chambri) 호수에 들러 보자. 참브리 호수는 우기에는 둑 일부가 무너져서 '떠다니는 섬'이 된다. 이 지역 화가들과 장인들이 가장 솜씨가 뛰어난 것으로 알려져 있다.
- 파푸아뉴기니는 38종의 새들이 서식하는 새의 낙원이다. 강둑을 수놓은 울창한 숲에서 형형색색의 새들을 관찰해 보고, 노랫소리에 귀 기울여 보자.

When to go 파푸아뉴기니는 1년 내내 덥고 습하다. 특히 12월부터 3월까지의 우기는 피하자.

How Long 크루즈선에서 잠을 자는 3박 4일 여행이 기본이다.

Planning 출발하기 전에 파푸아뉴기니의 통화인 키나를 환전해서 가자. 공항의 환전소는 돈이 바닥나 없는 경우도 있기 때문이다. 현지의 공예품을 구입할 생각이 있다면 액면가가 낮은 지폐를 준비해 가도록 한다.

Inside Information 무례한 행위로 여겨지므로 물물교환을 하면 안 된다. 그리고 마을 사람 개인에게 선물을 주지도 마라. 단, 펜 같은 선물을 마을 촌장에게 전해서 마을 사람들이 나눠 쓰도록 하는 것은 괜찮다.

Websites www.pngtours.com

머레이 강 강둑에 줄지어 서 있는 유칼리나무들.

오스트레일리아

그레이트 머레이 리버 런 크루즈

The Great Murray River Run

뛰어난 자연미를 자랑하는 머레이 강을 따라
오스트레일리아 남동부의 중심으로 들어가 보자.

해질 무렵이면 키 큰 은빛 유칼리나무들이 머레이 강의 황금빛 수면 위로 긴 그림자를 드리운다. 이 느긋한 크루즈는 오스트레일리아 대륙을 가로질러 알렉산드리나 호수를 거쳐 인도양으로 가는 동안, 오스트레일리아 남부의 강한 햇빛과 인상적인 풍경 속으로 우리를 안내한다.

낮에는 깎아지른 듯한 석회암 절벽에서부터 향기로운 감귤 과수원까지 배 위에서 다양한 경치를 감상하고, 저녁에는 배에서 내려 안락한 호텔에서 숙박을 한다.

머레이 강 크루즈를 하면서는, 강물을 따라 천천히 흘러가는 위풍당당한 분홍색 부리를 지닌 오스트레일리아 펠리칸에서부터 머리 위에서 원을 그리며 날아다니는 쐐기 모양 꼬리를 한 독수리들까지, 오스트레일리아에서 가장 아름다운 야생동물들을 많이 볼 수 있다. 특히 오스트레일리아 원주민 말로 '날아다니는 것'이라는 뜻을 가진 와이케리(Waikerie)는 따오기, 왜가리, 오스트레일리아 펠리칸 등 물새를 보기에 가장 좋은 곳이다. 또한 세상에서 가장 큰 민물고기 중 하나인 머레이 대구를 잡고 흥분하는 어부도 볼 수 있을 것이다. 이 물고기는 길이가 1미터가 넘는 경우도 아주 흔하다.

크루즈 도중에 잠깐씩 들르는 곳 중에는 강변에 자리 잡은 도시인 모건도 있다. 옛 모습으로 복원된 이곳의 부두를 보면, 이 도시가 머레이 강과 그 지류를 따라 화물과 승객들을 실어 나르는 외륜선들로 가득한 번화한 항구였던 빅토리아시대의 전성기를 떠올리게 된다. 또한 양과 소를 기르는 대규모 목장에도 들르고, 포도밭에서 와인 시음을 하기도 하며, 고대 원주민 거주 지역도 돌아볼 수 있다.

- 렌마크 남서쪽에 있는 베리 시는 과수원과 포도밭으로 둘러싸여 있다. 베리 와이너리는 오스트레일리아에서 가장 큰 규모의 와이너리로, 메를로(Merlot) 와인과 시라즈(Shiraz) 와인을 시음할 수 있다.
- 머레이 강 중류쯤에 있는 스완 리치(Swan Reach)라는 항구의 빅 벤드(Big Bend)에는 높이 30미터의 옐로우 클리프 절벽이 있다. 이는 2천만 년쯤 전에 생성된 것으로 추정된다.

When to go 연중 어느 때든 좋다.
How Long 렌마크에서 웰링턴까지 4박 5일이 소요된다.
Planning 크루즈 비용에 식사와 숙박이 모두 포함된다.
Inside Information 머레이 강 유역은 지중해성 기후 지역이다. 평균 기온이 7월에는 섭씨 16도이고 1월에는 섭씨 32도다. 따라서 겨울에도 가벼운 옷을 가져가면 된다.
Websites www.coorongcruises.com.au

이른 아침의 밀퍼드사운드. 태양이 산에 빛과 그림자의 극적인 대비를 가져와 한층 웅장한 풍경이 만들어진다.

뉴질랜드

밀퍼드사운드 크루즈 *Cruising Milford Sound*

배에 느긋하게 앉아 얼음으로 덮인 산들과 바다을 헤아릴 수 없이 깊은 피오르드,
숨이 멎을 듯 아름다운 마법 같은 세상으로 여행을 떠난다.

크루즈선을 타고 밀퍼드사운드(Milford Sound, 마오리 언어로는 '피오피오타히'이며, '사운드'는 작은 만을 가리킨다)의 물길을 지나가면, 경외감이 느껴지는 자연의 광대함과 빙하기 동안 뉴질랜드의 피오르드랜드를 깎아 낸 빙하 작용의 무시무시한 힘이 우리를 엄습한다. 2시간의 여행에서 크루즈선은 1천 미터가 넘는 높고 깎아지른 절벽들 옆을 지난다. 절벽 위에는 무성한 우림이 암벽 면에 달라붙어 있고, 배를 둘러싸고 있는 것은 푸른빛과 초록빛으로 빛나는 육지와 바다 풍경뿐이다. 눈으로 덮인 봉우리들이 여기저기 솟아 있는데 그중 가장 높은 것은 1,694미터 높이의 미터 피크다. 이는 사실 다섯 개의 봉우리가 한데 모여 있는 것이다.

밀퍼드사운드 여행은 비가 와도 좋다. 비가 오면 산허리로 쏟아져 내리는 급류에 일시적으로 빗물이 더해져 멋진 폭포를 만들어 낸다. 특히 스털링 폭포는 낙폭이 146미터에 달하며, 큰 비가 내린 뒤면 더욱 더 웅장한 장관을 연출한다. 이곳을 다 즐긴 뒤에는 면적이 1만 2,120제곱킬로미터에 달하는 피오르드랜드국립공원을 탐험하자.

밀퍼드사운드에서 남쪽으로 더 내려가면 있는 다우트풀사운드(Doubtful Sound)는 가기는 좀 어렵지만 충분히 가볼 만한 가치가 있는 곳이다. 다우트풀사운드는 밀퍼드사운드보다 더 커서 '만'이 세 개가 있으며 장관을 이루는 폭포도 몇 개 있다. 이곳의 풍경은 밀퍼드사운드보다 더 광대하고 평온하며 고요하다. 한편, 여기서 내륙으로 들어가면 노르웨스트 호수의 투명하고 푸른 물을 만날 수 있는데, 이 호수는 영화 〈반지의 제왕The Lord of the Rings〉이 촬영된 곳이기도 하다.

When to go 연중 어느 때든 좋다. 뉴질랜드의 우기인 6월부터 8월 사이에는 관광객은 적고 폭포의 물은 불어난다.

How Long 평균 크루즈 시간은 2시간 정도다. 그러나 숙박 시설이 위치한 가장 가까운 마을인 테 아나우(Te Anau)에서 밀퍼드사운드까지 오가는 시간을 생각하면 하루는 잡아야 한다.

Planning 이곳 크루즈는 일찌감치 예약을 해야 한다. 또한 이 지역은 지구상에서 비가 가장 자주 오는 지역 중 하나라는 사실을 기억하고 우비와 우산을 준비하도록 하자. 사람을 무는 모래파리를 쫓기 위한 방충제도 가져가야 한다.

Inside Information 관광객이 너무 많은 때를 피하고 싶다면 그날의 첫 배를 타도록 한다. 아니면 오후에 출발하는 카누 여행을 예약하여 해가 지는 풍경을 보는 것도 좋다.

Websites www.fiordland.org.nz

- 테 아나우에서 밀퍼드사운드까지 버스를 타고 가는 구간은 세계에서 가장 아름다운 고산 드라이브 코스 중 하나다. 특히 호머 터널을 빠져나와 눈앞으로 협만이 펼쳐질 때의 장관은 잊지 못할 풍경이다.
- 청백 돌고래가 크루즈선 옆에서 뛰어오르며 장난을 칠 것이다. 물가의 바위에서는 물개들이 일광욕을 하고 있을 것이고, 운이 좋다면 희귀한 피오르드랜드 벼슬 펭귄(Fiordland Crested Penguin, 마오리 언어로는 타와키)을 볼 수도 있을 것이다.
- 경비행기나 헬리콥터로 밀퍼드사운드의 경치를 둘러보는 투어 상품도 있다. 그리고 크루즈선에서 하룻밤을 잘 수 있는 상품도 있는데, 사람들이 모두 잠든 후에 고요한 풍경을 즐길 수 있다.

핀란드

삼포 북극 쇄빙선 크루즈
Sampo Arctic Icebreaker

두꺼운 얼음으로 덮여 있는 라플란드의 차가운 바다 위로 잊을 수 없는 여행이 펼쳐진다.
바다와 얼음, 눈이 만들어 낸 눈부신 풍경을 즐겨 보자.

    이 여행은 얼음같이 차가운 겨울의 심장 속으로 들어가는 여행이다. '삼포'는 원래 쇄빙선이었으나 지금은 관광객들을 태우는 크루즈선이 되었다. 길이가 75미터에 달하는 이 배는 스웨덴과 핀란드를 구분하는 총 연장 724킬로미터의 보스니아 만(Gulf of Bothnia) 북쪽 끝에 위치한 케미 항에서 운행된다. 50센티미터 두께의 얼음을 뚫고 나갈

삼포의 앞쪽 갑판에 승객들이 모여서 뱃머리가 반짝이는 얼음을 깨며 나아가는 모습을 지켜보고 있다.

때도 8노트의 속력을 유지할 수 있는 이 튼튼한 배 앞에서 얼음덩어리들은 전혀 장애물이 되지 못한다.

매년 겨울 다섯 달 동안 관광객들을 태우고 무시무시할 정도로 춥고 칠흑같이 어두운 바다로, 배는 단단하게 덩어리진 두꺼운 얼음덩어리들을 뚫고 나아간다. 하지만 두꺼운 덩어리를 부수고 지나갈 때 흔들리는 것에는 대비를 해야 한다.

대부분의 크루즈는 반나절이면 끝나지만, 그 반나절 동안 바다와 얼음, 눈이 만들어 낸 눈부실 정도로 아름다운 광경을 즐길 수 있다. 중간에 얼음덩어리 위에 내려서 바닷물에 발을 담가 볼 수도 있는데, 그러자면 물론 따뜻한 방수 옷으로 몸을 보호해야 한다. 극지방 겨울의 짧은 낮이 끝나고 어둠이 내릴 때면, 오색의 오로라나 백야의 장관을 볼 수 있다. 그 밖에 설상차(雪上車)를 타고 얼음 위를 달려 볼 수도 있고, 개가 끄는 썰매를 타고 이 지역의 원주민인 라프 족(Lapp people)의 전통 마을을 방문할 수도 있다.

- 선상 투어 프로그램을 따라 엔진실에도 들어가고, 함교(함장이 항해 중에 함을 조종·지휘하기 위해 갑판 맨 앞 한가운데에 높게 만든 갑판)에도 올라 볼 수 있다. 엔진실에서는 이 배를 달리게 하는 8천 8백 마력의 기계를 볼 수 있고, 근무 중인 선원들을 만날 수도 있다.
- 갑판의 추운 바람을 피해 나무와 황동으로 장식되어 있는 북극 레스토랑, 쇄빙선 바, 선장 바 등에서 순록 요리를 비롯한 사미 족 전통 음식을 맛보자.

When to go 12월부터 4월이 적당하다.

How Long 기본 크루즈는 4시간이 걸리지만, 배 위에서 하룻밤을 자는 프로그램도 있다.

Planning 크루즈선 삼포의 정원은 150명이다. 따라서 반드시 미리 예약해야 한다.

Inside Information 삼포 투어에서는 얼음에 구멍을 뚫고 들어가서 하는 일명 '얼음 수영'에 필요한 장비까지도 모두 제공한다. 하지만 방수 재킷, 모자, 장갑을 비롯한 따뜻한 의류는 충분히 준비해 가야 한다. 갑판을 걸어다닐 때는 따뜻한 복장이 필수다. 또한 얼음과 눈에 비친 햇빛이 너무 강하기 때문에 선글라스도 필요하다.

Websites www.sampotours.com

플롬 근처 아울란스피오르드가 노르웨이의 눈부신 여름 햇빛을 받고 있다.

노르웨이

노르웨이 피오르드 *Fjords of Norway*

기차와 배를 갈아타며 노르웨이에서 가장 웅장한 피오르드풍경을 감상할 수 있다.
운이 좋다면, 물가에 올라가 햇볕을 쬐는 물개들도 볼 수 있다.

노르웨이의 피오르드는 3백만 년 전쯤 형성되었다. 노르웨이의 서쪽 해안을 따라 구불구불하고 좁은 수백 개의 피오르드들이 노르웨이 해와 본토 사이에 길을 만들어 주고 있다. 그 가운데서도 가장 풍경이 멋진 곳은 '피오르드의 왕'이라 불리는 송네피오르드(Sognefjord)다. 노르웨이에서 가장 긴 송네피오르드는 길이가 204킬로미터에 이르고, 가장 깊은 곳은 높이가 1,309미터에 달한다.

작은 크루즈선은 높이 솟은 절벽들과 너무나 빽빽하여 빛이라고는 들어갈 수 없을 듯한 소나무 숲의 그림자가 드리운 잔잔한 물결 위로 천천히 나아간다. 수직의 암벽면으로는 폭포가 쏟아져 내리고, 산기슭에는 붉은색 목재 가옥들과 흰색 교회가 모여 있는, 그림엽서에나 나올 법한 예쁜 마을들이 자리 잡고 있다. 여름에는 강한 햇빛을 온몸으로 받고, 겨울에는 거센 비바람에 시달리는 피오르드의 원시적인 아름다움과 엄청난 규모를 바라보다 보면, 새삼스럽게 인간이 얼마나 보잘 것 없는 존재인지 깨닫게 된다.

송네피오르드로 가려면 오슬로—베르겐 간 열차를 타고 미르달(Myrdal) 역까지 간 다음 그곳에서 플롬(Flåm) 산악열차로 갈아탄다. 플롬 산악열차는 20개의 터널을 지나며 가파른 경사를 달려 피오르드까지 간다. 산기슭에 아슬아슬하게 매달린 채 1시간 동안 달려가는 이 열차 여행은 폭포들과 가파른 절벽 풍경을 즐길 수 있는 세계에서 가장 멋진 기차 여행 중 하나이다. 작은 마을 플롬('가파른 산들 사이에 있는 작은 곳'이라는 뜻)에서는 피오르드의 물에서 카약을 탈 수도 있다.

- 노르웨이에서 두 번째로 큰 도시 베르겐은 중세의 목조 건물들이 아름답게 보존되어 있는데, 특히 유네스코 세계문화유산으로 지정된 브리겐 항구에 많이 모여 있다.
- 이 지역에서 가장 폭이 좁은 내뢰이피오르드는 북유럽에서 가장 아름다운 자연 풍경 가운데 하나다. 푸른 물이 초록의 소나무 숲과 대비를 이루고, 그 풍경을 머리에 눈을 인 산들이 내려다보고 있다.

When to go 여름에 해당하는 5월~9월은 여행 성수기고 맑은 날이 많다. 낮이 몇 시간 되지 않는 긴 겨울에는 비바람이 자주 몰아친다.

How Long 여행사에 따라 여행 기간은 다양하다. 베르겐을 방문하고 플롬 산악열차를 타려면 1~3일은 잡아야 한다.

Planning 배와 기차 모두 좌석은 전부 보통석이다. 플롬에서 내려서 점심식사를 하거나 잠깐 바람을 쐬도 좋다. 배에서 간식은 판매한다.

Inside Information 여름에도 이 지역은 쌀쌀하므로, 따뜻한 재킷이나 플리스 소재 옷을 가져가 갑판에 나가 풍경을 즐기도록 하자. 쌍안경을 가져가서 물개를 관찰하는 것도 좋다.

Websites www.norwaynutshell.com, www.visitnorway.com

스웨덴

스톡홀름 군도 *Stockholm Archipelago*

스칸디나비아에서 가장 아름다운 수도인 스톡홀름을 둘러싸고 있는
수천 개의 섬들과 수로 사이로 크루즈를 떠나자.

북으로 아르홀마 섬에서부터 란드솔트 마을이 있는 남쪽 끝 외야 섬까지 발트 해의 2만 4천 개의 섬들이 스톡홀름 군도(Stockholms Skärgård)를 형성하고 있다. 크루즈 보트로 이 수로를 여행하는 것은 유럽에서 가장 목가적인 여행 중 하나다. 이 여행은 남자들이 1년 중 여섯 달은 바다로 나가 고기를 잡고, 여자들은 육지에 남아 집을 돌보던 시절을 떠올리게 한다. 스톡홀름에서 시작하면 1시간 만에 섬들을 탐험할 수도 있고, 군도가 넓은 바다와 만나는 남쪽으로 나갈 수도 있다.

스톡홀름 군도에 있는 박스홀름 시를 구성하는 64개 섬 중 한 곳에 배들이 정박되어 있다.

이곳의 관광 명소들은 자연적인 곳도 있고 인공적인 곳도 있는데, 배를 타고 가다 보면 그 두 가지 광경이 적절하게 섞인다. 예를 들어 긴 모래 해변과 버섯과 야생화들로 가득 찬 울창한 삼림을 지날 때, 해안에는 이 지역 특유의 빨간색 목재 여름 별장들이 드문드문 서 있는 모습을 볼 수 있다.

좀 더 내륙 쪽에 위치한 섬들은 더욱 숲이 푸르고 무성하다. 이곳에는 부자들의 아름다운 여름 별장들이 있으니 둘러보자. 외진 곳에 있는 낚시터에 잠깐 멈춰서 연어 낚시에 도전해 봐도 좋고, 해안에서 햇볕을 쬐고 있는 물개를 찾아봐도 좋다. 도중에 배는 화려하게 장식되어 있는 부유한 상인들의 저택과 오랜 역사를 지닌 궁들과 성들을 지난다. 물론 그 중심에는 섬으로 이루어진 세련된 도시 스톡홀름이 자리 잡고 있다.

- 전통적인 증기선을 타고 19세기로 크루즈를 떠나 보자.
- 스톡홀름 군도에서 스톡홀름을 제외하고 가장 큰 도시인 박스홀름의 성과 오래된 목재 저택들 사이에서 17세기 스웨덴을 느낄 수 있다.
- 산드함(Sandhamn, 스웨덴어로 '모래 항구'라는 뜻) 섬의 광활한 모래 해변에서 수영도 하고 휴식도 취하자.

When to go 5월부터 9월 사이에 증기선 크루즈가 운행된다.

How Long 1일부터 5일까지 다양하다.

Planning 스톡홀름 군도에서 여러 섬을 다니며 여행할 수 있는 5일 패스(Båtluffarkortet)가 있다. 이 패스는 스톡홀름의 관광안내소에서 구입할 수 있다. 당일치기 투어 중에는 중간에 내려서 점심식사를 하는 비용이 운임에 포함되어 있는 것도 있다.

Inside Information 방수 옷과 방충제, 병에 든 식수는 꼭 가져가야 한다. 핀함(Finnhamn), 그린다(Grinda), 레뇌(Ränö), 노타뢰(Nåttarö), 우퇴(Utö) 등의 섬에는 기본적인 캠핑장이 있다. 이곳에서는 바닷가나 노로 젓는 배 위에서 낚싯대로 낚시도 할 수 있다. 본토보다 군도의 가을이 더 길고 따뜻하며, 해가 드는 시간도 더 길다.

Websites www.waxholmsbolaget.com

러시아

차르의 물길 *Waterways of the Tsars*

상트페테르부르크의 물길을 따라가면서 황제가 다스리던 러시아의 웅장하고
화려한 멋을 느낄 수 있다.

    뺨에 닿는 공기가 서늘하게 차가운 아침, 배가 모이카 운하의 좁은 통로를 나와 넓은 네바 강으로 나아가면 러시아 로마노프왕조 제4대 황제인 표트르 대제(재위 1682~1725)를 기념하는 도시, 상트페테르부르크가 펼쳐진다. 사자, 기린, 전차 등의 조각으로 장식된 다리 사이로 웅장한 궁전과 교회로 이루어진 스카이라인이 떠오른다. 왼쪽에는 겨울궁전(Winter Palace)의 바로크 양식 기둥이 솟아 있다. 겨울궁전은 과거에 러시아 황제가 주로 머물던 곳이었다.

    강 건너에서는 흰색으로 빛나는 신고전주의 양식의 구 증권거래소 건물이 눈길을 끈다. 그 오른쪽에는 '페트로파블로프스크 요새' 안에 위치한 '페트로파블로프스크 성당'

네바 강변에 석양이 비추자 겨울궁전의 화려한 외벽이 황금색으로 빛나고 있다.

의 황금빛 첨탑이 하늘을 찌를 듯 높이 솟아 있다. 화강암으로 양쪽에 제방을 댄 이곳의 광범위한 수로 시스템이 백 개가 넘는 섬들을 이어 주고 있어서, 상트페테르부르크는 예로부터 북구의 베네치아라고 불렸다. 그러나 사실 상트페테르부르크가 베네치아보다 그 규모가 훨씬 더 크다. 여름이면 자정에도 지지 않는 태양이 이 도시 전체를 부드러운 빛으로 물들이는데, 이것이 바로 그 유명한 백야다.

이 도시는 표트르대제가 '유럽으로 열린 창'이라는 기치 아래 세운 것으로, 제정 러시아 붕괴 후 레닌을 기념하여 레닌그라드라고 불렸다가 1991년 구소련 몰락 후 원래 이름을 되찾았다. 현재는 러시아의 수도인 모스크바보다 구소련 이전 제정 러시아의 신비스러움과 웅장함을 훨씬 더 많이 지니고 있다.

When to go 백야를 경험하려면 5월부터 7월 사이에 가야 한다. 백야가 절정에 이르는 것은 6월 마지막 주다.

How Long 크루즈 자체는 몇 시간이 안 되지만, 에르미타주 박물관과 페트로파블로프스크 요새를 방문할 생각이라면 이틀은 잡아야 한다.

Planning 러시아 관료주의의 번잡하고 지루한 절차를 피하려면 여행사를 통해 예약하는 게 좋다.

Inside Information 복통을 겪고 싶지 않다면 현지의 수돗물은 마시지 마라. 병에 든 생수는 쉽게 구할 수 있다. 상트페테르부르크에도 모기가 있으므로 방충제를 지참하도록 한다. 백야 기간 동안 이곳을 방문한다면 눈가리개를 가져가는 게 숙면에 도움이 될 것이다.

Websites www.russia-travel.com, www.onthegotours.com, www.russiangateway.co.uk

- 제정 러시아 황제들이 겨울에 머물렀던 겨울궁전은 반드시 방문하자. 현재는 영국의 대영박물관, 프랑스의 루브르박물관과 함께 세계 3대 박물관 중 하나로 손꼽히는 에르미타주 박물관 복합단지에 속해 있다.
- 금색 돔이 특징인 성이사크 성당 앞에 서 있는 표트르대제의 청동 기마상도 놓치지 말자.
- 페트로파블로프스크 요새를 둘러보자. 이곳은 과거에 레온 트로츠키나 도스토예프스키 등이 수감되었던 정치범 수용소이기도 했다. 또한 표트르대제와 예카테리나대제 등의 황제들이 잠들어 있는 페트로파블로프스크 성당이 있다.
- 현재는 중앙해군박물관이 된 옛 증권거래소 건물에도 가 보자. 로마 양식의 뱃머리로 장식된 붉은색 화강암으로 만들어진 두 개의 봉화대가 인상적이다.

고무보트를 타고 남극반도로 다가가고 있는 여행자들.

남극대륙

남극으로의 크루즈 *Cruising to Antarctica*

지구상에 마지막으로 남은 미개척지인 남극대륙에서 원시의 낙원으로
평생에 다시 없을 여행을 떠나 보자.

　배 옆으로 떠다니는 빙산들이 파란 하늘을 배경으로 초현실적인 풍경을 만들어 낸다. 개중에는 우리가 타고 있는 배 크기만한 것도 있다. 일부 빙산 위에는 물개들이 기어오른다. 그런 풍경을 보고 있는 중에 갑자기 누군가 "고래다!" 하고 소리치면, 그 소리를 신호로 모두가 갑판 위로 올라가 거대한 고래가 숨을 쉬면서 공기 중으로 내뿜는 물보라나 물속으로 몸을 감추는 그들의 갈라진 꼬리를 보려고 애쓴다.

　배가 바위투성이 해안을 미끄러져 지나갈 때, 내륙에는 눈 덮인 봉우리들이 솟아 있고, 여기저기 차가운 푸른빛이 감도는 빙하들이 보인다. 빙붕(남극대륙과 이어져 바다에 떠 있는 300~900m 두께의 얼음덩어리)의 절벽들이 담청색으로 빛나는 바닷물 위로 가파르게 솟아 있다. 중간에 고무보트를 타고 해안에 내려 펭귄들과 함께 걸어 볼 수도 있다. 사랑스럽기 그지없는 펭귄들은 사람들을 웃게 해 준다.

　남극대륙에서 남아메리카 쪽으로 삐져나온 남극반도(Antarctic peninsula)는 대부분의 크루즈 여행에서 중심이 되는 곳이다. 남극 크루즈는 비용이 많이 드는 여행으로, 무척

남극대륙의 엘리펀트 섬에 줄 지어 서 있는 턱끈펭귄들.

범고래 한 마리가 얼음덩어리 사이로 주둥이를 내밀고 있다.

쾌적하고 때로는 사치스럽다고 할 만한 여행을 즐길 수 있다. 선상에는 전망 라운지와 도서관이 있고, 체육관까지 있는 경우도 있다. 그러나 남극의 바다와 사람의 손길이 닿지 않은 광활한 남극대륙을 온전히 경험하고 싶다면, 두꺼운 옷으로 몸을 단단히 감싸고 갑판으로 올라가자. 갑판에서 살을 에는 듯한 바람을 뺨에 맞으며 얼음이 깨지는 소리와 새들의 울음소리, 그리고 배 위의 장비들을 흔들어 대는 남극의 바람 소리를 들어 보자.

또한 남극 크루즈선에는 전문 과학자들이 동승하여, 남극을 탐험한 초기의 용감한 탐험가들과 남극의 고유한 지질, 야생동물들에 대해 알게 쉽게 이야기해 준다.

When to go 12월부터 2월이 성수기다. 이때 해안 기온은 섭씨 영하 5도에서 영상 5도 사이로, 온화한 편이다.

How Long 크루즈 기간은 8일에서 29일까지 다양하다. 일정이 긴 여행은 사우스조지아(South Georgia) 섬과 포클랜드 제도(Falkland Islands)까지 방문하며, 웨들 해(Weddell Sea)에 위치한 스노힐 섬(Snow Hill Island)으로 황제펭귄을 보러 가는 것도 있다.

Planning 배는 50~100명 정도를 태우는 작은 쇄빙선(ice-cutter)에서부터 100~200명을 태우는 원정용 순양함, 600명까지 태울 수 있는 크루즈선까지 다양하다. 작은 배들은 더 자주 정차한다는 장점이 있고, 큰 배들은 험한 바다에서 좀 더 안정감 있게 항해한다는 장점이 있다.

Inside Information 어떤 배를 타든 만일에 대비해 멀미약을 가져가야 한다. 대부분의 배에서는 승객들에게 단열 재킷을 제공하므로 무거운 재킷은 가져가지 않아도 된다.

Websites www.adventureassociates.com, www.peregrineadventures.com, www.pelagic.co.uk

- 크루즈를 하는 중에 혹등고래나 밍크고래, 범고래, 혹은 흰줄박이물돼지(killer whale,사실은 돌고래의 일종) 등을 볼 수 있을 것이다.
- 남극반도에 있는 록로이 항(Port Lockroy)과 파라다이스 항(Paradise Harbor)에는 얼음 절벽으로 둘러싸인 멋진 풍경 속에서 젠투펭귄들이 많이 살고 있다. 하프문 섬(Half Moon Island)에는 턱끈펭귄들이 살고 있다.
- 1월 중순에 이곳을 방문하면 자갈로 만든 둥지에서 어미 펭귄들이 솜털이 보송보송한 통통한 새끼들을 보살피는 모습을 볼 수 있을 것이다. 둥지에서 새끼를 보살피는 펭귄들에게는 가까이 가면 안 되지만, 대부분의 펭귄들이 사람들을 봐도 당황하지 않고 카메라에 포즈를 취하기라도 하듯 뒤뚱거리며 다가온다.

그리스

키클라데스 제도 유람

Greek Island-Hopping

계단식으로 된 산허리, 올리브 숲, 풍차 아래로 흰색으로 칠한 집,
그리고 푸른색 돔을 얹은 교회들. 키클라데스 제도를 언제 가도 좋은 이유다.

푸른 하늘을 배경으로 폐허가 된 사원의 우아한 기둥들이 서 있다. 바위로 덮인 산 중턱에는 흰색으로 벽을 칠한 집들이 햇빛을 받으며 옹기종기 모여 있고, 해안에는 에게 해의 담청색 바다를 배경으로 고운 모래밭이 펼쳐져 있다.

북으로는 안드로스 섬에서부터 남쪽으로는 산토리니 섬까지 흩어져 있는 '키클라데스 제도(the Cyclades)'의 섬들을 옮겨 다니는 여행의 가장 큰 장점은 다양성과 유연성을 동시에 즐길 수 있다는 점이다. 매일 열두 편의 페리가 섬들 사이와 섬과 본토 사이를 오가므로, 한 섬에 머물면서 주변 섬들로 짧은 여행을 다닐 수도 있고, 섬들을 계속 옮겨 다닐 수도 있다. 비록 그중 다수가 작은 무인도긴 하지만, 220개쯤 되는 섬들 모두가 독특한 성격을 지니고 있으므로 기분에 따라 섬을 선택하면 된다.

밤 시간을 신나게 즐기고 싶다면 미코노스 섬이 최선의 선택일 것이다. 미코노스 섬의 넓지만 많은 사람들로 붐비는 해변에서 수영을 하는 것도 좋고 스노클링을 하거나 일광욕을 즐길 수도 있다. 그러다가 해변과 술집, 클럽이 지겨워지면 페리를 타면 금방

키클라데스 제도에서는 아직도 당나귀가 짐을 나른다.

낙소스 섬의 미완성으로 남아 있는 아폴로 신전의 문.

산토리니 섬 북쪽의 절벽 위에 있는 이아 마을의 종탑이 여명의 희미한 빛을 받아 엷게 빛난다.

갈 수 있는 델로스 섬으로 가면 된다. 그리스신화 속 델로스 섬은 아폴로 신과 그의 쌍둥이 여동생인 사냥의 여신 아르테미스가 태어난 곳이다. 이 섬에 있는 유적지들 가운데에서는, 기원전 6백 년 전에 만들어져서 아폴로 신에게 바쳐진 대리석 사자상들이 늘어선 거리와 '돌고래의 집' 바닥에 남아 있는 모자이크가 특히 인상적이다.

델로스 섬에서 더 남쪽으로 내려가면 폴레간드로스 섬이 있는데, 해안의 절벽 위에 흰색 집들이 올라앉아 있는 미로 같은 마을이 있다. 그리고 폴레간드로스 섬에서 조금 더 남동쪽으로 내려가면 산토리니 섬이 나온다. 산토리니는 6천 년도 더 전에 화산 폭발로 인한 지각 변동으로 생겨난 섬이다. 당나귀를 빌려 타고 275미터 높이의 분화구 가장자리로 올라가거나, 아니면 당나귀보다 빠르고 편안한 케이블카를 타고 올라가 그리스 전체에서 가장 아름다운 풍경과 일몰을 감상하자.

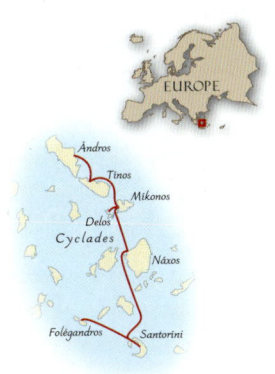

When to go 6월 초부터 10월 중순까지가 좋다. 단, 8월 중순의 아소마토스(Asomatos) 휴가 기간은 피하자.

How Long 섬에서 섬으로 이동하는 데는 이동 수단에 따라 2~4시간 정도 걸린다. 이동 수단은 전통적인 형태의 페리, 속도가 빠른 쌍동선(雙胴船), 그보다 더 빠른 수중익선 등 다양하다.

Planning 각 섬의 항구에 승선권을 파는 회사들이 있다. 출발 1시간쯤 전에 부두에서 표를 살 수도 있지만, 최소한 하루 전에 예약해 두는 게 좋다. 섬에 도착하면 게스트하우스 주인들이 줄지어 각자의 집을 광고한다. 예쁘거나 호화로운 곳에 묵으려면 미리 예약을 해야 한다.

Inside Information 페리의 숙박 시설은 안락의자에서부터 침대가 있는 일등 객실까지 다양하다. 장기간 여행을 할 때는 마실 물과 간식, 도시락 등을 직접 준비하자.

Websites www.gtp.gr, www.greekisland.co.uk

- 페리를 타는 것이 이 지역을 여행하는 즐거움 중 하나이다. 최고의 경치를 감상하기 위해서는 전통적인 페리를 타자. 수중익선은 속도는 빠르지만 실내 좌석밖에 없다.
- 티노스 섬에도 가 보자. 평화로운 언덕 사이로 당나귀들이 지나다니는 길이 구불구불 나 있고, 염소, 나비, 도마뱀이 여행자들의 유일한 친구다. 이 섬에 있는 파나기아 에반겔리스트리아 교회는 순례지 중 하나로, 기적을 행하는 힘을 지닌 성모 마리아 상이 유명하다.
- 키클라데스 제도에서 가장 큰 섬인 낙소스 섬의 해안에는 호텔, 술집, 기념품점들이 잔뜩 모여 있다. 이 섬 내륙은 키클라데스 제도에서 가장 높은 산인 자스(Zas) 산의 봉우리를 중심으로, 오래된 마을들을 과일나무들, 올리브 숲이 둘러싸고 있다.

라인 강 중앙의 작은 섬에 서 있는 팔츠 성.

독일

라인 강 크루즈 *Rhine River Cruise*

가파른 골짜기 위에 서 있는 동화 속에 나올 듯한 성과 짙푸른 숲, 중세의 마을을 지나는 낭만적인 크루즈 여행 속으로 떠난다.

독일 남서부 마인츠에서 코블렌츠까지의 구간은 19세기부터 여행자들에게 손꼽히는 여행지였다. 독일 낭만주의 정신이 스며 있는 라인 강은 헤아릴 수 없이 많은 동화, 우화, 시, 회화의 영감이 되어 왔다. 라인 강 속에 산다는 상상 속의 처녀들과 그 처녀들의 황금에 대한 이야기는 바그너의 악극 〈니벨룽겐의 반지 Der Ring des Nibelungen〉

를 탄생시켰다. 마인츠 바로 서쪽에 있는 도시 빙겐에서부터 코블렌츠까지 가파르고 좁은 골짜기 사이를 지나는 구간에는, 이 세상 어느 강보다도 더 많은 성들이 있다. 이곳의 성들은 권력 기반을 확보하고자 하는 중세의 왕자들, 기사들, 귀족들의 이야기를 담고 있는데, 그들은 강을 통과하는 배에서 통행료를 강제로 징수하여 부를 축적했다.

절벽 꼭대기에는 요새가 있고, 그 밑으로는 목재 가옥들로 이루어진 마을들이 있다. 그런 마을 중 하나인 바하라흐는, 이 지역의 가파른 산중턱에 조성되어 있는 포도밭에서 재배되는 리슬링 포도 덕분에 성장한 도시다. 신선한 사슴고기, 송아지고기, 수제 치즈 등 이 지역 특산 음식들을 세계적으로 유명한 이곳의 명물 포도주와 함께 먹어 보자.

When to go 4월부터 10월이 좋다.

How Long 편도로 7시간이 걸린다. 대부분의 여행자들은 구간 중간 중간에 내려서 관광을 하고, 전체 구간의 일부만 여행한다.

Planning 마인츠에서 크루즈선에 타기 전에 라인 패스를 구입하자. 이 패스가 있으면 하루 종일 크루즈선을 타고 원하는 곳 아무 데서나 수시로 내리고 탈 수 있다. 크루즈를 하면서 이 구간에 있는 성들을 모두 방문하는 것은 힘들다. 성들의 역사와 위치, 개관 시간 등이 적혀 있는 안내책자를 미리 구입해서 보고 선택하도록 하자.

Inside Information 대부분의 배는 의자가 딱딱하므로 쿠션을 가져가는 게 좋다. 8월이나 9월의 토요일에는 라인 강변의 거의 모든 작은 마을들에서 와인 축제가 열리고, 그 지역 와인은 대부분 그곳에서만 판매된다.

Websites www.k-d.com/englisch/index.html

- 뤼데스하임에 들러 보자. 이곳에는 라인 강변에서 가장 오래된 성이 있으며 와인을 파는 술집이 많이 있다.
- 카웁 근처 라인 강 중앙의 작은 섬에 세워진 팔츠(Pfalz) 성을 방문해 보자.
- 성벽으로 둘러싸인 도시 오버베젤에 있는 쉰베르크(Schnburg) 성에 하룻밤 머물면서 역사도 느끼고 호사를 누려 보는 것도 괜찮다.
- 라인 강이 가장 좁아지는 지점에 있는 가파른 절벽인 로렐라이 언덕을 찾아보자. 로렐라이 언덕은 언덕 위에서 들려오는 요정의 아름다운 노랫소리에 뱃사람들이 취해서, 배가 암초에 부딪혀 목숨을 잃는다는 전설이 전해져 오는 곳이다.
- 7월과 8월에 장크트고아르를 비롯한 여러 곳에서 열리는 라인 강 불꽃 축제의 찬란한 불꽃쇼도 놓치지 말자.
- 라인펠스(Rheinfels) 성 맞은편 라인 강 우안에 있는 고양이(Katz) 성과 쥐(Maus) 성도 찾아보자.

TOP 10

운하 여행 *Canal Trips*

산업혁명 기간에 화물을 운송하고자 조성된 운하들 중 다수가 지금은 휴양지로 이용되고 있다.

❶ 파나마 운하 The Panama Canal 파나마

대서양과 태평양을 이어 주는 총 길이 80킬로미터의 이 '공학 기술의 경이'를 해마다 수천 대의 크고 작은 배들이 이용하고 있다. 운하의 부분이나 전체를 통과하면서 화물선이나 예인선 곁으로 항해를 할 수 있다.

Planning 건기는 11월부터 4월 말까지다. www.canalandbaytours.com

❷ 뉴욕 주 운하 New York State Canals 미국

19세기 중반에 건설된 이 운하는 뉴욕 주 올버니(Albany)와 버팔로(Buffalo) 사이를 연결하는 총 연장 843킬로미터에 달하는 물길이다. 배를 빌려서 혼자 항해를 할 수도 있고, 선원을 고용할 수도 있다.

Planning 운하는 5월부터 11월 초까지 개방된다. www.nyscanals.gov

❸ 발트 해 운하 Baltic Sea Canal 러시아

백해(白海, White Sea, 러시아 북서부에서 북극 쪽으로 연결되는 바다)는 225킬로미터 길이의 운하에 의해 발트 해변에 있는 상트페테르부르크와 연결된다. 여행할 때는 전통 마을들과 오래된 목조 교회들을 자주 볼 수 있다.

Planning 반드시 여행사를 통해 여행해야 한다. www.nordictravel.ru

❹ 코펜하겐 Copenhagen 덴마크

많은 운하들 사이를 운행하는 수상 버스를 타고 덴마크의 수도 코펜하겐을 여행해 보자. 루트 중에는 인어공주 동상을 조망할 수 있는 것들도 있다. 수상 버스는 연중 운행된다.

Planning 운하를 따라 무제한 여행을 하려면 2일짜리 환승표를 구입한다. www.canaltours.com/dct/en

❺ 암스테르담 Amsterdam 네덜란드

암스테르담은 모든 길이 운하로 연결되어 있는 유럽 최고의 운하도시다. 이곳의 수많은 운하들 주변에는 낮은 다리와 역사적으로 의미 있는 주택들이 늘어서 있다. 크루즈선을 타고 선상 만찬을 즐겨 보자.

Planning www.blueboat.nl, www.canal.nl

❻ 흑해의 운하 The Black Sea Canal 루마니아

1984년에 완공된 길이 64킬로미터의 흑해 운하는 다뉴브 강변에 있는 불가리아의 도시 루세(Ruse)에서 흑해의 인기 있는 휴양지인 루마니아의 콘스탄차까지 이어지며 다양한 야생동물을 볼 수 있다.

Planning 다뉴브 강 크루즈의 일부로 흑해 운하 크루즈를 할 수 있다. www.romaniatourism.com

❼ 고타 운하 Gota Canal 스웨덴

이 운하에는 수문이 58개가 있다. 배가 수문에 접근하면 갑판으로 올라가 선원들이 수문을 열고 배를 통과시키는 광경을 놓치지 말자. 크루즈 여행도 좋지만, 좀 더 적극적으로 운하를 경험하고 싶다면 카누나 카약을 빌려서 직접 운전하며 여행해 보자.

Planning 한여름에는 거의 24시간 내내 해가 지지 않고 기온은 남유럽만큼 따뜻하다. www.vastsverige.com

❽ 브란덴부르크 수로 Waterways of Brandenburg 독일

독일 베를린과 발트 해 사이에 호수들과 운하들이 얽혀 있는 지역이 있다. 이 수로는 성들과 예스러운 정취가 남아 있는 마을 곁을 지난다. 물이 얕은 곳에서는 왜가리가 가만히 서서 수면 위로 날아가는 무지갯빛 물총새를 바라보는 모습을 만날 수도 있다.

Planning 관광객이 많은 지역이 아니라서 영어는 잘 통하지 않는다. www.cruisegermany.com/boating-holidays.htm

❾ 영국 해협~지중해 English Channel~Mediterranean 프랑스

총 연장이 장장 8,050킬로미터에 달하는 운하망이 우리를 프랑스 전국 곳곳에 데려간다. 작은 마을에 배를 정박시키고 뭍으로 올라가 현지 음식과 와인을 맛보자. 지역 특산 요리를 내놓는 식당들이 많이 있다.

Planning 배를 빌려 주는 업체에서 운항 교육을 시켜 준다. www.bargingin france.com

❿ 슈롭셔 유니언 운하 Shropshire Union Canal 잉글랜드

영국 잉글랜드 지방의 웨스트미들랜드에 있는 슈롭셔 유니언 운하는 산업 혁명 초기를 보여 주는 기념비적인 것으로 이곳을 오가는 원색의 배들 역시 다른 시대에서 온 것처럼 보인다. 이 배들은 사람이 걷는 속도 정도로 천천히 움직인다.

Planning 잉글랜드 지방의 날씨는 5월부터 10월까지가 가장 좋다. www.waterscape.com

오스트리아 | 헝가리 | 독일

다뉴브 강 크루즈 *Danube River Cruise*

전설과 이야기가 가득한 다뉴브 강을 따라가는 이 여행은
유럽의 고도 비엔나와 부다페스트를 거친다.

독일 남서부의 삼림지대 슈바르츠발트(Schwarzwald, 흑림)에서 발원하여 흑해까지 이어지는 푸른 다뉴브 강은 인적 없는 시골과 작은 마을들, 북적거리는 도시들을 통과하며 흐른다. 햇볕이 내리쬐는 포도밭과 나무로 뒤덮인 언덕, 뾰족한 교회의 첨탑들, 그리고 몇 세기 전부터 그 자리에 서 있는 언덕 위의 성들을 지나 유럽의 심장을 관통하는 이 여행을 의미 있게 만드는 것은, 다뉴브 강변에 위치한 유구한 역사를 자랑하는 일련의 웅장한 도시들이다. 배에서 내려 도시의 자갈이 깔린 거리로 올라가면 고급 상점들

부다와 페스트 사이를 흐르는 다뉴브 강을 배경으로 서 있는 부다페스트 의회의사당 건물에 석양이 비치고 있다.

과 화려하게 장식된 건축물들을 만날 수 있는 것이 이 여행의 즐거움 중 하나다.

다뉴브 강 크루즈는 아무리 짧은 일정이어도 유럽의 위대한 두 도시, 비엔나(Wien, 문화의 보고)와 부다페스트(Budapest, '다뉴브 강의 여왕'이란 별명을 갖고 있다)에 들른다. 부다페스트에는 첨단 상점들과 잘 보존된 18세기 건물들이 조화를 이루고 있다. 이러한 이 도시의 분위기를 고스란히 지닌 보행자 전용 쇼핑가 바찌 거리(Váci utca)는 반드시 들르도록 하자.

일부 크루즈는 슬로바키아의 수도인 브라티슬라바와 오스트리아의 두 마을 뒤른슈타인과 멜크에도 들른다. 뒤른슈타인에는 사자심왕 리처드(King Richard the Lionheart, 1157~1199, 잉글랜드의 왕)가 투옥되었던 12세기 성의 폐허가 남아 있고, 멜크에는 바로크 양식으로 지어진 장엄한 베네딕트 수도원이 있다. 부다페스트 북서쪽에 있는 도시 에스테르곰에 가면 헝가리에서 가장 큰 성당을 방문할 수 있다.

When to go 대부분의 크루즈는 4월부터 10월까지 운행되는데, 크리스마스 휴가 기간에 운행되는 크루즈도 있다.

How Long 독일 파사우에서 부다페스트 사이의 왕복 여행은 7일 일정부터 14일 일정까지 다양하다. 많은 크루즈가 프라하나 뮌헨 등 근처 도시에도 들른다.

Planning 옷을 여러 벌 껴입을 수 있도록 준비하고, 우비와 우산을 꼭 챙긴다. 유럽 중부의 날씨는 변덕스럽기로 유명하다. 걷기 편한 신발 또한 도시 관광에 필수다.

Inside Information 크루즈 비용을 계산할 때 팁도 잊어서는 안 된다. 하루에 10~12달러 정도를 팁으로 지불해야 한다.

Websites www.deilmann-cruises.com, www.vikingrivers.com

- 크루즈선은 유명한 부다페스트 중앙 시장에서 도보로 5분 거리에 정박한다. 이 시장에는 각종 농산물과 소시지, 부다페스트 최고의 수공예 기념품 등이 넘쳐난다.
- 고전음악을 좋아하는 사람이라면 저녁에 비엔나로 오페라나 음악회를 감상하러 가는 것도 잊지 못할 추억이 될 것이다.
- 데니쉬 패스트리의 원조인 비엔나 패스트리는 무척 맛이 좋다. 특히 초콜릿 스펀지케이크에 살구잼을 바른 다음 두꺼운 초콜릿으로 전체를 코팅한 자허토르테(Sacher Torte)는 반드시 먹어 보자. 비엔나에서 가장 유명한 제과점인 데멜 콘디토라이(Demel Konditorei, 데멜 제과점)를 추천한다. 데멜 콘디토라이는 고풍스러운 실내장식과 쇼윈도의 장식으로도 유명하다.

코모 호 기슭에 있는 작은 마을인 메나지오(Menaggio)의 부두.

<blockquote>이탈리아</blockquote>

이탈리아 호수 지방 유람 *The Italian Lakes*

이탈리아와 스위스의 국경을 따라가는 이 크루즈의 하이라이트는 고요한 푸른 물결, 만년설을 이고 있는 산들, 호숫가의 고급 저택들이다.

이탈리아의 호수 지방으로 알려진 세 개의 호수, 즉 코모 호, 루가노 호, 마조레 호는 17세기와 18세기 이후로 많은 관광객들을 불러 모으고 있다. 당시 이곳은 부유한 유럽인들을 위한 놀이터였다. 호숫가에는 작은 마을들이 옹기종기 모여 있고, 테라코타 지붕을 인 색색의 집들이 반짝이는 호수 위에 비친다. 코모 호의 벨라지오 같은 지역에는 놀라울 정도로 아름답고 멋진 별장들이 진달래꽃으로 둘러싸여 있다.

이 별장들은 지난 몇 세기에 걸쳐 부유한 이탈리아인들이 지은 것인데, 이 지역에 별장을 짓는 것은 고대 로마제국 시대부터 이어져 온 전통이다. 그때부터 이 지역은 인기 있는 여름 휴양지가 되었다. 트레메조의 카를로타 별장은 반드시 들러 조각가 카노바의 걸작 〈큐피드와 프시케〉를 감상해 보자.

1년 내내 승객들을 태운 유람선과 카페리가 오리와 백조들과 함께 호수를 오간다. 갑판에 서서 산에서 불어오는 서늘한 바람을 들이마시며 눈앞에 펼쳐진 반짝이는 푸른 물과 그 뒤의 눈 덮인 산들을 바라보노라면, 멀지 않은 곳에 있는 대도시 밀라노의 혼잡과 소음은 먼 세상 이야기처럼 느껴진다. 호숫가로 올라오면 둑을 따라 자전거를 타거나 주변 산과 계곡으로 하이킹을 떠나도 좋다. 그런 야외 활동을 좋아하지 않는 여행자라면 느긋하게 마을을 산책해도 좋겠다.

When to go 날씨는 봄과 여름이 가장 좋지만, 가을에도 날씨가 온화하고 관광객이 적어서 덜 붐빈다. 겨울에는 산꼭대기에 쌓인 눈이 또 다른 매력을 선사한다.

How Long 호수에서는 원하는 만큼 시간을 보낼 수 있다. 여행 일정은 어떤 호수를 어떤 루트로 가느냐에 달려 있다.

Planning 코모와 벨라지오 같은 이 지역 주요 도시의 부둣가에는 관광객들을 페리나 수중익선에 태워서 호수 투어를 시켜 주는 보트 회사들이 많이 있다. 표는 배에 타기 직전에 구입하면 된다. 호수 주변에는 다양한 숙박 시설들이 많이 있다.

Inside Information 이탈리아와 스위스에 모두 들른다면, 이탈리아의 통화는 유로이고 스위스의 통화는 스위스프랑이라는 사실을 염두에 두고 환전해야 한다. 단, 스위스의 관광지에서는 대체로 유로도 통용된다.

Websites www.enit.it

- 과거에 롬바르디아(Lombardy)의 대공들이 살았던 별장과 정원을 방문해 보자.
- 마조레 호나 루가노 호에서 배를 타고 스위스를 잠깐 방문해 보자. 이때 여권을 지참하는 것을 잊지 말아야 한다.
- 중세 도시 코모에서 매력적인 좁은 골목들과 산페델레(San Fedele) 성당 등을 찾아가 보자.
- 호수 주변 산에서 하이킹이나 승마를 할 수 있다. 겨울에는 스키를 탈 수도 있다.

TOP 10

돛단배 크루즈 *Sailing Cruises*

망망대해에서 두 시간, 혹은 두 주쯤 항해를 하며 돛단배를 타고 바다를 달리는 스릴을 느껴 보자.

❶ 노바 스코샤 & 래브라도 톨 쉽스
Nova Scotia and Labrador Tall Ships 캐나다

배의 돛에 부딪치는 기분 좋은 바람을 맞으며 캐나다 동부에 남아 있는 항해의 유산을 만나러 가자. 중간에 배가 외딴 항구에 정박하면 카약을 타거나 하이킹을 할 수 있다.

Planning 6월부터 9월까지 운행된다. 여행 기간은 4일부터 7일까지 가능하다. www.canadiansailingexpeditions.com

❷ 윈드재머 크루즈 Windjammer Cruise 카리브 해

카리브 해에서 크루즈를 하면서 머리카락을 흔드는 바람, 얼굴을 간질이는 햇살, 그리고 발바닥에 닿는 티크로 만든 갑판의 감촉을 느껴 보자. 배에서는 수상스포츠를, 물가에 내려서는 밀림 탐험 등을 즐길 수 있다.

Planning 11월부터 6월까지 운행된다. www.windjammer.com

❸ 파이어리트 크루즈 Pirate Cruise 케이맨 제도

아이들과 어른 모두를 위한 이 카리브 해 크루즈는 17세기 스페인의 3층 범선을 모방하여 만든 배에서 이루어진다. 배에는 발포하는 대포도 있고, 칼싸움도 할 수 있다.

Planning 11월부터 6월까지 운행된다. www.jollyrogercayman.com

❹ 스타 클리퍼 투 프렌치 폴리네시아
Star Clipper to French Polynesia 폴리네시아

많은 사람들이 낙원 같은 섬들 사이로 항해하는 꿈을 꾼다. 타히티에서 출발하는 이 여행은 7일 동안 후아히네(Huahine), 보라보라(Bora-Bora), 무레아(Moorea)를 비롯한 폴리네시아의 섬들을 방문한다.

Planning www.cruisematch.com.au

❺ 정크 크루즈 Junk Cruise 태국 안다만 해

진귀한 바닷새들, 낭만적인 해안, 석회암 종유석 등은 안다만 해 해양공원(Andaman Sea marine park)과 그곳에 있는 3,500개 섬들이 지닌 매력은

86

무궁무진하다. 크라비(Krabi)에서 푸켓(Phuket)까지 가는 6일간의 크루즈에서 그 매력을 만끽할 수 있다.

Planning 10월부터 4월까지 크루즈는 크라비와 푸켓 양쪽에서 모두 출발한다. www.discoverythailand.net

❻ 하롱베이 Ha Long Bay 베트남

베트남 북동부에 있는 하롱베이, 혹은 '하늘에서 내려오는 용의 만'에는 3천 개의 깎아지른 듯한 독특한 모양의 석회암 섬들이 있다. 봄과 초여름에는 물이 특히 잔잔하고 맑다. 유네스코 세계유산이기도 한 이곳은 유람선이나 정크(목재 범선)를 타고 둘러보는 것이 가장 좋다.

Planning 11월부터 4월까지 운행된다. www.footprintsvietnam.com

❼ 세이셸 군도 Seychelles Islands 세이셸공화국

세이셸은 인도양 서부 마다가스카르 북동쪽에 있는 섬나라다. 요트를 빌려서 맑은 물과 오염되지 않은 산호초를 지닌 세이셸 군도의 섬들을 탐험해 보자. 요트만 빌리는 게 아니라 선장과 선원도 고용할 수 있다.

Planning 배는 마헤(Mahé) 섬의 빅토리아(Victoria)등에서 빌릴 수 있다. www.indianocean-adventure.com

❽ 다우 크루즈 Dhow Cruise 오만 호르무즈 해협

오만의 북쪽 끝에 위치한 무산담(Musandam) 반도는 페르시아 만 입구의 호르무즈 해협으로 돌출되어 있다. 이 멋진 해안을 다우(dhow, 전통적인 폭 좁은 목조 배)로 여행해 보자. 바다 속에는 다양한 수중 생물이 풍부하다.

Planning 10월부터 4월까지 운행된다. www.msaoman.com

❾ 라무 섬 Lamu Island 케냐

열대의 라무 섬은 케냐 앞바다 적도 바로 남쪽에 있다. 주변의 군도를 탐험하면서 외딴 마을들과 고대의 유적들을 둘러보자. 만다(Manda) 섬으로 세 시간짜리 짧은 여행을 가거나 바닷가재 요리가 저녁식사로 포함되어 있는 풀문(Full Moon) 크루즈를 해도 좋다.

Planning 12월부터 4월까지 운행된다. www.peponi-lamu.com

❿ 에비아 섬 크루즈 Évia Island Cruise 그리스

에비아 해안을 카이크(caique, 나무로 만든 어선)를 타고 항해하면서 에비아 섬뿐만 아니라 외진 후미들과 해변들, 그리고 개인 소유의 페탈리(Petali) 섬 등을 둘러볼 수 있다.

Planning 5월부터 10월이 좋다. 늦여름에는 바람이 많이 불 수 있다. www.exodus.co.uk

> 크로아티아

달마시아 해안 *The Dalmatian Coast*

아드리아 해에서 가장 아름다운 섬들이 흩뿌려져 있는 달마시아 해안은
정말이지 마법 그 자체다.

    북부의 자다르 군도에서부터 남부의 두브로브니크와 두브로브니크 북서쪽 앞바다의 엘라피티 제도에 이르기까지, 달마시아 해안의 수많은 작은 섬들과 얕은 바다는 아직 사람들의 발길이 닿지 않은 느낌을 지니고 있다. 달마시아 해안의 풍경은 해안을 따라 솟아 있는 뾰족한 산들과 구불구불하다 못해 톱니 모양을 하고 있기도 한 해안선이 그 특징이다. 해안에는 붉은색과 흰색으로 이루어진 마을들이 소나무 숲 사이에 파묻혀 있고, 흠집 하나 없는 하얀 자갈이 햇빛을 반사하며 반짝이고 있다.
    크로아티아에는 모두 합해서 1천 개가 넘는 섬들이 있다. 달마시아 해안을 따라 있는 섬들은 그 모양과 크기가 엄청나게 다양해서, 길고 가느다란 섬들도 있고 동그란 섬들

달마시아 해안의 마카르스카 근처 바스카 보다에 정박되어 있는 반짝이는 흰 모터보트들.

도 있다. 청록색 바다 위로 삐죽 솟은 바위 하나로 이루어진 섬도 있고, 나무가 울창하게 우거지고 사람들이 살고 있는 섬, 조용한 휴양지와 해안 산책길을 지니고 있는 섬들도 있다. 달마시아 해안에 있는 항구들을 드나드는 다양한 돛단배들을 보면 바다에서 모험을 하고 싶은 욕구가 절로 솟아오를 것이다. 사실 미풍을 따라 이 섬에서 저 섬으로 옮겨 다니는 이 여행은 선원들의 꿈이기도 하다. 섬에서는 카약을 타거나 스노클링을 하거나 윈드서핑을 하면서 바다를 즐길 수 있다.

'아드리아 해의 진주'라는 별명을 갖고 있는 두브로브니크에는 반드시 들르자. 구시가지를 둘러싸고 있는 성벽 위를 거닐면서 시내와 아드리아 해의 숨 막힐 듯 아름다운 풍경을 즐길 수 있다.

When to go 5월부터 9월이 좋다. 사람들이 너무 많은 게 싫다면 8월은 피하자.

How Long 크로아티아의 해안은 총 길이가 2천 킬로미터에 달하며, 달마시아 해안에는 매력적인 여행지들이 수없이 많다. 시간적인 여유가 없다면 여행할 곳을 잘 선정해서 둘러봐야 한다. 스플리트에서 두브로브니크까지 가는 편도 루트가 가장 인기가 많다.

Planning 섬들 사이를 오가는 페리를 탈 수도 있고, 요트나 배를 빌려서 항해할 수도 있다. 선장도 함께 고용할 수 있다. 직접 항해를 한다면 초보자에게는 코르나티 제도가 가장 적당하다.

Inside Information 크로아티아 영해에서 항해를 하려면 서류가 많이 필요하다. 대부분의 경우 통행세를 지불했음을 확인하는 스티커(vignette)를 붙여야 한다.

Websites www.croatia.hr, www.croatiatraveller.com, www.jadrolinija.hr

- 자다르의 해안에서는 파도와 바닷바람에 의해 연주되는 거대한 파이프 오르간인 '씨 오르간(sea organ)'의 연주를 들어 보자.
- 달마시아 해안에서 가장 큰 섬인 브라치 섬은 돌로 유명한데, 이곳의 돌은 미국 백악관에도 사용되었다. 브라치 섬 남부의 황금 곶(Golden Cape)은 일광욕을 즐기는 사람들과 윈드서핑을 즐기는 사람들의 천국이다.
- 라벤더와 소나무로 덮인 흐바르 섬에서는 예스러운 분위기가 남아 있는 마을인 이엘사가 볼 만하다. 이엘사의 항구에는 베니스 양식의 건물들이 서 있고, 낚시용 그물들이 골목에 널려 있다.
- 멋진 풍경과 질 좋은 와인, 다이빙을 할 수 있는 지점들로 유명한 비스 섬과 국립공원으로 유명한 믈레트 섬도 방문해 보자.

'굴레'는 터키 남서부 해안을 따라 물건을 실어 나르던 화물선이 현대식 유람선으로 개조된 것이다.

터키

리비에라 해안 *Turkey's Turquoise Coast*

여러 문명의 유적들이 남아 있는 터키 남서부 해안에서
레저와 역사의 독특한 조합을 경험해 보자.

겹겹이 이어지는 암벽으로 덮인 산들이 터키 리비에라 해안의 청옥색 물을 내려다보고 있다. 그 뒤로는 소아시아(Asia Minor, 아시아 대륙의 서쪽 끝, 흑해·마르마라해·에게해·지중해 등에 둘러싸인 반도)가 펼쳐진다. 이곳은 터키 남서부의 리키아 반도(Lycian peninsula)다. 리키아 반도의 해안과 내륙에는 4천 년 전의 고대 히타이트제국에서부터 그리스의 도시국가들에 이르기까지 수많은 문명들의 유적이 남아 있다. 보드룸과 마르마리스의 조선소에서 만들어진 길이 15~25미터 정도의 쌍돛대 범선들, 일명 '굴레(gulet)'가 몇 세기 동안 이곳을 누벼 왔고, 그중 다수가 현재 호화 유람선으로 개조되어 운행 되고 있다.

　대부분의 유람선은 페티예에서 출발하여 동쪽으로 케코바 해안을 따라 요트가 정박하는 작은 항구들을 들른다. 그리고 나서 외딴 후미에 정박하여 밤을 보내거나, 그리스로 넘어가서 파스텔 색조의 가옥들과 나무 한 그루 없는 언덕이 인상적인 카스텔로리존 섬을 방문하기도 한다. 이 유람선 위에서는 손가락 하나 까딱할 필요가 없다. 선원들이 옆에서 끊임없이 음료와 먹을 것을 서빙해 주고, 심지어 보드 게임을 함께 해 주기도 한다. 선상에서 커피, 요거트, 벌꿀 등과 함께 즐기는 훌륭한 터키 고유의 아침식사도 만족스러울 것이다.

When to go 6월부터 10월까지가 햇살이 가장 좋다.

How Long 왕복 여행이 일주일 걸린다.

Planning 대부분의 유럽 공항에서 달라만까지 전세기가 운항된다. 아니면 여행사에서 운영하는 크루즈 여행에 동참할 수도 있다. 열 명까지의 단체 관광객은 굴레 하나를 통째로 빌릴 수도 있다.

Inside Information 대부분의 굴레에는 선장, 갑판원(평선원), 기관사, 요리사 등 네 명의 선원이 있고, 욕실이 갖춰진 편안한 선실들이 있다. 때로는 저렴한 휴가철 전세기와 현지 페리를 타고 로도스 섬과 코스 섬 등 근처의 그리스 섬들을 경유해서 터키의 마르마리스 항(로도스 섬에서 연결)이나 보드룸 항(코스 섬에서 연결)으로 가는 것이 더 쉽다.

Websites www.odysseuscruising.com, www.lycianlegacy.com

- 유람선 바로 옆의 물속에서 뛰어 오르는 은빛 날치를 구경하자.
- 리키아 반도의 해안에는 잘 보존되어 있는 역사적인 유적지들이 있다. 굴레의 선원들이 가이드 투어를 해 주는 경우가 많은데, 그중에서도 고대 리키아의 전통과 헬레니즘 문화를 엿볼 수 있는 크산토스가 가장 멋지다.
- 케코바의 북부 해안에서는 물속에 잠긴 고대 그리스 시대의 도시 아폴로니아의 폐허 위로 스노클링을 할 수 있다. 아폴로니아는 몇 세기 전에 지진으로 인해 바다 속으로 가라앉았다.

아스완의 나일 강 수면 위를 새처럼 부드럽게 미끄러지며 관광객들과 현지인들을 실어 나르는 우아한 펠루카.

이집트

나일 강 펠루카 여행 *Nile Felucca Cruise*

나일 강을 따라 이 지역의 전통적인 돛단배인 펠루카를 타고 고대의 땅으로
매혹적인 여행을 떠날 수 있다.

아스완에서 룩소르로 이어지는 나일 강의 2백 킬로미터 구간은 고대 이집트의 유적들과 건물들로 가득하다. 예로부터 나일 강을 오간 작은 돛단배인 펠루카의 하얀 돛 아래 앉아서 하는 이 여행은 고대의 유적들을 답사하는 유서 깊은 여행이다.

펠루카를 타고 하는 여행은 모두 고대 이집트의 가장 남쪽에 있던 도시인 아스완에서 시작하여 전 세계에서 가장 힘차게 흐르는 강 가운데 하나인 나일 강의 물결을 따라 관광객들의 메카인 룩소르로 이어진다. 강 양쪽에는 옥수수, 사탕수수, 콩, 자주개자리

등이 자라는 푸른 들판이 펼쳐져 있고, 들판 사이사이에는 고대 신전들의 돌담이 당당하게 서 있다. 콤 옴보 신전의 악어 미라와 완벽하게 보존되어 있는 이드푸의 호루스 신전(Temple of Horus)은 반드시 봐야 한다. 다른 관광객들이 배에서 내려 강가의 유적지들을 방문하는 사이에 느긋하게 배 위에서 쉴 수도 있다. 여행을 함께하는 사람들과 담소를 나누거나, 식사를 준비하는 요리사를 돕거나, 선원들이 부르는 전통 음악에 맞춰 노래를 불러도 좋을 것이다.

저녁 기도 시간을 알리는 종소리가 물 위로 울려 퍼질 때쯤에는, 천막 아래에 양반다리를 하고 앉아 소박하지만 맛 좋은 현지 음식으로 저녁을 즐긴다. 그리고 밤이 깊으면 갑판 위나 강 위에 떠 있는 섬의 모래밭에 누워서 이집트의 밤하늘에 빛나는 별빛을 바라보며 잠을 청할 수도 있다. 좀 더 편안하게 여행을 하고 싶다면 강을 오가는 호텔 같은 유람선을 선택하면 된다.

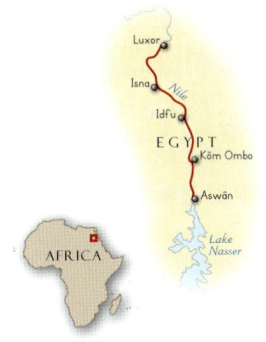

When to go 11월부터 3월이 좋다.

How Long 2백 킬로미터의 강을 여행하는 데는 5일에서 6일이 걸린다.

Planning 아스완의 보트 전세업자와 협상을 하여 펠루카 크루즈를 직접 구할 수도 있지만, 믿을 만한 여행사를 통해 예약하는 것이 더 쉽고 안전하다. 용감하고 체력이 좋은 여행자라면 펠루카에서 침낭을 깔고 자도 되고, 아니면 작은 게스트하우스나 수수한 호텔에서 묵을 수도 있다.

Inside Information 화장지와 손전등, 건전지 등과 아울러 간식과 음료는 손수 챙겨 가야 한다. 펠루카에는 화장실이 없으므로 유적지나 강가의 마을에 들를 때 볼일을 해결해야 한다.

Websites www.gotoegypt.org, www.NILEFELUCCA.com

- 아스완 맞은편에 있는 엘레판티네 섬은 신전 유적과 나일로미터가 있는 곳이다. 나일로미터는 고대에 나일 강의 수위를 측정하던 곳이다.
- 콤 옴보 신전은 독특하게도 두 개의 신을 위한 신전으로, 악어의 신 소베크와 매의 신 호루스를 위해 지어진 신전이다.
- 이드푸에 있는 호루스 신전은 기원전 1세기에 클레오파트라의 아버지인 프톨레마이오스에 의해 완성되었다.
- 숫양의 머리를 하고 있는 나일 강의 신 크눔을 모신 크눔 신전(Temple of Khnum)은 기원전 2세기 신전 건축의 뛰어남을 보여 준다. 이 신전은 이스나에 있다.

> 말리

니제르 강의 통나무배들
Pirogues and Pinasses on the Niger River

아프리카 최대의 수로 가운데 하나인 니제르 강을 따라 느긋한 보트 여행을 즐기며 시간을 거슬러 올라가 보자.

어부들이 강물 위로 그물을 던진 다음, 나일 강 농어(capitaine fish)들이 걸린 그물을 천천히 잡아당긴다. 얼룩덜룩한 무늬의 물총새들이 수면 위를 맴돌다가 먹이를 발견하면 잽싸게 물속으로 뛰어든다. 진흙으로 된 말리의 마을을 지나갈 때면 강가에 늘어 앉아 빨래를 하는 여인들과 이를 드러내고 웃으며 물가로 달려 내려와 소리치는 아이들을 만날 수 있다. 니제르 강과 그 지류인 바니 강 유역의 삶의 속도는 그 강물의 흐름만큼이나 여유롭고 느리다.

말리의 니제르 강에서는 전통적인 목재 선박 피로그가 사람과 가축을 실어 나른다.

이곳을 배로 유람할 때는 길고 폭이 좁은 두 종류의 배 가운데 하나를 선택할 수 있다. 하나는 모터로 운행되는 '피나스'이고, 또 하나는 그보다 크기가 작고 뱃사공이 젓는 '피로그'다. 어느 배를 타든 시간이 멈춰 버린 듯한 풍경을 지나쳐 가게 될 것이다. 높은 강둑에 석양을 배경으로 홀로 서 있는 풀라니 족(흑인과 지중해 민족과의 혼혈 유목민) 목동의 검은 윤곽과 강가로 내려와 물을 마시고 몸을 씻는 소들, 그리고 어도비 벽돌(진흙과 짚을 섞어 만든 벽돌)을 쌓아 만든 이슬람 사원의 모습까지.

낡은 삼베를 이어 붙여 만든 커다란 돛을 단 배들이 가까운 시장으로 가져갈 물건들을 싣고 지나가고, 그보다 작은 배들이 승객과 가축, 오토바이를 싣고 강을 오갈 때, 니제르 강도 활기가 넘친다. 어린아이들마저도 강으로 나와 어른의 도움이나 감독은 전혀 받지 않은 채 유쾌하게 떠들면서 배를 저어 나아간다.

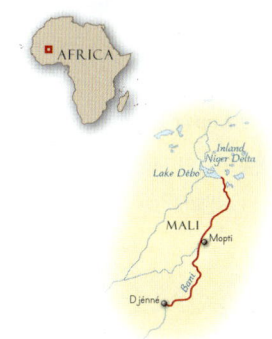

When to go 우기가 끝나고 여름의 극심한 더위가 시작되기 전인 11월부터 3월이 좋다.

How Long 젠네에서 몹티까지 가려면 피로그로는 3일, 피나스로는 2일이 걸린다. 당일 여행은 세구나 몹티의 여행자 센터에서 알아보고 할 수 있다.

Planning 니제르 강 보트 여행은 여행사를 통해 예약할 수 있지만 강변에서 뱃사공과 직접 흥정을 할 수도 있다.

Inside Information 최대한 많은 것을 경험하고 싶다면 텐트와 캠핑 장비를 가져가도록 한다. 뱃사공이 매일 밤 야영할 장소를 선정해 줄 것이다. 또한 갓 잡은 물고기로 현지 음식도 요리해 줄 것이다.

Websites www.hoteldjennedjenno.com, www.wadoubatours.com

- 젠네의 이슬람 대사원은 세계에서 가장 큰 어도비 벽돌로 지은 건축물이다. 유네스코 세계유산인 젠네의 구시가지에는 월요일마다 다양한 물건들을 파는 장이 선다.
- 니제르 강에는 도요새와 물떼새, 해오라기, 왜가리, 망치대가리 황새, 딱새 등 들새를 관찰하는 사람들의 꿈이라 할 만큼 다양한 새들이 있다. 그리고 데보 호숫가에서는 하마를 볼 수도 있으니 눈여겨보자.
- 몹티의 항구에서 소형 선박들이 강 상류와 하류로 몇백 킬로미터의 강을 따라 운행한다. 몹티 항에 있는 보조 바(Bozo bar)의 테라스에서 바라보는 석양을 놓치지 말자. 보조는 이 지역에서 어업을 하며 먹고사는 원주민 부족의 이름이다.

잠비아 | 짐바브웨

잠베지 강 하류 카누 사파리
The Lower Zambezi River

아프리카의 전설적인 강 가운데 하나인 잠베지 강을 카누를 타고 가면서
지구상에서 가장 독특한 야생동물들을 만나는 것은 특별한 경험이다.

서양인으로는 처음으로 잠베지 강을 배로 탐험한 영국의 탐험가 데이비드 리빙스톤(David Livingstone, 1813~1873)은 이곳에 대해 이렇게 말했다. "풍경이 어찌나 아름다운지 하늘을 나는 천사들도 이곳을 쳐다보았을 것이다." 리빙스톤이 그런 말을 한 후로도 이곳 풍경은 거의 달라지지 않았다. 2인승 카누를 타고 잠베지 강 하류로 나가면, 불과 몇 미터 떨어진 곳에 있는 거대한 코끼리와 강물에 몸을 담그고 있는 하마, 강둑에서 풀을 뜯고 있는 기린들을 볼 수 있다.

잠베지 강은 넓은 국립초원 두 곳을 지나 굽이쳐 흐른다. 하나는 남쪽의 마나 풀즈 세계 문화유산(Mana Pools World Heritage site)이고, 다른 하나는 북쪽의 잠베지 하류 국립

카누를 타고 잠베지 강을 유람하면서 동물원에서나 볼 수 있는 동물들을 코앞에서 만나 보자.

공원(Lower Zambezi National Park)이다. 따라서 잠베지 강을 따라 보트 여행을 할 때는 자연스럽게 다양한 야생동물들을 볼 수 있다. 비비(개코원숭이)와 임팔라(아프리카산 영양), 운이 좋으면 사자와 표범도 볼 수 있을 것이다.

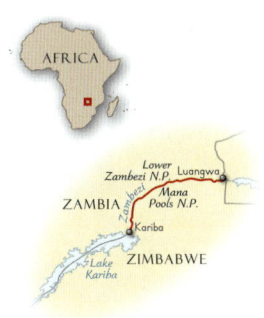

가까운 데서 동물들과 마주친다는 것은 그만큼 위험하다는 뜻이기도 하지만, 숙련된 가이드들이 전문가적 지식으로 관광객들을 보호해 준다. 예를 들어 배의 측면을 노로 쳐서 악어와 하마를 쫓는다거나, 필요한 경우 카누를 얕은 곳으로 인도해 가기도 하니 걱정할 필요는 없다. 배에 탄 채로 저 멀리까지 펼쳐진 평원과 황금빛 풀밭 경치를 바라보거나, 저녁에는 강변의 캠핑장에서 전설적인 아프리카의 석양을 감상하면서 이 특별한 카누 여행을 즐기자.

When to go 들새를 관찰하려면 여름(12월부터 4월)에 가야 다양한 새들을 많이 볼 수 있다. 5월부터 8월까지는 날씨가 선선하고 건조한 편이다.

How Long 대부분의 카누 사파리 여행은 카리바(Kariba)에서 출발하여 하류 쪽으로 가고, 일정은 3일부터 10일까지 다양하다. 사파리가 끝난 후 카리바에서 잠시 쉬는 것도 좋다.

Planning 대부분의 카누 사파리 업체들은 두 가지 유형의 여행을 운영한다. 하나는 넓은 캠핑장에 텐트도 설치되어 있고 편안한 침대, 전깃불 등이 갖춰져 있는 조금 비싼 여행이고, 또 하나는 여행자들이 텐트도 함께 설치하고 식사도 직접 준비하는 저렴한 여행이다.

Inside Information 카메라와 기타 귀중품을 넣을 수 있는 방수 주머니를 준비하도록 한다. 대부분의 여행사에서는 카누를 타 본 경험을 필요로 하진 않지만, 예약하기 전에 확인하는 것이 좋다.

Websites www.chachachasafaris.com, www.riverhorsesafaris.com

- 카누를 타고 하마 떼 곁을 가까이서 지나갈 때, 하마의 매끄러운 등에 물이 묻어서 반짝거리는 모습을 볼 수 있다.
- 점심때는 노 젓는 것을 잠깐 쉬고 시에스타(낮잠)을 즐겨 보자. 나무 그늘 밑에 누워서 느긋하게 쉬면 기분이 편안해질 것이다.
- 공격적인 타이거피시를 잡아서 저녁 거리로 요리해서 먹어 보자.
- 잠베지 하류 국립공원에서는 사자와 코끼리 같은 동물들이 자연 속 서식지에 있는 모습을 볼 수 있다.
- 시간이 있다면 하우스보트를 타고 카리바 호수에 가 보자. 이곳에서는 카누로 여행하는 것과는 또 다른 호화로운 여행을 경험할 수 있다.

망고키 강 양쪽에는 거대한 바오바브나무들이 여기저기 서 있다.

마다가스카르

망고키 강 *The Mangoky River*

망고키 강에서 고무보트를 타고 마다가스카르 서부의 독특한 풍경과
다양한 야생동물들을 만나러 가 보자.

    마다가스카르는 '모라-모라(mora-mora, 천천히 천천히)'의 땅이고, 강 하류로 흘러가는 고무보트의 느긋한 속도는 마다가스카르의 한가한 삶의 방식을 함축적으로 보여 준다. 이곳에 서식하는 동식물의 80퍼센트 이상은 마다가스카르에만 존재하는 것이고, 남서부의 망고키 강은 우리가 볼 수 있는 가장 특별한 경치 속으로 우리를 데려간다. 고무보트를 타고 강을 따라가다 보면, 강둑에 바오바브나무들이 줄지어 서 있는 풍경을

곳곳에서 볼 수 있다. 이곳의 바오바브 숲은 세계에서 가장 큰 규모다. 바오바브나무의 가느다란 가지들은 맑은 하늘을 향해 마치 손가락처럼 뻗어 있다.

배는 울창한 숲 옆을 지나가기도 할 것이고, 작은 관목들이 드문드문 서 있는 사막을 지나기도 할 것이다. 여우원숭이들이 덤불 사이를 날쌔게 뛰어다니고 이 가지에서 저 가지로 포물선을 그리며 건너다니는 모습도 볼 수 있으니 주의를 기울여 보자. 꼬리에 고리 같은 줄무늬가 있는 쾌활한 여우원숭이들, 검은 얼굴 주변에 동그란 고리 모양으로 흰색 털이 나 있는 희귀한 베로시파카 원숭이(Verreaux's sifaka)도 찾아보자. 또한 강을 따라 둥지를 짓고 사는 말똥가리, 송골매, 왜가리들도 볼 수 있다. 최근엔 밀렵으로 인해 악어의 수가 엄청나게 줄었지만, 운이 좋다면 악어도 볼 수 있다.

밤이면 강둑의 아름다운 모래밭에서 야영을 할 수 있는 또 다른 즐거움이 있다. 그리고 다음 날 아침에는 여우원숭이의 노랫소리에 맞춰 산책을 할 수 있다.

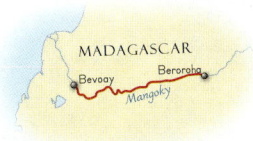

- 자연을 사랑하는 사람들의 천국인 마다가스카르에서는 여우원숭이는 물론 독특한 물새들과 강둑에 피어 있는 희귀한 난초들도 놓치지 말자.
- 인적 없는 강변에서 캠핑을 하면서 불을 피워 직접 음식을 만들어 먹고, 별이 수없이 박힌 빛나는 밤하늘을 바라보자.
- 마다가스카르 사람들과 마주치는 상황을 잘 이용하라. 이곳 사람들은 대단히 예의바르고 친절하며 외지인들을 환영한다.

When to go 마다가스카르의 겨울인 5월부터 10월이 날씨가 따뜻하고 건조하다. 그 외의 시기에는 다니기 불편할 정도로 더울 수 있다.

How Long 보통 일주일 정도다.

Planning 마다가스카르 남서부로의 패키지여행에는 흔히 망고키 강의 잔잔한 물에서 래프팅을 하는 것이 포함되어 있다. 아니면 뱃사공과 직접 여행을 계획하여 밤에는 강둑에서 캠핑을 할 수 있다.

Inside Information 마다가스카르에는 수인성 전염병인 주혈흡충병이 성행한다. 따라서 강물에서 수영을 할 때는 조심해야 한다. 목욕물도 안전한지 확인하자.

Websites www.remoterivers.com

2

끝없이 이야기가 펼쳐지는
자동차 여행

By Road

자동차로 여행을 하면 지구상 어디로든 떠날 수 있고, 방법과 기간도 다양하게 정할 수 있다. 미국 버몬트 주로 떠나는 단풍 여행은 이틀 정도면 편안하게 드라이브를 즐기며 구경할 수 있는 반면, 파키스탄과 인도 사이의 그랜드 트렁크 로드는 총 길이 2,575킬로미터로, 자동차로 여행하려면 4주는 걸린다. 물론 이렇게 장기간의 힘든 여행은 신나는 모험을 만나게 해 주기도 한다.

그 자체로 문화적 아이콘이 되는 길도 있다. 프렌치 리비에라의 절벽을 따라 이어진 구불구불한 도로는 수많은 영화 속 추격 장면에 등장했다. 그리고 미국의 66번 도로는 다양한 문학과 음악에서 아메리칸드림의 심장으로 들어가는 고속도로로 표현된다. 이처럼 자동차를 타고 가는 여행은 끝없이 펼쳐지는 이야기를 만나는 것과 같다. 얼음과 불이 빚어낸 산, 희귀한 야생동물이 서식하는 숲이나 황야, 사막을 건너는 길은 모두 자연이 들려 주는 이야기들로 이어진다. 오래전에 사라진 민족들의 신비로운 유적과 역사적인 전장, 고대의 무역로와 하늘 높이 솟은 성당으로 가는 길은 인류가 지나온 삶에 대한 이야기를 들려 준다.

"66번 도로를 신나게 달려보자." 1940년대 한 인기 팝송의 가사다. 이 도로는 잭 케루악과 존 스타인벡 같은 문학가를 비롯하여 수많은 예술가들의 영감을 자극했다.

미국 버몬트 주

버몬트 주의 가을 *The Fall in Vermont*

파노라마처럼 펼쳐지는 풍경 사이로 산길을 달려 버몬트 주의 숨이 멎을 만큼 아름다운 가을 색 속으로 들어가 보자.

벌링턴에서 시작되는 225킬로미터의 환상(環狀) 도로가 버몬트 주의 황홀하게 아름다운 가을 속으로 우리를 인도한다. 맑고 선선한 가을날, 눈부시게 파란 하늘을 배경으로 펼쳐지는 붉은색, 황금색, 오렌지색 단풍의 향연은 마치 그림 같다. 단풍 전문가들은 이곳의 단풍이 세계 최고라는 데 이견이 없으며, 매년 열리는 단풍쇼는 전 세계에서 관광객들을 불러 모은다.

이곳의 단풍 색이 선명한 이유는 크게 두 가지로 설명할 수 있다. 우선 이곳에는 선명하게 단풍이 드는 활엽수들이 많다. 특히 버몬트 주의 특산물인 메이플 시럽을 만드는 사탕단풍나무가 많다. 둘째, 버몬트 주를 가로지르는 높은 산들이 훌륭한 캔버스가 되

버몬트 주의 화려하게 물든 단풍나무들 사이에 흰색 헛간 건물이 숨어 있다.

어 단풍 색을 한층 돋보이게 해 준다. 이 환상 도로의 주요 구간인 벌링턴에서 스토우 사이에는 차를 멈추게 할 만한 멋진 곳들이 많이 있지만, 그렇다고 해서 이 구간만 달랑 보고 가는 것은 섭섭하다.

단풍이 우거진 조용한 샛길을 걸으며 멋진 풍경들을 스스로 찾아보자. 그리고 시골의 상점에 들러서 버몬트 주의 특산품인 체다 치즈와 메이플 시럽을 구입하고, 사과 주스를 만드는 공장에 들러서 갓 만든 주스를 마셔 보는 것은 어떨까. 이 지역의 많은 마을들에서는 가을이면 공예품과 집에서 만든 음식을 가지고 축제를 연다. 녹색과 흰색으로 된 독특한 첨탑이 세워진 교회가 인상적인 스토우는 이 지역에서도 특히 역사적인 의미를 지닌 도시다. 이곳의 많은 지역은 국가 등록 역사 관광지 (National Register of Historic Places)로 지정되어 있다. 스토우를 떠나기에 앞서서 스키 리프트를 타고 마지막 남은 가을 색을 즐기자.

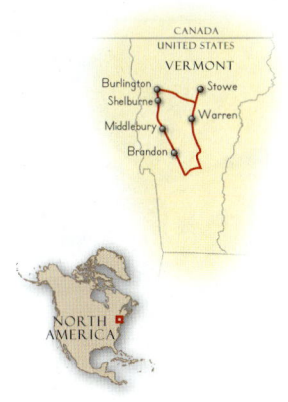

When to go 10월 초순부터 중순까지가 단풍이 가장 아름답다.

How Long 사흘이면 주요 마을들과 경치를 즐길 수 있다.

Planning 10월의 첫째, 둘째 주말에 관광객이 가장 많으므로 가능한 한 빨리 예약을 해야 한다. 작은 여관들은 몇 달 전에 예약을 해야 하고, 주말보다는 주중에 예약하기가 훨씬 쉽다. 임박해서 예약해야 하는 사람에게는 스키장에 딸린 간이 숙박 시설을 추천한다. 대부분의 스키장에서 예약 서비스를 실시한다.

Inside Information 지역에 따라 단풍이 절정에 이르는 시기가 다르다. 버몬트 여행 관련 웹사이트에서 단풍 예보를 자세히 볼 수 있다.

Websites www.vermontvacation.com, www.foliage-vermont.com, www.theheartofnewengland.com

- 쉘번에는 놓쳐서는 안 될 것이 두 가지 있다. 첫째는 쉘번 박물관에 소장되어 있는 뛰어난 민속 공예품들과 미국에 관한 풍부한 자료들이고, 둘째는 665헥타르에 달하는 쉘번 농장(Shelburne Farm)의 아름다운 풍경이다.

- 예쁜 대학 도시 미들베리에는 버몬트 주립 공예 센터(Vermont State Crafts Center)가 있다. 이곳에는 버몬트 주 최고의 장인들이 만든 작품들이 전시되어 있다.

- 그린 산맥을 가로지르는 도로인 브랜든 갭에서는 주변 산들을 뒤덮고 있는 화려한 단풍을 감상할 수 있다. 이 도로는 심하게 오르락내리락 하는데, 가장 높은 해발 660미터 지점에는 주변 산을 전망할 수 있는 곳이 있다. 또한 브랜든 갭을 따라 훌륭한 하이킹 코스도 있다.

맥키낵 해협은 미시간 호와 휴런 호를 가른다. 노란색의 아름다운 집이 맥키낵 섬을 바라보고 있다.

미국 _ 미시간 주 | 위스콘신 주

미시간 호 호반 드라이브 *Lake Michigan Shoreline*

광활한 미시간 호의 호반은 대도시들과 예스러운 정취를 간직한 마을, 거대한 사구를 끼고 있고,
드넓은 바다만큼이나 탁 트인 전망을 자랑한다.

    미시간 호를 시계 방향으로 운전해서 돌면 미국이 지닌 최고의 모습들을 모두 볼 수 있다. 폭 190킬로미터, 길이 494킬로미터인 미시간 호는 그 규모만도 엄청나서 마치 내륙에 위치한 바다처럼 보인다. 호수 서쪽에는 위스콘신 주가, 북쪽과 동쪽에는 미시간 주가 자리하고 있다. 몇 킬로미터에 달할 정도로 넓은 동쪽 호반의 새하얀 모래밭은 휴식이 필요한 사람들을 부르고, 이곳의 높이 솟은 사구를 올랐다가 미끄러져 내려오는 것은 재미있는 놀이가 된다.
    미시간 주 엠파이어 시 근처에는 하얀 거품을 머리에 인 파도가 호숫가로 밀려와 부딪치는 슬리핑 베어 듄스 국립호반(Sleeping Bear Dunes National Lakeshore)이 있다. 여기에서는 12킬로미터의 호숫가 도로를 따라 멋진 경치를 즐기며 드라이브를 할 수도 있고, 차를 세워 두고 하이킹을 할 수도 있다. 호수 남쪽 끝부분의 만곡부를 돌아 서쪽으

로 올라가면 시카고 시와 밀워키 시가 나온다.

위스콘신 주 쪽 호반의 어촌과 세련된 도시들 사이사이에는 아름다운 항구들이 자리 잡고 있다. 호수 북서쪽 반도의 도어 카운티는 등대들과 호숫가의 휴양지들 때문에 '중서부의 케이프 코드(Cape Cod of the Midwest, 케이프 코드는 매사추세츠 주에 있는 휴양지로 유명한 반도)'라고 불린다. 길이가 120킬로미터인 이 반도는 미시간 호와 그린 만 사이를 가르는데, 양쪽은 서로 다른 분위기를 지니고 있다. 그린 만에 면한 쪽은 조용하고 차분하며, 미시간 호에 면한 쪽은 바쁘고 부산하다. 호수 북쪽에서는 미시간 북부 반도(Michigan's Upper Peninsula, 미시간 주를 구성하는 두 부분 중 위쪽의 반도)의 야생 지대를 만나게 된다.

When to go 봄의 다양한 꽃들, 여름의 해변, 가을의 단풍 덕분에 이곳은 1년 중 9개월 동안 사람들이 모이는 멋진 여행지다.

How Long 미시간 호를 한 바퀴 돌면 총 거리가 1,867킬로미터다. 따라서 최소한 일주일은 있어야 주변 관광지들까지 둘러볼 수 있다. 시간이 넉넉지 않다면 호수의 서쪽이나 동쪽 중 한 곳만 여행해도 좋다.

Planning 미시간 주의 유니언 피어와 소개턱 시, 위스콘신 주 도어 카운티의 에그 항과 피시 크릭에 괜찮은 숙소들이 있다. 풋볼 경기가 열리는 주말에는 사람들이 많이 몰리므로 그린 만에서 숙박하는 것은 피하자.

Inside Information 여행 기간을 짧게 하려면 루딩턴과 매니토웍 사이를 페리로 이동하자. 페리(SS Badger 호)가 5월 중순부터 10월 중순까지 운행되며, 4시간이 걸린다. 페리에는 사람뿐 아니라 자전거, 자동차, RV(레저용 차량)도 실을 수 있다.

Websites www.great-lakes.net, www.travelwisconsin.com, www.michiganswestcoast.com

- 세계에서 가장 큰 풍향계가 미시간 주 몬태그(Montague) 시에 있다. 이 풍향계는 높이가 15미터나 된다.
- 미시간 주 소개턱은 예술가들의 도시이자, 높은 사구들을 둘러볼 수 있는 2륜마차인 '사구 마차(dune-schooner)'로 유명한 해변 도시이기도 하다.
- 맥키낵 다리는 미시간 호와 휴런 호 사이의 맥키낵 해협 위에 놓여 있는 길이 8킬로 미터의 현수교로, 세계에서 가장 긴 현수교 가운데 하나다. 이곳의 전망은 대단히 멋지다.
- 위스콘신 주 도어 카운티에서는 매년 5월 꽃 축제(Festival of Blossoms)가 열리는데, 이 기간 동안 백만 송이의 수선화가 핀다.

미국 _ 노스캐롤라이나 주

아우터 뱅크의 12번 도로
Route 12 in the Outer Banks

황량한 바다 풍경과 해적의 발자취가 다양한 매력을 지닌 노스캐롤라이나 주 아우터 뱅크로 떠나자.

129킬로미터에 달하는 이 해변 도로는 육지와 바다가 만나고 인간의 활동과 광막한 자연이 만나는 곳을 따라 달린다. 노스캐롤라이나 주의 아우터 뱅크는 방파제 역할을 하는 좁고 긴 섬들이 대서양과 육지 사이에 고리처럼 이어져 있는 곳인데, 수천 년 동안 바람과 파도의 공격을 받으면서 살아남았다.

해변과 사구가 길게 뻗어 있고 그 주변으로는 습지대와 삼림지대가 펼쳐져 있는 아우터 뱅크의 섬들은, 윈드서핑을 즐기는 사람들과 해변에서 어슬렁거리며 조개 껍질을 줍는 사람들을 끌어들이는 자석과도 같다. 청록색 바닷물에는 어부, 스노클링 하는 사람들, 돛단배가 평화롭게 떠 있다. 그러다 강풍이 몰려오기라도 하면 해변은 종종거리며 돌아다니는 깝짝도요새들 말고는 아무것도 없이 텅 비어 버린다. 가끔씩 폭풍이 몰

케이프 하테라스는 멕시코 만류의 따뜻한 해수와 버지니아 해류의 차가운 해수가 만난다. 해안에 서 있는 아담한 목재 주택들.

려오면 먼 옛날 난파되었던 배들의 잔해가 해변으로 올라오기도 한다. 그래서 어부들은 항상 끝없이 변화하는 날씨와 해류를 주의 깊게 지켜본다. 최초의 백인 정착민들이 육지를 발견하고 해적 '검은 턱수염(Blackbeard the Pirate)'이 닻을 내린 곳도 바로 여기다.

이곳 섬들에는 긴 역사를 자랑하는 등대들이나 오크라코크(Ocracoke)를 비롯한 해변 마을들처럼 인간의 인내를 상징하는 것들이 아직 많이 남아 있다. 해변 마을의 낡은 부두에는 오랜 세월 비바람에 시달려 온 새우잡이 배들이 다음 조수를 기다리며 서 있다. 비행기를 발명한 라이트 형제는 이곳의 킬 데블 언덕에서 처음으로 비행을 했다. 오늘날 현대의 비행가들은 자키스 릿지 주립공원(Jockey's Ridge State Park)의 사구에서 알록달록한 행글라이더를 타고 하늘로 날아오른다. 철새들과 바닷새들이 머리 위로 끼익끼익 소리를 내며 날아갈 때면, 1세기도 더 전에 이곳에서 인류 최초의 비행기가 이륙했던 순간을 상상해 볼 수 있을 것이다.

When to go 3월 초부터 10월 중순이 좋다. 비가 가장 안 오는 때는 5월과 6월이다.

How Long 해변 도로는 3시간이면 차로 달릴 수 있지만, 이 도로를 최대한 즐기기 위해서는 하루를 모두 할애해야 한다.

Planning 이 도로는 북쪽의 '라이트 메모리얼 다리'에서 시작해서 오크라코크에서 끝난다. 오크라코크에서는 페리를 타고 본토로 들어갈 수 있다. 페리는 미리 예약해야 한다. 오랫동안 머물려면 아우터 뱅크에서 캠핑을 하거나 숙박을 할 수 있다.

Inside Information 따뜻하고 햇살 좋은 날에는 자전거를 타는 사람들과 해변으로 향하는 사람들로 도로가 붐벼서 예상보다 시간이 더 지체될 수 있다.

Websites www.outerbanks.org

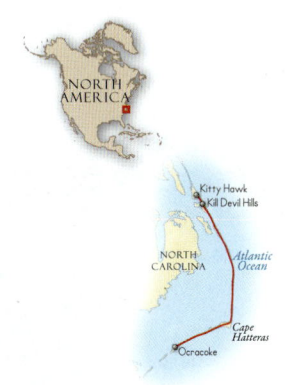

- 로아노크 섬의 킬 데블 언덕 바로 남쪽에 있는 노스캐롤라이나 수족관(North Carolina Aquarium)은 산속의 냇물에서부터 앞바다의 바다 속까지 이 지역의 수중 세계를 축소해서 보여 준다.
- 벽돌로 된 케이프 하테라스 등대는 미국 해안에 있는 가장 높은 등대다. 268개의 계단을 올라 등대 위에 올라가면 케이프 하테라스 국립해안(Cape Hatteras National Seashore)의 풍경을 한눈에 바라볼 수 있다.

오버시즈 하이웨이는 플로리다키스 군도의 섬들을 마치 에메랄드 목걸이처럼 이어준다.

미국 _ 플로리다 주

오버시즈 하이웨이, 마이애미에서 키웨스트까지
Miami to Key West on Highway 1

마이애미의 세련된 사우스 비치에서 열대의 키웨스트까지,
플로리다 주의 오버시즈 하이웨이를 따라 꿈같은 드라이브를 즐겨 보자.

'순수한 천상의 아름다움'. 이 말은 미국 마이애미의 오버시즈 하이웨이를 한마디로 표현하는 말이다. 오버시즈 하이웨이는 멋쟁이들이 모이는 마이애미의 사우스 비치에서 시작된다. 그리고 바다 위로 난 고속도로를 따라 플로리다 키스(Florida Keys의 'key'는 '작은 섬'을 가리키는 스페인어 cayo에서 온 것이다) 군도의 에메랄드 빛 섬들을 이 섬에서 저 섬으로 옮겨 다니다 보면, 사방으로 육지라곤 손톱만큼도 보이지 않는 순간이 온다. 그 순간 우리는 끝없이 펼쳐진 눈부신 카리브 해의 수면을 달리는 듯한 초현실적이고도 황

홀한 기분을 느끼게 된다. 곧이어 도로는 다시 섬에 도착하는데, 이곳 섬들은 열대 야자, 하이비스커스, 부겐빌레아 등의 식물들로 아름답게 꾸며져 있다.

오버시즈 하이웨이를 달리다 보면 아름다운 모래 해변들과 아울러 이곳의 아름답지만 망가지기 쉬운 야생동식물을 보존하기 위해 제정된 많은 주립공원들을 만나게 된다. 오버시즈 하이웨이의 종착지는 키웨스트다. 키웨스트는 즐겁고 멋스러운 도시이자 자칭 '콘치 공화국(Conch Republic)'의 수도로, 예술가들이 오래된 집을 민박으로 개조해서 운영하고 있고, 그들의 정신적 지주인 헤밍웨이의 독립 정신이 여전히 문화 속에 살아 숨쉬고 있다.

밤에는 말로리 광장에서 매일 열리는 일몰 축하쇼에 참가해 보자. 칼을 삼키는 쇼를 하는 사람들, 전기톱으로 마술을 부리는 사람들, 거리의 악사들 모두가 바로 키웨스트 그 자체다.

- 오션 드라이브의 노천카페에서 아침식사를 하면서, 마이애미 사우스 비치의 자전거도로를 따라 자전거나 롤러스케이트를 타고 지나가는 사람들을 구경하자.
- 세계 최대의 농기구 생산업체인 인터내셔널 하비스터 사의 상속자 제임스 디어링(James Deering)이 1920년대에 살던 기품 있는 대저택과 정원이 있는 비즈카야(Vizcaya) 박물관을 둘러보자.
- 키웨스트에서는 산호초와 난파선의 잔해 사이에서 스노클링을 할 수 있다. 그 다음에는 수많은 레스토랑 중 한 곳을 선택하여 맛있는 해산물 요리를 먹어 보자.

When to go 연중 언제 가도 좋다. 단, 8월부터 10월 사이에는 허리케인이 올 위험이 조금 있다.

How Long 270킬로미터에 달하는 고속도로 구간의 하이라이트를 모두 보려면 최소 나흘은 잡아야 한다. 가능하다면 일주일 정도는 묵으며 여행하는 게 좋다.

Planning 좋은 숙소에 묵으려면 한참 전에 예약을 해야 한다. 키웨스트에서는 주차 공간이 있는 숙소를 고르도록 한다.

Inside Information 도로에 표지판이 자주 나오므로 현재 위치와 키웨스트로부터 얼마만큼 떨어져 있는지를 알 수 있다.

Websites www.fla-keys.com, www.keywest.com, www.floridastateparks.org

TOP 10

시티 버스 투어 *City Bus Trips*

전 세계 대도시들을 버스로 투어해 보자. 원하는 곳 어디서든 버스를 타고내리면서 흥미로운 광경들을 즐길 수 있다.

❶ 미국 뉴욕 New York

뉴욕 시 버스 투어는 아프리카계 미국인들의 문화로 유명한 할렘에서 출발하여 센트럴 파크와 브로드웨이의 극장가를 통과한다. 그리고 그리니치빌리지를 지나 남쪽의 리틀 이탈리아로 향한다.

Planning 할렘에서 M1 버스를 타고 로어 맨해튼에서 사우스 페리로 갈아탄다. mta.info/nyct/bus/schedule/manh/m001cur.pdf

❷ 중국 베이징 Beijing

버스가 북부의 바달링(八達嶺, 팔달령)과 만리장성 쪽으로 가면서 차창 밖 풍경이 극적으로 변한다. 만리장성에서 말에 탄 병사들이 나란히 행군하며 침입자들로부터 도시를 보호하는 장면을 상상해 보자.

Planning 더성먼에서 919번 버스를 타고 바달링까지 간다. 영어는 거의 통하지 않는다. www.kinabaloo.com/badaling_great_wall.html

❸ 러시아 모스크바 Moscow

제2차 세계대전에서 소련이 승리한 것을 기념하는 공원에서 버스는 출발한다. 붉은 광장에 있는 성 바실 성당의 색색의 돔 뒤에 있는 카멘니 다리 (Kamenny Most)에서 시 전체를 조망하며 투어는 끝이 난다.

Planning 파르크 파베디 역에서 7번 트롤리버스(무궤도 전차)를 타고 카멘니 다리까지 간다. www.waytorussia.net/Moscow/GettingAround.html

❹ 에스토니아 탈린 Tallinn

버스는 청동 천사상을 지나 1980년대 후반에 에스토니아 인들이 '노래혁명'을 벌였던 공연장(Lauluväljak)을 지난다. 그리고 16세기에 일어난 전쟁으로 폐허가 된 스웨덴 수녀원 공원 뒤쪽에서 투어는 끝이 난다.

Planning www.bussireisid.ee/index.html?MENU=&KEEL=en

❺ 스웨덴 스톡홀름 Stockholm

14개의 섬 위에 지어진 이 아름다운 도시를 친환경 버스를 타고 둘러보자. 구시가지에서는 중세의 미로 같은 거리와 성당, 왕궁을 둘러볼 수 있

다. 종착지인 카롤린스카 대학병원에서 교정을 걸어 보는 것도 좋다.

Planning 슬루센(Slussen)에서 3번 버스를 타고 카롤린스카 대학병원에서 내린다. www.sl.se/Templates/SubStart.aspx?id=1906

❻ 헝가리 부다페스트 Budapest

성 이슈트반 성당에서 부다 왕궁(혹은 부다 성)까지는 멀지 않지만, 세체니 다리로 다뉴브 강을 건너면 신도시 페스트(광대한 영웅 광장이 있다)에서 구도시 부다로 넘어가게 된다.

Planning 데악 광장에서 16번 버스를 타고 바르헤지의 디스 광장에서 내린다. www.bkv.hu/english/home/index.html

❼ 프랑스 파리 Paris

2차대전 당시, 연합군이 탱크를 몰고 들어왔던 오를레앙의 문(Porte d'Orléans) 역에서 시작하여 뤽상부르 공원과 라탱 구역을 통과하여 센느 강을 건너 노트르담 성당으로 간다.

Planning 오를레앙의 문 역에서 38번 버스를 타고 북역까지 간다. bus38.online.fr/indexeng.html

❽ 이탈리아 로마 Rome

고대 목욕탕 테두리를 따라 서 있는 열주에서 시작하여 테베레 강 우안(右岸)을 탐험해 보자. 트레비 분수, 카피톨리누스 언덕, 콜로세움, 고대 원형 경기장을 지나면서 고대 로마의 영광과 쇠락을 느낄 수 있다.

Planning 테르미니 역에서 175번 버스를 타고 파르티쟈니 광장까지 간다. www.alfanet.it/welcomeitaly/roma/bus_metro/info.html

❾ 스페인 마드리드 Madrid

푸에르타 데 에우로파(Puerta de Europa, 유럽의 관문)의 기울어진 쌍둥이 빌딩에서 시작하여 콜럼버스 광장과 여러 개의 미술관과 정원을 지나 다시 마드리드의 상업 지구로 돌아온다.

Planning 카스티요 광장에서 27번 버스를 타고 글로리에타 데 엠바하도레스에서 내린다. www.ctm-madrid.es

❿ 영국 런던 London

높은 기둥 위에 넬슨 제독의 동상이 있는 트라팔가 광장에서 빨간 2층 버스에 오른다. 세계에서 제일 높은 돌탑인 대화재 기념비(1666년 대화재가 시작되었던 곳에 세워졌다)를 보고 마지막에는 런던탑을 둘러본다.

Planning 트라팔가 광장에서 15번 버스를 타고 타워 힐까지 간다. www.tfl.gov.uk

드넓은 옥수수밭과 밀밭이 고속도로 양쪽으로 펼쳐진다. 옥수수와 밀은 미국 중서부 지역에 부를 가져다 준 곡물이다.

미국 _ 미주리 주 | 캔자스 주 | 콜로라도 주

골든 하이웨이 *The Golden Highway*

미국 중서부의 중심부를 통과하는 이 예측할 수 없는 도로에서 숨겨진 명소들을 만날 수 있다.

   한때는 대서양과 태평양을 잇는 길이었던 40번 도로는 미국 동부에서 캘리포니아로 가는 최초의 운송 루트였다. 미주리 주, 캔자스 주, 콜로라도 주를 꿰뚫는 40번 도로는 언제부터인가 I-70 도로에게 그 위치를 빼앗겨 버렸다. 몇 개 주를 연결하는 이 고속도로에 올라 조용한 주립공원들을 탐험하거나, 미주리 주 인디펜던스에 있는 레일라 머리카락 박물관(Leila's Hair Museum)처럼 독특하고 기이한 명소들을 찾아가 보자.

   캔자스 주에서는 7.6미터 높이의 버섯처럼 생긴 바위들로 이루어진 브룩빌 외곽의 버섯 바위 주립공원(Mushroom Rock State Park)과 반 고흐 작 〈해바라기 Sunflowers〉의 거대한 모사본을 올려놓은 24미터 높이의 거대한 이젤이 있는 굿랜드, 그리고 군 주둔지에서의 삶을 들여다볼 수 있는 월레스 요새 기념 박물관(Fort Wallace Memorial Museum)등 다양한 곳들을 둘러볼 수 있다. 콜로라도 주 글렌우드스프링스에서는 글렌우드 동굴(Glenwood Caverns)을 탐험하기에 앞서서 곤돌라를 타고 로키산맥의 숨 막히는 경치를 즐겨 보자. I-70 도로의 글렌우드 캐니언 구간은 1992년에 개통되었고, 이로써 아메리카 대륙을 횡단하는 이 고속도로가 완공되었다.

여행의 마무리는 30종이 넘는 공룡의 화석이 남아 있는 콜로라도 주 프루이타에서 짓는 것이 좋겠다. 이 도시의 공룡 여행 박물관(Dinosaur Journey Museum)에는 그동안 발굴된 공룡들의 뼈가 많이 전시되어 있다. 이곳에서는 여전히 공룡 화석이 발굴되고 있는 채석장을 지나 가이드와 함께 하이킹을 할 수 있다.

When to go 몹시 더운 여름이나 아주 추운 겨울보다는 쾌적한 봄과 가을이 좋다. 하지만 스키나 스노보드를 즐기거나 얼음낚시를 좋아하는 사람이라면 겨울이 더 좋다.

How Long 일주일이면 주요 관광지를 둘러보기에 충분하다.

Planning 겨울에 여행을 한다면 눈보라 경보는 없는지 미리 확인해야 한다. 스키 리조트인 발리(Vali)와 애스펜(Aspen)은 모두 덴버 서쪽에서 I-70 도로를 따라 쉽게 갈 수 있다.

Inside Information 캔자스시티는 바비큐가 세계적으로 유명하다. 작은 오두막집 같은 곳부터 비싼 고급 식당에 이르기까지 바비큐 식당이 100개가 넘는다.

Websites www.route40.net, www.visitmo.com, www.travelks.com, www.roadsideamerica.com

- 처칠은 1946년에 미주리 주 풀턴에 있는 풀턴 대학(Fulton College)에서 연설을 하면서 '철의 장막(Iron Curtain)'이라는 표현을 썼다. 오늘날 풀턴 대학에는 윈스턴 처칠 기념관과 도서관, 제2차 세계대전 때 파괴된 런던 교회를 재건한 것이 있다. 이 교회는 1677년에 크리스토퍼 렌(Christopher Wren) 경이 설계한 것인데, 폐허가 된 원래의 런던 교회 터에서 가져온 710톤의 돌을 섞어서 지었다.

- 캔자스 주는 지구상에서 토네이도가 가장 자주 발생하는 곳 중 하나다. 운전을 하는 중에 회오리바람을 볼 수도 있을 것이다.

- 콜로라도 주 제노아에 있는 탑 박물관(Tower Museum)에는 2만 개의 공예품이 소장되어 있다. 이곳에서는 여섯 개 주의 장관을 모두 바라볼 수 있다. 이 박물관에 있는 특이한 물건 열 개를 맞추면 무료 입장이 가능하다.

오리건 주 콜럼비아 강 계곡 근처를 굽이치며 지나가는 도로.

미국 | 미주리 주 | 캔자스 주 | 네브래스카 주 | 와이오밍 주 | 아이다호 주 | 오리건 주

오리건 트레일 *The Oregon Trail*

미주리 주에서 오리건 주까지 서부 개척자들의 여정을 다시 밟아 보자.

1843년, 많은 사람들이 미국 동부에서 서부로 이동하기 시작했다. 미주리 주에서부터 캔자스 주, 네브래스카 주, 와이오밍 주, 아이다호 주를 거쳐 농지를 찾아 오리건으로, 금을 찾아 캘리포니아로 미지의 땅을 찾아갔다. 그들은 걸어서, 혹은 마차를 타고 플랫 강의 수원지를 따라 로키산맥으로 갔고, 와이오밍 주 남서부의 사우스 고개를 넘

어 로키산맥을 횡단한 후, 스네이크 강과 콜럼비아 강을 따라 이동했다. 정처없이 걸으며 많은 서부 개척자들은 와이오밍 주 캐스퍼 근처에 있는 인디펜던스 바위에 자신들의 이름을 새겼다. 그렇게 평원과 사막을 지나고 골짜기와 산봉우리를 넘어 개척한 길은 무려 3,220킬로미터에 이른다.

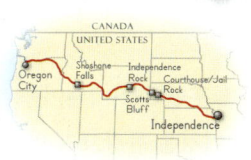

이 여정을 따라가면서 지금의 미국을 만들어 낸 역사를 경험하고, 그 웅장하고 아름다운 풍경을 처음으로 목격한 사람들이 느꼈을 경외감을 다시 느껴 보자. 네브래스카 주 브릿지포트 근처에 있는 143미터의 '굴뚝 바위(Chimney Rock)', 아이다호 주 아르코 근처에서 만날 수 있는 운석의 흔적들, 트윈 폴스 근처의 '쇼숀 폭포(Shoshone Falls)', 그리고 오리건 주로 들어가는 입구인 울창한 그랜드 론드 골짜기 등이 볼 만하다.

When to go 미국 서부를 여행하기에 가장 좋은 때는 봄이다. 봄에 산과 들은 가장 푸르고, 싱그럽고, 아름답다.

How Long 하루에 483킬로미터 정도를 달리면 중간 중간 흥미로운 지점들을 들르면서 갈 수 있다. 이 정도 속도라면 3,220킬로미터를 모두 달리는 데 일주일쯤 걸린다.

Planning 미 국립공원관리공단은 이주자들이 지나갔던 공식 루트를 정리하여 '국립 역사로(National Historic Trail)'로 지정했다. 이 역사로를 정확히 따라가는 도로는 없지만, 이 길이 지나는 여섯 개 주에서는 그 루트와 거의 비슷하게 진행되는 고속도로들과 뒷길들에 대해 무료 가이드를 제공하고 있다.

Inside Information 네브래스카 주 서부에는 숙박 시설이 있는 마을들이 무척 멀리 떨어져 있으므로, 여름에 이곳을 여행하려면 미리 예약을 해야 한다.

Websites www.nps.gov/oreg, www.isu.edu/~trinmich/Oregontrail.html

- 네브래스카 주 브릿지포트 근처의 코트하우스 바위와 제일 바위는 이 지역 최초의 개척자들이 처음 만난 랜드마크다. 이 거대한 바위들은 평원 위로 높이 솟아 초원과 그 위를 지나는 개미만한 사람들을 내려다보고 있다.

- 네브래스카 주 서부 대평원 위쪽에 있는 거대한 붉은색 바위 스코츠 블러프(Scotts Bluff)는, 한 이주자의 표현대로 '당당한 옛 성채'처럼 서 있다. 이곳에서는 그 옛날 이주자들이 타고 지나갔던 마차의 바퀴 자국을 볼 수도 있다.

- 아이다호 주 남부의 라바 온천(Lava Hot Springs)은 편하게 쉬어 갈 수 있는 곳이다. 산으로 둘러싸인 작은 동굴 속에 있는 천연 온천에 앉아, 푸른 하늘을 바라보며 온천욕을 즐기자.

미국 _ 콜로라도 주

산후안 스카이웨이 *The San Juan Skyway*

로키산맥의 하늘 높이 솟은 봉우리들과 부치 캐시디의 고향, 메사 베르데 유적지를
만날 수 있는 잊지 못할 모험을 떠나 보자.

산후안 스카이웨이는 로키산맥의 뛰어난 경치를 감상할 수 있는 드라이브 코스다. 이 여정은 듀랑고의 멋스러운 서부 거리에서 시작하여 고지대의 광산 마을인 실버톤(Silverton), 우레이(Ouray), 텔루라이드(Telluride) 등을 통과하며 굽이굽이 이어진다. 이 언덕에서 사람들은 금과 은을 캐서 큰돈을 벌었다.

사실 우레이와 실버톤 사이의 도로는 저급의 금광석으로 포장되었다는 얘기가 있는데, 그 덕에 이 도로는 '밀리언달러 하이웨이'라고도 불린다. 하지만 오늘날 이곳은 금이나 은보다는 4천 미터가 넘는 산들, 맑은 하천들, 야생화로 가득한 고산 초원, 산후안 국유림 등 보고 즐길 거리가 더 풍부하다. 무법자이자 영화 〈내일을 향해 쏴라Butch

가을이면 산후안 국유림의 사시나무들이 황금빛으로 물들고, 그 뒤로 스니펠즈 산맥의 봉우리들에 흰 눈이 쌓인다.

Cassidy and the Sundance Kid〉의 모델이 된 부치 캐시디(Butch Cassidy)의 고향인 텔루라이드는 개척시대 미국 서부의 분위기가 아직도 남아 있다. 동시에 야외 레저 활동과 문화의 중심지로 스키장과 미술관이 많이 있고, 영화 및 재즈 페스티벌도 열린다.

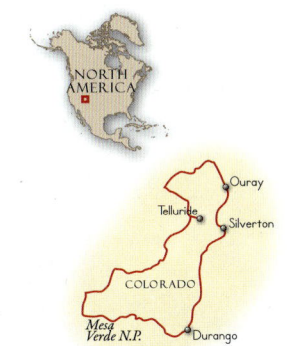

산후안 스카이웨이는 텔루라이드를 지나 콜로라도 고원의 숨 막힐 듯 아름다운 풍경을 따라 절벽 아래에 주거 유적지가 남아 있는 메사베르데 국립공원으로 이어진다. 이곳은 푸에블로 인디언들의 선조가 살았던 곳이다. 후손들에게는 여전히 성스러운 땅인 이 지역은 가이드 투어로 둘러볼 수 있다. 이곳 사람들은 메사(mesa, 침식이나 퇴적 작용으로 형성된 고원으로, 꼭대기는 평평하고 가장자리는 경사가 급한 절벽으로 되어 있음)에서 농작물을 경작하고, 고원 아래쪽 튀어나온 절벽 밑에 돌로 지은 집에서 생활했다.

When to go 산후안 스카이웨이는 1년 내내 개방되어 있지만 7월과 8월에 여행자가 가장 많다.

How Long 375킬로미터에 달하는 이 도로는 하루에 달릴 수도 있지만, 주요 도시들과 메사베르데 국립공원까지 둘러보려면 3일은 할애해야 한다.

Planning 겨울에는 도로 상태를 미리 체크해야 한다. 눈이 많이 올 수 있는 11월부터 4월까지는 4륜구동 자동차를 추천한다. 여름에는 오후에 강풍과 뇌우가 올 수 있으니 대비하자. 메사베르데 국립공원은 1년 내내 개방되지만 겨울에는 폐쇄되는 유적지가 있다.

Inside Information 풍경은 가을이 가장 아름답다. 사시나무들이 산을 온통 황금색과 호박색으로 물들인다.

Websites www.durango.org www.nps.gov/meve, www.coloradobyways.org

- 개척시대 서부의 모습을 재현해 놓은 실버톤의 블레어 거리(Blair Street)를 걸으면서 도박꾼, 광부, 권총 강도, 댄스홀의 무희 등이 어우러진 서부 개척시대를 카메라에 담아 보자.
- 실버톤의 올드 헌드레드 골드 마인에서 광산 열차를 타고 과거에 금을 캤던 방식을 알아보자.
- 우레이 외곽에 있는 온천에서 온천욕을 즐기자.
- 텔루라이드와 마운틴 빌리지의 스키 리조트 사이를 잇는 곤돌라에서 로키산맥의 멋진 경치를 감상하자.
- 메사베르데 국립공원에서는 사다리를 타고 메사베르데의 발코니 하우스로 올라가, 고대 푸에블로 인들이 어떻게 살았는지 보자.

'후두(hoodoo)'라고 불리는 붉은 바위 기둥들이 눈이 흩뿌려진 브라이스캐니언의 소나무 사이로 높이 솟아 있다.

미국 _ 유타 주

12번 도로, 브라이스캐니언에서 캐피톨 리프까지
Route 12 from Bryce Canyon to Capitol Reef

왠지 으스스한 형상의 바위들과 아슬아슬한 산등성이, 소나무 숲, 산 위의 목초지를 지나 유타 주의 협곡지대를 여행해 보자.

    유타 주 남부의 12번 도로는 뾰족한 바위들, 협곡, 절벽, 강의 지류, 사람의 발길이 닿지 않는 녹색의 계곡 등으로 이루어진 고원 사막 지대를 오르락내리락하며 이어진다. 이 도로는 팽귀치(Panguitch)에서 시작하여 분홍색, 오렌지색, 붉은색 뾰족한 돌들로 가득한 브라이스캐니언으로 향한다. 그 다음에는 그랜드 스테어케이스 에스칼란테 국립명승지(Grand Staircase-Escalante National Monument)의 매혹적인 협곡을 가로지른 후 혹스백(Hogsback) 산을 따라 오른다. 혹스백 산에서 도로는 칼날 같은 능선을 따라 아슬

아슬하게 이어지는데, 도로 양쪽으로는 깎아지른 듯한 절벽이 있다. 긴장에 요동치던 심장 박동수가 다시 정상으로 돌아올 때쯤, 도로는 보울더의 오아시스에 도착한다. 보울더에서는 1950년대까지 노새를 이용해서 우편물을 배달했다. 이곳의 '아나사지 주립공원'에서는 오래 전에 이곳을 떠난 사람들이 남긴 고대의 거주지터 사이를 거닐어 볼 수 있다.

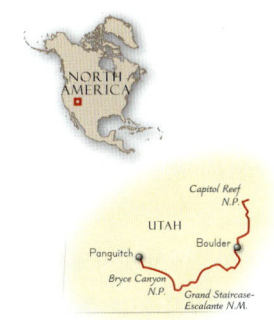

보울더를 지나면 보울더 산의 삼림과 초원, 그리고 캐피톨 리프 국립공원(Capitol Reef National Park)의 푸른 협곡이 펼쳐진다. 커시드럴 밸리(Cathedral Valley)에 있는 최고 높이 150미터의 사암 기둥들은 자연이라는 위대한 건축가의 작품이라 할 만하다. 이것들은 생김새에 따라 태양의 신전, 달의 신전, 예리코의 벽 등 다양한 이름을 지니고 있다.

When to go 날씨가 가장 좋은 때는 봄과 가을인데, 대부분의 관광객은 여름에 이곳을 여행하므로 오히려 이때가 관광객이 적다. 12번 도로는 1년 내내 개방되어 있지만, 비바람이나 눈보라로 인해 폐쇄될 때도 있다.

How Long 225킬로미터의 구간은 5시간 정도면 달릴 수 있다. 하지만 이곳에 있는 국립공원들과 기타 명소들을 여행하려면 나흘 정도는 필요하다.

Planning 국립공원들은 여름에는 무척 혼잡하다. 좋은 곳에 묵으려면 캠프장이나 숙박 시설을 일찍 예약해야 한다.

Inside Information 날씨와 도로 상태에 대한 정보를 미리 알아보자. 시간은 여유 있게 잡고, 마실 물은 충분히 가져가야 한다. 또한 자동차 기름은 넣을 수 있을 때마다 가득 채우자.

Websites www.brycecanyoncountry.com, www.utah.com/byways, www.nps.gov/brca, www.blm.gov

- 브라이스캐니언의 나바호 트레일(Navajo Trail, 2.1킬로미터의 가파른 길)에서는 높이 솟은 붉은 바위 기둥 아래 좁은 협곡 사이로 하이킹을 하자.
- 에스칼란테 동쪽에 위치한 캐프 크릭 유원지(Calf Creek Recreation Area)의 하이킹 코스를 따라가면, 캐프 크릭 지류의 물이 40미터 아래의 투명한 물웅덩이로 떨어지는 폭포가 나타난다.
- 4륜구동차로 버 트레일(Burr Trail)을 따라 보울더에서 캐피톨 리프 국립공원까지 가 보자.

미국 애리조나 주

66번 도로, 애리조나 주 횡단
Route 66 through Arizona

노스탤지어를 자극하는 66번 도로에서 나만의 로드무비를 찍어 보자.

시카고에서 시작해서 로스앤젤레스까지 이어지는 66번 도로는 오랜 기간 미국의 동부와 서부를 잇는 주요 고속도로였으며, 밥 딜런의 노래 덕분에 유명해지기도 했다(냇 킹 콜이 1940년대에 처음 불렀던 'Route 66'이라는 노래를 밥 딜런을 비롯한 수많은 가수들이 리메이크했다). 대공황 시대에 이 길을 따라 캘리포니아 주로 이주했던 농부들은 이 도로를 '어머니의 길(mother road)'이라 불렀다. 현대적 의미의 여행자들이 재미와 모험을 찾아 고속도로를 이용해서 여행을 하기 시작했던 1950년대와 60년대 무렵, 이 도로는 '미 대륙의 메인 스트리트'였다.

오늘날 애리조나 주에 남아 있는 오리지널 66번 도로의 가장 긴 구간은 향수를 자극하며, 좀 더 순수한 시대를 찾고 싶어 하는 사람들에게 풍요로운 경험을 안겨 준다. 홀

홀브룩에 있는 위그웜 모텔(Wigwam Motel)의 원뿔형 천막집에서 하룻밤을 보내 보자.

브룩, 플랙스태프, 윌리엄스 같은 도시의 중심가에는 지금도 클래식한 66번 도로 스타일의 모텔과 식당들이 있다. 윌리엄스를 지나면 원래의 2차선 아스팔트 도로가 오늘날의 I-40 도로로 바뀌고, 피치스프링스(Peach Springs)와 해크베리(Hackberry) 같은 작은 마을들로 이어진다. 이런 작은 마을들은 옛날에 마차가 다니던 길과 철로를 따라 조성된 것들이다.

블랙 산맥 위에는 금광 도시 오트맨이 있다. 이곳은 과거에 수없이 총격전이 벌어지던 곳으로, 지금은 관광객들을 위한 옛날 서부식 총격전이 때때로 펼쳐진다. 서부 개척자들은 캘리포니아 사막을 건너기에 앞서 마지막으로 이 마을에서 기운을 내곤 했다.

When to go 66번 도로는 1년 내내 아무 때나 달릴 수 있지만, 늦봄과 초가을이 기온도 쾌적하고 명소들도 모두 개방되어 있다.

How Long 홀브룩에서 오트맨까지 이어지는 66번 도로의 애리조나 주 구간은 총 길이가 590킬로미터다. 천천히 즐기려면 3~5일은 잡아야 한다.

Planning 66번 도로의 일부 구간은 사막의 외진 곳을 지나므로 정확한 지도와 충분한 물, 자외선 차단 크림, 선글라스, 모자를 반드시 지참해야 한다. 또한 주유소가 없는 구간(예를 들어 윌리엄스에서 킹맨까지)도 있으므로 철저히 대비해야 한다.

Inside Information 오리지널 66번 도로(Old Route 66)는 현재 도로 지도에는 나와 있지 않으므로, www.historic66.com/arizona에서 지도를 미리 확인하자. 애리조나 주 동부에서는 I-40 도로를 따라 달리다가 홀브룩, 플랙스태프, 윌리엄스에 남아 있는 오리지널 66번 도로를 맛보기로 달려 볼 수도 있다. 셀리그맨에서 오트맨까지의 구간은 오리지널 66번 도로를 따라 달리는 것이 더 좋다.

Websites www.azrt66.com

- 66번 도로에서 가장 오래되고 가장 많은 방문객이 찾는 곳은 피치스프링스 근처의 그랜드캐니언 동굴(Grand Canyon Caverns)이다. 이곳에서 지하 산책을 즐겨 보자.
- 66번 도로는 고급 문화를 지닌 길이 아니다. 오트맨에서 펼쳐지는 약간 저급한 총격전을 구경하고, 장인들이 소유하고 있는 미술관들과 상점들을 방문해 보자.
- 66번 도로를 그랜드캐니언의 사우스림, 윌리엄스 북쪽, 그리고 피치스프링스 북쪽의 하바스캐니언(Havasu Canyon)을 방문하기 위한 출발점으로 이용하는 사람들이 많다. 그 행렬에 동참하는 것도 나쁘지 않다.

눈부시게 푸른 바다로 떨어지는 산타루치아 산맥의 경사면을 따라 태평양 연안 1번 고속도로가 시원하게 펼쳐진다.

미국 _ 캘리포니아 주

태평양 연안 1번 고속도로

Pacific Coast Highway 1 through Big Sur

아메리카 대륙의 서쪽 끝, 태평양을 따라 이어지는 고속도로의 U자형 커브를 즐기며 달려 보자.

　캘리포니아의 무모한 도전정신을 구현한 도로를 하나만 고르라면 그것은 바로 빅서(Big Sur)를 통과하는 1번 고속도로일 것이다. 빅서는 스페인 식민지 개척자들이 남쪽의 큰 나라(país grande del sur)라고 부른 곳이다. 이 도로는 산시메온 바로 북쪽에 있는 허스트캐슬에서 시작하여 산지로 이루어진 해안선을 따라 북쪽으로 이어진다. 그리고 예술인 마을 카멜을 지나 역사적으로 중요한 의미를 지니는 도시인 몬터레이에서 끝난다.

　존 스타인벡의 소설 《캐너리 로우 *Cannery Row*》의 배경이 되었던 1930년대부터 '캘리포니아 드리밍(California Dreaming)'이 불리던 1960년대를 지나 오늘에 이르기까지, 파도가 깎아 놓은 빅서의 해안 풍경 위로 뱀처럼 구불구불 길게 이어져 있는 이 고속도로의 이미지는 많은 이들의 모험심을 자극해 왔다.

그들처럼 이 도로를 달리면서 자연 속의 공원을 만나 보자. 평화를 느끼게 하는 아메리카 삼나무 숲과 깨끗한 냇물이 흐르는 이곳에는 잠깐씩 차를 세우고 해안의 장관을 즐길 수 있는 수많은 지점들이 있다. 갈색 펠리컨을 비롯한 여러 바닷새들은 머리 위로 원을 그리며 날아다니고, 멀리 이동해 가는 수염고래 무리를 볼 수도 있다. 산시메온 바로 북쪽에 있는 '포인트 피에드라스 블랑카스(Point Piedras Blancas)'에는 코끼리바다표범들이 1년 내내 모여 있다. 캐나다에서 날아온 왕나비들은 몬터레이 근처 '퍼시픽 그로브(Pacific Grove)'에서 겨울을 난다.

When to go 봄, 여름, 가을이 좋다. 6, 7, 8월에 이 도로가 가장 붐비는데, 여름이면 아침에 안개가 낄 수 있다.

How Long 편도가 153킬로미터이므로 하루면 여러 곳에서 쉬어 가면서 느긋하게 드라이브를 즐길 수 있다.

Planning 캠핑이나 숙박 시설은 무척 다양하고 많이 있다. 그중 다수가 숲속에 있거나 아름다운 바다 풍경을 즐길 수 있는 곳에 위치해 있다. 주유소가 거의 없으므로 산시메온 남쪽의 모로 만(Morro Bay)에서 기름을 가득 채운 다음 출발하자.

Inside Information 북쪽을 향해서 육지 쪽 차선으로 달릴 때의 경치가 가장 아름답다. 육지 쪽 차선으로 달려야 바다 쪽에 있는 가파른 절벽을 피해서 달릴 수 있다. 산사태가 일어날 수 있으므로 폭풍우를 조심해야 한다. 이곳은 물살이 강하고 물이 차갑기 때문에 수영하는 것은 위험하다.

Websites www.bigsurcalifornia.org, www.carmelcalifornia.org

- 산시메온에서 북쪽으로 24킬로미터 올라간 곳에 있는 전망 좋은 래기드 포인트에서 소풍을 즐기자. 이곳에서 바라볼 수 있는 풍경은 흔히 '미국에서 가장 숨 막히는 해안 풍경'이라고 묘사된다.

- 카멜에서 남쪽으로 60킬로미터 떨어진 곳에 있는 줄리아 파이퍼 번스 주립공원(Julia Pfeiffer Burns State Park) 주변에서 하이킹을 하자. 산책로의 끝무렵에서는 24미터 높이의 폭포가 바다로 떨어지는 광경을 볼 수 있다. 좀 더 긴 산책로를 따라 주변의 산들로 올라갈 수도 있다.

- 카멜에서는 해변을 산책해 보자. 이곳의 미술관에서는 영화배우를 만날 수도 있다. 클린트 이스트우드가 운영하는 레스토랑인 혹스 브레스 인(Hog's Breath Inn)에서 와인을 한잔 하는 것도 좋다.

티에라 델 푸에고 섬의 푸에르토 하버튼 근처에 있는 작은 농가 뒤로 바위산이 우뚝 솟아 있다.

칠레 | 아르헨티나

팬 아메리칸 하이웨이 *The Pan American Highway*

북으로 알래스카에서 남으로 티에라 델 푸에고 섬까지 뻗어 있는
팬 아메리칸 하이웨이를 따라 아메리카 대륙을 여행해 보자.

여러 개의 도로가 연결되어 있는 팬 아메리칸 하이웨이는 북아메리카와 남아메리카의 15개 국가를 지나간다. 전체 구간을 여행할 수도 있지만, 대부분의 사람들은 일부 구간을 골라서 여행한다. 그중 하나가 티에라 델 푸에고(Tierra del Fuego, 스페인어로 '불의 땅'이라는 뜻) 섬에 있는 이 도로의 남쪽 끝부분인데, 칠레와 아르헨티나에 걸쳐 있는 티에라 델 푸에고 섬은 남아메리카 대륙의 맨 끝에 있다.

이 섬의 칠레 쪽에 있는 도시인 푼타에스포라(Punta Espora)에서 아르헨티나 쪽에 있는 도시 우수아이아(Ushuaia)까지 차로 달리다 보면, 이 섬이 얼마나 고립되어 있으며 얼마나 다채로운 풍경을 지닌 곳인지 느낄 수 있다. 바람이 강한 북쪽은 양들이 점점이 풀을 뜯고 있는 광활한 초원인 반면, 습기가 많은 남쪽은 만년설을 머리에 인 바위산들과 빙하, 툰드라 지대, 호수, 너도밤나무 숲으로 가득 차 있다. 팬 아메리칸 하이웨이의 종착지인 우수아이아는 남극대륙으로 가는 입구다.

When to go 여름에 해당하는 12월에서 2월까지가 가장 좋다. 티에라 델 푸에고 섬의 겨울은 춥고, 도로는 위험할 수 있다.

How Long 푼타에스포라에서 우수아이아까지 버스나 승용차로 드라이브를 하려면 하루가 꼬박 걸린다.

Planning 승용차를 빌릴 때는 렌터카 업체로부터 차량이 칠레-아르헨티나 국경을 넘을 수 있도록 하는 서류를 반드시 받아야 한다. 이 지역은 자외선 차단 지수가 높은 선크림은 필수다.

Inside Information 앞바다에서 연기처럼 피어오르는 이른 아침 안개를 보게 된다면, 사람들이 이곳을 '불의 땅'이라고 이름 붙인 이유가 이해가 갈 것이다.

Websites www.enjoy-patagonia.org, www.visit-chile.org

- 낚시를 좋아하는 사람들은 섬 남반부에 있는 리우그란데 근처의 강에서 거대한 송어 낚시를 즐길 수 있다.
- 우수아이아는 전 세계에서 가장 남쪽에 위치한 도시다. 과거에 범죄자들을 유배시켰던 식민지였던 이곳의 건물들은 선명한 색의 아연으로 만들어져 있다. 녹색 2층버스를 타면 도시 투어를 할 수 있다.
- 이 지역에 걸맞은 이름을 가진 트렌 델 핀 델 문도(Tren del Fin del Mundo, '세상의 끝의 기차'라는 뜻) 열차는 우수아이아에서 서쪽으로 티에라 델 푸에고 국립공원까지 달린다.
- 1886년에 설립된 양떼 농장 에스탄시아 하버튼(Estancia Harberton)에서 식사를 하거나 하룻밤 묵어가는 것도 좋다. 여름에는 이곳에서 비글 해협의 마르티요 섬까지 보트 여행을 할 수 있다.

선인장이 에워싸고 있는 볼리비아의 우유니 소금 사막. 새하얀 표면 위로 4륜구동차 한 대가 지나가고 있다.

볼리비아 | 칠레

볼리비아에서 칠레까지 안데스 산맥 횡단

Crossing the Andes from Bolivia to Chile

세계에서 가장 높은 곳에 위치한 도로로 용감하게 나서자. 화산에 의해 생긴 온천, 반짝이는 소금 사막, 그리고 플라밍고가 우리를 기다리고 있다.

    안데스 산맥을 가로지르는 이 얼어붙을 듯 춥고 울퉁불퉁한 도로를 달리는 불편한 가이드 투어는, 그런 불편함에도 불구하고 세계에서 가장 높은 곳을 달리는 도로 여행만이 줄 수 있는 마법을 지니고 있다. 황량하고 바람이 강하게 부는 볼리비아의 우유니 시를 벗어나면, 바로 안데스 고원지대의 짙푸른 하늘을 배경으로 광활한 소금 사막(스페인어로는 salares)이 나타난다. 이 하얀 소금 사막은 호수가 말라 버리고 바다에 소금이 굳어 생긴 것이다. 세계에서 가장 높고 넓은 이 소금 사막에는 선인장이 흩어져 있는 섬들과 피라미드처럼 쌓인 소금 더미가 드문드문 자리 잡고 있다.

만년설을 머리에 인 산봉우리들을 배경으로 소금 사막을 지나면, 구릿빛 모래밭과 초현실적으로 보이는 바위들이 군데군데 서 있는 고원지대의 풍경 속으로 들어가게 된다. 태양이 움직여 감에 따라 진홍색에서 에메랄드 빛으로 변하는 호수 위로 원뿔형 화산들이 솟아 있고, 김이 푹푹 솟아오르는 간헐천이 얼음으로 덮인 땅에서 쏟아져 나온다. 얕은 소금 호수인 라구나 콜로라다에서는 분홍색 플라밍고들이 바람에 일렁이는 물과 한데 어우러진다. 안데스 산맥을 넘어 칠레로 가면 사막 위에 화산과 온천탕이 곳곳에 있는 산 페드로 데 아타카마가 우리를 맞이한다. 영하의 밤을 보낸 후에는 찰비리 온천(Termas de Challviri)에서 몸을 따뜻하게 녹여 보자. 온천물에 달걀을 삶아 먹을 수도 있다.

- 우기에는 소금 사막에 살짝 물이 덮어서 그 수면에 안데스 산지의 짙푸른 하늘이 선명하게 비친다.
- 라구나 콜로라다에서는 해가 진 후 기온이 떨어지고 살을 에는 듯한 바람이 불어오면, 호수의 물이 진한 붉은색으로 변하면서 물속에 잠겨 있는 하얀 소금 색과 대조를 이룬다.
- 라구나 콜로라다와 라구나 베르데 사이에 있는 살바도르 달리 사막의 모래 습곡과 삐죽삐죽 튀어나와 있는 바위들, 그리고 그림자가 한데 어우러져 초현실주의 걸작을 방불케 하는 풍경을 만들어 낸다.

When to go 4륜구동차가 우유니 사막에서 연중 무휴로 매일 출발한다. 6월부터 9월까지는 날씨가 춥지만 추운 날씨 덕에 하늘이 무척 맑고 파랗다.

How Long 이 지역에는 도로가 거의 없는데다 상태도 매우 좋지 않다. 따라서 274킬로미터에 달하는 거리를 이동하는 데 보통 3박 4일이 걸린다. 3박은 각각 살라 데 우유니, 라구나 콜로라다, 라구나 베르데에서 한다.

Planning 이 지역 투어를 제공하는 여행사인 토니토 투어(Tonito Tours)에서 4륜구동차 좌석을 미리 예약해야 한다. 밤에는 기온이 아주 낮게(때로는 섭씨 영하 25도까지) 떨어질 수 있으니 따뜻한 방풍 의류와 침낭을 준비하도록 하자.

Inside Information 칠레 국경을 넘을 때는 농산물(나무와 가죽으로 만든 제품 포함)은 절대 가져갈 수 없다. 이 법은 무척 엄격하므로 조심해야 한다.

Websites www.bolivianexpeditions.com, www.boliviacontact.com, www.visit-chile.org

| 캐나다 |

아이스필즈 파크웨이

The Icefields Parkway

황량한 툰드라와 만년설을 이고 있는 산봉우리들, 빙하 호수와 웅장한 콜럼비아 아이스필즈를 지나는 장대한 도로를 따라 빙하시대로 떠나 보자.

캐나다 로키산맥의 재스퍼 국립공원(Jasper National Park)과 밴프 국립공원(Banff National Park)을 이어 주는 아이스필즈 파크웨이는, 여러 산들을 굽이돌고 높은 고개들을 넘으며 북아메리카에서 가장 멋진 풍광들을 지나쳐 간다. 이 도로는 로키산맥의 척추라 할 수 있는 컨티넨털 디바이드를 따라 달리는데, 일반적으로 도로를 통해서는 접근할 수 없는 풍경을 가까이에서 볼 수 있게 해 준다.

해발 3,350미터를 넘는 눈 덮인 바위투성이 산들은 수정처럼 맑은 호수와 야생화가 수놓인 드넓은 초원과 한여름에도 군데군데 눈이 쌓인 나무 한 그루 없는 툰드라지대 위로 높이 솟아 있다. 아이스필즈 파크웨이는 면적이 78제곱킬로미터에 달하는, 북아메리카에서 가장 큰(북극을 제외하고) 빙하 지대인 컬럼비아 아이스필즈 가장자리를 따라 달린다.

밴프 국립공원에 속한 보우 호 수면에 그 뒤로 솟은 바위산이 비치고 있다.

캐나다의 태평양 연안에서 옮겨 온 원주민들의 토템폴이 재스퍼 국립공원의 산을 배경으로 서 있다.

마지막 빙하시대의 잔유물인 컬럼비아 아이스필즈는 아타바스카(Athabasca), 돔(Dome), 스터트필드(Stutfield)를 비롯한 여덟 개의 큰 빙하들을 품고 있고, 북아메리카 대륙의 주요 하천들인 아타바스카 강, 노스 사스카체완 강, 컬럼비아 강의 수원지이기도 하다. 아이스필즈 파크웨이를 달리며 만나게 되는 지명들은 이곳에서 어떤 풍경들을 만나게 될지에 대해 미리 힌트를 준다. 버밀리언 호수(Vermilion Lake, vermilion은 주홍빛이란 뜻), 크로우풋 빙하(Crowfoot Glacier, crow는 '까마귀'라는 뜻), 위핑 월(Weeping Wall, weeping은 '눈물을 흘리는'이란 뜻) 같은 이름들이 그 예다.

When to go 아이스필즈 파크웨이는 1년 내내 개방하나 겨울에 폭설이 내리면 최대 3일 정도 도로가 폐쇄될 수 있다. 재스퍼에서 105킬로미터 떨어져 있는 콜럼비아 아이스필드 센터는 4월 중순부터 10월 중순까지 운영된다.

How Long 230킬로미터를 자동차로 달리는 데는 최소 5시간이 걸리지만, 중간 중간에 있는 숙소나 캠핑장에서 숙박하면서 3일 정도에 걸쳐서 여행하는 게 좋다.

Planning 숙박 시설이나 캠핑장은 몇 달 전에 미리 예약하는 게 좋다. 특히 7월과 8월에 이곳을 여행하려면 숙소의 사전 예약은 필수다. 겨울에는 담요, 손전등, 삽을 지참하도록 한다. 승용차로 여행하지 않는다면 투어 버스를 타도 좋다.

Inside Information 아이스필즈 파크웨이를 하루 동안에 여행하려면 가능한 한 빨리 출발하는 게 좋다. 또한 ATV(바퀴가 4개 달린 산악용 오토바이)를 타고 컬럼비아 아이스필즈의 정기 투어 중 하나에 참가할 수도 있다. 왕복 3킬로미터의 이 투어에 참가하면, 빙하 한가운데를 지나거나 빙하 위를 걸어서 다녀 볼 수 있다.

Websites www.icefieldsparkway.ca, www.travelalberta.com, www.columbiaicefield.com

- 자연 속에 있는 산악 야생생물을 볼 수 있는 흔치 않은 기회다. 야생 동물은 새벽녘과 해질녘에 볼 가능성이 가장 높은데, 깊은 틈에 빠질 위험이 있으므로 도로에서 멀리 떨어진 곳을 혼자 돌아다니지 않도록 한다.
- 바퀴가 여섯 개 달린 거대한 아이스 익스플로러(Ice Explorer, 4월 중순부터 10월 중순까지 운행)를 타면 90분 동안 컬럼비아 아이스필즈의 중심으로 다녀올 수 있다.
- 스터트필드 빙하 전망대에서는 빙원이 절벽 아래로 떨어지는 경외감을 불러일으키는 광경을 목격할 수 있다.
- 원시 그대로의 모습을 지닌 이곳의 산지는 여름에는 급류 래프팅을, 겨울에는 크로스컨트리 스키를 탈 수 있는 매혹적인 곳이다.
- 파크웨이에서 한참 아래쪽 깊은 빙하 계곡에 있는 페이토 호(Peyto Lake)는 놀라울 정도로 선명하고 눈부신 청옥색을 지니고 있다.

파키스탄 | 인도

그랜드 트렁크 로드
The Grand Trunk Road

파키스탄 북서부 국경 지대에서 인도의 콜카타까지 가는 원정을 통해
찬란한 이슬람 예술과 힌두교 성지들을 만날 수 있다.

　15세기에 황제의 칙령에 따라 건설된 그랜드 트렁크 로드는 인도와 파키스탄 국경 부근에서 시작하여 갠지스 강을 따라 내려오다가 벵골 만에 위치한 콜카타(캘커타)에서 바다와 만난다. 《정글북 The Jungle Book》으로 유명한 영국의 소설가 루디야드 키플링(Rudyard Kipling)은 이 도로를 '위대한 삶의 강'이라고 불렀는데, 이 별명은 지금도 유효하다.

　이 도로는 파키스탄과 인도의 역사에서 중요한 사건을 환기시키는 장소들을 관통하는데, 카이버 고개(Khyber Pass, 파키스탄과 아프가니스탄을 잇는 산길)로 연결되는 파키스탄의 페샤와르(Peshawar), 과거에 이슬람 문화와 예술의 중심지였던 파키스탄의 라호르(Lahore), 1919년에 영국 군대가 인도 민족주의자들을 대량 학살한 현장인 인도 펀자브 주의 암리차르, 그리고 17~18세기 무굴제국의 수도이자 영국령 당시 인도의 수도였던 델리 등등을 지나가게 된다.

노란색 택시와 모터 달린 인력거들이 도시의 거리에 색을 더한다.

국경 지대 시장에서 판매되는 옷감들.

바라니시의 강둑은 갠지스 강물에 몸을 씻기 위해 인도 전역에서 모여드는 순례자들로 항상 가득하다.

거기서 더 나아가면 힌두교의 성지 중 하나이자 신비로운 마력을 지닌 도시 바라나시가 나온다. 사람들이 살아온 도시 중 세계에서 두 번째로 오래된 도시인 바라나시는(가장 오래된 도시는 예루살렘) 매년 갠지스 강에 몸을 담그러 오는 수백만 명의 힌두교 순례자들로 늘 북적거린다. 힌두교도들은 갠지스 강에서 목욕을 하면 죄를 씻어낼 수 있다고 믿는다. 여기에서 조금 더 가면 인도에서 가장 바쁘고 혼잡한 도시 중 하나인 콜카타에 다다른다.

이 도로에서는 우차(牛車), 맨발의 순례자들, 코끼리, 화려하지만 촌스러운 버스들, 덜커덩거리는 앰배서더 택시, 정치가와 관리들이 타는 에어컨이 장착되어 있는 도요타 자동차 등 차량과 사람들의 정신없는 행렬을 만나게 된다. 소와 염소, 닭과 오리, 보행자들은 좁은 도로에서 서로 자리를 차지하려고 경쟁하면서 자동차들을 아슬아슬하게 피해 간다. 먼지가 가득한 길바닥에는 차에서 내뿜는 배기가스가 더해지고, 가장 바쁘고 혼잡한 시간의 이 도로는 마치 움직이는 대륙과도 같다.

When to go 11월부터 1월이 좋다. 이때의 낮 기온은 참을 만하고 밤에는 시원하다.

How Long 도로의 총 길이는 2,575킬로미터에 달한다. 페샤와르에서 라호르까지 4일, 라호르에서 델리까지 2주, 델리에서 콜카타까지 최소 2주는 생각해야 한다.

Planning 그랜드 트렁크 로드를 여행하는 가장 좋은 방법은 기사가 운전하는 승용차(4륜구동에 에어컨 장치가 되어 있으면 좋다)로 달리는 것이다. 일부 여행사에서는 가장 인기 있는 구간인 델리에서 바라나시 사이에 가이드 투어를 제공한다

Inside Information 이곳은 먼지와 매연이 항상 심각한 문제이므로 마스크나 얇은 스카프로 얼굴을 가리고 다니도록 한다.

Websites www.tourism.gov.pk www.visitindia.com

- 페샤와르의 키사 카와니 시장(Qissa Khawani Bazaar)에서는 금, 은, 보석, 도기, 직물 등 거의 모든 것이 거래된다. 국경 지대다 보니 총도 판매한다. 여기서 물건을 살 때는 반드시 흥정을 해야 한다.
- 라호르에 있는 바드샤히 모스크(Badshahi Mosque)는 무굴제국의 황제 아우랑제브가 1673년에 세운 이슬람 사원이다. 5만 5천 명 이상의 신도를 수용할 수 있는 이곳은 무굴제국의 뛰어난 건축술을 보여준다.
- 시크교 최고 성지인 암리차르의 황금사원(Harimandir Sahib)은 호수 위쪽에 찬란한 모습으로 서 있다. 이곳은 항상 순례자들로 가득한데, 특히 시크교의 설날에 해당하는 4월 13일과 14일의 바이사키(Vaisakhi) 축제 기간에는 발 디딜 틈이 없다.

인도

델리에서 아그라까지 *From Delhi to Agra*

영원불멸의 사랑을 위한 사당이자 세계의 불가사의 중 하나인 타지마할은
인도의 고동치는 심장 속으로 들어가는 여행의 클라이맥스다.

세상을 떠들썩하게 하는 무수한 사건사고, 극심한 빈곤과 아름다움의 극명한 대비. 이것이 델리에서 아그라까지 자동차로 달리면서 만나게 되는 인도의 모습이다. 향신료 냄새와 소음으로 가득한 델리의 공기를 뒤로하고 남쪽으로 차를 달리면, 도로 좌우로 진흙으로 만든 오두막이 드문드문 서 있고 농부들이 소를 이용해서 밭을 가는 농지가 펼쳐진다. 빨래를 하는 아낙들이나 도로변 매점에 앉아 김이 모락모락 나는 그릇을 들고 밥을 먹는 남자들처럼, 생생한 스냅사진 같은 장면들이 눈앞을 지나쳐 간다.

무너지기 일보 직전의 낡고 허름한 상점들도 많이 보이는데, 이런 곳들도 멀쩡히 영업을 하고 있다. 그런 풍경이 이어지다가 갑자기 빛나는 이슬람 사원이나 한눈에도 정성스럽게 보살펴지고 있음을 알 수 있는 꽃으로 장식된 힌두교 동상이 나타난다. 이 도로에서는 소와 물소들이 어슬렁거리며 길을 건너고, 길 한가운데 가만히 서 있거나 주저앉아 있을 때도 있으므로 차들이 그 주위로 돌아가야 한다. 또한 이곳에는 낙타, 트랙

델리에 있는 무굴제국의 2대 황제(16세기) 후마윤의 무덤을 석양이 분홍빛으로 물들이고 있다.

터, 낡아 빠진 자전거, 여기저기 이어 붙인 자동차 등 사람들이 타거나 운전할 수 있는 것이라면 무엇이든 다 있다. 짐을 너무 많이 실어서 휘청대는 트럭들이 가끔씩 넘어져 버려서, 운전자가 오도 가도 못하고 길가에 앉아 있는 모습도 보게 된다.

한편, 이 도로는 델리의 붉은 성(Red Fort)에서부터 한때 무굴제국의 수도였기에 많은 유적이 남아 있는 도시 파테푸르시크리(Fatehpur Sikri), 그리고 도로가 끝나갈 때 만나게 되는 반짝이는 타지마할까지 무굴제국의 값진 유적들로 장식되어 있기도 하다. 타지마할은 인간의 기술력을 과시하는 건축물일 뿐만 아니라 황제의 사랑을 기념하는 건물이기도 한데, 해가 뜰 때쯤 방문하여 흰색 대리석이 햇빛을 받으며 서서히 색이 변해가는 것을 감상하는 것이 가장 좋다.

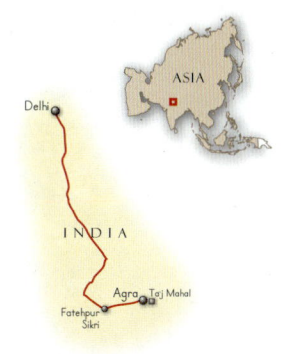

When to go 9월부터 3월까지가 좋다. 7월부터 8월까지의 무더운 여름과 우기는 피하자.

How Long 203킬로미터를 달리는 데는 4시간 정도면 충분하지만, 이 구간에 있는 명소들을 구경하려면 이틀은 잡아야 한다.

Planning 투어에 참가하거나, 운전자 겸 가이드를 고용하여 인도를 대표하는 자동차인 흰색 앰배서더 카(Ambassador Cars)를 타 보자. 인도에서 직접 운전하는 것은 권할 만한 일이 아니다. 도로 상태도 좋지 않고 교통도 무척 혼잡하다. 타지마할은 금요일에는 힌두교 신자만 들어갈 수 있다.

Inside Information 복장을 제대로 갖춰 입어야 한다. 여성들은 짧은 바지나 짧은 치마를 입으면 안 되고, 팔뚝을 내놓아서도 안 된다. 이런 지침을 따르지 않으면 관광지에 입장할 수 없거나 입구에서 옷을 받아서 신체 부위를 가려야 한다. 물은 병에 든 생수만 마시고, 노점의 음식은 되도록 먹지 말자.

Websites www.delhitourism.nic.in, www.incredibleindia.org

- 델리의 간디 기념관은 인도의 정신적 지도자이자 지금까지도 국가의 아버지로 여겨지는 간디를 모신 곳이다.
- 델리에 있는 인디아 게이트(India Gate)는 원래 제1차 세계대전 때 동맹국들을 위해 싸우다 전사한 인도 군인들을 기리기 위해 세워진 것이다. 그러나 언제부턴가 이 도시와 독립의 상징이 되었다.
- 무굴제국의 수도였으나 지금은 버려진 도시인 파테푸르시크리에는 이슬람 건축술을 잘 보여 주는 붉은색 사암으로 만들어진 멋진 궁전과 누각들이 많이 남아 있다.
- 무굴제국의 황제들은 아그라 요새(Agra Fort Complex)를 짓고 대리석과 보석 원석들, 아름다운 정원으로 장식했다.

나라의 코후쿠지(興福寺) 국보관에 전시되어 있는 나무로 만든 인물상.

일본

다케노우치 가도 *The Takenouchi Highway*

다케노우치 가도는 일본에서 가장 오래된 도로다. 꽃이 핀 산지와 정원들을 지나
현대 도시 오사카에서부터 고대의 수도였던 나라까지 가 보자.

    다케노우치 가도는 일본의 격변해 온 역사를 떠올리게 한다. 이 도로를 따라 전통적 주택과 아주 오래된 정원 옆에 현대적인 고층 빌딩들이 서 있듯, 매니큐어를 꼼꼼하게 칠한 손에 휴대전화를 든 여학생들이 평생 들판에서 농사를 짓느라 허리가 굽은 할머니들 옆을 잰걸음으로 추월해서 지나간다. 다케노우치 가도는 일본 제2의 도시인 생동

감 넘치는 오사카 외곽을 돌아 일본 최초의 황제인 진무(神武)가 세운 일본 최초의 수도 나라(奈良)로 향한다. 아스카(飛鳥) 시대인 서기 600년경에 쇼토쿠 태자가 건설한 이 도로는 일본에서 가장 오래된 도로다. 한국과 중국은 고대 일본의 형성에 큰 영향을 미쳤는데, 이 도로는 불교와 라면, 젓가락 등 한국과 중국에서 건너온 온갖 것들이 전해지는 통로 역할을 했다. 오사카 항구를 통해 들어온 물건들은 이 도로를 따라 황제가 머무르던 나라로 보내졌다.

이 도로를 따라서는 목재 가옥들과 사찰들을 방문할 수 있고, 비운의 왕자이자 시인이었던 오오츠노미코(大津皇子)가 묻혀 있는 니조 산(二上山)에 오를 수 있다. 니조 산은 현지인들이 천국으로 가는 문이라고 생각하여 신성하게 여기는 산으로, 산의 쌍둥이봉 사이로 해가 지는 모습은 일본에서 가장 아름다운 일몰 중 하나로 여겨진다.

- 나라 외곽에 있는 케하야자 스모 박물관에서 스모의 전통에 대해 알아보자. 실제 크기의 도효(스모를 하는 링)와 스모 관련 각종 공예품들이 전시되어 있다. 오사카에서는 매년 3월에 스모 경기가 열린다.
- 봄이면 고속도로를 따라 펼쳐져 있는 아름다운 꽃들이 산기슭을 덮고 있는 광경을 감상해 보자.
- 나라에 있는 일곱 곳의 불교 사원 가운데 하나인 토다이지(東大寺)는 세계에서 가장 넓은 목재 건축물로 평가받는다. 이 절에는 높이가 15미터인 거대한 불상이 있다. 나라는 유네스코 세계문화유산이기도 하다.

When to go 봄과 가을이 여행하기에 가장 좋다. 이 구간은 언제든 여행할 수 있지만, 겨울에는 날이 몹시 춥고 여름에는 무척 습하다. 대부분의 관광지와 명소는 주말에만 개방되고 주중에는 휴관이므로 미리 확인하고 가도록 한다.

How Long 이 구간은 53킬로미터밖에 안 되므로 주요 관광지를 하루에 다 둘러볼 수 있다.

Planning 관광 투어가 있는지 알아보고, 가이드를 고용할 수 있는지도 확인해 보자.

Inside Information 4월 23일의 다케노보리(竹登り) 마츠리에 맞춰 여정을 짜면 일본인 등산객들과 함께 니조 산을 오를 수 있다.

Websites www.tourism.city.osaka.jp, www.pref.nara.jp

타나미 트랙의 도로변에서는 턱수염 도마뱀을 만날 수도 있다. 턱수염 도마뱀은 길이가 56센티미터까지 자란다.

오스트레일리아

타나미 트랙 *The Tanami Track*

지구상에서 가장 외로운 땅 가운데 한 곳에서 희귀한 야생동물들과 숨 막힐 듯 아름다운 풍경과 왈피리 원주민들의 멋진 예술 작품들을 감상해 보자.

타나미 트랙은 흙으로 된 고속도로로, 지구상에서 가장 고립되어 있고 메마른 지역 중 하나인 타나미 사막을 횡단한다. 오지에 난 길들이 대개 그렇듯 이 길도 처음에는 가축이 지나가는 길이었는데, 지금은 노던테리토리지방의 앨리스스프링스와 오스트레일리아 북서부의 홀스크릭을 연결한다.

앨리스스프링스에서 북쪽으로 '맥도넬 산맥(Macdonnell Ranges)'의 경사면을 따라 독특한 형상의 바위들이 솟아 있고, 이 도로는 여기저기 말라 버린 강바닥이 보이는 산지 풍경을 끼고 달린다. 맥도넬 산맥을 지나면 다양한 식물들이 자라고 있는 붉은 모래로 된 평지가 펼쳐지면서 가끔 언덕이나 산마루, 황토색 바위, 숲이 나타난다. 그 모든 풍경이 오스트레일리아의 푸르고 넓은 하늘 아래 펼쳐져 있다. 중간에 유엔두무(Yuendumu)와 발고(Balgo,)의 왈피리 원주민 커뮤니티를 방문할 수도 있다.

이 도시들은 원주민 예술과 문화의 중심지로, 전통적 매체와 혁신적 매체를 모두 사용하며 작업하는 원주민 예술가들을 만날 수 있다. 그 외에 이 도로를 달리면서 만날 수 있는 사람의 흔적이라고는 외진 곳에 자리 잡은 축사들과 금광들뿐이다.

When to go 4월부터 10월이 여행하기에 가장 좋다. 우기에는 이 도로의 끝부분에 있는 하천인 스터트 크릭(Sturt Creek)이 범람할 수 있다.

How Long 1,005킬로미터가 넘는 이 도로는 차로 달리는 데 이틀은 걸린다. 그러므로 하룻밤은 캠핑을 해야 한다. 게다가 이 도로는 흙으로 덮여 있기 때문에 빨리 달리기도 힘들다.

Planning 4륜구동차를 이용한 투어에 참가하거나 앨리스스프링스에서 4륜구동차를 빌릴 수도 있다. '출발하기 전에 중앙 연방 위원회'에서 '타나미 사막 야생동식물 보호구역' 입장허가증을 받아야 한다. 유엔두무와 원주민들의 땅을 방문하기 위해서도 허가증이 필요하다. 발고를 방문하고 싶다면 사전에 전화를 하자. 예술가들이 방문할 수 있도록 준비해 줄 것이다.

Inside Information 캠핑 도구뿐만 아니라 마실 물도 충분히 가져가야 한다. 이 지역 댐의 물은 마실 수가 없다. 주유소도 거의 없으므로 연료도 충분히 준비해야 한다. 유엔두무 주변의 원주민들의 땅에서는 술을 마실 수 없다.

Websites www.australia.com, www.exploroz.com, www.warlu.com, www.balgoart.org.au

- 앨리스스프링스 북서쪽에 있는 그래나이츠 금광(Granites Gold Mine)의 고스란히 남아 있는 1930년대 건물들에서 옛날의 작업 분위기를 상상해 보자.
- 앨리스스프링스 북서쪽 364킬로미터 지점에는 뉴헤이븐 보호구역(Newhaven Reserve, 26만 3,045헥타르의 땅에 사구, 염수호, 점토반이 모여 있는 지역)이 있다. 이곳에는 많은 종의 새들이 살고 있으니, 이곳을 방문한다면 희귀한 밤앵무새를 찾아보자.
- 유엔두무의 왈루쿨랑구 예술가 원주민 협회(Warlukurlangu Artists' Aboriginal Association)와 발고의 왈라이티 예술 문화 센터(Warlayirti Art and Cultural Centers)에도 들러 보길 권한다.

전설에 따르면, 세 자매 바위는 경쟁국의 세 형제와 사랑에 빠진 세 자매를 마법사가 바위로 바꿔 놓은 것이라고 한다.

오스트레일리아

블루마운틴스 국립공원 *The Blue Mountains*

복잡한 대도시 시드니 뒤로 높이 솟은 안개 낀 푸른 봉우리들 사이에서 경이로운 풍광, 희귀한 식물들, 이국적인 야생동물들을 만나 보자.

    유네스코 세계유산이자 야생동식물 보호구역인 블루마운틴스 국립공원(Blue Mountains National Park)의 고원에는 현기증 나는 깊은 골짜기, 깎아지른 절벽, 수많은 지류, 폭포들이 곳곳에 자리 잡고 있다. '블루마운틴스'라는 이름은 이 산을 덮고 있는 유칼립투스 나무에서 푸른빛이 도는 미세한 유칼립투스 오일이 공기 중에 떠돌아 푸른빛 안개가 끼는 데서 붙은 이름이다.

    이곳으로 가는 가장 좋은 방법은 벨스 라인 오브 로드(Bell's Line of Road)를 따라가는 것이다. 이 길은 시드니 북서쪽 리치몬드에서 시작하여 완만하게 기복이 진 언덕들과 과수원을 지나 산으로 이어진다. 토마 산에 도달하면 도로는 경사가 급해지고 구불구불 커브가 이어진다. 토마 산은 기후가 서늘하고 토양이 비옥하며 강수량이 풍부해서 중요한 식물원이 조성되기에 이상적인 조건을 갖추고 있다. 숲 아래쪽에는 나무고사리와 포도나무가 많이 있고, 중간 중간 거대한 유칼립투스 나무가 삐죽 솟아 있다. 도로는 좁은 산기슭을 따라 그로스 밸리를 지나, 가장 높은 지점인 해발 1,064미터의 빅토리아 산에 다다른다.

그 뒤에 이 도로에서 가장 아름다운 경치를 즐길 수 있는 곳인 블랙히스와 카툼바가 나온다. 카툼바는 재미슨 계곡(Jamison Valley)의 절벽 위 해발 1,017미터 지점에 있는 마을이다. 블루마운틴스를 떠날 때는 산을 조금 내려오면 있는 글렌브룩(Glenbrook)을 통과하도록 하자. 글렌브룩에서는 작은 호수에서 수영도 할 수 있고 레드 핸즈 동굴(Red Hands Cave)에서 원주민들의 예술을 감상하거나 하이킹을 할 수도 있다.

When to go 여름에 시드니의 찌는 듯한 더위를 피해 블루마운틴스로 가면 선선한 기온 속에서 피서를 즐길 수 있다. 겨울에는 더 쌀쌀하지만 관광객은 적다.

How Long 리치몬드에서 블루마운틴스까지는 97킬로미터쯤 된다. 국립공원을 탐험하려면 하루는 걸린다.

Planning 공원에 일찍 도착하여 해 뜨는 것도 보고 인파가 몰리는 시간도 피하자. 마실 물은 가져가야 한다. 이곳의 물은 끓여도 안전하지 않다. 글렌브룩 근처에서는 캠핑을 할 수도 있다.

Inside Information 야생화를 좋아한다면 낮은 산에 와라타, 지미아 릴리 등 오스트레일리아가 원산지인 야생화들이 활짝 피는 9월에 방문하자. 하이킹을 한다면 공원 폐장 시간 전에 돌아올 수 있도록 시간 안배를 잘 하자.

Websites www.bluemountainswonderland.com, www.australianexplorer.com, www.visitnsw.com.au

- 양치류들이 우거져 있는 커시드럴 오브 펀즈(Cathedral of Ferns)에는 걷기 좋은 산책로들이 있다. 길은 리치몬드와 빅토리아 산 사이에 있는 마을, 마운트윌슨 쪽으로 빠진다.
- 블랙히스에서는 그로스 밸리를 탐험할 수 있고 고베츠 립(Govettes Leap)의 폭포를 볼 수 있다.
- 카툼바의 에코 포인트에서 세 자매 바위(Three Sisters)를 한눈에 바라볼 수 있다. 세 자매 바위는 국립공원의 랜드마크 중 하나이다. 재미슨 계곡까지는 걸어서 내려가거나 기차를 타고 갈 수 있다.
- 카툼바 아래쪽에 있는 웬트워스 폭포(Wentworth Falls)에서는 작은 폭포들이 몇 개의 절벽을 따라 차례로 떨어진다.

잭슨 만에서 바라본 바다 건너 어스파이어링 산과 서던알프스 산맥의 눈 덮인 봉우리들.

뉴질랜드

웨스트 코스트 로드

The West Coast Road

멀고 외지지만 쉽게 갈 수 있는 뉴질랜드 남섬의 서해안에서는 독특하고
때 묻지 않은 경치와 다양한 레저를 즐길 수 있다.

외딴 항구 마을 카라메아(Karamea)에서 잭슨 만(Jackson Bay)까지 뉴질랜드 남섬의 서해안을 따라 차를 달릴 때, 동쪽으로 서던알프스 산맥(Southern Alps)의 높은 봉우리들이 구름을 뚫고 솟아 있는 모습을 볼 수 있을 것이다. 자연적인 벽이 되어 주고 있는 이 산맥과 태즈먼 해(Tasman Sea, 오스트레일리아 동부와 뉴질랜드 서부 사이의 바다) 사이에서 사람이 살 수 있는 땅은 아주 좁다. 실제로 이곳에는 3만여 명밖에 살고 있지 않다. 적은 인구와 고립된 지형 덕에 산지의 많은 부분을 덮고 있는 온대성 우림과 해안의 평지는 계속 보호받고 있다.

이곳의 우림은 전나무, 야자나무, 양치류 등으로 이루어진 원시 생태계다. 그러므로 드라이브를 시작할 때부터 시원한 바다 풍경과 함께 힘차게 흐르는 강과 폭포가 섞인 산악 풍경을 동시에 즐길 수 있다. 중간에 곳곳에서 차를 세우고 너도밤나무 숲을 산책하거나 자연적으로 조성된 온천탕에 몸을 담그거나, 숲이 에워싸고 있는 호수에서 보

근처에 키위 새들이 있음을 알리는 도로 표지판.

폭스 빙하에서 얼음 동굴을 빠져나가는 하이커들.

트를 타거나, 보석 원석을 찾아보거나 사금을 채취해 볼 수도 있다. 이 도로의 마지막 3분의 1 구간은 빙하의 땅(Glacier Country)이라고 불린다. 여기서는 산악 빙하 두 개(폭스 빙하와 프란츠 죠셉 빙하)가 산 아래로 내려와 우림에 충돌해 있다. 거기서 조금 더 나아가면 만나게 되는 하스트 고개부터는 풍경이 극적으로 바뀌어, 계곡을 저지대의 숲이 둘러싸고 있고, 잉꼬, 방울새, 키위 등 뉴질랜드가 원산인 새들이 가득하다. 하스트 고개를 넘으면 도로는 평화롭고 외진 잭슨 만의 해안으로 이어진다.

야외 활동을 하고 싶은 이들에게 뉴질랜드 서해안은 아웃도어 스포츠의 천국이다. 마음의 평온을 누리고 싶은 사람이라면 바위에 부딪치는 파도를 그저 바라만 보고 있어도 좋을 것이다.

When to go 성수기는 10월 말부터 4월 말(봄부터 가을)이다. 이 시기는 뉴질랜드 서해안에 비가 가장 많이 오는 때이기도 하다. 겨울에는 대체로 맑은 날씨가 계속되는데, 하늘은 파랗고 산 위에는 눈이 쌓여 있어서 신선하고 상쾌하다.

How Long 도로의 길이는 604킬로미터인데 길이 구불구불하므로 천천히 달려야 한다. 직접 운전을 한다면 전 구간을 달리며 여행하는 데 최소 3일은 걸린다. 해안 마을들을 연결하는 버스를 이용한다면 적어도 나흘은 잡아야 한다.

Planning 이 지역은 뉴질랜드 인들도 많이 찾는 관광지이므로 오래 전에 예약하지 않으면 숙소를 찾기 힘들 것이다.

Inside Information 근래 들어 예술가들과 장인들이 이곳으로 많이 모여들고 있어서 도로변 미술관에서 작품을 감상할 수 있다. 아니면 표지판을 따라 산골짜기에 있는 작업실을 방문해 볼 수도 있을 것이다.

Websites www.west-coast.co.nz, www.nzsouth.co.nz, www.newzealand.com

- 웨스트포트 근처의 포울윈드 곶(Cape Foulwind)에서는 뉴질랜드 물개들을 볼 수 있다.
- 헬리콥터를 타고 산으로 들어가서 해안으로 이어지는 거친 강에서 급류 래프팅을 즐겨 보자.
- 잭슨 만 같은 외진 어촌에서 고요함과 평온함을 느껴 보고, 해안선을 이루고 있는 바위들에 와서 부딪치는 바다의 야성도 느껴 보자.
- 이곳에서는 카약, 서핑, 산악자전거, 동굴 탐험, 등반 등 다양한 모험과 레저 스포츠를 즐길 기회가 많으니 놓치지 말자.
- 프란츠 죠셉 빙하의 얼음 터널과 아치를 따라 올라가, 근처에 있는 매티슨 호(Lake Matheson)의 수면에 비친 아오라키(Aoraki, 일명 쿡 산)와 태즈먼 산의 반짝이며 흔들리는 모습을 바라보자.

이탈리아

돌로미테 도로 *The Dolomites*

웅장한 산악 풍경과 기암괴석 사이로 뻗어 있는
이탈리아 북부 알프스의 도로를 달려 보자.

현기증 날 정도로 가파른 절벽이 그 아래의 짙은 초록색 호수에 비친다. 산지의 우거진 초원에서는 소들이 풀을 뜯고 있는데, 이 초원은 봄과 초여름이면 양귀비와 에델바이스, 철쭉으로 뒤덮이고, 빽빽하고 어두컴컴한 숲으로 둘러싸인다. 볼자노(Bolzano)에서 시작하여 이탈리아에서 가장 인기 있는 스키 리조트인 코르티나담페초(Cortina d'Ampezzo, 줄여서 코르티나)로 이어지는 돌로미테 도로는, 이탈리아 북부로 내려와 있는 환상적인 남부 알프스의 심장부로 우리를 인도한다.

돌로미테 석회암이라 불리는 바위의 독특한 성질이 이 지역에 마법과도 같은 지형을 선사했는데, 수천 년에 걸쳐서 일어난 침식으로 인해 톱니 모양의 산등성이, 뾰족한 봉우리, 깊은 협곡 등이 만들어졌다. 돌로미테 석회암은 회색이었다가 석양을 받으면 분홍색으로 바뀐다. 현재의 루트(SS241과 SS48 도로)는 1891년에 건설이 시작되었는데, 14년이 걸려서 코르티나에 도달했다. 이는 계곡과 마을, 호수, 산을 잇는 공학기술의 놀라운 결과물이었다.

이곳은 풍광만 멋진 게 아니라 맛있는 음식들도 많다.

코르티나의 폐허가 된 건물 뒤로 바위산들이 겹겹이 펼쳐져 있다.

카스텔로토의 풍경. 이곳은 이탈리아이지만 건물의 모습과 풍경은 영락없는 스위스 알프스 산지다.

오래된 마을 볼자노에서 남동쪽으로 내려가면 깊은 협곡이 나오고, 협곡을 지나 아름다운 파사 골짜기를 지나면 오르막길이 되면서 이 도로에서 가장 높은 지점인 포르도이 고개(Pordoi Pass, 해발 2,239미터)에 다다른다. 이곳에서 도로는 북동쪽으로 방향을 돌려 심한 커브길과 S자 도로를 지나 코르티나로 향한다.

넓은 계곡에 자리 잡은 코르티나는 1956년에 동계 올림픽이 개최된 곳으로, 지금도 상류층이 즐겨 찾는 고급 휴양지다. 돌아오는 길에는 마음 내키는 대로 루트를 짜보자. 카나제이(Canazei)나 오르티세이(Ortisei), 셀라 고개(Sella Pass) 등 인근 관광지를 둘러보는 것도 또 다른 즐거움을 선사할 것이다.

When to go 5월 하순부터 10월 중순까지가 좋다. 그 외의 시기에는 이 도로의 많은 구간이 통제된다. 7월과 8월에는 교통량은 많지만 날씨가 가장 좋다. 초여름의 야생화와 가을의 단풍 또한 무척 아름답다.

How Long 길이 109킬로미터의 이 도로를 편도로 달리는 데는 하루면 충분하지만 왕복 여행을 하려면 2~3일은 잡아야 한다.

Planning 베로나에서 볼자노까지는 자동차로 2시간이면 간다. 비행기를 타고 베네치아 트레비조 공항에서 내려서 갈 수도 있고, 밀라노나 뮌헨에서도 가깝다. 카나제이나 아라바, 코르티나에서 하룻밤 자고 가면 좋다.

Inside Information 산악 도로가 모두 그렇듯이, 돌로미테 도로에서 운전할 때는 아주 조심해야 한다. 길이 아주 좁아지기도 하고 U자형인 부분도 많기 때문이다. 도시를 벗어나면 제한 속도는 시속 89킬로미터. 적당한 장소에서 차를 잠깐 세우고 풍경을 감상하자.

Websites www.dolomiti.org, www.italiantourism.com, www.enit.it

- 볼자노에서 케이블카를 타고 레농까지 전망을 즐기며 갈 수 있다. 레농은 숲으로 덮인 산악 지대인데 예쁜 마을들이 많이 모여 있다.
- 셀라 고개에서는 잠시 차를 세우고 파노라마 같이 펼쳐지는 경치를 감상하자. 이곳에서는 돌로미테 알프스에서 가장 높은 봉우리인 해발 3,344미터의 마르몰라다(Marmolada) 봉을 볼 수 있다.
- 말가키아펠라에서 케이블카를 타면 마르몰라다 봉 정상 근처 3,246미터까지 올라갈 수 있다.
- 볼자노의 알토 아디제 고고학 박물관(Museo Archeologico dell'Alto Adige)에 들러서 선사시대 인물인 '얼음인간 외치(Ötzi the Iceman)'의 미라를 보자. 이 얼음인간은 1991년에 이탈리아와 오스트리아 접경 지역의 빙하에서 발견된 5천 년 된 진짜 사람의 미라다.

북부 아이슬란드 글라움배르의 스카가피오르두르 민속 박물관에 있는 잔디로 지붕을 덮은 농가.

<small>아이슬란드</small>

아이슬란드 링 로드 *Iceland's Ring Road*

오로라와 화산의 땅 아이슬란드의 일주도로를 드라이브하면서, 부글부글 끓어오르는 간헐천과 세차게 쏟아져 내리는 폭포를 만나 보자.

언제 폭발할지 모르는 화산, 빙하, 간헐천, 폭포 같은 아이슬란드의 풍경은 바이킹이 이 지역을 호령하던 먼 옛날을 떠올리게 한다. 섬 전체를 원형으로 순환하는 일주도로라서 '링 로드(Ring Road)'라고도 불리는 아이슬란드의 1번 국도는, 수도 레이캬비크를 지나 북쪽으로 향한다. 이 도로는 대서양 쪽으로 우뚝 솟은 절벽들을 휘돌며 뱀처럼 구불구불 나아가다가 얼음이 떠다니는 물속에서 돌고래들이 뛰노는 피오르드 주위로 U자를 그리며 이어진다.

그 다음에는 석화한 용암, 툰드라 숲, 화산의 분화구 옆을 지나간다. 중간 중간 도로를 벗어나 옆길로 들어가 보면 더 다양한 풍경을 만날 수 있다. 김이 모락모락 피어오르는 물웅덩이들, 자주색과 노란색으로 이글거리는 펄펄 끓는 유황 연못, 야생화가 피어 있는 골짜기, 바닷가 절벽에 앉아 있는 에투피리카 와 북극 제비갈매기들, 유럽에서 가장 큰 규모의 폭포인 굴포스(Gullfoss, '황금빛 폭포'라는 뜻)를 비롯한 폭포들과 냇물…. 굴포스 폭포는 빗물과 빙하가 녹은 물이 섞여서 흐르는 흐비타 강(Hvítá, '하얀 강'이라는 뜻)이 32미터 아래의 협곡으로 떨어지는 것이다.

한편, 눈 덮인 산 아래 옹기종기 모여 있는 붉은 지붕의 농가들 주변에서는 벨벳 같이 부드러운 녹색 풀밭에서 양들이 한가로이 풀을 뜯고 있다. 바이킹들과 아이슬란드의 과거 여러 시대 사람들의 삶을 재현해 놓은 마을들에서는 아이슬란드의 역사를 만나 볼 수 있다. 동부의 에이리크스타디르(Eiríksstadir)에서는 전설의 주인공인 탐험가 붉은 에이리크(Eirc the Red)가 살던 집을 방문해 보자.

▪ 수도 레이캬비크에서 유럽에서 가장 활기 넘치고 세련된 밤문화를 즐겨 보자.
▪ 남부 요쿠살론에서는 유럽에서 가장 큰 빙하인 베트나요쿨(Vetnajökull)이 커다란 청옥색 덩어리로 쪼개져 석호 속으로 빠지는 장관을 놓치지 말자.
▪ 북부의 미바튼 호(Lake Mývatn)는 새들의 안식처이자, 유럽에서 가장 많은 수의 오리들이 사육되고 있는 곳이다.
▪ 후사비크(Húsavík) 같은 어촌에서 고래 견학 여행을 떠나 보자.

When to go 5월부터 9월이 좋다. 오로라를 볼 가능성이 있지만 겨울에는 낮이 무척 짧다.

How Long 총 1,448킬로미터를 달리면서 관광을 하려면 적어도 일주일은 필요하다.

Planning 아이슬란드의 날씨는 예측할 수가 없으므로 여름에도 방수 재킷을 가져가도록 한다.

Inside Information 1번 국도는 아이슬란드에서 대부분의 구간이 포장되어 있는 유일한 주요 도로다. 도로 상태는 대체로 좋지만 동부에는 포장되지 않은 구간이 있으며 비가 오면 위험한 구간도 있다. 이곳 도로 상태에 대한 최신 정보는 www.vegagerdin.is/english에서 알아보자.

Websites www.visiticeland.com, www.tourist.reykjavik.is

스코틀랜드

하일랜즈를 따라서
Through the Highlands of Scotland

스코틀랜드 하일랜즈의 산으로 둘러싸인 호수와 꿈꾸는 듯한 골짜기로
'보니 프린스 찰리'의 발자취를 좇는 낭만적인 여행을 떠난다.

바위로 뒤덮인 산들이 저 멀리까지 뻗어 있고, 평화로운 계곡에서는 소와 양이 풀을 뜯고 있으며, 호숫가에는 폐허가 된 성이 서 있다. 이런 낭만적인 풍경 위로 끊임없이 모습을 바꾸는 넓은 하늘이 펼쳐져 있다. 이 루트는 영국에서 가장 황량하고 가장 분위기 있으며, 스코틀랜드 하일랜즈의 감동적인 역사를 떠올리게 하는 풍경을 가로지르며 나아간다.

인버니스 근처에는 14세기에 지어진 코돌 성(Cawdor Castle, 셰익스피어가 맥베스가 던컨 왕을 살해한 곳으로 설정한 성)과 '보니 프린스 찰리(Bonnie Prince Charlie, 아름다운 왕자 찰리)'의 재커바이트 파(Jacobite, 명예혁명 후 망명한 스튜어트 가의 제임스 2세와 그 자손을 정통의 영국 군

헤더(heather)가 만발한 골짜기로 구름이 스며들어 있다. 뒤로는 벤네비스 산과 마모레 산의 푸른 봉우리들이 솟아 있다.

주로 지지한 영국의 정치 세력) 군대가 최후의 패배를 맞이한 컬로든 평원이 있다. 이곳에서 도로는 남쪽으로 달려 그레이트글렌(Glen Mor)에 닿는다. 그레이트글렌은 마지막 빙하기에 빙하에 의해 깎여서 형성된 100킬로미터에 달하는 단층지대로, 네스 호(Loch Ness, 이곳에서는 '네스 호의 괴물'에 대한 저급한 기념품들을 볼 수도 있지만, 무시하고 지나가도 된다)와 로키 호(Loch Lochy) 호반을 지난다.

윌리엄 요새를 지나며 도로는 방향을 바꿔 영국 브리튼 섬에서 가장 높은 산인 벤네비스 산(Ben Nevis, 1,344미터)으로 향한다. 그 다음 북쪽으로 오던 길을 다시 갔다가 서쪽으로 방향을 바꾸어 '킨테일의 다섯 자매(Five Sisters of Kintail)'라고 불리는 봉우리들이 있는 멋진 풍경으로 우리를 인도한다. 마지막으로는 다리를 건너 이너 헤브리디스 제도(Inner Hebrides)에서 가장 큰 섬인 스카이 섬으로 가게 된다. 이 섬은 바위로 가득한 아름다운 풍경이 한없이 펼쳐진다.

When to go 4월부터 9월이 가장 좋다.

How Long 280킬로미터를 달리며 관광을 하려면 최소한 하루는 걸린다.

Planning 스코틀랜드 서부는 비가 많이 오는 것으로 유명하므로 반드시 방수 재킷을 준비하도록 한다. 모기도 많으므로 방충제는 필수다.

Inside Information 여름에 이곳을 찾는다면 하일랜드 개더링스(Highland Gatherings) 축제를 보게 될 가능성이 높다. 글레너쿼트 하일랜드 개더링 앤드 게임스(Glenurquhart Highland Gathering and Games)가 8월 마지막 토요일에 네스 호반에서 열리는데, 백파이프 연주와 스코틀랜드 민속춤을 볼 수 있고, 원목 던지기 등의 경기가 진행된다.

Websites www.visitscotland.com, www.scotland.org.uk

- 1746년 브리튼 섬에서 마지막으로 벌어졌던 대규모 전투의 현장인 컬로든에 가 보자. 기념비와 무덤들이 있는 전투 현장을 걸어 보고 재커바이트 기념관을 방문할 수도 있다.
- 벤네비스 산에 오르면 브리튼 섬 서해안과 바다 쪽을 조망할 수 있다. 글렌네비스(Glen Nevis)에서 시작되는 투어는 산 정상까지 올라갔다가 내려오는 데 6시간이 걸린다.
- 스카이 섬에서 산책을 해 보자. 조각된 산봉우리들과 어촌들, 그리고 수달들을 볼 수 있다.

들판 사이로 외롭게 뻗어 있는 스카이 로드 위로 녹색 산들이 솟아 있고, 산 발치에 농가가 하나 서 있다.

아일랜드

코네마라 스카이 로드 Connemara's Sky Road

대서양의 파도에 씻긴 황량한 코네마라 반도는 황무지와 산, 절벽, 백사장으로 여행자들을 부른다.

아일랜드의 서해안에서 대서양으로 삐죽 나와 있는 코네마라 반도(Connemara Peninsula)는 그 작은 공간에 습지, 황야, 언덕, 호수, 냇물, 삼림 등 아일랜드의 황량함을 모두 지니고 있다. 서쪽 끝으로 삐져나온 땅 가운데 한 곳을 둘러싼 짧은 고리 모양의 도로인 스카이 로드는 바다와 절벽, 새하얀 백사장에 극적인 효과를 더한다. 이 도로의 시작과 끝은 장이 서는 마을인 클리프덴이다. 클리프덴은 항구를 끼고 있는 마을로, 전통적인 아일랜드 펍과 맛 좋은 레스토랑이 모여 있으며, 9월에는 아트 페스티벌이 열린다. 이곳에서 스카이 로드가 서쪽으로 오르막을 오르면, 절벽으로 이루어진 해안, 이니슈턱(Inishturk)과 터봇(Turbot) 등 연안의 섬들과 배들이 점점이 떠 있는 모습, 돌고래들이 파도 사이로 뛰어오르는 바다 등의 풍경이 한눈에 들어온다.

육지 쪽에는 농장들이 드문드문 있는데, 그중에는 코네마라 조랑말이 사육되는 킹스타운 농장도 있다. 킹스타운 농장 뒤로는 트웰브 벤스(Twelve Bens)의 봉우리들이 병풍처럼 늘어서 있다. 이 도로에서는 전혀 서두를 필요가 없다. 느긋하게 차를 달리면서 중간 중간 차를 세우고 산책로를 걸어 보거나 가축 상인들이 지나다니던 길을 걸어 보자.

When to go 연중 어느 때나 좋지만 봄부터 가을까지가 좋다. 아일랜드의 많은 관광지들은 개장 시간이 제한되어 있거나 비수기에는 문을 닫으므로 미리 확인해야 한다.

How Long 코네마라 스카이 로드는 길이가 11킬로미터밖에 안 되기 때문에 한 시간이면 자동차로 달릴 수 있다. 하지만 풍광이 아름다운 곳이므로 반나절은 할애해서 여유도 즐기고 산책도 하도록 하자.

Planning 아일랜드에는 렌터카 업체가 많이 있지만, 미리 예약하는 게 안전하고 요금 할인도 받을 수 있다.

Inside Information 아일랜드의 B&B(Bed & Breakfast, 아침 식사가 제공되는 민박집)에 묵는 것은 현지인들을 만날 수 있는 가장 훌륭한 방법이다. 이곳의 B&B에서는 아침식사로 소다빵을 제공할 것이다.

Websites www.irelandwest.ie, www.connemara-tourism.org, www.galway.net

- 이곳의 해안에서는 회색바다표범을, 황무지에서는 야생 코네마라 조랑말을 볼 수 있다.
- 바다를 내려다보고 있는 클리프덴 성(Clifden Castle)은 19세기 고딕양식으로 지어진 저택이다. 이 성을 지은 사람은 이 지역 지주였던 존 다아시(John D'Arcy)로, 클리프덴을 세운 사람이기도 하다.
- 클리프덴에서는 아일랜드 전통음악과 현지인들의 재담(才談, craic)을 듣고 즐길 수 있다. 특히 8월의 조랑말 쇼와 9월의 아트 페스티벌이 좋은 기회다.
- 클리프덴 외곽에 있는 데리김라 습지는 비행가 앨콕(Alcock)과 브라운(Brown)이 1919년에 최초의 대서양 횡단 비행을 성공시킨 후 불시착한 곳이다.
- 클리프덴 남쪽에는 아일랜드계 이탈리아인 굴리엘모 마르코니(Guglielmo Marconi)가 1907년에 세운 무선 전신국을 기념하는 기념비가 있다. 이곳에서 최초의 상업적인 라디오 방송이 대서양을 건너 캐나다의 뉴펀들랜드까지 전송되었다.

독일

바바리아 로만틱 가도 *The Romantic Road of Bavaria*

왕관 같은 성을 머리에 이고 있는 산과 아름다운 교회, 궁전을 만날 수 있는
로만틱 가도를 따라 독일의 동화와 음악, 예술 세계를 엿볼 수 있다.

호수, 중세의 성, 동화 속에 나올 듯한 궁전, 동그란 지붕을 얹은 교회. 이런 풍경 위로 빽빽한 숲으로 덮인 산들이 서 있다. 이것이 독일 남부 깊은 숲속의 풍경이다. 로만틱 가도는 마인 강변과 프랑코니아의 포도밭에서 시작하여 여러 역사적 명소를 지나 바바리아 알프스까지 이어진다.

이 도로는 또한 독일에서 전통이 가장 많이 남아 있는 지역 중 한 곳을 지나는데, 이곳에서는 연중 다양한 축제가 열린다. 그 축제에는 전통의상과 전통음악, 그리고 당연히 맥주가 함께한다. 로만틱 가도의 도로변에는 로마네스크 양식의 교회들과 바로

노이슈반슈타인 성은 월트 디즈니의 애니메이션 〈잠자는 숲속의 공주〉의 성 디자인에 영감을 주었다고 한다.

크 및 로코코 양식의 저택들로 유명한 뷔르츠부르크(Würzburg) 등 건축의 보고라 할 만한 아름다운 도시들이 산재해 있다.

'아우크스부르크'는 이탈리아 르네상스 양식을 독일에 소개한 중세의 상인 귀족 집안 '푸거(Fugger) 가'의 근거지였고, 남쪽으로 내려가면 레히 골짜기의 보석으로 불리는 프리트베르크(Friedberg)와 란트베르크(Landsberg)가 완만한 언덕에 자리 잡고 있다. 로만틱 가도의 피날레를 장식하는 것은 중세의 고산 도시 퓌센(Füssen)이다. 이 도시에는 60개가 넘는 성과 궁전이 있는데, 그중 가장 유명한 것이 우아한 노이슈반슈타인(Neuschwanstein) 성이다. 이 성은 바이에른 왕국의 '미친 왕' 루트비히 2세가 건설한 19세기의 걸작이다.

When to go 연중 어느 때 가도 좋다. 봄과 여름에는 초목이 무성하며 초원과 과수원에는 아름다운 꽃이 활짝 핀다. 가을에는 단풍이 화려하게 물들며, 겨울에는 하얀 눈이 마법 같은 풍경을 연출한다.

How Long 로만틱 가도는 총 길이가 338킬로미터다. 일주일 정도는 할애하여 천천히 즐기면 좋다.

Planning 직접 운전을 할 수도 있고, 다른 방법들도 있다. 4월부터 10월까지는 도이치 투어링 컴퍼니에서 정기적으로 운행하는 유로파버스(Europabus)를 이용할 수 있다. 이 버스를 타면 구간 아무 데서나 내렸다 다시 탔다 할 수 있다. 또한 자전거를 타고 달릴 수도 있다. 로만틱 가도 관광협회에서는 가파른 언덕과 주요 도로를 피해 자전거 전용도로를 마련해 놓았다.

Inside Information 이 지역에는 여러 종류의 숙박 시설이 많이 있다. 현지에 도착해서 현지 여행사를 통해 숙소를 구하는 것이 더 용이하다.

Websites www.romanticroad.de, www.bavaria.bayern.by

- 뷔르츠부르크의 주교들이 살던 사제관은 유럽에서 가장 아름다운 18세기 건축물 중 하나로 손꼽힌다. 베네치아 출신 화가 티에폴로(Tiepolo)가 그린 대형 천장벽화가 특히 인상적이다.

- 뮌헨의 유명한 축제인 옥토버페스트(Oktoberfest)에 참가해 보는 것도 좋다. 옥토버페스트는 매년 9월 셋째 주 토요일부터 10월 첫째 주 일요일까지 펼쳐지는 맥주 축제로, 맥주, 음식, 관악단의 음악을 마음껏 즐길 수 있다.

- 노이슈반슈타인 성을 지을 때 루트비히 2세는 '옛 독일 기사들의 성의 정통 양식'을 재현해 내려고 했다고 한다. 하지만 중앙난방과 수세식 화장실 등 현대적 편의성도 포함시켰다.

`TOP 10`

고대의 도로 *Ancient Highways*

고대의 상인들, 고대 제국을 설립한 사람들, 그리고 유목민들이 전 세계에 만들어 놓은 길을 따라 그들의 발자취를 더듬어 보자.

❶ 올드 노스 트레일 The Old North Trail 북아메리카

아메리카 원주민 블랙피트 부족은 거의 3,220킬로미터나 되는 올드 노스 트레일을 따라 캐나다에서 멕시코까지 이동을 했다. 몬태나 주의 빙하 국립공원에서는 남아 있는 이 도로의 흔적을 가볼 수 있다.

`Planning` 블랙피트 역사 투어에는 올드 노스 트레일이 포함되어 있고, 몬태나 주 초토(Choteau)에는 올드 트레일 박물관도 있다. www.glacierinfo.com

❷ 나카센도 The Nakasendo Highway 일본

17세기에 지어진 교토와 에도(현재의 도쿄)를 연결하는 이 도로는 말과 보행자들이 다니는 길이었다. 당시에 일본인들은 마차를 이용하지 않았다. 이 길에서는 옛날의 여행자들이 그랬듯이 우리도 걸어야 한다.

`Planning` 가장 인기 있는 구간은 긴 역사를 지닌 마을인 나가노현의 쓰마고와 기후현의 마고메 사이의 8킬로미터에 달하는 부분이다. web-japan.org

❸ 유엔취엔 고도 The Yuen Tsuen Andient Trail 홍콩

여러 세기 동안 사람들은 이 길을 따라 유엔롱과 취엔완 사이를 오갔다. 이 도로의 양쪽 끝은 쇼핑몰이 들어선 번화한 도시가 되었지만 그 사이 구간은 여전히 평화로운 안식처의 분위기로 남아 있다.

`Planning` 이 도로의 중간 8킬로미터는 하이킹 코스로 보존되어 왔다. 그러나 꽤 높으므로 조심해야 한다. www.discoverhongkong.com

❹ 크메르 고속도로 The Khmer Highway 캄보디아에서 태국까지

225킬로미터에 달하는 이 오래된 도로는 캄보디아 제국의 '신격화된 왕들'에게 신성한 곳으로 여겨졌다. 이 도로의 대부분은 오늘날 밀림으로 덮여 있지만, 도로변에 있는 많은 사원들은 지금도 방문할 수 있다.

`Planning` 1월이 건조하고 시원해서 방문하기 좋다. www.mot.gov.kh

❺ 올드 그레이트 노스 로드 The Old Great North Road 오스트레일리아

19세기 공학의 걸작으로 유명한 이 도로는 죄수들을 강제로 동원하여 일을 시킨 것으로 악명이 높다. 이 도로는 시드니에서 시작하여 뉴사우스웨

일즈의 헌터밸리(Hunter Valley) 지역에 있는 뉴캐슬 시에서 끝난다.

Planning 43킬로미터 길이의 하이킹 코스 및 자전거도로는 와이즈먼즈페리라는 마을에서 시작된다. www.australia.com

❻ 페르시아 로열 로드 The Persian Royal Road 터키에서 이란까지

페르시아의 다리우스 대왕은 터키 북서부 사르디스에서 시작하여 메소포타미아를 거쳐 이란의 수사까지 이어지며 지중해와 페르시아 만을 연결하는 이 도로를 건설했다. 마이다스 왕과 그리스의 역사가 헤로도토스, 정복자 알렉산더 대왕 등이 모두 이 길을 따라 이동했다.

Planning 이 도로는 자동차가 있어야만 갈 수 있는 부분들이 많다. 뜨거운 여름보다는 따뜻하고 비가 자주 오는 겨울에 가는 게 좋다. www.tourismturkey.org

❼ 왕의 대로 The King's Highway 이집트에서 시리아까지

이집트에서 시나이를 지나 아카바 만으로 이어지고 다시 북쪽으로 시리아까지 연결되는 이 길은 성서 시대에 중동 지방에서 가장 큰 무역로 중 하나였다. 요르단의 느보 산을 비롯한 종교적 성지를 많이 지난다.

Planning 이 길은 헬리오폴리스에서 시작된다. www.touregypt.net

❽ 에그나티아 가도 The Via Egnatia 알바니아에서 터키까지

이 가도는 고대 로마의 지방총독 그나이우스 에그나티우스가 기원전 1세기에 아드리아 해와 에게 해, 보스포루스 해협을 연결하기 위해 건설한 것이다. 고대 로마인들, 비잔틴 제국 사람들, 십자군 등이 길을 이용했다.

Planning 이 길은 알바니아의 두레스에서 시작하여 터키 이스탄불에서 끝난다. www.viaeromanae.org

❾ 호박 가도 The Amber Road 러시아에서 이탈리아까지

발트 해와 아드리아 해를 연결하는 이 도로는 고대에 보석 호박('북구의 황금'이라 불렸던)의 교역로였다. 오늘날 동유럽과 중부 유럽을 지나 베네치아까지 이 길을 따라 여행하는 것은 흥미로운 여정이 될 것이다.

Planning 이 길은 상트페테르부르크에서 라트비아의 리가, 폴란드의 그단스크와 브로츠와프, 슬로베니아의 프투이로 이어진다. www.bernsteinstrasse.net

❿ 아우구스타 가도 The Via Augusta 스페인

아우구스투스 황제의 이름을 딴 이 도로는 스페인 안달루시아 지방의 카디스에서 시작하여 북쪽으로 카탈루냐 지방을 지나 도미티아 가도와 합류하여 '모든 길이 통하는' 로마로 향한다.

Planning 지금의 N340-A7 도로가 이 루트의 많은 부분 따라서 건설되었다. www.viaeromanae.org

모옌느 코르니시에서 바라본 모나코의 모습.

프랑스

프렌치 리비에라의 **해안도로** *The Riviera Corniches*

믿을 수 없을 만큼 매혹적이고 멋진 경관을 자랑하며, 스릴까지 넘치는 세 개의 해안도로를 달리며 프렌치 리비에라의 낭만을 느껴 보자.

프랑스 남부 니스와 망통 사이의 해안을 모르는 사람은 없을 것이다. 설사 이곳에 가 본 적이 없다 하더라도 라벤더로 덮인 절벽, 언덕 위에 자리 잡은 예쁜 마을, 지중해의 푸른 바닷물은 수많은 영화와 사진, 그림을 통해 모두의 머릿속에 각인되었을 것이다. 영화 속 추격 장면으로 유명해진 이곳 절벽의 해안도로 세 곳을 달리다 보면, 우리도 영화 속 멋진 장면들을 직접 재현해 볼 수 있을 것이다.

세 도로는 모두 가장 높은 곳에 있다. 나폴레옹 시대에 건설된 그랑드 코르니시(Grande Corniche), 모옌느 코르니시(Moyenne Corniche), 그리고 해안을 안고 도는 코르니시 엥페리에르(Corniche Inférieure)인데, 이 세 도로를 모두 달리려면 니스에서 동쪽으로 모옌느 코르니시를 따라 달려 모나코를 지나고, 로크브륀느(Roquebrune) 성 밑을 지나 캅마르탱(Cap-Martin)에서 코르니시 엥페리에르를 타고 나와야 한다.

돌아오는 길에는 라투르비(La Turbie)에서 니스까지 18킬로미터를 세 도로 중 가장 전망이 좋은 그랑드 코르니시로 달리자. 아니면 코르니시 엥페리에르를 따라 모나코와 볼리외쉬르메르(Beaulieu-sur-Mer)를 거치는 좀 더 긴 루트를 택해도 좋다.

When to go 연중 어느 때 가도 좋지만, 4월과 5월에 도로 주변 풍경이 가장 아름답고 관광객이 가장 적다. 7월과 8월엔 관광객들로 몹시 붐빈다.

How Long 각 도로의 길이는 32킬로미터쯤 된다. 모옌느 코르니시는 2시간, 그랑드 코르니시는 1시간 정도 걸린다. 중간 중간 차를 멈추고 관광을 하고 식사를 하는 것을 감안하면 하루 정도 잡아야 한다.

Planning 니스나 망통에서 차를 빌릴 수 있다. 세 도로 모두 버스가 정기적으로 운행된다.

Inside Information 동쪽의 캅마르탱에서 망통으로 이어지는 코르니시 엥페리에르는 단조로운 편이므로, 이 도로는 건너뛰고 캅마르탱에서 동쪽으로 1.6킬로미터 떨어진 곳에 있는 그랑드 코르니시로 가도 된다.

Websites www.cote.azur.fr, www.provenceweb.fr

- 니스에서 버스로 20분 정도 걸리는 중세 마을 에즈는 니스 북동쪽 지중해 위로 높이 솟은 바위산 꼭대기에 자리 잡고 있으며, 좁은 골목이 미로처럼 이어져 있다. 골목은 레스토랑, 기념품점, 골동품 상점, 미술품 상점, 카페로 가득 차 있다.
- 이 지역에서 흥미로운 랜드마크는 그랑드 코르니시의 라투르비 근처에 있는 35미터 높이의 주춧돌 알프스의 트로피(Trophée des Alpes)다. 이것은 기원전 6세기에 아우구스투스 황제의 거대한 동상을 받치기 위해 만들어진 것인데, 동상은 오래전에 소실되고 없다.
- 모나코 위쪽의 요새 같은 바위산에 오르면 작은 도시국가인 모나코의 전경과 요트, 모터보트들로 붐비는 항구를 한눈에 내려다볼 수 있다.
- 캅마르탱에서 해안을 따라 산책을 하면 하얀 바위와 소나무로 이루어진 프렌치 리비에라의 해안선을 가까이에서 볼 수 있다.

포르투갈

리스본에서 포르투까지 *From Lisbon to Porto*

**포르투갈의 독특한 중세 건축물과 다채로운 풍경을 찾아 여행하면서
서유럽에 마지막 남은 미지의 땅을 탐험해 볼 수 있다.**

　포트와인으로 유명한 포르투갈 북부의 포르투(Porto)와 매력적이고 여유로운 느낌을 지닌 포르투갈의 수도 리스본을 이어 주는 도로는 대서양의 파도에 씻긴 유럽 대륙의 서쪽 언저리에서 시작하여 유럽에서 가장 손상되지 않은 해안 지역으로 들어간다. 그리고 남쪽으로 염전, 평지, 소나무 숲, 수목이 우거진 언덕, 포도밭으로 덮인 골짜기 등 다양한 지역을 따라 이어진다. 해안 쪽으로 방향을 바꾸면 하얀 백사장과 석호, 절벽으로 이루어진 숨 막힐 듯 아름다운 바다 풍경이 펼쳐진다.
　도우루 강 하구 전망 좋은 곳에 당당하게 자리 잡은 도시 포르투에서는 근처에 있는

구스타프 에펠이 설계한 포르투의 마리아 피아 다리. 도우루 강 협곡에 걸려 있는 이 철교는 1877년에 개통되었다.

포트와인 산업의 중심지 빌라노바데가이아(Vila Nova de Gaia) 시를 방문해 보자. 이곳에서는 도우루 계곡 경사면에 자리 잡은 계단식 포도밭에서 생산되는 포도로 와인을 만든다. 또한 이 도로가 지나는 지역에는 수많은 교회와 수도원, 과거에 포르투갈의 수도였던 쿠임브라에 있는 쿠임브라 대학 건물, 레이리아를 비롯한 여러 마을과 도시 높은 곳에 서 있는 중세의 성들에 이르기까지, 포르투갈에서 가장 훌륭한 건축물들이 모두 모여 있다.

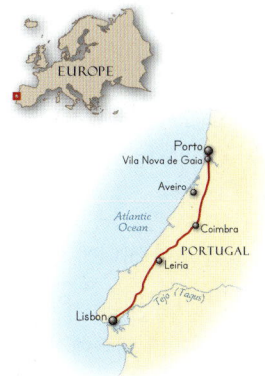

매력적인 해변 휴양지 피게리아다포스(Figueria da Foz)에서는 갓 잡아 올린 싱싱한 정어리 요리를 먹을 수 있다. 남쪽으로 더 내려가면 테주(Tejo, 또는 타구스Tagus) 강변의 충적평야에 포도밭, 밀밭, 채소 농장 등이 빽빽이 들어서 있고, 목초지에서 풀을 뜯고 있는 검은색 소와 말들을 볼 수 있다. 이 도로를 달릴 때는 직물과 도기를 비롯한 전통 수공예가 여전히 행해지는 마을들도 함께 찾아보자. 그런 마을에서는 고요하고 평화로운 전원생활의 깊은 맛을 느낄 수 있다.

When to go 연중 언제든 좋다.

How Long 길이가 320킬로미터인 이 도로는 반나절이면 달릴 수 있지만, 최소한 3일 정도 여유를 두고 구간에 있는 도시들과 관광지들을 둘러보자.

Planning 여름에는 방충제를, 겨울에는 방수 재킷을 준비한다.

Inside Information 오랜 성과 저택처럼 건축학적·역사적 의미를 지닌 건물이 개조되어 숙박 시설로 이용되는 것을 푸사다(Pousada)라고 한다. 기회가 된다면 푸사다에 묵어 보는 것도 좋은 경험일 것이다.

Websites www.pousadasofportugal.com, www.visitportugal.com,

- 중세 도시 포르투의 거리를 거닐어 보자. 포르투갈이라는 국명도 포트와인이라는 이름도 모두 이 도시에서 온 것이다. 옛 건물이 잘 보존되어 있는 포르투는 유네스코 세계문화유산으로 지정되어 있다.
- 오랜 역사를 자랑하는 대학도시 쿠임브라를 방문해 보자. 특히 학생들이 있을 때 방문하는 게 좋은데, 이곳 학생들은 전통적인 검은색 가운을 입고 학교에 다닌다.
- 아름다운 해안 마을 아베이루에 들러 운하, 고기잡이배, 흰색으로 칠해진 인상적인 집들을 구경하자.
- 리스본의 구시가지인 알파마의 골목에서는 노란색 전차를 타도 좋고, 걸어도 좋다. 그리고 이 지역에 많이 있는 파두(fado, 포르투갈의 전통음악) 하우스에서 음악에 귀를 기울여 보자.

스페인

스페인의 역사 속으로 *Historic Spain*

스페인의 중심부에서 시간을 초월한 도시들, 신선한 지역 특선 요리,
엘 그레코에게 영감을 준 빛나는 하늘을 즐길 수 있다.

    고대 로마 시대에 건설된 수도교의 거대한 아치 덕분에 작아 보이는 세고비아, 중세의 성벽이 그대로 남아 있는 아빌라, 유럽에서 가장 오래된 대학 중 하나가 있는 살라망카, 아메리카 대륙에서 가져온 금으로 부자가 된 카세레스와 트루히요, 화가 엘 그레코(El Greco)의 고향인 톨레도. 이곳들은 모두 스페인을 유럽에서 가장 매혹적인 나라 중 하나로 만들어 준 곳들이다.

    수도인 마드리드에서 출발하는 이 왕복여행은 마드리드를 출발하여 북서쪽으로 올라가 시에라 데 과다라마 산맥의 부드러운 능선을 지난 다음 소나무 숲을 통과하여 세고비아에 도착한다. 세고비아에서 서쪽으로 이어지는 도로는 아빌라를 지나 살라망카

88개의 탑과 9개의 입구를 지닌 중세 성벽이 아빌라를 에워싸고 있다. 아빌라는 성녀 데레사가 태어난 곳이기도 하다.

에 이른 후, 남쪽으로 방향을 바꾸어 시대극의 세트장을 방불케 하는 작은 마을들이 서 있는 황량하고 외진 지역을 통과한다. 그리고 에스트레마두라(Extremadura) 평원으로 들어선다. 이곳에서 많은 정복자들(conquistadores)은 신세계를 찾아 항해를 떠났고, 돌아와서는 카세레스, 트루히요 등의 마을에 웅장한 궁전을 짓고 화려한 교회와 수녀원을 지어 기증했다.

평원이 끝나면 도로는 과달루페와 톨레도를 지나 다시 마드리드로 향한다. 과달루페는 과달루페의 성모의 사당 덕분에 중세 이후로 스페인에서 가장 성스러운 순례지가 되어 온 곳이다. 톨레도는 스페인에서 역사적으로 큰 중요성을 갖는 도시 중 하나로 타구스 강 위에 자리 잡고 있으며, 대성당과 알카사르 성(alcázar)의 위용이 보는 이를 압도한다.

When to go 연중 어느 때 가도 좋지만, 봄과 초여름에 관광객이 적고 아름다운 야생화가 한창이다. 그러면서 산꼭대기에는 아직 눈이 남아 있어 이국적인 풍광을 연출한다.

How Long 총 길이가 861킬로미터인 이 도로를 왕복 여행하려면 일주일은 잡아야 한다

Planning 이 루트에는 성, 궁, 수도원 등 역사적 건물을 개조한 국영 호텔인 파라도르(parador, 포르투갈의 푸사다와 비슷한 것)가 많이 있다. 좀 비싸기는 하지만 하루쯤은 묵어 볼 만하다. 단, 사전에 예약을 해야 한다.

Inside Information 스페인은 도시와 지역마다 고유한 음식이 있다. 그 한 예가 세고비아의 새끼돼지 통구이다. 새로운 지역에 가면 그 지역 특선 요리를 꼭 먹어 보자.

Websites www.spain.info, www.gospain.org, www.parador.es

- 세고비아 가는 길에 있는 '죽은 자들의 계곡(Valle de los Caídos)'은 스페인 내란의 희생자들을 위해 만들어진 묘지다. 독재자였던 프란시스코 프랑코(Francisco Franco)도 이곳에 묻혀 있다.

- 살라망카는 훌륭한 건축물들의 보고로, 인접해 있는 두 개의 성당과 마요르 광장(Plaza Mayor, 중앙 광장)은 스페인에서 가장 아름다운 건축물 중 하나로 여겨진다. 이 도시에서는 그냥 카페에 앉아서 지나가는 사람들을 바라보는 것도 좋다.

- 페루를 정복한 프란시스코 피사로(Francisco Pizarro)는 트루히요 출신이다. 트루히요의 중앙 광장에는 갑옷을 입고 말에 탄 피사로의 동상이 있다.

- 톨레도에는 이슬람교도, 유대교도, 기독교도의 흔적이 남아 있다. 엘 그레코의 생가와 박물관은 절대로 빼놓지 말자.

구름 한 점 없는 푸른 하늘을 배경으로 카사레스의 석회암으로 만든 새하얀 집들이 눈부실 정도로 햇빛을 반사하고 있다.

스페인

안달루시아의 하얀 마을 White Villages in Andalusia

남부 안달루시아의 언덕과 마을을 산책하면서 선사시대의 동굴벽화에서부터 무어인들의 유적까지 수많은 보물을 만난다.

안달루시아 지방에는 특별한 빛이 있다는 말이 있다. 그 말을 가장 확실히 이해할 수 있는 곳이 언덕 위나 골짜기에 자리 잡고 있는 안달루시아의 하얀 마을들(pueblos blancos)이다. 8세기부터 15세기 사이 아랍계 이슬람교도인 무어 인들이 스페인을 지배하던 시절, 북아프리카에서 온 베르베르 족 농부들이 그라잘레마를 비롯한 많은 마을을 건설했다. 그 마을들은 남부 스페인 알-안달루스 지방을 기독교도들에게 빼앗기지 않기 위해 요새의 역할을 하도록 지어졌다.

오늘날에도 이 지역의 예술과 건축에는 무어 인들의 영향이 깊이 스며들어 있고, 모든 마을은 아무리 작고 외진 곳에 있더라도 각자의 고유한 사연을 지니고 있다. 예를 들어, 올베라는 아랍 왕국 그라나다를 북쪽과 서쪽의 기독교 영토로부터 분리하는 방어물 역할을 했고, 그보다 더 오래된 마을 베나오한은 중요한 선사시대 거주지 근처에 위치해 있다.

가파르고 구불구불한 길과 아치를 이고 있는 길이 특징인 아르코스데라프론테라(Arcos de la Frontera)는 아랍식 도시 설계의 뛰어난 한 예다. 안테케라(Antequera)에서 서쪽으로 헤레스데라프론테라(Jerez de la Frontera)까지 이어지는 이 도로를 자동차로 달리면서 하얀 마을들을 방문해 보고 안달루시아 지방의 풍경을 감상하자. 한 마을에서 다른 마을로 이동할 때는 산속의 도로를 따라 강물 옆, 좁은 골짜기와 협곡 사이, 전나무와 오크로 덮인 숲을 통과하게 된다. 그때 머리 위에서는 독수리가 원을 그리며 날고, 도로 옆의 초원에서는 소들이 풀을 뜯고 있을 것이다.

When to go 3월부터 6월, 9월부터 11월이 좋다. 한여름은 너무 더우므로 피하는 게 좋다.

How Long 370킬로미터 길이에 구불구불한 도로가 자주 등장하는 이 여행은 이틀이면 할 수 있지만, 좀 더 여유롭게 여행하고 싶다면 3일 이상은 잡는 게 좋다.

Planning 늦가을에는 따뜻한 옷을 가져가자. 낮에는 햇살이 뜨겁지만 밤에는 추울 수 있기 때문이다. 식수와 자외선 차단 크림은 꼭 챙기자.

Inside Information 작은 마을에는 아직도 시에스타(낮잠)가 존재하므로 오후 2시부터 5시 사이에는 별로 할 게 없을 수 있다. 조금 큰 마을에서는 관광정보센터에 가서 축제가 열리는지 확인해 보자. 축제에 참여하는 건 재미있는 경험이긴 하지만, 긴 행렬 속에 차가 갇힌다면 악몽과도 같은 경험이 될 것이다.

Websites www.spain.info, www.gospain.org, www.andalucia.org

- 안테케라 근처에 있는 동굴과 고인돌은 이 지역에 고대 이베리아 인들이 살던 시대부터 서 있던 것이다.
- 올베라 근처의 엘 페뇽 데 사프라마공(El Peñón de Zaframagón) 자연보호지역에는 황갈색 독수리가 많이 서식하고 있다.
- 웅장한 협곡이 있는 론다는 투우의 본고장이기도 하다.
- 베나오한 근처에 있는 피에타 동굴(Cueva de la Pileta)에는 선사시대 동굴 벽화가 아직도 남아 있다.
- 아르코스데라프론테라는 석회암 절벽 위에 위치한 마을이어서, 과달레테(Guadalete) 계곡의 멋진 풍광이 한눈에 바라다 보인다.

오아시스 사이에 나클 요새가 서 있고, 뒤로는 바위로 덮인 자발 악다르(Jabal Akhdar) 산맥이 솟아 있다.

오만

오만 요새 *The Forts of Oman*

4륜구동차를 타고 사막을 한 바퀴 돌면서 웅장한 오만 요새와 진흙 벽돌로 이루어진 마을, 그리고 힘겨운 산길을 달려 보자.

    오만에는 수천 개의 성과 망루, 진흙과 돌로 지어진 요새들이 곳곳에 흩어져 있어서, 이 나라가 페르시아 만 하구에서 전략적으로 중요한 국가라는 사실을 입증해 준다. 오만의 수도 무스카트에서 출발하여 남서쪽으로 고속도로를 따라 차를 달리다 보면, 성과 요새들이 산기슭과 언덕에 자리 잡고 있는 마을, 대추야자 농원, 바위산들이 한데 어우러져 이국적인 풍경을 완성하고 있는 것을 볼 수 있다.

    1650년에 포르투갈 사람들을 내쫓은 야아리바 왕조와 그 뒤를 이은 알 부 사이드 왕조가 이 요새들의 대부분을 건설했다. 드라이브를 시작하고 제일 먼저 들르게 되는 도시는 고대의 수도였던 니즈와(Nizwá)다. 니즈와는 측면에 거대한 원형탑이 서 있는 17

세기에 지어진 요새로 유명하다. 그 부근에는 발라 마을과 자브린(Jabrīn) 마을이 있는데, 두 마을 모두 요새와 궁전이 하나로 결합된 성이 서 있다.

달빛이 비추는 으스스한 풍경 사이로 두 마을을 지난 다음 고속도로를 벗어나자. 그리고 산을 몇 개 넘고 구불구불한 길을 따라 담력을 시험하면서 산 아래 바티나(Batinah) 평야로 내려가자. 그 다음에는 아르 루스타크(Ar Rustāq) 요새와 하즘(Hazm) 요새를 지나 다시 고속도로로 돌아와 해안의 방어 시설을 지나게 된다. 마지막으로 무스카트로 돌아가는 길에는 자발 아크다르(Jabal Akhdar) 산맥 끄트머리에 있는 나클(Nakhl)을 방문하면 된다.

When to go 11월에서 3월이 좋다. 이때 산지는 추울 수 있다. 여름은 너무 더우므로 피하는 게 좋다.

How Long 756킬로미터 길이의 이 도로를 여행하려면 최소 4일은 잡아야 한다. 그중 이틀은 니즈와에서 숙박하면서 발라와 자브린을 여행하고, 아스 수와이크(As Suwayq)의 해안에서 하룻밤을 묵도록 한다. 아스 수와이크는 나클을 방문하기 전날 묵으면 좋다.

Planning 고속도로 상태는 좋지만, 고속도로를 벗어난 곳을 달리려면 4륜구동차여야 한다.

Inside Information 도로 표지판은 영어로 되어 있고, 운전자들은 조심스럽게 운전을 하며, 교통법규는 엄격하게 지켜진다. 더러운 차량을 운전할 경우 벌금을 물 정도다. 도로에는 차량이 거의 없고 주유소도 띄엄띄엄 있으므로 기름은 넣을 수 있을 때 넣도록 한다. 마실 물을 충분히 가져가고, 기력이 쇠약해지지 않도록 조심한다.

Websites www.omantourism.gov.om, www.mark-oman.com

- 니즈와로 멋진 산 경치를 보러 가기 전에 사이크(Sayq)에 들러서 점심을 먹자. 니즈와의 시장(souk)에서는 도기와 은제품을 싼값에 살 수 있다. 또한 성에 올라가면 360도 탁 트인 전망을 즐길 수 있다.
- 니즈와에서 와디 굴(Wadi Ghul)로 짧은 여행을 다녀올 수 있다. 와디 굴은 오만에서 가장 높은 산인 해발 3천 미터의 자발 샴스(Jabal Shams)의 그림자 지는 곳에 위치한 '그랜드캐니언'이다.
- 최근에 복원된 유네스코 세계유산인 발라의 11킬로미터짜리 성벽을 달려 보자.
- 나클 오아시스의 온천 옆에 있는 대추야자 그늘 아래에서 소풍을 즐기자. 유향 향기를 맡아 보고, 저녁 식사 후에 사람들이 피우는 물담배에서 거품이 이는 것을 보는 것도 재미있을 것이다.

아프리카

카이로에서 케이프타운까지 아프리카 종단 여행
From Cairo to the Cape

다양한 야생동식물과 웅장한 폭포, 지평선까지 펼쳐진 사막, 엄청난 문화적 다양성을
즐길 수 있는 아프리카 종단 여행은 여행자들의 로망이다.

이집트 카이로의 복잡하고 시끌벅적한 거리에는 택시들이 경적을 울리며 지나다니고, 전통의상인 갈라바야를 입은 남자들이 카페에 앉아 커피를 마시며 물담배를 피우고 있다. 수단과 에티오피아는 육로로 이동하기에는 위험하기 때문에 카이로에서 비행기를 타고 케냐의 나이로비로 바로 간다.

탄자니아에서 도로는 동물보호구역 옆을 지나는데, 이때 따뜻한 오후의 미풍 속에서 얼룩말 소리를 들을 수도 있다. 사파리 캠프 아래쪽에 있는 계곡 사이의 강으로 내려갈 차례를 기다리며 얼룩말들은 발을 굴러서 먼지를 일으킨다. 밤에는 코끼리들이 아카시아의 꼬투리를 찾아 쿵쾅거리며 다가오고, 해가 뜰 때쯤이면 근처의 작은 못에서 물을 마신다. 그레이트 리프트 밸리(Great Rift Valley)의 말라위 호에서는 물수리들이 수정처

케이프타운 위로 우뚝 솟은 테이블 마운틴의 웅장한 모습은 아프리카 대륙 종단의 피날레를 멋지게 장식한다.

럼 투명한 물에서 먹이를 낚아챈다. 해질 무렵 말라위 호에는 타는 듯한 석양의 붉은 빛이 비치고, 새들의 노랫소리는 곤충들이 들려 주는 한밤의 오페라에 서서히 자리를 내 준다.

잠베지 계곡에서 올라오는 안개 같은 물보라는 빅토리아 폭포를 뒤덮고, 나미브 사막으로 접어들면 드문드문 흩어져 있던 나무들과 덤불로 이루어진 풍경이 바위숲과 사구의 바다로 바뀐다. 이곳에서는 겜즈복(남아프리카산 대형 영양)이나 오릭스(아프리카산 큰 영양)가 샘물을 찾아 헤매고 다니는 모습을 볼 수 있다. 도로 끝부분의 케이프 해안에서는 돌고래와 고래를 볼 수도 있다. 종착지인 남아프리카공화국 케이프타운 위로는 윗부분이 평평한 테이블 마운틴이 웅장하게 솟아 있다.

When to go 10월부터 4월이 좋다.

How Long 카이로에서 케이프타운까지는 총 8,850킬로미터. 그 가운데 나이로비에서 케이프타운까지 5,649킬로미터를 자동차로 간다. 도중에 여기저기 들르고 관광을 하면서 가려면 최소한 6주는 잡아야 한다.

Planning 호텔이나 각종 레저 활동은 사전에 예약을 해서 자리를 확보하도록 한다. 루트 상에 있는 국가들에 입국할 때 비자가 필요하지는 않은지도 반드시 확인해야 한다. 황열병 예방주사 접종 확인서를 요구하는 나라들도 많다.

Inside Information 카이로와 나이로비 사이에는 항공편이 매일 운항된다. 나이로비에서부터는 육로로 여행할 수 있다. 초경량 비행기를 타고 빅토리아 폭포 위를 비행하기에는 뭐니뭐니 해도 4월이 가장 좋다.

Websites www.africa.com, www.tourism-africa.co.za. www.africatravelresource.com

- 탄자니아의 타랑기레 국립공원(Tarangire National Park)의 사파리 속 텐트에서 편안하게 동물들을 구경하자. 타랑기레 국립공원은 특히 코끼리로 유명한데, 2백 마리 이상이 무리를 지어 움직이는 것도 볼 수 있다.
- 유네스코 세계유산인 말라위 호 국립공원(Lake Malawai National Park)에서 카약을 타고, 뭄보 섬(Mumbo Island)에서 하룻밤을 보내자.
- 빅토리아 폭포 위로 초경량 비행기를 타고 날아 보자.
- 보츠와나의 오카방고 삼각주(Okavango Delta)의 야생동식물로 가득한 석호와 수로 위에서는 통나무로 만든 카누인 모코로를 탈 수 있다.
- 나미비아의 에토샤팬(Etosha Pan) 소금 사막에 있는 나무토니(Namutoni) 못에서 동물들을 구경하자. 밤에도 볼 수 있도록 투광조명이 설치돼 있다.

| 모로코 | 서 사하라 | 모리타니 |

사하라 사막 횡단 *Crossing the Sahara*

옛 무역로를 따라가는 이 도로에서 고대 아프리카 문화, 이국적인 시장들, 웅장한 산과 사막 풍경을 만나 보자.

이 도로에서는 도시의 떠들썩함과 사막의 고요함이 계속해서 대조를 이룬다. 길을 가다 만나는 작은 도시들에서는 시장에서 흥정을 하는 상인들과 손님들의 목소리 위로 무에진(이슬람교의 기도 시각을 알리는 사람)이 기도 시각을 알리는 소리가 미로 같은 좁은 골목으로 메아리친다. 한낮의 뜨거운 태양 아래 수많은 사람들이 서로를 밀치며 지나가고, 거리의 카페에는 빈자리가 거의 없다. 그리고 강한 향신료 냄새가 공기를 가득 메우고 있다.

여행은 세우타(Ceuta)에서 시작되는데, 이 도시는 북아프리카 모로코 영토 안에 있지만, 사실은 지브롤터 해협을 사이에 두고 19킬로미터 떨어져 있는 스페인에 속한다. 그리고 여정은 모리타니의 수도 누악쇼트(Nouakchott)에서 끝이 난다. 세우타를 출발한 후 남쪽으로 달려 모로코 중부에 이르면, 아틀라스 산맥의 구릉지대에 마라케시

모로코 남부 아이트 벤하두 근처 아틀라스 산맥의 바위투성이 능선. 멀리 만년설이 덮인 산이 살짝 보인다.

(Marrakech)가 나타난다. 황토색 어도비 벽돌로 지은 건물들로 가득한 이 도시는 북부의 지중해 연안 지방과 달리 아프리카의 분위기를 물씬 풍긴다. 그리고 풍경 속에는 베르베르 족이 언덕 위에 세운 높은 담으로 둘러싸인 궁전 겸 성인 '카스바'가 종종 등장한다.

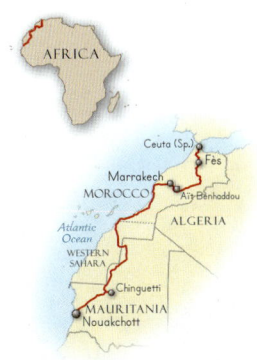

이 지역을 지나면서 육지는 모습을 바꾸기 시작한다. 높은 산길을 빠져나온 도로는 서 사하라 사막을 횡단하는데, 사막에서는 도로의 상태와 긴장감, 모래 폭풍이 여행의 질을 결정한다. 드넓은 하늘이 풍경을 지배하고 도로가 해안선을 따라 달릴 때, 사막은 대서양으로 사라지는 것처럼 보일 수도 있다.

모리타니에 가까워지면 모로코의 민속음악은 노천카페의 라디오에서 흘러나오는 류트의 멜로디 속에 사라지고, 한층 화려한 전통의상을 입은 사람들이 거리를 메운다.

When to go 9월부터 3월이 좋다. 모리타니에는 아직 더위가 남아있지만 모로코는 비교적 시원하다.

How Long 도로의 총 길이는 2,969킬로미터다. 최소한 4주는 시간을 내서 여유 있게 여행하자.

Planning 비자가 필요한 나라는 여행 전에 미리 발급받도록 한다. 현지에서 받을 수도 있지만 자국에서 받아 가는 것이 훨씬 쉽다. 서 사하라에서는 특히 정치적 불안정 등 여행 조건을 잘 확인하고 떠나자. 직접 운전을 할 계획이라면 경험자들의 조언을 충분히 듣고 철저히 준비하여야 한다.

Inside Information 체체파리를 예방할 수 있도록 방충제를 가져간다. 이 지역의 버스는 운행 시각표라는 개념이 없는 경우가 많다는 것을 기억하자. 예를 들어 버스는 승객이 다 차기 전에는 출발하지 않는 경우도 많다.

Websites www.visitmorocco.org, www.morocco.com

- 모로코의 페스 구시가지(Fes el-Bali)는 성벽으로 둘러싸인 중세 도시로, 미로와 같은 골목들과 차양을 친 시장이 있다. 염색 재료와 문신 재료를 파는 헤나 시장(헤나 수크)을 찾아가 보자.
- 구불구불한 도로는 모로코 남부의 아틀라스 산맥을 지나 모로코에서 가장 높은 토드라 협곡과 '천 개의 카스바가 있는 계곡'이라 불리는 다데스 계곡으로 이어진다.
- 모로코 남부에 있는 요새 마을 아이트 벤하두에는 카스바들이 사막 풍경 위로 뾰족하게 솟아 있다. 여기서 핫산 2세 모스크를 방문해 보자.
- 모리타니에서는 이슬람의 일곱 번째 성도(聖都)이자 사하라 사막을 횡단하는 무역로의 거점이었던 고대 도시 싱게티에 들르길 권한다.

가든 루트 위쪽의 산기슭에 희망봉(the Cape of Good Hope)이 원산지인 알로에가 새빨간 꽃을 피우고 있다.

남아프리카공화국

남아프리카공화국 가든 루트 *The Garden Route*

남아프리카공화국의 가든 루트는 하얀 해변과 바위투성이 절벽, 오래된 숲과 산지 풍경을 누비며 달리는 인기 있는 드라이브 코스다.

케이프타운에서 동쪽으로 길을 찾아가던 초기 네덜란드 정착민들에게, 인도양의 파도에 씻기고 온화한 지중해 기후로 길러진 웨스턴 케이프 해안의 비옥한 땅은 성서에 등장하는 에덴동산처럼 보였을 것이다. 그리하여 '가든 루트'라는 이름을 얻게 된 이 지역은 오늘날 남아프리카공화국에서 가장 인기 있는 관광지 중 하나다.

모셀베이 시에서 시작하여 스톰스리버 시까지 이어지는 가든 루트는 다양한 형태의 호수, 강, 습지로 이어지는 숨어 있는 작은 만들과 끝없이 이어지는 해변들을 따라 간다. 내륙 쪽으로는 우테니카 산과 치치캄마 산이 내려다보는 거대한 삼림지대와 자연보호구역이 이어진다.

모셀베이 시를 출발하여 얼마 후에 만나게 되는 조지 시는 세련된 분위기의 도시로, 여행 거점으로 삼기에 적당한 곳이다. 조지 시를 지나면 윌더니스 국립공원(Wilderness National Park)과 나이스나(Knysna)에서 인간의 손이 닿지 않은 평화로운 자연을 만날 수 있는데, 이곳 강 하구의 석호로는 바닷물이 밀려들어온다. 가든 루트의 중심부인 이곳을 지나면 나이스나 숲으로 접어들게 된다.

나이스나 숲은 남아프리카에서 가장 큰 규모의 자연림으로, 전나무와 온갖 야생화는 물론 자이언트 옐로우우드, 흰색 오리나무, 케이프 밤나무 등 아주 오래된 나무들도 많다. 그 다음에는 경로를 약간 우회해서 치치캄마 국립공원을 방문해 보자. 이곳에서 스톰스 강은 절벽 사이로 깊은 협곡을 만든 후 바다로 흘러들어간다. 가든 루트 일주만큼 환상적으로 끝나는 여정도 없다.

- 이 지역에서 가장 다양한 야생동식물이 살고 있는 평화로운 윌더니스 국립공원에서 하이킹을 해 보자.
- 가든 루트에서는 고래와 돌고래를 만날 수 있는 곳이 몇 군데 있다.
- 아프리카 최초, 최대의 해양 공원인 치치캄마 국립공원은 반드시 방문하자. 이곳에는 울창한 숲도 있고 수많은 새들이 서식하고 있다.
- 가든 루트에는 하이킹 코스도 무척 많고, 다양한 수상 스포츠와 어드벤처 스포츠도 즐길 수 있다. 최대한 활용하면 더욱 즐거운 여행이 될 것이다.

When to go 남반구가 여름인 11월부터 2월이 좋다. 하지만 12월에는 휴가를 맞은 남아프리카공화국 사람들로 무척 붐빈다.

How Long 가든 루트는 총 370킬로미터로, 드라이브해서 지나가는 건 하루에도 가능하지만 몇 군데에 멈춰서 하루나 이틀 묵어 가는 게 좋다.

Planning 숙소는 일찌감치 예약해야 한다. 하이킹 코스 중에는 일일 입장 인원을 제한하는 곳들도 있으니 미리미리 예약을 하도록 한다.

Inside Information 현지 특산 생선인 스누크(고등어의 일종) 요리를 맛보자. 스누크는 가시가 무척 많지만, 생선 가시를 참아 내기만 한다면 맛 좋기로 유명한 바비큐를 먹을 수 있다.

Websites www.gardenroute.co.za, www.gardenroute.com, www.southafrica-travel.net

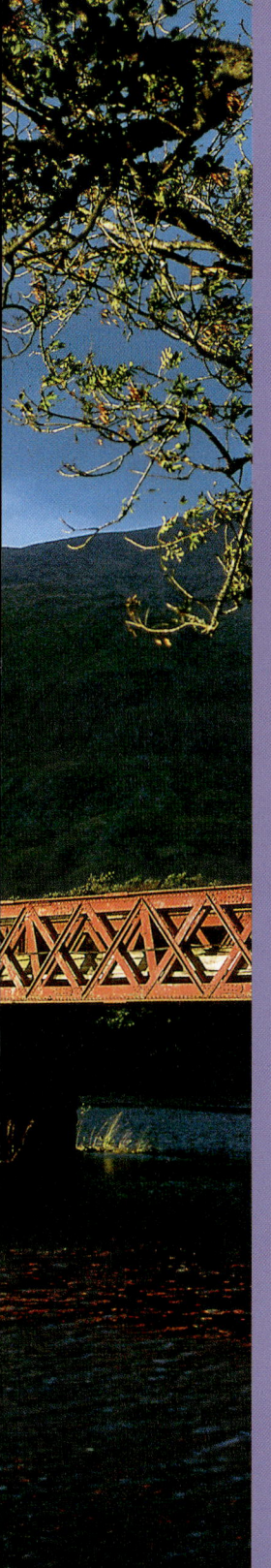

3

꿈의 세계로 달리는
기차 여행
By Rail

호화롭든 간소하든, 편안하고 여유롭든 모험이 넘치든, 세상에서 가장 멋진 기차 여행들에는 한 가지 공통점이 있다. 그것은 바로 특유의 매력을 지니고 있다는 점이다. 기차에 발을 올려놓는 것은 꿈의 세계로 들어가는 것이다. 옛 할리우드 영화 같은 로맨스의 주인공이 되는 것이며, 매혹적인 풍경 속을 가로지르는 것이고, 선로를 따라 펼쳐지는 일상생활의 드라마를 엿보는 것이다.

베니스 심플론 오리엔트 익스프레스나 모스크바에서 베이징까지 달리는 시베리아 횡단열차처럼 세계적으로 유명한 기차 여행도 있고, 꽁꽁 숨겨진 비밀스런 기차 여행도 있다. 남아프리카의 사파리 열차에서부터 북극의 야생동물과 백야를 찾아 떠나는 스웨덴 북부의 기차에 이르기까지, 남극대륙을 제외한 지구상 모든 대륙에서는 기차를 타고 모험을 즐길 수 있다.

로키산맥 남부의 금광 마을을 찾아가는 잘 보존된 증기기관차나 제2차 세계대전의 유적지인 콰이 강의 다리를 건너는 열차처럼 과거로 거슬러 올라가는 여행도 있다. 물론 총알처럼 빠른 일본의 신칸센이나 중국의 고원지대를 달려 티베트로 향하는 칭짱열차 등 초현대적인 기차 여행도 많이 있다.

스코틀랜드의 웨스트 하일랜드에서 운행되는 재커바이트 증기기관차. 이 기차는 스코틀랜드에서 가장 황량한 야생 그대로의 풍경 속을 지난다.

산양은 로키 산맥이 원산지로, 산의 수목한계선 위쪽 가파른 경사지에 산다.

캐나다

로키 마운티니어 *The Rocky Mountaineer*

개척자들이 이용했던 기다란 철로를 따라 밴쿠버에서 밴프까지 캐나다 로키 산맥을 통과해 보자.

    기차가 커시드럴 산(Cathedral Mountain)을 통과하는 나선형 터널 속으로 들어가는 순간, 키 큰 소나무들과 바위 언덕이 가득했던 창밖 풍경은 칠흑 같은 어둠으로 바뀐다. 그리고 몇 분 후 기차는 머나먼 옛날 빙하가 깊이 깎아놓은 풍경 속으로 나온다. 이것은 로키 마운티니어의 인상적인 구간 중 일부에 불과하다.

로키 마운티니어는 로키 산맥의 터널을 통과하고, 암벽의 측면을 따라 낮에만 운행되는 기차다. 밴쿠버에서 출발한 기차는 헬스 게이트(Hell's Gate) 계곡의 급류를 지나고 그 위쪽의 프레이저캐니언(Fraser Canyon)을 통과하여 캐나다 로키 산맥으로 천천히 올라간다. 어지럼증이 있거나 고소공포증이 있는 사람이라면 창밖을 내다보지 않는 게 좋다.

캠루프스에서 하룻밤을 묵은 후, 이튿째 날 기차는 정말로 가파른 경사면을 따라 산 위로 올라가는데, 코넛 터널(Connaught Tunnel)을 지나 해발 1,524미터의 키킹 호스 고개(Kicking Horse Pass)까지 나아간다. 높은 산 위에서는 검독수리가 머리 위로 날아다니고, 깎아지른 듯한 암벽, 눈 덮인 봉우리, 상록수 숲이 승객들의 맥박을 빨라지게 한다.

When to go 키킹 호스 고개를 지나는 노선은 4월 초부터 10월 중순까지 운행된다. 눈을 보고 싶다면 4월이나 10월에 간다.

How Long 밴쿠버에서 출발하여 캠루프스에서 하룻밤 묵은 후 밴프나 캘거리로 가는 데 이틀이 걸린다. 거꾸로 밴프나 캘거리에서 출발하여 밴쿠버로 갈 수도 있다.

Planning 좌석은 밖을 내다볼 수 있도록 양옆은 물론 위쪽도 유리로 되어 있는 고가의 골드리프 클래스(GoldLeaf Class, 사진작가들에게는 이 클래스가 가장 좋다)와 표준적인 레드리프 클래스(RedLeaf Class) 중에서 선택할 수 있다.

Inside Information 레드리프 클래스에서 제공되는 식사는 모두 차갑다. 따뜻한 점심식사를 하고 싶다면 골드리프 클래스를 예약하도록 한다.

Websites www.canadiantrainvacations.com, www.rockymountaineer.com

- 깊이가 604미터나 되는 가파른 프레이저캐니언과 프레이저 강이 밀어닥쳐 흐르는 헬스 게이트 계곡에서 가슴이 터질 듯 아름다운 풍경을 즐겨 보자.
- 캠루프스에서는 기마 순찰대의 푸른색 셔츠를 입은 친절한 자원봉사 카우보이들을 만날 수 있다. 로키 마운티니어가 캠루프스에 도착하면 이들이 역으로 승객들을 환영하러 나온다.
- 둘째 날 아침, 캠루프스를 출발한 후에는 다양한 야생동물들을 찾아 보자. 엘크(북유럽·아시아·북아메리카산 큰 사슴), 곰, 물수리, 얼룩이리 등을 볼 수도 있다. 승객 3명이 동시에 같은 동물을 목격하면 공식적인 관찰로 인정된다.
- 기차에서 계속해서 제공되는 맛 좋은 음식과 음료 서비스를 즐기자. 초콜릿에서 현지 특산 술까지 다양한 음식이 나온다.

미국 콜로라도 주 | 유타 주

캘리포니아 제퍼 *The California Zephyr*

로키산맥의 심장부를 통과하는 철로를 따라 진정한 미국 서부로 여행을 떠난다.

    캘리포니아 제퍼는 암벽으로 이루어진 높은 산, 붉은빛을 띠는 황토색 바위, 황금빛 초원 등 개척시대 미국 서부로 떠나는 철도 여행이다. 이 열차는 콜로라도 주의 덴버에서 유타 주의 솔트레이크시티까지, 이제는 폐지된 '덴버 앤드 리오그란데 웨스턴 레일로드(Denver & Rio Grande Western Railroad)'의 선로를 따라 달린다. '로키산맥을 돌아가지 말고 뚫고 가자'가 이 철도를 건설할 때의 모토였다.

    덴버에서 출발한 캘리포니아 제퍼는 28개의 터널을 통과하여 동쪽의 산들로 가파르게 올라간다. 승객들은 낡은 기차 속에서 거센 바람을 피하면서 광활한 평원의 경치를 즐길 수 있다. 기차는 9.5킬로미터에 달하는 모팻 터널(Moffat Tunnel)을 지나는 중에 로키산맥 분수령을 통과하고, 태버내시로 내려와 뱀처럼 구불구불 굽이치며 흐르

유타 주 모압 사막에서 말을 타고 가는 카우보이들.

는 콜로라도 강을 따라 현기증 나는 협곡들을 지난다. 그 다음 글렌우드스프링스 시를 거쳐 유타 주 경계선에 도달한 후, 모압 사막 언저리에서 유타 주 솔저서밋(Soldier Summit) 고개의 황량한 관목지대로 올라간다. 솔저서밋 고개에 도착하기 직전에는 창밖으로 유명한 캐슬 게이트 (Castle Gate) 기암괴석을 찾아보도록 하자. 기차는 그후 다시 한 번 내리막을 달려 솔트레이크시티에 도착한다.

콜로라도 강에서 카약을 타는 사람을 제외하면 이 열차가 달리는 구간에서 인간의 모습은 거의 보이지 않기 때문에, 열차를 타고 달리면서 19세기 서부 개척시대를 상상하는 것은 어렵지 않다.

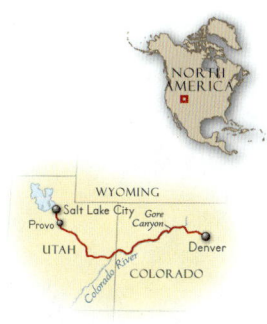

When to go 여름에는 눈 덮인 봉우리, 강변의 푸른 초원, 바위로 덮인 사막, 거세게 흐르는 강 등 대조적인 풍경들을 한꺼번에 즐길 수 있다. 겨울에는 눈과 얼음으로 이루어진 동화의 나라로 변한다. 기차는 매일 운행된다.

How Long 덴버에서 솔트레이크시티까지는 대략 15시간 30분쯤 걸린다.

Planning 캘리포니아 제퍼는 암트랙(Amtrak, 전미철도여객수송공사) 에서 운영한다. 동쪽에서 서쪽으로 운행하는 5번, 6번 기차는 시카고의 유니언 스테이션에서 출발하여 오마하, 덴버, 솔트레이크시티, 도너 고개, 새크라멘토를 경유하여 오리건 주 오클랜드 트레인 터미널까지 운행된다. 오클랜드 트레인 터미널에서 샌프란시스코까지는 버스가 운행된다.

Inside Information 관광객용 객차는 금방 자리가 찰 수 있으므로 가급적 빨리 자리를 잡아야 한다. 최고의 전망을 즐기려면 동쪽에서 서쪽으로 여행하는 경우에는 왼쪽에, 서쪽에서 동쪽으로 여행하는 경우에는 오른쪽에 앉아야 한다.

Websites www.amtrak.com

- 콜로라도 주의 그랜비와 글렌우드스프링스 사이를 지날 때는 기차 천장 유리창을 통해 고어캐니언(Gore Canyon)의 바위로 된 정상부를 바라보자. 제퍼는 그 협곡을 따라 32킬로미터를 달린다.
- 화산으로 생겨난 온천과 총잡이 '닥 홀리데이(Doc Holliday)'의 무덤이 있는 글렌우드스프링스에서는 콜로라도 강의 급류에서 래프팅을 즐기는 사람들을 볼 수 있다.
- 서쪽 방향으로 달리는 기차에서는 솔저서밋을 지나 유타 주 프로보에 도착하기 직전에, 오른쪽으로 1983년에 산사태로 묻혀 버린 마을인 티슬(Thistle)의 지붕들을 볼 수 있다.

늦가을 날 컴버스 고개를 지나가는 컴버스 앤드 톨텍 시닉 철도의 협궤 기관차.

미국 _ 뉴멕시코 주 | 콜로라도 주

컴버스 앤드 톨텍 시닉 철도

The Cumbres & Toltec Scenic Railroad

웅장한 산악 풍경을 따라 달리는 증기기관차에서 개척시대 서부의 향취를 느낄 수 있다.

183미터 깊이의 톨텍 계곡(Toltec Gorge)으로 기적 소리가 메아리치며 울려퍼진다. 검은 연기와 배기가스를 뿜어내는 컴버스 앤드 톨텍 시닉 철도(Cumbres & Toltec Scenic Railroad, 약자로 C&TSRR)의 협궤 기관차가 쉿쉿 하는 증기 내뿜는 소리와 덜커덩거리는 소리를 내며 산허리를 껴안고 나아간다. 그리고 바위로 덮인 협곡 사이에 걸린 높고 가냘픈 철교를 건너 녹색과 노란색으로 된 초원을 지나 반짝이는 냇물 옆으로 넓은 골짜기를 따라 내려간다. 지붕 없는 전망 객차에 서서 주위를 둘러보면 마치 전설적 영웅과 악당이 등장하는 황금광시대로 돌아간 듯한 기분이 든다.

미국에서 가장 높은 곳을 지나며 가장 긴 협궤열차 선로인 이 철도는 1880년대에 산후안 산맥(San Juan Mountains)의 금광에서 캔 금을 로키 산맥을 넘어 콜로라도 주 앨라모사로 운반하기 위해 건설된 것이다. 지금은 원래 노선의 일부 구간인 뉴멕시코 주 차마(Chama)의 코네호스 산맥(Conejos mountains)에서 콜로라도 주 안토니토까지 103킬로미터만을 운행한다.

컴버스 서밋의 고도는 3,050미터에 달하는데, 윈디 포인트와 톨텍 계곡에서 절벽 아래를 바라볼 때나 로바토(Lobato)와 캐스케이드(Cascade)의 철교를 지날 때는 심장이 조여서 숨을 쉬기 어려울지 모른다. 특히 이 노선에서 가장 높은 30미터 높이의 캐스케이드 철교를 지날 때는 기차가 허공을 달리는 듯한 기분이 든다. 하지만 부드럽게 흔들리며 달릴 때는 시대물에 등장할 법한 특등 객차에 앉아 보안관과 악당들이 이 노선을 따라 이동하던 시대를 상상할 수 있을 것이다.

When to go 5월 하순부터 10월 중순까지 매일 운행된다.

How Long 이 기차는 속도가 느리다. 차마에서 안토니토까지 기차로 간 후 출발 지점으로 다시 돌아오는 데 하루가 걸린다.

Planning 차마와 안토니토엔 숙박 시설이 별로 없지만, 안토니토 근처의 앨라모사에는 숙박 시설과 캠핑장이 많이 있다. 기차는 점심식사를 위해 콜로라도 주 오지어에 잠깐 멈춘다. 점심식사는 운임에 포함되어 있다.

Inside Information 지붕 없는 전망 객차에 타면 가파른 언덕을 내려갈 때 증기 내뿜는 큰 소리 때문에 귀가 몹시 아프고 가끔씩 석탄재를 맞을 수도 있다. 재에 맞지 않도록 모자와 선글라스는 필수다. 하지만 이런 몇 가지 불편쯤은 기꺼이 감수하고도 남을 만큼 전망이 멋지다.

Websites www.cumbrestoltec.com

- C&TSRR 철도의 건물과 차량 대부분은 20세기 초나 그 이전에 만들어졌다. 열차 애호가라면 오래된 협궤열차 차량을 많이 소장하고 있는 차마 야드를 방문해 보자.
- 차마에서 출발하여 동쪽으로 컴버스 서밋까지 가는 도중에 미국의 철로 중 경사가 가장 급한 지점을 지나는데, 이때 610미터 아래로 펼쳐지는 차마 마을의 전경을 만끽하자. 그 다음에 기차는 U자형 탱글풋 커브(Tanglefoot Curv), 로스 피노스(Los Pinos) 황무지, 그리고 톨텍 계곡의 깊고 넓은 틈을 지난다.
- 폭이 0.9미터밖에 안 되는 선로는 안토니토 쪽으로 내려갈 때, 빅혼(Big Horn), 윕래시(Whiplash), 라바탱크(Lava Tank)에서 엄청난 커브를 그린다.

미국 | 와이오밍 주 | 아이다호 주 | 유타 주 | 네바다 주 | 애리조나 주 | 뉴멕시코 주

미국 서부 국립공원 순례

National Parks of the West

호화 열차를 타고 미국 서부의 유명한 국립공원 몇 곳을 둘러보자.

그랜드럭스는 1940년대 호화 열차 모델 중 하나를 완전히 복원하여 현대화한 것이다. 침대차를 갖추고 있는 400미터 길이의 기차는 흰색, 감청색, 황금색으로 반짝반짝 빛난다. 이 열차가 '아메리칸 오리엔트 익스프레스'라고 불리는 데는 이유가 있다. 이 기차의 전망 객차에서는 하루 종일 전망창을 통해 360도로 경치를 조망할 수 있다. 그리고 호화로운 휴게 객차의 푹신한 안락의자에 앉아 그랜드 피아노에서 들려오는 조지 거슈인의 감미로운 멜로디를 라이브로 들으며 칵테일을 마실 수도 있다. 또한 기차가 지나가는 지역에 따라 식사도 매일 바뀐다.

옐로스톤 국립공원은 독특한 색의 온천과 물웅덩이들로 유명하다.

기차에는 유니폼을 입은 승무원들이 근무를 하고, 각 지역 경치에 대한 전문가들도 상근하고 있다. 그랜드럭스는 기차 내부의 고급스러운 시설과 디자인뿐만 아니라, 미국에서 가장 아름답고 다채로운 풍경을 볼 수 있는 서부 국립공원 투어를 제공한다는 점에서 굉장한 자부심을 갖고 있다.

여섯 개 주를 거치는 이 열차의 노선에는 와이오밍 주의 그랜드 티턴 국립공원(Grand Teton National Park), 스네이크 리버, 옐로스톤 국립공원, 유타 주와 네바다 주의 바닥이 말라버린 호수, 사막, 산 사이의 분지, 그리고 애리조나 주의 그랜드캐니언 국립공원(Grand Canyon National Park) 등이 포함된다.

유타 주의 솔트레이크시티, 네바다 주의 라스베가스, 애리조나 주의 '호피 족 마을'과 세도나, 그리고 여행이 끝나는 뉴멕시코 주의 산타페와 앨버커키 등에서는 레저와 다양한 문화생활, 취미생활을 즐길 수 있다.

- 옐로스톤 국립공원(Yellowstone National Park)에서는 간헐천, 온천, 들소, 흰머리독수리, 곰, 엘크 등을 볼 수 있다. 그리고 온천과 화산 활동의 흔적을 여기저기서 만날 수 있다.
- 그랜드캐니언 사우스림(South Rim)의 거대하고 깊은 협곡 구덩이를 들여다보자.
- 애리조나 주에 있는 오래된 광산 마을 제롬에서는 예술인 동네를 들르길 권한다.

When to go 서부 국립공원 투어는 봄과 여름에 출발한다. 정확한 날짜는 해마다 다르므로 자세한 사항은 웹사이트에서 확인하자.

How Long 이 여행은 9일 정도 걸린다. 보통 하루 이틀은 고급 호텔에서 숙박하고 나머지는 기차에서 잔다.

Planning 국립공원 내부 투어는 그랜드럭스에서 운영한다. 인터넷이나 전화로 예약할 수 있다. 팁은 하루에 15달러 정도 따로 준비한다.

Inside Information 복장은 간편하게 해도 된다. 국립공원 내부 투어를 위해 걷기 편한 신발을 신는다.

Websites www.americanorientexpress.com

디비사데로 근처의 카퍼캐니언 사이로 구불구불한 선로를 따라 나아가는 엘 체페.

멕시코

엘 체페 *El Chepe*

멕시코의 시에라마드레 산맥에 있는 카퍼캐니언으로 여행을 떠나 보자.

　태평양의 눈부신 코르테즈 해(Sea of Cortez, 흔히 캘리포니아 만이라고 한다)에서부터 시에라마드레 산맥(Sierra Madre Mountains)의 고지까지 달려가는 치와와 알 파시피코 철도(Chihuahua al Pacific Railway, 줄여서 엘 체페)는 수직으로 솟은 바위들과 구릿빛 암벽 사이를 달린다. 이 철도는 황금 시굴자들을 시에라마드레 산맥으로 운송하기 위해 만들어졌는데, 완공되는 데까지 거의 한 세기가 걸렸다.

　39개의 현기증 나는 다리와 88개의 터널을 통과하며, 사람들의 발길이 거의 닿지 않아 오염이 덜 된 드넓은 카퍼캐니언(Copper Canyon)을 지나는 덕분에 오늘날 이 철도는 그 자체로 인기 있는 관광상품이 되었다. 그랜드캐니언 면적의 네 배에 달하는 카퍼캐니언은 수풀이 우거진 협곡과 메마른 골짜기와 폭포가 어우러진 거대한 네트워크다.

이 아름다운 자연의 신비는 엘 체페의 큰 전망창을 통해 감상할 수 있다. 이 지역은 멕시코에서 두 번째로 큰 원주민 부족인 타라후마라 인디언(Tarahumara Indians)들이 사는 곳이다. 그들은 협곡 여기저기 흩어져 있는 작은 마을에서 전통적인 생활방식을 고수하며 살아가고 있다.

기차가 중간 중간 멈출 때면 철로 옆에서 노는 아이들과 철로변에 앉아서 옷감을 짜거나 목공예품, 인형, 바구니 등을 파는 여성들을 만날 수 있다. 치와와에 도착하면 시간을 내서 헌법 광장(Plaza de la Constitución)에 있는 바로크 양식의 '성 프란시스코 성당(Cathedral of St. Francis of Assisi)'을 방문해 보자.

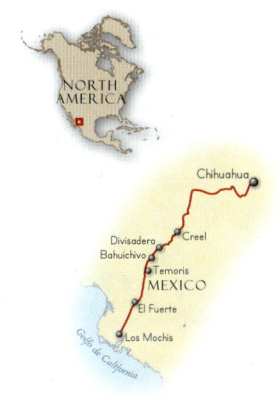

When to go 엘 체페는 1년 내내 운행된다. 수풀이 울창하고 초록 일색이던 풍경이 건기(3월~7월)에는 메마른 구릿빛 풍경으로 변한다.

How Long 총 길이가 921킬로미터인 이 철도로 여행하는 데는 16시간이 걸린다.

Planning 일등 열차(Primera Express)는 오전 6시에 로스 모치스를 출발하여 밤 10시에 치와와에 도착한다. 한정된 예산으로 여행을 하는 사람은 일등 객차의 절반 가격인 일반 열차(Clase Económica)를 타자. 일반 열차는 오전 7시에 출발하여 밤 11시에 도착한다. 출발지와 도착지를 반대로 해서 여행할 수도 있는데, 출발 및 도착 시각은 같다.

Inside Information 로스 모치스가 아니라 엘 푸에르테(El Fuerte)에서 여행을 시작할 수도 있다. 그러면 엘 푸에르테 마을도 관광할 수 있고, 이 지역에서 경치가 제일 멋지고 웅장한 테모리스(Temoris)와 바위치보(Bahuichivo) 구간도 놓치지 않을 수 있다. 최고의 전망을 감상하려면 기차의 남쪽에 자리를 잡도록 한다.

Websites www.chepe.com.mx

- 엘 푸에르테의 오랜 역사를 자랑하는 시내에는 자갈이 깔린 거리 양쪽에 예쁜 식민지 시대풍의 호텔들이 늘어서 있다. 이곳은 근처 산에서 캐낸 은과 금의 교역 중심지였다.

- 기차가 일련의 지그재그형 철로를 따라 2천 미터 높이의 엘 푸에르테와 크릴(Creel) 사이의 오르막길을 빠져나갈 때, 협곡의 숨 막힐 듯한 경치를 즐기자.

- 치와와에서는 국립 혁명 박물관을 방문해 보자. 이것은 혁명가 판초 비야(Pancho Villa)가 예전에 살던 집을 박물관으로 개조한 것이다. 비야는 1923년에 차를 타고 가다가 암살당했는데, 그 당시 그가 탔던 총알 박힌 닷지(Dodge) 승용차도 전시되어 있다.

화려한 원색으로 칠해진 한 칸짜리 열차 치바 익스프레스가 안데스 산맥의 멋진 풍경 사이를 달리고 있다.

| 에콰도르 |

치바 익스프레스 *The Chiva Express*

유서 깊은 철도 노선을 따라 가면 안데스 산맥의 환상적인 풍경과
에콰도르의 해안 저지대가 우리를 기다린다.

    1980년대의 엘니뇨로 인한 홍수 이후, 과거에 키토(Quito)에서 과야킬(Guayaquil) 사이를 운행하던 낡고 덜컹거리는 기차는 치바 익스프레스로 교체되었다. 노란색과 파란색, 빨간색으로 화려하게 장식된 치바 익스프레스는 사실 버스를 철로에서 달릴 수 있게 개조한 것이다. 이 기차 지붕에 앉아 안전띠를 단단히 매고 강철 난간을 꽉 붙잡고 쌀쌀한 공기를 맞으면서, 안데스 산맥에서부터 열대 저지대까지 롤러코스터를 타는 듯한 기차 여행을 즐겨 보자.

이 여행은 리오밤바의 침보라조(Chimborazo) 화산 발치에서 시작되는데, 리오밤바는 자갈 깔린 거리와 식민지 시대에 조성된 광장들, 활기찬 토요일 시장이 있는 생동감 넘치는 도시다. 치바 익스프레스는 이곳에서부터 백 년 된 철로를 따라 다양한 기후대를 지나면서 남쪽으로 내려간다.

차가운 안데스의 공기는 어느새 습기 많은 열대림의 신비로운 안개에게 자리를 내주고, 또 얼마 안 가서 더운 해안 밀림의 열대 공기로 바뀐다. 덕분에 여행을 하면서 겉옷을 하나씩 벗게 된다. 풍경 역시 기후만큼이나 다양해서, 처음에는 저 멀리로 만년설이 덮인 화산이 보이다가 조금 가면 완만한 구릉과 보랏빛 루핀 꽃으로 덮인 들판이 나타난다. 그리고 해안 근처 과야킬에 도착할 때쯤이면 바나나 농장과 야자나무로 가득한 열대 초목이 우리를 반긴다.

- 당당하게 우뚝 솟은 화강암 산인 악마의 코(La Naríz del Diablo)에서 기차는 거의 수직 암벽을 따라 지그재그로 올라간다.
- 이 지역 특산 알코올음료 카넬라조(canelazo)를 마셔 보자. 카넬라조는 일종의 뜨거운 토디(위스키에 뜨거운 물 등을 탄 음료)로, 위스키나 진, 나랑히야 열매, 계피, 설탕을 섞은 것이다.

When to go 에콰도르의 날씨는 1년 내내 거의 변화가 없으므로 아무 때나 가도 좋다.

How Long 리오밤바에서 과야킬까지 8시간이 걸리고, 거리는 257킬로미터 정도다.

Planning 운행 스케줄이 자주 바뀌므로 사전에 반드시 확인해야 한다. 지정좌석제가 아니므로 일찍 도착해서 좋은 자리를 확보하자.

Inside Information 이 열차는 몇 개의 기후대를 지나기 때문에 얇은 옷을 여러 개 껴입는 게 좋다. 비가 올 때를 대비하여 우비와 우산 등을 준비하고, 의자에 깔 방석을 준비하자.

Websites www.metropolitantouring.com, www.chivaexpress.com

티티카카 호수 근처 알티플라노에서 한 여성이 라마 떼를 몰고 가고 있다.

페루

안데스 익스플로러 *The Andean Explorer*

안데스 산맥을 지나 지구상에서 배가 다닐 수 있는 가장 높은 호수인 티티카카까지 여행을 떠나 보자.

잉카제국의 수도였던 쿠스코에서 출발하는 안데스 익스플로러는 구불구불한 와타나이(Huatanay) 강변을 지나 울창한 푸른 들판 사이로 부드럽게 올라간다. 그리고 유칼립투스 숲과 깊은 계곡, 어도비 벽돌집과 식민지풍 교회들이 있는 작은 마을들을 통과한다. 그 풍경의 뒤쪽으로는 안데스 산맥이 솟아 있다. 차창 밖으로는 이 지역 사람들의 일상이 지나간다. 남자아이가 가느다란 막대기를 들고 소 떼를 몰고, 한 여인이 화환으로 장식한 알파카를 끌고 가고, 옥수수밭에서는 농부들이 열심히 일을 한다. 그렇게

257킬로미터 정도를 달리고 나면 초원은 사라지고 황량한 고지대 평원 알티플라노(altiplano)가 펼쳐진다.

눈 덮인 안데스 산맥의 봉우리들로 둘러싸인 이 평원에서는 비쿠냐(안데스 산맥 고지대에 서식하는 라마의 일종)와 알파카가 풀을 뜯고 있다. 이 철도 여행을 통해서는 페루 안데스 산지의 외딴 시골마을을 가까이서 엿볼 수 있다. 복잡한 훌리아카(Juliaca) 읍내에서는, 기차가 들어오면 상인들이 철로에 세웠던 노점을 황급히 치우고 기차가 지나가고 나면 다시 노점을 세운다. 기차가 떠날 때 맨 뒷칸 꼬리에 서서 보면 아이들이 기차를 따라 철로를 달려오면서 손을 흔드는 모습이 보인다.

종착지인 푸노에 도착하면 티티카카 호수의 담청색 물이 승객들을 맞이한다. 티티카카 호수는 지구상에서 가장 고도가 높은 곳에 위치한 호수로, 그 규모는 배가 다닐 수 있을 정도다.

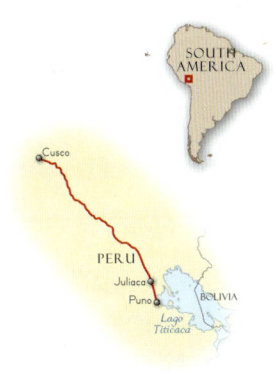

When to go 안데스 익스플로러는 연중 늘 운행한다. 5월 말부터 9월까지의 건기에 하늘은 더 맑고 서비스도 더 좋다.

How Long 총 282킬로미터를 달리는 데 10시간 정도 걸린다.

Planning 이 철도는 백패커(Backpacker, 보통 열차)와 안데스 익스플로러(Andean Explorer, 일등 열차)의 두 가지 등급으로 운행된다. 백패커는 미리 예약을 할 수 없으므로 역에 일찍 도착해야 한다. 안데스 익스플로러에서는 식사를 제공하며, 바가 있는 객차도 있다.

Inside Information 중간에 라 라야 고개(La Laya Pass)를 지나는데, 이곳은 고도가 무척 높으므로 미리 고산증 예방약을 준비하는 것이 좋다. 심한 경우 호흡곤란을 겪을 수도 있다. 디저트를 안 먹어도 된다면, 식사를 한 후 바로 휴게 객차로 가서 자리를 잡고 쉬자.

Websites www.perurail.com

- 라 라야 고개는 해발 4,321미터로 이 철도 노선에서 가장 고도가 높은 곳이다. 여기서 20분 동안 정차하므로 기차에서 내려서 역 주위의 고요하고 평화로운 공기를 느껴 보자. 역 앞에서는 이 지역 장인들이 알파카 울로 만든 스웨터와 숄 등을 판매하고 있다.
- 락치를 지날 땐 기차 왼쪽으로 창조신 비라코차(Viracocha)의 신전 유적을 찾아보자. 이 신전은 잉카인들이 건설했던 가장 큰 건축물 중 하나다.
- 오전 11시에는 기차에서 페루 전통 칵테일 피스코 사워(Pisco Sour)가 제공된다.

TOP 10
증기기관차 여행 *Steam Train Trips*

동화같이 아름다운 마을과 울창하고 가파른 산속으로
증기기관차를 타고 달리는 영화 같은 여행이 펼쳐진다.

❶ 오스틴 앤드 텍사스 센트럴 레일로드
Austin & Texas Central Railroad 미국

1920년대의 열차를 개조한 편안한 객차에 앉아서 텍사스 주의 풍경을 감상할 수 있는 두 가지 노선, 리버 시티 플라이어(the River City Flyer)와 힐 컨트리 플라이어(the Hill Country Flyer)로 운행된다.

Planning 이 열차는 연중 내내 운행되며, 미리 예약하는 게 좋다. www.austinsteamtrain.org

❷ 레이니어 산 풍경 열차 Mount Rainier Scenic Railroad 미국

워싱턴 주에 위치한 고도 4,392미터의 레이니어 산 남쪽 경사면을 달리는 열차를 타고 왕복 여행을 해 보자. 이 열차는 농지와 숲을 지나고 철교와 하천을 건너 미네랄 호(Mineral Lake)에 다다른 후, 15분 동안 정차하고 되돌아온다.

Planning 기차는 타코마(Tacoma) 남동쪽에 있는 엘베(Elbe)에서 하루에 두세 번 출발한다. 보통 예약은 하지 않아도 된다. www.mrsr.com

❸ 페루 중앙 열차 Central Railway 페루

이 열차의 노선 중 리마에서 안데스 산맥에 위치한 라 오로야까지 이어지는 구간에는 세계에서 가장 가파른 오르막 철로가 있다. 145킬로미터에 걸쳐서 최고 4,783미터 지점까지 올라간다. 페루 중앙철도 컨소시엄(FCCA)에서는 안데스 산지를 오를 수 있는 증기기관차를 운행한다.

Planning FCCA는 계절에 따라 주말 관광열차와 증기기관차 여행을 운행한다. 경험이 많은 여행사를 통해 예약하는 게 좋다. www.festtravel.co.uk

❹ 퍼핑 빌리 열차 The Puffing Billy Railway 오스트레일리아

퍼핑 빌리 열차는 오스트레일리아 멜번 북쪽에 있는 벨그레이브(Belgrave)에서 단데농 산맥(Dandenong Ranges)의 남쪽 구릉지대를 통과하여 협궤를 따라 48킬로미터를 왕복 운행한다. 기차가 아름다운 겜브룩 마을로 올라가는 동안 공기는 유칼립투스 향으로 가득 찬다.

Planning 크리스마스 당일을 제외하고 연중 매일 운행된다. www.puffingbilly.com.au

❺ 닐기리 산악 열차 The Nilgiri Mountain Railway 인도

인도 남부 닐기리 산맥을 통과하여 달리는 이 열차는 유네스코 세계유산에 등재되기도 했다. 경사가 너무 가파른 구간에선 증기의 힘으로 열차를 끌어올리는 시스템에 의해 올라간다.

Planning 여행 시간은 5시간 정도다. www.mercury-india.com

❻ 아동 열차 Children's Railway 헝가리 부다페스트

아동 열차는 이름 그대로 구소련 시대에 10세에서 14세까지의 아동을 헝가리 국유 철도회사에서 일하도록 훈련시키기 위해 건설된 것이다. 이 열차는 부다페스트의 많은 관광지와 숲을 지난다.

Planning 기차는 연중 매일 오전 9시부터 동절기에는 오후 5시, 하절기에는 저녁 7시까지 운행한다. www.gyermekvasut.com

❼ 하르처 협궤열차 Harzer Schmalspurbahnen 독일

이 협궤열차는 베르니게로데(Wernigerode)에서 노르트하우젠(Nordhausen)까지 운행한다. 중간에 드레이안넨호네 역에서는 1,142미터의 브로켄 산의 정상까지 증기기관차로 오르는 지선이 운행된다.

Planning 여름에는 반드시 예약을 해야 한다. www.nationalpark-harz.de

❽ 재커바이트 열차 The Jacobite 스코틀랜드

1745년의 '보니 프린스 찰리'와 '재커바이트'들의 반란의 무대를 지나는 이 열차는, 윌리엄 요새에서 출발하여 서해안의 말라이그(Mallaig)로 내려가는 구간에서 헤브리데스 제도의 멋진 전경을 한눈에 볼 수 있다.

Planning 여름 성수기에는 예약 필수다. www.westcoastrailway.co.uk

❾ 페스티니오그 철도 The Ffestiniog Railway 웨일스

모엘윈 산맥(Moelwyn Mountains)에서 포스매독(Porthmadog)의 부두까지 슬레이트를 운반하기 위해 건설된 이 철도는 포스매독을 출발하여 213미터를 올라 모엘윈 블라이나이 페스티니오그에 도착한다.

Planning www.ffestiniograilway.co.uk

❿ 맨 섬 빅토리안 증기 열차
The Isle of Man Victorian Steam Railway 맨 섬

궤도의 간격이 90센티미터밖에 안 되는 이 협궤열차는 맨 섬(the Isle of Man)의 주도인 더글러스(Douglas)에서 에린 항(Port Erin)까지 가파른 경사면을 따라 운행된다.

Planning 이 열차는 부활절부터 10월까지 운행한다. www.iomguide.com

노조미호는 교토와 도쿄 사이를 운행하는 신칸센 가운데 가장 빠른 기차다.

일본

신칸센 *The Shinkansen*

일본의 옛 수도와 현대의 수도 사이를 초고속 '총알 열차'로 달려 보자.
벚꽃이 활짝 핀 봄철 기차여행은 환상적이다.

1964년 이후로 일본의 주요 도시들은 초고속 열차인 신칸센으로 연결되어 왔다. 이 날씬한 '총알 열차'는 일본의 옛 수도였으며 정신적 중심지인 교토부터, 17~18세기에는 에도(江戶)라고 불렸던 도쿄까지 515킬로미터를 2시간 정도에 주파한다. 봉건시대에 교토와 도쿄를 연결하던 옛 고속도로의 이름을 따서 도카이도선(東海道線)이라 불리기도 한다.

이 열차는 시속 274킬로미터의 속도에 조용함과 편안함, 시원하게 펼쳐지는 풍경까지 담고 있다. 불교 사원과 신도(神道) 사당이 여기저기 서 있는 교토 시내와 현대적인 교토 교외를 지나면 비와 호(琵琶湖)와 논, 삼림지대가 펼쳐지고, 기차는 노비평야(濃尾平野)의 가운데를 뚫고 지나간다.

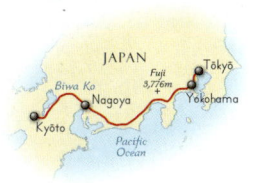

나고야를 지나면 후지-하코네-이즈 국립공원(富士箱根伊豆國立公園)과 농지가 나타나고, 그 뒤로는 머리에 눈을 이고 있는 후지 산이 계속 배경이 되어 따라온다. 봄에는 차창 밖으로 흐드러지게 피어 있는 흰색과 분홍색의 벚꽃을 볼 수 있다. 요코하마를 지나자마자 신칸센은 도쿄 교외로 들어가고, 곧 도쿄 시내 시나가와 역에 도착한다. 만일 기차가 1분이라도 늦게 도착한다면 기관사가 공손하게 사과를 할 것이다.

- 해질 무렵 비와 호에 비치는 타는 듯한 석양을 감상하자. 비와 호는 일본에서 가장 큰 담수호로, 교토 북동쪽의 시가현에 자리하고 있다.
- 후지-하코네-이즈 국립공원에는 산, 온천, 화산 풍경, 칼데라 호 등이 있다.

When to go 신칸센은 연중 무휴로 매일 운행하지만, 이 구간은 벚꽃이 만개하고 날씨가 온화한 3월과 4월이 여행하기에 가장 좋다.

How Long 교토에서 도쿄까지 가는 노조미(望み, のぞみ)호는 2시간 15분이 걸리고, 히카리(光, ひかり)호는 2시간 45분 정도가 걸린다.

Planning 신칸센에는 세 가지 유형의 열차가 있다. 노조미호는 주요 역에만 정차하며 가장 빠른 시간 내에 교토와 도쿄를 연결한다. JR패스(Japan Rail Pass)는 사용할 수 없다. 히카리호는 중간 규모의 역에도 정차하고, 고다마(こだま)호는 모든 역에 정차한다. 모든 열차는 '보통석(ordinary)'과 '일등석(그린석, green)' 가운데 선택할 수 있다.

Inside Information 영어로는 'Shinkansen'이라고 쓴다.

Websites www.japanrail.com

한 농부가 논에서 일을 하고 있다. 베트남은 전체 농지의 4분의 3이 쌀이 자라는 논이다.

베트남

통일 특급 *The Reunification Express*

고대의 문화와 현대의 삶을 결합한 열차를 타고 베트남을 종단해 보자.

베트남은 흔히 '길고 가는 막대기로 연결한 두 개의 쌀 바구니'라고 묘사되어 왔다. 베트남의 길고 가느다란 지형을 본다면 꽤나 적절한 비유다. 그 두 개의 '쌀 바구니'인 하노이와 호치민시티는 이 나라의 반대쪽 끝에 각각 위치해 있고, 다른 면에서도 반대되는 특징을 지니고 있다. 하노이는 왠지 빛이 바랜 듯한 가라앉은 분위기에 초목이 무성하고, 호치민시티는 활기가 넘치고 시끄러우며 들뜬 분위기다.

일주일 동안 총 길이가 1천 6백 킬로미터가 넘는 통일 특급(Vietnam North-South Railway라고도 함)을 타고 하노이에서 호치민시티까지 달리면, 사실상 베트남을 북에서 남으로 종단하는 셈이다. 노선은 초록색 논과 물소들이 만들어 내는 열대 아시아의 풍경을 뒤로하고, 한때는 제국의 수도였지만 이제는 스러져가는 도시들과 남중국해의 황금빛 해변을 지난다. 창밖을 내다보는 것이 지겨워지면 그 자체로 하나의 세계인 기차 내부를 즐겨 보자.

베트남 사람들은 함께 여행하기에 매력적인 동료들이다. 기차는 규칙적인 철로의 리듬을 깨며 중간 중간 소란스러운 역에 정차하는데, 기차 창문 밑에서 서로 밀치며 물건을 파는 상인들에게서 과즙이 풍부한 과일과 음료, 간식 등을 살 수 있다.

노선의 중간쯤에 위치한 베트남의 옛 수도 훼(Hue)에 내려서 느긋하게 참족(서기 200년경에 훼를 지배했던 종족)의 예술품을 모아놓은 참족 조각 박물관도 구경하고, 맛있는 현지 음식을 먹어 보는 것도 좋다.

When to go 건기인 10월부터 12월 사이에 가자. 기차는 하루에 몇 차례 운행한다.

How Long 이 철도는 편도로 30시간 정도 걸리므로 훼와 다낭에 내려서 관광을 할 것을 추천한다. 다낭에서는 '미썬'과 '호이안'에 당일치기로 여행을 다녀올 수 있다. 훼와 다낭에 내려서 관광을 한다면 하노이에서 호치민시티까지 가는 데 일주일은 잡아야 한다. 이렇게 하면 총 길이는 1,600킬로미터다.

Planning 중간에 내려서 관광을 하려면 열차표를 구간별로 따로 구입해야 한다. 기차표는 웹사이트에서 구입하는 것이 가장 쉽고 빠른 방법이다. 줄을 서서 기다릴 시간도 많고 인내심도 풍부하다면 여행을 시작하는 역에서 줄을 서서 반값에 표를 살 수도 있다.

Inside Information 비좁은 객실인 딱딱한 침대칸에서 자는 게 싫다면 비싸더라도 편안한 침대칸(soft-sleeper class)을 예약하도록 한다. 두 객실 모두 에어컨은 가동된다. 열차는 SE1이나 SE3을 타길 권한다. SE5 열차는 풍경이 가장 아름다운 구간을 밤에 지나서 훼에 새벽 3시에 도착한다.

Websites www.vietnamtourism.com

- 훼의 흐엉강(香江) 강변에 있는 응유엔 왕조의 왕궁인 뚜깜탄(베트남의 작은 자금성)을 방문하자. 이곳은 유네스코 세계유산이기도 하다. 왕궁 근처의 왕족 묘도 방문할 수 있다.
- 다낭에서는 인근 도시 미선의 밀림 속에 남아 있는 14세기 참족 유적지를 찾아가 보자.
- 다낭 근처의 동굴로 가득한 대리석산(혹은 우주를 구성하는 水, 木, 火, 金, 土의 오행으로 봉우리 이름이 붙여져서 오행산이라고도 한다)에 가 보자. 다낭 주변의 아름다운 해안 풍경은 기차 안에서 편안히 감상할 수 있다.
- 다낭 근처 호이안의 잘 보존된 구시가지에서 몇 세기에 걸친 역사를 느껴 보는 것도 좋다. 이곳 또한 유네스코 세계유산이다.

중국 | 티베트

칭짱철도 *The Qingzang Railway*

가장 높고 가장 새로운 기차를 타고 세상의 지붕을 향해 달려 보자.
불가능에 도전한 기술력에 놀랄 것이다.

    2006년 7월에 개통된 칭짱철도는 중국 서부의 칭하이 성(青海城) 시닝(西寧)과 티베트의 라싸(拉薩)를 연결하는 총 길이 1,143킬로미터의 철도다. 예정보다 3년 일찍 완공된 이 철도를 달리는 열차에는 필요한 경우 객실에 산소를 공급하는 설비가 되어 있으며, 자외선을 차단하기 위해 유리창에 엷게 색을 넣는 등 고지대에 적합하도록 특별히 설계되었다. 그리하여 열차로 횡단하는 것이 거의 불가능한 티베트 고원 북쪽의 평균 고도 5천 미터의 쿤룬산맥(崑崙山脈)과 깊은 계곡과 얼음으로 덮인 황량한 지대를 지난다. 창밖으로 끝없이 펼쳐지는 황량한 풍경을 바라보고 있노라면, 고지대의 고원에 철로를 건설한 공학 기술에 놀라움을 금치 못할 것이다.

    칭짱철도 구간에는 총 283개의 고가철교가 있고, 그 가운데 가장 긴 것은 11킬로미터에 달한다. 칭하이 성 거얼무(格爾木)를 출발한 기차는 구릉지대를 통과한 후 가파르

티베트의 고원을 달리는 칭짱열차.

게 고지대로 올라간다. 그리고 반짝이는 빙하를 지나 고도가 4,572미터가 넘는, 사람이 살지 않는 영구 동토층으로 나아간다. 기차 내부는 흰색으로 꾸며진 식당차와 바가 우주왕복선 같은 분위기를 풍기며, 객차마다 전광판을 통해 승객들에게 현지의 고도와 외부 기온 등 최신 정보를 제공한다. 많은 승객들이 고산증을 피하기 위해 객차에서 공급되는 산소를 필요로 한다.

이 철도에서 가장 높은 지점인 탕굴라 고개(唐古拉山口)를 넘어갈 때 창밖으로는 영양과 엘크가 드문드문 보일 뿐이고, 하늘은 높은 고도를 증명하듯 놀랍도록 짙푸른 색을 띤다. 기차는 마침내 우아한 아치형 다리를 건너 라싸에 새로 생긴 플랫폼 일곱 개짜리 역으로 들어선다. 라싸 역에서 라싸 시내까지는 버스를 이용해야 한다.

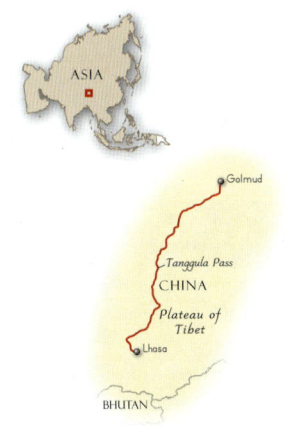

When to go 칭짱열차는 연중 내내 운행된다. 단, 겨울에는 몹시 춥다. 거얼무에서 출발 시각을 확인하도록 한다.

How Long 베이징에서 라싸까지 총 이틀이 걸린다. 베이징에서 거얼무까지는 일반 기차를 이용하고, 거얼무에서 라싸까지 칭장철도로 11시간이 걸린다.

Planning 베이징 서역에서 T27 기차를 타야 한다. 칭짱철도는 고도가 무척 높은 곳을 지나기 때문에 심장질환이나 고혈압 등의 질환이 있다면 이용할 수 없다. 모든 승객은 칭짱철도로 여행을 해도 안전하다는 것을 확인해 주는 건강등록카드를 작성해야 한다. 객실은 침대칸과 좌석칸으로 나뉘고, 각각 편안한 침대/딱딱한 침대, 편안한 좌석/딱딱한 좌석으로 나뉜다.

Inside Information 창밖 풍경을 제대로 즐기려면 반드시 창가 자리에 앉아야 한다. 복도 쪽 좌석에서는 창밖이 잘 보이지 않는다. 비행기에서처럼 칭짱열차에서는 술을 마실 때 주의해야 한다. 고도가 높아서 술이 쉽게 취하기 때문이다.

Websites www.chinatibettrain.com

- 거얼무에서 출발한 열차가 산지를 오르기 시작할 때 창밖을 보며 푸르게 반짝이는 빙하와 황야의 갈색 암석 덩어리들이 보여 주는 생생한 대비를 감상하자.
- 고원에서는 철로 옆에 나란히 놓인 배기관과 철로를 햇빛으로부터 보호하고 철로가 휘는 것을 방지하기 위한 차양을 볼 수 있다.
- 고지대를 달리는 디젤 기관차는 미국에서 만들어졌지만 객차는 캐나다에서 설계한 것이다. 내부는 압력 밀폐 구조며 모든 좌석에 산소가 공급된다.
- 라싸에 도착하면 시내 중심부 언덕 위에 당당하게 서 있는 달라이 라마의 궁전인 포탈라궁(布達拉宮)과 7세기 중엽에 지어진 조캉사원(大昭寺)을 반드시 방문하자. 이 두 가지는 점점 현대화되어가는 티베트에 남아 있는 전통의 흔적이다.

제2차 세계대전 중에 건설된 콰이 강의 다리로 지금도 여객 열차들이 지나다닌다.

태국

방콕-칸차나부리-남톡 철도

Bangkok-Kanchanaburi-Nam Tok Line

아름다운 밀림을 뚫고 달리는 이 기차 여행은 전쟁의 공포와 수많은 사람들이 목숨을 잃은 끔찍한 역사를 떠올리게 한다.

    태국의 아름다운 풍경을 뚫고 달리는 이 기차 여행은 가슴 서늘한 전쟁을 떠올리게 하기도 한다. 방콕에서 남톡까지 이어지는 이 철도의 일부 구간은 악명 높은 미얀마-태국 간 철도(일명 '죽음의 철도')를 따라 달리고, 콰이 강의 철교도 건넌다. 죽음의 철도와 콰이 강의 철교는 모두 제2차 세계대전 중에 일본군이 연합군 포로들과 현지인들을 동원하여 건설했는데, 그 와중에 수천 명이 목숨을 잃었다.

방콕의 톤부리 역을 출발한 열차의 나무 객차들은 덜 거덕거리며 울창한 밀림을 지나 서쪽으로 향한다. 칸차나부리를 지나 몇 킬로미터를 가면 콰이 강의 다리가 나오는데, 이 다리는 피에르 불(Pierre Boulle)의 소설 《콰이 강의 다리 The Bridge on the River Kwai》를 데이비드 린이 스크린에 옮긴 동명의 영화로 유명해졌다. 오늘날 콰이 강의 다리에서는 알록달록한 색으로 칠해진 모터보트들이 강가에 정박되어 있거나 흙탕물 위를 빠른 속도로 달리는 것을 볼 수 있다. 11월 마지막 주에 태국에 머무른다면 칸차나부리에서 열리는 콰이 강 축제에 참가해 보자. 평소와 달리 화려하게 장식한 콰이 강의 다리를 볼 수 있을 것이다.

콰이 강을 지나면 철도는 왐포 고가철교를 따라 푸른 언덕을 달린다. 미얀마로 이어지는 구간은 철로가 제거되었기 때문에 여행은 남톡에서 끝이 난다.

- 방콕의 수상 시장을 둘러보자. 현지 여인들이 카누를 타고 식료품을 판다.
- 칸차나부리에서는 전쟁 기념관 및 태국식 사원과 중국식 사원, 온천, 국립 박물관, 전쟁 박물관 등을 방문하자.
- 왐포 고가철교를 건넌 다음에는 강변의 절벽 풍경과 곧 무너질 것 같은 철교들이 볼 만하다.

When to go 기온도 선선하고 비도 많이 내리지 않는 10월부터 2월까지가 가장 좋다. 콰이 강 축제에 참가하고 싶다면 11월 하순에 가자. 기차는 연중 하루에 두 차례 방콕에서 출발한다(257열차와 259열차).

How Long 방콕에서 남톡까지는 총 4시간 45분이 걸린다.

Planning 방콕에서 출발하여 남톡까지 바로 가지 말고 칸차나부리와 콰이 강의 다리에서 하룻밤 묵고 가는 것도 좋다. 기차는 3등칸밖에 없지만 깨끗하고 편안하다. 방콕에서 칸차나부리까지 운임은 3달러 정도 된다. 주말에는 관광열차의 2등석을 예약할 수 있다.

Inside Information 예약할 필요는 없지만, 창가 좌석에 앉는 게 좋다. 콰이 강의 다리를 지나 북쪽으로 향할 때는 왼쪽 좌석이 전망이 더 좋다.

Websites www.thailandbytrain.com, www.seat61.com

이 열차에서는 화려하고 고급스러운 식당차에서 창밖으로 흘러가는 풍경을 감상하며 식사를 할 수 있다.

싱가포르 | 말레이시아 | 태국

이스턴 앤드 오리엔탈 익스프레스

Eastern & Oriental Express

싱가포르와 방콕 간 유일한 직행 열차인 철로 위의 궁전으로 여행을 떠나자.

이스턴 앤드 오리엔탈 익스프레스에서는 최고급 기차 여행을 경험할 수 있다. 1993년에 운행을 시작한 이 철도는 싱가포르와 방콕을 직접 연결하는 최초이자 유일한 철도로, 총 길이가 2,030킬로미터에 달한다. 열차의 전체적인 디자인은 여유롭고 화려하던 시대를 떠올리게 한다. 기차 내부에는 레스토랑 몇 개와 피아노 바, 작은 도서관이 있고, 특등실에서는 애프터눈티를 즐길 수도 있다. 객차의 넓은 창을 통해서는 탁 트인 경치가 펼쳐진다.

객차 내부는 동양적인 무늬와 소재들로 장식되어 있고, 벽면의 나무판에는 상감 기법의 세공 장식이 정교하게 조각되어 있다. 바와 레스토랑은 중국과 태국의 전통 조각품으로 가득하고, 아름답게 세공된 거울들이 걸려 있다. 질서 정연하고 깨끗한 나라인 싱가포르를 출발한 기차는 둑을 따라 말레이시아 본토로 나아간다.

창밖으로는 야자나무가 저 멀리까지 줄지어 서 있기도 하고, 울창한 밀림이 기차 쪽으로 바짝 다가오기도 한다. 도중에 페낭 주에 잠깐 내려서 옛 건축물과 사원이 모여 있는 조지타운을 둘러보고, E&O 호텔에서 점심식사를 한 후 태국의 콰이 강에서 보트를 타는 사이드 투어가 있다. 사이드 투어 비용은 기차 운임에 포함되어 있다. 방콕에 가까워지는 마지막 구간에서는 태국의 시골을 통과하는데, 창밖으로는 강, 논, 물소 떼가 지나가는 걸 볼 수 있다.

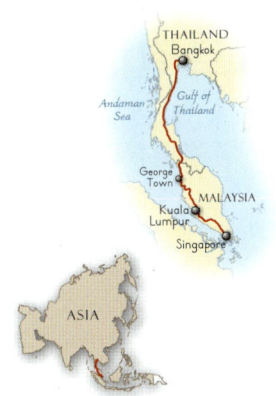

- 한 손에 칵테일을 들고 열차 맨 뒤에 딸린 티크로 된 전망 객차로 가자. 그곳의 지붕 없는 좌석에서 마치 밀림이 철로를 삼켜 버리는 듯한 광경을 지켜보자.
- 식당차의 넓은 창 너머로 해가 질 때 즐기는 저녁식사도 근사하다.
- 페낭의 조지타운에서는 화려하게 장식된 불교 사원들과 식민지 시대에 지어진 건축물들을 둘러보자.

When to go 이 기차는 1년에 20번 정도 운행되는데, 2월, 3월, 9월, 12월에 운행편이 가장 많다.

How Long 싱가포르에서 수요일에 출발하거나 방콕에서 일요일에 출발하여 2박 3일이 걸린다. 중간 정차역에서 여행을 시작할 수도 있다. 2박 3일 이상 여행하는 것도 가능하다.

Planning 반드시 사전에 예약해야 한다. 기차에 올라타면 모든 편의시설이 제공된다. 10월에서 12월 사이에 출발하는 운행편은 25퍼센트 정도 할인이 되기도 하고, 여름에 출발하는 운행편에서는 싱가포르와 방콕의 무료 호텔 숙박권을 제공하는 경우도 있다.

Inside Information 낮에는 간편한 복장을 해도 되지만 만찬을 할 때는 옷을 갖춰 입어야 한다.

Websites www.orient-express.com

인도

다르질링 토이 트레인 *Darjiling Toy Train*

벵골 북부의 논에서부터 히말라야 산기슭의 안개 낀 차밭으로
토이 트레인을 타고 달리는 기분도 색다를 것이다.

　인도의 주요 철도 노선 대부분은 화물을 운반하는 기관차와 주요 대도시 사이를 운행하는 현대적인 고속 여객 열차가 점령하고 있다. 다르질링 철도(Darjiling Railway), 즉 토이 트레인은 현대적인 철도와 정반대되는 것으로, 0.7미터밖에 안 되는 좁은 선로를 따라 비하르의 미작(米作)지대로부터 안개 낀 고원지대의 차밭으로 지그재그로 나아간다. 1881년에 완공된 토이 트레인은 동벵골 국유철도회사(the East Bengal State Railway)의 대행사였던 프랭클린 프레스티지(Franklin Prestage) 사의 창작물이었다.

작은 엔진이 이끄는 다르질링 토이 트레인은 언덕을 굽이굽이 돌아 다르질링으로 올라간다.

박물관에 전시되어도 될 만큼 오래된 이 작은 기관차는 저지대인 실리구리에서 천천히 언덕을 오르며 벵골 지역의 풍경을 느긋하게 따라간다. 조깅 속도 정도의 느린 속도로 언덕을 올라 (8시간 동안 82킬로미터를 달린다) 굼 역에서 가장 높은 지점에 도달한 후, 내리막 6킬로미터를 천천히 달려서 해발고도 2,076미터에 위치한 도시 다르질링에 도착한다.

밀림으로 덮인 산 위에 철로를 놓은 엔지니어들과 노동자들의 결단력에 놀라움을 금치 못할 뿐이다. 기차가 다르질링에 가까워질 때 창밖 풍경은 녹색의 논에서 안개로 덮인 산기슭으로 바뀌고, 선명한 원색의 옷을 입고 은 장신구를 걸친 여성들과 아이들이 기차를 향해 손을 흔드는 마을을 지나간다. 다르질링에 도착하면 구름 사이로 저 멀리 히말라야 산맥이 보인다.

다르질링에서 가장 인상적인 풍경은 북쪽으로 바라보이는 칸첸중가 봉이다. 이 산은 마치 코앞에 있는 듯 보이지만 사실은 거의 160킬로미터나 떨어져 있다.

- 숙소에서 도시락을 주문할 때는 맛좋은 인도 채식 도시락을 부탁하자. 양념한 콩 요리, 감자, 카레 가루로 조리한 채소 요리, 끈기 있는 밥 등으로 구성되어 있다.
- 다르질링에는 중국의 티베트 점령 때 고향을 떠나 이곳으로 온 티베트인 거주지역이 있다. 티베트 의복을 입은 사람들과 노란색이나 밤색 승려복을 입은 승려들을 찾아보는 것도 재미있다.

When to go 11월부터 2월이 좋다.

How Long 다르질링에서 하룻밤 묵는 것을 포함하여 최소한 이틀은 걸린다. 기차 여행은 편도 8시간 정도가 걸린다.

Planning 토이 트레인은 하루걸러 한 번씩 출발한다. 스케줄은 다양하고 사전 예약은 필수다. 토이 트레인으로 갈아탈 수 있는 뉴 잘파이구리 역에서는 콜카타(캘커타)와 델리로 가는 기차를 탈 수 있다.

Inside Information 기차에는 식당차가 없으므로, 생수나 청량음료를 준비해 가고 숙소에서 점심 도시락을 미리 주문해서 가져가자. 그리고 다르질링은 꽤 서늘하고 비도 자주 내리므로 스웨터나 플리스 소재 의류, 방수 재킷을 준비한다.

Websites www.touristplacesinindia.com/luxury-trains

1799년에 사암으로 지어진 자이푸르의 바람의 궁전(하와마할).

인도

팰리스 온 휠스 *The Palace on Wheels*

'바퀴 위의 궁전'에서 과거 인도 왕들의 화려한 라이프스타일을 체험하며 그들의 세계에 발을 디뎌 보자.

인도 북부의 라자스탄은 인도에서 가장 돈 많고 가장 사치스럽던 토후국 왕들(maharajas)이 살던 곳으로, 그들의 호화스러운 궁전(havelis)들이 모여 있었다. 이곳에 남아 있는 누각, 사원, 언덕 위의 요새(mahals)는 건축학적·문화적으로 풍부한 유산을 지니고 있어서 전 세계에서 많은 관광객들을 불러 모은다.

1947년에 인도가 독립한 후 토후국 왕들은 권력을 잃었지만, 그들의 궁전과 열차의 정교한 세부 장식은 그 후로도 잘 보존되어 왔다. 당시의 열차를 개조한 일명 '바퀴 위의 궁전(Palace on Wheels)'에 오르면, 광택 나는 목재와 우아한 장식 벽걸이들로 꾸며진 화려한 실내에서, 실크 튜닉을 입고 머리에는 터번을 두른 웨이터가 가져다주는 얼그레이 홍차를 마시면서 라즈 시대 왕궁의 호화로운 생활을 체험할 수 있다.

기차의 호화 레스토랑에서 맛있는 커리를 먹고 침대차로 돌아오면 전용 집사가 필요한 모든 편의와 서비스를 제공한다. 뉴델리에서 출발한 기차는 얼마 후 언덕 위의 요새

우다이푸르의 피콜라 호수 가운데에 있는 섬에 세워진 자그만디르 궁전. 왕족의 여가를 위해 지어진 것이다.

들로 둘러싸인 자이푸르에 도착한다. 자이푸르는 분홍색을 띠는 오래된 건물들이 많아서 '핑크 시티'라고도 불린다. 그 다음 역인 자이살메르는 웅장한 황금빛 사암 요새가 내려다보고 있는 도시다. 그 다음에는 조드푸르에 도착하여 하루를 보내고, 란탐보르의 호랑이 보호구역과 오래된 치토르가르 요새에서 또 하루를 보낸다. 기차가 우다이푸르에 도착하면 무용수들과 음악가들, 장식을 한 코끼리들이 승객들을 맞이한다. 기차에서 내려 관광을 한 후 화려한 라즈 시대의 궁전에서 점심식사를 하고 나면 기차는 아그라에 들렀다가 뉴델리로 돌아간다.

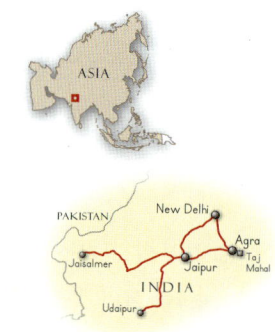

이 기차 여행에서 왕족과도 같은 대접을 받다 보면 자신도 모르게 넋을 놓기 쉽다. 그러나 이런 화려하고 고급스러운 여행도 인력거와 소, 낙타, 향신료 냄새로 가득한 복잡한 거리로 대변되는 인도 여행의 진수를 완전히 숨기지는 못한다.

When to go 9월부터 4월이 좋다.

How Long 왕복 여행은 수요일부터 화요일까지 7일이 걸린다.

Planning 객실은 싱글베드, 더블베드, 쿠셋(간이 침대칸)의 3등급으로 나뉜다. 모두 에어컨 시설이 되어 있고 화장실이 딸려 있다. 최소한 8~10개월 전에는 예약을 해야 한다.

Inside Information 가벼운 옷가지, 방충제, 병에 든 식수는 필수다. 너무 편안한 복장은 피한다. 특히 여성은 짧은 바지나 짧은 치마, 소매 없는 웃옷은 입으면 안 된다. 이 호화 열차 외에 보통 등급의 국유 철도를 따라 더 저렴하게 같은 루트를 여행할 수도 있다. 물론 국유 철도의 열차에는 기본적인 시설밖에 갖춰져 있지 않다.

Websites www.palaceonwheels.com

- 마법과도 같은 이 여행을 떠나기에 앞서서 혼잡한 델리의 중앙역에서 인도의 전통적인 환영과 송별을 경험해 보자.
- 자이푸르에서는 앰버 요새로 올라가는 가파른 길을 코끼리를 타고 올라가 보자.
- 우다이푸르의 레이크 팰리스 호텔에서 오이 샌드위치가 함께 나오는 전통 영국식 차를 즐기면서 자신이 과거 인도 왕의 손님이라고 상상하는 것도 재밌을 것이다.
- 아그라에 있는 타지마할은 무굴제국의 다섯 번째 황제 샤자한이 세상을 떠난 아내의 무덤으로 지은 것이다. 타지마할의 고요하고 평온한 분위기 속에서 잊지 못할 오후 한때를 보낼 수 있을 것이다.

러시아 | 몽골 | 중국

시베리아 횡단열차 Trans-Siberian Railroad

시베리아와 북부 몽골을 가로지르는 전설적인 열차를 타고
모스크바에서 베이징까지 달려 보자.

몽골의 평원 위로 태양이 뜨겁게 내리쬔다. 광활한 대초원을 달리다 보면 둥근 베이지색 유르트(유목민들의 천막집)가 드문드문 눈에 띄고 유르트 근처에는 낙타들이 무리지어 서 있다. 어제는 시베리아의 완만한 언덕과 소박한 시골 마을을 달리고 있었다면 내일은 숲으로 덮인 산들을 지나 만리장성을 만나게 될 것이다. 이것이 러시아의 고도 모스크바를 출발하여 몽골을 지나 중국의 고도 베이징까지 일주일 동안 달리는 시베리아 횡단열차다.

이 열차는 시베리아의 광활한 벌판과 몽골의 황량한 땅과 고비 사막을 지나 칭기즈 칸의 황금 군단이 지나갔던 길을 따라 달린다. 1956년에 완공된 이 철도는 시베리아를 횡단하는 철도 가운데 가장 최근에 만들어졌으며 가장 볼거리가 많은 곳으로, 총 여덟

바이칼 호 동쪽에 거주하는 부랴트 족의 말들이 눈으로 덮인 땅 위를 달려가고 있다.

개의 시간대를 지나며 운행된다. 일주일의 여정 중 첫 나흘은 시베리아의 광활한 황야를 지나는데, 중간 중간 자작나무 숲이 나타나고, 양파 모양의 돔을 얹은 러시아정교회 교회 건물이 지나가며, 바이칼 호의 수정처럼 맑은 물을 지나친다. 그리고 다섯째 날 눈을 뜨면 전혀 다른 풍경이 우리를 맞이한다. 그것은 몽골의 메마른 잿빛 평원으로, 이곳에서는 낙타, 조랑말, 독수리 등을 만날 수 있다.

다섯째 날 밤, 기차는 몽골과 중국의 국경에 도착한다. 이곳에서 몇 시간 동안 정차하면서 러시아와 몽골보다 폭이 좁은 중국의 철로에 맞게 간격 조정을 한다. 그 다음 날 기차는 만리장성을 따라 달린 후 마침내 마지막 날 베이징에 도착한다.

When to go 낮에는 따뜻하며 밤에는 선선한 9월 하순이 좋다. 이때는 특히 단풍이 아름답다. 눈을 보고 싶다면 겨울(12월과 1월)에 가자.

How Long 모스크바에서 베이징까지 6일이 걸린다. 구간을 몇 개로 나누어 여행하면서 주요 장소들을 관광할 수도 있다.

Planning 객실 하나당 수용 인원이 2~4명이기 때문에 가족이나 친구들과 함께 여행하는 것이 좋다. 예약한 후에 반드시 날짜와 좌석 번호를 확인해야 한다.

Inside Information 이 열차에서 사용하는 공식 시간은 모스크바 시간이다. 따라서 기차가 여덟 개의 시간대를 지나는 동안 열차에서 사용하는 공식 시간과 현지의 실제 시간의 차이는 점점 커진다. 겨울에는 바깥 공기가 너무 추워서 객차 사이의 금속 손잡이에 손이 얼어붙을 수도 있으므로 조심한다.

Websites www.transib.net

- 모스크바와 베이징을 관광하면서 그 사이에 시베리아 횡단열차를 타자. 두 도시 모두 풍부한 역사적·문화적 유산을 지니고 있다. 특히 두 나라의 정신적 중심지인 모스크바의 붉은 광장과 베이징의 천안문 광장은 꼭 방문해 보기 바란다.
- 창가 자리에 앉아서 기차가 바이칼 호(전 세계에서 가장 깊고 가장 오래된 호수)를 따라 달릴 때 호수에 비친 멋진 풍경을 즐기자.
- 기차에서 러시아, 몽골, 중국의 요리를 모두 먹어 볼 수 있다. 몽골에 접어들면 러시아 식당차가 몽골 음식을 서비스하는 식당으로 바뀌고, 중국으로 들어가면 중국 음식을 제공하는 식당으로 바뀐다.

몽골 북부의 초원지대에서는 수천 년 동안 유목민들이 순록을 기르며 살아 왔지만, 오늘날에는 그런 생활방식이 위협받고 있다.

러시아

볼쇼이 익스프레스 *The Bolshoi Express*

상트페테르부르크와 모스크바 사이를 오가는 호화 열차를 타고
러시아를 달려 보자.

볼쇼이 익스프레스(혹은 그랜드 익스프레스)를 타면 러시아의 사치스러운 면을 경험해 볼 수 있다. 볼쇼이 익스프레스가 연결하는 도시들은 물론 이 철도 자체도 화려하고 고급스러운 전통을 지니고 있기 때문이다.

1851년 처음 운행을 시작했을 때 볼쇼이 익스프레스는 부유층만이 이용할 수 있었다. 일반 민중이 기차로 여행을 할 수 있게 되면 사회적 동요가 일어날까 우려하여 이용을 금지했기 때문이다. 20세기 초 러시아혁명 후 공산당 고위관리들은 볼쇼이 익스프레스를 타고 자신들이 쫓아낸 차르(황제)가 누렸던 것과 비슷한 사치스러운 여행을 즐겼다. 기차는 모스크바와 상트페테르부르크 양쪽 모두에서 출발하는데, 19세기 중반에 같은 건축가가 설계한 이탈리아풍의 기차역은 니콜라이 1세의 보수적 취향을 반영

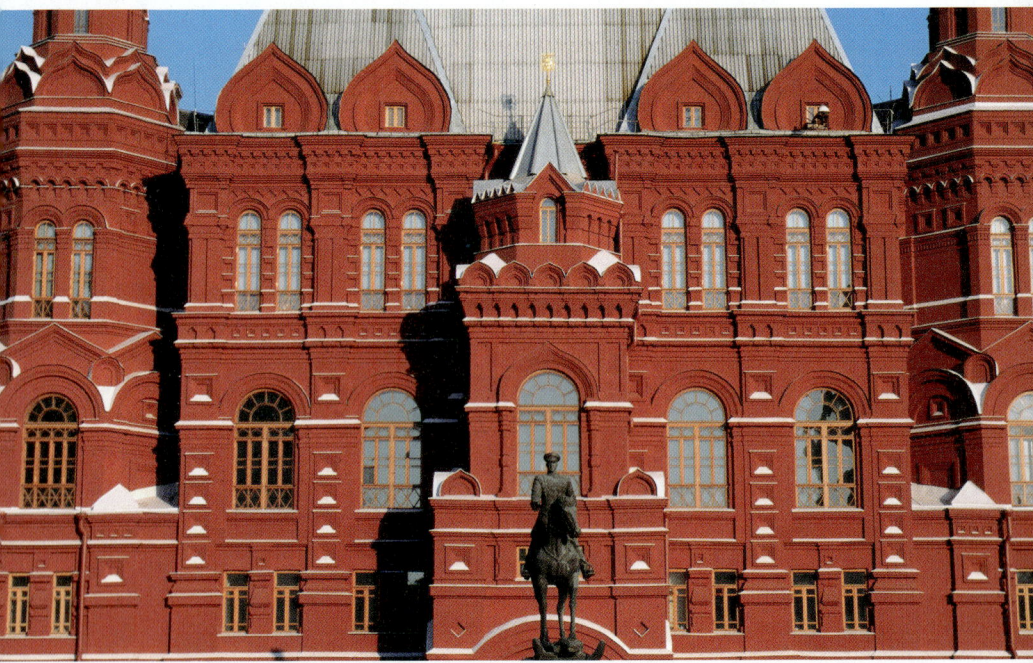

모스크바의 붉은 광장에 있는 러시아국립역사박물관과 그 앞 광장에 서 있는 주코프 총사령관의 기마상.

한 것이다. 이 철도 역시 사실은 니콜라이 1세가 애정을 갖고 추진한 프로젝트였다.

구소련 붕괴 후 러시아에서 운행되는 최초의 호화 기차인 이 달리는 호텔은 어쩌나 고급스러운지, 객실은 일등칸에서 시작하여 프리미엄, 그랜드, 그랜드 디럭스로 올라간다. 각 등급 모두 붉은색, 흰색, 황금색으로 장식된 에어컨, TV, DVD 플레이어가 설치되어 있다. 밤에만 운행해서 바깥 풍경은 감상할 수가 없지만, 기차 자체만으로도 타볼 만한 가치가 있다.

기차 밖 시골 풍경을 보고 싶다면 백야 덕분에 밤새 해가 지지 않는 5월부터 7월 사이에 타면 된다. 그러면 중간 중간 강이 흐르고 호수와 습지가 등장하는 러시아 내륙의 끝없이 펼쳐지는 숲을 감상할 수 있다. 그 가운데 따뜻하고 안전한 실내에서 곰을 볼 수도 있다. 여름에 볼 쇼이 익스프레스를 타면 밤새 잠들지 못하고 깨어 창밖을 내다보고 있는 자신을 발견할지도 모른다.

- 모스크바의 크렘린 궁을 둘러보자. 궁 내의 무기고 박물관에서는 금, 은, 각종 보석, 러시아 궁중의 보석세공가 표트르 칼 파베르제(Peter Carl Fabergé)가 만든 알 모양 공예품, 마차, 왕좌 등을 볼 수 있다.

- 상트페테르부르크의 국립 에르미타주 미술관에서 파베르제의 보석 세공품을 더 볼 수 있다. 이 미술관에는 러시아 황제들이 쓰던 왕관과 장신구에서부터 미켈란젤로와 마티스의 명화, 조각품, 고고학적 유물 등 3백만 점의 소장품이 전시되어 있다.

When to go 백야를 즐기려면 5월부터 7월 사이에 가자.

How Long 기차의 운행 시간은 9시간이지만 (하룻밤), 모스크바와 상트페테르부르크까지 관광하려면 일주일은 잡아야 한다.

Planning 객차 하나에 두 명이 타게 돼 있지만 두 명 운임을 지불한다면 혼자 쓸 수도 있다. 재미있는 것은 이 기차는 모스크바에서는 레닌그라드 역에서 출발하고, 상트페테르부르크에서는 모스크바 역에서 출발한다는 점이다 (레닌그라드는 상트페테르부르크의 구소련 당시 명칭).

Inside Information 세면용품과 목욕가운, 슬리퍼는 제공된다. 잠들기 전에 아름다운 일출을 놓치지 않도록 자명종을 맞춰 두기 바란다.

Websites www.grandexpress.ru/en

브로컨힐 근처 오지를 달리는 인디언 퍼시픽 열차.

오스트레일리아

인디언 퍼시픽 *Indian Pacific*

금광 시대의 향수를 간직한 땅과 '개들도 포기한 땅'을 가로질러 오스트레일리아 대륙을 횡단한다.

　오스트레일리아의 서쪽 끝에서 동쪽 끝까지 대륙을 횡단하면서 지독한 고립감을 느껴 보고, 오지의 구름 한 점 없는 하늘을 만나 보자. 1970년 이후로 직통 구간으로만 지나갈 수 있는 총 길이 4,352킬로미터의 이 웅장한 기차 여행은, 세 개의 시간대를 지나고 지구상에 그 유례가 없을 정도로 고립된 땅 위를 가로질러 나아간다.

　해질녘에 퍼스를 출발한 기차는 동쪽으로 금광 시대의 향수를 간직한 땅인 쿨가디(Coolgardie)와 칼굴리(Kalgoorlie)로 나아간다. 그 다음에 기차는 붉은빛 사막인 널라버 평원(Nullarbor Plain)을 향해 달린다. 이 평원에서 철로는 끝이 보이지 않을 정도로 저 멀리까지 이어지다가 하나의 점처럼 지평선으로 사라진다. 그야말로 나무 한 그루 없어서 과거에는 '개들도 포기한 땅(dog's despair)'이라 불리기도 했던 이 지역은, 지형이 평탄하고 황량하여 467킬로미터에 가까운 철로가 휘어짐 없이 직선으로 달린다. 이는 세계 기록이다.

널라버 평원을 지난 기차는 아주 자그마한 마을인 쿡(Cook, 인구가 2명이라고 알려져 있다)에 잠깐 멈춘다. 널라버 평원의 중심에 있는 이곳에서 여행자들은 잠깐 기차에서 내려 메마른 풍경을 감상할 수 있다. 마침내 기차가 스펜서 만(Spencer Gulf)을 지나 포트피리(Port Pirie) 시와 애들레이드(Adelaide) 시로 접어들 때에야 비로소 문명이 다시 등장한다. 그 다음 열차는 지금까지 달려온 땅에 비해서는 산이 종종 보이는 브로컨힐(Broken Hill) 시를 지나고, 이어서 달링 강(Darling River)을 건넌 다음 짙푸른 초록의 세계로 들어간다. 그리고 블루마운틴의 유칼립투스 숲을 구불구불 횡단한 후 국제적인 도시 시드니로 들어선다.

- 퍼스는 지중해성 기후에 멋진 공원과 해변을 지닌 도시다.
- 철로 양쪽에서 오지를 뛰어다니는 캥거루를 찾아보자. 운이 좋다면 쐐기꼬리수리를 볼 수도 있다.
- 칼굴리와 쿨가디의 투어에 참가하여 이제는 문을 닫은 광산과 유령 도시가 되어 버린 지역을 둘러보자.

When to go 인디언 퍼시픽 열차는 주 2회 운행한다. 퍼스와 시드니 양쪽에서 출발한다.

How Long 4,352킬로미터를 달리는 데에는 69시간(3박 4일)이 걸린다.

Planning 사전 예약은 필수다. 골드 캥거루 서비스(Gold Kangaroo Service) 등급은 샤워실과 화장실이 딸려 있고 식사가 포함된 1인 침대칸이나 2인 침대칸이 제공된다. 좀 더 저렴한 레드 캥거루 서비스(Red Kangaroo Service) 등급은 샤워실과 화장실을 공동으로 사용하는 2인 침대칸이나 침대처럼 눕힐 수 있는 좌석이 제공되며 식사는 별도다. 여섯 명에서 열 명 정도의 단체 승객은 호화로운 설비가 갖춰진 전용 객차를 예약할 수 있다.

Inside Information 차를 가지고 여행하는 사람들은 비용을 별도로 지불하면 지붕 없는 화차에 차를 실을 수 있다.

Websites www.railaustralia.com.au

서던알프스 산맥 아래에 위치한 아서스 패스 국립공원의 빌리 강을 지나는 트랜스알파인 열차.

뉴질랜드

트랜스알파인 *The Tranz Alpine*

뉴질랜드에서 가장 변화무쌍한 철도를 따라 서던알프스 산맥을 넘어
동해안에서 서해안으로 가 보자.

    트랜스알파인은 뉴질랜드 남섬 동해안에 있는 조용하고 깨끗하며 질서정연한 도시 크라이스트처치(Christchurch)를 출발하여 서해안에 있는 그레이마우스(Greymouth)까지 간다. 크라이스트처치는 동쪽으로는 태평양에 면해 있고 남쪽에는 화산이 솟아 있으며, 북쪽으로는 와이마카리리 강(Waimakariri River)이 흐른다.

    지붕이 없는 전망 객차에 앉아 투어 가이드의 해설을 들으며 풍광을 즐기다 보면, 기차는 양들이 드문드문 풀을 뜯고 있는 캔터베리 평원(Canterbury Plains)의 깔끔한 초록빛 농지 속으로 나아간다. 우뚝 솟은 고가철교를 따라 와이마카리리 강의 협곡을 건너

고 나면 풍경은 순식간에 야생의 모습으로 변하고, 기차는 서던알프스 산맥의 눈 덮인 봉우리를 향해 여러 개의 터널을 통과한다. 그 후 철로는 가파른 오르막을 올라 이 노선에서 가장 높은 지점이자 캔터베리 평원과 웨스트랜드 지방의 경계인 아서스 패스(Arthur's Pass)에 닿는다. 기차가 가파른 내리막인 긴 오티라(Otira) 터널로 들어갈 때쯤이면 차창 밖에는 심한 눈보라가 몰아칠지 모른다. 그러나 터널을 빠져나오면 좀전과 달리 창밖에는 고요한 호수와 너도밤나무숲으로 덮인 아름다운 풍광이 우리를 맞이한다. 그리고 마침내 기차는 구불구불한 길을 지나 조용한 항구 그레이마우스에 도착한다. 이 여행을 특별하게 만드는 것은 해안에서 농지로, 산으로, 숲으로, 다시 해안으로 이어지는 다양한 풍경들이다.

When to go 뉴질랜드의 여름인 12월부터 2월 사이가 좋다. 기차는 1년 내내 크라이스트처치에서 오전 8시 15분에 출발한다.

How Long 이 기차 여행은 4시간 30분쯤 걸린다. 그레이마우스에서 빨리 점심을 먹고 당일치기로 여행할 수도 있고, 잭슨스(Jacksons)에서 내려서 레이크 브루너 산장(Lake Brunner Lodge)에서 쉬어 갈 수도 있다. 잭슨스에 내리려면 미리 요청해야만 정차한다.

Planning 뉴질랜드 남섬과 북섬 모두에서 기차를 이용할 수 있는 7일 열차 패스(seven-day rail pass)가 할인가로 판매되는데, 이 패스로는 섬 간 페리도 이용할 수 있다. 기차에는 뜨거운 음료와 간식이 준비되어 있다.

Inside Information 뉴질랜드산 앵무새의 일종인 케어(kea)는 간식이나 기념품을 잘 훔친다. 플랫폼에서 서성이는 이 새들을 조심해야 한다.

Websites www.tranzscenic.co.nz, www.lakebrunner.co.nz

- 와이마카리리 강의 깎아지른 듯한 협곡은 과거에는 금과 옥을 찾아 가는 사람들이 이용하는 길이었으나, 오늘날에는 제트 보트나 카약을 즐기는 사람들과 낚시꾼들이 즐겨 찾는 곳이다. 와이마카리리 강을 건너려면 터널 열다섯 개를 통과하고 고가철교 네 개를 지나야 한다.
- 920미터에 위치한 황량한 아서스 패스는 눈이 덮여 있어도 날씨가 따뜻한 경우가 많다. 이곳은 케어 새가 서식하는 곳이기도 한다.
- 아서스 패스는 산지 풍경 속에서 하이킹을 하면서 멋지게 파인 골짜기와 실처럼 가늘고 길게 떨어지는 폭포도 구경할 수 있는 훌륭한 곳이다. 하이킹 코스는 긴 것부터 짧은 것까지 여러 개가 있다.

수천 년 전에 빙하에 의해 형성된 노르웨이의 피오르드는 아름다움과 고요함으로 유명하다.

노르웨이

베르겐 철도 *The Bergen Railway*

노르웨이의 두 대도시 오슬로와 베르겐 사이를 오가는 열차를 타고
빙하, 산맥, 피오르드가 어우러진 숨 막힐 듯 아름다운 풍경을 감상하자.

오슬로와 베르겐 사이를 오가는 베르겐 철도를 탈 때는 흥분할 마음의 준비를 해야 한다. 절벽에 붙거나 혹은 터널을 통과하여 산지로 올라가면서, 열차는 눈으로 덮인 산봉우리들과 세차게 떨어지는 폭포, 눈부시게 빛나는 빙하, 고요한 피오르드 등 숨 막힐 듯 아름다운 풍경을 선사한다.

3백 개의 다리를 건너고 182개의 터널을 통과하는 이 열차는 1년 내내 하루도 빠짐없이 운행한다. 오슬로에서 출발한 열차는 골(Gol)에서 산지로 올라가다가, 골 서쪽에

서 우스타오세트(Ustaoset)로 접어든다. 이곳은 할링스카르베트(Hallingskarvet) 산맥이 지나는 곳으로, 겨울이면 스키어들에게 매우 인기가 많은 곳이다. 이어서 도달하게 되는 핀세(Finse)는 이 철도에서 가장 높은 지점으로, 해발고도 1,219미터다. 핀세를 지난 뒤의 구간은 눈보라가 무척 자주 발생하는 곳이어서 일부 지역은 겨울의 폭설과 강풍으로부터 보호하기 위해 터널 속으로 지나간다.

그 다음에 기차는 노르웨이 서부의 피오르드 지역과 베르겐으로 향한다. 오슬로와 베르겐은 모두 훌륭한 박물관들과 분위기 있는 항구를 지니고 있다. 도중에 기차에서 내려서 겨울이면 스키를, 여름이면 하이킹을 즐길 수 있고, 피오르드에서는 보트 여행을 즐길 수 있다. 미르달(Myrdal)에서부터는 플롬(Flåm) 철도로 우회해서 피오르드 지역까지 갈 수 있다. 플롬 철도는 산맥을 따라 내려가면서 나선형 터널을 몇 차례 통과한 후, 피오르드 지역의 입구인 플롬에 도착한다.

When to go 폭설이 내리고 바람도 강한 겨울에도 쉬지 않고 연중무휴로 운행한다. 여름에는 출발하는 편수가 더 많아진다.

How Long 499킬로미터에 달하는 이 구간을 직통으로 여행하는 데는 6~7시간이 걸린다. 플롬까지 가는 산악철도의 길이는 19킬로미터다.

Planning 우스타오세트에는 임대해서 이용할 수 있는 전통적 형태의 목재 별장이 7백 개 정도 있다. 산악 풍경을 즐기면서 멋진 휴가를 보낼 수 있다.

Inside Information 이 지역은 날씨가 변화무쌍하므로 여름에도 여분의 겉옷을 준비해야 한다.

Websites www.visitnorway.com

- 오슬로의 바이킹 선박 박물관과 콘티키 박물관(Kon-Tiki Museum)을 방문해 보자. 이 박물관들에서는 노르웨이의 탐험가이자 인류학자인 토르 헤위에르달(Thor Heyerdahl)이 탔던 뗏목을 볼 수 있다.
- 겨울에는 게일로(Geilo)나 보스(Voss)에 머물면서 스키나 스노보드를 즐기자.
- 전 세계에서 가장 가파른 경사로 달리는 철도 중 하나인 플롬 철도에서 키오스 폭포(Kjosfossen)의 장관을 구경할 수 있다.
- 베르겐에서는 항구의 어시장을 반드시 방문하고, 케이블카를 타고 플뢰옌(Fløyen) 산에 올라 도시의 전망을 즐기자.

스웨덴

인란즈바난 *The Inland Railway*

스웨덴 중심부 모라에서 출발하는 열차를 타고, 한밤중에도 해가 지지 않는 땅을 향해
북쪽으로 여행을 떠나 보자.

   스웨덴의 인란즈바난(Inlandsbanan, '내륙철도'라는 뜻)은 유럽에 마지막으로 남은 광활한 야생의 땅을 통과해 달린다. 스웨덴 중심부 모라(Mora)에서 출발하여 북쪽을 향해 시속 48킬로미터로 천천히 달리는 기차 안에서 숲과 작은 마을, 호수, 강, 산, 고원지대가 아우러지며 만들어 내는 그림 같은 풍광을 즐길 수 있다.
   외스터센(Östersund)은 스웨덴에서 다섯 번째로 큰 호수인 스토르시왼(Storsjön) 호숫가에 있는 도시다. 외스터센과 아르비자우르(Arvidsjaur) 사이의 구간은 야생동식물을 보기에 가장 좋은 철도 구간으로, 엘크, 노루, 검독수리 등을 볼 수 있고, 아주 드물지만 스라소니와 불곰을 볼 가능성도 있다.

스웨덴의 화가 안데르스 조른(Anders Zorn)이 19세기에 지은 조른 저택은 이 지역 전통 가옥의 형태를 잘 보여 준다.

열차가 북쪽으로 라플란드 지방을 향해 나아가면 풍경은 더욱 광활하고 황량해진다. 아르비자우르를 지나면 기차는 북극권으로 접어드는데, 이곳에서 잠시 멈추어 간단한 의식을 갖고 승객들에게 북극권에 진입했음을 증명해 주는 증명서를 나눠준다. 그리고 곧 요크모크(Jokkmokk)에 도착하는데, 이 지방은 몇 백 년 전부터 라플란드 인들이 순록을 길러왔던 곳이다. 이곳은 한여름에 하루 종일 해가 지지 않는다.

요크모크 북쪽으로는 유네스코 세계유산인 라포니아(Laponia)가 나타나는데, 산, 맑은 강, 호수, 습지대로 이루어진 이곳은 빙하기 이후로 라플란드 인들이 살아 오고 있다. 인란즈바난의 여정은 철광 도시이자 휴양지인 옐리바레(Gällivare)에서 끝난다. 이곳 역시 여름이면 낮이 24시간 계속되어 잠들지 않는 관광객들에게 즐거움을 선사한다.

When to go 여름이 좋다. 기차는 하루 한 번 모라와 옐리바레에서 각각 출발한다.

How Long 모라에서 옐리바레까지 중간의 관광지들을 보기 위해 멈추는 것까지 합해서 이틀이 걸린다. 스톡홀름에서 출발하는 6일이나 8일짜리 투어도 있다.

Planning 14일 동안 무제한으로 인란즈바난을 이용할 수 있는 인란즈바난 카드를 구입하지 않으면 기차표는 대개 각 구간별로만 구입할 수 있다. 한여름 성수기에는 예약을 하는 게 좋지만 반드시 예약을 해야 하는 것은 아니다. 가벼운 음식물은 기차가 정차했을 때만 먹을 수 있으며 주문은 미리 가능하다.

Inside Information 여름에는 모기가 무척 많으므로 방충제와 모기약은 필수다.

Websites www.grandnordic.se

- 아리에플로그에 있는 은 박물관을 찾아보자. 이곳에는 은 세공품과 라플란드 족 공예품들이 많이 소장되어 있다. 아리에플로그는 아르비자우르나 슬라그뇌스(Slagnäs)에서 갈 수 있다.
- 7월과 8월 첫 주 금요일과 토요일에 아르비자우르와 슬라그뇌스 사이를 운행하는 증기기관차를 타 보자.
- 요크모크에 있는 아이테 박물관을 방문하면 라플란드 인들의 생활과 사냥의 역사를 알 수 있다.
- 여름에 옐리바레를 방문하면 버스를 타고 둔드레트(Dundret) 정상에 올라가 보자. 한밤중의 태양과 스웨덴 전체 면적의 9퍼센트가 넘는 드넓은 지역을 한눈에 바라볼 수 있다.

TOP 10

도시 전차 투어 *Trolley Rides*

전차, 트램, 혹은 트롤리는 한 도시를 현지인의 시선에서
볼 수 있는 가장 좋은 방법이다.

❶ 501 퀸 스트리트카 501 Queen Streetcar 캐나다 토론토

토론토의 501 퀸 스트리트카는 북아메리카에서 가장 노선이 긴 전차로 ALRV(Articulated Light Rail Vehicle)라고 불린다. 레이크쇼어 가에서 출발하여 토론토의 활기 넘치는 시내를 빠져나가 해변으로 향한다.

Planning 이 전차는 밤에는 번호만 301번으로 바뀐다. www.toronto.on.ca/ttc

❷ 조지 벤슨 워터프론트 스트리트카
George Benson Waterfront Streeetcar 미국 워싱턴 주 시애틀

워터프론트 스트리트카는 브로드 스트리트(Broad Street)를 출발하여 엘리어트 만(Elliott Bay)의 항구에서 인터내셔널 디스트릭트로 운행된다. 이 전차는 목재로 만들어진 우아한 외관이 돋보인다.

Planning 승차권은 전차에 타서 구입할 수 있다. metro.kingcounty.gov

❸ 세인트 찰스 전차 St. Charles Streetcar 미국 루이지애나 주 뉴올리언스

세인트 찰스 전차는 허리케인 카트리나가 이 지역을 휩쓸고 간 후 운행이 재개되었다. 이 전차 투어는 뉴올리언스 여행에서 빠져서는 안 되는 것으로, 시 중심의 상업 지역, 업타운, 프랑스인 거주지 등을 모두 지난다.

Planning 편도 여행은 45분 정도 걸린다. 1일 패스나 3일 패스를 구입하여 전차를 탈 때마다 표를 사야 하는 수고를 덜자. www.norta.com

❹ 전차 F Streetcar F 미국 캘리포니아 주 샌프란시스코

샌프란시스코의 전차 F 노선은 카스트로에서 시내를 경유하여 피셔맨스 워프까지 운행한다. 이 노선에는 골동 전차, 스트림라이너, 이탈리아 밀라노에서 온 트램 등 전 세계의 고풍스런 전차들이 운행되고 있다.

Planning 샌프란시스코 관광 웹사이트에서 미리 표를 구입할 수 있다. www.sfmta.com, www.streetcar.org

❺ 홍콩 트램 Hong Kong's Tram 홍콩

1백여 년의 역사를 지닌 트램은 이 도시에서 없어서는 안 될 홍콩의 명물이며, 전 세계에서 유일하게 모든 차량이 2층 전차로 운행된다. 현대적인

도시 중심을 옛 분위기의 트램이 지나는 풍경은 이국적이다.

Planning 28번과 128번 전차는 2층에 지붕이 없어서 시내 전망을 더 잘 즐길 수 있다. www.td.gov.hk, www.hktramways.com

❻ 96번 트램 Tram 96 오스트레일리아 멜버른

멜버른의 트램 네트워크는 현대적 전차들과 고풍스런 전차들이 섞여 있다. 96번 트램은 멜버른에서 가장 활기 넘치는 세 지역인 피츠로이와 중심부의 상업 지역, 세인트 킬다 해변(St. Kilda Beach)을 연결한다.

Planning 전차에서는 동전밖에 낼 수 없기 때문에 미리 멧카드(metcard)를 사 두도록 한다. www.metlinkmelbourne.com.au

❼ 2번 트램 #2 Tram 헝가리 부다페스트

부다페스트에서는 여전히 전차가 일상생활의 큰 부분을 차지한다. 실제로 시의 전차 노선은 모두 합해서 155킬로미터에 달한다. 강에 가장 가까운 자리에 앉아야 최고의 전망을 즐길 수 있다.

Planning 혼동하여 2A 트램을 타지 않도록 주의한다. 미리 승차권을 구입해 두고 트램에 타서 확인을 받도록 한다. www.bkv.hu, www.budapestinfo.hu

❽ 68번 트램 Tram 68 독일 베를린

베를린은 전 세계에서 가장 오래되고 가장 큰 전차망을 자랑한다. 쾨페닉 전철역(S Köpenick S-Bahn)에서 구 슈뫼크비츠(Alt-Schmöckwitz) 마을까지 운행하는 68번 트램을 타면 현지인들의 삶을 느껴 볼 수 있다.

Planning 베를린 웰컴카드를 구입하면 대중교통 요금과 박물관 입장료를 할인받을 수 있다. www.bvg.de, www.berlin-tourist-information.de

❾ 2번 트램 #2 Tram 네덜란드 암스테르담

암스테르담에는 16개의 전차 노선이 운행된다. 2번 트램은 왕궁, 신교회(De Nieuwe Kerk), 레이크스 국립미술관(Rijksmuseum), 반 고흐 박물관 등 암스테르담의 주요 관광 명소를 지나 운행한다.

Planning 중앙역을 나오면 다섯 개의 트램 노선이 있으므로, 구별이 힘들다면 친절한 현지인에게 물어보도록 하자. www.gvb.nl

❿ 28번 트램 #28 Tram 포르투갈 리스본

리스본의 28번 트램은 도시의 동쪽에서 서쪽으로 운행하며, 시 중심부에서 바이로 알토(Bairro Alto), 바이샤(Baixa), 알파마(Alfama) 등 세 지구의 자갈 깔린 좁은 골목길과 가파른 오르막길로 다닌다.

Planning 28번 트램을 타고 전 구간을 여행하는 데는 40분 정도가 걸린다. www.carris.pt

> 스코틀랜드

인버니스에서 카일 오브 로할시까지
Inverness to Kyle of Lochalsh

스코틀랜드의 동해안에서 서해안으로, 영국에서 가장 다채로운 모습을
만날 수 있는 기차 여행이다.

스코틀랜드 하일랜즈의 중심 도시인 인버니스에서 서해안의 카일 오브 로할시(Kyle of Lochalsh, 스코틀랜드어로 kyle은 '해협', Lochalsh는 '거친 호수'라는 뜻)라는 마을까지 가는 이 철도는, 여기저기 성이 솟아 있는 하일랜즈 중심부를 통과하며 완만하게 굽이치는 황야와 유령이 나올 것 같은 계곡, 헤더(heather, 낮은 산이나 황야 지대에서 자라는 야생화)로 덮인 산들을 가로질러 간다.

인버니스를 출발한 기차는 네스 강(River Ness)을 건너고 볼리 퍼스의 남쪽 강변을 따라 달린다. 볼리 퍼스 서쪽 끝에서 노선은 북쪽으로 방향을 돌려 이스터 로스의 평탄한 황무지를 달린다. 장이 서는 도시인 딩월(Dingwall)을 지나면 철로는 다시 서쪽으로 방향을 돌려 351미터 높이의 노크 나 이올레어(Cnoc nah Iohlaire)와 스구라밀린(Sgurr a'

스코틀랜드 서부 전역에 분포하는 독특한 외모의 하일랜드 소(Highland Cattle). 영국에서 가장 오래된 품종 중 하나다.

222

Mhuilinn) 같은 봉우리들이 내려다보고 있는 점점 더 영화 같은 풍경 속으로 달려간다. 그 다음에 기차는 드루말바인(Drumalbain) 분수계와 캐런 계곡(Glen Carron)을 건너고 아흐나쉘라흐 삼림지대(Achnashellach Forest)의 울창하고 오래된 숲을 지난다. 이곳에서는 운이 좋으면 사슴떼를 볼 수도 있다.

여기서 로흐카론(Lochcarron)의 하천들과 키스혼 협만(Loch Kishorn), 그리고 바위투성이 대서양 해안선까지는 그리 멀지 않다. 요트가 떠 있고 작은 섬들이 산재해 있는 작은 만에 위치한 플록톤(Plockton)은 그림엽서에 나올 법한 예쁜 마을이다. 뒤리니시(Duirinish)에서 에르부사이그 만(Erbusaig Bay)을 거쳐 카일 오브 로할시로 이어지는 노선의 마지막 구간은, 아마도 이 노선에서 가장 아름다운 구간일 것이다. 서쪽으로 작은 섬들이 수평선을 배경으로 윤곽을 드러내는 모습이 장관이다.

When to go 언제든 좋지만 6월에서 9월까지가 가장 좋다. 7월과 8월은 관광객들로 가장 붐빈다.

How Long 4시간 정도 소요된다.

Planning 성수기에는 인버니스 - 카일 오브 로할시 / 서소(Thurso) / 윅(Wick) 노선이 하루에 3회까지 출발한다. 인버니스에서는 에든버러, 퍼스, 글라스고우, 애버딘으로 가는 열차를 갈아탈 수 있다. 카일 오브 로할시에서는 스카이(Skye) 섬까지 버스로 갈 수 있고, 웨스턴 아일즈(Western Isles, 헤브리디스 제도)까지는 페리로 갈 수 있다.

Inside Information 겨울 풍경이 대단히 멋지긴 하지만, 스코틀랜드 북쪽은 한겨울에 낮이 하루 6시간밖에 안 되고, 몹시 추우며 비가 자주 올 수 있다.

Websites www.visithighlands.com, www.firstgroup.com/scotrail

- 스코틀랜드에서 가장 최근에 생긴 도시인 인버니스는 하일랜즈의 중심도시로, 12세기부터 성이 있었지만 18세기와 19세기에 와서야 비로소 이 지역의 중심지라는 평가를 받았다. 그리고 21세기 들어서 시의 지위를 획득했다.
- 뷸리 퍼스에서는 이 강에 많이 살고 있는 바다표범과 돌고래를 찾아보자.
- 뷸리 퍼스의 북쪽 기슭에 있는 레드캐슬(Redcastle)의 석탑들을 찾아보고, 그 북쪽에 있는 킬코이 성(Kilcoy Castle, 몇 세기 전에 세워진 맥켄지 씨족의 본성)을 방문하자. 뷸리 강을 건넌 다음에는 8백 년 된 뷸리 수도원(Beauly Priory)이 찾아가 볼 만하다.

베니스 심플론 오리엔트 익스프레스는 전형적인 알프스의 풍경 사이를 지나간다.

잉글랜드 | 프랑스 | 스위스 | 오스트리아 | 이탈리아

베니스 심플론 오리엔트 익스프레스
Venice Simplon Orient-Express

베니스 심플론 오리엔트 익스프레스는 아마도 이 세상에서 가장 호화롭고 유명한 기차일 것이다.

호화로운 객차와 맛 좋은 음식, 최고의 서비스 속에서 자신이 유럽의 그랜드 투어를 경험하고 있다고 상상하는 건 어렵지 않다(유럽 그랜드 투어란 17세기 중반부터 19세기 초반까지 유럽, 특히 영국 상류층 자제들 사이에서 유행한 유럽여행이). 화려하게 복원된 푸른색과 황금색의 1920년대식 침대차에 앉아서 런던을 출발하면, 기차는 '영국의 정원'이라 불리는 켄트(Kent)를 지나 영국 해협(the English Channel)으로 향한다. 그리고 영불 해협 터널(Channel Tunnel)을 통과하여 프랑스로 들어간 뒤, 오스트리아를 지나 베네치아까지 여행을 하게 된다.

검은색 타이를 맨 정장이나 이브닝드레스를 입고 저녁 식사를 하다 보면 기차는 파리로 향한다. 그리고 밤새 프랑스를 가로질러 달리고, 다음 날 아침 눈을 뜨면 창밖은 온통 산과 호수로 가득하다. 기차가 오스트리아로 진입할 때쯤 아침식사를 하게 되는데, 이때 창밖으로는 고산지대 목초지의 아름다운 풍경이 펼쳐지고, 바위산들이 스쳐 지나간다.

인스브루크에서 기차는 남쪽으로 방향을 바꾸어 산지로 접어든 후 가파른 오르막길을 따라 해발고도 1,219미터인 브레너 고개(Brenner Pass)를 넘는다. 돌로미테 알프스를 따라 이탈리아의 베로나로 내려갈 때는 차(茶)가 서비스된다. 땅거미가 내릴 때쯤 기차는 둑을 건너 베네치아로 접근하여, 베네치아 섬의 가운데를 가로지르는 간선도로격인 대운하 위에 있는 산타루치아 역에 도착한다.

When to go 베니스 심플론 오리엔트 익스프레스는 3월부터 11월까지 운행한다. 런던에서 베네치아로 가는 기차편은 목요일과 일요일에 출발하고, 베네치아에서 런던으로 가는 기차편은 수요일과 토요일에 출발한다.

How Long 1박 2일이 걸린다.

Planning 이 기차 여행에서는 복장에 신경을 써야 한다. 낮에는 편안하고 깔끔한 복장을 하면 되지만 저녁식사 때는 칵테일드레스나 이브닝드레스를 입어야 한다. 객차의 짐칸에는 작은 여행가방 두 개밖에 넣지 못한다. 그 외의 짐은 짐칸에 실어야 하므로 참고하자.

Inside Information 그랜드 투어 시절의 모습을 그대로 재현했기 때문에 객차에 세면대는 있지만 샤워 시설은 없다. 객차의 좌석은 밤에는 침대 시설로 바뀐다. 열차 전체는 금연이다.

Websites www.orient-express.com

- 오스트리아의 아를베르크 산맥(Arlberg Mounains)과 오스트리아 인스브루크 근처의 인 계곡(Inn Valley)의 풍경이 특히 아름답다.
- 이탈리아와 오스트리아 국경에 위치한 브레너 고개는 알프스를 넘는 철도 구간 중 큰 터널이 없는 유일한 고개다.
- 바위로 뒤덮인 이탈리아의 돌로미테 알프스는 알프스 산맥과 선명한 대조를 이룬다. 암벽과 바위의 불규칙한 형태는 성벽이나 탑, 폐허가 된 성과 닮았고, 시간대에 따라 바위는 노란색에서 회색, 분홍색, 짙은 황갈색으로 변한다.

코니아의 하늘에 우뚝 솟아 있는 메블라나 루미의 묘. 꼭대기의 청옥색 타일이 인상적이다.

| 터키 |

토로스 익스프레스 *The Taurus Express*

이스탄불을 출발하여 토로스 산맥을 넘은 뒤 지중해와 맞닿은 해안을 따라 고대의 철도가 이어진다.

    토로스 익스프레스(Toros Ekspresi), 즉 토로스 특급열차는 원래 이스탄불과 시리아의 다마스쿠스, 이라크의 바그다드를 연결하던 철도였다. 하지만 지금은 터키 남부 시리아 접경 지역의 가지안테프까지만 가고, 이곳에서 시리아의 알레포(Aleppo)로 가는 기차로 갈아탈 수 있다.

    이스탄불을 출발한 기차는 마르마라 해(Sea of Marmara)를 따라 이즈미트(Izmit) 항구까지 달린다. 그곳에서 남쪽으로 방향을 바꾸어 터키 중심부 대부분을 차지하는 아나

톨리아 고원(Anatolian Plateau)으로 올라간다. 기차가 아피온(Afyon)에 가까워질 때는 바위산 위에 서 있는 폐허가 된 요새를 찾아보자. 코니아(Konya)로 들어오면 미나레트 사이로 13세기 메블라나 교단의 창시자이자 수피교 시인 메블라나 루미(Mevlana Rumi)가 잠들어 있는 묘의 청옥색 지붕이 보일 것이다. 그 다음 노선은 토로스 산맥을 따라 올라간 후 단선 궤도를 따라 깊은 협곡을 통과하고 고가철교를 지나는데, 이때 골짜기와 그 사이로 흐르는 강물이 어우러져 멋진 풍경을 자아낸다.

기차는 1,467미터 지점까지 올라갔다가 오렌지 농장을 지나 해안 평야를 따라 아다나(Adana)로 내려온다. 그리고 종착지인 가지안테프까지 가는 동안 산과 메마른 고원을 계속해서 지난다.

When to go 토로스 익스프레스는 연중 일주일에 세 번 양쪽 방향으로 운행한다. 추운 날씨를 좋아하고 눈을 보고 싶다면 겨울에 여행한다. 여름은 몹시 덥고 습할 수 있다.

How Long 이스탄불에서 가지안테프까지 1,139킬로미터를 달리는 데 27시간이 걸린다.

Planning 표는 반드시 예약을 해야 한다. 직행표를 구입하면 중간에 내렸다가 다시 탈 수가 없다. 일주일에 한 번 시리아의 알레포까지 침대차가 한 대 더 운행되는데, 그곳에서 다마스쿠스로 열차를 갈아타고 갈 수 있다. 알레포까지는 반드시 침대칸 표를 구입해야 한다.

Inside Information 식당차가 없으므로 먹을 것과 물을 가지고 가야 한다. 라마단 기간에 코니아 같은 곳의 식당들은 일출부터 일몰까지 문을 닫고, 알코올음료는 거의 구하기 힘들다.

Websites www.turkeytravelplanner.com, www.tcdd.gov.tr

- 이스탄불에 있는 튜턴(게르만) 요새 양식의 하이다르파샤(Haydarpasa) 역은 1908년에 독일의 황제 빌헬름 2세가 기증한 것이다.
- 아피온에서 가장 인상적인 건축물은 아편 검은 요새(Black Fortress of Opium)다. 이 요새는 과거에 그 지역에서 양귀비를 길렀기 때문에 그런 이름이 붙었다. 이 마을은 또한 현지에서 생산되는 진한 크림으로 만든 일종의 젤리인 터키 과자(Turkish Delight)로도 유명하다.
- 코니아에서는 13세기 수피교 시인인 메블라나 루미('우리들의 스승 루미'라는 뜻)의 묘를 방문할 수 있다. 메블라나 루미는 메블라나 교단의 창시자로, 이 교단의 수도승들은 '세마'라고 하는 기도 의식을 행한다. 빠른 속도로 회전하는 이 의식은 흔히 '수피 댄스'라고 불린다. 당시 교단에 속해 있던 사람들은 수도원에 모여 살았는데, 그 수도원은 현재 박물관이 되었다.

> 스위스

융프라우 산악열차 *The Jungfraujoch Railway*

스위스 알프스의 산악열차를 타고 눈 덮인 빙하와 산봉우리로 이루어진
동화 같은 순백의 세계로 떠나 보자.

    모두 높이가 3,500미터가 넘는 아이거(Eiger), 묀히(Mönch), 융프라우(Jungfrau)는 스위스 중심부의 베르네제 고원(Bernese Oberland)에서 가장 웅장하고 높은 봉우리들이다. 이 지형은 유럽에서 가장 높은 산지를 다니는 산악철도인 융프라우 철도(Jungfraubahnen)의 아름다운 배경이 되어 준다.
    이 철도는 클라이네 샤이데크(Kleine Scheidegg)라는 마을의 해발고도 1,829킬로미터 지점에서 출발하는데, 이곳은 아이거 봉의 거의 수직에 가까운 북벽 근처에 위치해

아이거 봉의 수직에 가까운 북벽에 그늘이 드리워져 있고, 그 아래로 열차가 지나간다.

있다. 활짝 펼쳐진 지형을 따라 올라간 기차는 아이거글레처(Eigergletscher, '아이거 빙하'라는 뜻) 역에 도착한다. 여기서는 북극개들이 사는 집을 볼 수 있다. 그 다음 기차는 10킬로미터에 달하는 아이거 터널을 지나 아이거 봉 안쪽으로 올라간다. 그 도중에 아이거반트(Eigerwand, '북쪽의 벽'이라는 뜻) 역과 아이스메르(Eismeer, '얼음의 바다'라는 뜻) 역에서 몇 분간 정차한다. 이때 커다란 전망창을 통해 멋진 풍광을 즐길 수 있다.

기차는 이윽고 융프라우 산 바로 밑에 있는 해발고도 3,261미터의 융프라우 고원으로 나아간다. 역에서 나와 전망대로 들어가 주위를 둘러보면 온통 얼음과 눈으로 덮인 마법과도 같은 풍경 한가운데에 서 있는 자신을 발견할 수 있을 것이다. 이때 우리를 둘러싸고 있는 것이 알레치 빙하(Aletsch Glacier)로, 이는 알프스에서 가장 긴 빙하다. 맑은 날이면 이곳에서 프랑스 북동부의 보주 산맥(Vosges Mountains)과 독일의 슈바르츠발트(Schwarzwald) 삼림지대까지도 볼 수 있다.

- 아이거반트 역에서 아이거 봉의 북벽과 그린델발트 계곡, 그리고 멀리 인터라켄까지의 전망을 즐기자. 아이스메르 역에서는 바위와 얼음으로 이루어진 시간이 멈춘 듯한 풍경에 감탄을 금치 못할 것이다.
- 융프라우의 정상인 융프라우요흐에 있는 일련의 얼음 동굴인 얼음 궁전을 탐험해 보자. 얼음 궁전에는 다양한 얼음 조각들이 전시되어 있기도 하다. 알프스 연구 전시관(High Alpine Research Exhibition)도 들러 보길 권한다.
- 여름에 해당하는 6월부터 9월에는 정상의 빙하에서 스노보드나 스키, 에스키모 개가 끄는 썰매를 탈 수 있다.

When to go 융프라우 열차는 연중 매일 운행되지만 정상의 겨울 날씨는 혹독하게 추울 수 있다. 날씨가 좋아야 전망을 제대로 감상할 수 있으므로 이왕이면 현지 일기예보를 미리 확인하도록 하자.

How Long 편도 1시간쯤 걸린다.

Planning 아이거 봉 밑에 위치한 클라이네 샤이데크 역은 벵겐(Wengen)이나 그린델발트(Grindelwald)에서 갈 수 있다.

Inside Information 운임이 무척 비싸다. 비수기에는 할인이 되고 패스를 구입하면 좀 저렴하다. 이른 아침에 출발하는 열차편도 할인이 된다.

Websites www.jungfraubahn.ch

스위스

빙하특급열차 *The Glacier Express*

스위스의 빙하특급열차를 타고 알프스의 높은 고개와 빙하, 산지의 예쁜 마을들을 지나 마터호른의 발밑까지 가 보자.

흔히 '세상에서 가장 느린 특급열차'라고 불리는 스위스 빙하특급열차는 평균 시속 35킬로미터로 운행한다. 따라서 스위스 남부의 프랑스와 이탈리아 접경 지역의 눈 덮인 봉우리들, 울창한 숲, 힘차게 흐르는 강물, 고산 초원지대, 산악 마을 등 끝없이 변화하며 우리를 흥분시키는 풍경을 충분히 감상할 수 있다.

생모리츠의 스키 리조트를 출발한 기차는 서서히 산지로 올라가기 시작한다. 창밖으로는 빙하, 낙엽송이 빽빽이 서 있는 계곡, 산기슭에 조성된 작은 마을들이 펼쳐지고, 기차가 터널로 들어가면서 그 풍경은 갑자기 어둠에게 자리를 내 준다. 푸질리어(Fusilier) 근처에서 터널을 통과한 기차가 란트바세르 계곡(Landwasser Gorge) 위에 놓인 우뚝 솟은 고가철교로 나올 때는 허공으로 달려 나가는 듯한 잊을 수 없는 경험을 하게 될 것이다.

중세 마을 쿠르를 지나면 기차는 좀 더 가파른 길을 올라서 마침내 이 철도 노선에서

봄에 이 지역 초원은 고산지대의 야생화로 가득 차다.

한겨울에도 기차는 체르마트 근처의 좁은 철로를 따라 나아간다.

여름이나 겨울이나 체르마트의 풍경은 당당한 모습으로 우뚝 솟은 마터호른이 지배한다.

가장 높은 지점이자 스위스 알프스에서 가장 높은 고개인 해발고도 2,033미터의 오버알프 고개(Oberalp Pass)에 도착한다. 그 후 지그재그형 철로를 따라 안데르마트로 내려간 다음 론 계곡(Rhône Valley)으로 접어들어 알프스에서 가장 길고 큰 빙하인 알레치 빙하(Aletsch Glacier)의 멋진 풍경을 감상하게 한다. 브리그로 향한 기차는 다시 오르막을 오르기 시작하여 비스프(Visp) 마을 근처에 있는 유럽에서 가장 높은 곳에 위치한 포도농장을 지난다. 해가 지고 땅거미가 내릴 때쯤에는 마침내 체르마트(Zermatt) 위로 솟은 해발고도 4,478미터의 마터호른(Matterhorn)의 위용과 마주하게 될 것이다.

빙하특급열차가 달리는 구간은 계속해서 아름다운 풍경이 이어지지만, 그중 특별한 하이라이트는 오버알프 고개로의 오르막길, 스위스의 그랜드캐니언으로 불리는 라인 계곡(Rhine Gorge)과 론 계곡으로 내려가는 알레치 빙하 등이다.

When to go 스키를 즐기는 사람은 겨울이 좋고 하이킹을 즐기는 사람은 여름이 좋겠지만, 춥고 눈 내리는 겨울부터 초록이 눈부신 여름까지 이곳의 풍경은 1년 내내 장관이다.

How Long 기차를 타는 시간은 총 7시간 30분이다. 체르마트와 생모리츠는 적어도 하루씩은 머물면서 관광할 만하다.

Planning 예약은 필수다. 스위스의 모든 철도역에서 기차표를 구입하고 예약을 할 수 있다. 아니면 빙하특급열차에서 직접 구입할 수도 있다. 식당차도 미리 예약해야 한다.

Inside Information 2등석이나 1등석이나 큰 차이가 없다. 천장에도 창이 달린 1등석 파노라마 객차가 풍광을 제대로 즐기기에는 더 안성맞춤이다.

Websites www.glacierexpress.ch, www.raileurope.com

- 쿠르는 오래된 주택, 조용한 뜰, 자갈이 깔린 골목길 등이 예쁜 도시로, 12세기에 지어진 큰 성당이 인상적이다.
- 안데르마트와 쿠르 사이에 있는 디센티스(Disentis) 마을은 8세기에 지어진 아름다운 대수도원이 자랑거리다.
- 빈티지한 분위기의 식당차에서 식사를 즐기자. 이 식당차는 내벽이 나무로 되어 있고, 설비들은 황동으로 되어 있다. 이곳에서 사용하는 와인잔은 가파른 오르막길이나 내리막길에도 와인이 쏟아지지 않도록 모양이 기울어져 있다.
- 브리그의 슈토크알퍼 성(Stockalper Castle)의 양파 모양 탑들은 이 도시 어느 곳에서든 보인다. 이탈리아풍의 이 궁전은 17세기에 한 부유한 상인이 지은 것이다.
- 기차가 체르마트로 다가갈 때, 마터호른의 숨 막힐 듯 웅장한 모습이 시야에 들어오는 것을 기다리자.

남아프리카공화국

로보스 레일 - 야생동물 사파리 *Wildlife Safari*

고풍스러운 호화 열차를 타고 사파리를 하면서 야생의 풍경과 함께
'빅 파이브'들을 만나 보자.

 호화롭고 예스러운 스타일의 기차와 바위로 덮인 풍경, 그리고 야생동물을 좋아하는 사람이라면 남아프리카공화국 더반(Durban)에서 프리토리아(Pretoria, 남아프리카공화국의 행정 수도)까지 가는 기차 사파리인 로보스 레일(Rovos Rail)을 놓쳐서는 안 된다. 옛날 분위기를 살려서 잘 복원된 나무로 된 객차 자체도 매력적인 데다, 여행 막바지에는 열차가 증기기관에 의해 움직인다.

 이 기차 여행은 옛날처럼 사파리를 해볼 수 있는 기회로, 동물계의 '빅 파이브'인 사자, 표범, 코끼리, 코뿔소, 물소를 모두 볼 수 있다. 기차는 오전에 더반을 출발하여 쿠아줄루나탈(Kwazulu Natal) 주의 수풀이 무성한 푸른 언덕을 지난다. 언덕 여기저기에 전통적인 형태의 둥근 오두막으로 이루어진 마을들이 옹기종기 자리 잡고 있다. 그 다음에 기차는 스와질란드의 평평한 평원으로 나아간다. 이곳에서는 지붕이 뚫린 전망 객차에서 멋진 전망을 감상하자.

 둘째 날 아침에는 개인이 소유하고 있는 옴카야 사냥금지구역(Mkhaya Game Reserve)에서 첫 번째 게임 드라이브(game drive, 차를 타고 가면서 동물들을 보는 것)를 즐길 수 있다.

드라켄즈버그 산맥의 급경사면을 햇빛이 비추고 있다.

옴카야 사냥금지구역에서 볼 수 있는 멸종 위기의 검은코뿔소.

남아프리카공화국의 크루거 국립공원에서 코끼리 한 마리가 어슬렁거리고 있다.

해가 완전히 뜨기 전에 일어나서 지붕이 없는 랜드로버를 타고 가면 동물들보다 먼저 관광객들이 동물들을 볼 가능성이 높다. 거기서 몇 시간만 더 북쪽으로 올라가면 세계적으로 유명한 크루거 국립공원(Kruger National Park)에서 늦은 오후의 두 번째 게임 드라이브를 즐길 수 있다. 이스라엘 면적과 동일한 넓이의 광대한 자연보호지역인 크루거 국립공원은 빅 파이브뿐만 아니라 다양한 동물들과 조류의 안식처다.

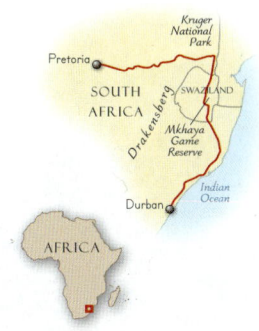

저녁식사로는 전통적인 보마(Boma)를 즐기자. 보마는 야외에서 음식을 바비큐로만 요리하는 것으로, 주변에는 불타는 장작을 놓아서 동물들이 다가오지 못하게 한다. 다음 날 아침 식사를 할 때쯤 기차는 드라켄즈버그(Drakensberg) 산맥 급경사지의 가파른 오르막길을 오른다. 그리고 오후에 프리토리아에 도착한다.

When to go 로보스 레일은 1월부터 4월, 10월부터 11월 사이에 일주일에 한 번 정도 운행된다. 건조한 겨울이 동물들을 보기에 더 좋다. 풀이 무성하지 않고 나무에는 잎이 없으며 동물들이 주기적으로 물가로 물을 마시러 오기 때문이다.

How Long 2박 3일이 걸린다.

Planning 거꾸로 프리토리아에서 출발하여 더반으로 갈 수도 있다. 단, 여정은 조금 다르다. 프리토리아 출발의 경우 게임 드라이브는 옴카야 사냥금지구역과 흘루흘루웨(Hluhluwe) 보호구역에서 이루어진다. 게임 드라이브를 할 때는 베이지나 갈색, 녹색 등 보호색의 옷을 입는 게 좋고, 여분의 옷을 가져가서 차가운 아침 공기에 대비해야 한다.

Inside Information 로보스 레일에서는 준비되어 있는 음식과 음료는 무엇이든 먹을 수 있다.

Websites www.rovos.com

- 사유지인 옴카야 사냥금지구역은 멸종 위기에 처한 동물들의 피난처다. 이곳은 동물을 볼 수 있는 도로망이 잘 정비되어 있고, 남아프리카공화국에서 검은코뿔소를 비롯한 여러 야생동물을 가장 잘 볼 수 있는 곳 중 하나다.
- 아름다운 나무로 내벽이 장식되어 있고 에드워드 시대 양식으로 꾸며져 있는 이 기차의 객실은 전 세계에서 가장 호화로운 것 중 하나다.
- 워터랜드 온더(Waterland Onder)에서 벨파스트(Belfast, 1,961미터)로 이어지는 드라켄즈버그 급경사지의 오르막길에서는 웅장한 풍광을 즐길 수 있다.

4

순수하고 소박한 즐거움을 찾는
걷기 여행
On Foot

걸어서 여행을 할 때 우리는 완전한 자유를 가질 수 있다. 승차권을 살 필요도 없고, 운행시간표에 신경 쓰지 않아도 되며, 지형의 제한을 제외하면 아무런 제약 없이 우리가 가고 싶은 대로 가면 된다. 이 장에서 소개하는 걷기 여행은 모두 한 발자국에서 시작된다. 뉴욕의 그리니치빌리지 산책은 유명 화가와 작가들의 삶으로 들어가 보는 여행이다. 이스탄불의 그랜드 바자를 몇 시간 동안 구경하며 거닐면, 흥정의 기술과 시공을 초월한 보물을 얻을 수 있다.

몇 시간이면 충분한 산책 코스도 있지만, 며칠 혹은 몇 주를 걸려 힘겨운 자연 속을 걷는 트레킹도 있다. 해발 고도 2천 5백 미터를 넘어 잉카 제국의 잃어버린 성으로 향하는 페루의 잉카 트레일은 말 그대로 구름 위를 걷는 기분을 느끼게 해 준다. 중국의 만리장성이나 캘리포니아의 존 뮤어 트레일처럼 사람의 마음을 유혹하는 하이킹의 세계도 있다. 인파로 붐비는 관광지에도 로마의 지하묘지 카타콤처럼 걸어서만 갈 수 있는 세계가 있다.

어떤 다른 형태의 여행도 걷기 여행만큼 자연과 인간의 본성에 가장 가깝게 다가갈 수 있는 것은 없다. 그리고 걷기 여행만큼 우리의 몸과 마음, 영혼에 만족을 주는 것도 없다.

뉴질랜드 남섬 밀퍼드 트랙의 맥키넌 고개. 53킬로미터 길이의 밀퍼드 트랙은 테아나우 호수에서 피오르드 지대인 밀퍼드사운드까지 이어진다.

그리니치빌리지에서는 자전거를 세워 두고 작은 상점에 들러 골동품과 책을 천천히 구경하자.

_{미국 _ 뉴욕 주}

그리니치빌리지 *Greenwich Village*

한때는 시골 마을이었던 구불구불하고 가로수가 울창한 이 거리는 오래전부터
화가와 작가들, 멋쟁이들을 불러 모았다.

    고층건물로 가득한 맨해튼의 바둑판무늬 거리와는 구별되는 그리니치빌리지(Greenwich Village, 흔히 '더 빌리지'라고 불림)는 예술가, 작가, 배우, 게이 커뮤니티를 위한 자유분방한 안식처였다. 지금은 예전에 비해서는 주류의 분위기를 갖게 되었지만, 가로수가 늘어서 있는 이곳의 거리와 골목을 거닐다 보면 여전히 유서 깊은 건물들과 여기저기 숨어 있는 독특한 상점들, 그리고 예쁜 정원을 만날 수 있다.

    그리니치빌리지 산책은 워싱턴 광장에서 시작하자. 북쪽에는 19세기 초반에 유행했

던 그리스 시대 건물을 모방한 그리스 부흥 건축양식의 타운하우스들이 줄지어 있는데, 이곳에는 헨리 제임스, 이디스 워튼, 존 도스 패소스 같은 작가들과 화가 에드워드 호퍼가 살았었다. 워싱턴 기념탑 반대쪽에서는 마르셀 뒤샹이 이끄는 일군의 화가들이 1916년에 '신 보헤미아 주(state of New Bohemia)'를 선언하기도 했다. 그곳에서 북서쪽으로 몇 블록 가면 극작가 유진 오닐이 살기도 했던 파친 플레이스(Patchin Place)가 나온다.

그리니치빌리지의 중심부인 쉐리던 광장은 일곱 개의 거리가 한 곳에 모이는 곳이다. 이곳에서 골동품 상점들과 서점들을 둘러보고 오프브로드웨이 극장에서 어떤 작품이 공연 중인지 살펴본 후, 베드포드 스트리트에서 이탈리아 인들과 대화를 나눠 봐도 좋겠다. 그리고 저녁은 과거 주류 밀매점이었던 첨리즈(Chumley's) 식당에서 먹어 보자.

When to go 언제 가도 좋지만 여름에는 몹시 더울 수 있다. 가을의 맑고 선선한 날씨가 산책하기에 가장 좋다.

How Long 거리에 산재해 있는 볼거리와 상점 및 카페에서 얼마나 머무르냐에 따라 1시간이면 충분할 수도 있고, 한나절이 걸릴 수도 있다.

Planning 그리니치빌리지로 가는 가장 편리한 방법은 5번가 버스 1·2·3번을 이용하거나 지하철 A·B·C·D·E·F선을 타고 웨스트 4번가 역 또는 워싱턴스퀘어 역에서 내리는 것이다.

Inside Information 나무 그늘 아래에 벤치가 있고 행위예술가들이 공연을 하는 워싱턴스퀘어 공원에서 사람들을 구경해 보자. 그리니치빌리지는 재즈를 즐길 수 있는 곳도 많은데, 블루 노트(Blue Note), 55 바(55 Bar), 스몰즈(Smalls), 차고(Garage) 등의 재즈 공연장에 들르면 수준 높은 공연을 즐길 수 있다.

Websites www.nycvisit.com, www.nyc-architecture.com

- 많은 작가들과 화가들이 워싱턴스퀘어 근처의 조용한 골목 맥더걸 앨리에 있는 마구간과 마차 차고를 개조해서 만든 집에 살았다. 조각가 거트루드 반더빌트 휘트니(Gertrude Vanderbilt Whitney)는 이곳에 있는 자신의 스튜디오 뒤에 최초의 휘트니 미술관을 개관했다.
- 제퍼슨 마켓 코트하우스는 빅토리아 고딕 양식의 웅장한 건물로, 지금은 뉴욕 공립도서관의 일부다. 이곳의 잘 가꿔진 정원에 들러서 평화로운 시간을 보내자.
- 잭 케루악과 앨런 긴즈버그를 비롯한 '비트 세대' 작가들은 블리커가 184번지의 피가로 카페(Figaro Café)에 자주 모이곤 했다.
- 소설가 시오도어 드라이저의 소설 《미국의 비극 An American Tragedy》은 세인트 루크 플레이스에 줄지어 있는 1850년대 이탈리아 양식의 주택 중 한 곳에서 시작된다.

미국 　워싱턴 주

내셔널 몰 *The National Mall*

위풍당당한 박물관과 기념관이 줄지어 서 있는 내셔널 몰은 워싱턴 D.C.를
대표하는 거리이자 산책을 즐기기에 완벽한 곳이다.

　워싱턴 D.C. 내셔널 몰의 푸른 잔디밭 옆으로는 느릅나무들이 줄지어 서 있고, 한쪽 끝에는 워싱턴 기념탑의 가늘고 긴 오벨리스크가, 다른 한쪽 끝에는 미 국회의사당의 돔이 버티고 있다. 3.2킬로미터에 이르는 이 길을 따라 산책을 하다 보면 볼 것도 많고 할 것도 많다.

　국립자연사박물관(National Museum of Natural History) 밖에는 미시건 주에서 가져온 25억 년 된 표석이 있다. 거기서 조금 걸어가면 붉은색 사암으로 지어진 로마네스크 양식과 고딕 양식의 '성'인 스미스소니언 협회 본부 건물이 나타난다. 이어서 워싱턴 국립미술관(National Gallery of Art)과 야외조각공원이 나오는데, 여기서는 푸른 수풀 속에서 여유롭게 아트 투어를 즐길 수 있다. 거기서 조금 더 가면 새롭게 문을 연 국립 아메

스미스소니언 협회의 붉은색 사암으로 된 건물과 탑이 내셔널 몰 남쪽에 있다. 멀리로는 워싱턴 기념탑이 보인다.

리카 인디언 박물관이 나온다.

워싱턴 기념탑의 전망대에 올라가면 워싱턴 D.C.의 탁 트인 전망을 한눈에 즐길 수 있다. 인공호수인 타이들 베이슨(Tidal Basin) 주변의 공원에는 수천 그루의 벚나무들이 있어서 봄이면 연분홍으로 흐드러지게 핀 벚꽃의 장관을 볼 수 있다.

마틴 루터 킹 목사는 1963년에 링컨 기념관에서 그 유명한 "나에겐 꿈이 있어요(I Have a Dream)"란 연설을 했다. 근처에는 한국전쟁 참전용사 기념관(Korean War Memorial)이 있는데, 기념관 앞뜰에는 미군 병사 열아홉 명의 실물 크기 조각상이 있다. 금방이라도 움직일 것만 같은 이 조각상들의 모습은 땅거미가 내릴 무렵에 보면 특히 인상적이다.

- 워싱턴 국립미술관에는 중세부터 현재까지의 뛰어난 회화 작품과 공예품, 조각품이 많이 소장되어 있다.
- 내셔널 몰에 있는 스미스소니언 협회의 9개 박물관에는 국립자연사박물관과 국립항공우주박물관도 포함된다.
- 거대한 링컨 대통령 대리석상이 인상적인 링컨 기념관은 미국에서 가장 많은 사람들이 찾는 성소 중 하나다. 이곳부터 국회의사당까지 펼쳐지는 전망을 감상해 보자.
- 베트남 참전용사 기념관에는 낮은 검은색 대리석 담에 베트남 전쟁에서 목숨을 잃은 미군 5만 8,209명의 이름이 새겨져 있다.

When to go 봄이 가장 좋다. 특히 벚꽃이 한창인 3월 하순에서 4월 초순에 여행하고 가능하다면 여름은 피하자. 날씨는 너무 덥고 습하며, 관광객들로 무척 붐빈다.

How Long 내셔널 몰에 있는 관광 명소들을 다 둘러보려면 최소한 3일은 걸린다.

Planning 벚꽃 시즌에 가려면 숙소는 미리 예약해야 한다.

Inside Information 워싱턴의 지하철은 빠르고 청결하며 경제적이어서 이 도시를 둘러보는 가장 좋은 교통수단이다. 스미스소니언 역까지 지하철을 타고 가면 내셔널 몰에 갈 수 있다. 국회의사당은 개인적으로는 투어를 할 수 없고, 무료 가이드 투어를 통해야 한다. 11월 중순부터 3월 중순까지 국립미술관 야외조각공원에는 스케이트장이 개장된다. 음악이 울려 퍼지는 가운데 조각품을 감상하며 야외에서 스케이트를 타는 것도 좋은 추억이 될 것이다.

Websites www.washington.org, www.thedistrict.com, www.nps.gov/nama

미국 노스캐롤라이나 주 | 테네시 주

그레이트 스모키 산맥 Great Smoky Mountains

지구상에서 가장 다채로운 생태계 가운데 하나를 보유하고 있는 그레이트 스모키 산맥 국립공원에서 다양한 야생동물들을 만나 보자.

그레이트 스모키 산맥이라는 이름은 나무에서 빗물이 증발하며 만들어지는 옅은 안개가 항상 공기 중에 떠 있어서 붙은 것이다. 애팔래치아 산맥 남서쪽 끝에 위치한 그레이트 스모키 산맥은 전 세계에서 가장 다채로운 생태계 가운데 하나를 보유하고 있는데, 이곳이 원산지인 나무는 1백 종이 넘고 꽃식물은 1천 5백 가지가 넘으며, 야생동물도 풍부하다. 그리고 1,287킬로미터가 넘는 하이킹 코스에서는 다양한 야생동식물을 탐험할 수 있는 무궁무진한 기회를 마주할 수 있다.

이곳에서 처음 하이킹을 하는 사람이라면 국립공원 북쪽 그린브라이어(Greenbrier) 근처에서 시작되는 포터스 크릭 트레일(Porter's Creek Trail)에서 출발하는 게 좋다. 봄이면 하이킹 트레일의 입구에 야생화가 흐드러지게 핀다. 그 다음 오르막을 구불구불 오르다 보면 목련, 진달래 등으로 가득한 숲으로 접어들게 된다. 반으로 쪼갠 나무토막 두 개로 만든 구부러진 다리를 건너면 연령초를 비롯한 많은 꽃들이 피어 있는 지점이

푸른빛이 감도는 안개가 그레이트 스모키 산맥의 숲 위를 덮고 있다.

나오는데, 잠깐 멈춰서 소풍을 즐기기에 아주 좋다. 여기서부터는 주변의 나무가 거대한 마로니에 나무와 튤립 포플러로 바뀐다.

평탄한 코스를 지나면 바로 샛길이 등장하는데, 이 길은 펀 브랜치 폭포(Fern Branch Falls)로 이어진다. 펀 브랜치 폭포는 큰 바위 위로 하천의 지류가 흘러서 양치류로 덮인 골짜기로 떨어지는 것이다. 트레일은 하천 위쪽으로 조금 더 올라가 캠핑장에서 끝이 나고, 대부분의 사람들은 이곳에서 되돌아간다. 하지만 하이킹 경험이 많은 사람들은 다른 코스를 따라 찰리스 버니언 산(Charlies Bunion)까지 갈 수도 있다. 찰리스 버니언 산 정상 바로 아래에는 바위로 된 돌출부가 있는데, 그레이트 스모키 산맥 국립공원의 빼어난 전경을 바라볼 수 있다.

When to go 연중 어느 때나 좋다. 야생화는 4월과 5월에 가장 만발하고, 10월에는 단풍이 장관을 이룬다. 여름에는 덥고 안개가 많이 끼는 경향이 있고, 관광객들도 너무 많다.

How Long 포터스 크릭 트레일은 편도 6킬로미터다. 9.3킬로미터 길이의 빅 크릭 트레일(Big Creek Trail)도 있고, 29.6킬로미터에 달하는 마운트 스털링 루프(Mount Sterling Loop)처럼 중간에 하룻밤을 자야 하는 코스도 있다.

Planning 그레이트 스모키 산맥 국립공원은 미국에서 가장 관광객이 많이 찾는 국립공원이다. 따라서 성수기를 피해야만 이곳의 자연을 제대로 느낄 수 있다. 성수기를 피할 수 없다면 노스캐롤라이나 주 쪽의 사람들이 덜 찾는 곳으로 가는 것도 좋다.

Inside Information 이곳의 날씨는 무척 자주 변한다. 특히 고도가 높은 지역은 겨울과 봄에 더욱 그러하다. 우비와 우산, 장화 등을 챙기고 따뜻한 셔츠를 준비하도록 하자.

Websites www.nps.gov/grsm, www.adventuresingoodcompany.com

- 봄에는 노란 연령초, 복주머니 난초, 천남성, 라벤더, 붓꽃, 야생 생강, 파켈리아 등 30종 이상의 야생화를 볼 수 있다.
- 1930년대까지 그린브라이어 골짜기에는 26가구가 살고 있었으나, 국립공원이 조성되면서 그들은 강제 추방되었다. 남아 있는 돌담, 굴뚝, 건물 토대 등을 지나다 보면, 흐르는 냇물 소리에 먼 옛날 이곳에서 뛰어놀던 아이들의 웃음소리가 겹쳐서 들리는 것 같다.
- 노스캐롤라이나 주 체로키 공원 바로 밖에 있는 체로키 인디언 박물관에서는 이 지역 원주민들의 삶을 엿볼 수 있다.

버몬트 주에 있는 한 연못의 잔잔한 물에 낙엽이 떠 있고, 단풍과 푸른 하늘이 비쳐 아름다운 색을 만들어 내고 있다.

미국 _ 버몬트 주

애팔래치아 트레일

On the Appalachian Trail through Vermont

애팔래치아 하이킹 트레일의 일부 구간을 하이킹하고 나면, 전체 구간에 도전하고픈 자극을 받게 될 것이다.

버몬트 주의 글래슨베리 산을 따라 북쪽으로 향하는 하이킹 트레일은, 조지아 주에서 메인 주까지 총 3,499킬로미터에 달하는 애팔래치아 트레일의 아주 작은 부분에 불과하다. 하지만 흰색 목재 가옥들로 이루어진 마을 뒤로 태초의 야생이 손짓하고 있는 이 구간은 애팔래치아 트레일 전체의 축소판이라고 할 수 있을 만하다.

이 하이킹 트레일은 베닝턴 동쪽 윌리엄 D. 맥아더 기념교(William D. MacArthur Memorial Bridge)에서 시작된다. 암벽 사이의 개울을 지나면 바로 깊은 너도밤나무 숲으로 올라가게 되는데, 나무열매를 찾아 헤매는 흑곰을 만나게 될 수도 있다. 나무로 만든 작은 길을 따라 헬 할로우 브룩(Hell Hollow Brook)을 건너 396미터를 올라가면, 가문비나무로 가득한 축축한 숲으로 들어서게 된다. 나무로 덮인 고도 1,142미터의 글래슨베리 산 정상으로 이어지는 하이킹 트레일을 올라가며, 휘파람새와 개똥지빠귀가 살고 있는 숲의 경관을 천천히 감상하자. 고더드 산장에서 하룻밤을 묵으면 이른 아침에 아주 상쾌한 기분을 느낄 수 있을 것이다.

화재 감시 초소에 올라가면 진정한 버몬트 주의 모습, 즉 헤이스택 산, 타코닉 산, 버크셔 산, 에퀴녹스 산 등이 사방으로 뻗어 있는 모습이 한눈에 들어온다. 그 다음에 완만한 내리막길을 내려가 교차로에 다다르면 하이킹은 끝이 난다. 하지만 하이킹은 끝났더라도 이곳을 걸으며 찾은 마음의 평화는 쉽게 사라지지 않을 것이다.

When to go 6월부터 9월이 좋다. 초여름에는 다양한 야생화가 피고 가을에는 단풍이 장관을 이룬다.

How Long 35킬로미터에 달하는 글래슨베리 산의 하이킹 코스를 다 걸으려면 이틀은 걸린다. 조지아 주의 스프링어 산(Springer Mountain)에서부터 메인 주의 카타딘 산(Mount Katahdin)까지 애팔래치아 트레일 전체를 하이킹하려면, 구간을 나누어 한 번에 일주일 정도씩 한다고 해도 6개월 정도가 걸린다.

Planning 배낭, 침낭, 텐트, 장화, 방수 옷은 필수다. 여름에는 방충제도 가져가야 한다.

Inside Information 하이킹을 하다가 하룻밤 숙박을 하려면 트레일 중간에 있는 오두막(lean-tos)에서 선착순으로 숙박이 가능하다. 전망을 바라볼 수 있는 가장 높은 곳은 화재 감시 초소다. 이곳에서는 기류를 타고 날아다니는 새들도 볼 수 있다.

Websites www.appalachiantrail.org, www.greenmountainclub.org

- 이곳에서는 흑곰, 스라소니, 살쾡이, 솔담비, 사슴, 비버, 목도리뇌조, 고지에 사는 갖가지 새 등 다양한 야생동물을 만날 수 있다.
- 버몬트 주 맨체스터 인근의 송어가 많이 사는 배튼킬 강에서 카누를 타거나 플라이낚시를 즐겨 보자.
- 맨체스터에는 미국 플라이낚시 박물관(American Museum of Fly Fishing)도 있다. 앤드류 카네기에서 어니스트 헤밍웨이까지 낚시를 즐기던 유명인사들이 사용하던 낚시 도구와 미국에서 가장 오래된 통신판매업체인 오르비스 사의 낚시 도구들이 전시되어 있다.
- 버몬트 주 남부의 브래틀보로(Brattleboro)에는 농산물 직판장이 있고, 9월에 가면 푸트니(Putney)에 있는 과수원에서 직접 사과를 딸 수도 있다.

TOP 10
장거리 하이킹 *Long-Distance Trails*

등산화를 신고 지도를 꺼내 들고, 뛰어난 자연 경관을 자랑하는 장거리 코스로 하이킹을 떠나 보자.

❶ 윈드리버 산맥 The Wind River Mountains 미국 와이오밍 주

와이오밍 주 두보이즈(Dubois)의 남서쪽 하늘로 솟아 있는 윈드리버 산맥에는 249킬로미터가 넘는 하이킹 루트가 있다. 9월 말에는 말코손바닥사슴들이 나무 사이로 뛰어다니고, 산허리는 오렌지색으로 물든다.

Planning 방문하기에 가장 좋은 시기는 6월과 9월이다. www.wind-river.org

❷ 밀퍼드 트랙 The Milford Track 뉴질랜드 남섬

밀퍼드 트랙은 하이킹 애호가들이 꼽은 전 세계에서 가장 아름다운 산책로로 유명하다. 클린턴 골짜기(Clinton Valley)의 너도밤나무 숲을 지나 맥키넌 고개를 오른 후, 아서 계곡의 다채로운 삼림지대로 내려온다.

Planning 이곳을 산책하려면 꼭 예약을 해야 한다. www.milfordtrack.net

❸ 콘코르디아 Concordia 파키스탄

파키스탄과 중국 국경 지대에 위치한 콘코르디아는 카라코람 산맥 중심부에 있는 빙하들의 합류점이다. 아스콜(Askole)에서 K2 베이스캠프까지 트레킹을 하는 데 14일이 걸린다.

Planning 단체로 트레킹하는 게 좋다. www.concordiaexpeditions.com

❹ 핀도스 트래버스 Pindos Traverse 그리스

핀도스 산맥(Pindos Mountains)은 코린트 만에서 알바니아 국경까지 290킬로미터에 걸쳐 뻗어 있다. 이 산맥에서 가장 높은 봉우리는 2천 미터가 넘고, 아주 햇빛이 강한 날에도 공기가 서늘하다.

Planning 5월에서 10월 사이에 가는 것이 가장 좋다. www.sherpa-walking-holidays.co.uk

❺ 오트 루트 Haute Route 프랑스령 코르시카 섬

코르시카 섬의 오트 루트는 섬 남동쪽의 콘카(Conca)에서 북서쪽의 칼렌자나(Calenzana)까지 섬의 등줄기라 할 수 있는 산맥을 횡단하는 총 길이 2백 킬로미터의 하이킹 루트다. 이 길을 따라 하이킹을 하다 보면, 높은 산과 소나무 숲 중간의 맑은 냇물과 작은 연못을 자주 볼 수 있다

Planning 6월에서 9월 사이에 가는 것이 가장 좋다. www.corsica.forhikers.com

❻ 오트 루트 Haute Route 프랑스 | 스위스

프랑스 샤모니에서 스위스의 체르마트로 이어지는 오트 루트는 2주가 걸리는 고난도의 트레킹 코스다. 유럽에서 가장 높은 봉우리들에 속하는 몽블랑과 마터호른을 통과하며, 다양한 고산지대의 야생화들을 비롯하여 아이벡스와 샤무아, 마멋 등의 야생동물들을 볼 수 있다.

Planning 6월에서 9월 초 사이가 방문하기 가장 좋다. 이 루트에는 훌륭한 서비스를 제공하는 산장들이 있다. www.exodus.co.uk

❼ 피레네 오트 루트 Pyrenean Haute Route 프랑스 | 안도라 | 스페인

피레네 오트 루트는 지중해변에서 시작하여 대서양 해안에서 끝나는 44일의 대장정 코스다. 대부분은 이 루트의 중간 지점인 프랑스의 레스쿤(Lescun)에서 안도라의 엘 세라트(El Serrat)까지 하이킹을 한다.

Planning 6월 말에서 9월에 가는 것이 좋다. www.pyreneesguide.com

❽ 서던 업랜드 웨이 The Southern Upland Way 스코틀랜드

스코틀랜드에서 가장 긴 트레킹 코스인 서던 업랜드 웨이는, 스코틀랜드 서부의 포트패트릭(Portpatrick)에서 동부 콕번즈패스(Cockburnspath)의 북해 쪽 절벽들까지 무려 340킬로미터에 달한다.

Planning 5월 말에서 9월 사이에 가는 것이 가장 좋다. www.southernuplandway.com

❾ 페나인 웨이 The Pennine Way 잉글랜드 | 스코틀랜드

페나인 웨이는 더비셔(Derbyshire)의 이데일(Edale)에서 스코틀랜드의 커크 예솔름(Kirk Yetholm)까지 페나인 산맥을 따라 북쪽으로 이어지는 장거리 하이킹 코스다. 이 루트는 402 킬로미터에 달한다.

Planning 페나인 웨이는 잉글랜드에서 가장 험한 길이다. 구간을 나누어서 한 번에 한 구간씩 하이킹을 하는 경우가 많다. www.thepennineway.co.uk

❿ 사우스 웨스트 코스탈 패스 South West Coastal Path 잉글랜드

영국에서 가장 긴 국립자연탐방로인 이 길은 서머셋의 마인헤드(Minehead)에서 도셋(Dorset)의 풀 하버(Pool Harbour)까지 1,014킬로미터의 길을 따라 이어진다. 이 길에는 도셋의 쥐라기 공룡 화석에서부터 콘월의 주석 광산들까지 고고학적 유산이 풍부하다.

Planning 코스 전체를 트레킹하려면 8주 정도가 걸린다. www.swcp.org.uk

미국　콜로라도 주

콜로라도 트레일 *The Colorado Trail*

콜로라도 로키 산맥을 통과하는 장거리 트레킹 코스를 따라,
눈 덮인 봉우리들을 지나 꽃으로 덮인 산지의 초원으로 들어가자.

콜로라도 트레일은 여러 개의 계곡을 지나고, 소나무와 포플러 숲속을 통과하며, 산속의 개울을 수차례 건넌 다음, 수목한계선 위로 올라가 고산의 툰드라지대로 들어간다. 봄이면 블루 스카이 파일럿, 퍼플 모스 캠피온, 양지꽃, 로즈 페인트브러시 등 수많은 야생화들이 툰드라지대를 아름답게 수놓는다. 고지대를 지나는 이 길은 고도가 대부분 3천 미터가 넘고 3천 6백 미터가 넘는 구간도 많다. 하지만 더욱 놀라운 점은 총 길이 771킬로미터의 이 트레일이 여덟 개의 큰 산맥과 일곱 개의 국유림과 여섯 개의 자연보호구역을 지난다는 점이다.

가을이면 콜로라도의 산을 덮고 있는 포플러 숲은 노란색과 황금색의 바다로 변한다.

트레일이 시작되는 지점인 덴버 남서쪽의 워터튼캐니언(Waterton Canyon)에서부터 머나크 고개(Monarch Pass)까지 트레일의 북동부 절반은 하이킹하기가 쉬운 편이지만, 산후안 산맥(San Juan Mountains)을 통과하는 남서쪽 절반은 무척 난코스다. 남서쪽 절반 구간에는 가장 높은 지점인 4,064미터의 코니 서밋(Coney Summit)이 있고, 거기서 웨미누체 자연보호구역(Weminuche Wilderness)을 통과한다. 웨미누체 자연보호구역은 면적이 1,976제곱킬로미터에 달하며, 콜로라도 트레일에서 가장 풍경이 아름다운 곳이다.

아니마스 리버캐니언(Animas River Canyon)과 니들 산맥, 그레나디어 산맥의 멋진 풍경을 감상하도록 하자. 이곳을 지나면 두랑고(Durango)의 정션 크릭(Junction Creek)에 위치한 트레일 남쪽 입구로 내려오게 된다.

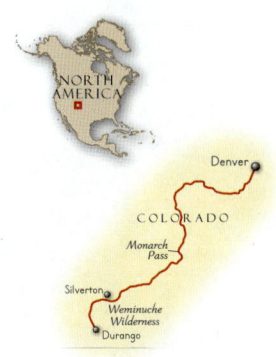

When to go 여름이 가장 좋다. 5월 말에서 6월 초까지는 눈이 녹지 않고 남아 있기도 한다. 7월과 8월에는 심한 강풍을 피할 수 있다.

How Long 콜로라도 트레일은 총 길이가 771킬로미터로, 18~50킬로미터 길이의 28개 구간으로 나뉘어 있다. 전체 구간을 하이킹하려면 40일 정도가 걸리지만, 한 번에 한 구간씩 나누어 할 수도 있다.

Planning 고산증을 겪지 않도록 미리 고도에 적응하는 훈련을 해야 한다. 콜로라도 트레일 재단 공식 가이드북에 유용한 정보가 실려 있다.

Inside Information 여름철 폭풍우에 대비하여 방수 옷을 가져가고, 너무 높은 봉우리에서 폭풍우를 만나지 않도록 하루의 하이킹 계획을 잘 세워야 한다.

Websites www.coloradotrail.org, www.coloradotrailhiking.com, www.wildernesstravel.com

- 코튼우드 온천(Cottonwood Hot Springs)에서 잠시 멈추어 발을 쉬게 해 주자. 온천물에 발을 담그거나 발 마사지를 받을 수 있다.
- 1880년대에 철도가 지나가는 마을로 세워진 두랑고도 시간을 내서 들러 볼 만한 곳이다. 산으로 둘러싸인 이 도시의 분위기 있는 빅토리아시대풍 시내를 탐험해 보자. 증기기관차로 두랑고 앤드 실버톤 협궤철도(Durango and Silverton Narrow Gauge Railroad)를 달려서 옛 광산마을 실버톤으로 가 보는 것도 좋겠다.

벅스킨 걸치의 묘하게 일그러진 붉은 절벽이 저 멀리 위에서 비추는 햇빛에 신비롭게 빛나고 있다.

미국 유타 주 | 애리조나 주

파리아캐니언 *Paria Canyon*

지구 표면에 나 있는 틈을 따라가는 이 독특한 여행은 세계에서 가장 멋진 협곡 하이킹 중 하나다.

    수천 년 동안 강물이 유타 주와 애리조나 주의 경계에 있는 바위의 단층을 침식하여 경이로운 파리아캐니언을 만들어 냈다. 유타 주의 화이트하우스(White House)에서 협곡으로 들어서면, 곧바로 환상적인 세계와 마주하게 된다. 위쪽의 틈으로 스며들어 오는 햇빛이 조각한 듯한 붉은색 바위벽에 빛과 그림자의 독특한 움직임을 만들어 낸다.

어떤 지점에서는 절벽의 폭이 몇 미터밖에 안 되지만 높이는 305미터에 달한다. 발밑과 사방으로는 파리아 강(Paria River, 파이우트 족 인디언 말로 '흙탕물'이라는 뜻)의 강물이 모래와 자갈 위로 빠르게 흐른다. 가끔은 바위에서 솟아 나온 나무와 마주치기도 하는데, 나무 주위로는 야생화들과 풀이 마치 작은 에덴동산처럼 펼쳐져 있다. 해가 지고 밤이 찾아오면 암벽 측면에서 캠핑을 한다. 그리고 다음 날에도 환상의 세계는 계속된다. 파리아 강이 콜로라도 강으로 흘러들어 가는 리스 페리(Lees Ferry)에서 환상의 세계로부터 빠져나와 '현실' 세계로 다시 들어갈 때면, 아쉬운 기분을 느낄 것이다.

When to go 연중 어느 때나 좋지만 4월 말부터 5월, 10월이 가장 좋다.

How Long 총 길이가 61킬로미터로 3박 4일은 잡아야 한다. 세계에서 제일 긴 협곡인 벅스킨 걸치(Buckskin Gulch)에 들르려면 하루를 더 잡아야 한다.

Planning 이곳은 하루에 20명씩만 하이킹을 할 수 있다. 10명은 미리 예약으로 받고, 10명은 24시간 전에 제비뽑기로 선정한다. 세부 사항은 애리조나 주 토지관리국(BLM, Bureau of Land Management)에 확인하도록 한다. 하이킹 구간의 40퍼센트 정도는 무릎까지 오는 물속을 걸어가야 하므로 품질 좋은 방수 등산화를 신어야 한다.

Inside Information 하이킹 허가증을 받을 때 파리아 정보센터에서 천연 샘물의 위치를 확인하도록 한다. 파리아 강은 흙탕물이라 여과하기도 어렵다. 강에 돌발적인 홍수가 발생할 위험도 있는데, 정보센터에서 경고를 해줄 것이다.

Websites www.americansouthwest.net, www.blm.gov, www.besthike.com,

- 하이킹 구간의 중간쯤부터 파리아캐니언에 합쳐지는 벅스킨 걸치는 파리아캐니언보다 폭이 더 좁아서 대부분 구간의 폭이 3미터도 안 된다. 물이 흘러 매끌매끌해진 절벽의 소용돌이치는 듯한 모습은 경이롭기 그지없다.

- 근처의 래더캐니언(Wrather Canyon)을 방문하여 래더 아치를 찾아가 보자. 래더 아치는 관광객들이 많이 찾는 곳은 아니지만, 아치의 폭이 75미터로 자연적으로 생긴 아치 중에서는 세계에서 여섯 번째로 폭이 넓다.

- 절벽에 새겨져 있는 상형문자는 오래전에 이곳을 지나다녔을 아메리카 원주민들의 흔적이다.

- 이곳에서는 영양, 코요테, 솜꼬리토끼, 얼룩다람쥐 같은 야생동물들이 어슬렁거리며 다니고, 서커, 얼룩무늬 황어 같은 물고기들이 강물 속을 빠르게 헤엄쳐 다닌다.

- 파리아캐니언 서쪽의 코요테 버츠(Coyote Buttes)에 있는 산기슭으로 흘러내리는 급류인 웨이브(Wave)를 찾아가 보자.

침엽수림대의 초원 사이로 맥킨리 강이 흐르고, 뒤로는 북아메리카에서 가장 높은 봉우리인 맥킨리 산이 솟아 있다.

미국 _ 알래스카 주

맥킨리 바 트레일에서 맥고나걸 고개로

On the McKinley Bar Trail to McGonagall Pass

폭이 1.6킬로미터에 달하는 강을 걸어서 건너면서 알래스카 데날리 국립공원의
침엽수림이 지배하는 웅장한 풍광을 즐겨 보자.

    전나무와 버드나무로 이루어진 습한 침엽수림을 빠져나오면 하나의 도전과 마주하게 된다. 폭이 1.6킬로미터에 달하는 다리 하나 없는 맥킨리 강(McKinley River)을 맨몸으로 건너야 하는 것이다.
    이 강을 걸어서 건널 때에는 두 가지를 기억해야 한다. 우선 소리를 내며 건너야 한다. 그래야 물고기를 잡아먹고 있거나 강바닥의 자갈을 가지고 장난을 치고 있는 회색

곰들을 쫓을 수 있다. 둘째, 강물에 떠다니는 나뭇가지를 하나 주워 강물의 깊이를 가늠하며 건너야 한다. 잘못하면 빙하가 녹은 깊은 물속으로 빠질 수 있기 때문이다.

알래스카의 데날리 국립공원(Denali National Park)은 북아메리카에서 가장 높은 산인 맥킨리 산(Mount McKinley) 주변에 펼쳐져 있다. 맥킨리 산은 '데날리'라고도 불리는데, '데날리'는 아타바스카 원주민어로 '높은 것'이라는 뜻이다. 높이가 6,194미터에 달하는 맥킨리 산을 오르는 것은 등반가들의 몫으로 남겨 두고, 데날리 국립공원 중심에 있는 원더 호수(Wonder Lake)에서 시작되는 맥킨리 바 트레일을 따라 맥고나걸 고개를 향해 가자. 맥킨리 산의 기슭에서 강과 지류, 숲을 건너고, 밤에는 캠핑을 하면서 맥고나걸 고개에 도달하면, 반드시 하루를 묵길 권한다. 그래야 '높은 산'의 발밑에서 분홍색과 오렌지색이 섞인 황홀한 일몰과 일출을 모두 즐길 수 있다.

- 데날리 국립공원 버스 투어에 참가하여 공원에 펼쳐진 드넓은 침엽수림과 바위투성이 툰드라의 풍경을 감상하자.
- 원더 호수와 맥킨리 강에서는 회색곰, 돌산양, 얼룩이리, 말코손바닥사슴, 북극여우(흰여우), 삼림순록, 뇌조, 온갖 물새 등 다양한 야생동물을 만날 수 있다.
- 여름에는 훈련장에서 썰매 끄는 개들을 지켜볼 수 있다. 그들은 겨울에 썰매를 제대로 끌 수 있도록 ATV를 끌며 훈련을 받는다.

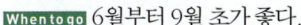 6월부터 9월 초가 좋다.

How Long 총 길이 61킬로미터의 맥킨리 바 트레일을 하이킹하는 데는 5일에서 6일 정도가 걸린다. 원더 호수의 캠핑장에서 캠핑을 하면서 이틀 정도는 데날리 국립공원의 나머지 지역을 둘러보자.

Planning 사전에 짐을 지고 강을 걸어서 건너는 연습을 해야 한다. 그리고 미개척지 출입허가증과 곰이 뜯을 수 없는 두꺼운 철판으로 된 보관함이 필요한데, 이 두 가지 모두 데날리 국립공원 관광센터에서 구할 수 있다.

Inside Information 모기장은 필수다. 배낭이나 장화에 종을 달면 회색곰을 피하는 데 도움이 된다.

Websites www.nps.gov/dena, www.reservedenali.com, www.themilepost.com

미국 — 하와이 주

칼랄라우 트레일 *The Kalalau Trail*

하와이 제도에서 세 번째로 큰 섬에서 하이킹을 하면서 깎아지른 듯한 낭떠러지와
산악 도로를 지나 쏟아질 듯한 별들 아래 해변에서 밤을 보내자.

'정원(庭園)의 섬'이라 불리는 하와이의 카우아이(Kaua'i) 섬의 절벽을 따라 우림을 통과하며 지나는 칼랄라우 트레일로 떠날 때는 마음의 준비를 해야 한다. 이 하이킹 코스는 길이가 18킬로미터밖에 안 되지만, 지그재그형 길을 따라 옆쪽이 가파른 낭떠러지로 되어 있는 다섯 개의 골짜기를 들락날락하는 스릴 넘치는 코스다. 그리고 그 길에 따라 우리의 정신도 피로감에 빠졌다가 흥분으로 들떴다가 한다. 하지만 태평양의 파도가 발밑의 절벽에 와서 부딪치며 거대한 물보라를 만들어 내는 숨 막히는 광경을 보기 위해서라도 이 긴장감을 끝까지 견뎌야 한다.

내륙 쪽에서는 폭포들이 골짜기를 따라 세차게 흘러내리고, 숲으로 덮인 산이 계속해서 배경을 이룬다. 나 팔리 해안 주립공원(Na Pali Coast State Park)으로 들어가는 유일

하나카피아이 해변의 하얀 모래밭으로 태평양의 파도가 와서 부딪치고 있다.

한 육로인 칼랄라우 트레일은 세 구간으로 나뉜다. 첫 번째는 케에 해변(Ke'e Beach)에서 하나카피아이 해변으로 이어지는 가장 쉬운 코스로, 해안을 따라 아름다운 경치를 즐길 수 있다. 두 번째 구간은 하나카피아이 골짜기에서 244미터의 지그재그형 길을 따라 시작되어 하나코아 골짜기(Hanakoa Valley)로 이어진다. 마지막 구간은 현기증이 날 정도로 어지러운 코스다. 곳곳에서 붉은색 흙으로 덮인 길이 좁아지다가 절벽 측면으로 사라져 버리곤 하므로 주의해야 한다.

하이킹이 끝나면 암벽을 따라 폭포가 쏟아지고, 그 뒤로 칼랄라우 골짜기의 914미터짜리 절벽이 솟아 있는 칼랄라우 해변이 기다린다. 해변에 텐트를 치고 에메랄드 빛의 파도가 해안에 와서 부딪치는 소리를 들으며 잠을 청해 보자.

- 하나카피아이 골짜기와 하나코아 골짜기에서 샛길로 조금만 더 가면 폭포가 나온다. 사람들은 폭포 밑에서 물을 맞기도 하는데, 간혹 바위가 떨어지기도 하니 조심해야 한다.
- 하나코아 골짜기에는 예전에 원주민들이 농사를 지었던 계단식 대지가 있다. 현재 원주민들은 모두 떠났고, 대신 이곳에는 커피나무가 야생 상태로 자라고 있다.
- 칼랄라우 골짜기의 계단식 농지에는 구아바, 자바 플럼, 망고가 자라고 있다. 3.2킬로미터의 길을 따라 골짜기로 올라가면서 과일들을 따 먹을 수 있다. 길은 두 개의 아름다운 연못으로 이어지는데, 이 연못들은 수영을 하기에 아주 좋다.

When to go 연중 어느 때든 좋지만, 겨울(10월부터 5월)에는 날씨를 예측하기가 쉽지 않고 해변 일부가 씻겨 나가는 때가 종종 있다.

How Long 적어도 이틀은 잡아야 한다. 첫날 칼랄라우 해변까지 갔다가 다음날 돌아온다.

Planning 칼랄라우 해변에 가서 캠핑을 할 계획이 아니더라도 하나카피아이 해변에서 더 안으로 들어가려면 허가증이 필요하다. 캠핑을 하려면 캠핑 허가증도 필요하다. 발급되는 허가증의 수가 제한되어 있으므로 하와이 주립공원 당국(www.hawaii.gov/dlnr/dsp)에 한참 전에 예약을 해야 한다.

Inside Information 해변은 아름답고 바다는 유혹적이다. 그러나 이 지역 사정에 밝지 않다면 수영은 하지 말아야 한다. 예상치 못한 파도와 바람 반대 방향으로 흐르는 조류 때문에 간혹 익사 사고가 발생한다.

Websites www.kalalautrail.com

존 뮤어 트레일의 마지막 구간 근처에 있는 킹스캐니언 국립공원. 이 국립공원 내 레이 호수의 물은 거울 같이 맑다.

미국 _ 캘리포니아 주

존 뮤어 트레일 *The John Muir Trail*

캘리포니아 시에라네바다 산맥의 인적이 드문 웅장한 자연이 휘트니 산에서
최고점을 찍는 이 장거리 하이킹 코스의 배경이 된다.

19세기 현대 자연보호운동의 선구자 이름을 딴 존 뮤어 트레일은 캐나다에서 멕시코까지 이어지는 4,265킬로미터의 퍼시픽 크레스트 트레일(Pacific Crest Trail) 중 일부다. 하이킹 코스는 맑고 투명한 호수를 건너 색색의 꽃이 카펫처럼 깔린 초원을 지나 깊은 협곡을 통과하고, 현기증이 날 듯 높은 고개들을 넘어 캘리포니아 주의 시에라네바다 산맥을 통과한다.

요세미티 계곡에 있는 해피 제도(Happy Isles)에서 시작하는 340킬로미터의 존 뮤어 트레일은 요세미티 국립공원, 킹스캐니언 국립공원, 세쿼이아 국립공원 등 세 개의 국립공원을 지난다.

해피 제도에서 출발하여 완만하게 14.5킬로미터를 올라가면 세계의 지붕 위를 걷는 듯한 느낌이 든다. 그 후에는 거의 모든 지점이 해발고도 2천 4백 미터를 넘는다. 특히 도노휴 고개, 뮤어 고개, 마터 고개, 핀초트 고개, 글렌 고개, 포레스터 고개들은 모두 해발 3천 3백 미터가 넘어서, 고개를 넘을 때면 시에라네바다 산맥의 웅장한 풍경이 한 눈에 들어온다.

존 뮤어 트레일에서는 다양한 야생화들을 만날 수 있다.

고요한 강물과 호수가 흐르는 평화로운 리엘캐니언.

그중 포레스터 고개(Forester Pass)는 해발 4,023미터로 존 뮤어 트레일에서 가장 높은 고개다. 이곳 주변의 멋진 봉우리들 사이로 검독수리가 하늘 높이 날아오르고 마멋(다람쥐과의 설치동물)들은 바위 사이를 총총걸음으로 지나다닌다. 고개를 넘은 후 길은 깊은 숲으로 이어지는데, 숲 속에서는 푸른색 뇌조가 덤불 사이로 퍼덕거리며 날아다닌다.

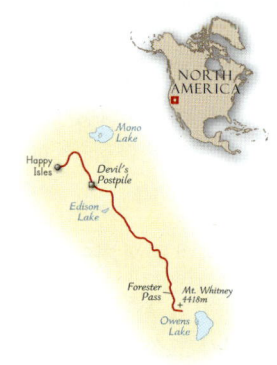

숲을 지나면 이 트레일에서 가장 높은 지점인 4,418미터의 휘트니 산에 도달한다. 이 산은 알래스카를 제외한 미국 전역에서 가장 높은 산이다. 이곳 산장에서 하룻밤을 보낼 수도 있는데, 세차게 몰아치는 산바람이 몹시 춥긴 해도 수정처럼 맑은 하늘에서 반짝이는 별들을 볼 수 있다. 별들은 어디서도 본 적 없을 정도로 밝게 빛난다.

When to go 7월부터 9월이 좋다. 그 외의 기간에는 트레일의 많은 구간이 눈으로 덮여 있다.

How Long 트레일 전체를 하이킹하려면 3주 정도 걸린다. 전체 구간 가운데 짧게 하이킹을 할 수 있는 지점들이 많이 있다.

Planning 트레일 부근에서 캠핑을 하거나 휘트니 산에 들어가려면 자연보호구역 출입허가증(Wilderness Permits)이 필요하다. 그리고 이 지역에는 사람들이 거의 살지 않으므로 식량을 잘 준비해 가야 한다. 특히 트레일의 남쪽 절반 구간은 자기가 먹을 음식은 반드시 가지고 가야 한다.

Inside Information 처음에는 고도에 천천히 익숙해지도록 해야 한다. 일정한 거리마다 캠핑장이 있으니 충분히 활용하자. 다만 흑곰들이 캠핑장에 나타나 음식을 약탈하는 경우가 있으므로 조심해야 한다.

Websites www.pcta.org, www.yosemite.org, www.fs.fed.us

- 리엘캐니언(Lyell Canyon) 사이로 흐르는 리엘 강의 맑은 물에서 송어 낚시를 즐길 수 있다.
- 배너 산(Banner Peak)과 리터 산맥(Ritter Range)의 봉우리들이 굽어보는 사우전드 아일랜드 호(Thousand Island Lake) 근처에서 캠핑을 하면 잊을 수 없는 추억이 될 것이다.
- 데블스 포스트파일(Devil's Postpile)의 바위 '기둥'들은 324헥타르가 넘는 넓은 면적 이곳저곳에 무리 지어 흩어져 있는 거대한 현무암 기둥이다. 이것은 수천 년 전에 용암이 식으면서 형성된 것이다.
- 존 뮤어 트레일 중간에서 조금 더 내려간 에디슨 호수(Edison Lake)에서 페리를 타면, 버밀리언 밸리 리조트(Vermilion Valley Resort)에 갈 수 있다. 이곳에서 잠시 쉬면서 좀 더 힘든 남쪽 절반의 하이킹에 대비하자.

페루

잉카 트레일 *The Inca Trail*

고대 잉카제국 때부터 있어 온 길을 따라 올라가면, 높은 산기슭에
경이로운 문명의 유적이 남아 있는 땅이 나타난다.

해발고도가 2천 4백 미터를 넘어서면서 공기는 희박해지고, 돌이 깔린 길을 오를수록 발걸음을 떼어 놓기가 힘에 부친다. 그러나 힘들게 올라간 만큼 그에 대한 보상은 상상을 초월한다. 머리 위와 발밑, 그리고 옆으로 구름이 떠다니고, 산허리에는 잉카제국의 유적이 남아 있다. 이 유적은 사라진 문명의 건축물이라기보다는 거대한 조각품처럼 보인다.

잉카 트레일은 그 옛날의 놀라운 공학 수준을 보여 주는 방대한 도로망의 극히 일부에 불과하다. 이것은 북으로는 에콰도르에서 남으로는 아르헨티나와 칠레에 이르기까지, 잉카제국의 산지와 우림과 사막을 종횡으로 교차하던 총 길이 2만 2,531킬로미터의 도로였다.

잉카 트레일 하이킹은 우루밤바 골짜기(Urubamba Valley)의 칠카(Chillca)에서 시작한다. 잉카제국의 마을이었던 라크타파타(Llaqtapata)의 폐허를 지나면 가혹할 정도로 힘든 오르막이 시작된다. 보통은 하이킹 3일째에 잉카 트레일에서 가장 높은 지점인 해발

마추픽추 아래의 철도 종점에서 팔고 있는 그릇과 라마의 머리 장식. 안데스 산지에 사는 사람들은 원색을 좋아한다.

고도 4천 2백 미터의 와르미와뉴스카(Warmiwañusca, '숙은 여인의 고개'라는 뜻)에 도착한다. 이 고개에는 안개가 끼어 있는 경우가 많은데, 맑은 날이면 잠깐 쉬면서 안데스 산맥의 골짜기들과 눈 덮인 봉우리들을 감상하도록 하자. 공중에 우뚝 솟은 아름다운 집에서 웃고 떠들었을 잉카인들의 존재를 생생하게 상상해 볼 수 있을 것이다.

이 여행의 클라이맥스인 인티푼쿠(Intipunku, '태양의 문'이라는 뜻)를 통과하여 잉카의 잃어버린 요새인 마추픽추(Machu Picchu)로 들어서는 순간에는 그 옛날 잉카인들의 모습이 보이는 듯도 할 것이다. 이곳은 이른 아침 동틀 무렵, 하루의 첫 햇살이 주변 봉우리들을 비출 때 가면 특히 좋다. 마추픽추를 가장 잘 조망할 수 있는 곳은 북쪽으로 솟은 돌출된 바위인 와이나픽추(Huayna Picchu)인데, 기어서 올라가야 한다.

When to go 연중 어느 때 가도 좋지만, 5월부터 10월 사이는 날씨가 건조하다.

How Long 잉카 트레일의 길이는 45킬로미터다. 쿠스코에서 트레일 입구까지 가는 것과 다시 쿠스코까지 돌아오는 것을 포함하는 소위 '고전적인' 잉카 트레일 하이킹은 5일이 걸린다.

Planning 한 번에 잉카 트레일을 하이킹할 수 있는 사람의 수가 엄격하게 제한되어 있으므로 한참 전에 예약을 해야 한다. 특히 6월부터 8월까지의 성수기에는 사전 예약이 필수다. 잉카 트레일 하이킹은 반드시 가이드와 짐꾼이 포함된 그룹으로 해야 한다.

Inside Information 잉카 트레일 하이킹을 하기에 앞서서 쿠스코에서 2~3일을 보내면서 고도에 익숙해지도록 한다.

Websites www.peru.info, www.perutravelguide.info, www.andeantravelweb.com

- 트레일을 따라 위쪽으로 올라가면서 다른 기후대와 식물대로 접어들 때마다 주변 풍경이 시시각각으로 변한다. 건조하고 선인장으로 덮인 우루밤바 골짜기에서 안데스 푸나의 초원지대를 지나, 250종이 넘는 난과 나무고사리가 자라는 습한 운무림이 펼쳐진다.

- 하이킹 넷째 날 도착하게 되는 위냐이 와이나(Wiñay Wayna)의 잉카 유적지에서는 물이 떨어지는 소리가 끝없이 들려온다. 이곳에는 멋진 계단식 구조물과 의식에 사용되던 목욕탕, 쌍둥이 사원(무지개 사원과 폭포 사원) 등이 있다.

- 안데스 콘도르가 하늘 높이 당당하게 날아다닌다. 운이 좋다면 멸종 위기에 처한 희귀한 안경곰을 볼 수도 있다.

구름이 와이나픽추를 감싸고 있고, 그 아래로는 마추픽추의 폐허가 펼쳐져 있다.

새클턴 갭(gap)을 오르고 있는 등반가들. 뒤로 머레이 스노우필드가 펼쳐져 있다.

| 사우스조지아 |

새클턴 크로싱 *The Shackleton Crossing*

남극해에 떠 있는 작은 섬에서 눈과 얼음 위를 가로질러, 탐험가 새클턴이
동료들을 구조하기 위해 갔던 루트를 따라가 보자.

남극해에 점처럼 떠 있는 빙하로 덮인 섬에서 영웅들의 발자취를 따라 하이킹을 해 보자. 1916년, 영국의 탐험가 어니스트 새클턴(Ernest Shackleton) 경이 선원들을 이끌고 항해하던 배가 얼음에 걸려 가라앉았다. 새클턴 경은 구조 요청을 하기 위해 사우스조지아(South Georgia) 섬을 횡단했다. 새클턴 경과 두 명의 동료가 가혹한 기후와 지형을 딛고 섬 서쪽의 킹 하콘 만(King Haakon Bay)에서 동쪽의 포경 기지 스트롬니스

(Stromness)까지 횡단하는 데는 36시간이 걸렸다. 오늘날, 경험이 많은 가이드와 함께 그가 지나간 길인 일명 '섀클턴 크로싱(Shackleton Crossing)'을 다시 밟아 볼 수 있다.

먼저 킹 하콘 만에서 섀클턴 갭까지 올라간 다음 8킬로미터의 머레이 스노우필드(Murray Snowfield)를 건너 트리덴트 리지(Trident Ridge)까지 간다. 트리덴트 리지의 봉우리로 올라갈 때는 세찬 바람이 얼굴을 강타하고, 앞으로는 거대한 크린 빙하(Crean Glacier)가 누워 있다. 크린 빙하와 포추나 빙하(Fortuna Glacier)를 건너면 산길이 나오고, 다음 목적지인 포추나 만이 저 아래로 내려다보인다. 코끼리바다표범과 물개가 만 주변에 모여 있는 모습과 그 옆으로 펭귄들도 볼 수 있을 것이다. 섀클턴 크로싱의 마지막 구간은 해안을 따라 스트롬니스까지 이어진다.

When to go 1월과 2월이 좋다. 여름에는 날씨가 무척 험하고 겨울에는 엄청나게 춥다.

How Long 총 길이는 39킬로미터다. 날씨가 좋으면 2박 3일 정도를 예상하면 된다.

Planning 혹독한 날씨에서 캠핑을 하고 빙하 위를 건너려면 경험이 있어야 한다. 탐험용 침낭과 강풍에도 끄떡없는 튼튼한 텐트를 가져가자. 그 밖에 필요한 장비들은 여행사에서 제공하거나 빌려 줄 것이다.

Inside Information 겁 많은 사람은 절대 도전해서는 안 된다. 텐트에서 자다가 폭풍에 휩쓸릴 수도 있고 악천후로 인해 투어가 취소될 수도 있다.

Websites www.sgisland.org, www.iaato.org, www.jagged-globe.co.uk, www.exploradus.com

- 이곳에는 무척 다양한 새들이 서식하고 있다. 포추나 만에서는 물개는 물론이고 도둑갈매기와 수천 마리의 킹 펭귄과 마카로니 펭귄도 볼 수 있다. 또한 사우스조지아 논종다리와 사우스조지아 고방오리도 있고, 바다 쪽에서는 바다제비, 남극고래새 등도 볼 수 있다.

- 머레이 스노우필드에서는 트리덴트 리지의 봉우리들이 보인다. 봉우리들은 모두 해발 1천 2백 미터가 넘는다.

- 섀클턴의 두 동료 중 한 명인 톰 크린(Tom Crean)의 이름을 딴 크린 빙하는, 얼음과 눈으로 덮인 광대한 벌판이다. 깊게 갈라진 크레바스와 누나탁(nunatak, 얼음에 갇힌 산봉우리가 빙하 표면 위로 삐져나온 것)을 이곳저곳에서 볼 수 있다.

- 스트롬니스의 작은 묘지는 이곳의 포경 기지에서 일하다가 세상을 떠난 고래 잡이들의 거친 삶을 잘 보여 준다.

아르헨티나

피츠로이 산괴 *The FitzRoy Massif*

아르헨티나 파타고니아의 산봉우리들 사이로 빙하를 건너고,
반짝이는 호수를 지나 숲을 뚫고 트레킹을 해 보자.

    파타고니아의 빙하국립공원(Los Glaciares National Park)은 안데스 산맥의 산봉우리들, 렝가(남반구의 너도밤나무) 숲, 강, 빙하(남극대륙과 그린란드를 제외하고 세계에서 가장 큰 빙원인 이엘로 쉬르의 일부를 이루는 빙하)로 이루어진 공원으로, 총 면적이 5,957제곱킬로미터에 달한다. 이 하이킹 코스는 빙하국립공원의 북쪽으로 향하는데, 피츠로이 산괴(FitzRoy Massif)의 쌍둥이 봉우리인 피츠로이 산과 세로토레 산(Mount Cerro Torre)이 굽어보는 지역이다. 얼음이 덮인 지류들을 건너고, 골짜기를 넘고, 호수 주위를 순회하여 하이킹을 하거나 혹은 렝가 숲을 통과할 수도 있는데, 렝가 숲에서는 작은 앵무새들과 파타고

피츠로이 산의 눈 덮인 봉우리들이 블루마운틴 호수와 함께 장관을 이루고 있다.

니아 딱따구리들이 시끄럽게 우는 것을 볼 수 있다. 다소 위험할 순 있지만 숲속을 어슬렁거리는 퓨마를 발견한다면 운이 좋은 것이다.

하이킹은 엘찰텐(El Chaltén) 마을에서 시작한다. 완만한 코스를 따라 북서쪽으로 올라가면 카프리 호수(Laguna Capri)가 나오고, 카프리 호수를 지나 가파른 길을 따라 올라가면 다시 청옥색의 거대한 트레스 호수(Laguna de los Tres)가 나온다. 여기서 구름에 가려져 있거나 눈보라를 맞고 있는 피츠로이 산괴를 처음으로 가까이에서 볼 수 있다.

카프리 호수로 돌아갈 때는 남쪽으로 토레 호수(Laguna Torre)를 거쳐 간다. 이곳에는 서쪽에 있는 빙하에서 떨어져 나온 빙산들이 떠 있다. 엘찰텐으로 돌아가기에 앞서서 트레킹의 마지막 코스로 토레 빙하를 횡단하는데, 이 눈부신 빙하는 지평선까지 이어져 있다. 살짝 휘어져 있는 지평선을 바라보면 마치 세상의 끝을 바라보는 듯한 기분이 들 것이다.

<u>When to go</u> 남반구의 여름인 11월부터 2월 말이 좋다.

<u>How Long</u> 3박 4일이 걸린다. 카프리 호수에서 이틀 밤을 묵고, 세로토레 산 밑에서 하룻밤을 묵는다.

<u>Planning</u> 이 트레킹은 혼자 할 수 있는 여행이 아니다. 다양한 여행사에서 제공하는 가이드 트레킹에 참가하도록 하자. 보통 엘칼라파테(El Calafate)까지 비행기를 타고 간 다음 거기서 버스를 타고 엘찰텐까지 간다.

<u>Inside Information</u> 밤에는 지독하게 추울 수 있고 바람은 시속 160킬로미터까지도 불 수 있다. 옷을 여러 겹 껴입는 게 좋다.

<u>Websites</u> www.losglaciares.com, www.amazonadventures.com, www.fitzroyexpediciones.com.ar

■ 카프리 호숫가에서 캠핑을 할 때는 적어도 하루는 일찍 일어나서 떠오르는 태양이 피츠로이 산을 물들이는 것을 보자. 아니면 해질녘에 산괴 정상에 걸린 구름이 타는 듯한 붉은색으로 변하는 것을 보자.

■ 토레 호수에서 세로토레 산의 풍경을 감상해 보자. 세로토레 산은 3,127미터의 거대한 화강암 바위산이다. 이 산에 도전하는 등반가들도 많지만, 아래에서 올려다봐도 충분히 그 위용을 느낄 수 있다.

■ 빙하국립공원에 있는 동안 페리토모레노 빙하(Perito Moreno Glacier)도 방문해 보자. 나무로 된 산책로를 따라 연한 자줏빛과 차가운 푸른빛을 띠는 빙하 봉우리들 위를 건너면서, 얼음덩어리들이 깨져서 그 아래 아르헨티노 호수로 떨어지는 것을 볼 수 있다.

쿠에르노스 델 파이네 위로 떠오르는 태양이 하늘을 오묘한 빛깔로 물들이고 있고, 호수에 그 모습이 고스란히 비치고 있다.

칠레

토레스 델 파이네 *The Torres del Paine*

칠레 남쪽의 토레스 델 파이네를 하이킹하다 보면 파타고니아 빙원의 빙하들이 풍경 속으로 조금씩 움직여 간다.

하늘 높이 나는 콘도르, 독수리, 대머리수리는 칠레의 '토레스 델 파이네 국립공원(Torrres del Paine National Park)'을 위해 태어난 것 같다. 이곳의 빙하와 산의 규모는 어찌나 어마어마한지, 인간의 존재는 한없이 작게 느껴지고 일상적인 삶의 관습도 어색하게 느껴진다. 이 공원의 이름은 파타고니아의 하늘을 향해 찌를 듯 솟아 있는 날카로운 화강암 봉우리들, 일명 세 개의 '푸른 탑'에서 따온 것이다. '파이네'는 이 지역 테우엘체 인디오들의 언어로 '푸른'이라는 뜻이다.

이 세 개의 봉우리가 W자 모양으로 생긴 트레킹 코스에서 첫째 날 도달할 목표다. 공원의 동쪽에서 출발하여 너도밤나무 숲으로 덮인 골짜기로 올라가 빙퇴석(빙하가 이동하다가 따뜻한 지역에서 녹으면 빙하 속의 암석, 자갈, 토양물질 등이 섞여 이루어지는 퇴적층)을 기어오르면, 바로 그곳에 깎아지른 듯한 101미터 높이의 봉우리 세 개가 솟아 있다.

다음 날부터는 며칠 더 골짜기를 하이킹하며 산 경치를 즐길 수 있다. 서쪽으로 더 나아가서 초록으로 덮인 '프랑스 계곡(Valle del Francés)'을 건너면 이름 그대로의 모습을 지닌 쿠에르노스(Cuernos, '뿔'이라는 뜻) 델 파이네의 봉우리들이 선명하게 눈에 들어온

함석으로 지어진 산장에서 하룻밤을 묵을 수 있다.

라마의 친척뻘인 과나코. 바위 봉우리를 배경으로 풀을 뜯고 있다.

다. 해 뜰 무렵에는 진홍색 햇빛이 오하(Hoja, 칼날), 에스파다(Espada, 검), 카테드랄(Catedral, 성당), 알레타 데 티부론(Aleta de Tiburon, 상어 지느러미) 등등의 이름을 가진 봉우리들을 비추고, 그림자는 자주색으로 변한다.

서쪽으로 더 가면 나오는 그레이 호수(Lago Grey)에서는 파타고니아의 거대한 빙원의 존재를 느낄 수 있다. 빙원에서 분파된 그레이 빙하는 길이가 61킬로미터이며, 푸른색 줄무늬가 있는 빙산들이 물속에 잠겨 있다. 카약을 타고 석호를 건너면서, 얼음으로 덮인 절벽을 오르면서, 말을 타고 황야를 지나면서, 아니면 튀어나온 바위 위에서 풍경을 감상하면서 토레스 델 파이네에 좀 더 가까이 다가갈 수 있다.

When to go 토레스 델 파이네의 날씨는 예측할 수 없는 것으로 악명 높지만, 11월부터 2월까지는 맑은 하늘을 볼 확률이 비교적 높다.

How Long 총 길이가 97킬로미터 정도 된다. 하루에 6~8시간씩 걸으면 전체를 하이킹하는 데 나흘 정도 걸린다.

Planning 토레스 델 파이네에 가기 위해서는 산티아고에서 푼타아레나스까지 비행기를 타고 간 후 육로로 이동한다. 여름에도 기온이 섭씨 0도까지 떨어질 수 있고 시속 97킬로미터가 넘는 강풍도 흔하게 불기 때문에, 옷을 여러 겹 껴입어야 한다. 여벌의 방풍 및 방수 의류는 필수다.

Inside Information W자 모양의 트레킹 코스 끝에서 조금 더 하이킹을 하면 이 지역을 완전히 순회하는 것이 되는데, 그럴 경우에는 시계 반대방향으로 돌도록 한다. 그래야 강한 역풍을 피할 수 있다.

Websites www.torresdelpaine.com, www.welcomepatagonia.com

- 산티아고에서 푼타아레나스까지 가는 비행기의 창가 좌석에서 바라보는 파타고니아 만년설의 첫 모습은 결코 잊지 못할 것이다.

- 쿠에르노스 델 파이네의 검은색 봉우리들은 하얀 눈과 아래쪽의 옅은 색 화강암이 강렬한 대비를 이룬다. 토레스 델 파이네 국립공원에서 가장 아름다운 이 봉우리들은 노르덴스쾰드 호수(Lake Nordenskjöld)의 청옥색 물에 비쳐서 희미하게 흔들린다.

- 그레이 호수에서는 가이드가 떠다니는 빙산에서 깬 얼음을 넣은 피스코 사워(칠레산 브랜디와 라임 주스, 설탕, 얼음을 섞어 만든 이 지역 토산 음료)를 권할지 모른다.

- 폭이 6.4킬로미터에 높이가 61미터나 되는 거대한 그레이 빙하를 하이킹하다 보면, 커다란 얼음 덩어리가 밑으로 떨어질 때마다 천둥 같은 소리가 들려온다.

말레이시아

헤드헌터스 트레일 The Headhunters' Trail

울창한 우림과 하천을 지나 구불구불 이어지는 이 길은 평화롭기 그지없어 보이지만,
과거에는 이웃 마을을 약탈하기 위해 이용되던 길이었다.

말레이시아의 두 개 주 중 하나인 사라와크(Sarawak)에 있는 구눙 물루 국립공원(Gunung Mulu National Park)에는 세 개의 산맥이 지난다. 우림 사이로 세 산맥의 뾰족한 바위들이 첨탑처럼 솟아 있고, 그 아래로는 동굴들이 벌집처럼 뚫려 있는 진기한 석회암 풍경이 펼쳐진다. 이곳의 동굴 중에는 세계에서 가장 큰 동굴인 사라와크 챔버도 있는데, 점보 제트기 47대가 들어갈 수 있을 정도로 크다.

하이킹 트레일은 구눙 물루 국립공원을 가로질러 동굴과 폭포가 모여 있는 곳을 지나, 구눙 아피 산맥(Gunung Api range)의 석회암 봉우리 쪽으로 이어진다. 헤드헌터스 트레일은 과거에 바람 강(Baram River) 유역에 살던 보르네오 원주민 종족 중 하나인 카얀(Kayan) 족 전사들이 이용했던 길이다.

카누를 타고 바람 강의 지류인 멜리나우(Melinau)를 거슬러 올라가면 멜리나우 계곡이 나오는데, 이곳에서 카얀 족 전사들은 육지로 카누를 끌고 테리칸 강(Terikan River)

이반 족 남자들이 공동주택에서 전통 의상을 만들고 있다.

구눙 아피 산맥의 석회암 봉우리들.

까지 갔다. 그리고 테리칸 강을 따라 림방 골짜기로 내려가 그곳에 살고 있는 주민들을 공격한 후 적의 머리를 전리품으로 가지고 돌아왔다.

헤드헌터스 트레일은 멜리나우와 테리칸 사이의 루트를 따라간다. 우선 배를 타고 멜리나우를 따라 올라가 쿠알라 베라르(kuala Berar) 마을에 도착한 다음, 610미터 높이의 절벽 근처에 있는 캠프 5라는 이름의 삼림 개척지를 향해 하이킹을 한다. 그 후 숲을 지나 테리칸에 있는 쿠알라 테리칸으로 나아간다.

이곳에서는 배를 타고 이 지역 원주민인 이반(Iban) 족의 전통 주택으로 가서 하룻밤을 보낼 수 있다. 그 다음에 강을 따라 낭가 메다미트(Nanga Medamit)까지 내려가고, 하이킹을 해서 림방(Limbang) 시로 나아간다.

When to go 연중 어느 때 가도 좋다.

How Long 캠프 5에서 쿠알라 테리칸까지는 거리가 11.3킬로미터다. 림방까지 가려면 3일을 잡으면 되고, 구눙 아피의 봉우리들과 국립공원의 동굴이 있는 곳까지 트레킹을 하려면 5일은 잡아야 한다.

Planning 밀림의 베이스캠프에서 밤을 보내려면 식량과 조리기구, 충분한 식수를 준비해야 한다. 튼튼한 등산화와 침낭, 담요도 필수다. 날씨는 따뜻하지만 밤에는 다소 추울 수 있고, 비가 자주 오므로 방수 옷도 준비해야 한다. 가이드 트레킹도 가능하다.

Inside Infomation 이반 족의 전통 식사를 맛보는 기회를 놓치지 마라. 대나무 줄기 속에 고기, 생선, 채소, 쌀을 넣고 사프란, 생강, 그리고 생강과 비슷하지만 감귤 맛이 나는 방동사니 등으로 양념을 하여 독특한 향과 맛을 내는 요리다.

Websites www.mulupark.com, www.mmadventure.com

- 이반 족 언어로 '루마 판자이(rumah panjai)'라고 부르는 전통 공동주택에서 하룻밤 묵어 보는 것은 독특한 경험이 될 것이다. 마을 주민들은 모두 이 공동주택에 산다. 건물은 기둥이 받치고 있는 모양인데, 한쪽은 공동공간이고 반대쪽은 각 가구들의 생활공간이다.

- 구눙 물루 국립공원에는 15가지 유형의 우림에 엄청나게 다양한 식물들이 서식한다. 170종이 넘는 난, 110종이 넘는 야자수, 10종이 넘는 식충 식물 등이 있다.

- 구눙 물루 국립공원에는 코뿔새, 스톰 황새, 야생 꿩 등 다양한 새들이 서식한다.

헤드헌터스 트레일을 따라 하이킹을 하다 보면 이렇게 몇 곳에서 지류를 걸어서 건너야 한다.

일본

후지 산 등반 *Climbing Mount Fuji*

일본에서 가장 유명한 랜드마크인 후지 산 정상을 밤에 올라
떠오르는 아침 해를 바라보자.

만년설로 덮인 성스러운 후지 산(富士山)은 휴화산으로, 해발고도가 3,776미터에 이른다. 목판화가 가츠시카 호쿠사이(葛飾北齋, 1760~1849)의 목판화 시리즈 '후지 산의 서른여섯 가지 풍경'으로 불멸의 이미지를 갖게 되었다. 사람들이 후지 산 등반을 주로 시작하는 곳은 가와구치코(河口湖, 가와구치 호) 역이다. 이곳은 산 중턱에서 조금 올라온 곳에 위치하며, 일출을 보기 위해 야간 트레킹을 준비하는 관광객들과 현지인들이 화기애애한 분위기가 가득한 곳이다. 트레킹 코스는 산을 휘감으며 올라간다. 가파른 계단을 오랫동안 올라가다 보면 종아리 뒤가 몹시 당겨올 것이다. 산 중턱에서 아오키가

후지 5호 가운데 하나인 가와구치 호 너머로 보이는 후지 과 벚꽃. 후지 산과 벚꽃은 일본을 대표하는 이미지다.

하라(青木ヶ原, 푸른 나무들의 언덕)라 불리는 숲을 지나고, 그 뒤로는 달 표면처럼 바위와 얕은 덤불만이 있는 곳으로 산길이 이어진다. 위를 올려다보면 은하수가 흐르는 밤하늘이 우리를 가만히 내려다보고 있다. 기온은 급격히 떨어지기 시작하고, 휴게소와 산장이 더 자주 나타난다. 산장의 방에는 손님을 맞이할 이불이 깔리고 등산객들을 환영하는 모닥불이 타오르며, 따뜻한 음식과 마실 것이 나온다.

정상에서는 등산객들이 몇 명씩 모여 앉아서 추위를 피하며 밤하늘이 천천히 여명으로 밝아져 오는 것을 바라본다. 곧이어 저 밑에서 구름이 서서히 모습을 드러내고, 저 멀리 바다 속으로 빠져 들어간다. 이윽고 태양이 수평선 위로 정수리를 살짝 내민다. 그리고 잠시 멈췄다가 밝은 빛을 내며 폭발하듯 떠올라 대도시 도쿄의 전경을 찬란한 아침 햇살로 물들인다.

When to go 정상의 눈이 녹는 7월과 8월이 좋다. 일본의 대표적인 명절 중 하나인 8월의 오봉(お盆) 휴가 중에는 사람들이 너무 많이 몰리므로 피하도록 한다.

How Long 정상까지 오르는 데 6~7시간 정도 걸린다. 내려오는 데는 4시간 정도 걸린다.

Planning 신주쿠 역에서 가와구치코 역까지 운행하는 버스가 있다. 저녁 9시에 가와구치코 역에 도착하도록 스케줄을 잡는 게 좋다. 정상은 춥고 비도 자주 내리므로 따뜻한 방수 옷을 준비하자. 손으로 땅을 짚고 올라야 하는 구간도 있으므로 장갑도 필수다.

Inside Information 정상에서는 음식과 음료의 가격이 비싸므로 직접 가져가는 게 좋다. 2천 4백 미터 이상 올라가면 고산증이 나타날 수 있다. 천천히 올라가고 물을 많이 마시도록 한다.

Websites www.jnto.go.jp, www.japan-guide.com

- 정상에서 아래를 내려다보면 횃불을 들고 올라오는 불타는 개미 행렬 같은 등산객들의 모습이 보인다.
- 해가 뜬 뒤에도 정상에 머무르자. 분화구 주변을 걸어 보고, 공식적으로 후지 산에서 가장 높은 지점인 기상 관측소에도 올라가 보자.
- 후지 산 우체국에서 친구와 가족에게 엽서를 보내자. 후지 산 우체국은 일본에서 가장 높은 곳에 위치한 우체국으로, 정상까지 올라왔음을 증명해 주는 증명서도 판매한다.
- 후지 산 발치에 있는 다섯 개의 호수인 '후지 5호(富士伍湖)'를 둘러보자. 후지 산의 가장 멋진 근경을 감상할 수 있고, 호수의 수면에 비친 후지 산의 모습도 아름답다.

해질 무렵, 햇빛이 만리장성을 부드럽게 물들이고 그 뒤로 하늘은 진홍색과 자줏빛으로 변하고 있다.

중국

만리장성 *The Great Wall of China*

중국 북부에서 가장 험한 지형을 지나는 만리장성을 따라 이 산에서 저 산으로 건너갈 수 있다.

    2천 년도 더 전에 북쪽에서 내려오는 침입자들을 막기 위해 건설된 만리장성은 중국을 가로지르는 척추와도 같다. 오랜 세월 비바람에 시달리고 방치되어 있던 탓에 성의 많은 부분이 심하게 손상되었지만, 베이징 북동쪽의 진샨링(金山嶺)에서 쓰마타이(司馬台)에 이르는 구간은 16세기 명조 이후로 그 모습이 거의 변하지 않았다. 완만하게 구릉을 이루는 숲으로 덮인 이 지역은 트레킹하기에 아주 좋다.

쓰마타이에서 동쪽으로 이어지는 구간은 진샨링-쓰마타이 구간보다 2백 년 더 전에 세워진 것으로, 황폐하고 가파른 산등성이를 올라갔다가 깊은 골짜기로 내려가는 등 훨씬 극적이다. 이 구간은 경험이 많은 하이커들에게도 쉽지 않고, 12번째 망루부터는 인접한 길을 따라 가야 한다.

거의 수직에 가까운 오르막을 따라 '천국으로 올라가는 계단'인 천교(天橋)를 오르면 15번째 망루에 도달한다. 이 망루는 정교하게 조각된 돌 세공이 눈길을 끈다. 여기서 작은 산마루인 일명 '하늘다리'를 건너면 만리장성에서 가장 높은 지점인 망경루(望京樓)에 닿는다. 여기서부터는 길이 너무 좁아서 접근하지 못하게 막아 놓았다. 지금껏 코스를 따라 현기증 나는 경험을 했으니 이제는 땅으로 돌아갈 때도 되었다.

- 과거에 만리장성의 망루에는 병사들이 있었고, 산과 계곡을 넘어 신호를 전달하는 훌륭한 역할을 했다. 현재는 이 망루 속에 들어가서 피크닉을 할 수도 있고, 북쪽으로 몽골의 전망을 볼 수도 있다.
- 진샨링에서 만리장성은 높은 산마루를 따라 올라간다. 서쪽과 동쪽으로 뻗어 있는 성의 모습이 몇 킬로미터까지 보인다.
- 천교에 올라가면 저수지 너머 베이징까지도 한눈에 바라다보인다.
- 고대와 초현대를 섞어 놓은 만리장성의 다른 면을 호화롭게 경험해 보고 싶다면 바다링(八達嶺)에 있는 북경장성주거단지(Commune by the Great Wall Kempinski hotel)에 묵어도 좋다. 요금은 비싸지만 훌륭한 건축술을 경험할 수 있으며, 산과 어우러진 만리장성의 멋진 전망을 즐길 수 있다.

When to go 봄과 가을이 좋다. 여름은 덥고 비가 자주 온다. 겨울에는 눈과 얼음 때문에 위험하다.

How Long 진샨링에서 쓰마타이까지의 구간은 11.3킬로미터로 3시간 정도 걸린다. 쓰마타이 동쪽 구간은 5킬로미터로 2~3시간 가량 걸린다. 베이징에서 진샨링까지는 자동차로 2시간쯤 걸린다.

Planning 일부 구간은 발밑의 지형이 불안정할 수 있으므로 가이드나 이곳에 와본 경험이 있는 사람과 함께 가야 한다. 자외선 차단크림을 바르고 생수와 도시락을 지참하도록 한다. 그리고 기념품 같은 것을 사기 위한 용돈도 조금 준비하자.

Inside Information 물건을 구입할 때는 반드시 흥정을 하자. 쓰마타이에서는 입장료를 다시 내야 하고, 저수지 위에 놓인 사슬다리를 건널 때도 요금을 내야 한다.

Websites www.travelchinaguide.com, www.worldexpeditions.com, www.wildwall.com

태국

치앙마이의 언덕 위 마을들
Hill Villages of Chiang Mai

태국 북부의 울창한 숲 속에서 트레킹을 하면서 주민들의 미소와 환대를 느껴 볼 수 있다.

밀림을 감으며 올라가는 가파른 길의 꼭대기에 도착할 즈음에는 숨이 턱에 차겠지만, 곧 엔도르핀이 정맥을 채우는 느낌에 기분이 좋아질 것이다. 특히 어린 벼가 자라고 망고가 열린 나무들이 줄지어 서 있는 계단식 농지를 발견하는 순간, 입가에 미소가 지어질 것이다. 여기는 라후 족(Lahu tribe) 마을이다. 마을 사람들이 가져다 준 저녁식사를 하고 차를 마신 다음 일찍 잠자리에 들자. 태국 북부 미얀마 접경 지역인 이곳 언덕에 자리 잡은 마을들로 가는 루트는 여러 가지가 있다. 보통은 치앙 다오(Chiang Dao)에서 서쪽으로 파이(Pai)를 거쳐 매홍손(Mae Hong Son)으로 간다. 중간 중간 차량을 이용해야 한다.

선명한 원색의 전통 의상을 입고 있는 치앙 다오의 리수 족 꼬마들.

트레킹하는 동안 계속해서 다른 부족의 마을을 지나가게 되는데, 아카 족(Akha tribe) 마을에서는 머리에 커다란 장식을 쓴 소녀들이 미소를 보내온다. 금방이라도 무너질 것 같은 초가집에 앉아 대나무 컵에 담긴 쓴맛 나는 차를 마시며 잠시 쉬는 것도 좋겠지만, 다음 마을이 또 기다리고 있기 때문에 오래 머물 수는 없다. 양쪽에 바나나 나무가 늘어서 있는 언덕을 내려가면 나오는 산장에서 밤을 보내자.

이번에는 리수 족(Lisu tribe)이 우리를 맞이한다. 이들은 시원한 음료와 춤으로 우리를 즐겁게 해줄 것이다. 트레킹을 하면서 각기 다른 화려한 의상과 생활방식을 지닌 다양한 부족들을 만나게 되지만, 폭포와 캐러멜 색 강과 푸른 숲이 우리를 반기는 것은 똑같다. 이곳 주민들은 친절하고 외부인을 환대하는 것으로 유명하지만 항상 웃고 있는 그들의 삶이 쉬웠던 것은 아니다. 많은 이들이 미얀마에서 학살을 피해 온 사람들이다.

- 현지 주민들 중 나이가 지긋한 사람들과 시간을 내서 대화를 나눠 보는 것도 좋다. 가이드가 기꺼이 통역을 해줄 것이다. 이곳 노인들은 관광객과 차를 마시며 서로의 삶에 대해 이야기를 나누는 것을 좋아한다.
- 뱀, 특히 킹코브라를 조심해야 한다. 킹코브라는 꽤 아름답기 때문에 너무 가까이 가지만 않는다면 구경할 만하다.
- 트레킹 상품 중에는 코끼리 타기, 래프팅, 산악자전거 타기 등이 포함되어 있는 것들이 많다.

When to go 10월부터 2월까지 우기가 끝난 후 가는 것이 좋다. 3월부터 5월까지는 덥고 건조하다.

How Long 대개 2~3일이 걸린다. 원한다면 더 오래 여행할 수도 있고, 당일 여행도 가능하다.

Planning 현지 여행사를 통해 가이드와 동행하는 게 좋다. 현지 여행사에서 모든 필요한 장비와 음식, 음료를 제공한다.

Inside Information 어떤 루트를 이용하느냐에 따라 다르지만, 산지를 걸어서 통과하다 보면 상당히 힘든 구간을 만날 수 있다. 튼튼한 등산화를 신도록 하자.

Websites www.tourismthailand.org, www.chiangmai-chiangrai.com, www.ewsiam.com

이곳의 짐꾼들은 얇은 슬리퍼밖에 신지 않은 채 등산객의 짐을 운반해 준다.

네팔

안나푸르나 우회로 *The Annapurna Circuit*

안나푸르나의 거대한 봉우리들을 벗 삼아 네팔의 히말라야 산맥 속으로 트레킹을 떠나자.

    신성한 돌로 쌓은 담 위에서 기도 깃발이 펄럭인다. 푸른 논과 봄이면 진분홍으로 피어나는 진달래 숲 위로 만년설이 덮인 봉우리들이 솟아 있다. 안나푸르나 주변의 우회로에서 트레킹을 시작할 때에는, 다양한 풍경과 아울러 지붕에 건초와 목재를 쌓은 중세풍의 마을들을 만나게 된다. 울창한 마르시앙디 골짜기를 지나 마낭보트 계곡(Manangbhot Gorge)으로 들어선 다음, 현수교를 몇 개 건너 강 반대쪽으로 향하자. 강 건너에는 전나무와 측백나무 숲이 펼쳐진다. 마낭에서 5,425미터 높이의 소롱 라 고개(Thorong La Pass)로 올라가면 야크가 풀을 뜯는 고지대의 목초지가 펼쳐진다. 정상에서는 안나푸르나와 자매 봉우리들이 우리를 기다린다. 칼리 간다키(Kali Gandaki) 강을 지나 서쪽으로 내려올 때는 노새에 소금과 보리를 실은 상인을 만날 수도 있다.

곧이어 서서히 소나무 숲이 다시 나타나고, 계단식 논과 오렌지 숲, 포인세티아가 모습을 드러낸다. 타토파니(Tatopani) 온천에 몸을 담그고 기력을 회복한 후 트레킹의 마지막 구간인 비레탄티(Birethanti) 마을로 들어가자. 트레킹이 끝나갈 무렵, 고레파니(Ghorepani) 마을의 푼 언덕(Poon Hill)에서는 물고기 꼬리 모양을 하고 있어서 '피시 테일'이라는 별명이 붙은 마차푸차레(Machhapuchhare) 봉을 한눈에 바라볼 수 있다.

When to go 트레킹 시즌은 4월부터 5월, 10월부터 11월 등 1년에 두 번이다. 진달래(네팔의 국화인 rhododendron)는 봄에 피지만 하늘은 가을에 더 맑다. 따라서 가을에 봉우리들의 전망을 가장 잘 즐길 수 있다.

How Long 총 241킬로미터의 코스를 트레킹하는 데는 19~21일 정도 걸린다. 전체적으로 24일을 잡으면 된다.

Planning 카트만두에서 육로로 베시사하르(Besisahar)까지 간 다음 그곳에서 트레킹을 시작한다. 트레킹 상품을 운영하는 여행사에서 필요한 허가증을 받아 줄 것이다. 캠핑을 하거나 전통적인 숙소인 바티(bhatti)에서 묵을 수 있다.

Inside Information 소롱 라 고개를 넘을 때는 하루에 914미터를 올라갔다가 1,524미터를 내려와야 한다. 해 뜨기 전에 일찍 출발하여 고개 위에서 불어오는 강풍을 피하도록 하자.

Websites www.himalayankingdoms.com, www.terrafirmatravel.com

- 고지대에 있는 마을인 마낭에서 하루를 보내면서 고도에 적응하자. 근처 브라가(Braga)의 수도원이나 마을 위쪽에 있는 작은 암자를 방문해 보는 것도 좋겠다.
- 소롱 라 고개를 지나면 나오는 묵티나스(Muktinath)는 불교 신자들과 힌두교도들 모두에게 중요한 순례지다. 포플러 숲에 있는 샘 위에 천연가스로 불을 켠 성화(聖火)가 타오르고 있다.
- 높이 솟은 다울라기리(Dhaulagiri)와 안나푸르나 사이에 있는 칼리 간다키 협곡은 세계에서 가장 깊은 협곡이다.
- 카트만두는 꼬불꼬불하고 좁은 길들, 오래된 사원과 복잡한 시장이 미로처럼 얽혀 있는 도시다. 스와얌부나스(Swayambunath)의 불교 사원과 파슈파티나스(Pashupatinath)의 힌두교 사원은 절대 놓치지 마라.

TOP 10

지하 산책로 Underground Walks

땅 속으로 트레킹을 떠나 자연의 신비와 인공의 조화가 어우러진 매혹적인 지하 세계를 만나 보자.

❶ 언더그라운드 시티 Underground City 캐나다 몬트리올

지구상에서 가장 큰 규모의 인공 지하 네트워크로 들어가 보자. 입구는 120개나 된다. 하루에 50만 명 정도가 전체 길이가 32킬로미터에 달하는 이곳의 쇼핑몰, 호텔, 은행, 사무실, 박물관, 대학을 이용한다.

Planning 신용카드를 반드시 지참하자. www.montreal.com

❷ 매머드 동굴 국립공원 Mammoth Cave National Park 미국 켄터키 주

켄터키 주의 매머드 동굴 국립공원은 세계 최대 규모의 석회암 동굴로, 현재까지 확인된 부분만 길이가 591킬로미터에 달한다. 이 동굴에서 가장 오래된 부분은 1천만 년 전에 형성되었다.

Planning 50킬로미터 거리 떨어진 켄터키 주 볼링그린(Bowling Green)에서 연결되는 교통편이 많다. www.nps.gov/macaj296

❸ 악툰 첸 에코 파크 동굴 Aktun Chen Eco Park Caves 멕시코 유카탄 반도

지하의 강(현지어로는 세노테스cenotes라고 한다)을 따라 걸으며 깊고 맑은 샘의 하얀 바닥을 들여다보자. 사람의 손길이 닿지 않은 우림 밑에 자리 잡고 있는 이 초현실적인 세계에는 평화가 감돈다. 걸어서 탐험하거나 스쿠버 다이빙을 할 수 있다.

Planning 방충제는 필수다. www.aktunchen.com

❹ 구찌 터널 Cu Chi Tunnels 베트남 구찌

작은 뚜껑문을 열고 들어가 좁은 터널들을 기어가면 부엌, 기숙사, 병원이 갖춰진 '지하 마을'로 들어가게 된다. 베트남 전쟁(1954~1975) 중에 수천 명의 베트콩(Viet Cong)들이 이 지하 터널을 거점으로 활동했다.

Planning 호치민 시의 여행사를 통해 가이드 투어를 할 수 있다. www.sinhcafevn.com

❺ 한난 북부 광산 Hannan's North Mine 오스트레일리아 칼굴리

철망으로 된 엘리베이터를 타고 30.5미터를 내려가 터널로 간다. 이 터널은 오스트레일리아의 19세기 골드러시 당시에 뚫린 것이다. 칼굴리에

서는 여전히 전 세계 금 채굴량의 10퍼센트를 생산하고 있다.
Planning www.mininghall.com

❻ 비엘리치카 소금 광산 Wieliczka Salt Mine 폴란드 크라쿠프

한 해에 백만 명 이상이 이 광산을 방문한다. 이곳에는 소금으로 만든 교회, 세계에서 가장 큰 광산 박물관, 천식과 알레르기로 고생하는 사람들을 위한 요양소, 최고의 음향 상태를 지닌 콘서트홀 등이 있다.
Planning 크라쿠프 중앙역에서 기차로 갈 수 있다. www.krakow-info.com/wielicz.htm

❼ 베를린 핵무기 지하 벙커 Berlin Nuclear Bunker 독일 베를린

1971년 내전 당시에 만들어진 이 벙커의 희미한 빛에 익숙해지려면 몇 분이 걸린다. 쥐죽은 듯 조용한 가운데 뼛속을 파고드는 한기가 느껴진다. 줄 지어 서 있는 좁은 2층 침대들이 면적 대부분을 차지하고 있다.
Planning '스토리 오브 베를린 박물관'을 통해서 가이드 투어로만 방문할 수 있다. www.story-of-berlin.de

❽ 파리 하수도 The Paris Sewers 프랑스 파리

매일 1천 2백만 세제곱미터의 하수가 2,092킬로미터의 하수 시스템을 통해 흘러나온다. 139미터 길이의 하수설비를 보며 지난 세월 동안의 파리의 하수 처리에 대해 배울 수 있다. 약간 톡 쏘는 냄새가 나는 정도다.
Planning 무료 가이드 투어에 참가할 수 있다. 지하철은 알마 마르소(Alma-Marceau) 역에서 내린다. www.paris.org/Musees/Egouts

❾ 카타콤 The Catacombs 이탈리아 로마

로마 지하에 있는 공동묘지의 회랑, 교회, 방 사이를 걸으면서 기독교 탄생 초기에 이곳이 어떤 분위기였을지 상상해 보자. 교황에서부터 배관공에 이르기까지 수천 명이 벽에 적어놓은 낙서는 꼭 보는 게 좋다.
Planning 산 조반니 푼 광장(Piazza di Porta San Giovanni)에서 218번 버스를 타고 아르데아티나 동굴(Fosse Ardeatine)까지 간다. www.showcaves.com

❿ 대 피라미드 The Great Pyramid 이집트 기자

폭 1미터의 길을 따라 101미터 아래로 내려가서 오늘날까지 남아 있는 유일한 고대의 불가사의 속으로 들어가 보자. 엠파이어스테이트 빌딩보다 5천 년 오래되었고 30배는 더 큰 기자의 대 피라미드는, 몇 세기 동안 그 기원과 건설 방법, 목적에 대해 수많은 추측과 고찰의 대상이었다.
Planning 카이로에 있는 모든 여행사에서 가이드 투어를 제공한다. www.pharaoh.heavengames.com, www.egypt.travel

어린 승려 뒤로 길거리에 세워진 기도 깃발이 바람에 흔들리고 있다.

부탄

릭섬 곰파 트렉 *The Rigsum Gompa Trek*

부탄의 '잃어버린' 골짜기로 떠나는 트레킹을 통해 오래된 삶의 방식이
아직까지 이어지고 있는 매혹적인 땅을 만날 수 있다.

    부탄 동부는 경사가 급한 지형으로 이루어져 있어서, 골짜기 사이로 강이 흐르고 바위 그림자 속에 마을이 자리 잡고 있다. 8세기에 불교를 도입한 린포체의 가르침을 따르며 살아가는 이곳 사람들에게 있어서 땅을 경작하고, 옷감을 짜고, 나무로 물건을 만드는 일은 모두가 일종의 예배 의식이나 마찬가지다. 트라시강(Trashigang) 북쪽으로

올라가면 트라시양체(Trashiyangtse) 골짜기가 나오고, 이곳에서부터 고리 모양의 트레킹이 시작된다. 논과 숲 사이를 걸으면서 워마낭 강(Womanang River)의 진로를 따라가다 언덕을 몇 개 넘으면 '세 신을 모신 사원'인 릭섬 곰파(Rigsum Gompa)에 도달한다.

릭섬 곰파를 지난 다음 붐델링 자연보호구역을 통해 내려와서 코롱추 강(Kolong Chu River)을 따라 산책을 한 후, 초르텐 코라(Chorten Kora) 스투파로 향하자. 지나는 숲속에는 곰이 살지만, 곰보다는 '푸자(puja, 불교 의식)'를 행하러 가는 어린 승려들이나 헤매고 있는 소를 만날 가능성이 더 높다. 이곳의 평화를 방해하는 것은 오직 폭포에서 물 떨어지는 소리와 대나무가 바람에 흔들리는 소리뿐이다.

When to go 날씨는 가을(10월 중순부터)이 가장 좋고, 초봄에는 진달래가 활짝 핀 모습을 볼 수 있다.

How Long 45킬로미터를 트레킹하는 데는 3일 정도 걸린다. 산이 많은 지형이라 시간이 많이 걸리는 편이다. 부탄의 수도 팀푸에서 이 지역까지 자동차로 오는 것을 감안하면 모두 4일은 잡아야 한다. 물론 중간에 관광을 하려면 시간을 더 넉넉히 잡도록 해야 한다.

Planning 쌍안경을 가져가자. 사진을 찍는다면 필요하다고 생각되는 용량의 2배 정도 되는 메모리 카드와 필름을 준비해야 한다. 그리고 스케줄이 바뀔 수 있음에 대비해야 한다.

Inside Information 건강한 사람이라면 별 무리 없겠지만, 2,499미터 지점까지 올라가게 되므로 고도에 서서히 적응을 해야 하고 물을 충분히 마셔야 한다는 점을 유의하자. 불교 사원에 들어갈 때는 신을 벗고, 가이드가 축원을 올릴 시간을 줘야 한다.

Websites www.kingdomofbhutan.com, www.bluepoppybhutan.com

- 계단식 논이 늘어서 있고 언덕 꼭대기에 요새가 올라 앉아 있는 트라시양체 골짜기는 무척 인상적이다.
- 이 트레킹에서 누릴 수 있는 즐거움 가운데 하나가 바로 우연히 마주치는 현지인들이다. 노인이 염주를 손가락으로 돌리며 지나가고, 선생님은 학교로 우리를 초대할 것이다. 이곳 사람들은 공기를 더럽히지 않기 위해서 말을 할 때면 입을 손으로 가린다. 사진을 찍길 원한다면 카메라 앞에서 기꺼이 포즈를 취해 줄 것이다.
- 릭섬 곰파에서 해가 뜨는 광경을 보자. 산과 골짜기 위로 해가 떠오를 때 승려들은 신선한 물을 그릇에 떠놓고 기도를 올린다.
- 티베트에 서식하는 희귀종인 검은목 학은 붐델링 자연보호구역에 있는 강 위의 섬에서 겨울을 보낸다.

> 네팔

에베레스트 베이스캠프 *Everest Base Camp*

세계에서 제일 높은 산에 오르는 것은 불가능할지라도 베이스캠프까지 트레킹을 하면서 그 위에 올라가는 상상은 해볼 수 있다.

쿰부 골짜기(Khumbu Valley)를 지나 에베레스트 산 발밑까지 가는 이 험한 트레킹에서, 우리는 셰르파(Sherpa) 족의 마을과 수도원을 지나고, 강을 건너 산허리를 돌아간다. 베이스캠프는 에베레스트 산발치의 쿰부 아이스폴(icefall, 빙하가 수직에 가까운 급경사를 이루고 있는 것을 가리킨다) 바로 밑에 있다.

셰르파 족 언어로 솔루쿰부(Solu Khumbu)인 이곳으로 들어가는 입구는 고대에 무척 번성한 교역소였던 남체바자르(Namche Bazar) 마을이다. 과거에 소금을 카트만두에서 온 옷감과 기타 생필품으로 바꿨던 티베트 상인들은 오늘날에는 트레킹 및 등반 장비를 판매하고 있다. 남체바자르에서 트레킹을 시작하고 얼마 안 가, 에베레스트의 자매산이라 할 수 있는 눕체(Nuptse) 산의 거대한 벽 뒤에 숨어 있는 에베레스트의 모습을 처음으로 보게 된다.

트레킹의 최종 목적지인 칼라파타르 산은 푸모리 산(Pumori, 사진에서 맨 뒤에 보이는 산) 옆에 솟아 있다.

서서히 오르막을 따라 가면서 가끔씩 강을 건너기도 하고, 진달래 숲을 통과하기도 하는데, 목표 지점은 칼라파타르(Kala Patthar) 봉이다. 칼라파타르는 정상이 해발고도 5,486미터라서 베이스캠프에서보다도 에베레스트를 훨씬 더 잘 볼 수 있다.

공기가 희박하여 숨을 쉬기가 힘들지만, 정상에 올라가는 순간 그 모든 고생스러웠던 기억이 눈 녹듯 사라진다. 지구상에서 가장 높은 산이 바로 우리 눈앞에 있는 것이다. 우리의 시선은 쿰부 아이스폴에서 빙하로 덮인 웨스턴 쿰(Western Cwm) 골짜기로, 그리고 그 위쪽의 사우스콜(South Col, 에베레스트 산과 로체 산 사이의 움푹 들어간 부분. 해발 7,906미터)에서 다시 긴 산마루를 따라 에베레스트 정상까지 이어진다. 수많은 등반가들과 셰르파 족을 유혹하는 바로 그곳이다.

When to go 10월부터 5월 사이 아무 때나 좋다. 단, 12월과 1월은 몹시 춥다. 10월 중순부터 11월 말까지가 가장 깨끗하고 선명한 풍광을 즐길 수 있고, 가장 사람이 많은 때는 10월이다.

How Long 남체바자르에서 칼라파타르 산까지 편도 30.6킬로미터다. 고도에 적응하고 휴식을 취했다가 조금 돌아서 가는 것까지 8일 정도가 걸린다.

Planning 좋은 침낭을 가져가자. 낮에는 따뜻해서 괜찮지만 밤에는 추워진다. 자외선 차단지수가 아주 높은 자외선 차단크림과 립밤을 준비해야 한다. 고도가 높은 곳에서는 자외선이 무척 강하다는 점을 명심하자.

Inside Information 네팔 전통음식 '달밧(dahl bhat)'에서부터 피자까지 다양한 음식을 먹을 수 있는 티하우스에 가 보자. 트레킹 코스 중에는 좋은 산장들이 많이 있다. 물론 캠핑을 하는 것도 좋다.

Websites www.welcomenepal.com, www.explore.co.uk

- 남체바자르 북쪽에 있는 쿰중(Khumjung)의 수도원에서 예티(히말라야에 살았다는 설인)의 해골을 볼 수 있다.
- 티앙보체(Thyangboche) 마을 입구에는 당당한 수도원이 하나 있다. 이곳에서 하루에 두 번 행해지는 기도와 명상에 참가할 수 있다.
- 티앙보체에서는 아마다블람(Ama Dablam) 산의 웅장한 모습을 볼 수 있다. 셰르파 족 사람들은 이 아름다운 산을 '초모랑마의 목걸이'라 부른다. '초모랑마(Chomolungma)'는 에베레스트 산의 티베트식 이름이다.
- 딩보체 마을 위쪽으로 펼쳐진 히말라야 산맥의 주요 봉우리들인 아마다블람, 마칼루, 로체, 에베레스트 등의 위용을 볼 수 있다.

> 파키스탄

훈자 계곡 *The Hunza Valley*

파키스탄 북부 훈자 계곡에 위치한 카리마바드 마을 위쪽의 울타르 초원으로
트레킹을 하면서 카라코람 산맥의 웅장한 풍경을 만나 보자.

    훈자 계곡 중심부에 있는 카리마바드(Karimabad)에 가면, 현지인들은 우리가 진정한 샹그릴라(Shangri-la, 제임스 힐튼의 소설에 등장하는 지상에 있는 이상향, '이상향'의 대명사가 됨)에 왔다고 말할 것이다. 그들과 이 문제를 가지고 논쟁을 벌이는 건 어려운 일이다. 머리 위로는 지구상에서 가장 웅장한 산맥 중 하나인 카라코람 산맥(the Karakoram, 히말라야 산맥 서쪽으로 뻗어 있다)의 암석 봉우리들이 구름을 향해 솟아 있다.

    주변에는 살구, 아몬드, 체리 나무들이 셀 수 없이 많은 계단식 대지의 경계를 이루고 있다. 이 계단식 대지에는 바위 속에서 끌어낸 고대의 용수로를 이용하여 물을 대고 있다. 그리고 아래로는 훈자 강이 훈자 계곡 바닥을 따라 흘러간다.

    카리마바드 마을에서 시작된 가파른 하이킹 코스는 좁은 계곡을 통과하여 빙하와 폭포를 지난 후, 꽃이 만발한 평화로운 초원으로 이어진다. 초원에는 냇물이 흐르고 중간중간 나무들이 몇 그루씩 무리지어 서 있다. 여기가 바로 훈자의 여름 목초지다.

살구를 말리고 있는 훈자족 여인들. 이곳은 살구로 유명하다.   훈자 강 위 299미터 높이의 절벽에 서 있는 앨티트 성.

한 시간을 더 걸어가면 오두막집들이 모여 있는 곳에 도착하는데, 이곳은 양치기들이 여름을 보내는 곳이다. 그곳에서 잠시 숨을 고르면서 알렉산더대왕이 병사들을 이끌고 행군하던 광경을 상상해 보자. 태양은 울타르 빙하(Ultar Glacier)를 덮고 있는, 빛을 반사하는 수정 같이 투명한 운모(雲母)를 비춘다. 북쪽으로는 7,388미터 높이의 울타르사르(Ultar Sar) 산이 솟아 있다. 울타르사르에 오른 사람은 지금까지 전 세계에서 단 두 명뿐이다.

옆으로는 로켓 모양의 꼭대기 경사가 너무 급한 나머지 눈이 쌓이지 못할 정도인 부불리마팅(Bubulimating) 산이 서 있다. 이 지역에서 가장 인상적인 봉우리는 라카포시(Rakaposhi)인데, 이 봉우리가 눈에 덮이면 왜 '반짝이는 벽'이라는 뜻의 이름을 갖게 되었는지 이해할 수 있을 것이다.

When to go 6월부터 9월이 좋다. 봄에는 계곡의 과수원에 꽃이 피는 것을 볼 수 있어서 좋다.

How Long 하루면 된다. 그러나 더 길게 여행할 수 있는 루트도 많이 있다. 그중 하나가 12일 동안 여러 개의 빙하를 건너고 아름다운 스노우레이크(Snow Lake)를 지나 아스콜리(Askole)로 가는 비아포-히스파르(Biafo-Hispar) 루트다. 이 코스는 멋지지만 힘이 많이 든다.

Planning 카리마바드까지는 파키스탄 북부 지역의 주도인 길깃(Gilgit)에 있는 자맛 카나 바자르(Jamat Khana Bazaar)에서 갈 수 있다. 이 트레킹은 카라코람 하이웨이를 따라가는 것인데, 이곳에는 산사태가 자주 일어나므로 트레킹을 하지 못할 때도 있다.

Inside Information 가이드를 대동해야 한다. 하루 만에 할 수 있는 트레킹이지만 날씨가 무척 자주 바뀌고, 눈보라나 낙석 때문에 갑자기 길을 못 찾게 될 수도 있기 때문이다.

Websites www.tourism.gov.pk, www.hunza.com.pk

- 정교하게 조각된 티베트 양식의 밸티트 성(Baltit Fort)이 트레킹 코스와 울타르 초원을 내려다본다. 밸티트 성의 일부는 미르(훈자의 통치자)와 결혼한 티베트 공주를 위해 700년 전에 지어진 것이다.
- 앨티트 성(Altit Fort)은 훈자 계곡을 따라 동쪽으로 더 간 지점에 있다. 작은 뚜껑문을 열면 지하감옥으로 연결되는데, 이곳은 어느 미르가 왕좌를 차지하기 위해 형제들을 살해한 곳이다.
- 늦여름과 가을에는 평평한 땅 어디서든 햇빛에 살구를 말리는 모습을 볼 수 있다. 훈자 계곡에는 20종 이상의 살구가 자라고, 살구 수프는 이 지역 특선 요리다.
- 친절한 훈자 족(Hunzakuts)은 장수하는 것으로 유명하다. 이들은 대부분 아가 칸(Aga Khan)을 믿는 이스마일 파 이슬람교도들이다. 이스마일 파 여성들은 둥근 상자처럼 생긴 모자를 쓰고 얼굴을 가리지 않는다.

키르기스스탄 | 카자흐스탄

이식-쿨 호수 *Lake Ysyk-Köl*

중앙아시아에서 국경을 넘는 트레킹을 하면서 만년설로 덮인 봉우리에 둘러싸인 푸른 호수와 대초원 풍경을 마음껏 즐겨 보자.

텐샨(天山, Tien Shan) 산맥의 높이 솟은 봉우리들은 중앙아시아의 작은 공화국 키르기스스탄의 동부를 지배한다. 그리고 산맥 가운데 자리 잡고 있는 것은 천상의 호수라 불리는 이식-쿨 호수다. 이식-쿨 호수의 푸른 물은 텐샨 산맥의 눈으로 덮인 바위산들에 둘러싸여 있다.

이 호숫가에서 훌륭한 하이킹 코스가 많이 출발한다. 하이킹 코스는 허브로 가득한 초원을 횡단하고 측백나무 숲을 통과한 다음 넓고 푸른 골짜기를 따라 간다. 이 골짜기에서는 양과 염소를 몰고 다니는 키르기스 유목민들을 만날 수 있다. 그리고 카라콜(Karakol) 마을에서 남쪽으로 제티-오구즈(Jeti-Ögüz) 골짜기의 붉은 사암으로 된 협곡을 따라 알라 쿨(Ala Kul) 호수로 내려간다. 이 호수는 녹색에서 파란색으로, 그리고 보

이식-쿨 호수 뒤로 텐샨 산맥의 눈 덮인 봉우리들이 보인다. 이식-쿨 호수의 물은 따뜻해서 수영을 하기에도 적합하다.

라색으로 빠르게 색이 변하는 것으로 유명하다.

알라 쿨 호수를 지난 다음에는 알틴-아라샨(Altyn-Arashan) 골짜기를 따라간다. 이식-쿨 호수의 동쪽 끝에 위치한 발바이(Balbay) 마을에서 북쪽으로 아름다운 중거리 트레일을 따라가면 옆 나라인 카자흐스탄에 도달할 수 있다.

쿵게이 알라타우(Kungei Alatau) 산맥에 있는 3,275미터 높이의 사리-불락 고개(Sary-Bulak Pass)로 가파른 길을 올라 잠깐 쉬면서 남쪽으로는 이식-쿨 호수, 북쪽으로는 카자흐 초원의 숨 막힐 듯 아름다운 풍경을 감상하자. 그러면 콜사이의 아름다운 세 호수가 우리를 카자흐스탄 쪽으로 이끈다. 언덕을 내려가면 사티에 다다르는데, 사티에서 알마티까지는 자동차로 간다. 알마티는 카자흐스탄에서 가장 큰 도시다.

When to go 고도가 높은 곳은 7월부터 9월에 가는 게 좋다. 2,999미터 아래쪽은 5월 말과 6월이 가장 아름답다.

How Long 발바이에서 사티까지는 총 64킬로미터다. 4~5일 정도 잡으면 된다.

Planning 키르기스스탄의 트레킹 산업은 이제 막 시작 단계라서 트레킹 시설이라고는 기본적인 것밖에 없다. 현지 가이드가 인솔하는 투어에 참가하거나 현지에서 가이드를 구해서 트레킹을 하도록 하자. 키르기스스탄과 카자흐스탄에 입국하려면 비자가 필요하다.

Inside Information 이곳 산지에는 촌락이 거의 없으므로 음식과 음료는 출발할 때 충분히 가져가야 한다. 현지에서 만나는 사람들은 암말의 젖을 발효시킨 음료인 '쿠무즈(kumuz)'를 권할 수 있는데 한 번 먹어 볼 만하다.

Websites www.dostuck.com.kg, www.geoex.com, www.karakol.kg

- 이식-쿨 호수의 따뜻하고 미네랄이 풍부한 물에서 수영을 할 수 있다. 이곳의 물은 건강에도 좋은 것으로 유명하다. 알틴-아라샨 골짜기에도 온천들이 있다.
- 이곳에서 볼 수 있을지 모르는 야생동물은 야생 양, 불곰, 늑대, 스라소니, 토끼, 눈표범 등이다.
- 이식-쿨 호수의 물은 푸른색이지만, 쿵게이 알라타우 산맥의 발치에 있는 고산지대의 초원과 숲 사이에 있는 콜사이 호수의 물은 녹색이다.
- 하룻밤은 펠트로 만든 천막인 유르트(yurt)에서 묵으면서 화려한 색으로 짠 키르기스 전통 깔개도 눈여겨보자.

머레이 강 주변에 유칼립투스 나무들이 서 있다.

오스트레일리아

머레이 밸리 트레일 *Murray Valley Trail*

오스트레일리아 남부의 머레이 리버 밸리에서 하이킹을 하면서 포도밭, 초기 정착민들의 집, 야생동식물 등 이 지역의 다양한 매력을 만날 수 있다.

머레이 강(Murray River)은 오스트레일리아에서 가장 큰 강으로, 달링 강(Darling River)과 함께 밀과 양을 기르는 지역 전체에 물을 공급한다. 관광용 하이킹 루트 하나가 뉴사우스웨일스의 스노위 산맥(Snowy Mountains)에 있는 머레이 강의 수원지에서 시작하여 오스트레일리아 남부의 강 하구까지 머레이 강을 따라 이어진다. 풍경을 감상하며 드라이브도 하고, 배도 타며, 덤불 사이로 산책도 할 수 있다.

또 다른 좋은 하이킹 트레일은 사우스오스트레일리아 주에 있는 머레이 브릿지라는 마을에서 시작된다. 이 마을의 역사적인 부두를 통과하여 북쪽으로 올라가다가 강변에서 벗어나 로키 굴리 계곡(Rocky Gully Gorge)으로 발길을 돌리자. 여기서부터는 완만한 오르막을 따라 마운트 로프티 산맥(Mount Lofty Ranges)의 산기슭 구릉지대로 올라간다. 비버 산(Mount Beaver)에서 북쪽으로는 바로싸 골짜기(Barossa Valley)의 아름다운 포도밭이 보이고, 동쪽으로는 머레이의 하이킹 루트가, 그리고 남쪽으로는 머레이 강 하구 근처에 있는 석호인 알렉산드리나 호수(Lake Alexandrina)가 바라보인다.

퉁킬로(Tungkillo)에서 하이킹을 마무리해도 되고, 26 킬로미터를 더 가서 포도밭으로 가는 입구인 스프링턴(Springton)에서 마무리해도 된다.

When to go 3월부터 11월이 좋다. 그 외의 기간에는 날씨가 건조하고, 산불을 막기 위해서 일부 구간이 폐쇄되기도 한다.

How Long 퉁킬로까지 79킬로미터를 하이킹하는 데 3일은 잡아야 한다. 스프링턴까지 간다면 하루를 더 잡아야 한다. 스프링턴까지는 105킬로미터다.

Planning 일부 구간은 험하고 경사가 급하므로 등산화를 신어야 한다. 조리 기구는 가지고 갈 수 없으므로 조리가 되어 있는 음식과 물을 충분히 준비해야 한다. 정수 필터가 있으면 중간에 식수를 조달할 수 있다. 캠핑은 할 수 없으므로 숙소를 미리 예약하도록 하자.

Inside Information 로키 굴리를 지나서 조금 더 가면 있는 모나토 동물보호구역(Monarto Zoo)의 상점과 카페에서 마지막으로 필요한 물건들을 구입할 수 있다.

Websites www.australia.com, www.lavenderfederation trail.org.au

- 머레이 브릿지의 스터트 자연보호구역(Sturt Reserve) 내 하이킹 트레일이 시작되는 지점에서 옛날에 가라앉은 외륜선 잔해를 찾아보자.
- 머레이 브릿지 북부 교외에 있는 로키 굴리 자연보호구역(Rocky Gully Reserve)은 습지대로, 오래 전부터 새를 관찰하는 사람들이 많이 모였다. 원주민 언어로는 '뭅-폴타-웡(Moop-poltha-wong)'이라고 하는데, 이는 '새들의 안식처'라는 뜻이다.
- 로프티 산 산등성이에 있는 말리(유칼립투스 속의 관목) 덤불에서는 회색 캥거루와 고아나(왕도마뱀)를 볼 수 있다. 운이 좋다면 바늘두더지(echidnas)와 주머니토끼(pygmy possums)도 볼 수 있다.
- 스프링턴까지 간다면 1850년대에 이곳에 처음 정착해 살았던 프리드리히 헤르비히(Friedrich Herbig)의 집을 둘러보자. 독일에서 이주한 그는 속 파낸 붉은 고무나무에서 살았다. 이 나무는 아직도 메인스트리트에 서 있다.

주변을 둘러싼 잿빛 화산 풍경 속에서 반짝이는 에메랄드 호수의 맑은 물은 충격적일 정도로 아름답다.

> 뉴질랜드

통가리로 크로싱 *The Tongariro Crossing*

뉴질랜드 북섬의 반짝이는 호수와 화려한 야생화들을 따라 가는
이 트레킹 루트의 주인공은 김을 내뿜는 화산 봉우리들이다.

뉴질랜드 북섬 중심부에 위치한 통가리로 국립공원(Tongariro National Prak)에는 활화산이 세 개 있다. 느가우루호에(Ngauruhoe), 루아페후(Ruapehu), 통가리로(Tongariro)다. 이 국립공원은 느가티 투화레토아 마오리(Ngati Tuwharetoa Maori) 국가의 추장 테 헤우헤우(Te Heuheu) 덕분에 생겨났다. 그가 농부들과 벌목꾼들로부터 보호하고자 1887년에 뉴질랜드 정부에 이 땅을 선물한 것이다.

이곳은 하이킹을 즐기는 사람들에게는 천국이다. 망가테포포 골짜기(Magatepopo Valley)에서 시작된 하이킹 트레일은 가파른 화산암 위를 지그재그를 그리며 올라가 사우스 크레이터(South Crater) 가장자리에 다다른다. 거기서 보면 남쪽으로 우뚝 솟은 느

가우루호에 산이 모습을 드러내는데, 산 정상에서는 김과 연기가 계속해서 뿜어져 나온다. 사우스 크레이터의 평평하고 넓은 땅을 횡단하고 나면 다시 한 번 가파른 오르막이 나온다. 산등성이를 따라 올라가면 레드 크레이터(Red Crater)가 나오는데, 여기서 나오는 뜨거운 증기를 보면 활화산 위를 걷고 있음을 실감할 수 있을 것이다. 그러나 오투레레 골짜기(Oturere Valley), 랑기포 사막(Rangipo Desert), 카이마나와 산맥(Kaimanawa Ranges), 에메랄드 호수(Emerald Lakes)의 아름다운 풍경은 화산 위로 올라온 불안감을 곧 쫓아 준다. 바로 앞에는 블루 호수의 푸른 물이 서늘한 산 공기 속에서 김을 피워 올리고 있다.

케테타히 주차장까지 내려가는 길은 길지만, 도중에 만나는 케테타히 오두막 근처의 온천들과 다양한 야생화들, 그리고 북쪽으로 보이는 타우포 호수(Lake Taupo)의 눈부신 광경 등이 기분을 전환시켜 줄 것이다.

- 느가우루호에 산의 가파른 화산 원뿔은 항상 남쪽을 향하고 있다. 이 산이 피터 잭슨 감독의 영화 〈반지의 제왕〉에 등장한 둠 산(Mount Doom)이다.
- 맑은 날에는 통가리로 산 정상에서 서쪽으로 121킬로미터 떨어진 또 다른 화산, 타라나키(Taranaki) 산을 볼 수 있다.
- 레드 크레이터는 연기와 김을 내뿜고 있으므로 공기에서 유황 냄새가 난다.
- 운이 좋다면 희귀한 흰 가슴 북섬 로빈새를 볼 수도 있다.

When to go 11월 중순부터 3월 사이에는 언제든 좋다. 겨울에 오는 사람들도 있지만 겨울에는 등반하기가 힘들다.

How Long 망가테포포 골짜기에서 케테타히 주차장까지는 17.7킬로미터로, 9시간이 걸린다.

Planning SH4 고속도로와 SH47 고속도로가 교차하는 곳의 루아페후 산 아래쪽의 국립공원 빌리지(National Park Village)를 거점으로 트레킹을 한다. 루아페후 비탈에 있는 국립공원 본부에서 많은 정보를 얻을 수 있다.

Inside Information 산지에서는 급격히 바뀌는 날씨에 주의해야 한다. 방수옷을 반드시 챙기고, 스웨터나 껴입을 옷을 가져가자. 하이킹 트레일로 오가는 교통편은 호스텔, 호텔, 국립공원 주변의 캠핑장 등에서 제공하므로 쉽게 구할 수 있다.

Websites www.tongarirocrossing.org.nz

이 코스는 홀리포드 골짜기를 따라 바위투성이 길로 이어진다. 반대쪽에는 만년설이 덮인 봉우리들이 솟아 있다.

뉴질랜드

그랜드 트래버스 *The Grand Traverse*

옥빛 강과 너도밤나무 숲을 지나고, 폭포에서 떨어지는 물소리를 들으며
뉴질랜드 남섬으로 트레킹을 떠나자.

그랜드 트래버스(Grand Traverse)는 뉴질랜드 남섬 남쪽 끝에 있는 디바이드 산맥(The Divide) 속을 5일 동안 걸어서 통과하는 트레킹 코스다. 피오르드랜드(Fiordland)의 우림은 만년설을 머리에 인 봉우리들과 서던알프스 산맥의 낙엽수로 이루어진 숲으로 바뀐다. 와카티푸 호수(Lake Wakatipu) 서쪽에 있는 그린스톤 주차장에서 시작되는 이 트레킹 코스는 이름 그대로 물이 옥빛을 띠는 그린스톤 강(Greenstone River)의 골짜기를 따라 이어진다.

골짜기는 좁아지면서 계곡을 이루고, 그 계곡 꼭대기 투스 봉(Tooth Peak) 밑에는 그린스톤 산장이 자리 잡고 있다. 디바이드 산맥을 넘으면 호우든 호수(Lake Howden)의

차가운 물을 만나게 된다. 그 후 길은 오르막을 따라 올라가다가 초록색의 얼룩덜룩한 모자이크 같은 너도밤나무 숲을 지나 홀리포드 골짜기(Hollyford Valley)로 내려간다. 숲속의 고요를 깨뜨리는 것은 앵무새의 일종인 케어의 울음소리뿐이다. 케어가 미풍을 타고 날아다닐 때는 붉은색 꼬리 깃털이 반짝거린다.

이어랜드 폭포(Earland Falls)를 만나면 잠시 쉬면서 시원한 물보라를 맞아 보자. 맥켄지 산장(Mackenzie Lodge)을 지난 다음에는 홀리포드 페이스(Hollyford Face)를 지나가게 되는데, 이곳은 냇물이 흐르고 아마(亞麻) 덤불이 펼쳐져 있다. 그 다음에 등장하는 랜드마크는 1,277미터 높이의 해리스 새들(Harris Saddle)이다. 맑은 날이면 이곳에서 해리스 호수(Lake Harris)를 볼 수 있다. 어느새 아래쪽에 있는 루트번 폭포(Routeburn Falls)에서 물이 쏟아지는 소리가 들리고, 그 너머로 목적지인 루트번 셸터(Routeburn Shelter)가 우리를 기다린다.

- 호우든 호수는 남쪽 호숫가에 산장이 있어서 점심식사를 하고 수영을 하기에 아주 좋은 곳이다. 그러나 물이 무척 차가우므로 조심해야 한다. 이곳에서 홀리포드 골짜기 쪽을 내려다보면 너도밤나무 숲이 차양처럼 드리워져 있다.
- 해리스 새들에서 코니컬 언덕을 오르면 다란 산맥(Darran Mountains)의 멋진 경치를 볼 수 있다. 해리스 새들에는 오두막이 두 곳 있으므로 눈보라나 폭풍을 만나면 피하도록 하자.
- 이곳에서는 뉴질랜드산 앵무새인 케어 외에 리스 강(Rees River)과 다트 강(Dart River)의 얕은 곳에 사는 파라다이스 오리, 방울새, 투이(Tui) 등의 조류를 볼 수 있다.

When to go 11월 중순부터 3월까지는 언제든 좋다. 2월과 3월이 전망은 가장 좋으나, 아름다운 꽃을 보려면 11월을 권한다.

How Long 총 길이 72킬로미터로, 대부분의 사람들에게는 5일 정도 걸린다.

Planning 숙소의 수가 많지 않고 캠핑을 할 수 있는 곳도 제한되어 있기 때문에 숙소는 사전에 예약해야 한다. 조리기구와 음식을 가져가고, 가벼운 침낭도 가져가야 한다.

Inside Information 테 아나우 호수 동쪽 가장자리에 있는 테 아나우(Te Anau)를 트레킹 기지로 하자. 이곳에 있는 뉴질랜드 환경보호부 사무실은 큰 도움이 된다. 대부분의 운송회사들도 이곳에 사무실을 두고 있기 때문에 트레킹 출발지와 종착지까지 오가는 차량을 알아보고 예약하기 쉽다.

Websites www.ultimatehikes.co.nz

TOP 10

세계 최고의 다리 *Bridges*

다리는 두 지점을 연결해 줄 뿐만 아니라 그 자체로 랜드마크며, 그곳이 있는 장소를 정의하는 데도 도움을 준다.

❶ 브루클린 브리지 Brooklyn Bridge 미국 뉴욕 시

이 웅장한 다리를 건너며 위대한 도시의 역동적인 맥박을 느껴 보자. 브루클린과 맨해튼을 이어 주는 이스트 강 위에 놓인 이 다리는 1883년 완공되었을 당시 세계에서 가장 큰 현수교였다.

`Planning` 맨해튼 쪽에서 출발한다면 시청 근처의 입구로 들어가고, 브루클린 쪽에서는 연방법원 근처 입구로 들어가면 된다. www.nyc.gov

❷ 여성의 다리 Puente de la Mujer 아르헨티나 부에노스아이레스

2001년에 완공된 이 캔틸레버식 다리를 설계한 스페인의 건축가 산티아고 칼라트라바(Santiago Calatrava)는 탱고를 추는 커플의 모습에서 착안하여 이 다리를 설계했다고 전해진다.

`Planning` 지하철(Subte) A선을 타고 마요 광장까지 가거나 B선을 타고 LN 알렘까지 간다. www.galinsky.com

❸ 케스와차카 다리 Q'eswachaka Bridge 페루 아푸리막 강

세차게 흐르는 강물 위 3,962미터 높이에 놓인 이 갈대 다리를 건널 배짱이 있는 사람은 아푸리막 협곡(Apurimac Canyon)의 장엄한 풍광을 즐길 수 있을 것이다.

`Planning` 투어 상품을 이용하는 게 좋다. www.southamerican-quality.com

❹ 다구 다리 Dagu Bridge 중국 톈진

중국에서 세 번째로 큰 도시인 톈진에 있는 다구 다리의 보행자 도로에 멈춰 서서 조화로운 도시 풍경을 감상하자. 이 우아한 다리는 해와 달, 그리고 춤을 추는 하이 강의 용과 함께 있는 별들을 상징한다.

`Planning` 중국에 입국하려면 비자가 필요하다. 이곳은 베이징에서 121킬로미터 떨어져 있다. www.travelchinaguide.com

❺ 스피언 프랍토스 Spean Praptos 캄보디아 캄퐁 크데이

12세기에 만들어진 이 이국적인 다리는 앙코르와트를 세운 크메르의 왕들이 건설한 도로망 중에서 가장 규모가 큰 것이다. 85미터에 21개의 아

치가 있으며, 거대한 돌에 조각된 네 개의 뱀이 입구를 지키고 서 있다.

Planning 이 다리는 시엠립에서 피마이(Phimai)로 이어지는 6번 국도를 따라 69 킬로미터 내려온 지점에 있다. www.tourismcambodia.com

❻ 시드니 하버 브리지 Sydney Harbour Bridge 오스트레일리아 시드니

시드니 오페라 하우스와 하버 브리지가 나란히 있는 모습은 오스트레일리아의 아이콘과도 같은 이미지다. 1932년에 개통된 하버 브리지는 세계에서 가장 높은 강철 아치형 다리다.

Planning 브리지클라임(BridgeClimb)에서는 가이드와 함께 다리 꼭대기까지 올라가는 투어 상품을 제공한다. www.bridgeclimb.com

❼ 카를 교 Charles Bridge 체코공화국 프라하

프라하 구시가지와 말라 스트라나(Mêla Strana)를 이어 주는 이 다리에서는 웅장한 프라하 성을 올려다보며 동화 같은 풍경을 즐길 수 있다. 이곳에 다시 돌아오고 싶은 사람은 성 네포무크(St. John of Nepomuk) 동상의 반짝이는 명판을 만지면 된다는 말이 있다.

Planning 혼자서 다리를 즐기고 싶다면 밤늦게나 아침 일찍 가도록 한다. www.myczechrepublic.com

❽ 베키오 다리 Ponte Vecchio 이탈리아 피렌체

베키오 다리에서 르네상스 초기의 자신감과 넘치는 에너지를 느껴 보자. 1345년, 아르노 강 위에 놓인 이 다리는 오페라와 회화 작품에 자주 등장해 왔고, 지금은 다리 위의 상점들과 금은 세공품으로 유명하다.

Planning 바사리의 회랑의 가이드 투어는 우피치 미술관에서 예약할 수 있다. 투어는 3시간 정도 걸린다. www.tours-italy.com

❾ 클리프턴 현수교 Clifton Suspension Bridge 잉글랜드 브리스톨

이 다리는 우아함과 실용성과 힘을 결합한 하나의 고전이라 할 만하다. 19세기 초에 엔지니어 이삼바드 킹덤 브루넬(Isambard Kingdom Brunel)이 설계했고, 아름다운 에이본 계곡(Avon Gorge) 위에 있다.

Planning 단체 투어가 가능하다. www.clifton-suspension-bridge.org.uk

❿ 캐릭커리드 밧줄 다리 Carrick-a-Rede Rope Bridge 북아일랜드

바위 위 24미터 지점에 매달려 있는 흔들리는 밧줄 다리를 건너면 북아일랜드에서 연안의 섬으로 갈 수 있다. 겁 많은 사람은 이 다리에 도전하지 않는 것이 좋다.

Planning 날씨가 괜찮으면 3월부터 10월 말까지 매일 개방된다. 한 번에 최대 8명까지 건널 수 있다. www.northantrim.com

> 스웨덴

쿵스르덴 *The Kungsleden*

스웨덴 라플란드의 '왕의 길'을 하이킹하면서,
세계의 지붕이라 할 만한 광야의 고요를 느껴 보자.

    스웨덴 북부에 있는 아비스코 국립공원(Abisko National Park)의 산악역에서 시작하는 역사적인 왕의 길(쿵스르덴, Kungsleden)은, 서유럽에 마지막으로 남은 진정한 야생의 땅인 스웨덴 라플란드의 국립공원 네 곳과 자연보호구역 한 곳을 지난다. 이 지역은 북극권 위로 160킬로미터 지점에 위치해 있는 숲, 자작나무로 덮인 산, 늪지, 계곡, 빙하, 강, 호수 등으로 이루어진 땅이다.
    이 길은 풍경도 멋있고, 중간 중간 짧게 여행할 수 있는 코스도 많다. 강물은 대단히 맑으므로 아비스코 강을 따라가다가 잠깐 멈춰서 강물을 마셔 봐도 좋다. 이 길을 가면

자줏빛 범의귀가 극지방 풍경 속에서 선명한 색을 뽐내고 있다.

서는 식물들도 눈여겨보자. 희귀한 각종 난과 자줏빛 범의귀, 모스캠피온 등 보기 힘든 꽃들을 많이 만날 수 있다. 세차게 흐르는 강 위에 걸린 튼튼한 현수교를 건너면, 생물군이 갑자기 색다르게 변한다. 아비스코야우레(Abiskojaure)의 산장 위로 올라가면 수목한계선을 지나 극지방의 황야 속으로 들어가게 된다.

이곳에서 가장 눈에 띄는 움직임은 라플란드 인들이 키우는 순록 떼다. 라플란드 족은 스칸디나비아 북부의 원주민들로, 1만 년도 더 전에 살았던 방식 그대로 지금도 살고 있다. 티악티아(Tjäktja)의 고개를 넘으면 눈앞에 길고 좁은 울창한 계곡 티악티아바게(Tjäktjavagge)가 펼쳐진다. 이 골짜기는 극지방의 황량한 산지에서 드물게 선명한 녹색을 만날 수 있는 곳으로, 거대한 벽걸이용 융단처럼 계절에 따라 녹색이나 호박색으로 변한다.

When to go 6월부터 9월 중순까지가 좋다.

How Long 443킬로미터를 하이킹하려면 한 달 정도는 필요하다. 트레일 북쪽 아비스코 산악역(Abisko Mountain Station)에서 케브네카이제 산악역(Kebnekaise Mountain Station)까지 80킬로미터를 하이킹하는 데는 일주일 정도가 걸린다.

Planning 스톡홀름에서 키루나(Kiruna)까지 비행기를 타고 간 다음 버스나 기차를 타고 아비스코 관광역(Abisko Tourist Station)에 내린다. 하이킹 코스를 따라 오두막이 드문드문 있는데, 보통 하루 정도 걸을 거리 간격으로 위치해있다. 이 오두막에서는 씻고 음식을 해 먹을 수 있고, 사우나도 가능하다. 비교적 큰 역에는 식당과 상점도 있다. 캠핑도 가능하다.

Inside Information 북쪽이나 남쪽 어디서 시작해도 괜찮지만, 북쪽에서 남쪽으로 햇빛을 얼굴에 받으며 내려오길 권한다. 초여름에는 방충제를 가져가야 한다.

Websites www.svenskaturistforeningen.se

- 하이킹 코스 입구, 아비스코 서쪽에 솟아 있는 누올리야 산(Mount Nuolja)은 5월 하순부터 7월 중순까지 한밤중에도 태양을 보기에 아주 좋은 곳이다. 관광용 체어리트프를 타고 올라갈 수 있다.
- 6월에 알레스야우레(Alesjaure) 근처에서는 라플란드 족이 자신들이 기르는 새끼 순록들의 귀에 칼로 무늬를 새겨서 표시를 하는 모습을 볼 수 있다.
- 티악티아바게는 라플란드에서 가장 웅장한 골짜기로, 길이가 48킬로미터가 넘는다.

추수가 끝난 후 쌓아 둔 건초 더미. 길고 추운 겨울 동안 가축을 먹이기 위한 것이다.

루마니아

카르파티아 산맥 *The Carpathian Mountains*

빙하, 동굴, 협곡, 숲, 다양한 야생동물. 이 모든 것을 트란실바니아의 카르파티아 산맥에서 탐험해 보자.

하루의 첫 햇살이 산기슭에 감돌고 있는 안개를 비추면, 나뭇잎은 황금색으로 빛나고 푸른 전나무들의 모습이 선명하게 떠오른다. 저기 산등성이 높은 곳에 희미하게 보이다가 안개가 걷히자 선명하게 모습을 드러내는 것이 드라큘라의 성일까, 아니면 그저 바위 덩어리일까.

여기는 루마니아 중부의 트란실바니아를 둘러싸고 있는 1천 킬로미터에 달하는 카르파티아 산맥(the Carpathians)이다. 카르파티아 산맥은 전설로 덮인 과거를 지닌 루마니아에 그와 어울리는 카리스마 넘치는 풍경을 가져다 준다. 루마니아는 문학적 반영웅이자 영원불멸의 생명을 가진 이들의 군주로 자리매김한 드라큘라 백작의 땅인 것이다. 곰과 늑대, 샤무아, 살쾡이, 독수리들의 집인 아푸세니 산맥(Apuseni Range)은 국립공원으로 지정되었고, 이곳에서 여러 갈래의 하이킹 코스가 시작된다. 클루지(Cluj) 남부에서 하이킹을 시작하면 투르다 계곡(Turda Gorges)을 통과하게 된다. 이곳은 초기 인류가 살았던 동굴이 여기저기 남아 있고, 자연적으로 형성된 탑과 회랑이 있다.

투르다 계곡은 독특한 기후 덕분에 1천 종에 가까운 식물이 서식하고 있다. 또한 희귀한 나비와 새도 모여든다. 다른 하이킹 코스들은 숲으로, 쥐라기에 형성된 석회암 지형 속으로, 혹은 지하 빙하 속에 숨어 있는 불가사의한 동굴 속으로 이어진다. 동굴 속 하이킹 코스에서는 틈새로 스며든 햇빛이 빙하에서 증발하는 수증기 위에 아름다운 무지개를 만드는 걸 볼 수 있다.

When to go 5월부터 10월이 좋다. 이 지역 신화에 따르면 흡혈귀들은 관광 성수기 직전과 직후에 나타나는 경향이 있다고 한다. 특히, 성 조지의 날 전야(4월 22일), 할로윈, 성 앤드류의 날 전야(11월 29일)에 나타난다고 한다.

How Long 이곳 하이킹 트레일은 대부분 낮에만 걸을 수 있다. 일주일 정도는 잡아야 한다.

Planning 클루지에서 투르다를 비롯한 하이킹 코스가 시작되는 마을들까지 버스가 다닌다. 캠핑을 하거나 아푸세니 국립공원 주변의 오두막에 묵을 수 있는데, 식사가 제공되지 않는 곳도 있다. 일부 여행사에서는 가이드가 포함된 투어 상품을 운영한다.

Inside Information 클루지 주변 지역은 마자르 문화(헝가리어를 쓰는 문화)로 유명하다. 길가에서 자수품을 비롯한 수공예품을 파는 사람들을 볼 수 있다.

Websites www.romaniatourism.com, www.visit-transylvania.us, www.outdoorholiday.com

- 파디스 고원(Padis Plateau)은 시기소아라 북서쪽에 있는 카르스트 지형의 고원이다. 이곳의 스카리소아라 얼음 동굴(Scarisoara Ice Cave) 깊은 곳에는 유럽에서 가장 큰 지하 빙하가 숨어 있다.
- 1천 5백 미터 길이의 곰 동굴(Bear Cave)과 지하의 냇물이 여러 개 모여 있는 포노르 요새(Citadels of Ponor)를 방문할 수도 있다.
- 시기소아라도 둘러볼 만한 곳이다. 중세의 모습을 그대로 간직하고 있는 이 도시는 블라드 쩨뻬쉬(Vlad Tepes, 드라큘라)가 태어난 곳이기도 하다. 그는 무자비한 지도자이긴 했지만, 투르크 인들을 몰아냈다는 점에서 루마니아에서는 큰 존경을 받고 있다.

돌담이 여기저기로 늘어서 있는 푸른 스왈데일 초원 위로 황야가 펼쳐져 있다.

잉글랜드

웨인라이트의 코스트 투 코스트 워크
Wainwright's Coast to Coast Walk

'힐워커' 알프레드 웨인라이트가 고안한 하이킹 루트를 따라, 황량한 시골을 통과하여 잉글랜드의 한쪽 끝에서 반대쪽 끝으로 갈 수 있다.

잉글랜드 북서쪽 해안에 있는 붉은 절벽에 위치한 세인트 비스마을에서 시작되는 이 하이킹 루트는 레이크 디스트릭트(Lake District), 요크셔 데일즈(Yorkshire Dales), 노스 요크 무어스(North York Moors) 등 세 개의 국립공원을 지난다. 이 길을 고안해 낸 전설적인 힐워커(구릉지대 산책 전문가) 알프레드 웨인라이트(Alfred Wainwright)의 이름을 따서

'웨인라이트 코스트 투 코스트 워크'라고 불리며, 아름답고 눈부신 풍경이 끝없이 이어진다. 가장 높은 지점이자 가장 험한 지점인 키드스타이 파이크(Kidsty Pike, 803미터)는 로마 병사들이 북쪽의 하드리아누스 방벽에 있는 기지까지 행군해 갈 때 따라갔던 '하이 스트리트 산괴(High Street massif)'의 일부다.

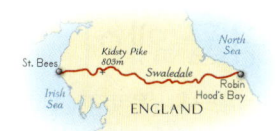

키드스타이 파이크에서 내려가는 길은 가파르지만, 그 아래에서는 하위스워터(Haweswater) 호수의 고요한 물이 손짓하며 기다린다. 호수 앞에는 울창한 요크셔 데일즈가 펼쳐져 있다. 이곳의 스왈데일 골짜기에는 여기저기 돌담이 서 있고, 갈색 얼굴 위로 말려 올라간 뿔이 솟아 있는 양들을 많이 볼 수 있다.

헤더로 뒤덮인 노스 요크 무어스 고원을 넘으면 드디어 로빈 후드 만(Robin Hood's Bay)이 나타난다. 이 지명은 우리가 알고 있는 이야기 속 영웅 로빈 후드와는 아무런 관계가 없는 곳으로, 북해를 따라 깎아지른 듯한 절벽과 해안이 유명하다.

When to go 연중 어느 때든 좋지만, 낮이 긴 봄과 여름이 오래 걸을 수 있다.

How Long 전체 길이는 306킬로미터로, 대개 14일 정도 걸린다.

Planning 여름에는 한참 전에 숙소를 예약해야 한다. 전체 루트를 배낭을 메고 캠핑을 하며 다닐 수 있을 정도로 캠핑장이 많이 있다.

Inside Information 루트의 대부분 구간은 눈에 잘 띄지만, 일부 구간은 외지고, 안개가 자주 끼고, 비가 오는 황무지를 지나기도 한다. 황야와 언덕의 상태는 몇 분 만에도 확 바뀔 수 있으므로, 여름에도 따뜻하고 방수가 되는 옷을 준비해야 한다.

Websites www.coast2coast.co.uk, www.sherpa-walking-holidays.co.uk

- 레이크 디스트릭트 국립공원의 서쪽 끝, 가장 외진 곳에 있는 호수인 에너데일(Ennerdale)은 자동차로 갈 수 없다. 성수기에도 이곳은 평화롭고 고요하다.

- 하위스워터 호반 근처에는 새들의 서식지가 있어서 운이 좋으면 잉글랜드에서는 유일하게 이 지역에 살고 있는 검독수리를 볼 수도 있다. 이곳에서 뒤를 돌아보면 금방 지나온 레이크랜드 산맥(Lakeland mountains)의 바위로 덮인 모습을 한눈에 볼 수 있다.

- 풀이 우거진 강둑을 따라 걸으면 샵 대수도원(Shap Abbey)에 이르게 된다. 하위스워터 호수에서 6킬로미터 떨어진 곳에 있는 이 수도원에서는 12세기 후반의 수사들이 추구했던 고독을 지금도 고스란히 느낄 수 있다.

- 지금은 폐광이 된 거너사이드의 스위너 길(Swinner Gill)과 요크셔 데일스의 하드 레벨(Hard Level)에 있는 납 광산은 이 지역 산업의 역사를 돌아볼 수 있게 해 준다.

아일랜드

딩글 웨이 *The Dingle Way*

아일랜드 남서부의 고대 켈트 족 유적과 예스러운 향취를 지닌 시골 마을을 지나,
절벽과 해안을 따라 하이킹을 하자.

딩글 웨이는 아일랜드의 서쪽 끝에 있는 반도를 한 바퀴 도는 하이킹 루트다. 이 반도는 황량한 해안 절벽과 가파른 언덕, 자그마한 마을이 들어서 있는 농지와 대서양에 면한 해안으로 이루어져 있다.

루트는 트랄리(Tralee)에서 시작하여 시계방향으로 반도를 도는데, 대부분의 구간을 시골의 작은 도로인 '보린(boreen)'을 따라간다. 트랄리에서 블레너빌을 지난 다음, 트랄리 만의 풍경을 뒤로한 채 슬리브 미쉬의 산비탈로 올라가자. 코린 산(Corrin Mountain)의 살짝 패인 부분을 지난 후 숲과 야트막한 언덕으로 이루어진 지역으로 나

중세 초기의 기독교 수행자들은 이런 클로체인에서 기도와 명상을 했다.

아가면, 아나스카울(Anascaul) 동쪽, 즉 반도의 남해안에 다다르게 된다. 서쪽으로 계속 길을 가면 딩글 시가 나오고, 다시 딩글 시 서쪽으로는 긴 모래 해안이 뻗어 있다. 모래 해안을 지난 다음 반도의 서쪽 끝을 돌아 이글 산 (Mount Eagle)의 기슭을 횡단한다. 수평선에는 블래스킷 제도(Blasket Islands)의 섬들이 외롭게 떠 있고, 언덕에는 클로체인(clochains, 벌집 모양의 집)이라 불리는 황폐한 돌집들이 점점이 흩어져 있다. 해발고도 953미터의 브랜든 산(Brandon Mountain)을 넘을 때 가장 높은 지점을 지나고, 반도의 북쪽 해안과 브랜든 만의 풍경을 한눈에 바라볼 수 있다.

이 구간의 가파른 해안 절벽과 수직의 급경사면은 꽤 위험하기 때문에 날씨가 좋을 때만 가야 한다. 이후로 길은 비교적 평탄해지지만 여전히 웅장한 풍광이 이어지고, 퍼모일(Fermoyle)과 캐슬그레고리(Castlegregory) 사이의 11.3킬로미터에 달하는 아일랜드에서 가장 긴 해안을 걷게 된다. 하이킹은 다시 트랄리로 돌아가면서 끝이 난다.

When to go 5월부터 9월이 좋다.

How Long 총 길이가 179킬로미터로, 8일에서 10일 정도 잡아야 한다. 17~29킬로미터의 구간 여덟 개로 나눌 수 있는데, 각 구간을 하이킹하는 데는 6시간에서 9시간 정도가 걸린다.

Planning 연중 비가 많이 오고 바람이 심하게 부는 지역이므로 그런 날씨에 대비해야 한다. 걷기 편한 신발과 따뜻한 옷, 방수 재킷은 필수다.

Inside Information 이 하이킹 루트는 수많은 마을과 작은 도시들을 지나는데, 모두 몇 시간밖에 떨어져 있지 않다. 그래서 숙소도 많긴 하지만 미리 예약하는 게 안전하다.

Websites www.dingleway.net, www.irishways.com

- 선사시대의 선돌, 오검 문자(Ogham, 고대 아일랜드와 영국에서 사용된 문자)가 새겨진 바위, 기독교 수행자들이 지은 벌집 모양의 오두막 등 고대 유적들이 많이 남아 있다.
- 아나스카울을 지나면 나오는 쓸쓸한 해안에 15세기에 지어진 미나드 성(Minard Castle)의 폐허가 있다.
- 딩글 시 서쪽에 있는 벤트리 항(Ventry Harbour)은 여름에 수영하기 좋은 곳이다.
- 발리다비드 근처의 세인트 갈라루스 소예배당(Oratory of St. Gallarus)은 중세 초기에 지어진 것으로, 아일랜드에서 가장 오래된 기독교 유적 중 하나다.
- 긴 하루의 하이킹을 마친 후 동네 펍에서 시원한 기네스 맥주를 한잔 마시거나 가볍게 음악과 춤을 즐기며 놀아도 좋겠다.

TOP 10

쇼핑 거리 *Shopping Streets*

시내 쇼핑가를 거닐면서 사람들로 북적이는 거리의 흥미로운 풍경과 소리, 색, 정취를 느껴 보자.

❶ 헬스 키친 벼룩시장 Hell's Kitchen Flea Market 미국 뉴욕 시

한때 가난한 아일랜드 이주자들의 피난처였던 맨해튼 서쪽 동네에는 이제 주말이면 시장이 열리고, 수많은 사람들이 몰려든다. 골동품, 수집품, 기념품에 쓰레기라 할 만한 물건까지 과거의 온갖 물건들이 여기 다 있다.

Planning 39번가에 있는 헬스 키친 벼룩시장과 웨스트 25번가 시장 사이를 1달러짜리 셔틀 버스가 오간다. www.hellskitchenfleamarket.com

❷ 도레고 광장 Plaza Dorrego 아르헨티나 부에노스아이레스

일요일이면 도레고 광장에 있는 페리아 데 산 페드로 텔모(Feria de San Pedro Telmo)의 골동품 노점으로 사람들이 모여든다. 광장을 둘러싼 자갈 깔린 길은 탱고 뮤지션들과 댄서들, 악사들로 활기가 넘친다.

Planning 시장은 일요일 오전 9~10시부터 늦은 오후까지 열린다. www.buenostours.com/plaza-dorrego

❸ 템플 스트리트 야시장 Temple Street Night Market 홍콩

카우룽 반도의 템플 스트리트를 거닐면서 해가 진 후의 홍콩의 분위기를 느껴 보자. 수백 개의 노점에서 공예품과 미술품부터 저렴한 의류, 손목시계, 전자제품, 각종 기념품 그리고 먹을거리까지 온갖 것들을 판다.

Planning 시장은 오후 4시부터 밤 11시까지 열린다. www.discoverhongkong.com

❹ 팟퐁 야시장 Patpong Night Market 태국 방콕

술집, 마사지 숍 등으로 가득한 이 보행자 전용 구역은 해가 지고 나면 혼잡한 시장으로 바뀐다. 구찌, 리바이스, 나이키, 롤렉스 등의 최신 모조품을 찾고 있다면 바로 이곳에서 모두 구할 수 있다.

Planning 살라 댕(Sala Daeng)까지 기차를 타고 간다. www.bangkok.com

❺ 찬드니 초크 Chandni Chowk 인도 델리

아시아에서 가장 큰 도매시장의 활기 속으로 들어가 보자. 다양한 향신료 냄새 속에서 군중을 뚫고 나아가면서 골동품이나 진귀한 물품을 찾아 헤

매는 동안 코끼리들이 스쿠터와 경쟁을 하며 지나간다.

Planning 탈수증을 예방하기 위해 미네랄워터를 충분히 가져가자. 그리고 잔돈도 충분히 준비해 가야 한다. www.chandnichowk.com

❻ 그랜드 바자 Grand Bazaar 터키 이스탄불

모스크(이슬람 사원), 은행, 간이식당, 그리고 4천 개가 넘는 상점들이 끝없이 늘어서 있는 이 거리를 탐험해 보자. 천막으로 지붕이 덮인 재래시장 중 터키에서 가장 규모가 큰 이 시장에서는 카펫, 보석, 타일, 도기 등 전통 물품들을 많이 취급한다. 흥정은 필수다.

Planning 일요일에는 문을 닫는다. www.mygrandbazaar.net

❼ 나빌리 골동품 시장 Navigli Antique Market 이탈리아 밀라노

과거에는 가난한 동네였던 나빌리(Navigli)는 이제 골동품을 찾는 사람들로 북적이는 활기찬 동네가 되었다. 한 달에 한 번 일요일에 열리는 이 골동품 시장에는 골동품과 수집품을 파는 노점이 4백 개가 넘게 선다.

Planning 지하철을 타고 포르타 제노바(Porta Genova) 역에서 내린다. 7월을 제외한 매달 마지막 일요일에 장이 선다. www.navigliogrande.mi.it

❽ 다퍼르 시장 Dappermarkt 네덜란드 암스테르담

관광객들이 흔히 다니는 경로를 살짝 벗어나서 암스테르담의 다문화 지역 한가운데에 위치한 시장에 가 보자. 온갖 의류, 식품, 이국적 상품들이 아주 저렴한 가격에 판매된다.

Planning 9번이나 14번 트램을 타고 에르스테 반 스빈덴스트라트(Eerste van Swindenstraat)에서 내린다. www.dappermarkt.nl

❾ 레 뿌세 Les Puces 프랑스 파리

유럽에서 가장 큰 벼룩시장이라 할 수 있을 레 뿌세('벼룩시장'이라는 뜻)에서는 중고 의류, 낡은 장난감, LP판 등을 몇 시간이고 구경할 수 있다. 우리가 상상할 수 있는 물건은 모두 이곳 어딘가에 있을 것이다.

Planning 지하철을 타고 포르트 드 클리낭쿠르(Porte de Clignancourt) 역에서 내리면 된다. www.parispuces.com

❿ 포토벨로 마켓 Portobello Road 잉글랜드 런던

토요일이면 전 세계에서 가장 긴 스트리트 마켓인 이곳으로 수많은 사람들이 몰려든다. 유럽에서 가장 큰 거리 축제인 노팅힐 카니발(Notting Hill Carnival)이 8월에 이곳에서 열린다.

Planning 지하철 라드브로크 그로브(Ladbroke Grove) 역이나 노팅힐 게이트(Notting Hill Gate) 역에서 내린다. www.portobelloroad.co.uk

티롤 지방에 있는 한 교회의 붉은 첨탑이 주변의 목가적인 녹색 풍경과 대조를 이루고 있다.

오스트리아

티롤 *The Tyrol*

봄부터 가을까지는 스키는 집에 놔두고, 그림엽서처럼 완벽한 알프스의 풍경 속에서 하이킹을 하자.

오스트리아의 티롤은 스키로 가장 유명하지만, 하이킹을 하기에도 아주 좋은 지역이다. 단, 장거리 하이킹 루트는 없으므로 한두 군데 도시를 근거지로 하여 당일 하이킹을 다녀와야 한다.

인 골짜기(Inn Valley)에 있는 고대 도시 쿠프스타인(Kufstein)이 하이킹 거점으로 가장 이상적인 곳이다. 그곳에서 출발하여 지그재그형 길을 따라 1,999미터 높이의 빌더카이저 산괴(Wilder Kaiser massif)까지 간 다음, 산 속의 호수인 발흐제어(Walchsee)로 간다. 정상에 올라 자메르카이저(Zahmer Kaiser) 봉, 나운스피체(Naunspitze) 봉, 피라미덴스피체(Pyramidenspitze) 봉의 드넓은 풍광을 감상하고 초원과 숲을 따라 내려오자. 아름다운 호수와 자연보호구역을 만나게 될 것이다. 쿠프스타인 남동쪽에 있는 키츠뷔헬러호른(Kitzbüheler Horn)이나 스키 리조트로 유명한 예쁜 산악 마을 쇨(Söll)로 향하는 하이킹 루트도 있다. 쇨에 가게 된다면 하룻밤 묵길 권한다. 그리고 그림엽서에서 튀어나온 것처럼 완벽한 알프스 계곡 풍경을 지나 쿠프스타인으로 돌아가면 된다.

- 케이블카를 타고 브릭센(Brixen)에서 쇨까지 호헤살베(Hohe Salve) 봉 위를 지나 갈 수 있다.
- 탄하이머 골짜기(Tannheimer Valley)도 하이킹을 시작하기에 좋은 곳이다. 티롤 서부에서도 사람들이 많이 찾지 않는 곳으로, 호수 두 개와 도시의 때가 묻지 않은 마을 다섯 개가 있다. 호텔 겸 레스토랑인 '가스토프(gasthofs)'에서 현지 음식을 먹어 보자.
- 이탈리아의 자치주 사우스 티롤 경계 근처에도 멋진 하이킹 루트가 많다. 이 지역을 상징하는 티롤 성도 방문해 보자.

When to go 봄부터 가을이 좋다. 봄과 초여름에는 야생화가 아름답게 피고, 가을에는 짙은 노란색과 황금빛 갈색이 아름다운 조화를 이룬다. 7월과 8월에는 사람이 너무 많을 수 있다.

How Long 이 지역 하이킹은 모두 하루에 가능하다.

Planning 꽤 힘들 수 있기 때문에 출발하기 전에 준비 운동을 해야 한다. 방수 재킷을 입고 자외선 차단크림을 바르고 물을 반드시 준비하자. 발목을 보호할 수 있는 등산화를 신어야 한다.

Inside Information 날씨가 급격히 변할 수 있으므로, 비교적 긴 하이킹을 떠나기 전에는 현지 일기예보를 확인해야 한다.

Websites www.tyrol.com, www.tannheimertal.com

> 프랑스 | 스위스 | 이탈리아

투르 뒤 몽블랑 Tour du Mont Blanc

몽블랑 산 주변을 한 바퀴 돌면서 세 개의 나라와 여섯 개의 고개,
그리고 꽃으로 뒤덮인 초원을 지난다.

    알프스에 있는 투르 뒤 몽블랑은 서유럽에서 가장 높은 봉우리인 해발고도 4,807미터의 몽블랑 산을 둘러싸고 있는 일곱 개의 골짜기들을 잇는 하이킹 루트다. 오래전부터 있어 온 이 고전적인 루트는 프랑스, 스위스, 이탈리아의 세 나라에 걸쳐 있다. 세 나라는 각자의 언어와 문화, 건축술을 지니고 있을 뿐 아니라 각기 다른 몽블랑 풍경을 지니고 있다.
    하이킹의 출발 지점인 프랑스의 휴양 도시 샤모니(Chamonix)에서 시계방향으로 가다가, 이 루트에 위치한 여섯 개의 고개 중 첫 번째 고개인 발므 고개(Col de Balme)를 지나 스위스로 들어간다. 그 다음에는 호숫가 마을인 샹페(Champex)로 향한다. 2,580미

해발고도 2천 미터가 넘는 곳에서 만날지도 모르는 알프스 산맥의 야생 염소 아이벡스. 민첩하게 뛰어서 산비탈을 넘어간다.

터 높이의 그랑 콜 페레(Grand Col Ferret, 이 트레일에서 가장 높은 지점)를 넘으면 이탈리아의 아름다운 아오스타 언덕(Valle d'Aosta)에 접어들게 되고, 그 다음에는 다시 프랑스로 들어가 세뉴 고개(Col de Seigne)를 넘는다.

고대에 가축들이 짐을 나르며 지나던 루트를 따라 가기 때문에 비교적 하이킹하기가 쉽고, 침엽수림과 분홍색 진달래, 자줏빛 이질풀, 짙은 청색의 용담 등이 흩뿌려져 있는 알프스 산지의 초원은 눈을 즐겁게 해 준다. 위쪽으로는 높이 솟은 뾰족한 바위들과 깊고 예리한 크레바스가 여기저기 있는 빙하들, 서 알프스의 큰 봉우리들이 불쑥 그 모습을 보인다. 들려오는 소리라고는 나지막한 소방울 소리와 폭포에서 떨어지는 물소리, 그리고 바위 사이에서 들려오는 마멋의 울음소리뿐이다.

When to go 6월 말부터 9월까지가 좋다.

How Long 총 길이가 160킬로미터 정도 된다. 하루에 5~8시간 걸으면 10~11일쯤 걸린다. 밤에는 산장이나 호텔, 캠핑장에서 묵으면 된다.

Planning 나침반을 비롯한 기본적인 하이킹 장비를 갖춰야 한다. 이 루트에서는 보통 시계반대방향으로 하이킹을 한다. 하지만 시계방향으로 돌아도 무관하므로 8월처럼 너무 많은 인파가 몰릴 때에는 시계방향으로 하이킹을 하자.

Inside Information 이탈리아의 쿠르마예르(Courmayeur)에서 프랑스의 레 샤피외(Les Chapieux)까지 30.5킬로미터에 달하는 긴 구간은 엘리자베타 산장(Rifugio Elisabetta)에서 하룻밤 묵으면서 나눠서 갈 수 있다. 아니면 버스를 타고 이탈리아의 베니 계곡(Val Veni)을 넘어 이곳을 통과할 수도 있다.

Websites www.sherpaexpeditions.com, www.alpineexploratory.com

- 트리앙(Trient)과 샹페 사이의 암석지대 프네트르 다르페트(Fenêtre d'Arpette)까지 하이킹을 해서 올라가자. 트리앙 빙하를 지나 골짜기 사이의 좁은 길(fenêtre)을 따라 올라가면 된다.

- 몽블랑을 오르는 스릴을 느껴 보자. 고산증으로 머리가 아플 수는 있지만 몽블랑 등반은 그리 어려운 일은 아니다. 샤모니나 이탈리아의 쿠르마예르에서 가이드를 고용해서 올라가길 권한다.

- 샤모니에서 케이블카를 타고 에귀 디 미디(Aiguille du Midi)로 올라가서, 몽블랑의 빙원과 그 뒤로 보이는 마터호른의 웅장한 위용을 감상하자. 기차를 타고 몽탕베르(Montenvers)로 올라가면 유럽에서 가장 긴 빙하인 메르 드 글라스(Mer de Glace, 얼음의 바다)를 볼 수 있다.

이탈리아

돌로미테 하이 루트 *The Dolomites High Routes*

낮에는 이탈리아 알프스의 신비로운 석회암 풍경 속에서 하이킹을 하고,
저녁에는 폴렌타를 먹고 그라파를 마시며 휴식을 취하자.

알프스 산지의 푸른 초원 위로 뾰족한 바위산들이 솟아 있다. 높이 올라갈수록 솔향기를 품은 울창한 숲은 백합과 용담이 흐드러지게 피어 있는 고지의 초원으로 바뀐다. 산꼭대기에서는 해양 생물의 화석을 볼 수 있다. 동부 알프스의 바위산들이 멋진 풍광을 자랑하는 돌로미테 산맥은 이처럼 다양한 매력으로 전 세계의 등산가들과 스키어들을 끌어 모은다. 게다가 여덟 개의 장거리 하이킹 루트인 '알테 비에(alte vie, '높은 길'이라는 뜻)' 덕분에, 꼭 등산과 스키가 아니더라도 하이킹을 하면서 이곳의 아름다운 바위산을 경험해 볼 수 있다.

힘든 구간인 '비에 페라테(vie ferrate, '철의 길'이라는 뜻)'는 강철 케이블과 사다리를 타고 올라가야 한다. 이 길들은 원래 제1차 세계대전 중에 오스트리아와 이탈리아의 알프

돌로미테 산맥의 알테 비에를 지나갈 때, 깎아지른 바위산들과 빽빽한 삼림, 알프스의 초원을 만날 수 있다.

스 주둔 군대가 건설했는데, 그 후 연장되어 하이킹 루트로 이용되고 있다. 가장 인기 있는 코스는 알타 비아 1(Alta Via 1, 줄여서 AV1)로, 이 길은 오스트리아에 가까운 브라이에 호수(Lago di Bràies)에서부터 이탈리아 북동부 베네토(Veneto) 주에 위치한 벨루노(Belluno)까지 이어진다. 북에서 남으로 횡단하면서 돌로미테 산맥의 유명한 봉우리들을 넘을 수 있다.

밤에는 일종의 오두막 비슷한 산장(rifugi)에 묵는데, 따뜻한 환영과 신선하게 요리한 폴렌타(polenta, 옥수수 가루로 끓인 죽)를 비롯한 현지 전통 음식들이 제공된다. 해 뜰 무렵과 해질녘에는 뾰족한 바위산들과 탑들이 마치 동화 속에 등장하는 성처럼 오렌지색과 분홍색이 섞인 빛으로 변한다. 밤에는 별들이 빼곡하게 박혀 있는 하늘 아래서 이 지역 특산 술인 그라파(grappa, 포도 짜는 기계 속의 찌꺼기를 증류한 술)를 마시며 사람들과 하이킹 이야기를 나눠 보자.

When to go 6월 말부터 9월 말이 좋다.

How Long AV1은 총 길이가 129킬로미터이고, 10단계로 나뉘어 있다. 15일은 잡아야 한다.

Planning 여름에도 눈, 우박, 비, 작렬하는 태양 등 모든 종류의 날씨에 대비해야 한다. 산장(rifugi)은 공간이 여유롭지 않으므로 클럽 알피노 이탈리아노(Club Alpino Italiano)에 한참 전에 예약을 해야 한다. 가장 쉬운 비에 페라테 구간에서는 추가 장비는 필요하지 않다. 하지만 상급 코스에서는 헬멧과 카라비너(강철 케이블에 걸 수 있는 등산용 고리) 등의 특수 장비가 필요하다.

Inside Information 산장 관리인이 비에 페라테와 이후 코스에 대해 조언을 해줄 것이다. 또한 폭풍을 만난 사람들에게는 긴급 대피처를 마련해 주기도 한다.

Websites www.dolomiti.it

- AV1의 고지점인 라가주이 산(Monte Lagazuoi)에서는 돌로미테 산맥 위로 해가 지는 멋진 광경을 볼 수 있다. 케이블카를 타고 정상의 산장까지 갈 수 있다. 산속에는 회랑, 동굴, 계단이 숨어 있다.
- 돌로미테 산맥은 식물을 관찰하는 걸 좋아하는 사람에게 천국이다. 바닐라 난, 보라색 아이리스, 노란색 금매화 등 희귀 식물을 볼 수 있다.
- AV1을 7월에 걷는다면 프람페레(Pramperet) 산장에서 열리는 일요일 점심의 콘서트를 놓치지 말자. 성가대원들이 저 밑의 골짜기에서부터 올라와서 자연적으로 조성된 바위 원형극장에서 아리아를 노래한다.

움브리아에서는 포도나무, 올리브 나무, 과일나무들이 자라는 계단식 농지 위로 솟은 언덕 위의 마을들을 지난다.

이탈리아

움브리아 산책 *Walking in Umbria*

아씨지의 성인(聖人) 프란체스코의 정신이 서려 있는 아름다운 지방에서
시골길을 하이킹하는 매혹적인 경험을 할 수 있다.

토스카나(Toscana)와 움브리아(Umbria)는 자매와도 같은 마을이다. 육지로 둘러싸인 움브리아가 토스카나에 비해 관광객과 하이커가 덜 찾아온다는 점만이 다르다. 토스카나와 마찬가지로 움브리아도 완만한 언덕, 사이프러스 나무, 에트루리아 시대와 중세 시대의 언덕 마을 등 고전적인 이탈리아 풍경을 지니고 있다. 하지만 움브리아가 좀 더 꾸미지 않은 그대로의 모습을 간직하고 있다.

울퉁불퉁한 바위와 가파른 언덕, 험하고 돌투성이인 길 등 아직 망가지지 않은 자연을 느낄 수 있는 이곳의 하이킹 거점은 아씨지(Assisi)란 마을이다. 성 프란체스코가 태

어난 곳이기도 한데, 언덕 위로 흰 돌탑들이 푸른 하늘을 향해 높이 솟아 있는 모습이 아름답다. 그 외에도 시골로 이어지는 멋진 길들이 많이 있는데, 그중 한 코스는 동쪽으로 수바시오 산(Monte Subasio, 1,289미터)의 안개 낀 봉우리들로 이어진다. 이 산에서는 360도로 펼쳐진 주변 전경을 즐길 수 있다. 산 위쪽에는 살쾡이와 참매, 대머리수리 등이 산다.

남쪽으로 내려가면 향기를 풍기는 올리브 숲과 오래된 털가시나무 숲이 중간 중간 자리 잡은 초록의 골짜기가 나온다. 아니면 북쪽으로 키아시오 강(Chiascio River)을 따라갈 수도 있다. 이 강변에는 예쁜 야생화들과 햇빛을 받은 들판이 우리를 기다린다. 움브리아의 바위투성이 길들은 여러 방향으로 뻗어 나간다. 그 길이 어디로 이어질지, 무엇을 보게 될지 전혀 모른 채, 느긋하게 하루 종일 산책을 할 수 있다는 점이 이 지역의 가장 큰 매력이다.

- 하루 종일 하이킹을 하고 난 후 움브리아의 멧돼지 햄 요리를 먹어 보자. 양도 많고 영양도 풍부하며 맛도 좋다. 예산이 허락한다면 세계에서 가장 귀한 진미 중 하나인 움브리아의 송로(松露)버섯도 먹어 보자.
- 늑대와 멧돼지를 조심해야 한다. 하지만 이 둘 중 한 가지라도 보는 것은 매우 드문 일이다.
- 아씨지에서는 중세에 지어진 성 프란체스코 대성당이나 미네르바 신전도 놓치지 말자. 밤에는 도시의 빛에 오염되지 않은 별빛 가득한 하늘을 올려다보자.

When to go 3월부터 8월이 좋다. 봄에서 초여름 사이에는 햇빛도 눈부시고 일몰도 무척 아름답다.

How Long 시골 마을을 충분히 탐험하려면 적어도 일주일은 필요하다. 다양한 길이의 수많은 하이킹 루트가 있으므로 마음 내키는 대로 선택하면 된다.

Planning 아씨지에 호텔을 예약하여 그곳을 거점으로 하이킹을 하거나 스펠로, 스폴레토, 라베냐, 몬테팔코, 토디, 오르비에토 등 도시에서 도시로 옮겨 다닐 수도 있다. 일부 여행사에서는 모든 편의 시설을 제공하는 하이킹 상품을 운영한다.

Inside Information 가능하면 자동차는 렌트하지 않는 게 좋다. 이탈리아 인들은 난폭하게 운전하기로 유명하고, 이 지역은 가파른 언덕과 급격한 커브도 자주 등장한다.

Websites www.umbriatourism.com, www.assisionline.com

친퀘테레의 한 마을인 마나롤라 풍경. 리구리아 해로 삐져나온 곶 위에 원색의 집들이 빽빽하게 서 있다.

이탈리아

친퀘테레 *The Cinque Terre*

보석 같은 친퀘테레의 다섯 마을을 이어 주는 '푸른 길'을 걸어 보자. 발밑으로는 리구리아 해의 반짝이는 푸른빛 물이 수평선까지 뻗어 있다.

    이탈리아 북서부 리구리아(Liguria) 해안의 바위로 된 해안선에 있는 두 개의 벼랑 사이에 동화처럼 예쁜 다섯 마을, 친퀘테레(Cinque Terre)가 자리 잡고 있다. 그리고 그 사이로 해안선을 따라 센티에로 아주로(푸른 길)가 지나간다.

    다섯 마을은 리오매기오레(Riomaggiore), 마나롤라(Manarola), 코니글리아(Corniglia), 베르나차(Vernazza), 몬테로소 알 마레(Monterosso al Mare)인데, 전통적인 어촌의 예스러운 정취와 이탈리아 특유의 우아함이 잘 결합되어 있다. 따뜻한 파스텔 색조로 칠해진 주택들이 리구리아 해안가 가파른 비탈에 다닥다닥 붙어 있는 모습을 보면, 자기도 모르게 입가에 미소가 번지며 기분이 좋아질 것이다. 예상치 못한 각도로 뻗어 있는 좁은 길과 카루기(carugi)라 불리는 골목들은 뜻밖의 바다로 우리를 안내하곤 한다. 머리 위에 걸린 빨랫줄에서는 옷들이 미풍에 흔들리고, 자동차들이 주차되어 있어야 할 곳에는 나무로 된 배들이 쉬고 있다. 마을 사이로는 자그마한 올리브 숲과 레몬 숲이 있고, 밤나무들은 그늘을 드리우고 서 있다. 이 지역의 특징 중 하나인 계단식 농지에는 포도밭이 언덕 위까지 이어진다.

리오매기오레 마을의 식품점에 진열되어 있는 각종 음식들.

베르나차 근처의 하이킹 루트를 수놓고 있는 양귀비들.

다섯 마을은 각기 고유한 특징을 지니고 있는데, 하이킹은 다섯 마을 중 가장 예쁜 마을인 남동쪽의 리오매기오레에서 시작된다. 그 다음 비아 델 아모르(Via dell' Amore, 연인들의 길)를 따라 가장 오래된 마을인 마나롤라로 간다. 1920년대, 절벽의 암벽에 조성된 이 길은 하이킹 루트 전체에서 가장 쉬운 구간이라 할 수 있다.

다음 단계는 368개의 계단을 올라서 코니글리아로 올라가는 것인데, 가장 내륙 쪽에 있는 코니글리아는 다른 마을들에 비해 더 소박하고 평화롭다. 코니글리아에서 가파른 오르막을 오르면 베르나차에 다다른다. 베르나차는 어부들이 많이 살고 있는 고요한 마을이다. 벨포르트 탑(Belforte tower)은 리구리아 해 쪽으로 튀어나온 곳 위에 서 있는데, 이곳에 오르면 베르나차의 항구와 해안의 멋진 풍광을 즐길 수 있다. 이 마을을 지나면 종착지인 몬테로소 알 마레에 도착하게 된다. 이곳은 관광객들로 늘 붐빈다.

- 베르나차에 있는 벨포르트 탑은 과거에 망루였는데, 이곳의 야경꾼이 크게 외치는 소리 때문에 벨포르트('큰 외침'이라는 뜻)라는 이름이 붙었다.
- 각 마을에는 언덕 위에 성모마리아를 모신 사당이 있다. 운이 좋으면 사당에서 열리는 축제를 구경할 수도 있을 것이다. 퍼레이드와 불꽃놀이 등 다양한 행사가 열린다.
- 이 지역 특산물인 안초비(멸치의 일종)와 특산 와인 두 가지, 친퀘테레라는 이름의 화이트 와인과 시아케트라(Sciacchetrà)라는 이름의 디저트 와인을 맛보자.
- 리구리아는 페스토 소스(pesto sauce)가 탄생한 곳이다. 이 지역 기후는 바질이 자라기에 아주 완벽한데, 이곳 사람들은 바질에 치즈, 마늘, 잣, 올리브오일을 섞어 페스토 소스를 만든다.

When to go 3월부터 5월이 좋다.

How Long 총 길이는 11.3킬로미터다. 마을들을 돌아다니며 관광하는 것까지 하루 걸린다.

Planning 병에 든 생수와 자외선 차단크림은 필수다. 코니글리아에서 베르나차까지 가파른 언덕길은 몸 상태가 괜찮을 때만 올라가자. 1시간 30분에서 2시간 정도 소요된다.

Inside Information 오후 1시에서 4시 사이에 마을 사람들은 시에스타(낮잠)를 즐기며, 가게도 모두 문을 닫는다. 따라서 이 시간대는 마을을 둘러보기보다는 하이킹을 하기 좋다. 전체 루트를 하이킹하고 싶지 않거나 시간이 부족한 경우에는 마을과 마을을 잇는 기차를 타도 된다.

Websites www.cinqueterre.it, www.cinqueterreonline.com

포르투갈

마데이라 섬의 레바다 *The Levadas of Madeira*

마데이라 섬의 관개수로인 레바다를 따라 하이킹을 하며, 이 낙원과도 같은 섬의 다채로운 경치를 탐험해 보자.

포르투갈 남서쪽 대서양에 위치한 마데이라(Madeira) 섬에는 놀라울 정도로 복잡한 수로망이 있다. '레바다(levada, 포르투갈어 levar는 '옮기다'라는 뜻이다)'라고 불리는 이 수로는 터널을 통과하고 수도교를 넘어, 흔히 낙원이라고 묘사되는 땅을 건너 흐른다. 그리고 산꼭대기에서 내려온 빗물을 섬의 계단식 농지에 조성된 사탕수수 농장과 포도밭으로 운반한다.

이 수로의 역사는 포르투갈 인들이 이 섬에 처음 도착했던 15세기로 거슬러 올라간다. 좁은 운하들의 총 길이는 1,996킬로미터에 달하는데, 향기로운 초목이 자라고 있는 넓은 산책로 옆의 작은 냇물도 있고, 몇 세기 전, 버들가지로 만든 바구니에 매달린 인부들이 산기슭을 쪼개어 만든 급경사면의 수로도 있다. 레바다를 따라 이 섬의 다양한 기후를 경험하는 갖가지 하이킹을 할 수 있다. 사실, 바로 이 다양한 기후가 애초에 수로를 만들어야 했던 이유였다.

봄날, 레바다 주변에 피어난 선명한 색의 야생화.

마데이라 섬의 숲속 골짜기 위로 지나는 오래된 수도교. 그 옆으로 난 산책길은 레바다를 관리하기 위해 만들어졌다.

첫 번째 하이킹 코스로는 섬 북동쪽의 외진 지역에 있는 레바다 다 세라 데 사웅 호르헤(Levada da Serra de São Jorge)가 좋다. 해안 마을인 산타나 위로 솟은 899미터 높이의 퀘이마다스(Queimadas)에서 출발하여 서쪽으로 나아가면, 아래쪽 골짜기 사이에 자리 잡은 마을의 아름다운 풍경과 에메랄드그린 색 경치가 펼쳐진다. 길은 폭포를 지나고 짧은 터널 몇 개를 통과한 다음, 칼데이랑 베르데(Caldeirão Verde, '녹색 솥'이라는 뜻)에 도착한다. 칼데이랑 베르데에서는 웅장한 폭포가 305미터 아래로 떨어진다. 몸 상태가 괜찮고 현기증이 나지 않는다면, 가파른 절벽 아래로 여러 개의 폭포가 떨어지고, 좁은 협곡 사이로 물살이 세차게 흘러가는 칼데이랑 두 인페르누(Caldeirão do Inferno, '지옥의 솥'이라는 뜻)까지 가도 된다.

When to go 연중 어느 때든 좋다. 보통 여름에는 비가 적게 오고 겨울은 따뜻하다.

How Long 퀘이마다스에서 칼데이랑 베르데까지 갔다가 다시 돌아오면 13킬로미터쯤 되고 4~5시간이 걸린다. 다른 레바다 몇 군데도 하이킹하려면 총 4~5일은 잡아야 한다.

Planning 오래된 레바다 중에는 하이킹하기가 힘들고 가파른 곳들도 있다. 그런 곳을 하이킹하려면 체력이 좋아야 한다. 또한, 하이킹을 시작하고 끝내는 장소까지 자동차로 오갈 수 있도록 미리 준비를 해 둬야 하며, 차가 없을 경우엔 마데이라 섬의 무척 저렴한 택시라도 이용하자. 대부분의 레바다는 꽤 길고 왕복 10시간이 넘는 곳들도 있기 때문이다.

Inside Information 마데이라 섬의 법은 물질적 피해나 개인적 상해 모두 개인의 책임으로 여긴다. 따라서 매우 행동을 조심해야 하고, 혼자 다녀서는 안 된다. 가이드 투어를 이용하자.

Websites www.madeira-explorers.com, www.madeiratourism.org,

- 가장 유명한 레바다 중 하나가 마데이라 섬의 주도인 푼찰(Funchal) 북쪽에 있는 리베이라 프리우(Ribeira Frio)에서 시작된다. 이 레바다는 편도 12킬로미터 길이로 포르텔라(Portela)까지 이어지는데, 하이킹하는 건 힘들지만 그만한 가치가 있다. 길 끝에서 만나는 포르투다 크루즈(Porto da Cruz) 항구와 독수리 바위의 풍경은 매우 인상적이다.

- 마데이라 섬 서반부의 피쿠 두 아리에루(Pico do Ariero)에서 아차다 두 테이세이라(Achada do Teixeira)까지 이어지는 13킬로미터 길이의 하이킹 코스 양쪽에는 고대의 나무들과 바위들이 줄지어 있다. 이 코스에서 이 섬에서 가장 높은 지점인 1,640미터의 피쿠 루이부(Pico Ruivo) 산을 지나게 된다.

- 레바다 다스 25 폰테스(Levada das 25 Fontes)는 라바살에서 절벽 아래에 있는 한 호수까지 이어진다. 25개의 천연 샘물이 그 호수로 폭포처럼 떨어진다.

TOP 10

도시의 성곽 *City Walls*

도시를 보호하고 공격에 대항하기 위해 세워진 오래된 성벽들. 그 벽돌과 회반죽 속에 묻힌 역사를 만나 보자.

❶ 카르타헤나 Cartagena 콜롬비아

카리브 해의 햇빛을 받은 그늘진 아름다운 광장과 자갈이 깔린 거리는 카르타헤나가 카리브 해의 보석 같은 도시이던 시절 이후로 5세기 동안 거의 달라진 게 없다. 해적들로부터 황금을 보호하기 위해 세운 산 펠리페 요새(Castillo de San Felipe)도 놓치지 말자.

Planning www.cartagenatravel.com

❷ 시안 Xi'an 중국

성벽 위를 걷거나 자전거를 타고 지나면서 3천 년 역사를 내려다보자. 명나라(1368~1644)가 시작되면서 확장된 13.7킬로미터 길이의 이 성벽은 한때 중국에서 소아시아까지 이어지던 실크로드를 감시하던 길이다.

Planning www.cnto.org

❸ 파테푸르 시크리 Fatephur Sikri 인도

지금은 버려진 이 도시의 붉은 성벽은 16세기 후반 잠깐 동안 무굴 제국의 수도를 보호했다. 궁, 모스크, 마구간, 하렘(기독교도와 힌두교도 부인들을 위한 방) 등 무굴 제국의 힘을 보여 주는 모든 것들이 여기에 있다.

Planning 아그라(타지마할이 있는 곳)에서 차와 기사를 고용해서 방문한다. 이른 아침이나 늦은 오후에 방문하는 게 좋다. www.agratourism.org

❹ 바쿠 Baku 아제르바이잔

12세기에 건설된 이 아라비아식 성벽에서는 유럽과 아시아의 교차로를 볼 수 있다. 바쿠 구시가지는 자갈이 깔린 미로 같은 예쁜 골목, 아름다운 궁전, 대상들의 숙소, 하나의 거대한 암석으로 이루어진 그즈칼라시 탑(소녀의 탑) 등 멋진 볼거리들이 많이 있다

Planning www.advantour.com

❺ 사다 Sa'dah 예멘

16세기에 건설된 이 성벽에서는 모스크, 이맘(Imam)의 요새, 포도와 석류로 가득한 정원이 딸린 흰색 진흙과 벽돌로 지어진 높은 가옥 등이 어우

러진 도시 풍광을 바라볼 수 있다. 활기 넘치는 시장에서는 허리에 원색 천을 감고 머리에 두른 띠에 꽃을 꽂은 상인들이 물건을 팔고 있다.

Planning www.yementourism.com

❻ 예루살렘 Jerusalem 이스라엘

예루살렘 구시가지를 감싸고 있는 오래된 성벽을 따라 걷는 것은 이 도시를 방문하는 사람이라면 반드시 해야 하는 일이다. 이 성벽은 쉴레이만 1세가 1536년에 다시 건설했던 당시의 모습을 그대로 유지하고 있다.

Planning 자파 게이트(Jaffa Gate)나 다마스쿠스 게이트(Damascus Gate)로 들어간다. www.jerusalem.muni.il

❼ 두브로브니크 Dubrovnik 크로아티아

두브로브니크의 1.6킬로미터 길이의 성벽 위에서 구시가지의 붉은 지붕들과 아드리아 해의 반짝이는 푸른 물을 두 눈 가득 담아 보자. 구시가지에는 바로크 양식의 성 이그나티우스 교회(Church of St. Ignatius)와 프란체스코 수도원 등 아름다운 건물들이 많이 있다.

Planning 파일 게이트(Pile Gate)에서 입장권을 구입한다. www.dubrovnik-guide.net

❽ 루카 Lucca 이탈리아

루카는 이탈리아에서는 유일하게 도시 전체가 성벽으로 둘러싸여 있다. 성벽 안의 궁, 탑, 교회, 아름다운 정원 등을 둘러보자. 포도밭, 저택들, 산으로 이루어진 풍경 속에서 토스카나의 옛 모습을 엿볼 수 있다.

Planning 자전거를 빌릴 수 있다. www.welcometuscany.it

❾ 아빌라 Ávila 스페인

아빌라는 스페인의 기독교도들과 이슬람교도였던 무어인들 사이의 충돌에 있어 중요한 곳이었다. 그래서 기독교 건축 양식과 이슬람 건축 양식을 모두 지니고 있으며, 양쪽 후손들 모두 이 성벽을 소중하게 보존하고 있다.

Planning 마드리드에서 당일치기로 다녀올 수 있다. 4월부터 10월까지 개방한다. www.avila.world-guides.com

❿ 그레이트 짐바브웨 Great Zimbabwe 짐바브웨

아프리카 사바나 초원에 황량한 언덕을 배경으로 서 있는 그레이트 짐바브웨는 높이가 9.8미터, 두께가 5미터에 달한다. 적지 않은 고고학자들이 연구했지만, 돌로 된 이 폐허는 아직도 미스터리로 싸여 있다.

Planning 하라레(Harare)와 불라와요(Bulawayo)에서 이곳까지 버스가 운행된다. www.zimbabwetourism.co.zw

협곡의 절벽에 나무들이 뿌리를 내리고 있다. 위대한 자연 속에서 소인족이 된 듯한 느낌을 받게 된다.

그리스

사마리아 협곡 *Samaria Gorge*

크레타 섬 서부의 산지에 나 있는 이 진기하고도 좁은 계곡은 야생동물의 안식처로,
공기 냄새는 향기롭고 냇물은 수정처럼 맑다.

크레타 섬 서부 레브카 오리(Levkà Óri, '하얀 산'이라는 뜻)의 오말로스 고원(Omalos plateau)에서 따뜻한 남쪽 해안으로 이어지는 사마리아 협곡은 유럽에서 가장 길고 깊은 협곡 중 하나다. 이 협곡의 머리는 실로스칼로(Xiloskalo)에서 마치 바위에 뚫린 들창처럼 갑자기 나타난다. 실로스칼로란 이름은 현지인들이 협곡을 오르기 위해 만든 험한 계단 이름에서 따온 것이다.

현기증이 날 듯한 이 길은 소나무와 사이프러스 숲을 통과하여 1,006미터를 내려간다. 바닥에 이르기 직전에 자그마한 아지오스 니콜라오스(Ágios Nikólaos) 교회가 나타나는데, 이후로는 길이 평평해진다. 하지만 웅장한 경치는 계속 이어지고 공기 중에는 허브향이 가득하다. 버려진 사마리아 마을을 지나면 골짜기는 서서히 좁아지고, 마침내 '철의 문(Iron Gates)'이라 불리는 세로로 길게 갈라진 틈이 나타난다. 거기서부터 해안으로 이어지는 마지막 구간은 평탄한 지형이지만, 다리는 아프고 그늘도 거의 없다. 하지만 조금만 더 힘을 내서 매력적인 아지아 루멜리(Agía Rouméli) 마을에 다다르면, 그 모든 수고가 한 번에 다 보상받는 느낌을 받을 것이다.

When to go 이 협곡은 5월 초부터 10월 말까지만 개방되고, 비가 오면 폐쇄된다. 5월에는 너무 덥지도 않고 관광객도 많지 않으며 야생화가 흐드러지게 피므로 하이킹하기에 가장 좋다.

How Long 오말로스(Omalos) 마을에서 해안까지 총 20킬로미터밖에 안 되지만, 중간 중간 쉬는 시간까지 합해서 5~7시간은 잡아야 한다.

Planning 오말로스에서 하룻밤 묵은 후, 인파를 피해 이른 아침에 출발하자. 현지 전문가와 함께 계획적으로 여행하는 게 좋다. 구간에서는 음식을 전혀 구할 수 없으므로 미리 준비해 가야 한다.

Inside Information 골짜기에 종종 있는 샘의 물을 마실 수 있으므로 생수는 한 병만 가져가면 된다. 바위투성이인 길이 많기 때문에 발목까지 올라오는 등산화를 신어야 하고, 7월이나 8월의 오후에 더위 속에서 트레킹하는 것은 삼가도록 한다.

Websites www.great-adventures.com, www.west-crete.com, www.explorecrete.com

- 사마리아 협곡에서는 산양을 볼 수도 있고, 운이 좋으면 크레타 아이벡스(염소의 일종)를 볼 수도 있다. 이곳에 서식하는 조류 중에는 수염수리 같은 맹금류도 있다.
- 아지오스 니콜라오스(성 니콜라스) 교회는 사이프러스 나무들 사이에 서 있다. 그 교회 밑에는 아폴로 신에게 바치는 신전이 있다는 전설이 전해진다.
- 버려진 사마리아 마을은 잠시 쉬어가기 좋은 곳이다. 비잔틴 양식의 오시아 마리아(Óssia María, 성모 마리아) 교회가 둘러볼 만한데, 이 마을과 협곡의 이름은 모두 이 교회에서 따온 것이다.
- 협곡의 남쪽 끝에 있는 '철의 문'에서 골짜기의 양쪽 벽 사이는 3.4미터밖에 되지 않지만, 골짜기의 높이는 그 폭의 백 배에 달한다.
- 길이 끝나면 아지아 루멜리 마을이 우리를 맞이하는데, 이 마을에는 매력적인 술집과 식당, 여관들이 있다. 맑고 따뜻한 리비아 해(Libyan Sea)의 물에 몸을 담가 보자.

> 모로코

아틀라스 산맥 *High Atlas Mountains*

아프리카 북부 아틀라스 산맥에서 가장 높은 봉우리인 투브칼로 트레킹을 떠나면, 베르베르 마을 사람들이 친절하게 우리를 맞아 줄 것이다.

성 같은 '카스바'가 험한 바위산 위에 올라 앉아 있다. 메마른 풍경 속으로 한 줄기 강이 초록빛 리본처럼 굽이굽이 흘러가고, 바위로 된 산비탈에 지붕이 평평한 집들로 가득한 마을이 자리 잡고 있다. 이곳은 밝은 색 피부의 베르베르 인들(북아프리카 산지에 사는 종족)의 고향이다. 베르베르 인들은 목축을 하고 산기슭의 계단식 농지에서 밀, 보리, 옥수수를 재배하며 살아간다.

이 독특한 풍경 속으로 트레킹을 할 때, 우리의 짐은 노새들이 운반해 줄 것이다. 노새를 모는 사람이 "얄라!(가자!)"라고 외치면 트레킹이 시작되고, 밤에는 서양 협죽도 향기가 가득한 냇물에서 개구리들이 울어 댄다.

아몬드나무와 호두나무 숲을 내려다보는 바위로 된 골짜기에 진흙으로 만든 집들이 다닥다닥 붙어 있다.

아프리카 북부의 아틀라스 산맥은 현대의 삶과는 동떨어진 세계로, 모로코 중심부에서부터 몇 백 킬로미터에 걸쳐 뻗어 있다. 겨울이면 눈으로 덮이는 아틀라스 산맥의 최고봉, 북아프리카에서 가장 높은 산인 해발고도 4,167미터의 예벨 투브칼(Jebel Toubkal)이다. 이 산이 트레킹의 목적지다.

장밋빛 도시 마라케쉬(Marrakech)에서 자동차로 미잔 골짜기(Mizane Valley)까지 간 다음 그곳에서 트레킹을 시작하자. 처음에는 코스가 비교적 쉬워서 천천히 고도에 적응할 수가 있다. 고리 모양 코스를 따라 예벨 투브칼 아래쪽의 골짜기에 위치한 마을들을 지나면서, 개구쟁이 아이들을 만나거나 구운 아몬드를 먹고, 톡 쏘는 맛의 시원한 민트차를 마실 수도 있다. 예벨 투브칼 정상까지 가파른 경사면을 올라가는 건 4시간 정도가 소요된다. 힘이 들긴 하지만 정상에 올라서면 아틀라스 산맥 서쪽의 눈 덮인 봉우리들이 시원하게 펼쳐진다.

- 시간을 내서 마라케쉬를 관광해 보자. 마라케쉬에서는 당나귀가 끄는 수레가 자동차 사이를 비집고 다니고, 밤에는 뱀 부리는 사람들과 곡예사들, 만담가들이 횃불이 밝혀진 젬마 엘 프나(Djemma el Fna) 광장에서 공연을 펼친다.
- 아룸드(Aroumd) 주변의 아몬드 나무와 호두나무 그늘 밑에서 휴식을 취하자. 미잔 골짜기의 계단식 농지 위에 자리 잡은 이 마을의 진흙집들은 너무 붙어 있어서 어디가 시작이고 끝인지 알기 힘들다.
- 예벨 투브칼 남동쪽에 있는 이프니 호수(Lac d'Ifni)의 우윳빛 감도는 청옥색 물에 몸을 담가 보자. 이 호수는 아틀라스 산맥에서 유일하게 큰 호수다.

When to go 4월부터 9월까지가 좋다. 겨울에도 트레킹을 할 수는 있지만, 쇄빙 도끼와 쇠갈고리를 가지고 가야 한다.

How Long 베르베르 족 마을들을 들렀다 예벨 투브칼 정상까지 올라가려면 총 80킬로미터다. 2주는 잡아야 한다.

Planning 튼튼한 등산화와 자외선 차단크림, 햇볕 가리는 모자를 포함한 가볍고 내구성 있는 하이킹 장비가 필요하다. 여름에는 가벼운 침낭도 가져가야 한다. 정수약은 반드시 가져가고, 손전등이 있으면 유용하다.

Inside Information 예벨 투브칼 주변의 임릴(Imlil), 아룸드(Aroumd), 타케드디르트(Tacheddirt) 등의 마을에서 가이드와 노새 등을 구할 수 있다.

Websites www.explore.co.uk, www.nomadicmorocco.com

> 탄자니아

킬리만자로 등반 *Climbing Kilimanjaro*

아프리카에서 가장 높은 산에 오르면서, 사바나의 초원에서부터
정상의 빙하까지 모두 만나 보자.

    아프리카에서 제일 높은 산인 킬리만자로를 오르다 보면 저지대의 숲과 황무지는 얼마 안 가 고지대의 사막으로 바뀌고, 정상에 다다르면 푸른 줄무늬가 있는 빙하가 나타난다. 킬리만자로 등산은 킬리만자로 국립공원 입구에서 시작한다. 장작 위에서 끓이는 우갈리(ugali, 옥수수죽) 냄새와 수다 떠는 여자들 목소리, 아이들이 노는 소리가 주변에 가득하다.
    트레킹을 시작하고 얼마 지나지 않아 우림이 등장하는데, 우림 속 공기는 축축하고 안개가 자욱하며, 하늘을 가리는 무성한 나무 사이에 이끼로 덮인 덩굴이 늘어져 있다. 긴꼬리원숭이들이 사람을 발견하고 소리를 질러 대지만, 걸음을 멈추고 잠시 가만히 서 있으면 그들은 호기심에 입을 다문다. 두 번째 날, 숲속 길은 황무지 속으로 이어진

평원에서 먹을 것을 찾고 있는 위풍당당한 기린의 모습. 뒤로는 만년설을 머리에 인 킬리만자로가 솟아 있다.

다. 황무지에는 거대한 로벨리아와 개쑥갓이 드문드문 나 있다. 그리고 길은 오르막으로 변하기 시작한다.

좀 더 올라가면 마치 달 표면 풍경 같은 바위로 덮인 고산지대의 사막이 나타나고, 조금 더 가면 키보(Kibo) 봉과 마웬지(Mawenzi) 봉 사이의 안장처럼 살짝 들어간 부분에 다다른다. 킬리만자로는 하나의 산이지만 화산으로 생겨난 키보, 마웬지, 시라(Shira) 등 세 개의 봉우리가 있다. 마지막 구간은 밤에 오르게 되는데, 돌로 뒤덮인 산비탈의 지그재그형 길을 따라 천천히 마지막 힘을 다해서 올라가면, 여명이 산꼭대기의 눈을 분홍빛으로 물들일 때쯤 킬리만자로 산의 정상이자 아프리카에서 가장 높은 지점인 우후루(Uhuru) 봉에 발을 딛게 된다. 우후루는 키보 봉의 분화구 테두리에 위치하고 있으며, 해발고도가 5,894미터나 된다.

When to go 1월, 2월, 9월이 좋다.

How Long 편도 48킬로미터쯤 된다. 올라갔다가 내려오는 데 5일 정도는 걸린다.

Planning 킬리만자로에 오르는 루트는 몇 개가 있다. 마랑구 루트(Marangu Route)가 가장 인기 있는데, 이 루트에는 숙박할 수 있는 산장들도 있고, 비상 대피 시설도 마련되어 있다. 많은 여행사들이 가이드와 짐꾼과 함께 등반하는 상품을 제공한다. 트레킹을 시작하기 전에 1천 5백 미터 위쪽에서 적어도 일주일은 고도에 적응하는 시간을 갖자.

Inside Information 더 빨리 갈 수 있을 것 같은 기분이 들어도 천천히 가는 게 좋다. 물을 하루에 3~4리터 정도 충분히 마셔야 한다. 너무 추워서 카메라를 손에 들고 있기 힘드므로, 정상에서 사진을 찍을 때 쓸 수 있게 삼각대를 가져가면 좋다.

Websites www.climbingkilimanjaro.com, www.responsibletravel.com

- 이곳 우림에는 콜로부스 원숭이와 푸른원숭이 등 다양한 야생동물과 코뿔새, 날개 깃털이 선홍색인 투라코 등 온갖 이국적인 새들이 많이 서식하고 있다. 운이 좋으면 숲속을 어슬렁거리며 다니는 표범을 볼 수도 있다.

- 루트를 조금 돌아서 가면 수목한계선 바로 위에 있는 마운디 분화구(Maundi Crater)로 갈 수 있다. 맑은 날이면 키보 봉을 덮고 있는 빙하가 햇빛을 받아 반짝이는 모습을 볼 수 있다.

- 우후루 봉 위에 올라서면 그야말로 아프리카의 지붕에 올라서 있다는 생각에 흥분을 억누를 수 없을 것이다. 주변의 빙하와 얼음 절벽부터 저 아래의 평원까지 아름다운 풍경이 한눈에 들어온다.

붉은색, 갈색, 푸른색으로 이루어진 드라켄즈버그 산맥의 메마른 풍경.

남아프리카공화국

드라켄즈버그 산맥 *The Drakensberg*

아프리카 남부에서 가장 높은 드라켄즈버그 산맥은 하이커들의 천국으로, 가벼운 산책 코스부터 험한 등산 코스까지 온갖 종류의 트레킹 코스가 있다.

    우뚝 솟은 산의 기슭과 깊은 골짜기 사이로 냇물과 폭포가 흐르고, 중간 중간 사암 절벽과 높은 암벽이 나타난다. 남아프리카공화국 남동부의 이스턴케이프(Eastern Cape) 주에서 레소토(Lesotho, 아프리카 남부에 위치한 내륙 국가)를 통과하여 다시 남아프리카공화국의 쿠아줄루-나탈(KwaZulu-Natal) 주로 이어지는 이 산맥은, 아프리카어로 '용의 산'이라는 뜻의 드라켄즈버그 산맥(the Drakensberg)이다.

    하이킹을 즐기는 사람들이 가장 주목할 곳은 레소토와 쿠아줄루-나탈 주 경계에 위치한 커시드럴 산맥(Cathedral range)이다. 커시드럴 피크, 벨, 이너 혼즈, 아우터 혼즈, 체스멘 등의 봉우리들이 절벽 가장자리에 솟아 있는데, 이 경이로운 풍경 사이로 수많은 길들이 나 있어서 다양한 형태의 하이킹을 가능하게 한다. 천천히 산책하듯 걸으면서 부시맨들의 고대 벽화가 남아 있는 동굴로 가볼 수 있는 길도 있고, 높은 봉우리들로 이어지는 체인 사다리를 따라가는 길도 있다. 자이언트 캐슬 자연보호구역(Giant's Castle Nature Reserve) 내에 있는 월드 뷰(World's View)로 올라가는 하이킹 루트 꼭대기에 올라서면 360도로 전망을 즐길 수 있다.

경사가 더 가파른 길을 원한다면, 오-수르스 산(Mont-aux-Sources)과 951미터 높이의 투겔라 폭포(Tugela Falls)로 하이킹을 떠나 보자. 몽크 카울(Monk's Cowl) 지역에서는 줄루 동굴(Zulu Cave)에서 캠핑을 하면서 폭포 뒤에서 하룻밤을 보내고, 디디마 계곡(Didima Gorge)을 탐험하러 가자. 그랜드 트래버스(Grand Traverse)는 경험 많은 등반가들이 마지막으로 도전하는 곳으로, 드라켄즈버그 산맥의 동쪽 절벽을 따라 12일~16일 동안 가야 한다.

When to go 연중 어느 때 가도 좋다. 겨울(5월~8월)이 날씨가 가장 안정되어 따뜻하고 맑은 편이다. 여름(9월~4월)은 비와 뇌우가 갑자기 찾아올 때가 많다.

How Long 맛보기로라도 이 지역을 즐기려면 최소한 3일은 잡아야 한다.

Planning 1박 이상으로 하이킹을 하는 사람들은 대부분 동굴에서 잠을 잔다. 동굴은 12명 정도까지 수용할 수 있는 크기가 많다. 동굴 숙박은 미리 예약을 해야 하고 텐트도 가져가야 한다. 날씨가 나빠지면 동굴에 공간이 없을 수도 있다. 여름에도 밤이면 춥기 때문에 품질 좋은 침낭을 가져가도록 한다.

Inside Information 물을 충분히 가져가고, 강이나 냇물을 만나면 수시로 물을 채우자. 출발하기 전에 산악 구조 명부(Mountain Rescue Register)를 작성해야 하고, 산에서 내려와서도 명부에 서명을 해야 한다.

Websites www.kznwildlife.com, www.bergfree.co.za

- 바위 개코원숭이가 짖는 소리에 귀를 기울이고, 부시벅, 오리비, 마운틴 리드벅, 다이커, 일런드 등 여러 종류의 영양을 찾아보자. 밤에 운이 좋으면 개미핥기와 호저(가시도치)를 볼 수도 있다. 또한 이 지역에는 머리 위로 수염수리와 독수리가 날아다닌다.
- 봄에는 온갖 야생화가 카펫처럼 깔리고, 가을에는 분홍색, 흰색, 빨간색 꽃들이 허리 높이만큼 흐드러지게 핀다. 골짜기에는 소철과 프로테아(protea)가 여기저기 고개를 들고 있다.
- 얼음처럼 차가운 산속의 물에 손을 담가 보고, 바위틈에 숨은 수정처럼 맑은 연못에서 헤엄을 쳐 보자.

5

인간의 무한한 상상력을 느끼는
문화 탐험 여행

In Search of Culture

이 장에서 소개하는 여행들은 인간의 정신과 마음으로 떠나는 여행이라 할 수 있다. 모든 여정이 인간의 무한한 상상력을 느낄 수 있는 것들로 가득하다.

목적지들 중에는 세계적으로 유명한 곳들도 있고, 숨어 있는 보석 같은 곳들도 있다. 역사시대 초기로 거슬러 올라가 보는 것도 있고, 지금도 살아 움직이는 작품을 만나는 여행도 있다. 종교적 성지, 예술적 재능의 온상, 고대 문화의 숨결과 잃어버린 세계의 파편이 남아 있는 유적지 등 모든 곳이 이 여행의 목적지가 될 수 있다.

프랑스 인상주의 화가들이 자주 찾던 곳을 둘러보면서 노르망디 지방의 빛과 색으로부터 그들과 같은 영감을 받을 수도 있고, 안목 있는 관객들과 함께 일본 가부키 공연을 감상할 수도 있다. 나일 강을 따라 고대 이집트의 유적들을 만나고, 남아프리카 줄루 족 마을에서 활기 넘치고 역동적인 그들의 문화를 느껴 보자. 미술과 역사, 그리고 온갖 형태의 문화를 사랑하는 사람이라면, 전 세계 어느 곳에서든 만족스러운 여행을 할 수 있을 것이다.

파라오의 머리에 사자의 몸을 가진 스핑크스는 4천 5백 년이 넘는 세월 동안 이집트의 피라미드들을 지켜 왔다. 그 기원과 의미에 대해서는 아직도 논쟁 중이다.

월리엄즈버그 식민지에서 18세기 복장을 한 수레바퀴 제조자가 전통 기술로 마차 바퀴를 만들고 있다.

미국 _ 버지니아 주

버지니아 식민지 *Colonial Virginia*

버지니아 남부 해안을 따라 미국에 정착해 살아온 영국인들의
2백 년 역사를 탐험해 보자.

    미국에서 가장 큰 '살아 있는 역사 박물관' 중 하나인 월리엄즈버그 식민지(Colonial Williamsburg)의 가로수 길 양쪽에는 18세기 건물들이 사실적으로 복원되어 있다. 건물 안에는 그 시대의 복장을 한 재연배우들이 근무하고 있다. 이곳에 도착하는 순간 우리는 1776년의 어느 날로 시간 이동을 하게 된다. 거리와 상점들에서는 당시의 일상이 이루어지고, 식민지 시민들과 정치 지도자들에게 노예제도, 식민지 여성들의 권리, 반란

의 잔혹성 등을 포함한 논쟁적 주제를 제시하는 특별 프로그램들이 진행된다.

윌리엄즈버그는 버지니아 주의 식민지 역사유적지 트라이앵글을 구성하는 세 곳 중 하나다. 제임스타운 역사유적지(Historic Jamestowne)에서는 최초의 성공적인 영국 정착촌(1607년에 건설)의 폐허 사이를 거닐 수도 있고, 진행 중인 유적 발굴을 지켜볼 수도 있다. 근처의 제임스타운 정착촌에서는 재연배우들이 제임스타운을 모방한 포우하탄(Powhatan) 원주민 마을과 영국인들을 신세계로 데려다 주었던 작은 모형 배에서 살고 있다.

제임스타운 정착촌에서 운전을 해서 조금만 더 가면 요크타운에 도착한다. 영국의 사령관이었던 찰스 콘월리스 장군이 1781년에 조지 워싱턴 장군에게 항복하면서 미국의 독립전쟁에 종지부를 찍은 곳이다. 요크타운 중심부에는 큰 역사 지구가 있고, 근처에는 요크타운 전투 유적지가 있다.

When to go 봄과 가을이 가장 방문하기 좋다. 연중 인기 있는 관광지이므로 방학 동안에는 무척 붐빌 수 있다. 12월은 좀 춥긴 해도 한 달 내내 합창단이 캐럴을 불러 주고 촛불 콘서트가 열리는 등 크리스마스 이벤트가 펼쳐진다. 크리스마스와 새해 첫날에는 문을 닫는다.

How Long 윌리엄즈버그에서는 적어도 하루는 보내야 하고, 제임스타운과 요크타운을 둘러보려면 하루나 이틀은 있어야 한다.

Planning 2일이나 3일, 혹은 4일 숙박 패키지를 이용하는 게 좋다. 패키지 요금에 주요 관광지 입장료가 포함되어 있다.

Inside Information 모든 곳을 걸어 다녀야 하므로 편안한 신을 신고 옷은 여러 겹 껴입도록 한다.

Websites www.gowilliamsburg.com, www.virginiaisforlovers.com

- 윌리엄즈버그에서는 배우가 연기하는 토머스 제퍼슨과 토머스 제퍼슨을 평생 연구해 온 역사학자 빌 바커(Bill Barker)와 토론을 할 수 있다.
- 윌리엄즈버그에서 진행되는 18세기 저녁 프로그램에는 등불 들고 투어하기, 음악회, 연극 등 다양한 프로그램이 준비되어 있다.
- 제임스타운 역사유적지에서는 유리 세공업자들이 야외에 있는 전통적인 용광로에서 예쁜 생활 소품들을 만드는 것을 구경할 수 있다.
- 제임스타운 정착촌에 새로 생긴 박물관을 관람하자. 전시되어 있는 뛰어난 공예품들을 통해 식민지 초기 생활을 엿볼 수 있다.

미국 _ 일리노이 주

오크파크에서 만나는 프랭크 로이드 라이트
Frank Lloyd Wright in Oak Park

자전거를 타고 프랭크 로이드 라이트가 설계한 멋진 저택들을 둘러보자.

    시카고 바로 서쪽에 있는 오크파크 시 교외의 조용하고 한적한 동네가 혁신적인 건축을 사랑하는 사람들이 가장 즐겨 찾는 곳 중 하나라는 사실을 알면 많은 사람들이 놀란다. 바로 이곳이 1890년대에 미국의 유명 건축가 프랭크 로이드 라이트(Frank Lloyd Wright, 1867~1959)가 건축을 시작한 곳이자, 혁명적인 '프레리 양식 주택'(Prairie Style architecture)'을 처음 도입한 곳이다. 이 새로운 건축 양식은 길고 좁은 건물에 부드럽게 경사진 지붕, 다층 테라스, 그리고 그의 트레이드마크가 된 외팔보 형식(한쪽 끝은 고정되

오크파크에 있는 무어-두걸 저택. 프랭크 로이드 라이트가 독립하여 최초로 설계한 건축물이다.

336

고 다른 끝은 받쳐지지 않은 상태로 있는 보)의 돌출부 등이 특징이다.

자전거를 타고 이 지역을 잠깐만 돌면 라이트 주택 12채를 볼 수 있다. 조금 더 둘러보면 라이트가 설계한 집 27채와 건축학적으로 중요성을 지니는 건물 60채 정도를 볼 수 있다. 그리고 라이트가 새로운 건축 개념을 처음 시도했던 그의 집과 스튜디오도 볼 수 있는데, 가이드 투어를 신청하면 라이트의 야망과 건축가로서 발전해 온 과정까지 살펴볼 수 있다. 그의 저택과 스튜디오에는 훌륭한 가구들도 소장되어 있다.

근처에는 그가 한때 '나의 작은 보석'이라 칭했던 유니티 교회(Unity Temple)도 있다. 유니티 교회는 라이트가 설계한 최초의 공공 건물로, 높은 창과 거의 완벽한 음향 상태, 과감한 입체적 내부 설계로 유명하다.

- 오크파크에 건설된 최초의 프레리 양식 주택인 프랭크 W. 토머스 저택은 반드시 들르자.
- 아서 B. 휴틀리 저택 외부의 질감과 색이 다른 다양한 벽돌들은 주변과 자연스럽게 어울린다.

When to go 자전거 투어를 하기에는 5월부터 9월이 가장 좋다. 매년 5월 보호기금에서 제공하는 1일 건축 및 역사 투어인 '라이트 플러스 하우스워크(Wright Plus Housewalk)'를 통해서 라이트가 설계한 중요한 저택들의 내부를 감상할 수 있다.

How Long 오크파크와 인접한 리버포레스트 교외에는 중요한 건축물이 80곳 정도 있다. 다 둘러보려면 최소한 하루는 잡아야 한다.

Planning 관광센터 근처에 있는 오크파크 자전거 대여소에서 자전거를 빌릴 수 있고, 건축학적으로 중요한 건축물들이 표시되어 있는 지도도 구입할 수 있다.

Inside Information 매년 5월에 진행되는 라이트 플러스 하우스워크는 빨리 매진되므로 한참 전에 예약해야 한다. 이 투어에 참가한다면 오크파크의 나머지 지역들도 둘러볼 수 있도록 하루는 더 할애해야 한다.

Websites www.oprf.com/flw

337

미국 펜실베이니아 주

아미시 마을 Amish Country

펜실베이니아 주 전원 지역의 교외를 관광하면서 아미시 공동체의 중심부를 들여다볼 수 있다.

펜실베이니아 주의 고요한 랭커스터 카운티는 아미시 교도(Amish people)들의 공동체 가운데 가장 큰 곳 중 하나다. 깔끔하게 정리된 농지와 초록색과 황금색이 섞인 초원을 마차를 탄 사람들이 지나간다. 랭커스터의 아미시 교도들은 1세기 전과 똑같은 전원 생활을 영위하고 있다.

이곳에는 전기도 들어오지 않고 자동차도 없다. 밤에는 양초와 기름 등불로 불을 밝히고 전화는 공공장소에만 있다. 아미시 교도들 중 전통적인 생활방식을 가장 철저하게 고수하는 올드 오더 아미시(the Old Order Amish) 교도들은 현대적인 문명의 이기를 전혀 사용하지 않는다. 이들에 비해서는 조금 더 현대적인 생활을 하는 뉴 오더 아미시(the New Order Amish) 교도들은 엔진을 이용하는 기계 몇 가지를 사용한다. 그리고 그보다 좀 더 관대한 메노나이트 파(Mennonites)들은 집단적으로 자동차를 소유할 수 있다.

아미시 농부가 노새 두 마리가 끄는 마차로 농작물을 운반하고 있다.

랭커스터 카운티의 뒷길을 둘러보면 올드 오더 아미시 교도들이 말을 데리고 들판에서 일하는 모습이나 농지에 모여서 예배를 드리는 모습을 쉽게 볼 수 있다. 작은 지역이긴 하지만 랭커스터 카운티에는 뒷길과 샛길이 많아서, 주말 하루를 이곳저곳 둘러보며 즐겁게 보내기에 충분하다. 길이 매우 많기 때문에 그중 아무 길이나 골라서 걸어도 된다.

아미시 교도들은 직접 만든 아름다운 퀼트 물품과 가구를 상점이나 노점에서 판매하기도 한다. 특히 봄에 열리는 머드 세일(mud sale)은 수백 명의 아미시 교도와 비교도가 모두 참여할 수 있는 경매로, 품질 좋은 골동품과 퀼트 제품은 물론 마차도 구입할 수 있다. 랭커스터 문화 역사 박물관(Lancaster Cultural History Museum)이나 랜디스 밸리 박물관(Landis Valley Museum)에서는 아미시 교도들의 문화와 역사를 살펴볼 수 있다.

- 아미시 마을 고유의 마차를 타고 천천히 스쳐가는 전원 풍경을 감상하자.
- 소박하고 깨끗한 숙박 시설에 등불로 불을 밝히고 전화도 없는 농장에서 하루를 묵어 보자. 농장에 묵으면 전통적인 농사를 구경하거나 참여할 수도 있다.
- 19세기에 만들어진 스트라스버그 증기기관차(Strasburg steam train)를 타고 아미시 시골 마을 투어를 할 수 있다.
- 햇살 밝은 풀밭에서 신선한 미풍과 새들의 노랫소리를 즐겨 보자. 바람을 따라 상쾌한 건초 냄새와 거름 냄새가 날려 온다.

When to go 봄이 가장 좋다. 봄이면 온 동네가 초록으로 뒤덮이고, 토요일에 열리는 아미시 경매장을 구경하기에도 좋다.

How Long 주말 하루면 시골길 사이로 드라이브를 하고, 경매장과 주요 관광지를 둘러보고, 가정식 저녁식사를 즐길 수 있다.

Planning 랭커스터에 있는 펜실베이니아 더치 관광센터 (Pennsylvania Dutch Visitor Center)에 들러서 상세한 마을 지도를 챙기자. 특정 도로를 따라 관광을 하고 싶다면 버드-인-핸드 마을에서 출발하여 340번 도로를 따라 동쪽으로 달리다가 82번 도로로 접어든다. 그 다음 북쪽으로 가다가 23번 도로를 타고 남서쪽으로 리올라(Leola)까지 간다. 거기서 772번 도로를 타고 남서쪽으로 가다가 다시 340번 도로를 탄다.

Inside Information 넓은 도로보다는 시골의 샛길로 가자. 지붕 있는 다리들도 지나보고, 당밀파이 같은 현지 음식도 맛보자.

Websites www.padutchcountry.com

과테말라 티칼의 마야 유적지. 폐허가 된 사원들이 밀림 속에 숨어 있다.

멕시코 | 벨리즈 | 과테말라

마야 사원 *Maya Temples*

**다양한 야생동물과 열대 식물이 서식하는 이 지역을 여행하면서
고고학적으로 큰 의미를 지니는 고대 마야 제국의 흔적들을 찾을 수 있다.**

과테말라 티칼(Tikal)의 마야 유적지에 있는 4호 사원의 수직에 가까운 벽에 놓인 좁은 돌계단을 기어 올라갈 때는 아래를 내려다보지 않는 게 좋다. 사원 꼭대기로 올라가면, 무성한 밀림의 숲 사이로 솟아 있는 다른 사원들의 지붕에 둘러싸이게 된다. 마야 문명은 메소아메리카(중앙아메리카)를 수천 년간 지배했고, 독특한 기념비적 건축물은 도시가 중심이 되었던 마야 제국의 가장 큰 특징이다.

채석해 온 석회암으로 건설된 마야의 도시들은 궁전, 광장, 사원, 전망대, 구기 경기

장 등으로 이루어져 있다. 마야 유적지를 찾아가는 여행은 멕시코의 건조하고 평평한 유카탄 반도의 욱스말(Uxmal) 유적지와 치첸이차(Chichén Itzá) 유적지에서 시작한다. 치첸이차 유적지에는 마야 유적지 가운데 가장 크고 잘 보존된 구기 경기장 중 하나가 있다. 그 후 칸쿤(Cancún)을 지나 해안에 위치하고 있는 툴룸(Tulum) 유적지로 향한다. 그리고 벨리즈 밀림 깊은 곳에 있는 라마나이(Lamanai)로 나아간다. 마지막에는 과테말라 국경을 넘어 티칼의 유적지에 도착한다.

이곳에서는 기원전 6백 년경 도시가 건설되기 시작했고, 1천 5백 년간 종교와 정치의 중심지 역할을 했다. 최고 전성기에는 10만 명이 거주했을 정도다. 빽빽한 우림에 둘러싸인 이 거대한 사원 구조물들은, 남아메리카 대륙에서 가장 중요하고 인상적인 고고학 유적이다.

When to go 이 지역은 아열대 기후로, 12월부터 4월이 건기다. 우기에는 잠깐씩 심한 소나기가 쏟아지는데, 주로 오후에 내린다. 8월부터 10월까지는 허리케인이 닥칠 수 있으므로 피한다.

How Long 주요 마야 유적지들을 둘러보려면 2주에서 3주는 잡아야 한다.

Planning 멕시코의 유적지는 칸쿤이나 메리다(Mérida)를, 벨리즈의 라마나이 유적지는 오렌지 워크(Orange Walk)를, 과테말라의 티칼 유적지는 플로레스(Flores)를 각각 거점으로 삼아서 여행할 수 있다.

Inside Information 많은 유적지에서 영어를 할 줄 아는 훌륭한 현지 가이드를 구할 수 있다. 습도가 높고 소나기가 자주 와서 사원으로 오르는 계단이 무척 미끄러울 수 있으므로 바닥이 미끄럽지 않은 신을 신어야 한다.

Websites www.mayasites.com, www.southerncrossings.com

- 툴룸 유적지의 엘 카스티요(El Castillo, '성'이라는 뜻)는 카리브 해를 굽어보는 절벽 위에 서 있다. 벨리즈의 보초(해안에서 약간 떨어진 바다에 있는 산호초)로 스노클링을 하러 갈 수도 있다.
- 과테말라 티칼 유적지의 4호 사원은 높이가 72미터로, 마야의 모든 사원 가운데 가장 높다.
- 티칼의 4호 사원 꼭대기에서 우림 위로 여명이 밝아오는 것을 바라보자. 숲 위로 태양이 떠오를 때, 밀림에서 원숭이들과 새들이 아침을 시작하는 소리가 들려온다.

산미겔데아옌데에 있는 성미카엘 대천사 교회. 17세기에 지어진 것이다.

멕시코

멕시코의 식민지 도시들 *Mexico's Colonial Cities*

멕시코 중부의 고원지대를 여행하면서, '새로운 스페인'의 호화스러운 식민지 건축물들을 만나 볼 수 있다.

    멕시코시티 북쪽의 고원지대는 스페인이 멕시코에 세운 식민지가 있던 곳이다. 스페인 정복자들은 이곳의 언덕에서 금과 은을 채굴하여 스페인 왕실로 보냈지만, 동시에 거대한 성당과 바로크 양식의 궁전, 둘레에 야자수가 심어져 있는 광장, 구불구불한 자갈 깔린 거리 등으로 이루어진 아름다운 도시들을 세우기도 했다. 식민지 중심부의 건축물들은 유럽의 화려함을 보여 주고 있지만, 주택들의 따뜻하고 밝은 색감과 사람들의 유쾌하고 활기 찬 성향은 이곳이 멕시코라는 사실을 확인해 준다.

여행은 멕시코시티 서쪽으로 차량으로 4시간 거리에 위치한 모렐리아(Morelia)에서 시작된다. 모렐리아의 많은 저택과 교회는 분홍색 돌로 지어졌고, 건물 정면 외벽은 복잡하고 난해하다. 모렐리아에서 멀지 않은 곳에 있는 조용한 고원 마을 파츠쿠아로(Pátzcuaro)에는 아름다운 중앙 광장이 있고, 이 지역 고유의 건물들과 식민지 시대 건물들이 섞여 있다.

언덕에 세워진 과나후아토(Guanajuato)는 아마도 '은광 도시'들 가운데 가장 아름다운 도시일 것이다. 이곳에는 바실리카 세뇨라 데 과나후아토, 템플로 데 산 디에고, 알론디가 데 그라나디타스 등 멋진 바로크 양식의 건축물들이 가득하다. 근처에는 매혹적인 고도 산미겔데아옌데(San Miguel de Allende)가 있다. 저택들과 자갈 깔린 거리 분위기는 꽤 국제적이고, 풍부한 문화생활을 즐길 수 있는 도시다. 여행은 사카테카스(Zacatecas)에서 끝난다. 이곳은 신세계에 스페인이 세웠던 제국의 북쪽 국경을 이루었던 지역이다.

- 사카테카스 성당의 정면 외벽은 17~18세기 스페인 바로크 건축 양식인 추리게라식(Churrigueresque)으로 화려하게 장식되어 있다.
- 부파 산(Cerro de la Bufa)에서 그리요 산(Cerro del Grillo)으로 가는 케이블카를 타면 사카테카스 시의 전경을 한눈에 바라볼 수 있다.

When to go 멕시코 중앙 고원지대는 기후가 온화하고 비도 거의 내리지 않는다. 비는 7월과 9월 사이에 주로 내린다.

How Long 멕시코의 이 지역은 자동차로 여행하기가 점점 쉬워지고 있다. 식민지 지역의 주요 관광지를 방문하려면 10일이면 충분하다.

Planning 세마나 산타(Semana Santa, 부활절 주간)에는 여러 가지 축제를 즐길 수 있다. 단, 이 기간에 여행하려면 숙소를 일찌감치 예약해야 한다.

Inside Information 시에라마드레(Sierra Madre)의 후이촐(Huichol) 및 코라(Cora) 원주민 마을을 방문하여 색다른 생활방식을 엿보는 것도 좋다.

Websites www.visitmexico.com

TOP 10

역사 산책 *Historic Walks*

황제의 도시였던 베이징에서 빅토리아 여왕의 도시 런던까지
세계 최고의 도시들을 산책하며 역사를 느껴 보자.

❶ 프리덤 트레일 Freedom Trail 미국 매사추세츠 주 보스턴

보스턴은 미합중국 최초의 시민들이 살았고, 그들의 권리를 선언했고, 전투를 했던 곳이며 도망친 흑인 노예들의 피난처였다. 4킬로미터에 달하는 산책로를 걷다 보면 16곳의 유적지를 만날 수 있다.

Planning 보스턴 카먼에서 붉은 벽돌이 깔린 길(혹은 붉은색 표지판)을 따라간다. www.thefreedomtrail.org

❷ 루프 The Loop 미국 일리노이 주 시카고

순환형 고가철도 안쪽에 자리 잡은 비즈니스 지구인 루프는 150년간의 현대 미국 건축을 한눈에 보여 주는 소우주이자 마천루가 탄생한 곳이다. 도시의 협곡 사이를 걸으면서 시카고 핫도그로 에너지를 보충하자.

Planning 미시건과 워싱턴의 북서쪽 코너에서 가이드 투어가 출발한다. www.walkchicagotours.com

❸ 비외 카레 Vieux Carré 미국 루이지애나 주 뉴올리언스

비외 카레, 혹은 프렌치 쿼터(프랑스 지구)는 화려한 색의 담장들, 정교한 철 장식, 더운 여름밤의 재즈 선율, 주방에서부터 풍겨오는 해산물 수프(seafood gumbo) 냄새 등 복합적인 감각의 향연이 펼쳐지는 곳이다.

Planning www.tourneworleans.com

❹ 자금성 The Forbidden City 중국 베이징

세계에서 가장 큰 궁전의 내부를 산책해 보자. 그늘진 회랑을 따라 정처 없이 헤매기도 하고 대리석으로 된 계단 난간에 기대 보자. 왕좌와 금, 옥, 상아 등 각종 보석을 감상하고, 정원에서 휴식을 취할 수도 있다.

Planning 중국을 여행하려면 반드시 비자가 필요하다. 영어로 된 오디오 가이드를 이용할 수 있다. www.beijingpage.com

❺ 랄 킬라 Lal Qila 인도 델리

50헥타르에 달하는 넓은 요새를 둘러싸고 있는 붉은 색 사암 벽을 따라 걸으면 경이로움을 느낄 것이다. 1648년에 완성된 이 '도시 속의 도시'

는 타지마할(Taj Mahal)을 건설한 샤 자한이 세운 것으로, 타지마할과 마찬가지로 화려하고 정교하며 사치스럽다.

Planning 10월부터 3월 사이에 가야 날씨가 비교적 선선하다. 영어로 된 오디오 가이드를 이용할 수 있다. www.exploredelhi.com

❻ 두바이 Dubai 아랍에미리트연합국

두바이는 세계에서 가장 역동적인 도시 중 하나다. 전통적인 아랍식 주택들과 오래된 시장, 모스크 등과 함께 세계 최대의 인공섬인 팜주메이라(Palm Jumeirah) 같은 미래적인 발전상들을 동시에 볼 수 있다.

Planning 대한민국 국민은 비자 없이 두바이에 60일간 체류할 수 있다. 가이드 투어도 가능하다. www.turnertraveldubai.com

❼ 이스탄불 구시가지 The Old Town, Istanbul 터키 이스탄불

아야소피아(Hagia Sophia)의 숨이 멎을 정도로 아름다운 내부와 로마 시대의 전차 경주장, 푸른빛 모스크, 톱카피 궁(Topkapi Palace) 등 고대로부터 여러 민족과 문화가 융화되어 온 이 도시의 활기를 느껴 보자.

Planning 술탄아흐메드 광장(Sultanahmet Square)에서 출발하는 게 좋다. www.istanbulwalks.com

❽ 탈린 구시가지 Tallinn Old Town 에스토니아 탈린

정교하고 아름다운 첨탑이 솟은 교회, 유리와 도기를 옛 방식대로 수공으로 만드는 공방, 고딕 양식의 시청사 등 다양한 건축 양식들이 놀라울 정도로 조화를 이루고 있다

Planning 여행 안내소에서 투어를 예약할 수 있다. www.tourism.tallinn.ee

❾ 화이트채플 거리 Whitechaple 잉글랜드 런던

안개가 가득하던 옛 이스트엔드의 흔적이 남아 있는 동네와 1880년대 후반의 악명 높은 연쇄살인마, 살인마 잭(Jack the Ripper)의 자취가 남아 있는 좁고 어두컴컴한 골목으로 떠나 보자.

Planning 타워힐 지하철역 출구에서 투어가 출발한다. www.walks.com

❿ 황금 지구 Quadrat d'Or 스페인 바르셀로나

예술적인 도시 바르셀로나의 심장부에 해당하는 황금 지구는 현대적인 건물들과 안토니오 가우디(Antonio Gaudi)의 초현실적 건축물들이 가득하여 마치 야외 박물관을 방불케 한다.

Planning 이곳으로 연결되는 지하철역은 카탈루냐(Catalunya) 역, 그라시아 거리(Passeig de Gràcia) 역, 디아고날(Diagonal) 역이다. www.cataloniatours.com

화려한 의상을 입고 가발을 쓴 가부키 배우가 무대에서 연기하고 있다.

일본

가부키 *Japanese Kabuki Theater*

일본의 황금기를 배경으로 사무라이의 용맹성과 좌절된 사랑, 피비린내 나는 배반이 담긴 매혹적인 이야기들이 무대 위에 펼쳐진다.

도쿄 긴자의 가부키좌(歌舞伎座) 극장은 무대가 너무 넓어서, 무대의 한쪽에서 다른 쪽을 보려면 테니스 경기에서 심판이 좌우로 고개를 돌리는 것만큼이나 큰 각도로 고개를 돌려야 한다. 대나무로 만든 전통적인 피리인 샤쿠하치(尺八)의 으스스하고 섬뜩한 소리가 관객을 압도하고, 첫 번째 배우가 등장하는 순간 극장 이곳저곳에서 함성이 터져 나온다. 배우의 예명을 큰소리로 외치는 것은 그 배우를 인정한다는 표현이다.

일본어를 몰라도 영어 오디오 가이드를 통해 복잡하고 때로는 선정적인 내용을 자세히 알 수 있을 뿐만 아니라, 언제 어떻게 박수를 쳐야 하는가와 같은 미묘한 순간들도 알 수 있다. 가부키 배우들은 모두 남잔데, 새하얀 목 위로 복잡한 머리 장식을 한 채 18세기 목판화 속 여자와 같은 모습으로 정교한 무대 위를 우아한 걸음으로 옮겨 다닌다. 가부키 스타들, 특히 여자 역할을 연기하는 남자 배우 '온나가타(女形)'는 매우 인기가 많다.

When to go 1년 내내 공연이 진행된다. 오후 공연(마티네)은 오전 11시에 시작되고, 저녁 공연은 4시 30분에 시작된다.

How Long 완전한 작품이 공연되는 것은 드문 일이다. 보통 서로 다른 연극의 세 막이 공연되고, 가끔은 가부키 춤이 함께 공연된다. 총 공연 시간은 대개 4시간 정도고, 두세 번의 휴식 시간이 있다.

Planning 사전 예약은 필수다. 입장권은 전화로 예약할 수도 있고, 매표소에서 구입할 수도 있다.

Inside Information 단정한 옷차림을 해야 한다. 영어 오디오 가이드는 로비에서 빌릴 수 있다. 4층이나 스탠딩석에서 한 막만 관람하는 것도 가능하다.

Websites www.shochiku.co.jp/play/kabukiza/theater

- 관객석 사이로 좁은 길처럼 연장되어 있는 무대(花道, 하나미치)를 따라 인물들이 등장과 퇴장을 한다.
- 가부키의 미에(見得)는 극이 최고조에 달했을 때 배우가 괴기스런 표정을 지으며 얼굴을 찡그리고 잠시 멈추는 것이다. 미에를 훌륭하게 해내면 객석에서는 우레와 같은 박수가 터져 나온다.
- 가부키의 반주는 세 줄로 이루어진 일본 전통 현악기 샤미센(三味線)의 구슬픈 곡조와 대나무 피리인 샤쿠하치의 으스스한 소리로 이루어진다.
- 여성과 남성 등장인물 모두 화려한 의상과 정교한 머리 모양으로 시선을 압도한다.

연못에 비친 일본 교토의 사찰, 긴카쿠지.

일본

일본의 고도, 교토 Ancient Kyoto

일본의 봉건시대에 지어진 아름답고 우아한 사원들과 쇼군(將軍)의 성들로 이루어진 전통 세계를 탐험해 보자.

봉건시대 일본의 수도였던 교토(京都)의 거리를 걷다 보면, 곳곳에서 이 도시의 과거를 느끼게 하는 것들을 만날 수 있다. 네온사인이 밝혀진 편의점 옆에는 고전적인 찻집이 자리 잡고 있고, 휴대전화에 대고 큰소리로 통화를 하는 비즈니스맨들 옆으로 이제는 몇 명 남지 않은 게이샤가 몇 백만 엔은 하는 아름다운 기모노를 입고 지나간다.

교토 고지대의 숲속에는 8세기에 지어진 불교사원인 기요미즈데라(清水寺)가 수많은 작은 신사들에 둘러싸여 있다. 전설에 따르면, 이 절에 있는 세 개의 작은 폭포의 물을 마시면 장수하고 행운을 얻는다고 한다.

교토 북서부에는 긴카쿠지(金閣寺)가 있다. 원래 절은 1950년에 한 승려에 의해 불에 타 소실됐고, 지금 건물은 1955년에 다시 지어진 것이다. 교토 동부의 산주산겐도(三十三間堂)는 일본에서 가장 긴 목조 건축물로, 불교에서 자비를 상징하는 천수관음상 1,001구가 있다.

교토 중심부에서는 니조성(二條城)을 방문해 보자. 이 성은 에도막부(江戸幕府)의 1대 쇼군인 도쿠가와 이에야스(徳川家康)가 건설한 것이다. 이곳의 '우구이스바리(うぐいす張り)' 마루 위를 걸어 보면 소리가 날 것이다. 이는 적의 침입을 빨리 알아차릴 수 있도록 하기 위한 것으로, 아무리 살살 걸어도 새 울음소리가 나도록 설계되어 있기 때문이다.

- 기요미즈데라 근처에는 지슈진자(地主神社)가 있다. 이 신사에 있는 사랑을 상징하는 두 개의 돌 사이를 눈을 감고 걸을 수 있으면, 사랑이 이루어진다고 한다.
- 교토 동부의 난젠지(南禅寺)를 방문하면 숲을 지나 산골짜기의 폭포 옆에 오쿠노인진자(娛の院神社)가 있다. 가끔은 용감한 순례자들이 폭포 아래서 기도를 하고 있는 것을 볼 수 있다.

When to go 교토는 연중 어느 때 방문해도 좋지만, 여름에는 너무 더우므로 걸어서 관광하기에 좋지 않을 수 있다. 가을이 가장 아름답고, 벚꽃이 한창인 4월도 좋다.

How Long 교토의 주요 관광지를 둘러보려면 일주일은 잡아야 한다.

Planning 현지 여행사에서 영어로 된 워킹투어를 주선해 준다.

Inside Information 벚꽃이 필 때 교토에 간다면, 공원이나 가모 강(鴨川) 강변에서 현지인들과 함께 하나미(花見, 꽃놀이)를 즐겨 보자. 벚나무 아래서 소풍을 즐기고 휴식을 취하면서 일본의 정수를 경험해 볼 수 있을 것이다.

Websites www.pref.kyoto.jp/visitkyoto/en

태국

태국의 사원들 Temples of Thailand

태국 전역에 흩어져 있는 3만 개의 불교 사원은 사람들의 눈과 감각을
즐겁게 해 주고 마음의 평화를 느끼게 해 준다.

아침의 첫 햇살이 방콕의 새벽사원을 밝히고, 그 모습은 차오프라야 강(Chao Phraya River)의 차가운 물 위에 비친다. 승려들은 노란색 적삼 아래로 보시를 받기 위한 사발을 든 채 강둑을 따라 발을 끌며 걷고 있다. 독실한 불교신자들인 태국 사람들이 승려들에게 하루의 보시를 하기 위해 준비하는 동안, 위와 같은 광경이 전국에서 반복된다.

남방 상좌부 불교는 13세기 수코타이 왕조(Sukhothai Kingdom, 태국의 주요 종족인 타이족이 세운 첫 번째 통일왕조)의 황금기에 태국에 전승되었다. 오늘날 태국 국민의 95퍼센트 정도가 불교도이다. 전통적으로 남성들은 왕족이라 할지라도 모두 평생에 적어도 한 번은 수도승이 되어 일주일 이상을 보내야 한다. 태국의 불교사원은 이웃 나라들의 문

수코타이의 한 불교사원에 있는 불상의 손 위에 신도가 바친 꽃이 놓여 있다.

화로부터 영향을 받긴 했지만, 계단 모양의 지붕과 휘황찬란한 타일, 불상, 신화에 등장하는 생명체들, 연(蓮), 황금으로 된 잎, 향, 깜박거리는 기름 등잔 등등 태국 고유의 특성을 지니고 있다.

뜰, 회랑, 법당으로 이루어진 사찰들은 승려들의 노랫소리와 종과 징 울리는 소리로 가득한 흥미로운 미로와도 같다. 사찰에서는 운세를 알아볼 수도 있다. 반짝이는 방콕의 '왓(태국이나 캄보디아의 불교 사원을 가리키는 말)'들을 먼저 둘러본 후, 태국 중부 평야지대에 있는 아유타야(Ayutthaya Kingdom, 1350-1767년까지 태국을 지배했던 왕조) 유적지나 수코타이 유적지 등 고대 유적지를 둘러본다. 그 다음 북부의 치앙마이(Chiang Mai)와 매홍손(Mae Hong Son)으로 가서 정교한 미얀마 양식의 탑들을 감상한다. 도중에 만나게 되는 축제들이 여행을 더욱 풍요롭게 해 줄 것이고, 불교의 축일에 열리는 장은 특별한 구경거리를 선사할 것이다.

When to go 11월부터 2월까지는 기온이 높긴 해도 습도는 조금 낮다. 그래서 축제들을 즐기기에 가장 좋다.

How Long 방콕에서 매홍손까지 거리는 924킬로미터다. 구석구석 관광을 하려면 3주는 잡아야 한다.

Planning 여행 일정에 따라 철도, 자동차, 비행기를 적절히 결합하여 이동한다. 방콕에서 당일치기로 아유타야 유적지를 다녀올 수 있다. 돌아오는 길에는 유람선을 타고 강을 따라 온다. 현지 여행사에서 정보를 얻도록 하자.

Inside Information 점잖은 복장을 해야 한다. 불상 쪽으로 발이 향하도록 앉아서는 안 되고, 승려와 신체 접촉을 해서도 안 되며(보시를 할 때도 사발에 직접 넣는다), 에메랄드 불상은 사진을 찍어서도 안 된다.

Websites www.travelindochina.com

- 방콕에서 가장 오래되고 가장 큰 사원인 왓포(Wat Po) 사원에는 46미터 길이의 와불상이 있다.
- 방콕의 왓프라캐오(Wat Phra Kaeo) 사원에는 작지만 대단히 멋진 에메랄드 불상이 있다.
- 방콕의 왓 트라이 밋(Wat Traimit) 사원에 있는 황금 불상은 순금 5톤으로 만들어진 것이다.
- 방콕 서쪽의 나콘파톰이란 도시에 있는 프라파톰체디(Phra Pathom Chedi)는 세계에서 가장 높은 불탑으로, 높이가 125미터라고 알려져 있다.
- 치앙마이 부근에 있는 금박을 입힌 사원이자 부처의 사리가 모셔진 도이수텝(Doi Suthep) 사원은 290개의 계단 위쪽에 있다.

세계에서 가장 귀하고 높이 평가되는 유적 중 하나인 타지마할이 햇빛을 받아 반짝이고 있다.

인도

골든 트라이앵글 India's Golden Triangle

아름다운 궁전과 요새로 이루어진 영지를 통치하던 마하라자(왕)들이 살던 시대의
인도는 어떤 모습이었는지를 보여 준다.

인도는 광대하고 다채로운 나라다. 그 찬란한 다양성과 멋진 풍광을 즐기려면 한 번 방문하는 것으로는 부족하지만, 인도 북부의 델리, 자이푸르, 아그라를 아우르는 '골든 트라이앵글' 지역은 비교적 작은 범위임에도 불구하고 흥미로운 이 나라의 이국적인 낭만을 충분히 엿볼 수 있게 해 준다.

수도인 뉴델리는 제국시대를 떠올리게 하는 우아함을 지닌 코넛 서커스(Connaught Circus) 거리에서부터 강한 향신료 냄새와 전통적인 도시락, 사리, 깔개 등을 파는 상점들로 붐비는 떠들썩한 찬드니 초크(Chandni Chowk) 거리까지, 인도의 대조적인 면들을

한눈에 경험할 수 있게 해 준다. 분홍빛 궁전인 하와마할('바람의 궁전'이라는 뜻)과 웅장한 암베르 요새가 있는 자이푸르는 코끼리 등에 타고 들어설 때 한층 더 인상적인 도시며, 고대의 왕들이 누린 영화로운 삶을 그대로 보여 준다.

한편, 아그라에는 인간이 만든 건축물 가운데 가장 유명한 것 중 하나인 타지마할이 있다. 사랑과 로맨스의 영원한 상징인 타지마할은 무굴제국의 황제 샤 자한(Shah Jahan)이 왕비였던 뭄타즈 마할(Mumtaz Mahal)을 추모하기 위해 건축한 무덤이다. 항상 수많은 관광객들로 붐비지만, 타지마할의 정원은 명상을 하기에 아주 좋은 평화로운 장소다. 이 세 도시를 오가는 중에는 북부 인도의 분위기와 전원 풍경을 모두 즐길 수 있다. 들판에서는 아직도 머리에 터번을 쓴 농부들이 일을 한다.

When to go 연중 어느 때 가도 좋지만, 가장 좋은 때는 10월부터 4월 사이다.

How Long 골든 트라이앵글의 총 거리는 249킬로미터쯤 된다. 여행사에서 제공하는 투어는 보통 5~6일 정도 일정이다.

Planning 버스, 기차, 자동차, 택시 등으로 도시 간을 이동할 수 있다. 델리에 있는 관광안내소에서 운전기사를 알선해 주므로 하얀색 인도 국산 차량인 앰배서더(Ambassador Car)를 타고 관광지를 둘러볼 수도 있다. 타지마할은 매주 금요일에는 문을 닫지만, 단지 내에 있는 모스크는 오후 기도에 참석하는 이슬람교도들에 한해 개방된다.

Inside Information 생수만 마시고 병에 들어 있지 않거나 얼음이 든 음료는 절대 마시지 않도록 한다. 방충제는 필수고, 말라리아 예방약을 먹는 것이 좋다.

Websites www.goldentriangleindia.net

• 델리 찬드니 초크 거리의 노천카페에서 전통음식인 도사(기름에 튀긴 밀가루 떡) 등 간식을 먹어 보자.
• 자이푸르의 거리에서는 승용차, 버스, 낙타, 코끼리들과 함께 인력거를 탈 수 있다.
• 자이푸르에 있는 인도 최초의 천문대 잔타르 만타르(Jantar Mantar)는 18세기에 왕이 세운 것으로, 당시의 과학 수준에 놀라움을 금치 못할 것이다.

페트라의 보물창고 '알 카즈네'는 몇 층으로 된 건물이다. 아름답게 장식된 정면 외벽은 사암 절벽에 조각을 한 것이다.

요르단

요르단의 보물 *Treasures of Jordan*

5천 년도 더 된 루트를 따라 고대의 페트라를 찾아가면 요르단 사막의 경이로움을 느낄 수 있다.

    요르단의 수도 암만에서 출발하여 남쪽으로 왕의 대로(King's Highway)를 따라 달려 보자. 왕의 대로는 과거에 모세와 유대인들이 다녔던 길로, 지금은 포장된 2차선 도로다. 중간에 마다바(Madaba)에서 잠깐 멈추자. 이곳의 건물들은 비잔틴 양식의 모자이크로 가득 차 있었으나, 지금 그 모자이크는 박물관에 전시되어 있다. 이곳에서부터 잠깐 경로를 우회하면 느보 산(Mount Nebo)의 모세 무덤에 들를 수 있다.

알 카라크(Al Kerak)는 십자군 시대에 세워진 카라크 성으로 유명한 도시다. 병사들의 숙소와 마구간, 전투 연습장 등으로 이루어져 있던 이 성은 현재는 폐허만이 남아 있다. 마지막으로 도착하는 곳은 페트라(Petra)다. 산지에 숨어 있는 이 도시를 두고 영국의 시인 존 윌리엄 버건은 "영원의 절반만큼 오래된, 장밋빛 붉은 도시"라고 노래했다. 페트라가 언제 처음 건설되었는지는 확실하지 않지만, 아시리아 인들, 이집트 인들, 그리스 인들, 로마 인들의 발자취가 남아 있다.

기원전 4세기에 페트라는 나바테아 족에게 점령당했다. 나바테아 족은 고대 아랍 부족으로, 중국까지 이어지던 대상(隊商, caravan)들의 루트를 지배했던 사람들이다. 이 도시는 유향, 몰약, 정향, 계피 등의 향신료를 유럽의 시장에 팔아서 아주 부유해졌다. 7세기에 발생한 지진으로 독창적인 물 공급 시스템에 문제가 생길 때까지 페트라는 계속해서 번성했다. 그러나 12세기에 이슬람 교도가 중동 지방을 정복한 후 완전히 버려진 도시가 되었다.

When to go 연중 어느 때 가도 좋다.

How Long 암만에서 요르단 남서부의 알아카바(Al 'Aqabah)까지 총 262킬로미터. 적어도 일주일은 잡아야 한다.

Planning 암만에서 자동차를 빌린다. 왕의 대로에는 관광객을 위한 서비스가 발달해 있다. 마다바, 알 카라크, 페트라에 호텔들이 있다.

Inside Information 페트라는 이른 아침과 늦은 오후, 햇빛이 장밋빛 암벽의 색을 잘 드러낼 때 가장 낭만적으로 보인다. 페트라 입구에서 가이드를 고용하여 안내를 받을 수 있다.

Websites www.atlastours.net/jordan, www.onthegotours.com

- 마다바의 성조지 성당에서는 6세기에 만들어진 팔레스타인과 나일 강 삼각주의 모자이크로 된 지도가 있다.
- 느보 산 꼭대기에서는 요르단 계곡과 사해(死海) 너머로 예루살렘과 베들레헴의 눈부신 전망을 즐길 수 있다.
- 페트라의 입구에 해당하는 골짜기에서 나와 보물창고로 불리는 '엘 카즈네(El Khazneh)'를 처음 보는 순간 할 말을 잃게 될 것이다. 이 40미터 높이의 호화로운 건축물은 페트라에서 가장 유명한 건물이다. 보물창고가 아니었다는 것 외에 원래 어떤 목적으로 지어진 것인지는 아무도 모른다.

오스트레일리아 원주민의 암석화인 이 캥거루 그림은 마치 몸 안의 뼈와 장기가 보이는 X-선 투과 영상처럼 그려져 있다.

오스트레일리아

아넘랜드 문화 사파리
Arnhem Land Cultural Safari

오스트레일리아 노던 테리토리 북부의 오지에서는 세계에서 가장 오래된 문화가 아직도 번성하고 있다.

아넘랜드는 오스트레일리아의 원주민 문화와 사회가 손상되지 않고 남아 있는 몇 안 되는 지역 중 한 곳이다. 많은 부족과 언어 집단들을 대표하는 2만 명 정도의 원주민이 살고 있고, 환경을 보존하고 전통 생활방식이 지속될 수 있도록 관광이 제한되고 있다. 아넘랜드로 가는 최선의 방법은 노던 테리토리의 케언즈나 다윈, 자비루에서 보라데일 산(Mount Borradaile)까지 자동차나 비행기를 타고 가는 것이다.

보라데일 인근 지역에는 원주민의 암석화 가운데 가장 인상적인 것들이 몇 가지 남아 있다. 4만 년 정도 전으로 거슬러 올라가는 이 그림들은 일상의 장면들과 '드림타임(Dreamtime, 현지어로 Tjukurpa)'을 묘사하고 있다. 오스트레일리아 원주민 문화에서 드림타임은 지구상의 모든 것이 창조되었던 때를 말한다.

보라데일 산은 아열대 초원의 복잡한 생태계를 지니고 있다. 인도악어(saltwater crocodiles)와 왈라비(작은 캥거루), 거북 등 다양한 야생동물들이 살고 있으며, 이 지역에만 서식하는 식물들도 많이 있다. 드림타임 이후로 원주민 문화에서 중요한 상징이 된

판다누스 잎은 화려한 색상의 바구니를 짜는 데 이용된다.

오스트레일리아 원주민들의 암석화는 화가들에게 영감을 준다.

5.5미터 길이의 무지개 뱀(Rainbow Serpent) 암석화를 볼 수도 있다.

북쪽으로 더 나아가면 코버그 반도(Cobourg Peninsula)와 가릭 구낙 발루 국립공원(Garig Gunak Barlu National Park)이 나온다. 이곳에는 다양한 해양생물과 조류가 살고 있는 외딴 맹그로브 습지와 하얀 해변이 있다. 아라푸라 해(Arafura Sea)의 맑은 물은 스노클링과 다이빙을 하기에 아주 좋다. 이곳에서 오스트레일리아에 마지막으로 남은 광대한 야생의 땅 중 하나인 동부 아넘랜드로 가거나, 남쪽으로 내려가 원주민 공동체인 오엔펠리(Oenpelli)를 여행해도 좋다. 오엔펠리에 있는 인잘락 미술 공예 센터(Injalak Arts and Crafts)에서는 나무껍질 그림(bark paintings)과 바구니, 각종 목공예 등 다양한 원주민 미술을 직접 볼 수 있고, 오리지널 작품들을 구입할 수도 있다. 인잘락 언덕에는 암석화도 남아 있다.

When to go 아넘랜드는 열대 기후 지역이다. 기온이 섭씨 15~27도 사이인 건기(5월~10월)에 방문하는 게 좋다. 우기(11월~4월)에는 도로가 통행할 수 없게 될 수도 있으므로 운전은 하지 않는 게 좋다.

How Long 일주일 정도 잡으면 된다.

Planning 이 지역은 다윈 시에서 갈 수 있다. 허가받은 여행사들이 투어 프로그램을 제공한다. 아넘랜드는 원주민들의 사유지이므로 관광객들은 서면 허가서가 있어야 들어갈 수 있다. 허가서는 여행사를 통해 받거나 노던 랜드 카운실(www.nlc.org.au)에 직접 신청할 수 있다.

Inside Information 건기에도 운전하기는 어려울 수 있으므로, 이런 유형의 지형에서 운전해 본 경험이 있는 사람들만 운전하는 게 좋다.

Websites www.northernaustralia.com

- 밤하늘에 빛나는 남십자성 아래에서 캠프파이어에 둘러 앉아 드림타임에 대한 이야기를 들을 수 있다. 그리고 원주민 전통음식인 부시터커(bush tucker)나 위체티 그럽(witchetty grub)이라는 맛좋은 애벌레를 먹어 보는 것도 좋다.

- 석호와 지류에서는 바라문디(barramundi) 낚시도 하고 수영도 즐길 수 있다. 그전에 먼저 가이드를 통해 물속에 악어가 없는지 확인해야 한다.

- 원주민들의 신성한 의식인 코로보리(corroboree)를 보는 것도 좋다. 원주민들은 춤과 음악을 통해 드림타임과 교정하는 것으로 알려져 있다.

- 보라데일 산에서 가까운 쿠퍼 크릭(Cooper Creek)에서 악어 사진을 찍을 수 있다.

잉글랜드

잉글랜드의 정원들 *England's Gardens*

영국의 위대한 정원 디자이너들의 걸작은 잉글랜드 남부에 모여 있다.
장미꽃 향기 가득한 6월에 이곳의 정원들을 찾아가 보자.

영국 잉글랜드 남부의 정원 문화는 충실하게 보존되어 왔다. 런던을 벗어나 서리(Surrey), 서식스(Sussex), 켄트(Kent)의 조각을 이어 붙인 듯한 푸른 들판을 따라 여행을 해 보자. 유서 깊은 대저택의 잘 정돈된 정원에서부터 비타 색빌-웨스트(Vita Sackville-West)와 크리스토퍼 로이드(Christopher Lloyd) 등 전설적인 원예가들의 창작물에 이르기까지 원예의 보물들을 모두 만날 수 있다.

봄과 여름이면 매력적이고 평화로운 정원들은 갖가지 색과 향기로 가득 차고, 잉글랜드 남부 전원 지방의 정수를 보여 준다. 18세기의 유명한 영국 시인 겸 화가 윌리엄 블레이크는 이 남부 정원을 일컬어 '푸르고 기분 좋은 땅'이라고 노래했다.

런던 서쪽 외곽에는 헨리 8세가 가장 좋아했던 궁전인 햄튼 코트 궁(Hampton Court Palace)과 큐(Kew)에 자리한 왕립 식물원(Royal Botanical Gardens), 그리고 윈저 그레이트 공원의 사빌 정원(Savill Gardens)이 있다. 왕립 원예 학회(Royal Horticultural Society)는 서리에 있는 워킹(Woking)이라는 마을 근처에서 위슬리 정원(Wisley Garden)을 운영한다. 81헥타르의 면적에 아름다운 정원들과 훌륭한 종묘장이 있고, 식물을 기르는 데 대한 조언도 구할 수 있다.

초여름, 양귀비를 비롯한 야생화들이 선명한 색을 뽐낸다.   노스 다운즈 산줄기를 조망할 수 있는 폴스던 레이시의 정원.

359

시싱허스트의 정원. 엘리자베스 1세 시대에 지어진 저택의 남아 있는 부분 주변으로 정원들이 일련의 방처럼 조성되어 있다.

역시 서리에 있는 폴스던 레이시(Polesden Lacey)라는 대저택에서는 여름과 겨울에 전시회를 연다. 이스트 서식스의 셰필드 공원에는 40.5헥타르 넓이의 정원이 있다. 18세기에 위대한 조경가 랜슬럿 "케이퍼빌리티" 브라운(Lancelot "Capability" Brown)이 조성한 것이다. 역시 이스트 서식스의 티스허스트에는 로맨틱한 패실리 영지 정원(Pashley Manor Garden)이 있고, 라이 근처의 그레이트 딕스터에는 크리스토퍼 로이드가 디자인한 넓은 규모의 정원이 있다.

켄트의 크랜브룩에 있는 시싱허스트 캐슬(Sissinghurst Castle)의 정원은 비타 색빌-웨스트 평생의 역작으로, 내셔널 트러스트(National Trust, 영국에서 시작한 자연보호와 사적 보존을 위한 민간단체)에서 그녀가 가꿔 놓은 아름다운 정원을 돌보고 있다. 이든브리지 근처의 히버 캐슬(Hever Castle)은 앤 볼린(Anne Boleyn, 헨리 8세의 계비이자 엘리자베스 1세의 어머니, 흔히 '천일의 앤'이라 불린다)이 어린 시절에 살았던 저택이다. 이곳 정원들은 이탈리아 정원, 장미 정원, 튜더 정원으로 이루어져 있다.

When to go 4월부터 9월 사이가 좋다.

How Long 일주일 정도 걸리는 정원 투어에 참가하면 모두 둘러볼 수 있지만, 주요 명소는 3일 정도면 구경할 수 있다.

Planning 정원은 봄과 여름 내내 아름답다. 5월에 방문하면 런던에서 열리는 연례 첼시 꽃 박람회(Chelsea Flower Show)에 참가할 수도 있다.

Inside Information 첼시 꽃 박람회 입장권은 금방 매진되므로 한참 전에 예약해야 한다.

Websites www.britishtours.com, www.rhs.org.uk

- 햄튼 코트 궁의 뜰은 미로 같아서 길을 잃을 수도 있다.
- 서리의 도킹(Dorking) 근처에 위치한 마을 그레이트 부컴에 있는 폴스던 레이시의 장미 정원에서 고요를 느껴 보는 것도 좋다.
- 시싱허스트의 정원들은 열 개의 서로 다른 '방'처럼 디자인돼 있는데, 가장 유명한 것은 화이트 가든이다.
- 히버 캐슬의 이탈리아 정원은 로마 시대부터 르네상스 시대까지의 조각품들과 관목, 초본식물 등으로 이루어져 있다.

덴마크 | 스웨덴 | 노르웨이

바이킹의 유산 *The Viking Legacy*

길고 긴 여름날, 고대 스칸디나비아의 뱃사람들과 전사들의 땅을 여행하며
고단하지만 열정 넘쳤을 바이킹의 삶을 상상해 보자.

바이킹은 8세기에서 11세기 사이에 활동한 스칸디나비아의 해적으로, 뛰어난 조선술과 항해술을 이용하여 전인미답의 바다를 건너 북유럽 여러 지역에 정착했다. 그들은 영국 북부와 프랑스, 아이슬란드, 그리고 북아메리카 일부 지역까지도 점령했지만, 그들의 유산이 가장 강하게 남아 있는 곳은 스칸디나비아 지역이다.

바이킹의 유산을 찾아가는 여행은 덴마크에서 가장 오래된 도시인 리베(Ribe)에서 시작하자. 리베의 바이킹 센터는 8세기의 유적지에 시장과 농경 활동 등을 비롯한 당시 바이킹 마을을 그대로 재현해 놓았다. 이윌란 반도(Jylland, Jutland 유틀란트 반도라고도 함,

덴마크 북부 올보그 근처의 린드홀름(Lindholm) 바이킹 유적지에는 7백 개 이상의 묘가 있다.

북부에는 덴마크가, 남부에는 독일이 자리 잡고 있는 반도) 북부의 올보그(Ålborg)에는 1천 3백 년 전에 처음 바이킹이 정착했으며, 바이킹 문화 박물관과 몇 개의 거대한 묘지 유적이 있다.

노르웨이의 수도인 오슬로에서는 바이킹 선박 박물관을 방문하자. 오슬로 바로 외곽에 있는 바이킹란데(VikingLandet)는 바이킹 유산을 주제로 한 테마파크다. 이곳은 배우들이 바이킹의 생활방식을 재연하고 있는 마을과 항구로 구성되어 있으며, 전통적인 바이킹 배를 타고 항해를 해볼 수 있다.

마지막으로 스톡홀름 근처의 한 섬에 있는 비르카(Birka)로 간다. 스웨덴에서 가장 오래된 이 도시는 8세기에 건설되었고 북유럽 전역에서 중요한 교역의 중심지였다. 이곳에서 발굴된 유적과 유물, 박물관에 전시된 모형을 통해 바이킹 족의 일상생활과 바이킹 문화의 전통을 엿볼 수 있다.

When to go 연중 어느 때 가도 괜찮지만, 가장 좋은 때는 5월에서 9월 사이다.

How Long 공식적인 바이킹 루트는 없지만, 위에서 소개한 관광지들을 둘러보려면 적어도 일주일은 잡아야 한다. 각 도시 사이는 비행기나 기차, 페리 등을 이용해서 이동할 수 있다.

Planning 덴마크의 리베에서 가장 가까운 공항은 에스비에르(Esbjerg) 공항이다. 스칸디나비아, 특히 노르웨이는 유럽에서 물가가 가장 비싼 지역이므로 예산을 잘 짜야 한다.

Inside Information 스칸디나비아는 여름에 모기가 아주 많으므로 방충이 되는 옷을 입고 방충제를 휴대해야 한다.

Websites www.visitdenmark.com, www.visitsweden.com, www.visitnorway.com

- 리베 바이킹 박물관(Ribe Viking Museum)은 바이킹 문화에 관한 한 가장 많은 물품을 전시하고 있는 박물관이다.
- 올보그에는 인상적인 바이킹의 묘 터가 몇 군데 남아 있다.
- 오슬로의 바이킹 선박 박물관(Viking Ship Museum)에는 바이킹 배가 세 척 전시되어 있다. 이 배들은 오슬로피오르드(Oslofjord)에서 발굴한 것으로, 용의 머리들이 조각되어 있다.
- 스웨덴의 비르카에서는 고고학적 발굴이 진행 중인 현장을 방문해 볼 수 있다.

네덜란드 특유의 집들과 풍차는 네덜란드 거장 화가들의 작품 속 풍경을 떠올리게 한다.

네덜란드

거장 화가들의 자취를 따라서
Dutch Masters Tour

17세기, 네덜란드 황금기의 화가들인 렘브란트, 프란스 할스, 베르메르 등 거장들의 자취를 찾아 떠나 보자.

네덜란드는 남한 면적의 절반이 채 되지 않는 아주 작은 나라다. 그러나 17세기에 전 세계 곳곳을 점령한 강대국으로, 상업, 과학, 미술에서 황금기를 구가했다. 이 찬란한 시대에 많은 네덜란드 화가들이 두각을 나타냈는데, 가장 위대했던 화가는 렘브란트(Rembrandt van Rijn)였다.

네덜란드 황금기의 화가들을 찾아 떠나는 여행은 렘브란트가 젊은 시절 살았던 암스테르담에서 시작하자. 렘브란트가 살았던 집은 현재 렘브란트 생가 박물관이 되었다. 방들은 과거 모습대로 복원되어 있고, 그의 데생 작품과 에칭 판화 작품이 여러 점 전시되어 있다.

암스테르담에서 서쪽으로 전원 지방을 지나 하를럼(Haarlem)에 도착하면, 넓은 하늘과 탁 트인 풍경이 나타난다. 하를럼에는 극빈자 수용소에 마련된 프란스 할스 박물관이 있는데, 초상화가 프란스 할스(Frans Hals)가 극빈자 수용소에서 말년을 보내며 그린 우울한 작품들을 볼 수 있다. 남쪽으로 방향을 바꾸어 튤립을 비롯한 꽃들이 만개한 넓은 꽃밭을 지나가면, 네덜란드 인들의 삶과 예술에서 꽃이 얼마나 중요한가를 새삼 느끼게 된다.

헤이그의 마우리츠호이스 왕립미술관(Mauritshuis)에는 얀 베르메르(Jan Vermeer)의 작품 〈델프트 풍경View of Delft〉이 소장되어 있다. 베르메르의 작품은 많지 않지만, 뛰어난 질감과 진주색으로 표현된 빛은 네덜란드 미술에서도 아주 특별한 것이다. 델프트의 가로수가 늘어선 운하와 박공이 있는 집들은, 이 수수께끼 같은 화가의 작품 속에서 하나의 세계로 거듭났다.

When to go 연중 어느 때 방문해도 좋다. 마우리츠호이스 왕립미술관은 월요일에 휴관한다.

How Long 암스테르담에서 델프트까지는 64킬로미터다. 중간중간 멈춰서 관광지를 둘러보려면 5일은 잡아야 한다. 자전거로 여행한다면 더 길게 잡아야 한다.

Planning 위에 언급한 도시들은 기차나 버스로 갈 수 있다. 네덜란드는 대단히 '자전거 친화적'인 나라이므로, 도시 사이를 오갈 때나 도시 안에서나 자전거를 타고 여행하는 것도 좋은 방법이다. 물론 자동차로 여행하는 것도 쉽다.

Inside Information 박물관 연간 이용카드(Museumjaarkaart)를 구입하는 것도 좋다. 이 카드만 있으면 할인된 금액에 네덜란드 전국의 4백 개 관광지를 이용할 수 있다.

Websites www.cycletours.com, www.traveleditions.co.uk, www.holland.com

- 암스테르담의 레이크스 미술관(Rijksmuseum)에는 렘브란트의 〈야경夜警〉, 베르메르의 〈편지를 읽는 소녀Woman Reading a Letter〉, 할스의 〈즐거운 술꾼The Merry Drinker〉 등 뛰어난 작품들이 많이 소장되어 있다.
- 상인들의 저택이 늘어서 있는 암스테르담의 운하를 감상하기에 가장 좋은 방법은 배를 타고 여행하는 것이다.
- 헤이그에 있는 마우리츠호이스 왕립미술관에는 렘브란트와 할스의 명작들과 함께 베르메르의 〈진주 귀걸이를 한 소녀Girl with a Pearl Earring〉가 소장되어 있다.

프랑스

솜 전투지 *The Battle of the Somme*

고요한 시골 마을에서 벌어졌던 필사적인 전투의 현장을 둘러보자.
지금은 묘비와 기념비가 곳곳에 세워져 있다.

오늘날, 황금빛 밀과 보리로 반짝이고 있는 프랑스 피카르디(Picardy) 지방의 풍요로운 평야지대가, 진흙탕으로 변하고 녹색과 오렌지색 연기로 가려졌던 모습을 상상하기란 쉽지 않다. 그러나 이곳이 바로 1916년 7월 1일부터 11월 18일까지 솜 전투(the Battle of the Somme)가 벌어졌던 곳이다.

영국군이 독일군을 공격했던 필사적인 전투에서 50만 명이 넘는 사람들이 목숨을 잃었다. 그러나 이 전투를 통해서 얻어 낸 땅은 얼마 되지 않았다. 바퐁므(Bapaume)에서

티엡발 추모비에는 솜 전투에서 실종된 7만 3천 명의 이름이 새겨져 있다.

고대 로마의 도로를 따라 알베르(Albert)에 도착하면, 솜 전투 동안 영국군이 진격했던 13킬로미터를 그대로 달려온 셈이 된다. 그리고 이곳에서부터 유적지 관광이 시작된다.

유적지들은 저마다 이야기를 가지고 있다. 세르(Serre) 근처인 전선의 북쪽 끝 제이콥스 래더 참호(Jacob's Ladder trench)와 성큰 레인(Sunken Lane)에서는 최초의 공격이 이루어졌고, 호손 리지에서 대규모 지뢰가 폭파되었다. 남쪽으로 내려가면 나오는 몽토방(Montauban)은 첫 날 작전이 성공한 몇 안 되는 곳 중 하나다. 27톤짜리 지뢰가 터지면서 생긴 거대한 폭탄 구멍(Lochnagar Crater)은 라브아셀(La Boisselle)을 얻어내기 위해 벌어진 치열적인 장기 전투를 떠올리게 한다. 남아프리카 군대가 5일 동안 싸웠던 델빌 숲(Delville Wood)을 걸으면서, 나무들 사이에서 벌어졌던 끔찍한 전투를 상상해 볼 수 있을 것이다.

When to go 3월과 10월 사이가 가장 좋다. 이 시기가 낮은 길고 날씨도 좋은 편이다. 밭을 간 뒤에는 옛날에 참호를 팠던 흔적을 볼 수 있다.

How Long 최소한 3일은 걸린다.

Planning 노련한 가이드가 이끄는 투어에 참가하는 게 이곳을 관광하는 가장 좋은 방법이다. 알베르 관광안내소에서 현지 가이드를 알선해 주며, 1일 단위로 자전거를 대여할 수 있다. 전쟁 연구회 전장 투어를 통해 투어를 할 수도 있다. 만약 특정 묘나 기념비를 방문하고 싶다면 묘지 관리위원회에 미리 연락해야 한다.

Inside Information 아직도 들판에는 탄피, 수류탄, 총알이 묻혀 있다. 절대로 손을 대서는 안 된다.

Websites www.cwgc.org, www.battlefieldtours.co.uk

- 알베르의 공습 대피소 자리에 세워진 아브리 박물관(Musée des Abris)에는 각종 전투 관련 물품과 지도가 전시되어 있다.
- 티엡발 실종자 추모비(Thiepval Memorial to the Missing)는 세계에서 가장 큰 규모의 전쟁 추모비로, 묘지가 없는 7만 3천 명의 젊은 이들을 추모하기 위해 만들어졌다.
- 캐터필러 계곡 추모비(Caterpillar Valley Memorial)는 솜 전투에서 전사한 1,330명의 뉴질랜드 병사들을 추모하기 위해 세워진 것이다.
- 영국과 독일의 참호 시스템이 보몽-아멜 뉴펀들랜드 추모 공원(Beaumont-Hamel Newfoundland Memorial)에 보존되어 있다. 이곳에는 솜 전투에서 전사한 캐나다 병사들을 위한 추모관도 있다.

모네의 그림 소재 중 가장 잘 알려진 지베르니의 정원은 아름답게 보존되어 있다.

프랑스

프랑스 인상주의 화가들 *Impressionist France*

모네의 수생 식물원에 걸려 있는 일본식 다리를 건너노라면 인상주의 화가의 그림 속으로 들어서는 기분이 들 것이다.

'인상주의' 화가들은 클로드 모네의 그림을 통해 '인상주의'라는 이름을 얻었다. 그 그림의 제목은 〈인상, 해돋이 Impression, sunrise〉로, 노르망디 해안의 르아브르(Le Havre) 시의 안개 낀 풍경을 묘사한 것이었다. 모네는 르아브르에서 화가 외젠 부댕과 함께 야외에서 그림을 그리면서 빛과 대기를 화폭에 잡아내는 재능을 찾아낼 수 있었다. 바로 이 르아브르에서 프랑스 인상주의 화가들의 자취를 찾아 떠나는 여행을 시작한다.

르아브르에서 출발하여 도빌(Deauville) 해안과 트루빌(Trouville) 해안, 옹플뢰르(Honfleur) 어촌을 들른다. 그 다음 이름처럼 하얀 '석고 해안(Alabaster Coast)'을 따라 동쪽으로 디에프(Dieppe)로 가서 에트르타(Étretat)와 페캉(Fécamp)의 절벽을 방문한다.

모두 모네의 동료인 피사로, 마네, 드가, 르누아르, 베르트 모리조 등의 인상주의 화가들을 매혹시킨 곳이다.

다음으로 이곳을 떠나 내륙의 루앙(Rouen)으로 향하자. 루앙에서 모네는 성당 정면의 풍경을 담은 연작을 그렸다. 강을 따라 올라가면 센 강 동쪽에 지베르니(Giverny)가 있다. 지베르니는 모네가 인생 후반기를 보낸 곳으로, 모네의 '수련' 시리즈에 영감을 준 아름다운 정원을 방문할 수 있다.

파리에 도착하면 인상주의 화가들이 도시와 관련한 주제들을 좋아했음을 상기하게 된다. 당시 파리는 현대화가 진행 중이었기 때문에, 르누아르의 〈퐁네프Pont Neuf〉나 드가의 〈콩코르드 광장Place de la Concorde〉 등 인상주의 화가들이 그렸던 파리는 지금과 거의 비슷한 모습이다.

When to go 지베르니에 있는 모네가 살던 집, 정원과 미국 미술관(Museum of American Art)이 개관하는 4월부터 10월 사이가 가장 좋다. 봄과 초여름에 꽃이 가장 아름답게 피어난다.

How Long 옹플뢰르에서 르아브르를 경유하여 디에프 해안을 지나 파리까지는 총 322킬로미터다. 최소한 3일은 잡아야 하고, 여유 있게 즐기려면 5일은 잡는 게 좋다.

Planning 혼자 여행하는 사람은 센 강 계곡을 따라 기차나 자동차로 이 루트를 쉽게 따라갈 수 있다. 루앙이나 파리에서 지베르니로 기차를 타고 가려면 베르농(Vernon)에서 내려야 한다. 노르망디의 센마리팀(Seine-Maritime) 행정구에서는 해안을 따라 인상주의를 주제로 한 훌륭한 여정을 짜 준다.

Inside Information 지베르니를 제대로 감상하려면 카페 겸 B&B인 르 봉 마레샬(Le Bon Maréchal)에 묵도록 하자. 모네와 친구들이 모여서 이야기를 나누던 곳으로, 방은 3개뿐이다.

Websites www.francetourism.com, www.lehavretourisme.com, www.giverny.org, www.marmottan.com

- 노르망디 해안의 절벽들을 거닐며 계속해서 모습을 바꾸는 오로라를 바라보자.
- 지베르니에 있는 미국 미술관은 메리 카사트, 윈슬로우 호머, 제임스 맥닐 휘슬러 등 1750년부터 현재까지의 미국 화가들의 작품을 전시하고 있다.
- 르누아르와 모리소가 그렸던 불로뉴의 숲(Bois de Boulogne)은 파리 서쪽에 있는 삼림공원이다.
- 마르모탕 미술관에는 모네의 작품이 세계에서 가장 많이 소장되어 있으며, 모리소, 르누아르, 피사로와 동시대 화가들의 작품 다수가 소장되어 있다.

파리 노트르담 대성당의 장엄한 서쪽 정면.

| 프랑스 |

프랑스의 성당들 Cathedrals of France

고딕 양식의 걸작을 보여 주는 프랑스의 성당들은 정교한 조각과 화려한 스테인드글라스로 여전히 사람들의 마음에 경외감을 불러일으킨다.

프랑스 북부를 원형으로 도는 이 루트를 따라가면서 눈부신 고딕 양식의 성당들을 둘러보자. 12세기 중반에 인기 있던 부벽으로 받쳐 놓은 높이 솟은 본당, 둥근 천장, 뾰족한 아치, 장미창(꽃 모양으로 장식된 창) 등을 지닌 이곳 성당들은 그 자체가 예술작품이다.

먼저 가장 규모가 큰 '아미앵 대성당(Cathédrale Notre-Dame d'Amiens)'에서 여행을 시작한다. 이 높은 건물을 짓고 아름답게 꾸미기 위해 필요했을 공학의 수준과 장인들의 노고는 감히 상상도 되지 않는다. 랑(Laon)을 경유하여 랭스로 가면 천사들의 성당인 '랭스 대성당(Notre-Dame de Reims)'을 만나게 된다. 이 성당은 프랑스 왕들의 대관식이 거행되었던 곳이다. 스트라스부르에는 프랑스에서 가장 높은 '스트라스부르 대성당(Cathédrale Notre-Dame de Strasbourg)'이 하나뿐인 첨탑과 레이스처럼 정교하게 조각된 분홍빛 외벽과 함께 우리를 맞이한다.

서쪽으로 발길을 돌려 샤르트르에 도착하면 고딕 양식 성당 가운데 가장 뛰어난 샤르트르 대성당(Cathédrale Notre-Dame de Chartres)이 평원 위로 모습을 드러낸다. 이 성당의 아름다운 스테인드글라스는 면적이 2,601제곱미터에 달한다. 파리의 노트르담 성당은 프랑스의 가장 유명한 상징물 가운데 하나이며, 많은 역사를 간직하고 있다. 그리고 성당 외부는 물론 내부까지 섬세한 조각으로 가득한 '루앙 대성당(Cathédrale Notre-Dame de Rouen)'에서 여행은 마무리된다.

When to go 연중 어느 때든 좋다.

How Long 각 도시를 직선 코스로 이동할 경우 총 거리가 1,384킬로미터 정도 된다. 적어도 8일은 잡아야 한다.

Planning 프랑스 레일 패스(France Rail Pass)를 구입하면 한 달에 4일은 무제한으로 기차를 이용할 수 있다. 2인 이상의 집단인 경우 프랑스 세이버 패스(France Saver Pass)를 쓰면 더 저렴하다. 프랑스 레일 앤 드라이브 패스(France Rail 'n Drive Pass)는 기차 여행 2일에 자동차 렌트 2일을 결합한 상품이다.

Inside Information 스테인드글라스 창은 성경 속 이야기와 교훈을 가르치기 위해 만든 것이다. 종교적 상징과 중세의 상징성에 대해 가이드 투어를 받으면 스테인드글라스가 의미하는 것을 이해하는 데 도움이 될 것이다.

Websites gofrance.about.com, www.sacred-destinations.com, www.raileurope.com

- 아미앵 대성당의 본당은 내부에서는 126개의 가느다란 기둥이, 외부에서는 이중의 부벽이 받치고 있다. 오크나무로 된 성가대석에는 4천 명이 넘는 성경이나 신화 속 인물과 실존 인물상이 새겨져 있다.
- 랭스 대성당에서는 해질녘에 아름다운 장미창을 바라보자. 대성당 뒤편에 있는 마지막 예배당의 창에는 십자가에 못 박힌 그리스도와 이삭의 희생이 묘사되어 있는데, 마르크 샤갈의 작품이다.
- 샤르트르 대성당에서는 최후의 심판이 묘사되어 있는 서쪽의 장미창 그 아래에 있는 이새의 가계, 남쪽에 있는 푸른 성모의 창(Blue Virgin Window) 등의 스테인드글라스를 꼭 보도록 하자.
- 파리의 생트 샤펠(Sainte-Chapelle) 성당은 아름다운 비율과 정교한 스테인드글라스 덕분에 천국으로 가는 입구라고 일컬어지곤 했다.

비엔나 시립공원에 있는 요한 스트라우스 동상.

| 체코공화국 | 오스트리아 | 헝가리 |

중부 유럽으로의 음악 여행

Musical Journey to Central Europe

위대한 작곡가들의 발자취를 따라 걸으면서 그들이 살던 집도 둘러보고,
세계 최고 오케스트라가 연주하는 음악도 감상해 보자.

    유럽 고전음악의 대가들이 살았던 유럽의 중심부로 찾아가 보자. 음악가들에게 영감을 불어넣어 주었던 문화를 엿보고, 세계에서 가장 훌륭한 콘서트홀과 오페라하우스에서 그들의 작품을 감상해 보자. 여정은 체코 공화국의 프라하에서 시작한다. 드보르작이 1901년 세상을 떠날 때까지 살았던 드보르작 박물관(Dvořák Museum)의 저녁 음악

회에서는 음악가들이 19세기 복장을 하고 연주한다. 또 프라하에는 모차르트가 오페라 〈돈 조반니 Don Giovanni〉를 완성한 모차르트 박물관(Bertramka Villa)도 있다. 모차르트 박물관의 오후 음악회에 참석해 보는 것도 좋겠다.

그 다음에는 오스트리아의 수도인 비엔나로 간다. 베토벤이 하이든에게 음악을 배우고 왈츠의 황제 요한 스트라우스가 〈아름답고 푸른 도나우 강〉을 세상에 선사한 곳이다. 스트라우스, 하이든, 모차르트, 슈베르트, 베토벤 모두 비엔나에 살았고, 그들 각각에게 헌정된 박물관이 있다.

모차르트가 태어난 잘츠부르크는 비엔나에서 3시간 걸린다. 7월 말에 잘츠부르크 축제(Salzburg Festival)가 시작되면 세계에서 가장 뛰어난 음악가들이 모여 극장과 오페라하우스에서 연주를 한다. 마지막으로 찾을 곳은 헝가리의 부다페스트인데, 이곳에서는 음악원(Academy of Music)을 방문하자. 이곳의 그랜드홀은 이 도시 최고의 콘서트홀로, 1천 2백 명을 수용할 수 있다.

When to go 연중 어느 때 가도 좋다.

How Long 2주에서 3주 정도 잡아야 한다.

Planning 이 지역은 철도망이 별로 좋지 않기 때문에 자동차로 여행해야 한다. 유로라인 버스 패스(Eurolines bus pass)를 구입하면 좋다. 유로라인에서는 숙박처와 자동차 렌탈 서비스도 제공한다.

Inside Information 음악회에 참석할 때는 청바지와 스웨터는 피해야 한다. 자리에 맞는 단정한 옷차림은 좋은 공연을 감상하기 위한 기본 예절이다.

Websites www.pis.cz, www.wien.info, www.salzburg.info, www.budapestinfo.hu

• 비엔나의 연중 최고 하이라이트는 비엔나 필하모닉 오케스트라의 신년 음악회. 왈츠를 추고 싶다면 비엔나 카니발(1월~2월) 기간에 가는 게 좋다. 카니발 기간에는 주말마다 무도회가 열린다.

• 부다페스트에서는 오페라하우스의 연주회에 참석할 수 있다(6월~9월). 이곳은 리스트와 말러가 지휘를 했던 곳이다. 기간이 맞는다면 리스트 음악원(Liszt Academy of Music)의 연주회에도 참석할 수 있다(7월과 8월은 휴관).

이탈리아 | 그리스

베네치아의 유산 *Venetian Legacy*

베네치아 공화국의 유산을 따라 아름다운 베네치아 양식 건축물들과
태양 빛을 흠뻑 받는 그리스와 키프로스의 섬들을 돌아 보자.

12세기부터 18세기까지 베네치아 인들은 운하와 석호로 이루어진 도시국가 베네치아 공화국을 기점으로 그리스의 일부 지역까지 포함하는 거대한 제국을 지배했다. 18세기에 그들의 지배는 막을 내렸지만, 저택, 관공서, 요새, 무기고 등 풍요로운 건축 유산을 남겼다.

여정은 물론 베네치아에서부터 시작한다. 베네치아의 두칼레 궁(Palazzo Ducale di Venezia, Doge's Palace)과 운하를 따라 늘어서 있는 부유한 상인들이 살던 궁들이 베네치아가 당시에 누렸던 부와 권력을 증명한다. 그 다음 그리스의 케르키라 섬(Kérkira,

펠로폰네소스 반도 나플리오의 팔라미디 요새 유적에서는, 항구와 요새화된 부르지(Bourtzi) 섬의 전경을 감상할 수 있다.

코르푸 섬)으로 건너간 후 그리스 해안을 따라 키프로스 (Cyprus)까지 간다. 케르키라 섬은 4백 년 동안 베네치아의 지배하에 있었기 때문에 케르키라 시 구시가지의 저택들과 시청 건물은 베네치아 양식의 영향을 강하게 받았다. 케르키라 인근에 있는 케팔로니아 섬(Kefaloniá)과 자킨토스 섬(Zákinthos) 역시 베네치아 공화국의 유적이 광범위하게 남아 있다.

펠로폰네소스 반도의 나플리오(Náfplio)는 베네치아 공화국의 그리스 본토에 있는 수도였다. 여기서는 항구의 성채를 탐험하고 구시가지를 산책할 수 있다. 크레타 섬 역시 또 하나의 중요한 베네치아 공화국 기지였다. 크레타 섬의 하니아(Chania)에서는 과거 베네치아 항구의 성벽 주변을 걸어서 등대까지 가 보자. 도중에는 멋스러운 바와 레스토랑들을 볼 수 있다. 이곳의 레팀노(Réthimno) 요새는 베네치아 인들이 건설했던 요새 가운데 가장 큰 것 중 하나다.

마지막으로 여정은 베네치아 인들이 오스만투르크 인들의 정기적인 습격과 약탈로부터 섬을 방어하고자 요새화했던 키프로스에서 막을 내린다.

- 분홍빛 대리석에 섬세한 고딕 양식으로 지어진 두칼레 궁은 베네치아에서 가장 화려하고 중요한 건축물 중 하나다.
- 나플리오의 팔라미디(Palamidi)는 그리스 본토에 있는 베네치아 인들이 만든 요새 가운데 가장 큰 것이다.
- 크레타 섬의 이라클리오(Iráklio)에는 지금도 베네치아 무기고와 성채가 있어서 베네치아 공화국이 과거에 이 지역을 지배했음을 알 수 있다.

When to go 연중 어느 때 가도 좋다.

How Long 베네치아에서 북키프로스까지의 거리는 2,108킬로미터에 달한다. 적어도 일주일은 잡아야 한다.

Planning 이 여행을 하기 위해서는 개인 요트를 빌려야 한다. 몇 군데는 그리스의 발달되어 있는 페리 서비스를 이용해서 갈 수 있다.

Inside Information 그리스에서 북키프로스로 바로 갈 수는 없다. 터키로 간 다음 키프로스로 여행을 이어가야 한다.

Websites www.enit.it, www.ferries.gr/booking

비첸차에 있는 성당 '바실리카 팔라디아나(Basilica Palladiana)'는 팔라디오가 거의 평생을 바친 걸작 가운데 하나다.

이탈리아

팔라디오의 이탈리아 *Palladio's Italy*

이탈리아 북동부의 베네토 주에서는 균형과 조화로운 비율의 대가였던
건축가 팔라디오가 창조한 건축의 보물들을 만날 수 있다.

16세기 이탈리아 르네상스 시대의 건축가 안드레아 팔라디오(Andrea Palladio, 1508~1580)가 건설한 저택들은 이탈리아 북동부의 초록이 무성한 베네토 주에 우아함을 더한다. 완만한 구릉과 포도밭이 돌로미테 산맥에 둘러싸여 있는 베네토 주는 과거에 베네치아 공화국이 통치하던 곳이다. 식량 공급원이 필요했던 베네치아 인들은 이곳에 저택을 지어 땅을 관리했고, 팔라디오는 저택들의 설계 기준을 확립했다. 그것은

고대 그리스와 로마의 건축 양식을 활용한 고전적이고 균형 잡힌 디자인이었다.

여정은 베네치아 서쪽, 팔라디오가 태어난 도시 비첸차(Vicenza)에서 시작하자. 팔라디오는 이 도시를 아름다운 르네상스 도시로 변모시켰다. 이곳에서 남쪽으로 달리다가 동쪽으로 방향을 바꾸어 몬티 베리치(Monti Berici)에 도착하면, 구아(Guà) 강변 바뇰로(Bagnolo)에 있는 피사니 저택(Villa Pisani) 등 팔라디오가 건설한 건물들이 이곳저곳에 서 있다.

비첸차에서 북쪽으로 난 길은 팔라디오가 설계한 건축물 가운데 가장 유명한 마세르(Maser)의 바르바로 저택(Villa Barbaro)으로 이어진다. 바르바로 저택과 근처 판졸로(Fanzolo)의 에모 저택(Villa Emo)을 보면, 이 건물들이 미국 국회의사당 디자인에 영감을 주었다는 사실을 알 수 있을 것이다.

- 로톤다 저택(Villa Rotonda)은 팔라디오의 작품 중에서 가장 영향력 있는 것으로, 양쪽에 기둥이 세워진 현관과 로마의 판테온에서 영감을 받은 중앙 돔이 가장 큰 특징이다. 비첸차에서 걸어서 갈 수 있는 거리에 있다.

- 바르바로 저택에는 화가 파올로 베로네세(Paolo Veronese)의 매혹적인 프레스코 벽화가 있다. 이 저택은 팔라디오의 '균형의 철학'을 형상화한 완벽한 예다. 중앙의 거주지구 앞에는 이오니아 식 기둥이 늘어서 있고, 농장 건물들은 양쪽으로 대칭으로 뻗어 있다.

When to go 주요 관광지에 입장하려면 5월부터 9월까지가 좋다. 봄과 초여름에는 베네토 주의 심한 더위를 피할 수 있고, 시골 풍경과 정원도 가장 아름답다.

How Long 비첸차에서 포스카리 저택(Villa Foscari)까지는 거리가 약 129킬로미터다. 길이 구불구불한 것을 감안하고 천천히 구경을 하려면 하루는 잡아야 한다. 비첸차에서 바르바로 저택까지는 약 48킬로미터이므로 적어도 한나절은 잡아야 한다.

Planning 저택들은 개관 시간이 모두 다르다. 어떤 곳은 5월부터 9월이나 10월까지만 개관한다. 시골의 저택에 하룻밤 묵으면 여행을 완벽하게 마무리할 수 있을 것이다.

Inside Information 여름에는 포스카리 저택까지 브렌타 리비에라(Brenta Riviera)에서 배를 타고 가 보자.

Websites www.boglewood.com/palladio, whc.unesco.org/sites/712.htm, www.tours-italy.com

피렌체의 교회들에는 초기 르네상스 시대의 프레스코 벽화들이 많이 남아 있다.

> 이탈리아

르네상스 이탈리아 *Renaissance Italy*

며칠, 혹은 몇 주 시간을 내서 이탈리아 르네상스의 심장부인
토스카나 지방을 천천히 유람해 보자.

르네상스는 이탈리아의 토스카나 주에서 시작되었다. 그러므로 토스카나 주에 있는 도시 피렌체 중심부를 거니는 것만으로도 '서구 예술의 부활', 즉 르네상스를 엿볼 수 있다. 피렌체는 14세기에 무척 번성했다. 당시 부유한 시민들은 아름다운 광장과 프레스코 벽화로 장식된 교회와, 지금은 르네상스 미술의 걸작들을 전시해 둔 박물관으로 변신한 궁전을 짓는 데 자금을 댔다.

피렌체의 중심부에는 피렌체의 마돈나(성모 마리아)에게 바친 성당(두오모)이 있다.

두오모의 정교하게 세공된 돔은 필리포 브루넬레스키 (Filippo Brunelleschi)의 작품인데, 그는 르네상스 건축 양식을 확립한 사람 중 하나다. 많은 사람들이 세계에서 가장 훌륭한 미술관 중 하나로 꼽는 우피치 미술관에는 지오토, 보티첼리, 레오나르도 다 빈치, 라파엘로, 미켈란젤로를 비롯한 수많은 르네상스 화가들의 회화 작품이 소장되어 있다.

이번에는 피렌체를 떠나 남쪽의 시에나로 떠나자. 시에나까지 가는 길에는 완만한 언덕과 언덕 위에 자리 잡은 마을들로 이루어진 고전적인 토스카나의 풍경이 펼쳐진다. 그 풍경은 피에로 델라 프란체스카의 그림에 묘사된 풍경과 별반 다르지 않다. 시에나는 르네상스 시대에 발달한 도시다. 시 중앙에 자리 잡은 우아한 캄포 광장은 르네상스 이전인 12세기에 조성된 것이다.

시에나에서 다시 남쪽으로 향해 로마에 도착하면, 미켈란젤로와 라파엘로 등 대가들의 르네상스 전성기 걸작을 만날 수 있다.

When to go 봄과 가을이 가장 쾌적하다.

How Long 하루에 한 도시씩 3일 만에 끝낼 수도 있지만, 1~2주 할애해서 각 도시의 거리, 광장, 미술관, 정원을 천천히 둘러보고, 토스카나의 시골도 탐험해 볼 것을 권한다.

Planning 기차와 버스 승차권은 역이나 정류장에서 바로 구입할 수 있다. 자동차 렌탈은 이탈리아에 도착하기 전에 미리 해 두는 게 좋다.

Inside Information 주요 관광지를 예약하지 않고 들어가려면 무척 길게 줄을 서야 하므로 하루 전에 예약을 하도록 한다.

Websites www.enit.it, www.italiantourism.com, www.tuscanytours.com, www.globetours.com

- 메디치 가의 수집품들이 소장되어 있는 피티 궁(Palazzo Pitti)과 프라 안젤리코의 프레스코 벽화가 아름다운 산마르코 수도원(Convent of San Marco) 등등 피렌체에서는 비교적 덜 알려진 박물관과 교회들을 찾아가 보는 것도 좋다.

- 시에나의 푸블리코 궁전(Palazzo Pubblico)에서는 암브로지오 로렌체티의 초기 르네상스 스타일 벽화인 〈선한 정부Good Government〉를 찾아보자.

- 바티칸 박물관에서는 시스티나 성당의 미켈란젤로의 천장벽화와 라파엘로 실에 전시된 라파엘로의 작품들은 꼭 감상하는게 좋다. 물론 성베드로 대성당에 있는 미켈란젤로의 〈피에타Pietá〉도 놓쳐서는 안 된다.

TOP 10

과거로의 여행 *Journeys Into The Past*

과거의 모습을 간직하고 있는 곳들을 찾아, 21세기와는
한참 동떨어진 생활방식을 경험해 보자.

❶ 플리머스 정착촌 Plymouth Settlement 미국 매사추세츠 주

영국 청교도들은 1620년 플리머스를 출발해 메이플라워 호를 타고 바다를 건너왔다. 그들이 정착해서 만든 마을의 목재 주택들이 늘어선 거리와 메이플라워 호 모사품의 삐걱거리는 갑판 위를 걸어 볼 수 있다.

`Planning` www.visit-plymouth.com

❷ 가이만 Gaimán 아르헨티나 파타고니아 추붓 지방

가이만은 1865년 잉글랜드의 지배를 피해 건너온 웨일스 인들이 개척한 마을이다. 공원과 교회를 지나며 목가적이고 조용한 거리를 거닐고, 찻집에 들어가 직접 만든 페이스트리를 맛본 다음, 펭귄들을 보러 가자.

`Planning` 투어에 참가하여 여행하거나 트렐레우 (Trelew)에서 자동차를 대여해서 다닐 수 있다. 트렐레우에서 가이만까지의 거리는 18킬로미터다. www.patagonia-argentina.com

❸ 코르디예라 우루밤바 산맥 Cordillera Urubamba Mountains 페루

14세기에 조성된 잉카 트레일에서 벗어나 쿠스코 북쪽의 만년설을 이고 있는 산 속 마을로 하이킹을 가자. 그 마을 주민들은 아직도 알파카와 라마를 기르고, 안데스 산자락에서 농사를 지으면서 살고 있다.

`Planning` 이곳 투어를 하려면 체력이 좋아야 한다. www.inkanatura.com

❹ 키리위나 섬 Kiriwina Island 파푸아 뉴기니

청옥색 바다 옆으로 펼쳐진 우림의 끝자락에서 새들의 노랫소리가 들린다. 섬 주민들이 몇 세기 전과 다름없는 모습으로 낚시를 하고, 마을 요리하고, 오두막을 짓고, 상아에 조각을 하는 것을 지켜볼 수 있다.

`Planning` 여행사에서 제공하는 투어로 여행하는 게 좋다. www.em.com.pg

❺ 고르히 테렐지 국립공원 Gorkhi-Terelj National Park 몽골

천막으로 만든 원형 주택 '게르'에 살고 있는 몽골 가족을 방문하여 그들 집에 하룻밤 묵어 보자. 다듬어지지 않은 풍경 속으로 몇 킬로미터를 거닐면서 곰과 250종이 넘는 새들을 찾아볼 수 있다.

Planning 몽골의 수도 울란바토르에서 80킬로미터 정도 떨어져 있다. 트레킹을 하거나 말이나 낙타를 타고 달리기에 아주 좋은 곳이다. www.mongoliatourism.gov.mn/

❻ 사우토쇼카 Sautosjohkka 스웨덴

라플란드 족 천막의 난롯가에 앉아서 훈제 순록 고기를 먹고, 눈 위를 달리는 에스키모 견의 부드러운 발자국 소리를 들으면서 설상차를 타 보자. 이 모든 일들을 얼음 벽돌로 지은 아이스 호텔에 묵으면서 해볼 수 있다.

Planning 여행사의 투어로만 가능하다. www.icehotel.com

❼ 페입시 호수 Lake Peipsi 에스토니아

에스토니아 페입시 호수의 모래 깔린 호반, 울창한 갈대숲, 고요한 사암 절벽의 모습은 러시아의 리포반 족이 17세기 후반에 종교 박해를 피해 이곳에 도착했을 때 이후로 전혀 변하지 않았다.

Planning 호수에서 35킬로미터 떨어진 타르투(Tartu)의 관광안내소에서 박물관 견학 예약을 한다. www.vm.ee/estonia/kat_174/pea_174/4990.html

❽ 야외 민족학 박물관 Open Air Ethnographic Museum 라트비아 리가

19세기 라트비아 농부들의 거친 삶을 경험해 볼 수 있다. 호숫가의 키 큰 숲속에서 산책을 하고, 목조 농가, 풍차, 어부들의 오두막, 교회, 채마밭을 방문하자. 그리고 선술집에서 이곳 주민들의 친절을 즐겨 보자.

Planning 리가에서 13킬로미터 떨어져 있다. www.ltg.lv/english/home

❾ 그루타스 공원 Grūtas Park 리투아니아 드루스키닌케이

2001년에 문을 연 이 공원은 레닌, 스탈린, 리투아니아의 유명 공산당원들의 동상 등 구소련 시대에 만들어진 동상들이 쉬고 있는 곳이다. 감시탑과 철조망으로 둘러싸여 있는 동상들의 모습은 흡사 구소련의 강제노동수용소에 감금된 죄수들의 모습과도 같다.

Planning 빌니우스에서 121킬로미터 떨어져 있다. 자동차를 빌리거나 2번 버스를 타고 가자. www.grutoparkas.lt

❿ 시나이 사막 Sinai Desert 이집트

사파리에 참가하여 웅장한 시나이 사막의 중심으로 들어가자. 베두인 족과 시간을 보내면서 사막에서 살아남는 법, 낙타 타는 법, 베두인 족의 천막에서 자는 법, 모닥불에 납작한 빵을 굽는 법 등을 배울 수 있다.

Planning 여행사에서 제공하는 투어를 통해서만 가능하다. www.sheikhsalemhouse.com/safaris.asp

스페인

로마네스크 양식 교회들
Romanesque Churches

스페인 발 데 부아의 교회들은 중세에 피레네 산맥을 넘어서도 문화 교류가 있었음을 보여주는 증거다.

스페인 피레네 산맥에 숨어 있는 발 데 부아(Vall de Boí)는 고지대의 초원과 맑은 냇물과 자그마한 마을들로 이루어져 있으며, 아이구에스토르테스 국립공원(Aigüestortes National Park)의 봉우리들로 둘러싸여 있다. 그러나 이곳이 특별한 것은 부아(Boí), 타울(Taull), 에릴 라 발(Erill la Vall), 바루에라(Barruera), 두로(Durro), 카르데(Cardet), 콜(Coll) 등 골짜기에 자리 잡은 고대 마을들 때문이다.

이곳 교회들은 로마네스크 양식으로 지어진 가장 순수한 건축물이다.

어떤 마을은 이 지역 고유의 회색 돌로 튼튼하게 지은 집 몇 채가 모여 있는 게 전부다. 그러나 이 마을들에는 각기 적어도 하나씩은 눈에 띄는 훌륭한 교회가 있다. 11세기에서 12세기에 지어진 이 교회들은 로마네스크 건축양식의 뛰어난 작품들인데, 높은 탑과 청석돌을 덮은 지붕이 특히 눈에 띈다. 일부 교회는 성경 속 장면을 묘사한 화려한 벽화가 내부에 장식되어 있다.

아마도 그중 가장 아름다운 것은 산 클리멘트 데 타울(Sant Climent de Taull) 교회일 것이다. 본당이 기둥에 의해 세 개로 분리되어 있고, 외벽에는 장식 아케이드가 있으며 6층 종탑이 있는 이 교회는 로마네스크 양식을 대표하는 교회로 일컬어지고 있다. 로마네스크 양식은 주요 순례길을 따라 유럽 전역으로 전파되었는데, 두꺼운 벽과 둥근 아치, 사각 탑, 둥근 천장 등이 그 특징이다.

바루에라와 두로는 발 데 부아를 탐험할 때 거점으로 삼기에 좋은 마을들이다. 아니면 다른 작은 고대 마을에 묵는 것도 좋다.

When to go 연중 어느 때든 좋지만 5월부터 9월까지가 가장 좋다. 12월부터 3월 사이에는 눈이 많이 내릴 수 있다.

How Long 모든 교회와 주변 시골을 다 둘러보려면 3일에서 7일은 잡아야 한다.

Planning 대중교통은 취약하다. 마을들을 잇는 거리를 다 합해도 19킬로미터가 채 안 되므로 기운 좋은 사람은 걸어서 다닐 수 있다.

Inside Information 걷기 여행에 자신 없어도 걱정하지 않아도 된다. 자전거를 빌려 주는 호텔도 있다.

Websites www.lleidatur.com

- 산 클리멘트 데 타울(Sant Climent de Taull) 교회에 처음 가면 청옥색, 심홍색, 황금색, 에메랄드색으로 그려진 아름다운 벽화들을 보고 감탄을 금치 못할 것이다.
- 냇물과 폭포가 많고 독수리들이 날아다니는 아이구에스토르테스(Aigüestortes)의 높은 산비탈을 탐험해 보자.

세비야 알카사르 내부의 화려한 장식 가운데 하나인 금박을 입힌 나무 돔.

> 스페인

무어 시대의 유산 *Moorish Spain*

스페인 남부에서 복잡하고 아름다운 이슬람 건축과 디자인을 탐구해 보자.

  8세기부터 북아프리카의 무어 인들은 스페인 남부를 지배했다. 그들은 그 지역을 알 안달루스(Al-Andalus)라 불렀고, 지금은 안달루시아(Andalusia)라 부른다. 무어 인들은 메마른 평원에 물을 끌어다 석류, 오렌지, 레몬, 살구, 사프란, 설탕, 쌀 등의 새로운 작물을 심었다. 4백 년 가까운 시간 동안 이 지역은 유럽에서 가장 문명화되고 번영한 곳이었다.

가파른 계곡으로 유명한 도시 론다(Ronda)는 언덕 꼭대기에 조성되었는데, 이곳에서 출발하여 무어 시대의 주요 유적을 품고 있는 세비야, 코르도바, 그라나다까지 반원형 루트로 돌아볼 수 있다. 세비야(Sevilla)에서 만날 수 있는 좁고 구불구불한 거리와 발코니가 딸린 낮고 하얀 집들, 분수가 있는 안뜰 등은 아랍 건축양식의 고전적 특징이다. 코르도바(Córdoba)는 250년 동안 무어 제국의 수도였다. 또한 도서관이 70개나 있는 의학, 철학, 과학, 음악 등 학문의 중심지이기도 했다. 코르도바의 이슬람 사원이었던 메스키타(Mezquita)는 유럽에서 가장 크고 가장 아름다운 종교 건축물로 유명했다.

안달루시아가 가톨릭 군주에 의해 재정복되면서 그라나다(Granada)가 무어 제국의 수도가 되었다. 오늘날 그라나다의 알바이신에는 미로 같은 골목마다 빵집, 식품점, 카페가 줄지어 있다. 이곳의 산 니콜라스 전망대(Mirador de San Nicolas)에서는 알함브라(Alhambra) 궁전의 고고하고 웅장한 자태를 한눈에 볼 수 있다.

When to go 연중 어느 때 가도 좋다.

How Long 총 거리가 241킬로미터 정도 된다. 도시들을 제대로 둘러보려면 3~4일은 잡아야 한다.

Planning 가벼운 옷을 입고 편한 신을 신자. 종교적 장소에 갈 때 입을 수 있도록 긴소매 옷을 준비한다.

Inside Information 여름에 주요 관광지에서는 길게 줄을 서야 한다. 관광안내소에서 미리 입장권을 예매할 수 있고, 알함브라 궁전 입장권은 www.alhambratickets.com에서 구입할 수 있다. 알함브라 궁전을 다 둘러보려면 총 5킬로미터 정도를 걸어야 하기 때문에 가이드북을 참고하여 동선을 잘 짜야 한다.

Websites www.andalusia.org

- 세비야의 알카사르(Alcázar, 요새)는 치장 벽토로 된 아치로 화려하게 장식되어 있고, 정원은 분수와 감귤나무들로 가득 차 있다.
- 코르도바의 성당 메스키타 내부에는 2층으로 된 아치가 여러 겹 늘어서 있고, 아름다운 미라브(mihrab, 이슬람 사원 내부의 기도하는 공간으로, 벽면이 반원형으로 파여 있음)가 있다.
- 그라나다의 알함브라 궁전은 연못과 정원으로 둘러싸인 무어 양식의 궁전들이 모여 있는 것이다. 가장 오래된 부분인 알카사바(Alcazaba)의 정상에서는 그라나다를 한눈에 조망할 수 있다.
- 그라나다의 알바이신 지구에는 모로코식 찻집이 많이 있는데, 그중 한 곳에서 민트 차를 마셔 보자.

> 루마니아

몰다비아의 수도원들
The Painted Monasteries of Moldavia

프레스코 벽화의 눈부신 푸른색, 아름다운 시골 마을, 수도승들의 노랫소리를 따라 과거의 세계로 들어가 보자.

    루마니아 북동부 부코비나(Bucovina)의 수도원 벽화들은 마치 책 속의 삽화를 확대해 놓은 듯 선명하다. 이 벽화들은 성경 속 장면과 역사적 사건을 묘사한 것이다.
    이 지역에는 수도원이 15곳 정도 있는데, 관광객들은 주로 보로네쯔(Voronet) 수도원, 후모르(Humor) 수도원, 몰도비타(Moldovita) 수도원, 수체비차(Sucevita) 수도원을 방문한다. 사람들은 이 네 수도원의 외벽과 내벽을 덮고 있는 프레스코 벽화의 섬세한 예술성에 감탄을 금치 못한다. 물론 수도원 건물 자체도 아름답고 수도원을 둘러싸고 있는 오염되지 않은 전원 풍경도 무척 평화롭다.
    네 수도원 중에서도 보로네쯔 수도원의 벽화가 가장 화려하다. 보로네쯔 수도원의 벽화는 대단히 아름답고 정교하며 예술적 수준이 높아서, 이 수도원은 흔히 '동유럽의 시스티나 성당'이라고 불린다(시스티나 성당은 바티칸시국에 있는 성당으로, 미켈란젤로의 천장벽화로 유명하다). 수체비차 수도원은 멋진 배경 속에 서 있으며, 요새처럼 되어 있는 것이 인상적이다. 수체비차 수도원 외벽의 벽화 중에서는 〈낙원으로 가는 사다리〉가 특히 뛰어나다.

후모르 수도원에는 수비탑도 있다.

프레스코 벽화의 선명한 색감을 잘 보여 주는 보로네쯔 수도원의 벽화.

16세기에 제작된 후모르 수도원 외벽의 프레스코 벽화.

몰도비타 수도원은 다른 수도원들에 비해 좀 더 외진 곳에 있으며 규모가 작고 조용하다. 한편, 분위기 있는 후모르 수도원은 내부 벽화가 특히 장관이다.

유네스코 세계문화유산으로 등재된 이 수도원들은 대부분 16세기에 몰다비아가 이 지역까지 세력을 확장하는 것을 공고히 하고 사람들을 규합하기 위해서 건설되었다. 벽화는 당시 계속해서 세력을 팽창하던 오스만투르크제국의 정복을 앞에 두고 글을 읽지 못하는 그리스 정교회 신도들에게 영감을 주기 위해 제작되었다.

오늘날 이 수도원들은 그리스 정교회의 수도원 역할을 하고 있어서 하루에도 몇 번씩 미사를 집행하고, 의미적으로도 중요한 역할을 담당하고 있다. 또한 부활절과 종교 축일에는 많은 순례자들이 모여든다.

When to go 4월부터 10월 사이가 좋다.

How Long 적어도 3일은 머물러야 한다.

Planning 이 지역은 대중교통이 취약하다. 가이드 투어를 통해 관광하지 않는다면 자동차를 타고 여행하는 게 모든 수도원을 돌아보는 최선의 방법이다. 투어에 참가하지 않고 독자적으로 여행한다면 보로네쯔 수도원과 후모르 수도원에서 가까운 구라 후모룰루이(Gura Humorului)에 머무는 게 좋다. 좀 더 편하게 지내고 싶다면 이 지역에서 가장 큰 마을인 수체아바(Suceava)에 머물자. 일주일 일정의 걷기 투어도 있다.

Inside Information 이 수도원들의 명목상 개관 시간은 흔히 오전 8시부터 오후 8시다. 미사는 하루에 최소 4번 집행되고, 참가하는 것도 가능하다. 모든 수도원이 입장료가 있고 복장은 단정하게 해야 한다. 짧은 치마나 바지는 안 되고, 여성들은 머리를 가려야 한다.

Websites www.beyondtheforest.com, www.romanianmonasteries.org

- 보로네쯔 수도원 벽화의 선명한 색감과 뛰어난 예술성을 감상하자. 특히 〈최후의 심판 Last Judgement〉 벽화가 훌륭하다. 벽화가 푸른색을 주로 띄는 것은 라피스 라줄리(청금석)로 만든 염료를 사용했기 때문이다.
- 수체비차 수도원에는 교회에서 사용되는 은식기, 삽화가 들어 있는 책 등을 소장하고 있는 박물관도 있다.
- 후모르 수도원과 수체비차 수도원 사이, 혹은 수체비차 수도원과 몰도비타 수도원 사이의 너도밤나무 숲과 언덕으로 하이킹을 즐기는 것도 좋다.
- 순례자들과 현지 주민들이 모이는 종교 축일에 이 수도원들 중 한 곳을 방문해 보는 것도 색다른 경험일 것이다.

터키

카파도키아 동굴 교회
Rock Churches of Cappadocia

터키 중부 카파도키아의 낯선 풍경 속에는 바위를 깎아 아름답게 장식한 비잔틴 양식의 교회들이 수백 개 숨어 있다.

터키 중부의 카파도키아(Cappadocia)는 특이한 형상의 바위들과 아름다운 자연 풍광으로 유명하다. 또한 초기 기독교의 중심지이기도 했다. 조용한 골짜기에는 화산암을 깎아 만든 수백 개의 교회들이 숨어 있다. 가장 유명한 교회들인 사과 교회, 뱀 교회, 어둠의 교회, 샌들 교회는 모두 괴레메 야외 박물관(Göreme Open Air Museum)에 있다.

낡은 사다리를 올라 바위에 뚫린 어두운 입구를 통해 안으로 들어가면, 7백 년에서 1천 3백 년 전쯤 기독교도들이 새긴 벽과 아치, 기둥을 장식하고 있는 성인들의 얼굴과 마주치게 된다. 일부 기둥은 아래쪽이 닳아 없어져서 천장에 매달린 형상이 되었고, 그 덕에 둥근 천장은 떠받치는 기둥도 없이 허공에 떠 있다.

11세기에 만들어진 어둠의 교회에는 아름다운 그림들이 남아 있고, 버클 교회에는 이곳 골짜기에서 가장 규모가 크고 아름다운 푸른색의 프레스코 벽화가 남아 있다. 어떤 교회들은 단순한 기하학적 무늬들로 장식되어 있고, 어떤 교회들은 예수와 성인들의 삶을 묘사한 벽화들로 장식되어 있다.

진기한 바위들 속에 교회들이 숨어 있다.

교회 내부에 빛이 들지 않아서 벽화가 잘 보존되어 있다.

괴레메 북동쪽의 젤베 골짜기(Zelve Valley)는 이 지역에서 가장 큰 마을 중 하나가 있던 곳으로, 색색의 바위를 깎아 만든 집들과 교회들을 지금도 볼 수 있다. 괴레메 남쪽에 위치한 소안리 골짜기(Soganli Valley)에는 9세기부터 13세기 사이에 그려진 프레스코 벽화들로 장식된 교회가 150개나 있고, 괴레메 남서쪽에 위치한 16킬로미터 길이의 으흘라라 골짜기(Ihlara Valley)의 협곡에는 고대에 만들어진 비잔틴 양식 교회들과 주거 공간들이 숨어 있다. 초록빛의 아름다운 으흘라라 골짜기에서는 당일치기 하이킹이 가능하다.

When to go 봄과 가을이 좋다. 4월 중순부터 6월 초, 9월부터 10월이 심한 더위와 인파를 피하기에 가장 좋은 시기다. 겨울에 눈이 내리면 이곳은 마법처럼 반짝이면서 한층 매혹적인 곳으로 변신한다.

How Long 주요 명소를 보려면 적어도 3일은 잡아야 하고, 자세히 돌아보려면 일주일은 잡아야 한다.

Planning 관광하기에 가장 좋은 방법은 자동차를 빌려서 다니는 것이다. 버스와 미니버스도 다닌다. 이곳에는 호텔과 펜션이 많은데, 대부분 바위 속에 조성돼 있고 동굴 모양으로 생긴 객실도 있다. 여행사에서 제공하는 투어도 있다.

Inside Information 자동차로 운전을 해서 다니려면 미리 도로지도를 구입해야 한다. 이스탄불을 벗어나면 상세한 지도는 구하기 어렵기 때문이다. 인파를 피하려면 관광지는 아침 일찍 방문하는 게 좋다. 여행사의 투어 상품을 이용한다면, 양탄자와 도기 상점만 끊임없이 끌고 다니는 투어는 아닌지 확인해야 한다.

Websites www.middleearthtravel.com, www.great-adventures.com

- 젤베 골짜기 근처의 파샤바(Pasabag)에는 버섯바위라 불리는 진기한 형태의 바위들이 있다.
- 괴레메 남쪽에 있는 데린쿠유(Derinkuyu) 지하도시를 탐험해 보자. 초기 기독교도들이 종교 박해를 피해 숨어 살았던 곳으로, 그 후에도 여러 차례 다양한 사람들이 숨어 지냈다. 취침 공간, 식사 공간, 저장실, 교회, 우물, 통풍구 등이 갖춰져 있고, 한 번에 몇 천 명이 몇 달은 지낼 수 있었다.
- 바위의 색과 그림자가 끊임없이 바뀌면서 만들어 내는 숨 막힐 듯 멋진 풍광을 기구를 타고 감상해 보자.

괴레메 골짜기의 많은 동굴 교회 중 한 곳의 입구에 기하학적 무늬가 그려져 있다.

아테네의 파르테논 신전은 고대 그리스 건축의 아름다움, 우아함 그리고 낭만을 보여 주는 탁월한 건축물이다.

그리스

고전 그리스 *Classical Greece*

아테네와 주변 유적지들에서 찬란했던 고대 그리스의 문화를 느껴 볼 수 있다.

아테네의 좁은 거리, 먼지 낀 보도와 혼잡한 차량 위로 아크로폴리스가 솟아 있고, 그 언덕 위에 파르테논 신전이 평온한 모습으로 서 있다. 아테네 여신에게 바친 파르테논 신전은 그리스의 수도 아테네의 혼잡함 사이에서 영원성을 지니는 기념물이다. 이 정밀한 대리석 구조물과 거친 바위투성이 언덕이 이루는 현격한 대조를 보면, 자연을 정복하려 했던 인간의 시도에 놀라움을 금치 못할 것이다.

다음 날 아침, 버스를 타고 해안 도로를 달려 코린트 운하(Corinth Canal)의 깎아지른 듯한 비탈을 지나 해안선을 따라 에피다우로스(Epidavros)의 원형극장으로 간다. 언덕에 돌계단이 층층이 나 있고, 계단을 따라 내려가면 무대가 있다. 그 뒤로는 올리브 나무들과 바위투성이 해안, 반짝이는 바다가 펼쳐져 있다.

조금만 더 가면 미케네(Mycenae)에 도달한다. 이곳에는 당당한 사자문(Lion Gate)과 아가멤논의 무덤이 있다. 미케네를 지나 오후의 열기 속으로 계속 달려가면, 해질녘에 펠로폰네소스의 가파른 언덕들 사이로 올림피아에 도착한다. 그 다음 날, 올림픽 경기가 탄생한 이 도시에서 모래로 덮인 경주로와 사원들을 둘러보자. 북쪽으로 발길을 돌려서 다시 그리스 본토로 들어간 후, 동쪽으로 조금만 더 달리면 마지막 목적지인 델포이(Delphi)에 다다른다. 이곳은 과거에 태양신 아폴론의 신탁이 이루어졌던 곳이다.

When to go 에피다우로스 축제에 참가하려면 여름에 간다. 에피다우로스 축제는 아테네 축제(Hellenic festival)와 함께 열리는데, 전 세계 예술가들이 고대 그리스의 극장에서 공연을 펼친다. 7월과 8월을 피하면 날씨도 덜 덥고 사람도 덜 붐빈다.

How Long 주요 관광지를 둘러보는 것은 3일이면 된다. 좀 더 느긋하게 관광을 하고 아테네의 박물관들과 아크로폴리스를 방문하려면 며칠은 더 잡아야 한다.

Planning 많은 여행사에서 관광지들을 모두 둘러볼 수 있는 상품을 제공한다. 아니면 독자적으로 여행하면서 시간을 자유롭게 안배하며 다닐 수도 있다.

Inside Information 자외선 차단크림을 바르고, 꼭 생수를 가지고 다녀야 한다.

Websites www.athenstourism.gr, www.culture.gr

- 언덕 위로 사람들의 발자국이 만들어 낸 길을 따라 아크로폴리스 언덕의 파르테논 신전으로 가자.
- 에피다우로스 원형 극장의 합창대석에 서서 넓은 객석을 향해 연설을 해 보자. 면밀히 계획된 음향효과 덕분에 맨 뒷자리에 앉은 사람까지도 똑똑하게 소리를 들을 수 있다.
- 여름에 방문한다면 에피다우로스 축제(Epidavros festival)를 놓치지 말자. 고대 그리스 연극이 원어로 공연된다.
- 델포이의 박물관에는 오이디푸스가 물리쳤던 스핑크스 석상이 있다.

황금과 보석들로 만든 투탕카멘의 황금 마스크는 카이로의 이집트 박물관에 소장된 많은 보물들 가운데 하나다.

이집트

고대 이집트 *Ancient Egypt*

카이로에서 고대 이집트의 보물들을 확인하고, 고대 문명이 찬란하게 꽃피었던
도시들과 사원들을 찾아가 보자.

먼지가 가득하고, 혼잡하고, 떠들썩한 카이로에는 고대 이집트 문명의 귀중한 유물들이 소장되어 있는 이집트 박물관(Museum of Egyptian Antiquities)이 있다. 서쪽으로 이 도시와 맞닿아 있는 사막을 바라보면, 아지랑이 속으로 고대의 7대 불가사의 가운데 아직까지 유일하게 남아 있는 기자(Giza)의 피라미드가 보인다. 거대한 피라미드들은 4천 5백 년 동안 수많은 사람들에게 경외감을 불러일으키며 자리를 지켜 왔다.

그 근처에는 사카라(Saqqara)가 있다. 이는 고대 이집트 수도였던 멤피스의 광대한 묘지로, 계단식 피라미드와 그림이 그려진 무덤들이 있다. 남쪽으로 499킬로미터를 내려가면 고대 이집트의 또 다른 수도였던 테베(Thebes, 룩소르)가 나온다. 이곳의 신전은 람세스 2세가 완성했는데, 행렬용 통로를 따라 거대한 카르나크 신전(Temple of Karnak)과 연결된다.

나일 강 서안에는 '왕들의 계곡(Valley of the Kings)'이 있고, 테베의 언덕 사이로 왕들의 무덤이 있다. 테베에서 나일 강 크루즈를 시작하여 남쪽으로 이스나(Isna), 이드푸(Idfu), 콤 옴보(Kôm Ombo), 아스완(Aswân)까지 내려가면서 강변에 있는 고대 신전들을 방문할 수 있다. 아스완에서는 아부심벨(Abu Simbel)에 있는 람세스 신전까지 다녀올 수도 있다.

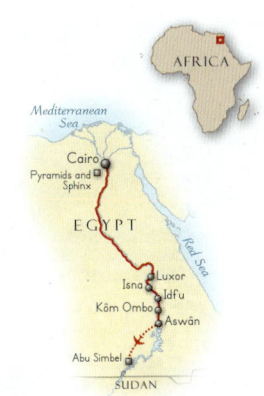

When to go 연중 어느 때 가도 좋다. 나일 강 크루즈를 하기에 가장 좋은 시기는 12월부터 2월 사이다. 여름에 가장 더울 때(6월부터 8월)는 기온이 섭씨 40도를 넘기도 한다.

How Long 카이로에서 아스완까지의 거리는 901킬로미터고, 아스완에서 아부심벨까지는 280킬로미터다. 14~17일 정도가 적당하나, 일주일 만에도 다 돌아볼 수 있다.

Planning 주요 유적지는 카이로와 그 주변, 남쪽의 테베 주변이다. 두 도시 사이는 비행기나 기차, 자동차로 이동할 수 있다.

Inside Information 역사적인 웅장함이나 화려함을 느껴 보고 싶다면 과거에 사냥꾼들의 산막이었던 피라미드 근처의 메나 하우스 오베로이(Mena House Oberoi)나, 1890년대에 무어 양식으로 지어진 아스완의 소피텔 올드 캐터랙트 호텔(Sofitel Old Cataract Hotel)에 묵자.

Websites www.egypt.travel, www.touregypt.net, www.audleytravel.com, www.martinrandall.com

- 카이로에 있는 이집트 박물관에는 투탕카멘 왕의 보물들이 소장되어 있다. 고대 이집트를 살아 있는 문명이자 번영하는 문명으로 만들어 주었던 일상적인 물건들이 우리의 상상력을 자극한다.

- 카르나크의 아문(Amun) 신전의 대다주실(大多柱室, Great Hypostyle Hall)에는 상형문자들로 덮인 134개의 기둥이 있다.

- 아부심벨의 신전 입구에는 람세스 2세의 거대한 석상 4개가 있다. 1960년대에 아스완 하이 댐이 건설되었을 때 나세르 호수의 범람을 피하기 위해서 현재의 위치로 옮겨졌다.

시밤의 빽빽하게 들어서 있는 진흙 벽돌로 만든 집들. 와디 하드라마우트의 바위로 된 지면 위에 세워져 있다.

예멘

예멘의 진흙 건축물 Earth Architecture of Yemen

용감한 여행자라면 '사막의 맨해튼'이라는 별명을 가진 예멘의 진흙 집들과
야자수가 둘러싸고 있는 오아시스 도시로 떠나자.

바위로 토대를 쌓은 다음 태양에 말린 진흙 벽돌로 지은 독특한 예멘의 흙 건축물을 가장 잘 볼 수 있는 곳은, 예멘의 수도 사나(Sanaa) 구시가지와 시밤(Shibām)이다. 탑 형태의 집 1만4천 채와 5백 채의 좁은 집이 빽빽이 들어서 있는 이곳은 유네스코 세계문화유산이기도 하다. 2천 년이 넘는 시간 동안 기후와 침입자들로부터의 보호를 위해 이러한 고유한 양식을 발전시켰다.

여행을 시작하기에 앞서서 사나의 구시가지에 머무르자. 사나에서 와디 하드라마우트(Wadi Hadramawt)와 16세기에 세워진 오아시스 도시 시밤으로 가는 도중에, 바위 언덕 위에 서 있는 흙으로 만든 키 큰 건물들을 볼 수 있을 것이다. 고대의 계획 도시 시밤은 대추야자 숲과 와디(사막의 하천으로, 우기 외에는 말라 있다) 바닥 위로 솟아오른 바위에 세워졌다.

시밤 동쪽에 있는 세이윤(Saywūn)에서 하룻밤을 보낸 다음 동쪽으로 여정을 계속해서 365개의 사원이 있는 타림(Tarīm)으로 간다. 알-무다르(Al-Muhdhar) 사원 주변에는 석고로 겉을 하얗게 바른 미나레트(이슬람 사원의 첨탑)가 서 있는데, 이것은 세계에서 가장 높은 흙 구조물이다. 해안을 따라 사나로 돌아온 후, 과거에 유대인들의 은세공 마을이었던 합반(Habbān)을 방문하자.

When to go 9월부터 5월까지가 좋다. 7월부터 9월까지는 우기이므로 관광하기에 적합하지 않다.

How Long 도시들 사이가 멀기 때문에 최소한 10일은 걸린다.

Planning 등록된 여행사의 투어 상품으로 여행하는 게 좋다. 사막을 여행할 때는 현지에 대해 잘 알고 안전을 확보해 줄 수 있는 베두인 족 가이드가 꼭 필요하다. 주요 도시를 벗어나면 납치 사건이 특히 빈발해서 일부 지역은 관광객들의 접근이 금지되어 있다.

Inside Information 군사 시설이나 사회 기간 시설은 절대 촬영해서는 안 된다. 현지 여성들은 사진 찍히는 것을 싫어하고, 남성과 아이들의 사진을 찍으려면 허가를 받아야 한다. 여성 관광객들은 점잖은 복장을 해야 하고 행동에 조심해야 한다. 피곤한 일에 휘말리고 싶지 않으면 현지 남성들과 눈을 마주치지 말아야 한다.

Websites www.intrepidtravel.com, www.acaciatours.com

- 시밤에서는 해가 지기 전에 마을 반대편에 있는 산을 따라 걸으면서 진흙 집들의 실루엣을 감상하자.
- 타림의 아가프 도서관(Ahgaf Library)에서는 오래된 꾸란 필사본을 볼 수 있다.
- 사나 양식으로 지어진 진흙집들이 있는 알-라우다(Al-Raudha)에서는 일요 시장이 열린다.
- 푼둑(funduk, 게스트하우스)에서 호로파로 맛을 낸 전통 치킨 살타 요리로 점심식사를 해 보자.

남아프리카공화국

줄루족 문화 투어 *Zulu Culture Tour*

남부 아프리카의 다채로운 색을 지닌 민족들 중 하나인 줄루족의
독특한 역사와 생활방식을 들여다보자.

    여정은 더반에서 시작한다. 줄루족 유적지와 현재 줄루족이 살고 있는 마을로 향하기 전에 킬리 캠벨 아프리카나 박물관(Killie Campbell Africana Museum)을 찾아 미리 줄루족 문화에 대해 조금 알아보고 가면 도움이 될 것이다.

    더반을 벗어나면 음라투시(uMhlatusi) 강을 굽어보는 언덕 위에 자리 잡은 에소웨(Eshowe)에 샤카랜드(Shakaland) 민속 마을이 있다. 여기서 줄루족의 생활방식과 사회 시스템, 각종 민속춤, 다양한 공예술 등을 만날 수 있다. 다음에는 에소웨(Eshowe)와 울룬디(Ulundi) 사이에 있는 왕들의 골짜기(eMakhosini)로 가자. 이곳은 줄루 전사들의 왕이자 줄루 왕국을 세운 샤카 줄루가 태어난 곳이고, 줄루족 왕 일곱 명의 무덤이 있다.

줄루랜드 중심부에 위치한 두마줄루 마을에서 부족 전통 복장을 한 줄루족이 춤을 추고 있다.

이곳의 온디니 박물관(Ondini Museum)에는 역사적·문화적으로 뛰어난 가치를 지닌 물건들이 많이 소장되어 있다. 그 다음 에소웨에서 미니버스 택시를 타고 킹 디니줄루 타운십(King Dinizulu Township)으로 간다. 거리를 거닐면서 상인들이나 지나가는 사람들과 이야기를 나누면 현대 도시의 줄루족 생활방식을 엿볼 수 있다.

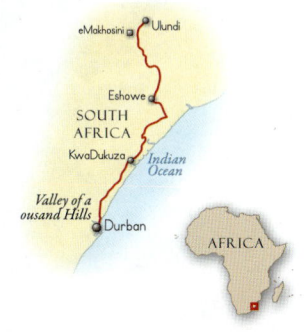

동시대 시골 문화를 온전히 느끼고 줄루족의 환대를 제대로 경험하려면 더반 북동쪽에 있는 천 개의 언덕 골짜기(Valley of a Thousand Hills)에 있는 마을을 방문해 보자. 어느 줄루족 가정에서 우리를 초대할지도 모른다.

When to go 연중 어느 때 가도 좋다. 줄루 왕실 갈대춤 행사(Zulu Royal Reed Dance)를 보고 싶다면 9월 초에 가야 하고 샤카왕의 날(King Shaka Day)에 맞춰 방문하려면 9월 중순에 가야 한다.

How Long 줄루 문화에 대해 배우고, 역사 유적지들을 방문하고, 동시대 줄루족 생활을 경험하려면 적어도 5일은 잡아야 한다. 이를 위해서는 마을의 현지인 집에서 하룻밤 묵을 수 있도록 시간을 잘 안배해야 한다.

Planning 자동차를 타고 개인적으로 줄루족 문화 유적지를 방문할 수도 있지만(더반에서는 렌터카 회사를 쉽게 찾을 수 있다), 현지 가이드와 함께 다니는 게 가장 좋다. 최대한 많은 것을 보고 경험할 수 있고 통역도 해 주기 때문이다. 줄루랜드 에코-어드벤처(Zululand Eco-Adventures)에서 현지 가이드를 알선해 준다.

Inside Information 천 개의 언덕 골짜기에서 T4 도로를 따라가다가 인두나카지 상점(Indunakazi Store) 반대편에 있는 이시툼바 마을(Isithumba Village)에 들르자. 이 마을 사람들은 방문객들을 따뜻하게 맞아 준다.

Websites www.sa-venues.com, www.simunyelodge.co.za

- 9월 초에 에소웨 근처 논고마(Nongoma)에 있는 콰뇨케니(KwaNyokeni) 궁에서 열리는 왕실 갈대춤 행사(Umkhosi woMhlanga)는 화려하게 치장한 줄루족 처녀들이 노래하고 춤추는 행렬이다.
- 콰줄루-나탈 지방 북쪽에 있는 두마줄루(Dumazulu) 마을을 방문하여 전통 생활방식을 경험해 보자.
- 샤카왕의 날은 9월 중순에 콰줄루-나탈의 북쪽 해안에 있는 콰두쿠자(KwaDukuza)에서 열리는 성대한 축제다.
- 주술사인 상고마(sangoma)를 찾아가 뼛조각들을 가지고 과거와 미래를 점쳐 보는 것도 재있는 경험일 것이다.

6

이국적인 맛과 향을 즐기는
음식 여행

In Gourmet Heaven

식탁에서 누리는 즐거움을 소중하게 생각하는 사람들에게, 전 세계의 위대한 요리를 탐험하고, 새로운 맛과 향을 느껴 보고, 전설적인 포도주와 위스키와 맥주를 만들어 내는 양조장을 방문하는 여행보다 더 행복한 것은 없을 것이다. 맛있는 음식을 찾아가는 여행은 우리의 감각을 즐겁게 해줄 뿐만 아니라 새로운 지식을 얻게 해 주기도 한다. 이 세상의 모든 주방과 요리는 풍경, 기후, 역사, 문화에 대한 이야기를 들려 준다.

이 장에서는 전 세계의 훌륭한 포도주 산지들과 고급 요리의 성소들을 둘러볼 것이다. 또한, 일본 백화점 식품 코너 진열대, 베트남 시장에서 맛볼 수 있는 고수 향내 강한 쌀국수, 루이지애나 주에서 열리는 음식 축제의 케이준 소시지를 찾아가는 좀 더 친근한 여행도 있다. 자연이 아낌없이 주는 것들을 수천 가지 미각의 즐거움으로 바꿔 놓는 농부, 어부, 제빵사, 요리사들과의 만남도 기대해 보자.

시장의 노점에 진열된 색색의 과일들이 지나가는 손님들을 유혹한다. 자연이 우리에게 준 재료 고유의 맛과 질감을 살리는 것이 전 세계 훌륭한 요리들의 핵심이다.

몇 세대 동안 뉴요커들을 먹여 살려 온 카츠 델리커트슨. 이곳에서는 일주일에 핫도그 1만 2천 개가 판매된다.

미국 _ 뉴욕 주

뉴욕 델리 투어 *New York Deli Tour*

호밀흑빵에 파스트라미나 콘비프, 딜피클과 양념을 얹어 먹어 보자.
그리고 맨해튼을 탐험하며 섭취한 칼로리를 날려 버리자.

    뉴욕에서 가장 유명한 음식들 중 일부는 뉴욕 인구의 많은 수를 차지하는 유대인들이 들여온 것이다. 뉴욕의 유명한 식품점에 가면 특산 음식들을 모두 맛볼 수 있으며, 뉴욕 델리 투어는 시내 관광과 자연스럽게 함께할 수 있다.
    아침식사는 어퍼웨스트사이드에 있는 바니 그린그래스(Barney Greengrass), 일명 '철갑상어 왕(The Sturgeon King)'에서 베이글과 훈제연어로 한다. 그 다음 미국 자연사박물관을 방문하자. 그리고 브로드웨이에 있는 아티스 델리커트슨(Artie's Delicatessen)에서 콘비프 샌드위치나 코셔 핫도그로 점심을 먹는다. 코셔(kosher)라는 말은 '유대인의 율법에 따라 처리된'이란 뜻으로, 코셔 핫도그는 유대식으로 만든 핫도그를 말한다. 브로드웨이 연극을 보기에 앞서서는 '카네기 델리커트슨'이나 '스테이지 델리커트슨'에서 희고 부드러운 치즈를 넣고, 사우어크림이나 애플소스를 바른 크레페 '블린츠(blintz)'를 먹거나 호밀흑빵에 파스트라미(pastrami, 양념을 많이 한 훈제 쇠고기)와 딜피클을 곁들여 먹는다. 메이시즈 백화점에서 쇼핑을 할 생각이라면 '마초볼 먹기 대회'가 처음 시작된 '벤스 코셔 델리(Ben's Kosher Deli)'에서 마초볼 수프 한 그릇을 먹고 힘을 내자.

로어이스트사이드는 빠르게 고급화되고 있지만, 휴스턴 스트리트에 위치한 '카츠 델리커트슨(Katz Delicatessen)'을 비롯한 몇 군데 전통 테이크아웃 식품점들은 여전히 성황을 이루고 있다. 그 외에 휴스턴 스트리트의 '쉬멜스 니시 베이커리'와 1900년에 영업을 시작한 '러스 앤드 도터스(Russ & Daughters)' 등에서도 전통 유대 음식을 맛볼 수 있다.

■ 카츠 델리커트슨은 1888년에 문을 연 식당으로, 뉴욕의 랜드마크 중 하나이다. 영화 〈해리가 샐리를 만났을 때When Harry Met Sally〉에서 샐리가 가짜로 오르가슴을 느끼는 흉내를 내는 장면이 이곳에서 촬영되었다.

■ 우디 앨런의 영화 〈브로드웨이 대니 로즈Broadway Danny Rose〉 첫 장면의 배경은 카네기 델리커트슨이다. 브로드웨이 근처의 이 식당은 1937년부터 그 자리에 있었다.

■ 로어이스트사이드 테너먼트 박물관을 방문하기에 앞서서 구스 피클스(Guss' Pickles)에서 고전적인 코셔 딜피클을 맛보자.

When to go 뉴욕에서는 언제라도 맛있는 음식을 먹을 수 있다.

How Long 하루 만에 주요 음식들을 다 맛볼 수도 있고, 며칠에 걸쳐서 맛볼 수도 있다.

Planning 어퍼웨스트사이드에서 묵을 만한 호텔 두 곳을 추천하면 '더 루체른(The Lucerne, 웨스트 79번가 207번지, 212-875-1000, www.newyorkhotel.com)', '디 엑셀시어(The Excelsior, 웨스트 81번가 45번지, 212-362-9200, www.excelsiorhotelny.com)'를 들 수 있다. '하워드 존슨 익스프레스 인', '로어이스트사이드'도 괜찮은 저가 호텔이다.

Inside Information 카네기 델리커트슨과 스테이지 델리커트슨에서 파는 샌드위치는 두 사람이 먹기에 충분한 크기다. 샌드위치 하나를 두 사람이 나눠 먹고 치즈케이크를 먹어 보자.

Websites www.nycvisit.com

선반에 숙성 중인 버번위스키가 담긴 오크통들이 저장되어 있다.

미국 _ 켄터키 주

켄터키 버번위스키 투어 *Burbon Trail*

켄터키 주의 시골을 여행하면서 미국 원산 위스키를 맛보는 즐거움까지 느껴 보자.

켄터키 주 시골의 순종 말 농장들 옆을 차로 달려 지나칠 때, 공기 중에는 숙성되어 가는 버번위스키의 캐러멜 향과 바닐라 향이 가득하다. 1700년대 후반에 1세대 버번 양조업자들을 탄생시켰으며, 이 지역을 전 세계 버번 생산의 중심지로 만든 이곳만의 특별한 점은 과연 무엇일까? 사람들은 그 비밀이 물에 있다고 말한다. 켄터키 주 '루이스빌(Louisville)' 남동쪽은 석회암 지층 위에 자리 잡고 있는데, 석회암 층이 철을 여과해 주어 훌륭한 버번위스키를 만드는 데 필수 요소라고 할 수 있는 순수한 용수를 만들어 낸다.

'켄터키 버번 트레일'은 자동차로 버팔로 트레이스(Buffalo Trace), 포 로지스(Four Roses), 헤븐 힐(Heaven Hill), 짐 빔(Jim Beam), 메이커스 마크(Maker's Mark), 와일드 터키(Wild Turkey)의 여섯 군데 양조장을 둘러보는 투어이다. 가이드들은 재료를 익히고 찧는 것에서부터 발효시키고, 증류하고, 오크로 만든 통에서 숙성시키는 것에 이르기까지 버번 만드는 과정을 자세히 설명해 준다. 그리고 위스키를 맛보면서 우리의 미각세포는 미국 원산 위스키의 톡 쏘는 맛, 풍부한 맛, 향긋하고 달콤한 맛 등을 구별하는 법을 배울 것이다.

When to go 몸을 따뜻하게 해 주는 버번은 가을의 아름다운 단풍과 잘 어울린다. 일요일은 문을 닫는 양조장들이 있으므로 피하는 게 좋다.

How Long 양조장들은 가까운 거리에 있기 때문에 여섯 곳을 하루에 모두 방문할 수 있다. 그러나 적어도 이틀은 시간을 내서 투어에도 참가하고 천천히 위스키도 맛보도록 하자.

Planning 켄터키 양조자 협회 웹사이트(www.kybourbon.com)에서 켄터키 버번위스키 투어의 안내책자와 지도를 다운받을 수 있다. 사이트에서 개관 시간을 알아보고 방문 예약을 하자.

Inside Information 오랜 역사를 자랑하는 석조 건물에 자리 잡고 있는 '우드포드 리저브(Woodford Reserve)' 양조장은 경치가 특히 아름답다. 공식 버번위스키 투어에 포함되어 있지는 않지만 방문할 만하다.

Websites www.kybourbon.com, www.kentuckytourism.com, www.woodfordreserve.com

- 9월 셋째 주에 5일 동안 '바즈타운(Bardstown)'에서 열리는 켄터키 버번 페스티벌에 참가해 보자. 이 축제에는 5만 명 정도의 위스키 애호가들이 참가한다. 바즈타운은 1776년 이후로 버번의 전통을 이어 오고 있다.

- '버번의 수도'로 알려져 있는 바즈타운의 오스카 게츠 위스키 역사 박물관(Oscar Getz Museum of Whiskey History)에는 링컨 대통령의 주류 판매 허가증이 전시되어 있다.

- 이 지역에서 구입할 수 있는 기념품으로는 메이커스 마크 양조장에서 판매하는 버번 향이 나는 커피 원두와 초콜릿, 체리 등이 있다.

- 버팔로 트레이스는 독특한 역사를 지니고 있는 양조장이다. 이곳은 금주령 기간에도 위스키를 만들 수 있었는데, '약효가 있는 위스키'를 만들었기 때문이다. 이곳에서는 창고 투어도 할 수 있다.

대하에 감자, 양파, 옥수수, 향신료를 넣고 만든 케이준 요리.

미국 _ 루이지애나 주

루이지애나의 케이준 요리
Cajun Cooking in Louisiana

루이지애나 주 아카디아나에서 자이데코(zydeco) 밴드의 연주에 맞춰
춤을 추면서 정통 케이준 요리를 먹어 보자.

사람들은 '케이준(Cajun)' 요리에 대해 얘기할 때 뉴올리언스를 자주 언급한다. 그러나 뉴올리언스는 케이준 요리의 중심지에서 몇백 킬로미터는 떨어져 있는 곳이다. 뉴올리언스의 고급스러운 요리법에 케이준의 영향이 있기는 하지만, 진정한 케이준 요리를 만나려면 뉴올리언스에서 서쪽으로 가는 게 좋다.

케이준 요리는 루이지애나 주의 '아카디아나(Acadiana)'에서 탄생했다. 이곳은 캐나다 남동부의 노바스코샤에 식민지를 개척했던 프랑스인들이 영국 왕실과의 동맹을 거

절한 후 1755년에 강제로 이주한 곳이다. 현재 루이지애나 주의 해안에 남겨진 아카디아나 사람들, 오늘날의 케이준들은 근면함으로 역경을 극복하고 지금 우리가 되밟아 가고 있는 맛있는 음식의 길, 삶의 기쁨을 열었다. 아카디아나의 사실상의 수도인 '라파예트(Lafayette)'를 거점으로 브로브리지(Breaux Bridge), 에이버리아일랜드(Avery Island), 오펠루사(Opelousas), 카렌크로(Carencro), 만수라(Mansura), 바실(Basile) 등의 케이준 마을들로 짧은 여행을 떠나자. 케이준들은 축제를 좋아하여 아카디아나 전역의 도시와 마을에서는 자신들의 음식에 바치는 축제를 연다. 쌀요리 축제는 크로울리(Crowley)에서, 부댕(boudin, 양파, 돼지고기, 쌀로 만든 소시지) 축제는 카렌크로에서, 코숑 드 래(cochon de lait, 구운 아기돼지 요리) 축제는 만수라에서 즐길 수 있다.

- 케이준 마을들 사이를 다닐 때 길가의 물목에서 왜가리, 해오라기, 악어 등을 볼 수도 있다.
- 대하 껍질 벗기기의 미스터리를 배우면서 케이준의 리드 아코디언과 바이올린 연주를 들어 보자.
- 핫소스의 대표주자 타바스코(Tabasco) 소스 공장이 에이버리아일랜드에 있다. 이곳에서 매운 맛을 얼마나 견딜 수 있는지 자신의 인내력을 시험해 보자.

When to go 연중 어느 때 가도 좋지만, 늦여름에는 너무 덥고 습해서 체력이 바닥날 수 있다. 사순절 전 주에 방문하면 사람들이 너무 많아서 짜증이 날 수 있다.

How Long 라파예트에서 케이준 마을들까지 당일치기 여행을 하려면 적어도 3일은 잡아야 한다.

Planning 가장 가까운 공항은 뉴올리언스 공항이다. 공항에서부터는 미리 예약해 둔 렌터카로 다니자. 뉴올리언스에서 라파예트까지는 차로 3시간 거리다. 라파예트에서 케이준 마을들까지 대부분 차로 1시간 30분이 안 걸린다.

Inside Information 여행 중에 길가의 작은 돼지고기 조리 식품점(charcuterie)에서 향신료를 강하게 넣고 훈제한 햄 '타쏘(tasso)'를 사고 싶다면 스케줄에 여유를 두는 게 좋다.

Websites www.louisianatravel.com/festivals, www.lafayettetravel.com/foodtour

미국 캘리포니아 주

나파 밸리 와인 투어 *Napa Valley Wine*

캘리포니아의 햇빛과 연중 계속되는 축제를 즐기고,
다양한 와이너리와 훌륭한 레스토랑들을 방문하자.

해뜨기 직전의 어두움은 이내 강렬한 빛에 흩어지고, 곧이어 손바닥에 못이 박인 일꾼의 손이 넓은 잎 사이에 감춰져 있는 속이 꽉 찬 포도송이를 더듬어 찾는다. '크러시(Crush)'라고 부르는 포도 수확기에는 남부의 '산 파블로 만(San Pablos Bay)' 위쪽 '카네로스 평원'에서부터 북부의 칼리스토가(Calistoga)에 있는 '세인트 헬레나 산'에 이르기까지, 이 지역 전역의 포도밭을 투광 조명등이 강하게 비춘다. 포도 수확은 실로 시간과의 경주다. 와인 제조업자들은 여름의 마지막 불볕더위에 잘 익은 포도를 해뜨기 전 안전하고 시원한 때에 서둘러서 수확하려 한다. 바로 그때, '나파 밸리'에서는 포도주 제

봄이면 나파 밸리의 포도밭은 화사한 노란색으로 가득하다.

조의 신비를 엿볼 수 있다. 스털링(Sterling) 와이너리처럼 산 위에 있는 포도주 양조장에서 시음을 할 때는 주변의 아름다운 풍경에 넋을 빼앗길 수도 있다.

나파 밸리에는 계절마다 고유한 즐거움이 있다. 오래된 포도나무의 가지가 앙상하게 드러나고 시음실은 텅 비는 겨울에는 포도주에 대해 진정한 대화를 나눌 수 있다. 봄이 오면 포도밭은 노란 꽃으로 가득하고, 숙성 기간이 5년 이하인 와인을 시음하기 위해 찾아오는 사람들로 붐빈다. 그리고 계곡의 열기가 뜨거운 여름에는 언덕 기슭에 숨어 있는 시원한 와인 저장소에서 쉴 수 있다.

나파 밸리에는 온천이 많이 있다. 와인 시음을 하는 중간에 칼리스토가의 리조트 중 한 곳에서 광천수 온천에 몸을 담그거나 화산재로 몸을 씻으며 휴식을 취해도 좋다.

- 프란시스 포드 코폴라 감독의 소유인 '루비콘 에스테이트(Rubicon Estate)'와 키 큰 캘리포니아 삼나무들 사이에 빅토리아 양식 저택이 있는 '버링어(Beringer)' 와이너리처럼 19세기부터 있어 온 와이너리를 방문해 보자.
- 팔리사데스 트레일(Palisades Trail)을 따라가면 나오는 칼리스토가 위쪽의 산등성이에서는 1만 6,187헥타르가 넘는 포도밭을 한눈에 바라볼 수 있다.

When to go 시음실, 레스토랑, 관광지는 연중 개방되어 있다. 8월 말부터 11월 초까지의 수확기(Crush)에 풍광도 가장 아름답고 분위기도 흥겨워진다.

How Long 와인을 너무 자주 마셔서 미각이 둔해지는 것을 피하려면 3일은 잡고 천천히 둘러보며 시음을 하도록 한다.

Planning 고급 와이너리는 시음과 투어를 예약제로만 운영한다. '프렌치 런드리(French Laundry)' 같이 〈미슐랭 가이드 Michelin Guide〉에 실린 식당들은 두 달 전에는 예약을 해야 한다.

Inside Information 차량 정체를 피하려면 욘트빌(Yountville)이나 오크빌(Oakville), 혹은 러더포드(Rutherford)에서 동쪽으로 난 교차로 중 하나를 택하거나, 세인트 헬레나에서 진판델 레인(Zinfandel Lane)을 이용한다. 몇 킬로미터 가지 않아 뛰어난 와이너리들이 모여 있는 나파 밸리의 동쪽 기슭과 실버라도 트레일에 도착하게 될 것이다.

Websites www.napavalley.org

TOP 10

음식 순례지 *Food Pilgrimage*

바다와 대륙을 가로질러 찾아가는 보람을 느끼게 하는
미식 순례지 열 곳을 소개한다.

❶ 피터 루거 스테이크하우스
Peter Luger Steak House 미국 뉴욕 주 브루클린

1887년 이후로 스테이크를 사랑하는 많은 뉴요커들이 미국에서 가장 좋은 쇠고기를 먹기 위해 브루클린브리지를 건너 이곳으로 왔다. 엄격하게 선정된, 마블링이 뛰어난 소 등심살을 담백하게 구워 두 사람이 나눠 먹어도 충분할 만큼 넉넉한 양을 내놓는다.

Planning 신용카드는 받지 않는다. www.peterluger.com

❷ 프렌치 런드리 The French Laundry 미국 캘리포니아 주 욘트빌

이곳의 주방장 토머스 켈러(Thomas Keller)의 레스토랑은 미국의 모든 TOP 10 레스토랑 명단에 항상 들어간다. 켈러는 항상 제철 재료를 사용하고 재료도 무척 까다롭게 고르는 것으로 유명하다.

Planning 테이스팅 메뉴의 각 코스를 충분히 맛보려면 식사 시간을 3~4시간은 잡아야 한다. www.frenchlaundry.com

❸ 앙트완스 Antoine's Restaurant 미국 루이지애나 주 뉴올리언스

미국 레스토랑의 귀부인이라 할 수 있는 이곳은 1840년 문을 연 이후로 한 가문에서 운영해 오고 있다. 당시 미국 최고 부자의 이름을 따와서 붙인 '오이스터 록펠러'라는 요리가 가장 유명하다.

Planning 남자 손님들은 재킷을 착용해야 한다. www.antoines.com

❹ 베이징 따동 카오야디엔 Beijing Dadong Kaoya Dian 중국 베이징

베이징 따동 카오야디엔에 가면 바삭하게 구워진 껍질과 육즙이 풍부한 오리 고기, 채소와 양념을 밀전병에 싸서 먹는 베이징 구운 오리 요리를 최고로 즐길 수 있다. 원하는 재료를 골라서 밀전병에 싸서 먹으면 된다.

Planning 예약은 필수다. 전화 86-10-6582-2892

❺ 밧 단 가 49번지 49 Bat Dan Street 베트남 하노이

베트남 사람들은 자신들의 국민적인 요리인 쌀국수 '포'에 대해 대단히 열정적이다. 현지인들과 외국인들 모두가 밧 단 가 49번지에 있는 노점

에서 제일 맛있는 포를 먹을 수 있다는 데 동의한다.

Planning 포는 즉석에서 먹어야 하는 음식이다. 줄이 길게 서 있는 노점을 발견하면 맛있는 곳이라는 증거이므로 기다려서 먹을 만할 것이다.

❻ 호텔 자허 Hotel Sacher 오스트리아 비엔나

세계에서 제일 유명한 초콜릿 케이크인 자허토르테는 1832년에 프란츠 자허가 초콜릿과 초콜릿 사이사이에 살구잼을 바른 후 겉에 생크림을 바른 것이다. 그의 아들이 1876년에 호텔 자허를 설립했다.

Planning 이곳은 고급 호텔이므로, 카페만 방문한다 해도 너무 간편한 복장은 피하는 게 좋다. www.sacher.com

❼ 해리스바 Harry's Bar 이탈리아 베네치아

신선한 복숭아 주스와 스파클링 와인 프로세코를 섞은 벨리니 칵테일(Bellini cocktail)을 이것이 탄생한 해리스 바에서 마시는 것은, 베네치아에서 누릴 수 있는 최고의 사치이자 기쁨이다.

Planning 가격이 무척 비싸므로 예산이 넉넉하지 않은 한 이곳에서는 음료만 마시도록 한다. www.cipriani.com

❽ 라틀리에 드 조엘 로뷔숑 L'Atellier de Joël Robuchon 프랑스 파리

로뷔숑(Joël Robuchon)은 당대에 가장 영향력 있는 프랑스인 요리사로 일컬어져 왔다. 그는 단순한 요리법과 자연 그대로의 맛을 강조했다. 서양 송로 버섯과 캐비아 같은 고급 재료가 천상의 맛을 지닌 그의 매시드 포테이토와 어우러져 나온다.

Planning 이곳에는 테이블이 없고 카운터 앞에 높은 의자들만 있다. www.hotel-pont-royal.com

❾ 팻 덕 The Fat Duck 잉글랜드 버크셔 브레이

헤스턴 블루멘털(Heston Blumenthal)이 영국인들이 사랑하는 '칩스(감자튀김)'를 요리의 전설로 만들었다. 3일 동안의 준비 과정을 거쳐, 눅눅하지 않고 바삭바삭한 이곳만의 맛이 탄생한다.

Planning 한 테이블은 최대 6명이 앉을 수 있다. www.fatduck.co.uk

❿ 엘 불리 El Bulli 스페인 카탈루냐 칼라 몬트호이

카탈루냐 지방의 요리사 페란 아드리아(Ferran Adrià)는 예술과 과학 그리고 상상도 못할 유머감각을 이용하여 혁신적으로 요리에 접근한다. 그는 익숙한 요리를 '해체'하여 새롭게 재구성한다.

Planning 여름에만 영업을 하는데, 1년에 80만 명이 예약을 요청한다. 1년 전에는 예약해야 한다. www.elbulli.com

자메이카

블루마운틴 커피 *Blue Mountain Coffee*

세계에서 가장 훌륭한 커피 중 하나가 자메이카의 높고 울창한
블루마운틴의 아름다운 풍경 속에서 탄생된다.

　진하면서도 부드러운 향 덕분에 블루마운틴 커피는 '세계 최고의 커피'라는 명성을 얻었다. 블루마운틴은 자메이카의 수도 킹스턴에 있는 2,134미터 높이의 산맥으로, 실제로 푸른빛을 띠고 있으며 거의 항상 안개에 파묻혀 있다. 이것이 바로 블루마운틴 커피의 비밀 중 하나다. 안개의 보호를 받으며 커피 열매가 천천히 익고, 향이 충분히 짙어지는 것이다.
　킹스턴(Kingston)에서 북쪽으로 블루마운틴 산맥으로 향하다 보면 쿠퍼리지(Cooperage)가 나오는데, 커피콩을 운반하기 위한 통을 만드는 작은 마을이다. 거기서 더 가

블루마운틴 커피 열매는 이 지역의 화산 토양에서 독특한 향을 얻는다.

서 구아바 리지(Guava Ridge)를 지나 마비스뱅크(Mavis Bank) 마을로 들어간다. 이곳에 있는 '자블룸 공장'에서는 커피콩을 고르고, 말리고, 볶는 일련의 과정을 모두 지켜볼 수 있다.

다시 구아바 리지로 돌아와 북쪽으로 바위투성이 산악 도로를 따라 '콘텐트 갭'과 '실버힐'을 지나 섹션(Section)으로 가자. 섹션의 '올드 태번 에스테이트(Old Tavern Estate)'는 블루마운틴 산지의 유일한 싱글-에스테이트 커피 생산 농장이다. 서쪽으로 발길을 돌리면 하드워갭(Hardwar Gap)에 다다르는데, 이곳은 블루마운틴 산맥의 등줄기를 지나는 고개다. 더 가면 '뉴캐슬'이 나온다. 뉴캐슬 아래쪽의 '콜드 스프링 에스테이트(Cold Spring Estate)'를 방문하자. 커피콩을 볶기 위한 바비큐 틀 등 18세기 커피 제조 시설을 볼 수 있다. 그 다음에는 킹스턴 전경을 내려다보며 산허리를 돌아 내려온다.

- 마비스뱅크에서는 얄라스 리버 골짜기(Yallahs River Valley)와 자메이카에서 가장 높은 해발고도 2,256미터 높이의 블루마운틴 봉의 웅장한 풍광을 바라볼 수 있다.
- 콘텐트 갭과 실버힐 사이에서 자메이카 임업부의 종묘장 중 한 곳인 클라이즈데일(Clydesdale)에 잠시 들르자. 4킬로미터쯤 걸어가면 아름답긴 하지만 지금은 사람들의 관심을 별로 받지 못하고 있는 싱코나 식물원(Cinchona Botanical Garden)이 있다.

When to go 12월부터 4월까지가 가장 좋다. 여름은 너무 덥고, 4월과 11월은 비가 많이 오며, 8월과 9월에는 허리케인이 찾아온다.

How Long 총 거리가 64킬로미터 정도 된다. 도로는 구불구불하고 상태가 안 좋은 구간이 많으므로 하루는 잡아야 한다. 이틀이면 더 좋다.

Planning 좋지 않은 도로 상태를 생각하면 4륜구동 차량을 빌려야 한다. '알렉스 트와이먼(Alex Twyman)'의 올드 태번 에스테이트'를 방문하려면 사전에 예약을 해야 한다.

Inside Information 블루마운틴 커피는 대부분 소규모 농장에서 재배된다. 농부들은 기꺼이 농장을 구경시켜 줄 것이다.

Websites www.discoverjamaica.com, www.oldtaverncoffee.com

3월과 4월은 칠레 센트럴 밸리에서 포도를 수확하는 시기다.

칠레

칠레 센트럴 밸리 와인 *Central Valley Wine*

몇 백 년 동안 안데스 산맥의 빙하가 녹은 물을 머금어 온 칠레 중부의
비옥한 평야에서 맛 좋은 포도가 무럭무럭 자라고 있다.

칠레 중부 센트럴 밸리의 포도농장 어느 곳에서든 안데스 산맥이 보인다. 센트럴 밸리의 동쪽에는 안데스 산맥이, 서쪽에는 태평양이 펼쳐져 있고, 북쪽으로는 지구상에서 가장 메마른 사막인 '아타카마 사막'이 자리 잡고 있다. 이런 독특한 지형과 기후가 포도가 질병에 걸리지 않고 자랄 수 있는 건조한 조건을 만든다. 동시에 비옥한 평야를 지나는 강들은 포도가 잘 익을 수 있도록 충분한 물을 공급해 준다.

'마이포 강(Maipó River)'은 산티아고 남쪽으로 안데스 산맥 구릉지대에서 센트럴 밸리를 지나며 흐른다. 비옥한 마이포 밸리의 아래쪽은 칠레에서 가장 오래되고 가장 중요한 와인 산지 중 한 곳이다. 그리고 그보다 위쪽에 위치한 마이포 알토(Maipó Alto)에 새로운 포도농장들이 생겨나고 있다.

'카베르네 소비뇽'과 '샤르도네' 등의 최고급 포도 품종과 이 지역 특산인 '까르미네르' 등 고급 포도주를 만드는 다양한 품종들이 재배된다. 칠레의 최고급 포도주들은 마이포 알토의 고지대 포도농장들에서 주로 생산된다. 그중 엔시알(Antiyal)은 칠레 최초로 '바이오다이나믹' 기법(화학 비료나 살충제, 제초제는 물론 유기농 비료조차 쓰지 않고 소량의 퇴비만을 이용해 재배한 포도로 와인을 만드는 기법)을 이용하여 '거라지 와인(garage wine, 고품질의 소량 생산 와인)'을 생산하는 와이너리다. 엔시알에서 5분만 가면 역시 잘 설계된 현대적 와이너리인 '페레즈 크루즈(Perez Cruz)'가 나온다. 마이포의 저지대에는 훌륭한 레스토랑과 최신 와인제조설비를 자랑하는 대규모 와이너리들이 모여 있다. 맛있는 식사와 함께 훌륭한 와인을 즐길 수 있다.

When to go 4월부터 5월(가을)과 9월부터 10월(봄)이 와이너리를 방문하기에 가장 좋다.

How Long 마이포 밸리 고지대와 저지대의 주요 관광지를 둘러보는 데는 3일이면 충분하다.

Planning 마이포 밸리는 산티아고에서 남쪽으로 80킬로미터쯤 떨어져 있다. 산티아고를 거점으로 자동차를 빌려서 여행할 수 있다. 각 와이너리에 미리 연락을 해서 입장 가능한 시간과 맛볼 수 있는 포도주에 대해 확인하자.

Inside Information 칠레에서 최고로 전위적인 포도주를 맛보고 싶다면 서쪽으로 산티아고와 발파라이소 사이의 시원한 카사블랑카 지역으로 가면 된다. '산 안토니오 밸리'의 마테틱(Matetic) 농장과 카사 마린(Casa Marin) 농장에서는 새로운 스타일의 소비뇽 와인과 피노 누아 와인을 생산하고 있다.

Websites www.visit-chile.org, www.winesofchile.org, www.santiagoadventures.com

- 혼잡한 도시에서부터 포도농장들만이 끝없이 펼쳐진 쓸쓸하고 한적한 농촌까지 광활한 산티아고의 풍경은 다양하다.
- 센트럴 밸리 지역에서 가장 크고 오래된 와이너리 중 한 곳인 피르케의 콘차 이 토로(Concha y Toro)를 둘러보자.
- 안데스 산맥 근처에서 자라는 고산지 포도주의 빈약하면서도 분명한 맛과, 계곡 아래쪽 비옥한 평야에서 자란 포도로 만든 과일 향이 진한 포도주의 뚜렷이 대조되는 스타일을 비교해 볼 수 있다.
- 알마비바(Almaviva) 포도농장은 유명 금융업 가문인 로스차일드 가에서 일부를 소유하고 있는데, 프랑스 보르도의 노하우와 칠레의 경영이 결합된 곳이다.

멘도사의 와이너리 중 한 곳인 '보데가스 와이너트'에서는 1백 년도 더 된 오크통 속에서 포도주가 나이를 먹어 간다.

아르헨티나

멘도사의 말벡 와인 Malbec in Mendoza

안데스 산맥 구릉지대의 맑고 햇빛 가득한 공기 속에서 최고품 말벡 와인을 생산하는 포도농장들을 돌아보자.

멘도사의 따뜻하고 밝은 낮과 시원한 밤, 그리고 미네랄이 풍부한 눈 녹은 물은 평범한 맛에 그쳤을지 모를 와인에 복잡하고 신비로운 맛을 더해 주었다. 아르헨티나 서부에 위치한 멘도사의 넓은 거리에서 남쪽으로 발길을 돌리면 카테나 사파타(Catena Sapata), 아차발 페레(Achaval Ferrer), 파울 홉스 비나 코보스(Paul Hobbs Vina Cobos), 도미니오 델 플라타(Dominio del Plata), 보데가 노통(Bodega Norton), 보데가스 살렌타인(Bodegas Salentein) 등 세계적으로 유명한 말벡 와인을 생산하는 와이너리들을 방문할 수 있다.

우코 밸리(Valle de Uco)까지 160킬로미터에 달하는 그림 같은 지역을 둘러보는 것은 그 자체로 와인 시음 수업이 된다. 멘도사 외곽의 북부 지역에서는 강한 맛의 말벡 와인을 생산하는 반면, 남쪽 고지대에서는 좀 더 부드럽고 기품 있는 맛을 지니는 와인을 생산한다. 멘도사의 구릉지대를 오르내리며 여행을 하는 내내, 빙하가 덮인 당당한 안데스 산지의 현기증 날 듯한 절벽과 깊게 갈라진 틈이 끝없이 배경이 되어 주면서 밝은 햇빛과 그림자를 번갈아 드리운다.

시간을 내서 마이푸(Maipú)의 '산 펠리페 와인 박물관'을 방문해 보자. 이 지역 와인 제조의 역사를 한눈에 보여주며, 세계에서 가장 방대한 와인 제조 설비와 물품들을 소장하고 있다. 포도농장을 산책하며 하루를 보내고 나면 멘도사는 유럽풍의 분위기와 수제 아이스크림 그리고 세계 최고 수준의 요리로 우리를 유혹한다.

When to go 아르헨티나의 가을이자 수확기인 3월과 4월이 가장 좋다. 봄(9월~10월)도 괜찮다. 연례 포도 수확 축제인 '벤디미아 축제(Vendimia Festival)'가 3월 첫째 주말에 열린다.

How Long 포도농장을 방문하려면 최소한 2일에서 5일은 잡아야 한다.

Planning 많은 와이너리들이 예약제로만 방문객들을 받고 있으므로 일주일쯤 전에 미리 예약을 해야 한다. 또한 대부분이 토요일과 일요일에는 문을 닫는다. 벤디미아 축제에 참가하려면 6개월 전에 호텔을 예약해야 한다.

Inside Information 주요 고속도로에서 벗어나면 도로 표지판도 없고 지도도 별 도움이 되지 않기 때문에 길을 잃기가 쉽다. 따라서 자동차와 기사를 함께 고용하는 게 좋다. 비용은 시간당 10달러 정도 된다.

Websites www.ontheroadtravel.com

- 하루 여정을 마치면 멘도사의 독립광장(Plaza Independencia)을 굽어보는 파크 하얏트 호텔의 파티오에서 스페인식 파이 요리인 엠파나다(empanada)와 말벡 와인 한 병을 앞에 놓고 느긋하게 휴식을 취하자.

- 멘도사에서 남쪽으로 20분 정도 거리에 위치한 차크라스 데 코리아(Chacras de Coria)의 메인 광장에서 열리는 일요일 골동품 시장을 둘러보고, 노천카페에 앉아 향기로운 샤르도네를 마셔 보자.

- 멘도사의 '레스토랑 1884', '프란체스코 리스토란테(Francesco Ristorante)', '파밀리아 수카르디(Familia Zuccardi)' 와이너리에서 훌륭한 요리를 즐길 수 있다.

일본

도쿄, 데파치카 쇼핑
Depachika Shopping in Tokyo

궁극의 음식 쇼핑을 경험하고 싶다면 없는 것이 없는 도쿄 백화점들의 데파치카, 즉 백화점 지하 식품매장을 탐험해 보길 권한다.

도쿄 니혼바시(日本橋)의 다카시마야 백화점 지하 식품매장을 걷다 보면, 시각과 청각, 후각을 자극하는 온갖 것들로 정신이 없다. 물건을 권하는 상인들의 큰 목소리에서부터 입 안에 침이 돌게 하는 고소하고 향기로운 음식 냄새, 그리고 화려한 색깔과 모양을 뽐내며 전시되어 있는 각양각색의 음식들에 이르기까지, 이 모든 것들이 식욕을 자극한다. 도쿄의 대형 백화점들은 대부분 지하에 식품매장이 있다. 데파치카(デパ地下)는 백화점을 뜻하는 '데파토(デパート)'와 지하를 뜻하는 '치카(地下)'가 합해진 신조어

예쁘게 포장된 선물용 과자 세트는 도쿄 데파치카에서 인기 있는 품목이다.

다. 선물용 식품, 유명 레스토랑의 요리, 일본 전역의 특산품, 해외에서 건너온 유명 음식과 식재료 등 온갖 종류의 식품과 식도락 품목들이 즐비하다.

먼저 베이커리 코너에서 탐험을 시작하자. 프랑스 정통 크루아상과 바게트를 구할 수 있다. 식육 코너에는 샤브샤브용으로 얇게 잘라놓은 마블링이 뛰어난 쇠고기가 층층이 쌓여 있다. 다카시마야 백화점 식육 코너의 한 자리를 차지하고 있는 '이마한(今半, 스키야키로 유명한 레스토랑)'에서는 입 안에서 사르르 녹는 고기를 맛볼 수 있고, 조리식품 코너에는 닭꼬치, 튀김, 형형색색의 도시락들이 가득하다. 디저트로는 '토라야(Toraya)' 매장의 화과자(和菓子)를 놓치지 말자. 이곳의 화과자는 봄에는 벚꽃을, 가을에는 단풍잎을 소재 삼아 계절을 표현한다.

When to go 연중 어느 때 가도 된다.

How Long 몇 시간이면 된다. 도쿄 시내를 관광하면서 다른 백화점들의 데파치카를 둘러보는 것도 좋다.

Planning 도쿄의 대형 백화점에는 대부분 데파치카가 있고, 그중 많은 수가 지하철이나 전차로 바로 연결된다. 신주쿠의 이세탄 백화점, 시부야의 도큐 백화점, 긴자의 미쓰코시 백화점, 니혼바시의 다카시마야 백화점 등의 데파치카가 훌륭하다. 넘치는 인파를 피하고 싶다면 주말보다는 주중에 가고, 공휴일은 피해야 한다. 폐점시간은 보통 저녁 8시다.

Inside Information 초콜릿을 좋아하는 사람이라면 밸런타인데이 전후인 2월 첫 두 주 동안 도쿄를 방문하자. 데파치카에서는 엄청나게 다양한 초콜릿들을 만날 수 있다. 최고의 초콜릿 상점은 이세탄 백화점의 '장-폴 에방(Jean-Paul Hevin)'이다. 초콜릿이 마치 보석들처럼 진열되어 있다.

Websites www.virtualtourist.com

- 다카시마야 백화점과 이세탄 백화점의 옥상에는 정원이 있다. 데파치카에서 구입한 음식들을 가지고 정원에서 즉석 피크닉을 즐길 수 있다.
- 과일 코너의 카운터에 앉아 지금까지 당신이 맛보았을 멜론 가운데 가장 과즙이 풍부하고 가장 비싼 멜론을 맛보자.
- 다카시마야 백화점의 펙 프롬 밀란(Peck from Milan)은 이탈리아산 치즈와 염지육을 수입해서 판매한다.
- 요쿠모쿠 사의 버터가 듬뿍 든 시가루(시가 모양 과자)는 중독성이 강하며 선물로도 좋다.

도쿄의 수많은 스시 식당 가운데 한 곳에서 스시를 먹어 보는 것은, 여행할 때 빠뜨려서는 안 될 경험 중 하나다.

> 일본

스시를 찾아서 Search for Sushi

스시의 천국 도쿄에서 최고의 맛을 지닌 스시를 찾아보자.

세계에서 가장 큰 어시장인 '쓰키지 어시장(築地漁市場)'에서 아침을 시작한다. 오전 7시에 장사가 시작되고, 오전 8시부터 10시 사이에 시장은 가장 붐비고 바쁘다. 냉동 참치에서부터 성게알에 이르기까지, 이곳의 해산물은 대부분 스시 레스토랑으로 간다. 쓰키지 어시장에도 '스시 다이(壽司大)'나 '다이와 스시(大和壽司)' 같은 스시 식당들이 있어서, 한참 줄을 서면 세계에서 가장 신선한 스시를 먹을 수 있다.

기다릴 시간이 없다면 시장 바깥쪽에 있는 좀 더 편한 식당에서 '돈부리'를 먹어 보

자. 돈부리는 밥 위에 참치, 연어, 연어알, 게, 성게알 등을 얹은 것이다. 시장을 벗어나서 하루미도리(晴海通り)를 따라 긴자로 가자. 미쓰코시 백화점이나 마쓰야 백화점의 지하 식품매장에서 다양한 스타일의 스시를 맛볼 수 있다. 밥 위에 작게 찢은 여러 가지 생선과 채소를 뿌린 것은 '치라시즈시', 밥에 식초와 익힌 생선을 올린 다음 눌러 놓았다가 먹는 것은 '오시즈시', 김밥처럼 김 속에 밥과 여러 가지 재료를 넣어 말아서 만든 것은 '마키즈시'다.

저녁으로는 긴자의 '규베에(久兵衛) 스시'에서 최고의 스시 맛을 느껴 보자. 식초로 간을 한 찰진 밥이 한입에 먹기 좋은 크기로 뭉쳐져 있고 그 위에 와사비 한 점이 얹혀 있다. 그리고 그 위를 생선회 한 조각이 덮고 있다. 스시를 젓가락으로 집어서 간장에 생선을 살짝 담갔다가 입 안에 번지는 맛과 향을 느껴 보자.

- 매우 깨끗한 쓰키지 어시장을 가이드 투어로 둘러보자. 매일 몇 톤씩의 생선이 거래되지만 생선 냄새는 전혀 나지 않는다.
- 살짝 구워서 달콤한 간장소스를 바른 붕장어(아나고), 크림처럼 부드러운 성게알(우니), 생강과 골파로 장식한 가다랑어(가쓰오) 모두 신이 내린 맛이다.

`When to go` 연중 어느 때 가도 좋다.

`How Long` 하루면 충분하다. 아니면 도쿄를 며칠간 여행하면서 하루에 한두 곳씩 다녀도 좋다.

`Planning` 쓰키지 어시장은 전철 히비야 선이나 오에도 선으로 갈 수 있다. 전통 스시 레스토랑은 매우 비쌀 수 있으므로 먼저 조언을 구하도록 한다. 영어로 된 메뉴는 대개 준비되어 있지 않으므로 통역이 필요할 수 있다. 회전초밥 식당은 가격이 좀 더 저렴하다.

`Inside Information` 종류가 다른 스시를 먹으면서 사이사이에 초생강을 한 점씩 먹자. 혀에 남은 맛을 씻어 줘서 다음에 먹을 스시의 맛을 제대로 즐길 수 있다. 스시를 먹을 때는 '사케(일본술)'보다는 녹차나 맥주를 함께 마신다.

`Websites` www.holidaycityflash.com/japan, www.tsukiji-market.or.jp

나룻배에서 상인이 따끈한 찐빵을 팔고 있다.

베트남

베트남 요리 투어 *Vietnamese Cuisine*

하노이에서 호치민시티까지 베트남을 종단하는 식도락 관광을 하면서
요리와 문화의 완벽한 결합을 즐겨 보자.

    '포'의 따뜻한 국물에 신선한 고수(미나리과의 식물)의 잎을 넣으면 금세 숨이 죽는다. 포는 베트남 어디를 가든 만날 수 있는 쌀국수다. 작은 여과기에서 흰색 커피잔으로 진한 블랙커피가 떨어진다. 스쿠터 뒤에 달린 바구니에 담긴 바게트가 흔들리며 지나간다. 베트남 어디를 가든 신선하고 생기 넘치는 맛이 가득하다. 식도락 관광은 베트남 문화를 느낄 수 있는 가장 좋은 방법 중 하나다.

하노이의 생선 볶음 요리 '차 카(cha ca)', 새우와 부추를 얹고 생선 소스를 뿌려 부친 쌀가루 부침개 '반 베오(banh beo)', 호치민시티의 바게트 샌드위치 '반 미(banh mi)' 등이 유명한 별미들이다. 베트남 요리 중 많은 수가 지금까지 겪어 온 중국, 캄보디아, 프랑스 식민지 지배의 영향을 보여 준다. 여기에 고수, 바질, 골파, 숙주, 느윽남(nuoc nam, 생선 소스) 같은 신선한 허브와 각종 양념 등 현지 재료들이 더해진다. 그래서 베트남 요리에서는 맛뿐만 아니라 다양한 나라의 문화까지 즐길 수 있다.

베트남 요리 탐험은 현지 시장에서 시작된다. 시장에는 귤이 바구니에 수북이 담겨 있고, 코코넛은 몇 층씩 쌓여 있다. 마른 새우는 옆에 웅크리고 앉아 있는 상인이 쓰고 있는 밀짚모자처럼 원뿔형으로 쌓여 있다. 상인들은 얼마든지 귀찮게 해도 좋다. 이들은 서로 이해할 수 있는 언어가 고개를 끄덕이는 것뿐일지라도, 항상 즐겁게 관광객들과 대화를 나누고 기꺼이 흥정을 한다.

When to go 베트남 전역이 건기인 11월부터 4월까지 방문하기 가장 좋다. 6월부터 8월까지는 무척 덥고 습하며 소나기가 자주 내린다.

How Long 베트남 전역의 음식들을 경험하려면 10일에서 14일은 잡아야 한다.

Planning 현지 음식을 제대로 맛보고 주요 관광 루트에서 벗어난 독특한 장소들을 방문하려면 전국적으로 네트워크를 지니고 있는 여행사의 상품을 이용하는 게 좋다.

Inside Information 거리의 노점에서 음식을 먹는 것이 현지 음식을 제대로 맛보는 가장 좋은 방법이지만, 익히지 않은 음식은 조심해야 한다.

Websites www.artisansofleisure.com, www.visit-mekong.com/vietnam

- 하노이에서는 프랑스 강점기의 저택을 복구한 레스토랑에서 식사를 하는 것도 좋다. 촛불과 천장에 달린 선풍기는 고전영화 같은 로맨틱한 분위기를 자아낸다.
- 하노이에서는 여승들과 함께 채식 식사를 준비해 같이 식사를 하면서 그들의 독특한 생활방식에 대해 알아볼 수 있다.
- 베트남 중부 해안 도시 훼에서는 공주가 살았던 저택에서 제국 스타일의 요리를 맛보자.

방콕 근처 담넌 싸두악 수상시장에서 배 위에 물건을 놓고 파는 상인들.

태국

태국 요리 투어 *Thailand Cuisine Tour*

이 오래된 땅의 이국적이고도 복합적인 요리를 찾아
행복한 식도락 여행을 떠나 보자.

방콕의 거리는 온통 지글거린다. 그릴에서 굽고 있는 닭고기와 돼지고기에서는 양념이 뚝뚝 떨어진다. 좁은 거리와 골목에 늘어서 있는 식당 주방에서는 온갖 소음과 음식 냄새가 공기 중으로 흘러나와 지나가는 사람들을 유혹한다. 국수 한 그릇, 튀긴 바나나, 코코넛 밀크를 넣은 카레, 달걀을 넣어 끓인 쌀죽 등 온갖 종류의 음식들이 사람들을 기다린다. 현지인들은 오토바이에 두세 명, 때로는 네 명씩 타고서는 먹거리를 싣고 복잡한 거리를 빠져나간다.

중국, 유럽, 인도 요리의 영향을 받은 태국 음식은 종교적 차원의 의미를 지니고 있기도 하다. 불교에서는 달걀을 한 접시 바치는 것이 부활이나 성취를 상징하고, 연꽃은 순수를 의미한다. 방콕의 왕궁에 있는 왓(wat, 불교 사원)에서는 작은 흰색 그릇 여섯 개에 각각 닭고기, 밥, 염장 새우, 과일, 녹색 채소, 물이 담겨 있는 것을 볼 수 있다.

붉은색 '람부탄'은 태국에서는 아주 흔한 과일이다.

다채로운 색상과 정교한 장식은 태국 요리의 특징이다.

425

치앙마이에서는 현지 시장들을 둘러보고 국수 공장을 견학하며 전통 식사를 즐길 수 있다. '치앙마이 문화센터'에서 전통 요리로 저녁식사를 즐기며 다양한 전통 무용 공연을 감상해 보자. 콕 강변(Kok River)에 있는 타 똔(Tha Ton)으로 잠깐 소풍을 가도 좋다.

작은 마을의 노점에는 털과 가시투성이의 이상하게 생긴 과일이 잔뜩 쌓여 있다. 상인이 과일 껍질을 벗기거나 반으로 잘라서 보여 주는데, 안에는 과즙이 풍부하고 단 과육이 들어 있다. 또한 껍질 속에 있는 신선한 코코넛 밀크는 갈증을 달래 준다. 다음 날은 아침 일찍 방콕 남서쪽에 있는 '담넌 싸두악(Damnoen Saduak)' 수상시장으로 가서 기다란 보트에 올라타자. 상인들이 운하로 배를 저어 나가 다른 상인들과 신선한 열대과일, 채소, 꽃을 교환하는 것을 구경할 수 있다.

When to go 더위와 비를 피해 여행을 하고 싶다면 11월부터 3월 사이에 가자. 방콕은 4월에는 덥고 10월에는 비가 자주 온다. 태국 대부분 지역이 4월과 6월 사이에는 타는 듯한 더위로 가득하지만, 남쪽 지방은 비교적 덜 덥다.

How Long 태국을 제대로 느끼려면 시간을 넉넉히 잡는 게 좋다. 도시들과 시장을 둘러보고 맛있는 음식까지 맛보려면 9일에서 2주는 필요하다.

Planning 현지 음식과 향신료에 대해 잘 알고 독특한 맛에 대해 설명해 줄 수 있는 태국인 가이드를 알선해 주는 여행사를 찾아보자. 아니면 도시마다 요리학교를 직접 찾아가 볼 수도 있다.

Inside Information 정통 현지 음식이나 이국적인 음식을 맛보고 싶다면 현지인들이 음식을 사 먹는 거리의 노점에 가 보자.

Websites www.artisansofleisure.com, www.gourmetontour.com, www.bangkok.com/thai-cooking-class, www.thaicookeryschool.com

- 방콕의 활기 넘치는 시장을 헤매면서 태국 요리학교의 수업 시간에 쓸 최고 품질의 방동사니 뿌리, 카피르 라임, 고수 등을 찾아보자.
- 라후 족 마을에서 대나무로 만든 집의 현관에 앉아 방금 요리한 신선한 음식으로 식사를 해 보자. 동네 아이들이 살금살금 다가와 신기한 듯 쳐다볼 것이다.

인도

인도 요리 투어 *India Cuisine Tour*

고아(Goa) 지방의 문화적 전통과 건축, 요리에는 인도의 전통에
서양의 영향이 독특하게 혼합되어 있다.

열대의 낙원인 인도의 고아 지방에서는 천천히 움직이는 리듬을 느낄 수 있다. 햇볕이 내리쬐는 해변에 누워 일광욕을 즐길 수도 있고, 포르투갈 식민지였던 시절에 주도였던 '올드 고아'의 그림처럼 아름다운 거리에서 차가운 페니(feni) 칵테일을 홀짝일 수도 있다. 고아 지방의 현재 주도인 파나지(Panaji, 혹은 파짐) 관광을 하며 양념을 한 새우 카레 요리 발차오(balchão)로 점심을 먹든, 파나지에서 10킬로미터 떨어진 올드 고아로 택시를 타고 가서 오래된 식민지 건축양식의 교회들 사이를 산책하든, 모두가 고아의 다양한 과거를 만나는 일이다.

이곳은 인도에서는 드물게 식당의 메뉴에서 쇠고기와 돼지고기를 볼 수 있는 곳이다. 돼지고기 빈달루(vindaloo)같이 약한 불에 천천히 익힌 고기 요리를 가톨릭 공동체의 축제에서 먹을 수 있다. 가지각색의 양념에서는 다양한 전통을 느낄 수 있다. 기독교도 요리사는 식초를 가미해서 맛을 내지만, 힌두교도 요리사는 타마린드와 시고 톡 쏘

파나지(Panaji)의 거리 풍경에 색채를 더하는 과일 노점.

'카트카테(khatkhate)'라는 스튜를 만드는 데 쓰이는 채소.

고야 지방의 요리에서 중요한 재료인 고추를 말리고 있는 여인.

는 맛이 나는 진한 붉은색 과일 '코쿰'으로 맛을 낸다. 신선한 생선과 해산물은 망고를 넣고 끓인 레몬에 절인 '생선 커리'로 바뀌거나 맵고 신 맛의 생선 요리인 '암봇 틱(ambot tik)'으로 변신한다. 후추도 많이 사용되긴 하지만, 고아 특산 마리네이드와 카레에서는 주 향신료는 아니다.

코코넛은 고아 지방 요리에서 빠질 수 없는 재료다. 보통 강한 재료의 맛을 부드럽고 깊은 맛이 나게 만들 때 쓰인다. 달콤한 음식으로는 달걀을 듬뿍 넣은 크레페인 '베빈카(bebinca)'에 육두구를 넣고 약한 숯불 위에서 몇 시간 동안 익힌 것이 있다. 이것은 고아의 주방에서 자연의 리듬에 따라 익힌 음식이다. '페니(feni)'라는 전통 알코올 음료는 코코넛 수액이나 캐쉬넛 수액 등으로 만든 것으로, 과일 주스와 섞어 칵테일을 만든다.

When to go 10월부터 3월까지가 가장 좋다. 4월과 5월은 무척 덥다. 6월부터 9월까지의 우기는 피한다.

How Long 열흘 정도면 된다.

Planning 12월 초는 순례와 축제의 계절이므로 호텔은 한참 전에 예약해야 한다. 크리스마스 기간에는 호텔에 빈방이 별로 없고, 가격도 두 배로 오를 수 있다. 직접 운전하는 렌터카는 좀처럼 찾기 힘들고, 기사가 운전하는 차나 택시가 일반적인 이동 수단이다.

Inside Information 북부 고아의 해변 중 일부 지역은 오두막이 모두 호텔과 콘도로 변해 사람들로 붐비지만, 조용한 곳도 찾을 수 있긴 하다. 밤볼린 비치(Bambolin Beach)는 피크닉을 즐기기에 좋은 곳이다. 칸돌림 비치(Candolim Beach)는 외국인 관광객들에게 인기가 많지만 그리 붐비지는 않는다.

Websites www.goatourism.org, www.goacentral.com

- 고아 북부 상업의 중심지 마푸사(Mapusa)에서 열리는 금요일 장에는 많은 사람들이 모인다.
- '본들라(Bondla) 야생동물보호구역'은 고아의 야생동물 공원들 중 가장 가기 쉬운 곳이다. 코끼리를 타고 야생동물을 볼 수 있고, 고아가 원산지인 허브와 향신료들을 전시하는 식물원도 있다.
- 몹시 맵고 자극적인 '레차드 마살라(rechad masala)'라는 고아 특산 양념이 있다. 카레에 넣거나 고기와 생선을 절이는 데 쓰인다.

스리랑카의 언덕에 있는 차 농장에서 여인들이 찻잎을 따고 있다.

스리랑카

스리랑카 차 농장 *Sri Lanka Tea Eatates*

멋지고 웅장한 산악 풍경 속에 위치한 스리랑카 차 농장을 느긋하게 둘러보며
차 한잔을 음미하는 여유를 누려 보자.

　　스리랑카의 언덕 위로 끝없이 펼쳐진 차 농장을 바라보노라면, 스리랑카에 차가 들어온 것이 일종의 '행복한 사고'에 의한 것이었음을 믿기란 쉽지 않다. 1860년대 후반 이곳을 덮친 질병으로 커피가 모두 죽어 버리자 농부들이 차로 눈을 돌렸던 것이다. 차는 스리랑카 남반부 전역에서 재배되는데, 고도에 따라 각기 다른 품종이 생산된다. 남서부에 위치한 골(Galle, 갈러)의 특산은 오렌지 페코(Orange Pekoe)이고, 라트나푸라(Ratnapura)에서 재배되는 차는 대부분 혼합차에 쓰인다.

　　순례는 라트나푸라에서 스리랑카 중앙의 산지로 올라가며 시작된다. 오래된 농장 건물들과 차 공장들이 초록빛 벌판 위에 흰 점들처럼 박혀 있다. 딤불라(Dimbula) 지방은

겨울에 최고 품종을 수확하고, 우바(Uva) 지방의 차는 여름날의 바람 속에 부드러운 향을 갖게 된다. 고대 스리랑카의 수도였던 '칸디(Kandy)'는 사원, 궁, 차로 유명하다. 그러나 실론티의 여왕은 '누와라 엘리야(Nuwara Eliya)' 지방에서 난다. 이곳의 차는 누런색을 띠고 있지만 향은 산뜻하다. 온갖 꽃들이 가득 피어 있는 정원과 고풍스러운 가옥들이 있는 휴양지인 누와라 엘리야는 차가 재배되는 고원지대를 탐험하기에 아주 좋은 거점이다.

이른 아침이면 길을 따라 산책을 하거나 드라이브를 하면서 현지 여인들이 '잎 두 개에 꽃봉오리 하나'씩을 뽑는 것을 볼 수 있다. 멀리서는 폭포수 쏟아지는 소리가 들려오고, 찻잎 볶는 냄새가 공기를 가득 메운다.

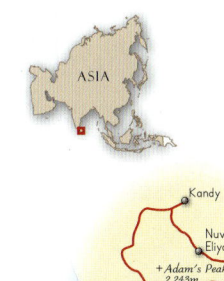
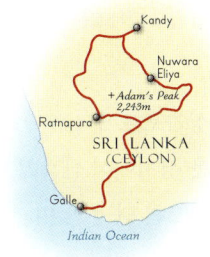

When to go 최상급 차는 건기(동부 지방은 여름, 서부 지방은 겨울)에 생산된다.

How Long 고원지대에서 일주일을 보내고, 갈과 라트나푸라도 둘러보려면 4~5일은 잡아야 한다.

Planning 점잖은 복장을 하는 게 좋다. 누와라 엘리야는 고도가 1,890미터라 밤에는 서늘하므로 따뜻한 옷을 챙겨 가야 한다. 다른 지역에서는 면으로 된 옷을 입는 게 가장 좋다. 칸디의 '페라헤라 축제(Perahera Festival)'는 8월에 열린다. 이때 칸디를 방문하려면 한참 전에 호텔을 예약해야 한다. 스리랑카는 정치적으로 불안정하므로 여행에 앞서서 보안에 대해 조언을 듣도록 하자.

Inside Information 여행사의 투어에 참가하는 게 아니라면, 믿을 만한 현지 여행사를 통해 차와 기사를 고용해서 여행하는 게 최선이다. 미리 가격 협상을 하는 것은 필수다. 스리랑카 사람들은 친절하고 느긋하므로 이쪽에서도 마찬가지로 대하도록 노력해야 한다. 선물을 주고받을 때는 양손을 이용한다.

Websites www.teatrails.com

- 차 공장을 방문하여 차를 만들고 등급을 매기는 방법을 알아본 다음, 건강에 좋은 갓 달인 차를 즐기자.
- 농장 위로 안개가 드리워져 있고, 하루의 시작을 알리며 새들이 하늘로 날아갈 때 고원의 아침이 밝아 온다.
- 폭포 옆에서 피크닉을 즐기면서 울창한 농장 너머 저 멀리에 솟아 있는 신성한 애덤스 봉(Adam's Peak)을 바라보자. 애덤스 봉은 겨울 순례자들이 모였던 곳이다.
- 차 공장을 개조하여 만든 호텔에서는 과거에 사용했던 기계들이 전시되어 있는 건조실에서 묵을 수도 있다.

> 말레이시아

말레이시아 맛 기행
Malaysian Melting Pot

거리의 노점에서부터 일류 레스토랑에 이르기까지
풍요롭고 다채로운 미식 경험을 선사하는 말레이시아로 떠나자.

싱가포르에서 출발하여 북쪽으로 말레이 반도를 따라 올라가자. 말레이시아 남부의 더운 평지에서 산과 밀림으로 뒤덮인 북부로 올라가다 보면, 중국·인도·아랍 상인들이 지난 2천 년 동안 이 지역의 식생활에 미친 영향을 느낄 수 있다. 말레이시아 서해안에 위치한 '말라카(Malacca)'는 고대에 향신료 교역이 이루어지는 항구였다. 중국과 인도의 재료에 말레이시아의 조리법을 결합하여 탄생한 요리들을 먹어 보자. 그중 '포피아(popiah)'는 멕시코 감자로 불리는 구근식물 '히카마'로 속을 채운 중국식 스프링롤에 말레이시아 스타일 땅콩소스를 바른 것이다.

말라카를 떠나 버스를 이용해 말레이시아 최대 도시이자 수도인 '쿠알라룸푸르(Kuala Lumpur)'로 향하자. 인구 3백만인 이곳 식생활의 정체성은 이곳을 고향이라 부르는 세 개의 민족, 즉 말레이인들, 중국인들, 인도인들에 의해 형성되었다. 차이나타운

클로브(왼쪽)는 짭짤한 요리와 카레에, 육두구(오른쪽)는 카레와 달콤한 요리에 쓰인다.

을 산책하면서 중국 푸젠(福建)성 요리와 하이난(海南)성 요리들을 즐겨 보자. 말레이인 집단 거주지 중 한 곳인 '캄풍 바루'에서는 생강 향이 나는 말레이 스타일 코코넛 라이스인 '나시 레막(nasi lemak)'을 맛보자.

'브릭필즈(Brickfields) 지구'에서는 정통 남인도 요리를 먹을 수 있다. 아니면 쿠알라룸푸르의 고유 요리인 '카레 락사(kare laksa)'에서 세 가지 요리의 전통을 모두 느껴 볼 수도 있다. 카레 락사는 동남아시아에서 가장 맛있는 면요리 중 하나다. '페낭(Penang) 섬'으로 건너가서 조지타운에서 여정을 마무리하면서 길거리 음식의 극치를 경험하자. 말레이시아는 군것질을 좋아하는 사람들의 낙원이고, 길거리 음식은 예술의 경지에 올랐다고 해도 과언이 아닐 정도다. 사유지가 아닌 땅에는 1인치의 빈틈도 없이 노점이 들어서서 온갖 맛과 향으로 사람들을 유혹한다.

When to go 말레이시아는 1년 내내 날씨가 따뜻하다. 우기는 4월부터 5월, 10월부터 11월 등 두 차례 있지만, 폭풍우는 오래 지속되지 않는다.

How Long 한 달이 이상적이지만 2주 만에 할 수도 있다.

Planning 전체 여정을 기차를 타고 할 수도 있고, 기차와 버스를 번갈아가며 이용할 수도 있다. 기차로 여행한다면 말라카로 갈 때는 '탐핀(Tampin)'에서 갈아타야 한다. 페낭 섬으로 가는 페리는 '버터워스(Butterworth)'에서 탈 수 있다.

Inside Information 말레이시아에서는 보통 음식을 도구를 사용하지 않고 오른손 손가락으로 먹는다. 손가락 끝으로 한 입 크기 정도의 음식을 집고, 입으로 음식을 넣을 때는 엄지손가락을 사용한다. 면요리는 예외로, 면은 거의 모든 사람이 젓가락으로 먹는다.

Websites www.motour.gov.my

- 싱가포르의 대표적 길거리 음식인 케탐 라다 히탐(ketam lada hitam)이라는 게요리는 생강, 심황, 검은 후추 등으로 맛을 낸 음식이다.

- 사타이 꼬치(satay stick)의 기원은 아랍의 향신료 상인들이 8세기에 자바와 인도네시아로 들여온 케밥이라고 알려져 있다. 자바인들이 아랍의 케밥에 자신들이 좋아하는 향료들(고수, 생강, 방동사니, 레몬그라스, 마늘, 샬롯 등)을 추가하여 만들어 낸 것이다. 아직 따뜻하고 숯불 냄새가 남아 있을 때 사타이 꼬치를 먹어 보자.

- 길거리 음식 노점들이 모여 있는 '호커 센터(hawker center)'가 여러 곳에 있다. 3백 명쯤 되는 상인들이 머리 위로 환풍기가 돌아가는 작은 노점에서 맛있는 음식을 판다.

뉴질랜드

센트럴 오타고 와인 트레일
Central Otago Wine Trail

뉴질랜드 남섬 중심부의 와인 생산지 센트럴 오타고에서
국제적 명성을 얻은 '피노 누아(Pinot Noir)'를 마셔 보자.

    뉴질랜드의 6번 고속도로는 남섬의 남쪽 끝에 있는 퀸스타운에서 동쪽으로 '카와라우 계곡' 밑의 좁은 길을 따라간다. 깊은 골짜기에서 급류는 거품을 일으키며 흐르고, 주변에는 황갈색 봉우리들이 우뚝 솟아 있다. 이런 황량한 대지에 뭔가가 자랄 수 있다는 게 믿어지지 않는다. 그런 생각을 하고 있을 때, 포도나무가 눈에 들어올 것이다. 남쪽 산비탈에 포도나무들이 햇빛을 받으며 줄지어 서 있는데, 이곳의 차드 팜(Chard Farm), 깁스턴 밸리(Gibbston Valley), 페레그린(Peregrine) 등의 와이너리에서는 뉴질랜드에서 가장 순수한 향을 지닌 포도주 몇 종이 생산된다.
    이곳에 포도를 처음 심었던 때로부터 100년이 지난 1980년대에야 포도가 다시 심

센트럴 오타고의 포도농장들은 뉴질랜드의 멋진 풍경 속에 자리 잡고 있다.

어졌지만, 센트럴 오타고(Central Otago)의 독특하고 색이 진한 '피노 누아(Pinot Noir)'는 이미 국제적인 명성을 얻었다. 이 지역은 바위로 덮인 땅에 의해 네 개의 구역으로 나뉜다. 모든 구역이 퀸스타운에서 쉽게 갈 수 있는 거리에 있지만 차로 25분 거리에 있는 '깁스턴'이 퀸스타운에서 가장 가깝다.

가장 북쪽 지역인 '와나카(Wanaka)'에는 눈 덮인 봉우리들 아래로 '리폰(Rippon)' 포도농장의 포도나무들이 '와나카 호수'까지 펼쳐져 있다. 동쪽으로는 예전에는 금광의 중심지였으며 지금은 와이너리들이 모여 있는 크롬웰(Cromwell)의 모래로 된 경사면까지 포도농장들이 뻗어 있다. 그 근처로 '배녹번'이, 남쪽으로는 '알렉산드라'가 있다. 알렉산드라에는 〈쥬라기 공원〉으로 유명한 배우 샘 닐의 '투 패더스 포도농장'이 있다.

When to go 포도나무에 꽃이 필 때부터 포도를 수확할 때까지인 10월부터 5월까지가 여행하기에 좋다. 대부분의 포도농장은 겨울에는 개방하지 않는다.

How Long 퀸스타운을 거점으로 3~4일이면 와인 투어, 맛있는 식사, 호수에서의 크루즈, 등산과 캠핑 등 야외 활동까지 할 수 있다. 그 다음 와나카 호에서 하룻밤을 보내고 리폰 포도농장과 와이너리를 방문하자.

Planning 가이드 투어는 고급 재규어 리무진으로 여행하는 것, 제트보트로 여행하는 것, 심지어 와이너리 사이를 헬리콥터로 이동하는 것 등 여러 종류가 있다.

Inside Information 숙소는 많이 있지만 좋은 숙소는 금방 방이 차므로 미리 예약을 해야 한다. 일부 와이너리는 예약제로만 방문객을 받는다.

Websites www.queenstown-nz.co.nz, www.otagowine.com

- 깁스턴 밸리의 와이너리에서는 거대한 암석을 동굴처럼 파서 만든 저장소에서 포도주와 치즈 공장의 제품을 맛볼 수 있다.
- 카와라우 다리는 번지점프의 탄생지이다. 번지점프를 직접 하지는 못하더라도 다른 사람들이 뛰어내리는 것을 구경할 수는 있을 것이다.
- 퀸스타운의 와카티푸 호수(Lake Wakatipu)의 짙푸르고 맑은 물에서 크루즈를 즐겨 보자. 아니면 물살이 빠른 숏오버 강(Shotover River)에서 제트보트를 타는 것도 좋다.
- 알렉산드라 근처의 미들마치(Middlemarch)에서 클라이드(Clyde)까지 센트럴 레일 트레일(Central Rail Trail)을 여행해 보자. 걸어서 가도 좋고 자전거나 말을 타도 좋다.

시드니의 해안에 있는 레스토랑에서는 황홀한 도시 풍경을 즐길 수 있다.

오스트레일리아

시드니 식도락 투어 *Eat Your Way Around Sydney*

항구에서부터 산꼭대기까지, 시드니의 복합적인 문화와 탁월한 식재료들은
이 도시에 생기 넘치는 레스토랑 풍경을 만들어 냈다.

    오스트레일리아는 문화적으로도, 음식으로도 수많은 요소가 융합되어 있는 나라다. 유럽과 아시아의 요리법이 통합되고 신선하고 다양한 재료가 결합되어 독특한 오스트레일리아 요리 스타일이 탄생했다. 그리고 오스트레일아 최대의 도시 시드니에서는 질 좋은 고기·생선·채소 요리를 맛볼 수 있다.
    엄청나게 많고 다양한 해산물들이 거래되는 시드니 어시장에서는 양식 바라문디와 연어, 뉴사우스웨일스의 해안에서 잡은 참새우, 홍합, 문어, 굴 그리고 태즈메이니아

섬과 사우스오스트레일리아, 심지어 뉴질랜드의 청정해역에서 잡아 올린 생선들까지 만날 수 있다.

식도락 투어는 시드니 시내에서 시작하자. 식사를 한 다음 동부의 '서큘러 키(Circular Quay)'를 탐험하고, 오페라 하우스 부근을 둘러보고 난 다음, 멋진 풍경을 자랑하는 해변의 멋스러운 레스토랑으로 향한다. 식사를 마친 후에는 산지의 포도농장으로 간다.

블루마운틴 산맥은 시드니에서 차로 2시간이면 도착한다. 하루 이틀을 이곳에서 보낸 다음 뉴사우스웨일스에서 가장 오래된 와인 산지인 '헌터 밸리(Hunter Valley)'로 이동한다. 헌터 밸리의 와이너리들에는 훌륭한 레스토랑 몇 곳이 있다. '페퍼 트리 와이너리'의 로버츠(Robert's) 레스토랑에서는 현지 재료를 프랑스식, 이탈리아식, 아시아식으로 요리한 음식들을 먹을 수 있다.

When to go 봄이나 여름이 좋다. 이 시기에 크리스마스 시즌도 있고 시드니의 1월 축제도 열린다. 늦여름부터 초가을(2월 하순부터 4월 초)도 좋다.

How Long 이 지역 최고 레스토랑 몇 곳에서 식사를 하고 주요 관광지를 둘러보려면 적어도 일주일은 잡아야 한다.

Planning 시드니에서 블루마운틴 산맥, 헌터 밸리 사이를 차로 이동할 때는 시간을 여유 있게 잡아야 한다. 아름다운 풍경 때문에 중간 중간 차를 멈추게 되기 때문이다.

Inside Information 시드니의 많은 레스토랑, 특히 가격이 비교적 저렴한 곳에는 와인을 가지고 가서 마실 수 있다(BYO, Bring-your-own). 단, 와인을 따 주는 데 약간의 비용을 받기도 하므로 레스토랑마다 확인해 봐야 한다.

Websites www.visitnsw.com.au, www.tourism.nsw.gov.au

- 웨스트 서큘러 키에 있는 레스토랑인 키(Quay)는 항구 주변의 멋진 배경과 음식이 아주 잘 어울린다.
- 로즈 만(Rose Bay)에 있는 피어 레스토랑(Pier Restaurant)에서는 시드니 최고의 해산물 요리를 먹으며, 로즈 만 건너 노스 해안(North Shore)의 풍경도 즐길 수 있다.
- 블루마운틴 산맥 초입의 레우라(Leura)라는 마을 근처에 있는 솔리터리(Solitary) 레스토랑에서 식사를 한 후, 솔리터리 산과 재미슨 밸리(Jamieson Valley)로 산책을 가 보자.

마가렛 강 유역은 오스트레일리아 전체 포도 생산량의 3퍼센트 밖에 안되지만, 고급 와인 시장의 20퍼센트를 차지한다.

오스트레일리아

마가렛 강 와인 투어 *Margaret River Wine Region*

오스트레일리아 남서쪽 끝자락을 여행할 때 태양, 바다, 와인은 빼놓을 수 없는 요소들이다.

 인도양의 푸른 물결을 바라보고 있노라면, 우리가 케이프 리우윈(Cape Leeuwin)에서부터 케이프 내추럴리스트(Cape Naturaliste)까지 이어지는 웨스턴오스트레일리아 주의 고급 와인 산지에 와 있다는 것을 믿기가 어렵다. 내륙 쪽으로 발길을 돌리면, 바람을 맞고 있는 해안 초목은 몇 분 지나지 않아 울창한 농장과 숲, 단정하게 줄을 맞추어 서 있는 포도나무에게 자리를 내준다.
 작은 마을들 주변에 와이너리들이 흩어져 있고 '셀러도어(cellar door)'라고 불리는 시음실을 곳곳에서 만날 수 있다. 이곳의 땅은 대체로 평평하지만, 완만한 언덕들이 국지성 기후를 만들어 내어 각 지역마다 특히 잘 자라는 포도 품종이 나뉜다.

케이프 리우윈에 가까운 좀 더 시원한 남쪽 지역에서부터 코와라멉(Cowaramup), 얄링업(Yallingup), 카번업(Carbunup) 사이 따뜻한 지역의 포도농장에 이르기까지 다양한 종류의 포도가 생산되고 있다. 특히 나중에 퍼스(Perth)로 향할 생각이라면 오거스타(Augusta)에서 마가렛 강(Margaret River) 유역을 통과하여 비교적 최근에 와이너리들이 조성된 지역 쪽으로 여행하는 것이 추천할 만한 루트다.

보이저 에스테이트(Voyager Estate), 바세 펠릭스(Vasse Felix), 케이프 멘텔(Cape Mentelle), 리우윈 에스테이트(Leeuwin Estate), 재너두(Xanadu), 컬른(Cullen), 피에로(Pierro) 등 조금 오래된 와이너리들 중 일부는 넓고 화려한 시음실이 준비되어 있다. 호수나 수로를 내려다보는 우아한 레스토랑이 있는 곳도 있다. 서핑 팬들과 와인 애호가들이 주로 모이는 카페와 와이너리들의 분위기는 한가하고 느긋하다.

When to go 늦여름이나 초가을(2월 하순이나 3월 중순)이 좋다. 이 무렵엔 음악 행사나 축제도 열린다. 11월에는 마가렛 강 와인 산지 축제가 열려서 요리와 와인을 즐길 수 있다.

How Long 와이너리 몇 군데를 방문하려면 적어도 1~2일은 필요하고, 주요 관광지들을 둘러보려면 2~3일은 더 필요하다. 멋진 풍경을 즐기고 밀도 높은 시음도 경험하려면 최소 4~5일은 잡아야 한다.

Planning 모든 유형의 숙박 시설이 있다. 가이드가 인솔하는 와인 시음 투어에 참가해야 음주운전을 하지 않을 수 있다.

Inside Information 대부분의 와이너리들은 시음실에서 관광객들에게 와인을 10~15퍼센트 할인해서 판매한다.

Websites www.margaretriver.com, www.margaret-river-online.com.au

- 케이프 리우윈은 남대양(남극해, 남빙양)과 인도양이 만나는 곳이다. 등대 너머 바다를 바라보면 두 방향에서 파도가 밀려와서 바위에 부딪치는 것을 볼 수 있다.

- 이 지역에는 다양한 조류와 캥거루, 왈라비(작은 캥거루) 등 야생동물이 많이 서식하고 있다. 고래를 볼 수 있는 것은 5월부터 9월까지다. 6월과 8월 사이에는 돌고래들을 볼 수 있다.

- 하워드 파크(Howard Park) 시음실에서는 리즐링으로 시작하여 샤르도네, 카베르네 소비뇽, 시라즈 등 주요 포도주들을 모두 맛볼 수 있다.

리투아니아 | 라트비아 | 에스토니아

발트 해 연안 식도락 투어 *The Baltic Gourmet*

딜(dill)의 자극적인 강한 맛과 사워크림의 달래는 듯한 향은
발트 해 연안 국가들의 정성 어린 요리에 생기를 더해 준다.

리투아니아, 라트비아, 에스토니아 등 발트 해 연안 국가들의 요리는 과거 이 지역을 지배했던 폴란드, 스웨덴, 독일, 러시아의 영향을 받았지만, 전통적으로 내려온 고유의 특색 또한 지니고 있다. 기본 식재료는 고기, 생선, 뿌리채소, 사워크림, 딜(dill, 허브의 일종) 등이며 지역별 차이는 별로 없다.

채식주의자들은 달고 향긋한 팬케이크를 먹으면 되고, 체중에 신경을 쓰는 사람이라면 사워크림이나 비니그레트 소스를 뿌린 채소 샐러드를 먹으면 된다. 그리고 누구나 과일로 만든 디저트를 즐길 수 있다. 발트 해 연안 맛 기행은 리투아니아의 빌니우스(Vilnius)에서 시작하는 것이 좋은데, 구시가지에는 고딕·바로크·르네상스 건축양식이

리가 시장에서 한 상인이 상품을 정리하고 있다. 리가 시장은 이 지역 최고의 식품 시장으로 알려져 있다.

모두 혼합되어 있다. 돼지고기와 감자 요리, 팬케이크, 고기만두, 그리고 몇 층으로 공들여 만든 케이크인 '사코티스(sakotis)' 등이 별미다.

그 다음 라트비아의 '리가(Riga)'로 발길을 옮기자. 발트 해 연안에 위치한 리가에서는 멋진 아르누보 건축물들 사이에 자리 잡은 노천 맥주 레스토랑과 카페, 페이스트리 상점 등에서 맛있는 음식과 커피, 맥주를 즐길 수 있다. 식당의 메뉴에서는 사탕무 수프, 생선, 케밥 등을 자주 볼 수 있다.

에스토니아 최고의 요리들은 문화의 중심지이자 유명 대학이 있는 도시 '타르투(Tartu)'에 있다. 식초에 절인 청어, 돼지고기와 사워크라우트(sauerkraut, 양배추를 절여서 발효시킨 독일 음식), 튀긴 흑빵에 사워크림을 바른 것 등을 맛볼 수 있다. 발트 해 연안 사람들이 가장 많이 마시는 술은 맥주지만, 예전에는 러시아에서 소비되는 보드카의 10퍼센트 이상을 공급했고 유서 깊은 양조장들도 많았다.

When to go 눈과 얼음을 좋아하지 않는다면 겨울은 피하자.

How Long 대략 2주 정도는 잡아야 한다.

Planning 철도가 잘 발달되어 있지 않지만, 유로라인에서 빌니우스, 리가, 타르투 사이에 버스를 운행하고 있다. 타르투에는 공항이 없지만 탈린 공항까지 버스가 자주 운행된다. 버스로 2시간 30분쯤 걸린다.

Inside Information 식당에서 나오는 음식의 양이 무척 많아 포만감을 느낄 수 있다. 모든 음식에 발트 해 연안의 호밀이 들어간 빵이 함께 나온다.

Websites www.inyourpocket.com, www.baltictravel.net, www.eurolines.com

- 빌니우스에서는 리타 술집(Ritos Smukle)에 리투아니아 물건이 아닌 것은 아무것도 갖고 들어갈 수 없다.
- 오크로 장식된 방들이 미로처럼 들어찬 리가의 스타부라그스(Staburags)식당에서는 캐러웨이 치즈(caraway cheese, Jāņu siers) 같은 진미를 맛볼 수 있다.
- 타르투에서는 맥주 레스토랑인 '화약고(Püssirohukelder)'의 독특한 분위기를 느껴 보자. 원래는 러시아의 예카테리나 여제가 만든 천장이 높은 화약 저장고였는데, 지금은 맥주 레스토랑이 되었다. 맛좋은 이곳의 대표 맥주 퓌시로후 푸나네(Püssirohu Punane)를 마셔 보자.

아일러 섬의 해안 증류소가 있는 곳 중 하나인 브루익라디(Bruichladdich)의 부두에서 바라본 풍경.

스코틀랜드

스코틀랜드 위스키 트레일 Scotland's Whisky Trails

스코틀랜드 하일랜즈와 이너헤브리디스 제도로 위스키 순례를 떠나
이 '생명의 물'의 원천을 만나 보자.

    스코틀랜드의 수백 가지 훌륭한 몰트위스키들은 아일러(Islay) 섬과 주라(Jura) 섬의 토탄지(土炭地)나 히스(heath, 철쭉과의 관목)가 무성한 황야, 그리고 하일랜즈의 숨은 산골짜기 등 그것들이 탄생한 웅장한 풍경으로부터 독특하고 다양한 특성을 물려받았다. 몰트위스키가 만들어지는 유서 깊은 위스키 증류소로 여행을 떠나는 것은 이 호박색 술의 영혼을 찾아 떠나는 여행이다.

몰트위스키는 스코틀랜드의 여러 지역에서 생산된다. 그중 향 좋은 위스키와 로맨틱하게 탁 트인 공간을 사랑하는 사람들이라면 반드시 찾아가 볼 만한 곳이 두 군데 있다. 바로 영국 북동쪽에 위치한 '스페이사이드(Speyside) 지역'과 서해안의 이너헤브리디스 제도에 속한 '아일러 섬'과 '주라 섬'이다. 이 두 지역에는 중요한 위스키 증류소들이 모여 있으며, 서로 다른 두 가지 스타일의 고전적인 몰트위스키 산지로 유명하다. 스페이사이드 몰트는 과일 향이 감도는 풍부한 향으로, 위스키들 중에 가장 단 맛이 나는 것이고, 아일러와 주라 몰트는 달지 않으며 무척 독특한 향을 지닌 위스키다. 이 두 지역을 따로 방문할 수도 있고, 아름다운 스코틀랜드를 여행하면서 함께 묶어서 둘러볼 수도 있다.

When to go 스코틀랜드의 날씨는 늘 변화무쌍하지만, 대체로 4월과 9월 사이가 가장 좋다.

How Long 한 지역에 적어도 2~3일은 잡아야 한다. 두 지역을 묶어서 방문하려면 여행 중간에 스코틀랜드의 역사적 수도인 에든버러나 활기 넘치는 글라스고우에서 1~2일 묵어 가도록 하자. 글라스고우는 아일러 섬으로 가는 페리 선착장에서 차로 3시간이 채 걸리지 않는다.

Planning 위스키 증류소 투어 중에는 미리 예약을 해야 하는 것들이 있다. 스페이사이드까지는 에든버러나 글라스고우에서 승용차나 기차로 갈 수 있다. 아일러 섬은 글라스고우에서 비행기로, 킨타이어 반도의 케너크랙(Kennacraig)에서 카페리로 갈 수 있다. 주라 섬은 아일러에서 페리를 타고 갈 수 있다.

Inside Information 스코틀랜드에서는 음주운전을 엄격히 단속하고 있으므로, 차량으로 여행한다면 일행 중에 술을 마시지 않는 사람이 반드시 한 사람은 있어야 한다.

Websites www.maltwhiskytrail.com, www.islay.co.uk

- 스페이사이드 지역의 로우즈(Rothes)에 있는 글렌 그랜트 증류소(Glen Grant Distillery)의 동으로 만든 거대한 증류기를 놓치지 말자. 그리고 투어가 끝난 후에는 몰트위스키를 꼭 한잔 마셔 보자.
- 황금색 햇빛이 좀처럼 사라지지 않는 북구의 긴 여름날 저녁, 그램피언 산맥(Grampian Mountains) 위로 드리운 긴 그림자를 바라보면서 스페이사이드의 여관에서 현지의 뛰어난 몰트위스키를 마시는 것도 좋다.
- 폐허가 된 성들을 굽어보는 아일러 섬의 바위투성이 해안에, 작고 친근한 증류소들이 늘어서 있다.

체코공화국

체코 라거 비어의 맛 *A Taste of Czech Lager*

맥주의 고향을 찾아 역사적 도시들을 둘러보면서 현지의 다양한
라거 비어들을 맛보는 것은 여행의 큰 즐거움이다.

"맥주가 있는 곳에 즐거움이 있다!" 체코의 속담이다. 이 맛있는 술을 양조하고, 아낌없이 마시고, 납품해 온 체코의 천 년 넘는 세월을 압축해 표현해 주는 말이다. 과거에는 '보헤미아'라고 알려졌던 체코 공화국의 라거 비어는 세계에서 가장 맛좋은 라거 비어 중 하나로 꼽힌다. 이 지역은 홉을 재배하기에 이상적인 조건을 갖췄으며, 지금도 전통적인 양조기법이 사용되고 있기 때문이다. 라거 비어가 탄생한 나라에서 정통의 맛을 음미하면서 그 매혹적인 역사를 만나 보자.

10세기 보헤미아의 왕 바츨라프는 홉을 잘라서 나라 밖으로 몰래 갖고 나가다 잡히는 사람은 모두 처형했다. 그래서 일찌감치 사람들은 집에서 맥주를 만들어 마셨다. 판매하기 위해서가 아니라 자신들이 마시기 위해서였다.

체코 공화국 북서쪽 자테츠에서 봄에 열리는 '홉과 맥주의 사원 축제'에서 사람들이 맥주를 마시고 있다.

체코에서 가장 오래된 소규모 양조장 중 하나인 프라하의 '우 플레쿠(U Fleků)'는 1499년 이후로 지금까지도 영업을 계속하고 있다. 프라하에 거점을 두고 이 나라 사람들이 가장 좋아하는 술인 맥주를 맛본 다음, 그 외 지역들을 둘러보자. 이 나라에서는 아침식사를 판매하는 식당에서도 맥주를 판다.

프라하에서 북서쪽에 위치한 '자테츠(Zatec)'에서는 최고 품질의 홉이 재배되며, 맥주 축제에서는 시음회도 열리고 댄스 경연도 벌어진다. 가장 큰 맥주 축제는 '플젠(Plzen)'에서 열린다. 1842년에 플젠에서는 세계 최초의 라이트 골든 라거인 '필스너 우르켈(Pilsner Urquell)'이 생산되었다. 아황산염과 탄산염이 적게 함유된 이 지역 물에서 비롯된, 다른 어느 곳에서도 흉내 낼 수 없는 맛이다. 해마다 그 해의 필스너 우르켈 최초 분량이 생산되면 시음회, 투어, 맛있는 음식, 음악, 불꽃놀이 등으로 축하를 한다.

- 프라하에 있는 스트라호프 수도원 양조장(Strahov Monastic Brewery)은 6백 년 양조 역사를 지닌 곳이다. 스바티 노르베르트, 스베틀(pale이라는 뜻), 트마베(dark라는 뜻) 등의 맥주를 맛보자.
- 프라하 외곽 벨케 포포비체(Velké Popovice)에 있는 코젤 양조장(Kozel Brewery)에서는 숲속의 샘에서 길어 온 물과 홉, 보리가 어떻게 검은 거품이 이는 캐러멜 색의 에일 맥주가 되는지를 볼 수 있다. 맥주를 맛보고 양조장에 딸린 식당에서 식사를 하는 것도 좋다.
- 플젠 양조장에서는 여과와 저온 살균하지 않은 전설적인 맥주, 필스너 우르켈의 품질 관리를 위해 오래된 오크통에 보관한다.

When to go 연중 어느 때 가도 좋지만, 맥주 축제들은 8월부터 10월 초까지 열린다.

How Long 일주일 정도 잡으면 된다.

Planning 점점 늘어나는 맥주 투어들을 확인해 보고 맥주 축제가 열리는 시기도 알아본다. 플젠은 프라하의 지하철 B선(노란색 선) 즐리친(Zlicín) 역이나 플로렌츠(Florenc) 버스 터미널에서 버스로 1시간쯤 걸린다.

Inside Information 플젠에 있는 양조 박물관은 중세의 맥아 제조소를 박물관으로 만든 것이다. 중세 의상을 입은 가이드들이 이끄는 박물관 투어도 있는데, 이들은 초기의 맥주 양조법 등 맥주에 대해 해박한 지식을 가지고 있다.

Websites www.myczechrepublic.com, www.mesto-zatec.cz, www.prazdroj.cz

조용하고 한적한 시골에 자리 잡은 오르발 수도원에서는 가장 유명한 트라피스트 맥주 중 하나를 생산한다.

벨기에

트라피스트 수도원 맥주 Trappist Monastery Beers

벨기에 트라피스트 수도원의 고요하고 사색적인 배경 속에서 만들어지는
세계적인 수준의 맥주를 만날 수 있다.

    벨기에의 트라피스트 수도원들 가운데 여섯 곳이 트라피스트 정품 라벨을 사용할 수 있는 허가를 받았다. 이프르 근처의 '베스트블레테렌 수도원', 쉬메이의 '스쿠르몽 수도원', 플로랑빌 근처의 '오르발 수도원', 로쉐포르의 '생레미 수도원', 아셀의 '생 베네딕트 수도원', 베스트말의 '세이크리드 하트 수도원' 등이다. 이 명예로운 증서를 지니려면 맥주 생산의 전 과정이 트라피스트 수도원 내부에서 트라피스트 수사들에 의해

이루어지거나 그들의 감독 하에 생산되어야 한다. 이러한 한계 속에서도 다양성이 존재하여, 여섯 개 수도원에서 생산해 내는 맥주는 20여 종 정도나 된다.

11세기에 설립된 오르발 수도원은 가장 오래된 양조장으로, 최고 품질의 천연 재료만을 사용하여 기계화되지 않은 전통 공정을 따라 맥주를 만든다. 그러므로 이곳에서 만들어진 맥주를 마시는 것은 1천 년의 전통을 마시는 것과 같다. 베스트블레테렌 수도원의 '애보트 맥주(Abbott beer)'는 엿기름으로 만들어 풍부한 맛을 자랑한다.

양조장들은 일반인에게 개방되지 않지만 맥주는 각 수도원의 상점이나 현지 카페 등지에서 맛볼 수 있다. 베스트블레테렌 수도원의 맥주를 제외하고는 모두 벨기에 전역에 보급되고 있다. 맥주에서 얻어지는 모든 수익금은 종교 공동체들 유지와 자선활동에 사용된다.

- 쉬메이의 스쿠르몽 수도원에서는 고전적인 블루 비어(Blue beer)와 역시 이곳 수도원에서 만드는 맥주 맛 치즈를 맛볼 수 있다.
- 오르발의 중세 수도원 유적과 박물관을 둘러본 다음, '트라피스트 맥주의 여왕'이라 불리는 이곳 맥주를 맛보자. 맥주와 치즈는 상점에서 구입할 수 있다.
- 로쉐포르의 생레미 수도원의 달콤한 검은색 맥주는 도수가 6, 8, 10도 등 세 가지가 있다.

When to go 연중 어느 때 가도 좋다. 오르발 양조장은 1년에 딱 이틀 일반인들에게 개방된다. 웹사이트에서 날짜를 확인하고 예약하도록 한다.

How Long 2~3일 잡으면 된다.

Planning 안트베르펜에서 자동차를 빌려서 여행할 경우 왕복 725~800킬로미터 정도 된다. 수도원들 대부분은 교회를 제외하고는 일반인들에게 개방되지 않는다.

Inside Information 베스트블레테렌 수도원의 맥주는 개인들과 소매업자에 한해 이곳 수도원에서만 구입할 수 있다. 한정된 양만 생산되기 때문에 미리 예약을 해야 한다. 자세한 내용은 수도원 웹사이트에서 확인하도록 하자.

Websites www.visitbelgium.com, www.orval.be, www.sintsixtus.be, www.trappistes-rochefort.com

헝가리

헝가리 와인 루트를 따라서
Wine Route through Hungary

헝가리 북동부의 전원지역에서 전통적 방식으로 만들어진
세계에서 가장 오래된 와인은 최고의 당도를 지니고 있다.

여름날, 부다페스트를 벗어난 고속도로는 지평선까지 펼쳐진 광활한 해바라기 밭으로 우리를 데려간다. 목적지는 카르파티아 산맥 아래쪽의 목가적 와인 산지 '토카이-헤지아야(Tokaj-Hegyalia)'다. 볼테르가 '마음의 황금실을 짠다'고 말하기도 했던 호박색 와인(amber wine)으로 유명한 곳이다.

17세기 이후로 와인 생산 관리가 철저히 이루어지고 있는 토카이의 와인은 세계에서 가장 오래된 전용 포도밭에서 생산되는 와인 중 하나다. 토카이에서 가장 정평 있는 와인 '아쑤(Aszú)'는 이 지역 토착 포도 품종인 프루민트와 하르슐레벨뤼로 만드는데, 보드로크 강(Bodrog River)의 가을 안개를 맞을 때까지 포도를 수확하지 않고 기다린다. 그래야 와인에 강한 단맛이 생기기 때문이다.

토카이 와인 중 에쎈치아(Essencia)는 최상급 와인으로, 최고의 당도를 자랑한다. 곰

헝가리의 토카이-헤지아야는 전 세계 와인 산지 가운데 유일한 유네스코 세계유산이다.

토카이 와인은 저장고의 벽과 병 표면에 생기는 곰팡이 덕분에 더욱 풍부하고 달콤한 맛을 갖게 된다.

곰팡내 나는 와인 동굴(산기슭에 파놓은 와인 저장소) 속에 들어가면 옛 유럽을 느낄 수 있는데, 동굴 속에는 와인이 저장되어 있는 오크통들 사이에 나무로 만든 시음대들이 놓여 있다. 와인 산지는 남부의 토카이에서부터 북동부의 샤로슈파탁(Sárospatak)까지 이어진다. 어느 쪽에서든 마을 주변에 있는 와이너리들로 쉽게 이동할 수 있다.

마드(Màd), 타르칼(Tarcal), 톨크슈바(Tolcsva) 등의 와이너리에는 종교 미술품과 와인 생산과 관련한 물품들이 전시되어 있는 작은 박물관도 있다. 붉은 지붕의 낮은 건물들로 이루어진 마을 사이를 지날 때는 건초 더미를 지고 힘겹게 길을 가는 사람, 당나귀 수레를 끌고 가는 사람, 우물에서 양동이에 물을 길어 집으로 돌아가는 할머니를 만날 수도 있다. 할머니가 향하는 집의 지붕에는 위성방송용 접시안테나가 달려 있어 목가적인 분위기와 묘한 대조를 이룬다.

- 포도농장에서는 자유롭게 산책을 할 수 있고, 오크, 서나무, 너도밤나무 등으로 덮인 산으로 하이킹을 갈 수도 있다.
- 마드 근처 디스노코(Disznoko)에 있는 19세기 와인 술집에서는 식사를 한 후 저장고에 있는 디저트 와인을 맛볼 수 있다.
- 토카이 지방 최고의 와인 제조자 중 한 사람인 이쉬트반 쎕쉬(István Szepsy)가 만든 와인을 맛볼 기회를 절대 놓치지 말자.

When to go 4월과 5월이 날씨가 좋고 산에는 야생화가 만발한다. 10월과 11월 초의 수확기에는 농부들이 수확하는 모습을 볼 수 있다. 눈발이 날리는 가운데 포도를 수확하는 경우도 있다.

How Long 토카이는 부다페스트에서 동쪽으로 차로 3시간 정도 걸린다. 토카이와 샤로슈파탁은 N37도로를 따라 40킬로미터 정도 떨어져 있다. 도시들과 마을들을 둘러보고 와인을 맛보며 하이킹까지 즐기려면 5일 정도는 잡아야 한다.

Planning 많은 와이너리에서 쉽게 시음을 할 수 있다. 정액 요금을 내거나 잔당 요금을 낼 수도 있다. 대부분의 와이너리는 투어를 하려면 적어도 24시간 전에 예약해야 한다.

Inside Information 헝가리에서는 혈중에 알코올이 조금이라도 있으면 운전을 해서는 안 되므로 기사를 고용해야 한다. 호텔에서 기사를 알선해주기도 하지만 가격이 비쌀 수 있다.

Websites www.tokaji.hu, www.vendegvaro.hu/en/4-32

| 이탈리아 | 프랑스 | 스페인 |

페스토 소스부터 빠에야까지

From Pesto to Paella

유럽 남부 해안을 따라 이탈리아에서 프랑스를 지나 스페인까지 여행하면서
각 지역의 특선 요리들을 맛보자.

이탈리아의 리구리아(Liguria)에서 프렌치 리비에라(French Riviera)를 따라, 프로방스를 지나 스페인 북동부까지, 햇살 좋은 지중해 연안은 미식가들의 낙원이다. 해안을 따라 이어지는 언덕은 마조람, 야생 회향, 라벤더 등 야생 허브들의 향기가 진동한다.

고대부터 있어 온 언덕 위 마을들과 분위기 있는 해안 도시들의 시장에는 무지개색 과일과 채소들이 우리의 오감을 자극한다. 과일 맛이나 후추 맛이 나는 올리브 오일들, 향이 좋은 샐러드용 잎채소들, 말 그대로 햇빛의 맛을 지닌 토마토, 향이 강한 신선한 마늘, 싱싱하고 반짝거리는 해산물들처럼 모양은 단순하고 향이 강한 것들이 주를 이룬다.

리구리아의 톡 쏘는 '페스토 소스'는 반드시 맛봐야 한다. 페스토 소스는 다진 마늘, 올리브 오일, 잣, 그리고 이 지역에서 풍부하게 자라는 바질을 섞은 것이다. 프로방스

지중해 지역은 1천 년 이전부터 올리브 나무가 재배되었다. 올리브와 올리브 오일은 지중해 요리의 핵심 재료다.

지방에서는 캐러멜처럼 만든 양파와 안초비를 얹은 감칠맛 나고 짭짤한 타르트인 '피살라디에르(pissaladière)'를 먹어 보자. 그리고 그날그날 잡은 싱싱한 어패류를 섞어서 만드는 셀 수 없을 정도로 다양한 생선 수프들을 맛보자. 그중 최고봉은 마르세유(Marseilles)의 '부야베스(bouillabaisse)'다. 그리고 병아리콩, 소금에 절인 대구, 신선한 채소들에 프로방스 지방의 마늘을 넣은 마요네즈 소스를 뿌려 먹는 '그랑 아이올리(Grand Aïoli)'는 기회가 있다면 꼭 먹어 보길 권한다.

국경을 건너 스페인으로 건너가면 대하 캐서롤, 거위 요리, 입이 얼얼할 정도로 매운 로메스코 소스, 희고 부드러운 신선한 치즈와 꿀 등등 카탈루냐 음식을 먹어 봐야 한다. 그리고 고전적인 파에야(paella, 쌀, 고기, 어패류, 채소를 함께 볶은 요리)를 비롯, 여러 흥미로운 쌀 요리가 탄생한 발렌시아(Valencia)의 논에서 여행을 마무리하자.

- 바닷가 테라스에서 해진 뒤 지중해의 푸른빛을 바라보며 아페리티프(aperitif, 식전 반주)를 음미하는 낭만을 즐길 수 있다.

- 바르셀로나의 넓은 재래시장인 라 보케리아(La Boqueria) 시장에서 현지인들과 어울려 아침식사나 이른 점심식사를 하자. 카운터에 앉아 스페인식 오믈렛인 두터운 토티(tortilla)야를 먹거나 옆자리에 앉은 사람이 먹는 것을 따라서 시켜 보자. 아마도 콩과 꼴뚜기를 넣고 끓인 짭짤한 스튜를 먹게 될 것이다.

When to go 가능하다면 여행 성수기인 7월과 8월은 피하자. 도로, 식당, 호텔은 빈자리가 없을 정도다.

How Long 총 거리가 1,207~1,287킬로미터 정도 되므로 최소한 7~10일은 잡아야 한다. 오래된 항구와 매혹적인 해안 리조트와 언덕에 숨어 있는 분위기 있는 마을들을 다 둘러보려면 시간을 넉넉히 잡는 게 좋다.

Planning 유럽 전역에서 맛있는 음식을 사랑하고 햇빛에 목마른 사람들이 지중해로 몰려든다. 유명하거나 〈미슐랭 가이드 Michelin Guide〉에 실린 식당이나 호텔은 미리 예약해야 한다.

Inside Information 아침에 현지 시장을 산책하면서 어떤 해산물이 나와 있는지, 어떤 것이 제철인지 확인하자. 그런 다음 그 재료들을 이용한 요리를 내놓는 식당을 찾아가 보자.

Websites www.deliciousitaly.com, www.francetourism.com, www.spaininfo.com

니스의 살레야 광장 꽃시장(Cours Saleya Flower Market). 해산물, 과일, 채소 등 이 지역 최고 상품들이 판매된다.

1827년에 설립된 랭스의 뭄 샴페인 하우스 저장고에는 2천 5백만 병의 샴페인이 저장되어 있다.

프랑스

샴페인 투어 *Champagne Tour*

프랑스 샹파뉴 지방의 포도농장들로 스파클링 와인(샴페인) 투어를 떠나자.

　율리우스 카이사르는 프랑스 샹파뉴 지방에서 군대를 훈련시켰고, 훗날 로마 군은 이곳에서 훈 족 왕 아틸라를 무찔렀다. 그러나 오늘날은 백포도주용 포도인 샤르도네와 적포도주용 포도인 피노 누아, 피노 뫼니에가 자라는 포도밭으로 덮여 있다. 바로 이 땅에서 자란 포도들이 스파클링 와인인 샴페인을 만드는 데 사용된다. 샹파뉴 지방의 랭스(Reims)와 에페르네(Épernay) 사이의 백악(백색이나 담황색의 부드러운 석회질 암석)질 토양 아래로 로마인들은 몇 킬로미터에 달하는 터널을 뚫었다. 이는 훌륭한 샴페인이 숙성되는 데 이상적인 환경을 제공하고 있다.

주요 샴페인 제조업체들은 주로 랭스와 에페르네에 위치해 있는데, 대부분의 업체에서 투어와 시음이 가능하다. 몇 군데에서 샴페인을 맛본 다음, 남쪽으로 방향을 돌려 에페르네와 세잔느(Sézanne) 사이에 위치한 코트 데 블랑(Côte des Blancs)으로 향한다. 소규모 와인 생산업체들이 모여 있는 곳으로, 샤르도네 포도만을 사용하여 '블랑 드 블랑(blanc de blancs)' 샴페인을 만드는 업체들도 있다.

르-메스닐-쉬르-오제르(Le-Mesnil-sur-Oger)의 가족 와이너리인 로누아 페르 에 피스(Launois Père & Fils)에서는 오래된 와인 제조 설비들이 전시되어 있는 작은 박물관도 둘러보고, 시음도 할 수 있다. 트루아(Troyes)에서는 바르-쉬르-센(Bar-sur-Seine)과 바르-쉬르-오브(Bar-sur-Aube) 주변의 오브 포도농장으로 갈 수 있다. 이곳 역시 소규모 와인 생산업체들의 요새다.

- 에페르네에서는 샴페인 제조업체 중 한 곳인 드 카스텔란(De Castellane)의 투어에 참가하여 샴페인 제조 공정을 둘러보고 시음도 해 보자. 66미터 높이의 탑에 올라가면 에페르네 전경과 메마른 계곡까지 멋진 풍경이 한눈에 들어온다.
- 에페르네 남쪽에 있는 퀴스(Cuis) 마을에서 포도밭으로 덮인 샹파뉴의 멋진 풍경을 감상하자.
- 트루아에는 중세 분위기가 아직 남아 있다. 이곳에서는 아름다운 르네상스 양식 건축물들도 볼 수 있다.

When to go 5월과 6월이 가장 좋다.

How Long 파리에서 랭스나 에페르네까지는 자동차나 기차로 하루에 다녀올 수 있다. 하지만 중세 마을들과 작은 와이너리들까지 전체를 둘러보려면 일주일은 잡는 게 좋다.

Planning 자동차로 독자적으로 여행을 할 수도 있고, 투어에 참가할 수도 있다. 와이너리에서 와인을 맛보는 비용은 보통 투어에 포함되어 있다. 와이너리 방문에 대해서는 미리 연락을 해서 확인하는 게 좋다.

Inside Information 메일리-샹파뉴(Mailly-Champagne)에서는 매년 5월에 축제가 열린다. 이 지역 와인 협동조합은 쇼핑하기에 좋은 곳이다.

Websites www.destinationchampagne.com, www.ot-epernay.fr

농지로 둘러싸인 노르망디의 카망베르 마을은 세계에서 가장 유명한 치즈 가운데 하나를 탄생시켰다.

프랑스

노르망디 치즈 Cheeses of Normandy

프랑스인들에게 빵, 치즈, 와인은 '식탁 위의 성 삼위일체'로 알려져 있다.
이 세 가지를 즐기기에 노르망디보다 좋은 곳은 없다.

    프랑스 북부 노르망디 지방의 울창한 푸른 계곡에 자리 잡고 있는 마을들에서는 각자의 이름을 건 전설적인 치즈들을 생산한다. 달콤한 카망베르(Camembert) 치즈, 향이 강한 리바로(Livarot) 치즈, 13세기부터 만들어져 온 퐁 레베크(Pont l'Eveque) 치즈 그리고 사각형, 원형, 원통형 등 다양한 모양으로 생산되는 뇌샤텔(Neufchâtel) 치즈 등이다.
    노르망디 지방의 그림 같은 마을들, 반쯤은 목재로 지은 흰색과 검은색이 어우러진 집들, 아주 오래된 교회들 속으로 여행을 떠나자. 그리고 치즈를 직접 만드는 농가들을 방문해 고유의 맛을 지닌 치즈를 맛보자. 노르망디 지방은 노르망디 치즈라는 월계관을 자랑스럽게 머리에 이고 있다.

카망베르 마을의 전시 센터 건물 정면에는 카망베르 치즈의 둥근 모양을 닮은 나무 상자가 붙어 있다. 그리고 거기서 멀지 않은 곳에는 '마리 아렐(Marie Harel)'의 동상이 있는데, 1791년 프랑스 대혁명의 소용돌이 속에서 카망베르 치즈 생산법을 완성한 사람으로 알려져 있다.

노르망디의 울창한 계곡을 찾는 사람들은 초원에서 풀을 뜯는 날씬한 노르망디 젖소들에게서 다른 곳의 젖소들에서는 볼 수 없는 품위가 느껴진다고들 한다. 마치 이 지역에서 갖는 자신들의 중요성을 알고 있기라도 한 듯이 말이다.

When to go 5월, 6월, 9월이 가장 좋다. 가능하다면 도로가 몹시 혼잡한 7월과 8월은 피하자. 7월 14일은 프랑스 혁명 기념일로, 프랑스에서 가장 큰 국경일이다.

How Long 자동차로 여행하면 2~3일 정도면 가능하다. 그 이상이면 주변의 역사적 마을들까지 둘러볼 수 있다.

Planning 캉(Caen)과 리지외(Lisieux) 같은 인근 도시에서 묵으면서 여행할 수 있다. 루앙(Rouen)은 그보다는 좀 멀지만 문화적 명소들과 요리와 관련한 명소들이 많아서 거점으로 삼기에 좋다. 세 도시 모두 파리에서 승용차나 기차로 쉽게 갈 수 있다.

Inside Information 현지인들처럼 노르망디 치즈와 크림, 버터를 이용한 요리를 먹으면서 코스 사이나 식사를 마친 후에 소화를 돕는 트루 노르망(trou normande, 사과 브랜디인 칼바도스)을 마시자.

Websites www.discover-normandy.info, www.fromages.org

- 야외 시장을 찾아 소박한 빵, 노르망디 치즈, 현지 특산 파테(파이), 신선한 과일 등 세계 최고의 피크닉 재료를 구입해 보자.
- 현지 농가에서 만들고 그 자리에서 바로 판매하는 사과술은 독하지만 맛있다.
- 다른 유제품도 만나 보자. 우유잼인 '콩피튀르 드 래(confiture de lait)'는 더 유명한 아르헨티나의 우유잼 '둘세 데 레체(dulce de leche)'에 대한 노르망디의 화답이라 할 수 있는 음식이다.

TOP 10

이탈리아 와인 기행
Italian Wine Routes

시칠리아의 산지에서부터 토스카나의 언덕에 이르기까지,
축복 받은 자연 환경이 최고 품질의 와인들을 길러 냈다.

❶ 블랑 드 모르젝스 에드 라 살
Blanc de Morgex et de La Salle 발레다오스타 주

유럽에서 가장 높은 곳에 자리 잡은 이 포도농장은 유럽에서 가장 적은 양의 포도주를 생산한다. 하지만 산속 초원의 향이 감도는 백포도주를 맛보기 위해서라도 이곳까지 트레킹을 할 가치는 충분하다.

Planning www.polanerselections.com

❷ 프란치아코르타 Franciacorta 롬바르디아 주

프란치아코르타 와인 루트는 이탈리아 최고의 스파클링 와인 중 한 가지가 만들어지는 산기슭 마을의 중세 거리로 우리를 데려간다. 재능 있는 요리사들은 이 지역을 식도락의 천국으로 만들었다.

Planning 과거에 이탈리아 귀족들이 소유했던 근처 마을들과 교회의 프레스코 벽화 등을 둘러보자. www.stradadelfranciacorta.it/eng

❸ 베르나치아 디 산지미냐노 Vernaccia di San Gimignano 토스카나 주

열세 개의 탑, 단테가 설교를 한 적이 있는 광장, 8백 년 전부터 생산되어 온 미네랄이 함유되어 있는 화이트 와인이 이 중세 마을을 유명하게 만들었다. 두오모 광장에 있는 성당의 프레스코 벽화는 절대 놓치지 말자.

Planning 이곳의 와인은 무척 종류가 다양하다. www.seetuscany.com

❹ 브루넬로 디 몬탈치노 Brunello di Montalcino 토스카나 주

토스카나의 이 작은 중세 마을을 방문하는 것은 마치 반 고흐의 그림 속으로 들어가는 것과 같다. 해바라기, 옥수수밭, 사이프러스 나무들이 울창한 로맨틱한 풍경 속에서 이 지역 대표 레드 와인을 맛보자.

Planning www.consorziobrunellodimontalcino.it

❺ 사그란티노 디 몬테팔코 Sagrantino di Montefalco 움브리아 주

로마식 교회들과 프레스코 벽화, 멀리까지 한눈에 들어오는 전망이 아름다운 몬테팔코로 관광객들을 불러 모으는 것은 다름 아닌 이 지역에서 생

산되는 사그란티노 레드 와인이다. 전설에 따르면 중세에 프랑스 수도승들이 소아시아에서 이곳으로 포도를 가져왔다고 한다.

Planning 파올로 베아(Paolo Bea) 와이너리는 시 중심에서 SS316 도로를 따라 10분만 가면 나온다. www.italianmade.com

❻ 타우라시 Taurasi 캄파니아 주

미국의 인기 TV 시트콤 〈소프라노스Sopranos〉에는 캄파니아 주의 포도농장에 뿌리를 둔 가상의 가문이 등장한다. 알리아니코(Aglianico)라는 품종의 포도로 만든 맛좋은 레드 와인을 마셔 보자.

Planning www.mastroberardino.com

❼ 알리아니코 델 불투레 Aglianico del Vulture 바실리카타 주

이탈리아 남부 바실리카타 주에서 생산되는 이 레드 와인에 대해서는 그 어떤 장식도, 과대광고도 필요하지 않다. 이 와인을 사서 집으로 돌아가면 친구들은 무엇보다 이 와인에 관심을 더 기울일 것이다.

Planning 바실리카타 주 마테라(Matera)의 동굴 주거지인 사시(Sassi)도 들러 보자. www.italianmade.com

❽ 베르멘티노 디 갈루라 Vermentino di Gallura 사르데냐 섬

스페인의 영향을 받은 사르데냐 섬의 가볍고 향이 강한 화이트 와인은 해산물과 함께 먹어도 좋고, 와인만 따로 마셔도 좋다. 섬 북서부에 있는 셀라 앤드 모스카(Sella & Mosca) 포도농장은 반드시 들러 봐야 한다.

Planning 베르멘티노 중심부 아르자케나(Arzachena)에 있는 선사시대 유적인 거인 무덤을 찾아가는 것도 좋다. www.sellaandmosca.com

❾ 콘테아 디 스클라파니 Contea di Sclafani 시칠리아 섬

이 와인 산지는 발레룽가(Vallelunga) 근처, 사람들의 발이 거의 닿지 않는 곳에 있다. 이곳을 찾아가는 건 쉽지 않지만, 일단 가면 네로 다볼라 포도로 만든 맛좋은 레드 와인을 맛보는 즐거움을 누릴 수 있다.

Planning 팔레르모에서는 몬델로 광장에서 시칠리아 아이스크림 최고의 맛을 느껴 보자. www.italianmade.com

❿ 모스카토 디 파시토 디 판텔레리아
Moscato di Passito di Pantelleria 판텔레리아 섬

그리스신화에 따르면, 여신 타니트가 태양신 아폴론에게 사랑의 마법을 걸기 위해 이 달콤한 화이트 와인을 마시게 했다고 한다. 누구라도 이 황금빛 와인과 사랑에 빠지지 않을 수 없을 것이다.

Planning 팔레르모나 트라파니에서 페리로 갈 수 있다. www.pantelleria.com

459

그라브의 포도농장에 선명한 색을 자랑하는 양귀비가 피어 아름다운 풍광을 자아내고 있다.

프랑스

보르도 와인 Bordeaux Wines

우아한 레드 와인, 꽃향기가 감도는 화이트 와인, 그리고 달콤한 소테른 와인을 만날 수 있는 이 여행은 와인을 사랑하는 사람들에게는 큰 기쁨이다.

그라브(Graves) 와인 산지의 1등급 포도로, 현재는 '페삭-레오냥(Pessac-Léognan)' 이라는 명칭으로 불리는 포도를 생산하는 완만한 자갈 덮인 산비탈에서 여정은 시작된다. 보르도에서 남쪽으로 '가론느 골짜기'를 따라 이어지는 그라브 지역은 오래전부터 레드 와인과 화이트 와인 그리고 소비뇽 화이트 와인으로 유명세를 타 왔다. 보르도 외곽 지역인 페삭에 있는 샤토 오-브리옹(Château Hau-Brion)의 문들과 샤토 파페-클레망(Château Pape-Clément)의 뾰족 지붕을 지나 달리다 보면, 이 고급 와인의 요새가 눈에 들어온다.

길은 좀 더 목가적인 풍경을 지나 포덴삭(Podensac)의 샤토 드 샹트그리브(Château de

Chantegrive)로 이어지는데, 우아한 향의 레드 와인과 꽃향기가 감도는 화이트 와인을 맛볼 수 있다. 그 다음 남쪽으로 방향을 돌려서 프레냑(Preignac)에 도착하면, 그라브와 소테른(Sauternes)의 가장자리에 위치한 샤토 드 말(Château de Malles)에서 담백한 화이트 와인과 달콤한 소테른을 만날 수 있다. 17세기에 지어진 이 성의 이탈리아식 정원은 고급 와인들을 음미하기에 아주 이상적인 곳이다.

포도를 수확할 때가 되면 농부들은 보트리티스 시네레아(Botrytis cinerea)의 마지막 단계에서 손으로 포도를 직접 딴다. '보트리티스 시네레아'는 특정한 기후 조건에서 생기는 회색 곰팡이의 학명으로, 일명 '고귀한 부패'를 만드는 곰팡이다. 포도 껍질에 이 곰팡이가 자라면 포도 내의 수분을 증발시켜 당도를 높이고, 특별한 향을 만든다. 소테른 와인에 특유의 부드러운 단맛을 주는 것이 바로 이 곰팡이다. 거기에 시롱 강(Ciron River)을 따라 펼쳐져 있는 포도밭을 감싸는 가을 안개가 힘을 보탠다.

- 10월 말에는 지롱드(Gironde)의 하늘을 지나 남쪽으로 이동하는 회색 두루미들을 볼 수도 있다.
- 18세기 프랑스 철학자이자 작가, 와인 제조자였던 몽테스키외 남작의 저택이었던 샤토 라 브레드 성(Château La Brède)은 라 브레드 시를 지나는 D108 도로에서 살짝 벗어난 곳에 있다.
- 샤토 드 말 포도농장에서 생산된, 지나치게 익은 포도로 만든 소테른의 당당한 맛을 즐기며 느긋하게 휴식을 즐기자.

When to go 3월부터 4월, 혹은 바르삭(Barsac)과 소테른에서 포도를 수확하는 10월부터 11월이 좋다. 샤토(성)와 대부분의 역사 유적지들은 부활절부터 11월 초까지만 개방된다. 자전거로 여행하려면 봄이 가장 좋다.

How Long 11월 초에 그라브의 와인 저장고(Graves Chais Ouvert)는 주말에 방문할 수 있다. 너무 짧다고 생각된다면 일주일 정도 시간을 내서 천천히 둘러보며 시음을 해 보는 것도 좋다.

Planning 보르도에서 차를 빌릴 수 있다. 샤토를 방문해서 시음을 하고 와인을 구입하려면 예약을 해야 하는 경우가 대부분이므로 미리 샤토들의 웹사이트를 확인하자.

Inside Information www.vins-graves.com, www.otmontesquieu.com, www.activegourmetholidays.com

이탈리아

송로와 버섯 *Truffles and Mushrooms*

이 세상에서 가장 구하기 힘들고 귀하게 여겨지는 음식 중 하나인
흰색 송로(松露)를 찾아가자.

맛있는 음식과 와인에 대한 열정을 가지고 있는 사람이라면 연중 어느 때라도 이탈리아를 찾아갈 이유는 충분하다. 특히 토리노 남동쪽, 포도밭으로 덮인 랑게(Langhe) 산지에 있는 고대 도시 알바(Alba)로 짧은 가을 여행을 떠난다면, 이탈리아 미식 달력에서 가장 행복한 순간 중 하나를 즐길 수 있을 것이다. 바로 이때가 이탈리아 북부의 들판과 숲에 포르치니, 살구버섯, 그 외에 향이 풍부한 다양한 야생 버섯들이 나는 때이기 때문이다. 또한 나무뿌리 밑에 숨어 있던 버섯 중 가장 귀한 버섯인 송로를 특별 훈련을 받은 개들을 활용해 캐내는 때이기도 하다.

송로버섯 채취꾼인 '트리폴라우(trifolau)'가 자신의 개가 송로버섯을 찾아 땅을 파는 것을 지켜보고 있다.

송로는 어떤 나무의 뿌리에서 자라느냐에 따라 다섯 가지가 있고(오크, 포플러, 수양버들, 보리수, 포도나무), 색은 흰색에서 회색, 갈색까지 다양하다. 알바와 그 근교에서 열리는 송로 경매에서 요리사들과 부유한 식도락가들은 이 '흰색 다이아몬드'를 얻기 위해 천문학적인 액수를 부른다. 송로는 날씨가 좋지 않으면 찾기 어려워지므로 가격이 일주일 만에 두 배로 뛸 수도 있다.

송로 철이면 현지 레스토랑의 메뉴에 송로가 빠지지 않고 등장하고, 거리에는 송로의 향이 가득하다. 버터가 가득 든 이 지역 특선 파스타 '타야린(tajarin)' 위에 익히지 않은 흰색 송로를 얇게 저며서 뿌린 요리의 강한 향을 음미해 보자. 싱그러운 향기와 섬세한 질감의 '포르치니(porcini) 버섯'이 들어간 리조또 역시 영혼까지 만족시켜 줄 것이다.

- 축제와 시장을 돌아보면서 바롤로 와인 향이 나는 살라미, 밤꿀, 브루즈(bruz), 피에몬테 리코타(Piedmontese ricotta) 치즈 등 현지의 맛있는 음식들을 찾아보자.

When to go 가을에 가야 한다. 알바의 국립 송로 박람회는 10월에 열린다. 아스티(Asti)와 아퀴 테르메(Acqui Terme)를 비롯한 다른 도시들에서도 10월과 11월에 송로 박람회와 장이 선다. 송로와 기타 신선한 버섯들을 재료로 한 요리들은 9월 하순부터 겨울까지 레스토랑 메뉴에 올라온다.

How Long 차로 이 지역을 느긋하게 둘러보려면 3일에서 5일 정도 잡아야 한다.

Planning 송로 박람회 중에 알바를 방문하려면 한참 전에 호텔을 예약해야 한다.

Inside Information 하얀 송로는 익혀 먹는 건 적당하지 않다. 날것 상태로 갈아서 음식 위에 뿌려서 먹는 게 좋다. 또한 송로는 통조림이나 병조림으로 만들면 고유의 향을 잃어버리므로 기념품으로라도 이런 제품은 사지 않는 게 좋다.

Websites www.saporidilanga.com

시에나의 오랜 역사를 자랑하는 식품점에 살라미 소시지와 햄이 진열되어 있다.

이탈리아

토스카나의 슬로푸드 *Slow Food of Tuscany*

패스트푸드는 잊고 정성스럽게 준비한 재료로 만든 고전적인 요리를 맛보면서 토스카나 지방을 천천히 여행하자.

현재 전 세계에서 일어나고 있는 '슬로푸드(Slow Food)' 운동은 이탈리아에서 시작되었다. 슬로푸드 운동이란 각 지역의 전통 요리와 현지 재료, 친환경적인 음식 생산을 독려하고 보호하자는 운동이다. 슬로푸드 운동의 공식 본부는 북서쪽의 '피에몬테(Piedmont)'에 있지만, 토스카나 지방이야말로 슬로푸드 철학의 중심이라고 할 수 있다. 토스카나 사람들에게 있어서 정직하게 만든 좋은 음식은 그 자체로 열정이다. 그들은 예로부터 내려오는 요리법에 대해 열정적으로 토론하고, 맛있는 제철 음식들을 맛볼 수 있기를 애타게 기다린다.

겨울이면 콩으로 만든 진한 수프와 진녹색 배추인 카볼로 네로(cavolo nero), 그리고 밀의 일종인 파로(farro) 등을 먹을 수 있다. 토스카나 사람들은 콩으로 만든 수프를 어찌나 좋아하는지, 이탈리아에서는 토스카나 사람들을 '콩 먹는 사람들'이라 부를 정도다.

신선한 페코리노 치즈와 함께 먹는 누에콩을 비롯해 봄과 여름에는 맛있는 채소들을 많이 먹을 수 있다. 가을이면 숲으로 포르치니 버섯과 밤을 따러 가는 사람들이 많다. 소박한 발효빵, 꼬챙이에 꿰어 구운 고기, 그리고 파스타의 일종인 파파르델레(pappardelle)는 1년 내내 식탁을 빛낸다. 토스카나의 르네상스 양식 도시들과 풍경은 맛좋은 음식들에게 더할 나위 없이 멋진 배경이 되어 준다.

- 피노키오나 살라미(finocchiona salami)는 토스카나 지방의 수많은 염지육 · 소시지 · 햄류의 일종이다. 작은 식당과 오스테리아(Osteria, 와인과 간단한 식사를 파는 식당)에서 이것들을 맛볼 수 있다.
- 갓 만들어진 신선한 엑스트라 버진 올리브 오일을 구입할 수 있다. 소규모 재배자들부터 대규모 농장에 이르기까지 몇 백 군데가 있다.
- 장작불 위에서 구운 두툼하고 육즙이 풍부한 T-본 스테이크인 '비스테카 알라 피오렌티나(Bistecca alla Fiorentina)'를 먹어 보자. 키아니나(Chianina) 육우로 만든다.

When to go 계절마다 진미가 있으므로 미식가들이라면 연중 어느 때 가도 좋다. 하지만 가족이 운영하는 레스토랑과 식품점들 중 다수는 8월에 문을 닫는다. 시골 풍경은 봄과 가을이 특히 아름답다.

How Long 차로 여행한다면 적어도 5일은 잡아야 한다. 물론 토스카나의 로맨틱한 도시들과 마을들, 풍경을 충분히 즐기려면 5일로는 부족하다.

Planning 시에나, 피렌체, 루카 중 한 곳을 거점으로 삼으면 어디로든 당일 여행을 다녀올 수 있다. 아니면 아그리투리즈모 프로그램(Agriturismo program, 유기농 농가 체험 관광프로그램)의 일환으로 시골의 농가에 묵어도 좋다.

Inside Information 도시와 마을에 도착하면 보통 시청이나 광장 밖에 있는 게시판을 찾아서 '사그라(sagra)' 정보를 확인하자. 사그라는 각 지역의 특선 요리를 즐기는 음식 축제로, 지역 사람들이 모여 다 같이 식사를 하며 방문객들도 환영한다.

Websites www.slowfood.com, www.agriturismo.com

사람들로 붐비는 카타니아의 아침 어시장.

이탈리아

시칠리아의 음식과 와인 *Sicilian Food and Wine*

시칠리아 섬의 팔레르모에서 시라쿠사까지 자동차로 달리면서 오랜 역사를 지닌 이 섬의 풍부하고 다양한 음식 전통을 탐험해 볼 수 있다.

시칠리아 섬 '팔레르모'의 구시가지에서는 상인들이 온갖 형태와 크기의 생선들을 판다. 신선한 정어리들은 예전부터 이곳 사람들이 즐겨 먹던 사르드 아 베카피코(Sarde a Beccafico)의 재료가 된다. 팔레르모를 떠나 산지로 이루어진 섬 중심부로 차를 달리면 순식간에 숨이 멎을 듯한 풍경과 시칠리아의 다층적인 역사 속으로 들어가게 된다.

언덕 위에 위치한 도시 엔나(Enna)에 들러서 15세기와 16세기 교회들을 둘러본 다음, '브라치올라 알라 시칠리아나'로 점심을 먹는다. 양념한 돼지 갈비에 향신료 오레가노를 발라 구운 이 요리는 시칠리아 섬 내륙지방에서 즐겨 먹는 것이다. 시칠리아의 와인은 깊고 풍부한 과일향이 나는 '네로 다볼라(Nero d'Avola)', 맛좋은 '콜레오네(Corleone)' 등의 레드 와인과 '카타네즈 비앙코(Catanese Bianco)', '그레카니코(Grecanico)' 등의 품종으로 만든 화이트 와인들이 있다.

에트나 산 남쪽 이오니아 해안에서는 '카타니아'의 어시장에서 아침을 맞이하자. 이곳은 지중해에서 가장 큰 어시장이다. 마지막으로 시라쿠사(Siracusa)의 역사적 항구인 '오르티지아 항구'를 내려다보면서 설탕과자 '프루타 마르토라나'와 스파클링 와인 '카스텔몬테 프리잔테'를 마시며 여행을 마무리하자.

When to go 여름은 피하자. 10월에도 바다는 따뜻해서 카포 파세로(Capo Passero) 해변에서 수영을 할 수 있다. 10월에는 또한 시라쿠사 남서쪽에 있는 포도농장에서 포도를 수확한다.

How Long 요리를 맛보고 섬도 탐험하려면 적어도 2주는 잡아야 한다.

Planning 지형이 고르지 못하므로 편한 신발을 신도록 한다. 카타니아의 어시장은 월요일부터 토요일까지 오전 5시부터 오전 11시 사이에 문을 연다.

Inside Information 도로 표지판은 불규칙하게 등장하고, 나뭇가지나 관목에 가려 안 보이기도 한다. 차를 빌릴 생각이라면 출발 전에 지도를 철저하게 숙지하도록 한다.

Websites www.bestofsicily.com, www.winesofsicily.info, www.thinksicily.com

- 이른 저녁에는 동네 사람들이 모여 함께 산책을 하는 '파세지아타(passeggiata)' 인파로 시칠리아 대부분 도시들의 광장과 주요 거리가 가득 찬다. 보도의 노천카페에 앉아 아이스크림을 먹으면서 구경하자.
- 시칠리아 중부의 언덕에 있는 마을들은 소풍을 가기에 아주 좋은 곳이다. 현지 시장에서 소시지, 페코리노(Pecorino) 치즈, 막대기 과자인 그리시니(grissini) 등을 준비하면 훌륭한 식사가 될 것이다.
- 시칠리아 와인은 아란치니와 함께 마시면 아주 좋다. 아란치니(Arancine)는 버섯, 치즈, 잘게 다진 채소, 햄 등으로 속을 채워 둥글게 튀긴 주먹밥이다.
- 시간이 있다면 팔레르모에서 서쪽으로 트라파니(Trapani)에 가서 염전과 풍차로 유명한 항구를 탐험해 보자.

스페인

바르셀로나의 타파스 *Tapas of Barcelona*

바르셀로나로 타파스 투어를 떠나자. 바에서 바로 옮겨 다니며
현지의 별미들을 조금씩 맛보는 것이 요령이다.

따뜻한 페이스트리와 에스프레소 커피, 설탕이 뿌려진 츄러스의 고소하고 향기로운 냄새가 보케리아 시장의 노점에서 풍겨 온다. 람블라스 거리에서 시장으로 들어가 상인들이 분주하게 물건을 진열하는 모습을 구경하자. 해산물, 과일, 제철 채소 등 수많은 식재료가 판매대 위에 쌓여 있다.

바르셀로나에서 가장 유명한 타파스 바(tapas bar, 타파스는 스페인의 전채요리를 말함) 두 곳인 '바 피놋소(Bar Pinotxo)'와 '엘 큄(El Quim)'은 이 시장에서 판매하는 신선한 농산물로 타파스 요리들을 만든다. 식사를 한 뒤에는 이 지역의 스파클링 와인인 카바(Cava)나 맥주로 입가심을 하자.

타파스 바에서는 보기만 해도 입 안에 침이 고이는 다양한 현지 음식들을 맛볼 수 있다.

고딕 지구(Barri Gòtic, 구시가지), 보른 지구(El Born), 에이샴플레 지구(L'Eixample), 리베라 지구(La Ribera) 등 바르셀로나 중심부를 돌아다니다 보면, 여기저기서 소박하고 이국적인 타파스 요리를 만날 수 있다. 칼레 팔마(Calle Palma)에 있는 전통 바 '보데가 라 팔마(Bodega La Palma)'에서는 오크통에서 꺼낸 와인을 직접 유리잔이나 도기잔에 따라 준다. 플라세타 몬카다(Placeta Montcada)에 위치한 '유스칼 엑스테아(Euskal Extea)'는 문어와 속을 채운 고추 요리 등이 별미다.

중세부터 존재해 온 바르셀로나의 좁은 골목들은 바와 식당들로 가득 차 있고, 맛있고 신선한 음식과 예술과 건축의 풍요로운 조화를 즐길 수 있다. 바르셀로나는 가우디의 도시이기만 한 것이 아니라 파블로 피카소, 호안 미로, 살바도르 달리의 도시이기도 하다.

- 세계적 건축가 가우디의 사그라다 파밀리아 성당(Sagrada Familia Cathedral)을 방문하자. 탑 꼭대기에 올라가면 멋진 바르셀로나 전경을 즐길 수 있다.
- 몬주익 언덕에서 내려다보는 바르셀로나 시내와 바다 풍경은 잊지 못할 것이다. 그리고 이 도시에 공원과 광장이 얼마나 많은지도 알 수 있을 것이다. 몬주익 언덕 중턱에는 호안 미로 미술관도 있다.
- 피카소 미술관은 보른 지구의 카라 몬카다(Carra Montcada)에 다섯 개의 건물로 이루어져 있다.

When to go 바르셀로나는 1년 내내 즐길 거리가 많지만, 봄(3월 중순부터 5월 초순)과 가을(9월 중순부터 10월 말)에 날씨가 온화하고 거리와 카페에 사람이 덜 붐빈다.

How Long 성격이 서로 다른 지역들을 둘러보려면 적어도 3일은 걸린다. 그러나 이 도시의 음식, 건축, 미술관, 박물관을 제대로 돌아보려면 일주일은 잡는 게 좋다.

Planning 매년 9월 24일에는 이 도시의 수호성인을 기리는 메르세 축제(Festa de la Mercè)가 열린다.

Inside Information 어떤 카페에서는 손님이 음식을 그만 가져오라고 하기 전까지는 계속해서 요리를 가져온다. 그러면 당연히 비싼 돈을 치러야 한다. 타파스를 주문할 때는 정확히 어떤 음식이 나올 것인지를 미리 확인해야 한다.

Websites www.bcn.es/turisme, www.barcelonaturisme.com

포트 와인이 담긴 통이 '라벨로(rabelo)'라는 특수한 배에 실려 도우로 강을 따라 운반되고 있다.

포르투갈

포르투와 도우로 강 *Porto and the Douro River*

세계에서 제일 유명한 강화 와인이 생산되는 지역에서 최고급 와인을 마셔 보자.

'황갈색과 루비색'은 1600년대 후반에 영국인 상인들이 만들어낸 강화 와인(일반 와인에 알코올이나 브랜디 원액을 첨가하여 알코올 도수를 18퍼센트 이상으로 높인 와인)인 '포트 와인(port wine)'의 색을 묘사하는 말이다. 와인에 브랜디를 첨가하여 와인이 변하지 않고 보존될 수 있게 함으로써 포르투갈에서 영국까지 항해하는 동안 상하지 않게 했던 것이다. 오늘날 포트 와인은 와인을 오래 보존하기 위해서가 아니라 고유의 향을 갖게 하기 위해 옛 방식대로 만들어진다. 포트 와인 산지로 가는 입구는 바로 포르투갈의 도시 '포르투(Porto)'로, 포트 와인의 이름 역시 이 도시에서 유래했다.

도우로 강(Douro River) 하구의 협곡에 세워진 포르투는 생기 넘치는 도시로, 가파른 산기슭에 가옥들이 다닥다닥 붙어 있다. 이곳에는 대규모 와인 제조업자들의 창고가 있고, 생산된 와인은 전 세계로 보내진다. 포트 와인을 더 많이 배우고 싶다면 도우로 강을 거슬러 올라가 포도농장으로 가야 한다. 가장 멋진 풍경을 즐기며 가는 방법은 기차나 배를 타고 강변에 있는 조용한 마을인 레구아(Regua)와 핀하오(Pinhão) 마을로 가는 것이다.

- 포도농장 사이를 산책하면서 저 아래 발치로 펼쳐져 있는 계곡 풍경을 즐기자.
- 포트 와인을 만드는 와이너리인 핑카(finca)에서 시음을 해 보고, 포트 와인이 어떻게 만들어지는지 알아보자. 와인 강사가 진행하는 시음회에 참가하면 포트 와인에 대해 좀 더 자세하게 배울 수 있다.

포르투와 레구아 사이의 배가 지나가는 도우로 계곡 양쪽으로 절벽이 솟아 있고, 포도밭이 계곡에 미끄러지듯 펼쳐져 있다. 페리가 멈추는 레구아에서 차를 빌리거나 기차를 타면 핀하오 마을로 갈 수 있다. 아니면 레구아 근처 강 위쪽 포도농장에 세워진 아름다운 호텔 '푸사다 드 메사오 프리오(Pousada de Mesao Frio)'에 묵도록 하자. 18세기에 지어진 이 건물은 골동품들로 장식되어 있고, 훌륭한 레스토랑과 장미와 오렌지 나무로 가득한 정원도 있다. 발코니에서 내려다보면 저 아래 강물 위에 비친 달을 볼 수도 있다.

When to go 포도 수확을 볼 수 있는 9월이 가장 좋다. 날씨는 봄과 가을 모두 좋다.

How Long 2~3일이면 느긋하게 포르투 시와 인근 지역을 둘러보고 포트 와인도 맛볼 수 있다.

Planning 역사적 건물이나 성을 고급 호텔로 개조한 푸사다(pousada)에 묵으려면 한참 전에 예약해야 한다.

Inside Information 포도농장으로 갈 때와 다시 포르투로 돌아올 때 한 번은 배를 타고 한 번은 기차를 타자. 그러면 두 가지 여행을 모두 다 즐길 수 있다.

Websites www.visitportugal.com, www.douroazul.pt

커피는 베두인 족 사이에서 중요한 환대의 상징이다. 손님 앞에서 직접 끓여 준다.

요르단

베두인 족의 진수성찬 *A Bedouin Feast*

요르단 사막지대 와디 럼의 적갈색 돌밭에서
카다멈 커피와 요구르트를 발라 구운 양고기를 즐기자.

염소의 털을 엮어 만든 천막들이 모여 있는 베두인 족 캠프 입구에는 야자나무들이 서 있다. 촌장이 카다멈을 넣은 커피를 대접하며 방문객을 맞이한다. 사막의 보초 두 사람이 땅 밑에 있는 오븐을 덮고 있는 모래를 삽으로 걷어 내자, 만사프(mansaf) 냄새가 올라온다. 만사프는 베두인 족들이 즐겨 먹는 전통 요리로, 양젖 요구르트를 뿌린 양고기를 불 위에서 천천히 구워 밥과 잣 등과 함께 먹는 것이다.

이곳은 요르단 남서부의 와디(사막의 하천으로, 우기 외에는 말라 있다) 중 하나인 와디 럼으로, 흔히 '아라비아의 로렌스'라 불리는 T.E. 로렌스(T.E. Lawrence)와 그의 일대기를 그린 데이비드 린 감독의 1962년 영화〈아라비아의 로렌스 Lawrence of Arabia〉로 유명하다(영화는 이곳에서 촬영되었다). 로렌스는 이 땅을 '광활하고 신과도 같다'고 말했는데, 정말로 그러하다. 지나가는 길에 사막 바닥으로부터 어두운 오렌지색의 거대한 바윗덩어리가 솟아 있다면, 카잘리 협곡(Khazali Canyon)의 그늘 밑을 지나고 있는 것이다. 이곳의 바위에는 고대에 새겨진 조각들이 아직도 남아 있다.

캠프에서 식사할 때는 깔개 위에 앉아 앞에 펼쳐져 있는 음식 중 마음에 드는 것을 골라 먹으면 된다. 납작한 빵에 후머스(hummus, 이집트콩을 삶아 참깨 양념과 섞은 음식)와 바바 가누쉬(baba ghanouj, 가지를 으깨서 참깨 양념과 섞은 음식)를 찍어 먹거나, 꼬치에 꿰어 마늘을 발라 구운 치킨을 빼서 먹어도 된다. 한 접시의 타불러(tabbouleh, 채소 샐러드)에 들어 있는 으깬 밀에서는 이 땅의 힘과 소박함을 느낄 수 있다.

When to go 연중 어느 때 가도 좋다. 겨울은 습하고 1월이 가장 시원하며, 7월이 평균 섭씨 36도로 가장 덥다.

How Long 음식만 맛보려면 2일이면 된다. 트레킹을 즐기려는 사람이나 고고학에 관심이 있는 사람이라면 4~5일은 필요하다.

Planning 와디 럼 관광센터에서 전통 베두인 식사를 해볼 수 있도록 알선해 줄 것이다. 캠핑을 하는 것이 와디를 경험하는 최선의 방법이다. 텐트를 가져가서 별 아래서 자거나 베두인 스타일의 염소 털로 만든 천막에서 묵어 보자. 디세(Diseh) 마을 근처에는 좀 더 호화스런 캠핑장이 있다. 낙타나 말, 지프차를 타고 와디 투어를 할 수도 있다.

Inside Information 전통적으로 베두인 족은 커피를 세 잔 권한다. 한 잔은 영혼을 위해, 한 잔은 칼을 위해, 나머지 한 잔은 손님의 명예를 위해. 그보다 더 청하는 것은 예절에 어긋나는 일이다.

Websites www.visitjordan.com, www.wadirum.jo, www.captains-jo.com

- 요르단에서 두 번째로 높은 럼 산(Jabal Rum, 1,750미터)에 올라 엄청난 풍경을 즐기려면 관광센터에서 사전 예약을 해야 한다.
- 4륜구동 자동차로 바라 협곡(Barrah Canyon) 투어를 해 보자. 해 뜰 무렵이나 해질녘에 이곳의 바위는 햇빛을 받아 선명한 오렌지색으로 빛난다.
- 시리아 늑대, 줄무늬 하이에나, 누비아 아이벡스 염소 등 야생동물을 만날 수도 있다. 2002년에는 아라비아 오릭스를 다시 도입하려는 계획이 시작되었다. 와디의 바위에 남아 있는 그림을 보면 과거에 아라비아 오릭스가 이곳에 살았음을 알 수 있다.

남아프리카공화국

케이프 주의 와인 루트 Cape Winelands

남아프리카공화국의 와인 농장으로 가는 것은
속세의 기쁨을 누릴 수 있는 정원으로 들어서는 것이다.

케이프타운 동쪽에 있는 대학 도시 '스텔렌보스(Stellenbosch)'의 가로수길과 역사적 건물들은 17세기로 거슬러 올라간다. 이 도시를 중심으로 한 케이프 주 와인 루트는 다채롭고 아름다운 풍경, 흥미로운 문화사, 미각을 유혹하는 다양한 와인 등으로 우리를 유혹한다. 백 군데 이상의 와인 농장이 일반에 개방되어 있어서 다양한 포도 품종으로 만든 와인을 맛볼 수 있다. 일부 농장에서는 아름다운 정원에서 소풍을 즐길 수 있게 해 주거나 점심식사를 제공하기도 한다.

스텔렌보스 근처의 포도농장에서 남아프리카의 햇빛 아래 포도가 익어가고 있다.

와인 생산이 시작된 것은 케이프 주 최초의 네덜란드인 통치자였던 '얀 반 리베크(Jan van Riebeck)'가 1655년에 이곳에 포도밭을 조성했을 때였다. 당시 케이프 주는 네덜란드 동인도회사의 식량공급기지로서 네덜란드인들이 정착하는 중이었다. 이후 1680년에서 1690년 사이에 프랑스의 위그노 교도들(프랑스에서 추방당한 신교도들)이 이곳에 도착한 때부터 와인 산업은 번성하기 시작했다.

오늘날 열다섯 개의 와인 루트가 있으므로, 투어 계획을 잘 세워야 한다. 제한된 시간에 열다섯 개 루트를 모두 여행할 수는 없을 것이다. 스텔렌보스를 거점으로 국제적 명성을 얻었거나 수상 경력이 있는 와인 제조업체 서너 군데를 며칠 동안 방문하면서, 사이사이에 네덜란드나 위그노 교도들과 관련 있는 역사 유적지들을 둘러보자. 아니면 아름다운 산과 고개, 비옥한 골짜기 사이로 드라이브를 하는 것도 좋다.

- 스텔렌보스 근처 루스텐버그 포도농장(Rustenberg vineyard)에서는 남아프리카공화국 최고의 보르도 와인과 카베르네 소비뇽, 카베르네 프랑, 메를로 와인이 생산된다.
- 캐논캅 와인 에스테이트(Kanonkop Wine Estate)는 프랑스 부르고뉴 지방의 1급 포도밭에 필적할 만한 수준의 포도밭이다. 피노 누아와 에르미타주를 교배해서 만든 고유의 포도 품종으로 만든 피노타주 와인을 마셔 보자.
- 미어렌달 와인 에스테이트(Meerendal Wine Estate)는 '시라즈 빈티지(Shiraz vintages)'로 특히 유명하다. 카베르네와 피노타주 와인도 맛볼 수 있다.

When to go 10월부터 5월 사이, 즉 늦봄부터 초가을까지가 좋다. 당일 포도농장 하이킹은 봄이나 가을에 하는 게 좋다.

How Long 차로 이 지역을 세세히 둘러보려면 4~5일은 잡아야 한다.

Planning 스텔렌보스와 주변 시골은 인기 있는 관광지이므로 숙소와 와인 농장 방문은 미리 예약해야 한다. 스텔렌보스 관광정보센터에서 지도를 구할 수 있고, 숙소 예약을 인터넷으로 도와주기도 한다.

Inside Information 루스텐버그 포도농장(Rustenberg vineyard)의 농장과 와이너리는 특히 분위기가 고요하고 한적하므로 시간을 내서 천천히 둘러보자.

Websites www.stellenboschtourism.co.za, www.wineroute.co.za

7

열정과 모험으로 가득 찬
레저, 스포츠 여행

Into the Action

이 장에서 따라가 볼 여행은 모든 것의 '정수'를 느끼기 좋아하는 사람들에게 어울린다. 운동신경이 발달하고 대담한 사람들이 자신의 한계를 시험해 볼 수 있는 여행도 있고, 그보다는 가벼운 여행들도 있다. 모든 여행은 무언가를 발견하게 해 준다. 어디를 가든, 어떤 활동을 하든, 자기 자신을 더 잘 알 수 있게 해 준다.

광야를 달리고 싶다면 알래스카의 얼음 위에서 개가 끄는 썰매를 타 보자. 따뜻한 기후의 야생동물을 가까이서 보고 싶다면 네팔에서 코끼리를 타거나 보츠와나에서 사파리를 하면서 코뿔소, 표범, 물소를 만나자. 스릴을 즐기는 사람은 몽블랑에서 스키 활강을 해도 좋고, 아니면 지구 반대편에 있는 리우데자네이루에서 행글라이딩을 해도 좋을 것이다.

극한 스포츠에 열광하는 사람이라도 부에노스아이레스에서 탱고를 추는 데 필요한 용기를 과소평가해서는 안 된다. 부에노스아이레스의 댄스플로어에서는 화려한 의상에 이글거리는 눈빛을 한 탱고의 명수들이 열정을 나누기 위해 우리를 기다리고 있다.

아프리카의 잠베지 강에서 급류 래프팅을 즐기는 사람들. 래프팅은 열대지방부터 극지방에 이르기까지, 좁은 계곡 사이로 강이 흐르는 곳이면 어디서든 즐길 수 있다.

알래스카의 허스키 견은 개썰매 경주에서 보여 주듯이 지구력으로 유명하다.

미국 _ 알래스카 주

알래스카에서 개썰매 타기 *Dogsledding in Alaska*

허스키 견들이 끄는 썰매를 타고 눈 덮인 황야를 달리면서
사람의 손길이 닿지 않은 자연의 고독을 느껴 보자.

마당에서는 개들이 짖고 있다. 그들은 지금 우리가 눈 덮인 알래스카의 황야를 달릴 준비를 하고 있다는 걸 안다. 그 가운데 몇 마리에게 썰매의 줄을 묶으면, 선택된 개들은 좋아서 어쩔 줄 몰라 날뛴다. 개들 뒤에 자리를 잡고 앉아서 스노우 후크(snow hook, 쇠로 된 갈고리 같은 것으로, 썰매의 보조 브레이크 역할을 한다)를 풀면 개들은 숨죽인 채 길을 따라 재빨리 달려 나간다. 이제 들리는 소리라고는 썰매가 낮게 삐걱거리는 소리와 눈 위에 찍히는 개들의 발자국 소리뿐이다.

일정한 리듬으로 달려가는 개들의 입에서는 김이 세차게 뿜어져 나온다. 길 양옆으로 늘어선 전나무에는 흰 서리가 뾰족하게 맺혀 있다. 그 뒤로는 북아메리카 대륙에서 가장 높은 산인 해발고도 6,194미터의 데날리(Denali, 맥킨리 산)가 우뚝 솟아 있다. 말코손바닥사슴과 여우들의 발자국이 눈 위에 어지럽게 흩어져 있고, 머리 위로는 갈까마귀들이 따라온다.

가끔 개들의 머리가 한쪽으로 향할 때 그 시선을 따라가 보면 새하얀 뇌조나 천천히 걸어가는 북극토끼를 발견할 수도 있다. 그 외에는 아무도 눈에 띄지 않는다. 지금 우리는 알래스카의 눈 덮인 벌판에서 진짜로 개썰매를 타고 달리고 있는 것이다. 원시의 모습을 그대로 간직한 이 황야에는 우리와 썰매를 끄는 개들뿐이다.

When to go 11월 중순부터 4월 중순까지 눈과 길 상태가 개썰매를 타기에 적합할 때가 좋다.

How Long 1시간 30분 동안 개썰매만 타고 끝날 수도 있고, 5일 정도의 여행을 할 수도 있다. 3일이나 5일 투어를 한다면, 1,852킬로미터의 이디타로드 트레일(Iditarod Trail) 일부를 개썰매를 타고 달릴 수도 있다. 중간에 검문소에서 밤을 보낸다면 개썰매 경주 경험이 많은 베테랑들과 이야기를 나눌 수 있을 것이다.

Planning 여행사에서 겉에 입을 옷과 장화는 준비해 준다. 속에 입을 모와 플리스 소재의 옷은 준비해 가자. 면 소재는 피하고 메리노 울 소재의 내의를 반드시 입도록 한다.

Inside Information 땀을 흘리면 안 된다. 땀을 흘리면 옷이 젖어서 나중에 몹시 추워진다. 너무 많이 껴입어서 땀을 흘리기보다는 살짝 춥게 느껴지도록 옷을 입는 게 낫다.

Websites www.vernhalter.com

- 개썰매 트레일은 데날리 국립공원(Denali National Park) 내부에 있다. 면적이 2만 4천 제곱킬로미터에 달하는 데날리 국립공원은 아북극(亞北極) 생태계를 포함하고 있어서 회색곰과 늑대, 돌 산양, 말코손바닥사슴 등이 서식하고 있다. 곰은 대부분 겨울엔 겨울잠을 자니까 걱정하지 않아도 된다.
- 차로는 갈 수 없는 토코시트나 강(Tokositna River)과 파이어리트 호수(Pirate Lake) 사이에 있는 토코샤 산장(Tokosha Mountain Lodge)에서 밤을 보내자. 고독과 가슴이 떨릴 정도로 멋진 풍경, 그리고 산장 주인이 직접 만든 쿠키와 파이를 비롯한 맛있는 요리를 즐길 수 있다.

> 캐나다

캐나다의 북극곰 *Polar Bears in Canada*

이 사파리에서 세상은 흰색과 회색으로만 이루어진 듯 보이고
바위와 눈더미 뒤로 어디에든 북극곰이 있을 것 같다.

    야생 북극곰을 우연히 마주칠 때 가장 놀랍고도 불안한 점은 그들이 사람을 죽이기도 한다는 악명을 지녔다는 사실도 아니고, 우리를 쳐다보는 얕잡아보는 듯한 눈도 아니며, 북극의 풍경 속에서 그 들이 보여 주는 험악한 몸놀림도 아니다. 우리를 가장 놀라게 하는 것은 그렇게 몸집이 큰 동물이 눈이 없는 곳에서조차도 효과적으로 위장을 할 수 있다는 사실이다. 바위로 된 해안의 커다란 둥근 돌들과 떠다니는 얼음 사이에서 잠자고 있는 곰은 몇 발자국 앞으로 다가가기 전에는 잘 눈에 띄지 않는다.

처칠 남쪽에 있는 와푸스크 국립공원에서 어미 북극곰과 새끼 두 마리가 휴식을 취하고 있다.

캐나다 매니토바(Manitoba) 주 허드슨 만의 서쪽 가장자리에 위치한 처칠(Churchill)은 북극곰을 가장 쉽게 볼 수 있는 곳이다. 이곳은 덩치가 엄청나게 큰 곰들이 서식하는 것으로 유명하다. 처칠 동쪽 지역의 이동 숙소에서는 마치 거꾸로 된 동물원처럼, 사람들이 안에서 자고 있으면 곰들이 밖에서 안을 들여다보기도 한다.

여름을 맞아 큰 얼음 덩어리들이 쪼개지기 시작할 때, 곰들은 먹을 것을 찾아 건조한 땅으로 향한다. 먹을 것을 찾아 마을을 뒤지고 다니는 곰들을 볼 수도 있지만, 황야 속에서 안전한 4륜구동차를 타고 보는 것만큼 좋은 것도 없다. 20년 넘도록 4륜구동차들과 만나 온 곰들은 차를 무서워하지 않게 되었고, 심지어 차로 다가와서 유리에 코를 대고 누르기도 한다. 곰을 보려면 하루에 몇 시간은 마을을 벗어나 찾아다닐 각오를 해야 한다.

When to go 10월과 11월이 곰을 보기에는 가장 좋다. 이때 곰들은 만의 물가에 모여서 바닷물이 다시 얼기를 기다린다.

How Long 적어도 3박은 해야 한다. 북극을 제대로 경험하고 싶다면 일주일 정도 머무는 게 좋다.

Planning 요즘은 추운 날씨에 입는 겉옷의 품질이 아주 좋지만, 이곳은 가을에 이미 낮 기온이 영하로 내려가기 때문에 따뜻한 내의와 장갑, 스키 모자, 방수가 되는 전천후 신을 챙겨 가야 한다.

Inside Information 위니펙(Winnipeg)과 처칠 사이는 비행기가 아니라 기차로도 이동할 수 있다. VIA 레일 캐나다(VIA Rail Canada)에서 운행하며, 총 거리가 1천 3백 킬로미터고 36시간 정도 걸린다.

Websites www.nathab.com, www.townofchurchill.ca, www.viarail.ca

- 오로라가 연 3백 일 이상 나타나는 처칠은 세계에서 오로라를 관찰하기에 가장 좋은 곳 중 하나다.
- 여름에 처칠을 방문한다면 다양한 새들을 볼 수 있다. 남쪽에 있는 와푸스크 국립공원(Wapusk National Park)에서는 캐나다흑꼬리도요, 북극흰갈매기, 붉은부리큰제비갈매기, 북극흰매 등 희귀 새들이 서식하고 있다.
- 7월과 8월에는 프린스 오브 웨일스 교역시장(Prince of Wales Fort)을 방문할 수 있다. 18세기 모피 교역 회사였던 허드슨 베이 사(Hudson Bay Company)가 모피를 교역하던 시장의 유적지다.

호수 위로 구름이 드리워져 있고, 호숫가에서는 하이커들이 자신들을 산 위로 데려다 줄 헬리콥터를 바라보고 있다.

캐나다

브리티시컬럼비아 주에서 헬리하이킹하기
Heli-Hiking in British Columbia

헬리콥터 외의 어떤 방법으로도 갈 수 없는 외진 곳에 자리 잡은
영화같은 풍경 속으로 들어가 보자.

"모두 모이세요!"라는 외침과 함께 하이커들이 한 사람씩 헬리콥터에 탄다. 각종 물품과 트레킹 스틱, 점심식사를 싣고 나면 헬리콥터는 브리티시컬럼비아의 '애더먼트 산맥(Adamant Range)'의 수목한계선 위로 날아오른다. 전날은 애더먼트 산맥의 산장에서 밤을 보내고, 오늘은 '월도프 타워스(Waldorf Towers)'라고 불리는 W자 형태의 바위 사이로 난 좁은 길로 향한다.

헬리콥터는 거대한 빙하 위 눈밭에 멈춘 후 물품을 다 내리고 나면, 이 외딴 곳에 승객들과 가이드만을 남겨 두고 굉음을 울리며 사라진다. 물건을 사거나 교통수단을 이용할 수 있는 마을은 멀리 떨어져 있다. 트레킹을 해서 수목한계선까지 내려가는 데도 며칠은 걸린다. 하루가 끝날 무렵, 헬리콥터가 다시 돌아와서 하이커들을 산장으로 다시 데려간다. 하이킹은 하이커들의 건강상태와 관심사에 따라 맞춤형으로 이루어진다. 오후에는 고산지대 야생화들을 감상하거나 눈 덮인 봉우리를 오르면서 자신의 한계를 시험해 보자.

- 헬리콥터를 타고 높은 산골짜기를 손에 닿을 듯 가까운 거리에서 날아갈 때 멋진 풍경을 카메라에 담으려면 앞자리에 앉는 게 좋다.
- 가이드에게는 질문을 많이 하자. 하이킹과 등산을 이끄는 가이드들은 등산 안전에 대해 전문가임은 물론이고, 이 지역의 생태, 지질, 자연사에 대해서도 전문가들이다.
- 하루가 끝나면 헬리콥터가 돌아와서 산장으로 다시 데려다 준다. 이곳의 산장은 전통적인 산장의 호화 버전으로, 몇 코스로 이루어진 고급 저녁식사가 나온다.
- 시간을 내서 반프를 여행해 보자. 반프는 캐나다 로키산맥의 정수를 지닌 작은 도시로, 매년 반프 국제 산악 영화제 및 도서 축제(Banff International Mountain Film and Book Festival)가 열리기도 한다.

When to go 헬리하이킹은 7월 초부터 9월 중순까지 할 수 있다. 눈이 다 녹고 벌레도 비교적 적은 8월이 가장 좋다.

How Long 대부분 3박으로 여행을 하지만, 산장을 옮겨 다니며 하는 일명 오두막 투어(hut-to-hut)는 6박으로 진행된다.

Planning 이 투어를 실시하는 업체인 캐나디언 마운틴 홀리데이에서는 앨버타 주의 밴프에서 승객들을 태워 갔다가 투어가 끝나면 다시 데려다 준다. 또한 장화를 포함해서 하이킹에 필요한 모든 특수 장비를 준비해 준다.

Inside Information 좀 더 어려운 코스를 오를 수도 있다. 모든 등산과 하이킹은 날씨의 영향을 크게 받는다.

Websites www.canadianmountainholidays.com

캐나다 로키산맥이 굽어보는 하이킹 트레일. 낙엽송으로 이루어진 숲과 황금색 들판, 푸른 하늘이 선명한 대조를 이룬다.

> 캐나다

트랜스 캐나다 트레일 *The Trans Canada Trail*

광활한 캐나다를 종횡으로 가로지르는 이 거대한 트레일에서
우리가 선택할 수 있는 것은 무궁무진하다.

　동쪽으로는 캐나다 동부 뉴펀들랜드의 세인트존스에서 서쪽으로는 서부 브리티시컬럼비아의 빅토리아까지, 남쪽의 앨버타 주 캘거리에서 북쪽으로 북극해까지 이어지는 '트랜스 캐나다 트레일(Trans Canada Trail, TCT)'은 총 거리가 1만 8,078킬로미터나 된다. 이 트레일은 캐나다의 모든 주(province)와 준주(territory)를 지나간다. 많은 구간이 이미 완성되었고, 아직 조성되고 있는 구간들도 있다.
　다채로운 지형과 풍광을 지닌 캐나다의 광대한 땅을 가로지르며 하이킹, 승마, 자전거 타기, 스키, 설상차 타기, 카약 등 여러 가지 레저와 스포츠를 즐길 수 있다. 어느 구간에 제일 먼저 가 보고 싶은가? 캐나다 동부의 작은 섬 '프린스에드워드'의 270킬로미터 구간은 어떤가? 아니면 온타리오 호 주변을 돌아 온타리오 북부에서 광대한 숲과 황야를 관통할 수도 있다.

앨버타 주 반프 근처의 강 풍경. 강물에 비친 산과 숲의 초록색이 선명하고 아름답다.

아타바스카 강(Athabasca River)의 얕은 물을 걸어서 건너 앨버타 주에서 브리티시컬럼비아 주로 갈 수도 있고, 갤러핑 구스 트레일(Galloping Goose Trail)을 자전거를 타고 달릴 수도 있다. 빅토리아에서 수크 힐스(Sooke Hills)와 광산 도시였던 리치타운(Leechtown)까지 71킬로미터에 달하는 갤러핑 구스 트레일은 구간 내내 아름다운 바다와 전원의 풍경을 보여 준다. 역사에 관심이 있는 사람이라면 밴쿠버 섬에 있는 '코위천 밸리 레일 트레일(Cowichan Valley Rail Trail)'이나 브리티시컬럼비아 주의 '케틀 밸리 레일웨이 트레일(Kettle Valley Railway Trail)', 아니면 유콘 주의 '화이트호스 코퍼 트레일(Whitehorse Copper Trail)'을 따라 갈 수도 있다. 모험을 좋아하는 사람이라면 노스웨스트 준주에서 코퍼마인 강을 따라 육로로 북극해에 도달한 최초의 유럽인 탐험가 새뮤얼 헌(Samuel Hearne)의 길을 따라 가 볼 수도 있을 것이다.

- 이 트레일은 회색곰과 흑곰, 말코손바닥사슴, 사슴, 쿠거(아메리카라이온) 등이 사는 지역을 지난다. 밴쿠버 섬에서는 멸종 위기에 처한 밴쿠버 마멋을 찾아보자. 2백 마리 정도밖에 남지 않았다고 한다.
- 여름에 북서부의 유콘 준주에서는 백야가 계속되어 하루 종일 어두워지지 않으므로, 원한다면 24시간 하이킹을 할 수 있다. 아니면 이곳의 주도인 화이트호스에서 보드빌(vaudeville, 노래, 춤, 촌극 등을 엮은 공연)을 관람하면서 19세기 골드러시 시대로 돌아갈 수도 있다.
- 캐나다 남동쪽 끝 노바스코샤 주에 있는 44킬로미터 길이의 가이스버러 네이처 트레일(Guysborough Nature Trail)은 특히 매력적인 볼거리가 많다. 폭포들과 현수교도 있고, 트레일 동쪽 끝에서는 대서양 해안에서 가장 큰 만인 체다벅토 만(Chedabucto Bay)의 풍광을 바라볼 수 있다.

When to go 다양한 레저와 스포츠에 적합한 여러 지역이 있으므로 연중 어느 때든 갈 수 있다.

How Long 숲 사이로 하이킹을 하고, 해안을 따라 밴쿠버 섬을 자전거로 달리고, 아타바스카 강에서 카약을 타는 등 1시간짜리 가벼운 하이킹부터 몇 달이 걸리는 배낭여행까지 다양하게 가능하다.

Planning 출발하기 전에 현지의 관광청에 연락하여 선택한 스포츠나 레저가 방문하려는 지방에서 할 수 있는 것인지 확인하도록 한다.

Inside Information 이 트레일은 근처에 위치한 8백 곳 이상의 도시와 마을 주민들이 매일 이용하고 있다. 도움이나 조언이 필요하면 트레일 중간에 있는 휴게소를 찾아보자.

Websites www.tctrail.ca, www.canadatrails.ca

미국_애리조나 주

노새 타고 그랜드캐니언 여행하기
The Grand Canyon by Mule

노새를 타고 그랜드캐니언의 가장 후미진 곳으로 들어가
숨어 있는 자연의 웅장하고 화려한 아름다움을 만나 보자.

아침의 차가운 안개 속에서 노새를 모는 사람이 "심장에 문제가 있는 사람은 돌아가세요! 호흡기에 문제가 있는 사람은 돌아가세요! 어떤 이유로든 이 여행을 할 자신이 없는 사람은 돌아가세요!" 하고 말하는 것을 듣노라면, 예사 관광일 거라는 생각은 사라질 것이다. 결론은 분명하다. 이 고전적인 그랜드캐니언 여행하기가 만만치 않다는 얘기다. 노새를 타고 여행하던 사람이 더위나 추위, 탈수, 고도 변화 등을 비롯한 여러 가지 이유로 인해 비행기로 후송되는 사고가 1년에 몇 번씩은 발생한다.

그럼에도 불구하고 해마다 수천 명의 사람들이 튼튼한 노새의 넓은 등에 올라타고 17킬로미터의 길을 따라 콜로라도 강과 그랜드캐니언의 바닥으로 내려간다. 이유는 간단하다. 이것이 그랜드캐니언 안쪽의 장려한 아름다움을 감상하기에 가장 좋은 방법이기 때문이다.

트레일을 따라 노새를 탄 사람들이 일렬로 나아가고 있다.

콘도르의 시점에서 바라본 그랜드캐니언 전경. 노새의 등에서는 이보다 좀 더 친숙한 그랜드캐니언을 만날 수 있다.

길이 방향을 바꿀 때마다 찌를 듯 높이 솟은 바위들로 이루어진 새로운 풍경이 펼쳐진다. 이 먼 곳까지 노새를 타거나 걸어서 오는 사람들만 즐길 수 있는 풍경이기에 더욱 멋지다. 길 한쪽에는 붉은색, 갈색, 오렌지색, 회색이 오묘하게 뒤섞인 깎아지른 듯한 바위가 우뚝 서 있다. 반대쪽으로는 발을 얹은 안장 바깥 바로 아래로 깊은 심연이 입을 크게 벌리고 있다. 트레일이 끝나는 그랜드캐니언의 바닥에서는 소박하고 매력적인 리조트인 팬텀 랜치(Phantom Ranch)가 지난 80년 동안 여행자들에게 맛있는 음식과 편안한 침대, 고요한 휴식을 제공해 왔다. 새들의 노래와 흐르는 강물 소리를 들으며 노새를 타느라 지친 몸을 달래 보자. 저녁식사로 나오는 스테이크 역시 몸과 마음을 다시 채워 줄 것이다. 잠을 푹 자고 난 후 다음 날 아침 다시 노새의 등에 올라 출발한 곳으로 돌아가자.

When to go 기온이 적당하고 초록이 가장 무성한 3월, 4월, 5월에 가장 많은 방문객들이 찾는다. 9월부터 11월까지도 기온도 적당하고 단풍이 아름다워서 방문하기 좋다.

How Long 그랜드캐니언에서 3박은 해야 한다. 노새는 첫째 날 일찍 협곡으로 내려오고 둘째 날 늦게 돌아간다.

Planning 미리 예약을 해야 한다. 최대한 13개월 전부터 예약할 수 있다. 등록을 할 때는 경고 내용과 지시사항을 잘 따라야 한다. 노새를 탈 때는 두 손을 모두 써야 하는 경우가 많기 때문에 카메라는 몸 어딘가에 안전하게 고정시킬 수 있도록 대비를 하는 게 좋다.

Inside Information 노새를 타고 팬텀 랜치에 도착하면 엉덩이가 아플 것이다. 근육을 푸는 차원에서 가까운 콜로라도 강까지 걸으며 강변과 협곡의 아름다운 풍경을 감상하자.

Websites www.nps.gov/grca, www.grandcanyonlodges.com/Mule-Trips-716.html

- 모퉁이를 돌 때마다 협곡의 또 다른 멋진 풍경이 눈에 들어오고, 함께 노새를 타고 가는 사람들 입에서는 "우와!" 하는 감탄사가 흘러나올 것이다.
- 노새를 타고 지나가는 길 옆의 수많은 층이 겹겹이 쌓여 이루어진 바위들은 20억 년 이상의 지질 연대를 보여 준다. 이는 지구 역사의 4분의 1 정도에 해당하는 시간이다.
- 오후 햇빛이 콜로라도 강의 빠른 물살을 반짝반짝 비춘다. 팬텀 랜치에서 몇 백 미터밖에 떨어져 있지 않은 콜로라도 강은 지금도 그랜드캐니언의 형태를 조금씩 바꾸고 있다.

미국 _ 버몬트 주

캐터마운트 트레일
Vermont's Catamount Trail

버몬트 주의 아름다운 벽지에서 스키를 타자. 그리고 저녁에는 맛있는 식사를 하고 따뜻한 잠자리에서 편안함을 누릴 수 있다.

숲에는 발자국 하나 없는 순백의 눈밭을 가르는 스키 날 소리와 어디선가 딱따구리가 나무를 쪼는 희미한 소리 외에는 아무 것도 들리지 않는다. 가파른 지류의 기슭을 따라 구불구불 올라가다 보면, 정수리가 까만 박새 몇 마리가 이 나무에서 저 나무로 날아가며 따라온다. 13킬로미터 길이의 캐터마운트 트레일의 한 갈래에서 스키를 타다가 박새들의 땅에 침입한 것이다.

새하얀 눈으로 덮인 광막한 오지를 스키를 타고 지나갈 때, 그곳에 있는 것은 당신과 눈 그리고 자연뿐이다.

버몬트 주의 캐터마운트 트레일은 북쪽으로 캐나다와의 국경에서 남쪽으로 매사추세츠 주 경계까지 총 연장 480킬로미터에 달하는 산간벽지를 지나는 스키 루트다. 출발하기 전날 밤에는 고셴(Goshen)에 있는 블루베리 힐 인(Blueberry Hill Inn)의 장작불 사우나에서 휴식을 취하거나 직접 만든 과자를 먹으면서 쉬자.

다음 날 트레일로 들어서면 그린마운틴 국유림(Green Mountain National Forest)의 무살라무(Moosalamoo) 지역을 지나게 된다. 얼어붙은 강바닥을 지난 후 길은 오르막이 된다. 그 다음 남쪽으로 내려가면서 소나무와 전나무들 사이를 미끄러져 잎이 다 떨어진 위풍당당한 사탕단풍나무들과 너도밤나무들 곁을 지나간다. 브랜든(Brandon) 근처의 처칠 하우스 인(Churchill House Inn)으로 방향을 바꾸면 사슴 가족을 볼 수도 있다. 그들은 하얀 꼬리를 흔들면서 숲속으로 사라질 것이다. 하루 종일 스키를 탄 후 저녁에는 난롯가에서 포도주를 한잔 하자.

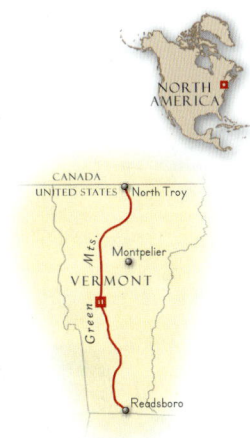

- 캐터마운트 트레일에서는 주요 도로에서 볼 수 없는 깊은 숲속의 눈과 경치를 즐길 수 있다.
- 겨울에는 많은 동물들이 겨울잠을 자지만, 겨울잠을 자지 않는 말코손바닥사슴, 흰꼬리사슴, 살쾡이 등을 만날 수도 있다.

When to go 12월부터 3월이 좋다. 출발하기 전에 눈 상태와 폐쇄된 구간이 없는지를 확인한다.

How Long 위에서 언급한 13킬로미터 트레일은 4~5시간 정도 걸린다. 전체 트레일을 스키로 지나려면 한 달쯤 걸린다. 보통 한 번에 며칠씩 구간을 나눠서 탄다.

Planning 이 트레일은 산간벽지에 있기 때문에 스키와 스키복, 트레일 지도, 구급약품, 스키 수리도구 등을 확실하게 챙겨야 한다.

Inside Information 시골의 작은 호텔 외에도 미국 국유림관리공단(U.S. Forest Service)에서 운영하는 산장과 스키 투어 센터도 있다.

Websites www.catamounttrail.org, www.inntoinn.com

튼튼한 차체가 드러나 있는 듄버기는 모래밭을 질주하기에 완벽한 차량이다.

미국 _ 오리건 주

모래밭에서 듄버기 타기

Dune Buggies on the Sands of Oregon

매일 그 모습을 바꾸는 모래밭에서 듄버기를 타고 모래언덕을 롤러코스터 타듯 오르내리자.

무지갯빛으로 반짝이는 푸른 제비 한 마리가 오랜 세월 비바람에 시달려 온 모래언덕과 골짜기 위로 작은 그림자를 드리우며 날아간다. 그 아래로는 코요테들과 검은꼬리사슴들이 사이유슬로 국유림(Siuslaw National Forest)의 물결치는 모래언덕으로 둘러싸인 숲의 '섬' 안에서 작은 소리를 내며 지나다닌다. 바람이 모래알을 휩쓸어 마천루를 방불케 하는 모래탑 위에 쌓아올린다. 그리고 갑자기 듄버기의 엔진이 큰 소리를 내며 돌아가기 시작한다. 안전띠는 맸는가? 고글은 제대로 썼는가? 이제 1시간 동안 가이드는 당신과 승객들을 듄버기에 태우고 시속 90킬로미터가 넘는 속도로 이 '메마른 바다' 속을 질주할 것이다. 주위 풍경은 흐릿해지고 듄버기가 지그재그로 움직일 때마다 모래의 파도가 당신의 몸을 강타한다.

가이드는 모래언덕 위로 돌진해 올라가면서 그 언덕이 40층 건물 높이에 맞먹는다고 말한다. 가이드를 제외하고는 그 다음에 무엇이 있는지 알지 못한다. 이 변덕스러운 땅은 매일 모습을 바꾸기 때문이다. 듄버기는 절벽 위로 빠르게 올라갔다가 속도를 늦추더니 사발처럼 생긴 골짜기로 급히 떨어진다. 마치 롤러코스터를 타는 것과 같아서 속은 심하게 울렁거린다. 다 끝나고 듄버기에서 내릴 때는 머리를 모래언덕 위에 두고 온 건 아닌가 하는 생각이 들 정도로 정신이 없을 것이다.

- 아메리카 꼬리치레(wrentit), 갈색 벌새, 바다오리, 흰줄날개 바다오리 등 다양한 새들을 볼 수 있다.
- 엘리베이터를 타고 세계에서 제일 큰 바닷속 동굴인 바다사자 동굴(Sea Lion Cave)에 내려가 보자. 수백 마리의 캘리포니아 바다사자(Stellar sea lion)들이 살고 있다.
- 62미터 높이의 절벽 위에 있는 헤세타 헤드 등대(Heceta Head Lighthouse)의 자료관을 방문해 보자. 예전에 등대지기가 살았던 집은 현재는 B&B가 되었다. 이곳에서는 일곱 코스로 이루어진 훌륭한 아침식사를 즐길 수 있다.

When to go 우기가 지나고 5월부터 8월 사이가 좋다.

How Long 30분 코스와 1시간 코스가 있다. 모래밭의 레크리에이션 구역과 근처의 해안 어촌을 탐험하려면 적어도 2~3일은 잡아야 한다.

Planning 1~2주 전에 여행사에 전화해서 스케줄을 잡아야 한다. 기온은 온화하지만 바람이 세게 불기 때문에 감기에 걸릴 수도 있다. 발가락이 나오지 않는 신을 신고 긴 바지와 파카를 입어야 한다.

Inside Information 듄버기는 바람이 너무 심하지 않은 오전에 타는 게 좋다. 모래가 들어갈 수 있으므로 좋은 카메라는 가져가지 말자.

Websites www.sandland.com, www.hecetalighthouse.com

뉴 리버 고지 국립강(New River Gorge National River)의 협곡 사이의 급류에서 래프팅을 즐기는 사람들.

미국 _ 웨스트버지니아 주

웨스트버지니아 주에서 래프팅하기

White Water in West Virginia

순간적인 스릴을 맛본 다음 차가운 물에 흠뻑 젖고 싶다면
뉴 강과 골리 강에서의 래프팅만한 것이 없다.

숨을 가다듬을 새도 없이 3미터를 또 떨어진다. 보트 앞부분이 물에 잠기었다가, 곧이어 보트가 다시 튀어 오르면서 얼굴로 물이 튄다. 강 양쪽으로 사암 절벽이 솟아 강물을 가두어 물이 계곡에 부딪친다. 며칠 후, 몇 주 후면 급류를 따라 보트가 이리저리 흔들리며 떠내려가던 순간들을 떠올리려 하겠지만, 래프팅을 하는 동안에는 그 순간을 즐길 뿐 다른 어떤 생각도 할 수 없다.

웨스트버지니아 주 뉴 강(New River)과 골리 강(Gauley River)은 미국 동해안 지역에서 최고의 래프팅을 즐길 수 있는 곳이다. 노스캐롤라이나 주에서 발원한 뉴 강은 버지니아 주를 지나 웨스트버지니아 주로 흘러들어가 앨리게니 산맥의 깊은 골짜기 사이를 지난다. 그리고 골리 브리지에서 동쪽에서 서쪽으로 흐르는 골리 강과 만난다. 골리 강은 세계에서 가장 어려운 래프팅 코스를 가지고 있다. 매년 가을 미 육군 공병단은 20차례 정도 서머스빌 댐(Summersville Dam)의 수문을 열어서 초당 약 70.8세제곱미터의 물을 방출하기 때문에, 9월과 10월에 골리 강에서는 아주 거친 래프팅을 즐길 수 있다. 특히 서머스빌 댐에서 하류 쪽으로 16킬로미터에 달하는 어퍼 골리(Upper Gauley) 부분은 매우 힘든 래프팅 코스로 유명하다. 어퍼 골리의 좁고 비탈진 수로와 엄청나게 빠른 급류에 도전할 계획이라면 최고 수준의 래프팅 기술과 지식을 갖고 있어야 한다.

- 래프팅을 하는 중 사방이 고요할 때, 머리를 들어 위를 보면 송골매 한 마리가 협곡 사이를 날아가는 것을 볼 수 있을지 모른다. 국립공원 관리공단에서 뉴 강의 사암 절벽에 송골매를 다시 다시 들여오고 있다.
- 10월 셋째 토요일에 수백 명의 BASE 점퍼(BASE는 building, antenna, span, earth의 약자로, BASE 점핑은 높은 곳에서 낙하산을 타고 떨어지는 것을 가리킴)들이 뉴 리버 고지 브리지에 와서 267미터 아래의 계곡으로 낙하산을 타고 떨어진다.

When to go 4월부터 10월까지가 좋다. 서머스빌 댐에서 물을 방출하기 시작하는 9월을 급류 시즌의 시작으로 본다. 고난도의 래프팅을 즐기려면 가을이 좋다.

How Long 한나절, 하루 종일, 혹은 며칠 등 다양하게 가능하다.

Planning 웨스트버지니아 주의 파예트빌(Fayetteville)이 거점으로 삼기에 가장 좋은 곳이다. 래프팅 투어는 미리 예약해야 한다. 2006년에 웨스트버지니아 주의 강에서 래프팅을 즐기거나 강을 걸어 건넌 사람은 20만 명이 넘는다.

Inside Information 면 의류는 입지 말자. 물에 젖으면 무거워지기 때문이다.

Websites www.naar.com, www.goextreme.com, rafting.allaboutrivers.com, www.nps.gov/neri

산타페 트레일에서 말을 타고 달리다 보면, 미국 남서부로 향하던 초기 정착민들의 여정이 짐작이 간다.

미국 _ 미주리 주 | 캔자스 주 | 뉴멕시코 주

산타페 트레일 말로 달리기

Riding the Santa Fe Trail

미국 남서부의 장엄한 사막 풍경 사이로 오랜 역사를 자랑하는 산타페 트레일을 말을 타고 달려 보자.

좌우로 펼쳐진 사막 위에 선인장이 드문드문 솟아 있다. 말들은 먼지를 일으키고 날은 덥고 그늘 하나 없다. 하지만 황량하고도 아름다운 풍경과 역사를 되돌아보는 듯한 기분이 일시적인 불편을 상쇄해 준다. 미주리 주 프랭클린(Franklin)과 뉴멕시코 주 산타페를 이어 주는 산타페 트레일은 원래 19세기에 교역과 군사적 목적으로 이용되던 도로였다. 1846년 멕시코와 미국 사이의 전쟁이 끝난 후 1,290킬로미터에 달하는 트레일에서 갈라져 나간 길들을 따라 수천 명이 캔자스 주, 콜로라도 주, 오클라호마 주를 지나 새로 획득한 땅 뉴멕시코 주로 들어왔다. 그 후 1880년대에 철도가 개통되면서 이 도로는 사용하지 않게 되었다. 오늘날 자동차 운전자들은 국립 풍경 가도 (National Scenic Byway) 중 하나로 지정된 이 트레일을 따라 콜로라도 주와 뉴멕시코 주를 여행할 수 있다.

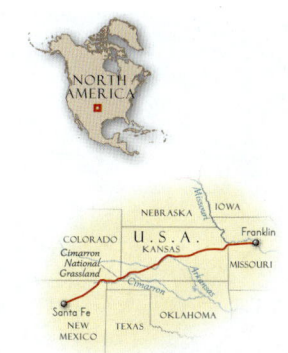

그러나 미국 서부 개척시대의 역사를 경험해 보고 싶다면 말을 타고 여행하는 게 좋다. 트레일의 15퍼센트 정도는 아직도 옛모습을 그대로 간직하고 있는데, 주의 깊게 보면 사막 바닥에 남아 있는 마차 바퀴 자국을 볼 수도 있을 것이다. 이 유서 깊은 트레일은 말을 타고 지나기에는 너무 지반이 약하므로, 오래된 루트 옆에 있는 트레일을 이용해야 한다.

When to go 연중 어느 때 가도 좋지만 봄과 가을이 가장 좋다. 여름에는 덥고 건조한 바람이 불며 겨울에는 눈이 조금 내린다.

How Long 일주일간 트레일의 몇 구간을 여행하자. 시마론 국유초원을 지나는 트레일 중 말로 달릴 수 있는 가장 긴 구간은 31킬로미터로, 하루면 충분히 갈 수 있다.

Planning 자기 말을 가져와서 타는 곳으로, 말을 빌려 주는 시설은 많지 않다. 가끔 산타페 트레일의 비교적 긴 구간에서 말을 타는 투어를 계획하는 사람도 있으므로 인터넷을 검색해 보자.

Inside Information 마실 물은 가져가야 한다. 모자를 쓰고, 자외선 차단크림은 꼭 바르자. 시마론 트레일 양쪽 끝에는 화장실과 말에 짐을 싣고 내리는 시설이 있다.

Websites www.naturalkansas.org/cimarron.htm, www.fs.fed.us/r2/psicc/cim

- 산타페 트레일에는 검독수리, 뇌조, 로드러너뻐꾸기 등의 새들과 코요테, 호저(산미치광이), 엘크, 가지뿔영양 등의 포유동물을 비롯하여 많은 야생동물들이 서식한다.
- 이 트레일에는 물소들이 무는 벌레를 떼어 버리고 흙을 털기 위해 뒹구는 못들이 아직도 남아 있다. 봄에는 못에 물이 찬다.
- 캔자스 주 남서부에 있는 엘크하트 근처의 시마론 국유초원 (Cimarron National Grassland)을 지나는 트레일은 산타페 트레일 가운데 국유지를 지나는 가장 긴 구간이다.

리스 페리 위로 협곡을 가로지르는 나바호 브리지(Navajo Bridge). 이곳은 많은 래프팅 투어가 출발하는 곳이다.

미국　애리조나 주

그랜드캐니언에서 래프팅하기

Rafting through the Grand Canyon

그랜드캐니언을 깎아 낸 거센 콜로라도 강의 원시적인 힘이 우리를 압도한다.

　콜로라도 강은 그랜드캐니언의 바닥을 현기증이 날 것 같은 속도와 기세로 격렬히 흐른다. 사람이 이런 급류 속에서 살아남는 것은 불가능해 보인다. 그러나 리스 페리(Lees Ferry)와 미드 호(Lake Mead) 사이 450킬로미터 물길을 따라 래프팅 보트, 카약, 작은 고깃배를 능숙하게 조종하는 베테랑 가이드의 기술을 보면 생각이 바뀔 것이다.
　이곳 풍경은 1869년에 남북전쟁의 영웅인 존 웨슬리 파월(John Wesley Powell)이 최초의 수상 원정대를 이끌고 왔을 때 이후로 거의 달라지지 않았다. 여정의 대부분은 고요한 물길을 따라 이루어지며 웅장한 풍경을 느긋하게 감상할 수 있다. 그리고 하루에 한 번쯤은 하이킹을 하면서 선사시대 아나사지(Anasazi) 유적이나 새들캐니언(Saddle Canyon)의 꽃으로 가득한 신비롭고 작은 동굴을 탐험할 수 있다. 눈썰미가 좋거나 성능 좋은 쌍안경을 갖고 있다면 그랜드캐니언에 사는 쿠거(아메리카 사자), 큰뿔양, 코요테, 비버, 분홍색방울뱀 등을 볼 수도 있다.

로키산맥의 눈 녹은 물이 흐르는 콜로라도 강은 수영을 하기에는 그리 적합하지 않지만, 봄에는 강 옆쪽의 일부 협곡에 물웅덩이가 생겨서 그곳에 몸을 담글 수 있다. 강둑의 모래밭에서 야영을 하는 고요한 순간과 급류를 따라 래프팅을 하면서 아드레날린을 한껏 분출하는 순간을 번갈아 가면서 즐겨 보자.

When to go 래프팅은 4월과 10월 사이에 할 수 있다. 봄과 가을에 날씨가 가장 좋다. 여름에는 기온이 섭씨 49도까지 올라갈 수도 있으므로 매우 덥다.

How Long 강변에서 야영을 하려면 최소한 3일에서 5일은 잡아야 한다. 리스 페리에서 미드 호까지 전체 구간을 여행하려면 2주는 잡아야 한다.

Planning 허가받은 여행사들이 콜로라도 강 투어를 운영한다. 음식과 요리 설비는 제공하지만 침낭, 옷 등을 넣을 가방, 휴대용 배낭, 물병은 직접 가져가야 한다.

Inside Information 고무보트 투어는 아이들에게 그랜드캐니언의 경이와 급류를 모두 느끼게 해 줄 수 있는 좋은 방법이다. 만 일곱 살의 아이들부터 참가할 수 있는 투어도 있다.

Websites www.oars.com

- 하바수파이 인디언 보호구역(Havasupai Indian Reservation)에는 450명 정도의 아메리카 원주민들이 살고 있다. 높은 폭포와 청옥색 연못들로 유명한 이곳에서는 캠핑을 할 수 있고, 작고 아늑한 오두막에서 묵을 수도 있다.

- 그랜드캐니언에서부터 흘러온 콜로라도 강은 미드 호로 흘러 들어간다. 후버 댐에 의해 생성된 미드 호의 호반에는 낚시, 수상스키, 요트 등을 즐기기 좋은 만들이 많이 있다.

미국 _ 하와이 주

하와이에서 서핑하기 *Surfing in Hawai'i*

'정원의 섬'이라 불리는 하와이 제도의 카우아이 섬에서
서핑을 배우고 짜릿하게 파도를 타 보자.

보통 파도가 부서지기 시작하는 선까지 나가는 것이 보드를 타고 해변으로 돌아오는 것보다 에너지도 훨씬 많이 들고 시간도 더 걸린다. 그에 대해 마음의 준비가 되었다면, 필요한 것은 하와이의 카우아이 섬 남쪽의 포이푸 해변(Po'ipu Beach)에서 서핑의 기초를 배울 마음과 2시간 정도의 시간이다. 서핑 스쿨을 운영하는 은퇴한 프로 서퍼들이 파도를 읽는 법과 보드 위에 똑바로 서는 법, 파도를 타고 몸의 균형을 잡는 법 그리고 가장 중요한 브레이크 밟는 법을 가르쳐 준다.

연습을 할수록 자신은 붙지만, 사진 속의 사람처럼 침착하게 파도를 타게 되기까지는 시간이 걸릴 것이다.

포이푸 해변의 높이가 1미터 정도 되는 파도에서 배운 것을 1~2주 동안 연습하고 나면 좀 더 대담하게 파도를 탈 결심이 설 것이다. 준비가 되면 오아후(O'ahu) 섬 호놀룰루의 와이키키 해변으로 떠나자. 와이키키 해변은 파도가 가장 높은 곳은 아니지만 전형적인 하와이의 서핑을 경험해 볼 수 있는 곳이다. 또한 과거에 엘비스 프레슬리가 노닐었던 곳이기도 하다. 반바지를 입고 보드와 기타 필요한 장구를 갖추고서 오아후 섬의 전설적인 북쪽 해안으로 가자.

와이메아 만(Waimea Bay)에서는 많은 프로 서퍼들이 거친 파도를 상대로 경험을 쌓는다. 모래밭에 서서 파도를 바라보노라면 과연 자신이 '행텐(hang ten, 양쪽 발가락을 보드의 앞 끝에 걸고 보드를 타는 것)'을 할 수 있을지 자신이 없어지겠지만, 심호흡을 크게 하고 팔 아래 보드를 낀 다음 파도 속으로 달려가자.

- 다이아몬드 헤드(Diamond Head, 하와이 주 오아후 섬 남동부의 곶을 이루는 사화산)를 배경으로 로열 하와이언 리조트 앞에서 '행텐'을 해 보자.
- 오아후 섬 북쪽 해안의 유명 서핑 장소인 와이메아 만과 반자이 파이프라인(Banzai Pipeline)의 파도는 크게 밀려오고 서퍼들의 움직임도 한결 빠르다.
- 꽃무늬가 프린트된 고전적인 하와이 셔츠인 '알로하 셔츠'를 입어 보자. 레인 스푸너(Reyn Spooner) 사에서 만든 셔츠가 가장 인기 있다.

When to go 연중 어느 때 가도 좋지만, 바닷물은 여름에 가장 따뜻하다. 북태평양의 겨울 폭풍은 가장 큰 파도를 일으키지만, 12월이나 1월에 서핑을 하려면 스쿠버다이빙용 고무옷을 입어야 할 것이다.

How Long 서핑 입문 수업은 대개 2시간 정도 진행된다. 초보자들은 1~2주 정도 연습을 하면 대부분 자신 있게 파도를 탈 수 있는 수준이 된다.

Planning 서핑 학교에서 필요한 모든 것을 제공한다. 가장 기본적으로는 보드와 한쪽 발목에 묶을 끈을 준다. 보드와 액세서리를 구입할 수 있는 상점들도 열 곳이 넘게 있다.

Inside Information 가든 아일랜드 서프 스쿨(Garden Island surf School)이 매일 포이푸 해변에서 강습을 한다. 1시간은 강사가 가르치고 1시간은 배운 것을 각자 연습한다.

Websites www.gardenislandsurfschool.com

로프를 따라 내려갔다 올라갔다 하기를 몇 번만 하면 금방 익숙해질 것이다.

푸에르토리코

푸에르토리코 동굴 탐험 *Caving in Puerto Rico*

울창한 밀림 속에 숨은 거대한 동굴 속으로 잊을 수 없는 모험을 떠난다.

동틀 무렵 가이드들을 만나 울창한 열대우림 속으로 출발할 때, 하루의 여정이 시작된다. 이곳이 푸에르토리코의 소란스럽고 부산한 수도 산후안(San Juan)에서 80킬로미터밖에 떨어지지 않은 곳이라는 사실은 믿기 어렵다. 도중에 잠깐 멈춰서 로프를 잡고 아래로 내려가는 훈련을 집중적으로 받는다. 그 다음 숲을 덮고 있는 나무들 위로 지프라이닝(zip-lining, 계곡 같은 두 지형을 로프로 연결한 후 그 로프를 타고 두 지형 사이로 이동하는 방법)을 하여 앤젤레스 동굴(Angeles Cave)로 내려가면서 풍경을 즐긴다.

아래를 내려다보면 컴컴하고 거대한 구멍이 눈에 들어오면서 순간 심장이 멎는 듯한 기분을 느낄 것이다. 그러나 그 구멍으로 내려가야만 동굴로 들어갈 수 있다. 하강 로프에 매달려서 76미터(25층 건물 정도의 높이)를 미끄러져 동굴의 입구로 들어간 후, 라이트가 붙어 있는 안전모를 쓰고 구명조끼를 입으면 지하 세계를 탐험할 준비가 다 된 것이다.

이 지하 세계에서는 바로 다음 모퉁이에서 무엇이 나타날지 상상도 할 수 없지만, 박쥐, 거미, 전갈, 게, 거대한 석순과 종유석, 그리고 빠른 속도로 흐르는 지하의 하천 등을 만날 것이다. 뾰족한 석회암 바위들 위로 동굴 속의 좁은 공간과 넓은 공간을 지나, 그리고 카무이 강(Río Camuy) 강물에 뜬 채 누워서 '바디 래프팅'을 하면서 계속 앞으로 나아가자. 보이는 빛이라고는 안전모의 라이트뿐이고 들리는 소리라고는 흐르는 물소리뿐이다. 마침내 다시 밝은 햇빛 속으로 나오면 너무나 눈이 부셔서 눈을 뜨기 힘들 것이다.

- 동굴로 들어가는 구멍으로 내려간 다음에는 지하 웅덩이의 차가운 물속으로 들어가야 동굴로 들어갈 수 있다.
- 촛불이 밝혀진 동굴 속 공간에서 점심식사를 할 것이다. 깜박거리는 불빛이 간단한 식사를 훌륭한 식사처럼 느껴지게 할 것이다.

When to go 연중 어느 때 가도 좋다.

How Long 오전 5시 45분에 출발하여 하루 종일이 소요된다.

Planning 가이드 투어를 예약해야 한다. 동굴 탐험은 힘든 여정이므로 아무나 할 수는 없다. 몸이 건강해야 하고 15세 이상이어야 한다.

Inside Information 낡은 운동화나 등산화를 신어야 한다. 물에 젖고 흙투성이가 되기 때문이다. 가벼운 바지나 반바지를 입도록 하자. 청바지는 물에 젖으면 무거워지므로 피한다. 너무 힘들 것 같으면, 근처 카무이 강 동굴 공원에서 트롤리(고가로 이동하는 전동차) 투어를 할 수도 있다.

Websites www.aventuraspr.com

청옥색으로 눈부시게 빛나는 맑은 물 사이로 노를 저어 가다 보면, 여기가 지상인지 낙원인지 구분하기 힘들 것이다.

멕시코

멕시코 앞바다에서 카약 타기

Sea Kayaking off Baja

멕시코 서해안의 야생동물이 풍부한 남태평양의 무인도 주위를 카약을 타고 둘러보자.

캘리포니아 만(Gulf of California, 코르테즈 해, Sea of Cortez 라고도 함)의 반짝이는 바닷물 위의 바위로 덮인 반도 주위를 한 바퀴 돌아보자. 인적이라고는 찾아볼 수 없는 작은 만의 하얀 모래밭이 보일 것이다. 이 멕시코 앞바다를 카약을 타고 탐험하는 동안은 바로 이 해변에서 캠핑을 하며 밤을 보낼 것이다. 카약의 노를 한 번씩 저을 때마다 해안이 조금씩 더 선명하게 눈에 들어온다. 선인장들, 언덕으로 이어지는 바위투성이 길, 산호초 해안에 와서 부딪치는 파도가 우리를 기다리고 있다.

일주일간의 원정에서 우리는 멕시코의 '바하 캘리포니아' 반도 앞바다에 있는 에스피리투 산토 섬(Isla Espíritu Santo) 주변을 돌아볼 것이다. 아침이면 섬 주위를 카약을 타고 시계방향으로 돌면서 앞바다의 작은 섬, 바위투성이 해안선, 바다를 향해 삐죽 튀어나온 작은 곶, 깊이 들어간 만을 지나간다.

얕은 물에서 카약을 타다 보면 쥐가오리가 다가와서 카약 곁에서 함께 미끄러져 가는 경우도 있다. 섬의 서쪽 해안에는 소박하고 아름답지만 사람은 살지 않는 해변이 이어져 있고, 동쪽 해안에는 울퉁불퉁한 절벽이 높이 솟아 있다. 오후에는 섬 속의 산책로를 자유롭게 거닐거나 수정처럼 맑은 바닷물 속에서 스노클링을 한다. 그리고 저녁놀을 바라보며 마르가리타를 한잔 하면 그야말로 '이보다 더 좋을 수는 없을' 것이다!

When to go 여름에는 너무 더우므로 피한다. 10월부터 12월 초에는 바닷물이 무척 따뜻해서 스노클링을 하기에 제격이다.

How Long 일주일이 꼬박 걸린다. 그중 3~4일은 아침마다 카약을 탄다.

Planning 투어는 멕시코 북서부 바하 캘리포니아 수르 주의 주도인 라파스(La Paz)에서 출발한다. 거기서 모터보트를 타고 에스피리투 산토 섬으로 간다. 캠핑 장비와 음식은 여행사에서 제공하며, 카약을 탈 동안에는 필요 없는 개인 소지품과 함께 미리 모터보트로 운반해 준다.

Inside Information 뜨거운 태양에 끊임없이 노출되므로 자외선 차단크림을 철저히 발라야 하고 수분 공급도 충분히 해 줘야 한다. 카약을 탈 때면 작은 방수 가방에 자외선 차단크림, 생수, 카메라를 넣고 몸에 고무줄 같은 것으로 단단히 묶자.

Websites www.kayactivities.com, www.discoverbajacalifornia.com

- 캘리포니아 만에는 31종의 해양 포유동물과 거북 몇 종류, 물고기 5백 종이 살고 있다. 에스피리투 산토 섬에는 검은꼬리산토끼와 작은 들다람쥐 한 종 등 지구상 다른 곳에서는 찾아볼 수 없는 동물들이 서식하고 있다.
- 에스피리투 산토 섬 북쪽 끝에 도착하면 소란한 바다사자 군락을 만날 것이다. 바다사자들과 함께 스노클링을 하면 아주 재미있다.
- 캠핑장마다 절벽에 이동식 화장실이 설치되어 있는데, 이곳에서 바라보는 바다 풍경은 정말 환상적이다. 이렇게 멋진 풍경을 즐길 수 있는 화장실은 세상 그 어디에도 없을 것이다.

> 벨리즈

벨리즈의 보초 탐험 *The Belize Barrier Reef*

카리브 해 서쪽에 있는 다이버들의 낙원에서
다채로운 색채를 지닌 바닷속 세계로 들어가 보자.

    다이버들에게 벨리즈의 보초(barrier reef, 해안에서 약간 떨어진 바다에 있는 산호초) 탐험은 잊을 수 없는 경험을 안겨 준다. 이 보초는 북반구에서 길이가 가장 길다. 오스트레일리아 북동부의 그레이트 배리어 리프(Great Barrier Reef)보다는 짧지만 마찬가지로 다양한 생태계를 지니고 있어서, 5백 종 이상의 물고기들과 65종이 넘는 산호가 살고 있다. 보초와 해안 사이에는 펠리컨들이 물속으로 뛰어들고 바다소(海牛, 해우)들이 햇볕을 쬐는 석호와 습지대가 있고, 군함새들과 붉은발부비들이 둥지를 틀고 있는 '암초'라고 불리는 열대의 작은 섬이 450개 이상 있다.

    여행의 거점으로 삼기에 가장 좋은 곳은 앰버그리스키 섬(Ambergris Caye)으로, 보초 북쪽 끝에 있는 가장 큰 섬이다. 많은 방문객들에게 가장 기억에 남는 다이빙은 블루 홀

카리브 해의 푸른 바닷물 속의 알록달록한 물고기들과 산호 등 다채로운 동식물들이 우리를 반겨 준다.

의 무시무시한 청옥색 물속으로 잠수하는 것이다. 블루홀은 산페드로(San Pedro)에서 남동쪽으로 80킬로미터를 채 못 간 지점에 있는 라이트하우스 암초지대 중심의 거대한 원형 구멍이다. 벨리즈의 얕은 바닷물 속에는 해양 동식물이 무척 풍부하다. 예를 들어 롱 키(Long Cay) 근처의 해프 문 키 월(Half Moon Cay Wall)은 물고기들로 가득 차서 '수족관'이라는 별명을 갖고 있다. 돌고래도 흔히 만날 수 있다. 해질녘에는 물 밖으로 나와서 빈둥거리는 바다소를 볼 수도 있다.

밤에는 얕은 물에서 다이빙을 해 보자. 밝은 녹색의 문어, 야행성 바닷가재와 새우, 피카소가 색칠했을 것 같은 커다란 비늘돔 등 숨 막히게 아름다운 바닷속 세계의 다양한 동식물들을 만날 수 있다.

When to go 11월부터 6월이 좋다. 7월부터 10월에는 비와 바람 때문에 잠수를 할 조건이 안 될 수 있다.

How Long 적어도 일주일은 잡아야 한다.

Planning 본토의 벨리즈시티(Belize City)까지 비행기를 타고 간 다음 경비행기로 갈아타고 앰버그리스키 섬의 산페드로로 간다. 벨리즈시티나 산페드로에서 배를 타고 다른 섬들로 갈 수도 있다. 다이빙 장비를 가져갈 필요는 없다. 앰버그리스키 섬에서 빌릴 수 있다.

Inside Information 블루 라군(Blue Lagoon)은 너무 깊어서 숙련된 다이버들도 내려갈 수 없는 곳에 있다. 얕은 곳에서도 잠수를 하려면 바닷속에서 필요한 기술을 잘 습득하고 있어야 한다. 질소중독의 위험이 있기 때문이다. 질소중독은 잠수 시 압력 때문에 발생할 수 있는 혈중 질소 과다로 인한 의식불명 상태로, 알코올중독과 비슷하다.

Websites www.ambergriscaye.com, www.reefandrainforest.co.uk

- 앰버그리스키 섬의 샥스 바(Sharks Bar)에서는 목재 테라스 밑의 산호 속에 갇혀 있는 상어, 가오리, 거북이를 지켜볼 수 있다. 그리고 섬의 부두에서 스노클링을 하면서 암초에 사는 동물들의 행렬을 볼 수 있다.

- 붉은바다거북, 녹색거북 그리고 대모거북은 모래 해변에 알을 낳는데, 얕은 물에서 볼 수 있다.

- 글로버 리프 섬, 터네프 섬, 라이트하우스 섬 등 세 개의 환상 산호섬에는 사람들도 살기는 하지만 대부분은 바닷새들과 소라게들만 살고 있다. 이곳의 깊은 바닷속은 상어들과 창꼬치들이 순찰을 하고 있다.

TOP 10

급류 래프팅 *White Water Rafting*

다양한 난이도를 지닌 전 세계 강의 세찬 급류 속으로
스릴 넘치는 래프팅을 떠나 보자.

❶ 앨섹 앤 태츠헨시니 강 Alsek and Tatshenshini Rivers 미국 | 캐나다

미국의 알래스카 주와 캐나다 국경 지대의 황량한 산지와 툰드라 지대를 흐르는 앨섹 강과 태츠헨시니 강의 급류도 대단하며, 회색곰에서부터 알을 낳는 연어와 달콤한 블루베리까지 다양한 야생동식물을 만나볼 수 있다.

Planning 6월과 9월 사이에 가자. www.wildernessriver.com

❷ 맥파이 강 Magpie River 캐나다

수상비행기를 타고 여정이 시작되는 맥파이 호수로 간다. 8일 동안 퀘벡 주 동부의 소나무 숲 사이를 누비게 될 것이다. 밤에는 강 위의 섬에서 캠핑을 하는데, 북쪽 하늘에서는 신비로운 오로라를 볼 수 있다.

Planning 7월과 8월에 가자. www.Earthriver.com

❸ 새먼 강 미들 포크 Middle Fork, Salmon River 미국 아이다호 주

이곳은 세계에서 가장 인기 있는 급류를 지닌 강 중 하나이다. 1등급부터 5등급까지의 급류는 물론이고, 야생의 땅 사이로 흐르는 강을 따라 고산지대와 삼림지대의 멋진 풍경을 즐길 수 있다.

Planning 5월에서 9월 사이에 가자. 이곳은 인기가 많고 래프팅 인원도 제한되어 있으므로 한참 전에 예약을 해야 한다. www.ioga.org

❹ 우파노 강 Río Upano 에콰도르

아마존 분지의 서쪽 끄트머리에 있는 외진 마을 마카스(Macas)에서 래프팅을 시작하여 잔잔한 강에서부터 좁은 협곡 사이의 사나운 급류까지 지난다. 하이라이트는 나망고사 계곡(Namangosa Gorge)인데 계곡 양쪽으로 쏟아져 내리는 수많은 폭포들이 장관을 이루는 곳이다.

Planning 11월에서 1월 사이에 가자. www.rowinternational.com, www.condorjourneys-adventures.com

❺ 푸탈레우푸 강 Futaleufú River 칠레

푸탈레우푸 강은 파타고니아의 안데스 산맥의 빙하가 녹아 생긴 호수에서 흘러내려온 물이 만든 강이다. 이곳에서는 멋지고 웅장한 산악 풍경 사이

에서 래프팅을 즐길 수 있다. 초보자들에게 적합한 구간이 대부분이지만, 전문가들에게조차 힘겨운 급류 구간도 있다.

Planning 12월에서 4월 사이에 가자. www.visit-chile.org, www.aquamotion.cl

❻ 노스 존스턴 강 North Johnstone River 오스트레일리아

오스트레일리아 북동부 퀸즈랜드 주 북부로 떠나면 파머스턴 국립공원(Palmerston National Park)의 화산 계곡과 오랜 역사를 지닌 우림 사이로 흐르는 급류에서 래프팅을 즐길 수 있다.

Planning 4월에서 7월 사이에 가자. www.raft.com.au

❼ 순코시 강 Sun Kosi River 네팔

네팔과 티베트 사이의 국경 근처, 지구상에서 가장 높은 봉우리들 사이에서 발원한 순코시 강은 좁은 계곡과 숲으로 덮인 협곡 사이를 흐르는 덕에 물살이 센 구간이 많다.

Planning 9월에서 12월 사이 혹은 2월에서 5월 사이에 가야 한다. www.welcomenepal.com

❽ 코루 강 Çoruh River 터키

터키 북동부 카카르 산맥(Kaçkar Mountains)의 거친 계곡 사이로 흐르는 코루 강은 세계에서 가장 물살이 빠른 강 중 하나다. 또한 여러 야생동물이 살고 있으며, 오랜 역사를 자랑하는 유적들이 많이 남아 있다.

Planning 5월에서 7월 사이에 가자. 카카르 산맥의 아라라트 산(Mount Ararat, 터키어로 '아리 다기')은 노아의 방주가 마지막으로 도달한 곳이라고 한다. www.waterbynature.com

❾ 노체 강 Noce River 이탈리아

알프스의 빙하가 녹아서 흐르는 노체 강은 이탈리아 북부 돌로미테 산맥의 태양의 계곡(Val di Sole)으로 흘러간다. 이 강에서는 유럽에서 가장 격렬한 급류 래프팅을 즐길 수 있다.

Planning 5월에서 9월 사이에 가자. www.extremewaves.it

❿ 잠베지 강 Zambezi River 짐바브웨 | 잠비아

잠베지 강이 빅토리아 폭포 아래로 23개가 넘는 급류를 지나는 바토카 계곡(Batoka Gorge)에서는, 세계에서 가장 수려한 풍경을 배경으로 아프리카에서 가장 스릴 넘치는 급류 래프팅을 즐길 수 있다.

Planning 6월부터 2월 사이에 강은 수위가 낮고 23개 급류에서 모두 래프팅을 할 수 있다. www.zambiatourism.com, www.zimbabwetourism.co.zw

아르헨티나

부에노스아이레스에서 탱고를
Tango in Buenos Aires

탱고는 단순히 춤이 아니다. 부에노스아이레스의 빈민촌에서 탄생한 탱고는 아르헨티나의 영혼이라고 할 수 있다.

탱고에 열광하는 사람들이 부에노스아이레스의 밀롱가(milonga, 탱고 살롱)들로 속속 도착하는 것은 자정이 훨씬 지나서다. 단순히 춤이 아닌, 춤을 넘어서는 탱고는 포르테뇨(porteño, 부에노스아이레스 사람들)뿐만 아니라 탱고의 고향을 여행하는 사람들의 마음을 빼앗는다. 넓은 탱고의 전당을 방문한 관광객들은 아르헨티나 쇠고기로 식사를 하면서 3분 만에 '사랑의 역사'를 목격한다. 작은 규모의 지하 탱고 바에서는 항상 같은 단골손님들이 30년째 매일 테이블을 예약하고 있다.

탱고를 배우기 위해서, 혹은 탱고 테크닉을 향상시키기 위해서 이 도시에 왔다면, 탱고와 관련한 다양한 서비스 중에서 선택할 수 있다. 그중 최고급 등급에 있는 것은 아바

부에노스아이레스에서 세계에서 가장 열정적인 춤 가운데 하나인 탱고의 비밀을 배워 보자.

스토 플라자 호텔(Abasto Plaza) 스위트룸의 댄스 플로어에서 개인 교습을 받는 것이다. 이 춤은 시선과 함께 시작되는데, 서로를 응시하는 시선의 강도에 따라 커플이 맺어진다. 플로어에서 시계 반대방향으로 춤을 추면서 매혹과 공격을 온몸으로 형상화한다. 그들의 다리는 서로를 좇고, 마치 칼처럼 허공을 가른다.

탱고의 역사는 칸돔베 리듬(candombe rhythms)이 바다를 건너온 다른 스타일의 음악들과 섞여 아프리카 노예들에 의해 남아메리카로 전해졌던 19세기로 거슬러 올라간다. 블루스와 마찬가지로 탱고도 노동자들의 애환을 표출하는 것이었지만, 곧 전 세계적으로 인기를 얻게 되었다. 1913년에 런던의 월도프 호텔(Waldorf Hotel)은 '탱고 티(tango teas, 일종의 탱고 파티)'를 개최하기도 했다. 탱고는 군사 정권 하에서 한때 지하로 숨어야 했지만, 1980년대 중반에 아르헨티나 인들의 생활에서 빼놓을 수 없는 것으로 다시 떠올랐다.

When to go 가을(3월~5월)과 봄(9월~11월)에 날씨가 가장 좋다. 9월에는 비수기 할인이 제공된다.

How Long 부에노스아이레스는 적어도 6일 동안은 바쁘게 돌아다니며 구경해야 할 도시다.

Planning 떠나기 전에 탱고 강습을 받아서 기본 스텝을 익히고 체력을 키우자.

Inside Information 현지인들은 출근하거나 탱고 카페에 갈 때 최신 유행 복장을 하므로 그에 맞게 옷을 가져가야 한다. 낮잠을 자고 나서 늦은 저녁을 먹은 다음 새벽까지 춤을 춘다. 〈B.A. 탱고B. A. Tango〉같은 잡지에 실린 리스트를 보고 탱고 바를 찾아가도록 하자.

Websites www.turismo.gov.ar, www.borellotravel.com, www.tangueratours.com, www.abastoplaza.com

- '비보리타 스텝(viborita step)'을 주의해야 한다. 남자가 자신의 오른쪽 다리를 파트너의 다리 사이에 놓고 앞뒤로 미끄러지는 듯한 동작으로, 상대의 왼쪽 다리와 오른쪽 다리를 차례로 옮기는 것이다.
- 댄스홀의 자카란다를 비롯한 꽃들 사이에서 휴식을 취하자. 팔레르모(Palermo)에서는 식물원, 장미정원, 아름다운 산책로가 있는 호수, 팔레르모 숲 등에서 산책을 즐길 수 있다.
- 산 텔모(San Telmo)의 도레고 광장(Plaza Dorrego)에서는 탱고를 추는 사람들 사이로 매주 일요일 벼룩시장이 열린다. 골동 은제품과 조각품, 빅토리아 축음기나 레코드 같은 것들을 찾아보자.

브라질 판타날 습지의 한 나무 위 둥지에 검은머리황새가 서 있다.

| 브라질 | 볼리비아 | 파라과이 |

판타날 습지의 야생동물 Wildlife in the Pantanal

브라질, 볼리비아, 파라과이의 광대한 지역을 차지하는 지구상에서 가장 넓은 습지대, 판타날 습지의 다양한 야생동식물을 만나 보자.

해질 무렵에는 몸길이가 1.5미터 가까이 되는 거대한 검은머리황새가 물가로 내려앉는 모습을 볼 수 있을 것이다. 파라과이 강 북쪽 구간이 범람하여 들판으로 넘쳐흐르면 판타날 습지는 거대한 수생 식물원이 된다. 이때, 물고기와 연체동물을 잡아먹는 물새들을 보면서 보트 트립을 할 수 있다. 아니면 말을 타고 육지 포유동물들이 피신해 있는 고지대로 올라갈 수도 있다. 저녁놀은 물 위의 풍경을 황금색과 분홍색으로 물들이고, 무지개도 자주 떠오른다.

21만 제곱킬로미터나 되는 지구상에서 가장 넓은 습지대인 판타날 습지는 언제나 야생동식물의 보고다. 건기에 웅덩이 속에 갇힌 물고기들은 노랑부리황새들에게 좋은 먹이가 된다. 들개나 늪사슴, 맥, 스컹크 등을 만날 수도 있고, 춤을 추며 날아가는 나비떼를 볼 수도 있다. 밤에는 늪 위로 떠오른 얼룩무늬 쿠거의 번득이는 눈을 보는 특별한 경험을 할 수도 있다.

When to go 연중 어느 때라도 다양한 야생동식물을 볼 수 있다. 건기(4월~9월)에는 걷기 투어와 지프차를 이용한 사파리를 주로 하고, 우기(10월~3월)에는 흥미로운 야생동물들이 서식하는 일부 지역을 배나 경비행기로만 갈 수 있다.

How Long 나흘이면 판타날 습지를 대표하는 야생동식물을 보기에 충분하다.

Planning 현관에 매달아 놓은 해먹에서부터 목장에 딸린 편안한 오두막까지 다양한 숙박 시설이 준비돼 있다. 기본적인 것만 갖춰져 있는 숙소에 대비해서 침낭과 방충제를 준비한다.

Inside Information 공항과 버스정류장의 호객꾼과 흥정을 하기보다는 이름 있는 여행사를 통해 실력 있는 가이드를 소개받아야 한다.

Websites www.pantanal.org, www.caiman.com.br

- 해질녘에 말을 타고 가면 설치류 가운데 몸집이 가장 큰 캐피바라 가족을 만날 수도 있다. 납작한 코에 몸통은 개처럼 생긴 이 독특한 동물은 거대한 기니피그처럼 생겼다. 몸길이는 1미터가 넘고 몸무게는 80킬로그램까지 나가기도 한다.
- 몸길이가 1미터에 이르는 히아신스마코는 세계에서 제일 큰 앵무새다. 멸종 위기에 처해 있긴 하지만 아직까지는 이 지역에서 흔히 볼 수 있다. 알을 훔쳐다가 몇 천 달러를 받고 파는 사람들도 있다.
- 독특한 외양을 갖고 있는 거대한 개미핥기도 볼 수 있다. 기다란 코와 털로 덮인 몸, 성큼성큼 걷는 걸음걸이 등은 쉽게 눈에 띈다.

1893년에 건설된 발파라이소의 옥외 엘리베이터. 항구에서부터 가파른 비탈을 오르내리며 사람들을 실어 나른다.

아르헨티나 | 칠레 | 페루

체 게바라의 자취를 따라

Following Che through South America

훤히 트인 도로를 달려 대초원과 사막을 횡단하며 《모터사이클 다이어리》를 재연해 보자.

    아르헨티나에서 칠레를 지나 북쪽으로 페루까지 '체 게바라(Che Guevara)'의 《모터사이클 다이어리*Motorcycle Diaries*》루트를 따라가는 것은 모험인 동시에 순례라고도 할 수 있다. '체 게바라'라는 한 인간의 영혼을 흠모하기 때문에 떠나는 여정이지만, 이 여행은 이동 방법은 물론이고 인내력까지도 시험해 볼 기회가 될 것이다.

체 게바라와 그의 친구 알베르토 그라나도는 낡은 500cc짜리 노턴 오토바이를 타고 여행을 했다. 그 낡은 오토바이는 아이러니하게도 '라 포데로사(La Poderosa, 강력한 것)'라는 애칭을 갖고 있었다. 체와 알베르토는 아르헨티나를 떠나 칠레, 페루 등 여러 나라를 거치면서 거대하고 아름다운 라틴 아메리카의 자연 속에서 여행과 모험을 즐겼다. 그러나 우리가 이 쉽지 않은 도로를 달리기 위해서는 어떤 지형에서도 달릴 수 있는 오토바이와 성능 좋은 GPS가 있어야 한다.

맑은 강물 옆으로 가파른 경사면을 오르내릴 때, 도로는 거의 극한의 상태다. 몸 안에서는 아드레날린이 끝없이 솟아난다. 안데스 산맥을 횡단하고 북쪽으로 달려 '아타카마 사막'을 지난다. 그리고 다시 산지로 올라가서 고대 잉카제국의 수도인 '쿠스코(Cusco)'를 지난 후 마추픽추 유적지로 향하자.

When to go 1월에 출발하면 남반구의 여름 동안 파타고니아 지역을 탐험하고, 서늘해진 가을에 아타카마 사막에 닿게 된다.

How Long 전체 거리가 약 8,050킬로미터에 달한다. 적어도 한 달은 잡아야 한다.

Planning 부에노스아이레스의 렌타 모토(Renta Moto)에서 전 지형 오토바이를 빌릴 수 있다. 루트를 따라 거치게 되는 장소들에 대한 정보는 '남아메리카 탐험가 클럽(South American Explorers Club)' 사이트의 게시판에서 찾을 수 있다.

Inside Information 체와 알베르토는 콜롬비아와 베네수엘라까지 갔지만, 그곳까지 지형에 부적합한 오토바이는 가져가지 않았다. 따라서 우리는 종착지로 삼기에 꽤 적당한 마추픽추에서 여행을 마무리하자.

Websites www.rentamoto.com.ar, www.saexplorers.org

- 안데스 산맥의 아르헨티나 쪽 자락에 있는 나후엘 후아피(Nahuel Huapi) 호숫가에 있는 도시인 산 카를로스 데 바릴로체(San Carlos de Bariloche)는 남쪽의 아르헨티나 파타고니아로 들어가는 입구다.
- 칠레의 항구 도시 발파라이소(Vapparaíso)는 항구에서 주거지역까지 가파른 오르막으로 이루어져 있다. 케이블카처럼 생긴 낡은 열다섯 대의 옥외 엘리베이터가 사람들을 위아래로 실어나른다. 시인이자 노벨문학상 수상자인 파블로 네루다(Pablo Neruda, 체 게바라가 가장 좋아한 시인)가 살았던 집을 방문해 봐도 좋겠다.
- 페루에서는 엘 살칸타이(El Salkantay) 산이 마추픽추 뒤로 솟아 있다. 고대로부터 이 지역 사람들은 엘 살칸타이 산을 수호신으로 여기고 존경해 왔다. 또한 이곳은 키가 40센티미터밖에 안 되는 아주 작은 사슴인 사차카브라(sachacabra)의 서식지이기도 하다.

> 볼리비아

오토바이로 데스 하이웨이 달리기

The Death Highway by Bike

세계에서 제일 위험한 볼리비아 안데스 산맥 사이의 구불구불하고 가파른 내리막 도로에서는 조심, 또 조심해야 한다.

얼얼한 바람이 피부를 할퀴고 주변에는 라마들이 벽돌 같은 땅을 긁어 구멍을 파고 있다. 이곳은 해발 4천 7백 미터, 볼리비아의 알티플라노(Altiplano)를 지나는 화강암 산맥인 '레알 산맥'의 봉우리들 사이다. 그리스도 상이 내려다보는 가운데 산악 오토바이를 즐기는 사람들은 기도를 하고 브레이크를 점검한다. 볼리비아의 '죽음의 도로(Carretera de la Muerte, 볼리비아의 수도 라파스와 북부의 아열대 지방을 이어 주는 루트의 일부)'를 오토바이로 내려가려는 사람들에게는 철저한 준비가 생명이다.

1930년대 볼리비아와 파라과이 사이의 전쟁 동안 전쟁포로들에 의해 절벽에 만들

세계에서 가장 위험한 도로로 꼽히는 볼리비아의 죽음의 도로. 아래는 깊이를 가늠할 수 없는 가파른 낭떠러지다.

어진 이 도로는 쿰브레 고개(La Cumbre)에서 코로이코(Coroico) 시까지 61킬로미터에 걸쳐서 3천 4백 미터의 고도를 내려간다.

코로이코 남서쪽에 위치한 욜로사(Yolosa) 마을까지 이어지는 구불구불한 24킬로미터 구간은 경험 많고 담력 센 오토바이 주자에게도 두려움을 불러일으킨다. 쿰브레 고개에서 로켓을 타고 내려오듯 가파르던 도로는 아스팔트 도로가 아니라 흙과 바위로 이루어진 길로 변한다. 공포감을 더욱 조성하는 것은 안개로 덮인 U자형 급커브 길을 올라가는 버스들이 울리는 경적 소리와 인명 사고가 발생한 곳임을 나타내는 길가의 십자가들이다. 좁은 길을 뼈가 서로 부딪칠 듯 흔들리며 달리다 보면 두려움과 아울러 흥분이 온몸을 감싼다. 그리고 코로이코 시에 도착할 때쯤이면 그때까지의 공포는 모두 잊어 버리게 된다.

- 이곳에서는 라마를 아주 많이 볼 수 있고, 들개와 적갈색 도요새 같은 희귀한 새들도 볼 수 있다.
- 볼리비아 여성들이 착용하는 원색의 실로 짠 판초와 중산모 같은 모자들(sombreros de cholita)은 특히 시선을 끈다.
- 해발 5,869미터 높이의 눈 덮인 무루라타 산(Cerro Mururata)은 죽음의 도로를 지나며 볼 수 있는 안데스 산맥의 수많은 봉우리들 중 하나다.

When to go 3월부터 10월 사이가 좋다. 라파스는 11월에서 2월 사이에 비가 가장 많이 내린다.

How Long 5~6시간 정도 걸린다.

Planning 라파스의 많은 여행사들이 죽음의 도로로 당일치기 여행 상품을 운영한다. 원정에 나서기 전에 며칠 동안 고도에 익숙해져야 한다.

Inside Information 오토바이를 타고 나서 갈아입을 깨끗한 옷을 가져가야 한다. 옷은 여행사에서 차량으로 가져다 줄 것이다. 가이드가 길가에 사탕을 뿌리는 것은 안전한 여행을 위해서 파차마마(Pachamama, 대지의 여신)에게 먹을 것을 바치는 것이다. 죽음의 도로에서 살아남으면 버스를 타고 라파스로 돌아가기 전에 코로이코에서 점심식사를 즐기자.

Websites www.gravitybolivia.com, www.experiencebolivia.com, www.travel-tracks.com

따뜻한 바람이 얼굴로 불어오고 저 아래로는 세계에서 가장 멋진 도시 풍경이 펼쳐진다.

| 브라질 |

리우에서 행글라이딩을 *Rio Hang Gliding*

브라질을 대표하는 도시 리우데자네이루의 하늘 위에서 숨이 멎을 듯
아름다운 풍경을 즐기는 데에는 행글라이딩보다 좋은 것이 없다.

    활강을 위해 경사로를 달려갈 때는 두려움은 억누르고 확신을 갖고 뛰어야 한다. 곧 발밑으로 땅이 사라지고 리우데자네이루의 전경이 시야에 들어오면, 공포감은 어디론가 사라지고 어느새 이 특별하고 흥분되는 스포츠를 즐기게 될 것이다.
    먼저 짧은 브리핑을 받은 다음 조종사와 함께 '티후카 국립공원(Tijuca National Park)'에 있는 '페드라 보니타(Pedra Bonita)'에서 행글라이더를 타고 날아오를 것이다. 티후

카 국립공원은 도시에 있는 우림으로는 세계 최대 규모로, 도시 중심부에서 남서쪽으로 가까운 거리에 있다. 리우는 지구상 그 어느 도시보다도 멋지고 장관인 곳에 위치하고 있다. 동쪽으로는 대서양의 반짝이는 바닷물이 펼쳐져 있고, 서쪽으로는 울창한 우림으로 덮인 가파른 산들이 솟아 있다.

'상콘라두' 해변으로 하강해서 내려가자. '팡데아수카르 산', 화강암으로 된 코르코바도(Corcovado, 포르투갈어로 '곱사등이'라는 뜻) 봉우리와 그 정상에 서 있는 그리스도 상, '코파카바나 해변'과 '이파네마 해변'의 하얀 모래밭, 과나바라 만 앞에 흩어져 있는 숲으로 덮인 작은 섬들, 과나바라 만 건너에 있는 리우의 자매도시인 니테로이(Niterói) 시 등 이 해변을 상징하는 광경이 눈에 들어온다. 행글라이더를 타본 경험은 없어도 된다. 가이드이자 조종사가 알아서 조종을 할 것이고, 우리는 저 밑에 펼쳐진 넋을 잃게 하는 풍경을 즐기기만 하면 된다.

- 도약을 하는 순간, 부드럽게 땅에서 발을 떼고 열대의 공기에 몸을 맡기자. 독특한 기분을 느낄 것이다. 한없는 자유와 무중력 상태인 듯한 느낌은 기분 좋고 평화롭다.
- 놀라운 리우의 지형을 공중에서 바라보노라면 이곳이 얼마나 특별한 도시인지 느낄 수 있을 것이다. 뾰족한 화강암 봉우리들에 의해 나뉘는 주거지역들은 모두 해안선을 따라 위치해 있다.
- 상콘라두 해변(São Conrado beach)의 부드러운 모래를 밟으며 걷고 난 한참 뒤에도 가슴은 그 흥분을 잊지 못할 것이다.

When to go 1년 내내 언제든 탈 수 있다. 날씨가 반드시 맑을 필요는 없다. 구름이 낮게 깔려 있거나 산에 비가 내리지만 않으면 된다.

How Long 직선으로 운행하면 12분 정도 걸린다. 컨디션이 괜찮으면 30분까지 탈 수 있다.

Planning 껴입을 수 있도록 옷을 하나 더 가져가자. 출발 지점은 고도가 높아서 추울 수 있다. 활강과 착륙을 위해 편한 신을 신는 것이 중요하다.

Inside Information 리우에 며칠 머문다면 행글라이딩 가이드에게 바로 연락하는 게 좋다. 가이드가 행글라이딩을 하기에 가장 좋은 날을 잡아 줄 것이다.

Websites www.riohanggliding.com, www.rioturismoradical.com.br

아르헨티나 | 칠레 | 페루 | 에콰도르

안데스 산맥 말 타고 트레킹 하기
Horse Treks in the Andes

안데스 산맥의 고지대에서 웅장한 풍경 사이로
말을 타고 트레킹을 하면서 인생에 대해 생각해 보자.

산허리에 나 있는 길을 따라 말들이 걸어간다. 바위 부스러기들로 덮인 비탈길에는 자그마한 고산식물들이 자라고 있다. 날개 길이가 3미터나 되는 검은색과 흰색으로 된 안데스 콘도르가 골짜기 위로 날아간다. 말 위에서 보면 모든 것이 다르게 보이고 낯설게 느껴진다. 우리를 둘러싸고 있는 자연의 일부가 된 듯한 기분이 든다. 저 위쪽으로는 노새를 모는 사람들이 천막과 난로, 팬, 식량을 실은 노새들을 이끌고 간다. 저녁에는 호숫가에서 식사를 한다.

안데스 산맥은 세계에서 가장 긴 산맥으로, 베네수엘라에서 '티에라 델 푸에고'까지

칠레 안데스에서 말을 타고 트레킹을 하는 사람들. 칠레의 수도 산티아고는 말 트레킹의 주요 거점이다.

총 길이가 7,240킬로미터에 달한다. 안데스 산맥의 최고 봉은 해발고도 6,960미터의 아콩카과 산(Aconcagua)으로, 서반구에서 가장 높은 산이다.

말을 타고 트레킹을 할 기회는 무궁무진하다. 열 개가 넘는 여행사들이 트레킹 프로그램을 운영하고 있다. 트레킹은 아르헨티나, 칠레, 페루, 에콰도르 등에서 주로 이루어진다. 그중 한 코스는 에콰도르 쪽 안데스의 고지대 초원을 횡단한다. 길 양쪽의 흰 눈이 덮인 화산들 중에는 연기를 뿜고 있는 활화산들도 있다. 또 다른 코스는 칠레에서 파타고니아 안데스를 통과하여 아르헨티나로 이어진다. 과거 밀수업자들의 루트를 따르는 것으로, 도중에 아름다운 산속의 호수들을 지나게 된다. 그 외의 다른 코스들을 따라가다 보면 몇백 년째 거의 변하지 않은 이 지역 원주민들의 문화를 접할 수 있다. 어느 길을 택할 것인지는 순전히 우리 마음이다.

When to go 적절한 시기는 지역에 따라 다르다. 에콰도르 고지 같은 북부 안데스에서는 연중 어느 때나 가능하다. 한편 칠레와 아르헨티나 등 남부에서는 1월부터 6월까지가 말 트레킹을 하기에 좋은 시기다.

How Long 하루에서부터 2주까지 다양한 일정이 있다.

Planning 구간 중 고도가 높은 지역도 있으므로 고도에 적응하는 기간이 필요하다. 많은 여행사들이 말을 타본 경험이 없어도 된다고 말하지만, 말을 타고 난 다음 날 몸 상태가 어떤지를 전혀 모르고 가는 것은 바람직하지 않다.

Inside Information 강력한 자외선 차단크림을 바르고, 챙이 넓은 모자를 쓰고, 목에는 대형 손수건을 둘러야 한다. 연중 어느 때든 고지대에서는 햇빛이 무척 강하다.

Websites www.rideandes.com, www.outdoorsargentina.com, www.chilecontact.com

- 안데스 산맥 사이로 말을 타고 트레킹을 하면서 맑은 호수, 고지대의 초원, 아름다운 야생화 등등을 감상하자. 밤에 하늘을 올려다보면 공기가 맑은 산속에서 더 많은 별들이 밝게 빛난다.
- 운이 좋다면 라마, 알파카, 매, 독수리, 친칠라, 안데스콘도르 등 다양한 야생동물들을 볼 수 있다.
- 산에 있는 동안 노새 모는 사람과 가이드는 텐트를 치고 맛있는 식사만 만들어 주는 것이 아니다. 많은 여행사에서는 음악가들을 보내 저녁 식사 시간에 연주를 해 주기도 한다.

521

코끼리 등에 탄 관광객들. 코끼리들은 치트완 국립공원의 다양한 지형을 대담하고 민첩하게, 흐트러짐 없이 지난다.

> 네팔

코끼리 사파리 *Elephant Safari*

네팔 남부 테라이 평원에 위치한 치트완 국립공원의 초원과 밀림 속으로 점잖은 코끼리를 가이드 삼아 가볼 수 있다.

    네팔 남부의 '치트완 국립공원(Chitwan National Park)'은 나라야니 강과 랍티 강으로 경계가 지어지고, 습지, 언덕, 열대숲과 아열대숲으로 이루어져 있다. 수많은 동물들이 살고 있는데, 그중 몇 종은 멸종 위기에 처해 생명을 보호받고 있다.
    코끼리를 타고 둘러보는 것은 다양한 야생동물들을 가까이서 보는 아주 훌륭한 방법이다. 이곳에서 가장 유명한 동물은 뿔이 하나인 인도코뿔소다. 장갑판을 몸에 댄 것 같이 몸집이 큰 이 동물도, 거구의 코끼리들 앞에서는 대체로 조용하다. 코끼리 등에 얹혀 있는 작은 가마에 올라타면 머하우트(코끼리를 부리는 사람)의 명령에 따라 코끼리는 기운차게 걸어가기 시작한다.

코끼리가 쿵쿵거리며 앞으로 나아갈 때, 등에 올라탄 사람들의 몸은 좌우로 흔들린다. 그렇게 2분쯤 걸으면 사슴들이 드문드문 있는 초원으로 들어간다. 여기서 코끼리들은 흩어져서 코뿔소 한두 마리를 둘러싼다. 그래서 등에 탄 사람들이 코뿔소를 볼 수 있게 해 준다. 흔들리는 코끼리의 움직임에 익숙해질 때쯤 코끼리는 밀림 속의 진흙투성이 비탈길을 내려가 냇물로 들어간다. 그리고 내려올 때보다 더 경사가 심한 강둑을 올라 반대쪽으로 간다. 그 과정에서도 전혀 흔들리지 않는 발걸음은 놀라울 정도다. 코끼리 등에 타고 사파리를 하면서 만나는 푸른 꼬리가 아름다운 공작, 여기저기를 살살이 뒤지고 다니는 멧돼지, 자그마한 사슴, 가리얼악어도 등은 모두 전율을 느끼게 한다.

When to go 10월부터 5월까지가 좋다. 12월과 1월의 아침은 몹시 추울 수 있다.

How Long 치트완을 최대한 즐기려면 3박은 해야 한다. 코끼리를 타는 시간은 2~3시간 정도다.

Planning 치트완은 카트만두에서 남서쪽으로 175킬로미터 거리에 있다. 제일 가까운 도시는 바크타푸르(Bhaktapur)로, 작은 공항이 있다. 11월 말부터 2월 사이에 방문하려면 쌍안경과 등산화, 방충제, 따뜻한 옷을 가져가야 한다. 국립공원 안에는 다양한 숙박 시설이 있다. 치트완 밀림 산장과 타이거 탑스 밀림 산장이 편안하며 사파리도 알선해 준다.

Inside Information 코끼리와 코끼리를 부리는 사람은 유대가 무척 강하며, 그 관계는 오랫동안 지속된다. 투어 중에는 코끼리를 목욕시키고 밥을 먹이고 훈련시키는 데 참여할 수 있는 프로그램도 있다.

Websites www.visitnepal.com, www.tigermountain.com, www.chitwanjunglelodge.com

- 코끼리 등에 올라타면 3미터 정도의 높이에서 '코끼리 초원'이라는 키 큰 풀밭 너머로 환상적인 360도 전경을 볼 수 있다.
- 느림보곰과 줄무늬 하이에나, 여러 종의 영양, 사슴, 원숭이, 벵골호랑이와 표범 등이 야생동물을 볼 수 있다.
- 카누를 타고 나라야니 강을 따라 내려가면서 6미터까지도 자랄 수 있는 주둥이가 긴 가리얼악어와 이 공원에 서식하는 450종 남짓한 이국적 새들을 찾아보자.
- 어미 코끼리와 새끼 코끼리들을 보살피고 있는 코끼리 사육센터를 방문하면서 코끼리 투어를 마무리하자.

늠름한 호랑이가 물웅덩이 속에서 몸을 식히고 있는 것을 본다면 란탐보르 국립공원 방문은 대성공이다.

인도

호랑이 사파리 *Tiger Safari*

사람 눈에 잘 띄지 않는 벵골호랑이를 보기에 가장 좋은 곳은
인도 라자스탄 주 동부에 있는 란탐보르 국립공원이다.

란탐보르 국립공원(Ranthambore National Park)에 살고 있는 벵골호랑이는 20마리 정도밖에 되지 않는다. 하지만 공원은 면적이 394제곱킬로미터밖에 안 될 정도로 좁고, 다른 보호구역의 호랑이들에 비해 덜 은둔하고 낮에도 활동을 하는 편이라 비교적 눈에 잘 띈다. 폐허가 된 란탐보르 요새(Ranthambore Fort) 주변에 자리 잡은 란탐보르 국

립공원은 과거에 자이푸르의 왕들이 사냥을 하던 곳이었다. 란탐보르 요새 위에 올라가면 상공을 선회하는 독수리들과 같은 높이에서 멋진 풍경을 바라볼 수 있다. 울창한 숲, 바위산, 십자로 교차하며 흐르는 하천들, 넓은 초원 등 다양한 풍경 속에 엄청나게 많은 야생동물들이 살고 있다. 사파리를 하면서는 삼바사슴과 치탈사슴 등 여러 종의 사슴과 자칼, 줄무늬하이에나 등을 볼 수 있다. 또한 느림보곰, 코브라, 표범 등을 볼 수도 있다.

그러나 이곳을 찾아온 주된 목적을 잊어서는 안 된다. 가이드는 종종 지프차를 세우고 호랑이 발자국이 없는지 확인하고, 치탈사슴의 짖는 소리 같이 호랑이가 가까이에 있다는 신호가 없는지 귀를 기울인다. 그리고 마침내 제왕처럼 당당한 호랑이를 발견하는 마법 같은 순간, 그때까지의 모든 노력은 보상을 받는다.

When to go 우기가 오기 전인 3월부터 5월 사이가 좋다. 초목은 아직 크게 자라지 않고, 동물들은 물을 찾으러 활발히 다닌다. 그러나 이 시기는 대단히 더울 수 있으니 많이 덥지 않은 겨울(12월~2월)에 찾아도 좋겠다. 란탐보르 국립공원은 6월부터 10월 사이에는 개방하지 않는다.

How Long 호랑이를 볼 가능성을 높이려면 적어도 이틀은 공원 안에 있어야 한다.

Planning 공원 안에는 다양한 숙박 시설이 있다. 11월 말부터 2월 사이에는 따뜻한 옷이 필요하다.

Inside Information 야생동물을 볼 때는 조용히 해야 한다. 밝은 색 옷을 입지 말아야 하며 향수를 뿌리면 안 된다. 란탐보르 국립공원에는 알맞은 장소에 전망대들이 설치되어 있다.

Websites www.ranthamborenationalpark.com, www.india-wildlife-tours.com

- 란탐보르 국립공원의 주요 특징 중 하나가 세 개의 호수다. 사냥꾼의 오두막이 내려다보이는 곳에 있는 파담 탈라오(Padam Talao) 호수가 가장 크다. 해 뜰 무렵과 해 질녘에 동물들은 호숫가에 와서 물을 먹는다. 라즈 바그 탈라오(Raj Bagh Talao) 호수에서는 습지 사슴들이 수초를 먹는다. 제일 작은 호수인 말릭 탈라오(Malik Talao)에는 조류가 많이 살고 있고, 인도 습지 악어를 볼 수도 있다.
- 라즈 바그 탈라오 호수 근처에 있는 궁전 유적인 라즈 바그 유적에도 호랑이가 누워 있을 수 있다.

이른 아침 햇살 속에 길을 나서기 시작한 목동과 소들. 이것이 바로 오스트레일리아 오지의 낭만이다.

오스트레일리아

오스트레일리아 캐틀 드라이브
Australian Cattle Drive

낮에는 옛날에 가축을 몰던 길을 따라 말을 타고, 밤에는 캠프파이어 앞에 둘러앉아
얘기를 나누며 오스트레일리아 오지의 삶을 느껴 보자.

　드넓고 검푸른 하늘에는 수천 개의 별들이 반짝이고, 남십자성도 더 확실하게 눈에 들어온다. 한나절 말을 타고 나서 저녁이 되면 5백 마리의 소들이 내는 낮은 소리를 음악 삼아 캠핑장에 자리를 잡는다. 이제 내일 날이 밝을 때까지는 채찍을 휘두르는 소리나 "어서 움직여!" 같은 소리는 들을 수 없을 것이다.
　캠프 뒤쪽으로는 모래언덕과 자갈 사막이 고요하게 펼쳐져 있다. 이곳은 사우스오스트레일리아 주의 우드나다타 트랙(Oodnadatta Track)으로, 오래전부터 사람들이 가축을 몰고 다니던 유서 깊은 길이다. 오지 깊은 곳에 있는 우드나다타에서 티라리 사막을 지나 우드나다타 남동쪽으로 4백 킬로미터 정도 떨어진 곳에 있는 마리(Marree)의 오래된 철도 종점까지 이어진다.
　여행을 함께하는 가축을 모는 사람들의 야위고 주름투성이인 모습이 오지 그 자체인 듯 보이기도 한다. 채찍을 휘두르며 숙련된 모습으로 소에 올라타는 그들의 내면에는

캠프파이어에 불을 붙인 다음 양철 주전자에 물을 채워야 한다.　　　　　　소들이 농장에서 집합하기를 기다리고 있다.

오지의 정신이 아직도 살아 있다. 그들은 지식과 유머가 풍부하고, 재치와 융통성도 지니고 있다. 지구상 최고의 오지 중 하나인 오스트레일리아 중부의 거칠고 황량한 아름다움을 경험할 수 있는 좋은 기회다.

맑은 공기 속에서 광활한 평원과 사막을 바라보는 것만으로도 지친 마음이 진정되는 듯하다. 파란색 텐트와 푸른 하늘이 우리를 다른 세계로 인도한다. 매일 일찍 길을 나서고 낮도 길지만, 하루에 14킬로미터 이상 가지 않는 게 좋다. 게다가 텐트는 편안하고 잘 구비된 이동식 바가 길을 함께하니 생각보다 힘들지는 않다. 오스트레일리아 원주민 노인을 만나 드림타임(Dreamtime)에 대한 이야기를 들을 기회도 있다.

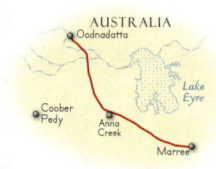

When to go 현재 캐틀 드라이브는 한 해 걸러 한 번씩 5월 초부터 6월 말까지 진행된다.

How Long 캐틀 드라이브는 4박 5일 동안 구간이 나뉘어 진행된다. 관광객들은 아무 구간에나 참여할 수 있다. 캐틀 드라이브를 하고 난 후 사우스오스트레일리아 주의 볼거리, 즐길거리가 많은 주도 애들레이드에서 며칠을 보내자.

Planning 한 번에 70명밖에 참가할 수 없으므로 예약을 서둘러야 한다. 복장과 개인 안전에 대한 지침을 따라야 하고, 참가자 모두 헬멧을 써야 한다. 강력한 방충제도 휴대하자.

Inside Information 캠프파이어 주변에 둘러앉아서 함께 노래를 부르는 것은 긴장을 풀고 함께 여행하는 사람들을 알 수 있는 좋은 방법이다. 연주할 줄 아는 휴대용 악기가 있다면 가져가자. 또한 말을 타고 가다 보면 목이 마를 것이다. 바에서 음료를 사서 마실 수 있도록 현금이나 신용카드를 가지고 가야 한다.

Websites www.cattledrive.com.au, www.southaustralia.com

- 투어 중에 세계에서 가장 큰 규모의 소농장인 애나 크릭(Anna Creek)에 갈 수도 있다. 이 농장의 면적은 약 3만 제곱킬로미터로, 우리나라 경상남북도를 합한 면적과 비슷하다.
- 에어 호(Lake Eyre)는 세계에서 가장 넓은 염호로, 면적이 120만 제곱킬로미터에 달한다. 물이 새어 나가지 않기 때문에 물이 증발되고 나면 광활하고 무시무시할 정도의 하얀 소금밭이 남는다. 보통 이 호수는 비어 있지만, 5년 정도마다 범람한다. 호수에 물이 차 있다면 비행기를 타고 호수 위를 지나며 풍경을 감상하는 것도 좋다.
- 길이가 4킬로미터에 달하는 막대기 같은 물건을 들고 있는 사람의 형상을 한 '마리 맨(Marree Man)'은 마리에서 서쪽으로 60킬로미터 떨어진 땅에 새겨진 불가사의한 인공 미술품이다.

스코틀랜드

스코틀랜드에서 골프 치기 *Golfing in Scotland*

5백 개가 넘는 골프장이 있는 골프의 천국 스코틀랜드. 전설적인 골프장들에는 전 세계 각지에서 관광객들이 몰려든다.

모래언덕과 북해의 긴 백사장으로 둘러싸여 있으며 바람에 단련된 완만한 구릉으로 이루어진 세인트앤드류스 골프장은 '골프의 고향'이다. 1754년에 설립된 '세인트앤드류스 영국골프협회(The Royal and Ancient Golf Club of St. Andrews)'는 영국 오픈 골프 선수권대회(The Open Championship, 흔히 '브리티시 오픈'이라고 불림)를 운영하며 골프 경기의 규칙을 최종적으로 중재한다.

골프의 역사가 살아 숨쉬는 올드 그레이 토운(Auld Grey Toun) 골프장의 올드 코스(영국 오픈 골프 선수권대회가 가장 많이 열린 골프 코스)에서 골프를 치기 위해서는 대기자 명단에 이름을 올리고 몇 달, 혹은 몇 년을 기다려야 한다. 그러면 골프의 세계에서 가장 힘든 코스 중 하나인 이곳의 코스와 벙커에서 골프를 칠 수 있는 보상을 받는다.

동해안, 세인트앤드류스에서 북쪽으로 48킬로미터 떨어진 '테이 만'의 북쪽 해안에는 '카누스티' 골프장이 있다. 세인트앤드류스의 골프장보다는 비교적 빨리 경기할 기

세인트앤드류스의 올드 코스에는 영국골프협회 본부가 자리 잡고 있다.

스코틀랜드 아일 오브 아란의 골프장. 스코틀랜드의 많은 골프장들은 명코스뿐만 아니라 멋진 풍경으로도 유명하다.

회를 얻을 수 있다. 세인트앤드류스와 마찬가지로 북해의 강한 바람은 골프를 칠 때 반드시 고려해야 하는 중요한 요소다. 골프를 치지 않는 파트너와 함께 여행을 한다면, 풍부한 문화와 역사를 지닌 도시 에든버러가 최상의 여행지일 것이다. 에든버러는 골프와 문화 두 가지를 모두 즐길 수 있는 도시다.

에든버러 시 중심에서 살짝 벗어난 곳에 있는 '뮤어필드 골프장'은 세인트앤드류스보다 훨씬 더 폐쇄적이다. '에든버러 골프협회'가 위치해 있기도 하다. 서해안의 에어셔(Ayrshire)에 있는 '턴베리 골프장'과 '로열 트룬 골프장'도 세인트앤드류스와 거의 동등한 위상을 지니고 있다.

- 포스 만(Firth of Forth)이 바라다 보이며, 초목으로 둘러싸인 아름다운 찰튼(Charleton) 골프장은 넓은 페어웨이가 다양하게 마련되어 있다.
- 파이프 네스(Fife Ness) 곶에는 1895년에 크레일 발코미 링크(Crail Balcomie Links)가 설립되었다. 작지만 매력적인 이 골프장은 근처 세인트앤드류스에서 브리티시 오픈이 열리는 동안 세계적인 선수들이 찾는다.
- 턴베리(Turnberry) 골프장은 브리티시 오픈 역사에서 전설로 남아 있는 1977년 잭 니클로스와 톰 왓슨의 대결이 펼쳐졌던 곳이다. 승자는 톰 왓슨이었다.

When to go 봄(4월~6월 초)이나 가을(9월~10월)이 좋다. 스코틀랜드의 겨울은 비가 자주 오고 춥고 바람이 많이 불며 낮이 7시간밖에 되지 않는다. 여름 성수기는 사람들로 무척 붐빈다.

How Long 스코틀랜드는 동해안의 세인트앤드류스에서 서해안의 턴베리까지 차로 2시간밖에 걸리지 않는다. 계획만 잘 세우면 1주일에 마음에 드는 골프장 대부분에서 골프를 칠 수 있다.

Planning 연중 어느 때라도 숙소는 한참 전에 예약해야 한다. 그리고 골프 투어는 전문 여행사를 통하는 것이 최선이다.

Inside Information 여름에도 해안에서 크로스윈드(공이 날아가는 방향의 왼쪽이나 오른쪽에서 부는 옆바람)가 불어오는 등 날씨는 예측하기 힘들다. 하지만 골프를 진정으로 즐기는 사람들은 이런 점 때문에 스코틀랜드의 골프장을 찾는다. 세인트앤드류스의 올드 코스는 모든 홀이 잊지 못할 경험을 가져다 주지만, 1번, 11번, 14번, 17번 홀이 가장 훌륭하다. 마지막 홀인 로드 홀은 골프에 대한 경외감을 갖게 할 정도다.

Websites www.visitscotland.com, www.golfing-scotland.com

포장마차는 옆으로 누워 있는 원색의 술통을 닮았다. 안에서 잘 수 있을 만큼 넓으며 또한 말들이 끌 정도로 가볍다.

아일랜드

포장마차 타고 아일랜드 유람

Through Ireland in a Horse-drawn Caravan

호수나 냇물, 숲으로 덮인 골짜기에 잠깐씩 쉬어 갈 수 있는 이 평온한 교통수단은 아름다운 섬나라를 탐험하기에 아주 적절하다.

    가방 속에 책 몇 권과 낚싯대를 넣고 구석구석 역사가 살아 있는 아일랜드 위클로우 산맥(Wicklow Mountains)의 아름다운 숲으로 떠나자. 네 사람이 잘 수 있는 침대와 탁자, 싱크대, 작은 난로가 갖춰져 있는 포장마차는 아늑한 쉼터다. 포장마차 투어를 제공하는 여행사에서는 차가 적게 다니는 도로와 밤에 마차를 멈추고 샤워와 식사를 하거나 맥주를 한잔 할 수 있는 곳들을 표시한 지도를 제공한다.

    첫째 날은 몇 시간 동안 더블린 남쪽으로 20킬로미터 지점에 위치한 캐리그모어

(Carrigmore)의 여행사 부지에서 말을 다루는 연습을 한다. 이 말들은 대부분 아일랜드산 짐 끄는 말들로, 인내심 있고 튼튼하다. 날씨와 지형에 따라, 어떤 루트냐에 따라, 그리고 낚시를 얼마 동안 하고 골프를 몇 홀이냐 치느냐 등에 따라 하루에 두 시간에서 다섯 시간 동안 7킬로미터에서 20킬로미터 정도 이동할 수 있다. 또한 아일랜드에서 가장 웅대하고 호화로운 저택 중 하나인 18세기에 지어진 팔라디안 양식의 파워스코트(Powerscourt) 같은 저택들을 방문할 수도 있고, 킬리스키 강(Killiskey River) 강변에 있는 '마운트 어셔 가든스' 같은 아름다운 정원을 들러서 갈 수도 있다.

마을의 장에 들러서 구경하는 것도 재미있을 것이다. 해질 무렵에 마차를 세우고 펍에 들어가 연주를 들으며 즐겁게 하루를 마감하는 것도 좋다. 포장마차를 타고 하는 아일랜드 유람은 천천히 진행되지만, 그 길에서 볼 것과 할 일은 무궁무진하다.

- 골웨이에 간다면 골웨이 시티에서 열리는 연례 여름 예술제를 놓치지 말자. 승마를 좋아하는 사람이라면 골웨이 경마대회가 7월 말에 열리니 참고하자.
- 골웨이의 토요일 아침시장에서 아일랜드 최고 품질의 생선과 채소를 구입할 수 있다.
- 마요 카운티 해안의 아름답고 긴 해변에서 느긋하게 쉬자. 다리를 건너서 해안선에 산재해 있는 섬들에 가 봐도 좋다.

When to go 4월부터 10월까지가 좋다. 6월에는 길 양쪽 초원에 야생화가 활짝 핀다. 9월에도 쾌적한 여행을 할 수 있다.

How Long 적어도 일주일은 잡아야 한다.

Planning 우선 아일랜드의 다양한 경치를 연구하여 어느 곳으로 갈지를 결정한다. 꼭 위클로우 카운티로 갈 필요는 없다. 황량한 골웨이(Galway)나 역사를 자랑하는 라오이스(Laois) 카운티, 멋진 전경을 지닌 마요(Mayo) 카운티 등도 좋다.

Inside Information 방충제를 꼭 챙기자. 가파른 도로에서는 말과 함께 걸어야 한다. 마차 여행을 하는 중간에 승마용 말을 빌려 안장 위에서 여행을 할 수도 있다.

Websites www.irishhorsedrawncaravans.com, www.dochara.com

루베롱 지역 자연공원의 조용하고 한적한 길을 따라 자전거를 타는 사람들. 난이도가 다양하다.

프랑스

사이클로 루베롱 산맥 횡단

Cycling through the Lubéron Mountains

산들이 빽빽하게 들어서 있는 루베롱 지역 자연공원은 프로방스 전체에서
가장 아름다운 자연 풍광을 지닌 곳 중 하나다.

    루베롱 지역 자연공원(Lubéron Regional Nature Park)의 언덕배기에는 무너져 가는 요새 속에 아름다운 마을들이 여기저기 자리 잡고 있다. 공원 안에 뻗어 있는 조용한 시골 길을 따라 이 마을에서 저 마을로 자전거를 타고 천천히 달려 보자. 루시용(Roussillon) 에서 출발하면 여러 가지 빛깔의 절벽들과 붉은 빛이 감도는 흙언덕 사이로 달리게 된다. 그 다음에는 서쪽으로 달려 보클뤼즈 고원(Plateau de Vaucluse) 남쪽 가장자리에 12세기에 지어진 성과 함께 자리 잡고 있는 언덕 위 마을 고르드(Gordes)로 향한다. 좀

더 쉬운 코스로 가고 싶다면 공원 서쪽에 있는 카바이용(Cavaillon)에서 출발하자. 1백 킬로미터에 달하는 루베롱 엉 벨로(Lubéron en Vélo) 자전거 도로를 따라 동쪽으로 포카키에(Forcalquier)로 향하다. 이 코스는 13세기에 지어진 생 일레르(St. Hilaire) 사원 유적이 남아 있는 메네르베(Ménerbes) 같은 예쁜 마을들을 지나간다.

시간이 있다면 자전거 도로 남쪽 구간을 따라 마노스크(Manosque), 루마렝(Loumarin), 메랭돌(Mérindol) 등의 마을을 지나 237킬로미터를 순회하여 카바이용으로 돌아가자. 만약 가장 어려운 코스에 도전하고 싶다면 루베롱 북쪽에 있는 '방투 산(Mont Ventoux)'으로 가자. 해발 1,912미터의 산 정상은 투르 드 프랑스 경기 코스의 일부가 되어 왔다.

When to go 4월 중순부터 10월 중순이 좋다. 근처의 코트 다쥐르(Côte d'Azur) 지역만큼 인파가 많이 몰리지는 않지만, 4월 중순부터 6월, 9월부터 10월 중순까지가 자전거 타기에 가장 좋다.

How Long 한 마을에서 3박을 하면서 자전거를 타고 이 지역을 둘러볼 수 있다.

Planning 가장 가까운 공항은 마르세유(Marseille) 공항이고, 가장 가까운 기차역은 엑상프로방스(Aix-en-Provence) 역과 아비뇽(Avignon) 역이다. 마을들에는 작은 호텔들과 지트(gîtes, 주 단위로 임대하는 오두막), 샹브르 도뜨(chambres d'hôtes, 프랑스식 B&B) 등이 있다.

Inside Information 차가 없는 조용한 도로일지라도 도로 오른쪽 가장자리로 달려야 한다. 프랑스인들은 자전거 타는 사람들을 무척 존중하지만, 빠른 속도로 달리는 차가 갑자기 나타날 수 있기 때문이다. 또, 좋은 도로들은 아주 좁은 경우가 많다.

Websites www.beyond.fr, www.velovacations.com, www.provenceweb.fr

- 고르드에서는 3.5킬로미터 외곽에 위치한 고대 정착촌을 찾아가 보자. 이곳은 보리(bories)라고 불리는 둥근 돌로 된 구조물들로 이루어져 있다. 프로방스 지방의 전통적인 형태인 이것은 은신처이자, 헛간이자, 집으로 사용되었던 것이다.

- 메네르베(Ménerbes)와 루마렝(Loumarin)은 프랑스의 가장 아름다운 마을들 중 하나로 선정되었다.

스케이터들이 도쿰(Dokkum) 근처의 루트를 지나고 있다.

네덜란드

프리슬란트 주 11개 도시 스케이트 투어

Friesland's Eleven Cities' Tour

네덜란드 북부의 얼어붙은 운하와 강, 호수를 따라 이어지는 2백 킬로미터의 루트에서 스케이트를 타며 체력을 테스트해 보자.

라이크라 소재 옷을 입은 수천 명의 스케이터가 눈썹에 서리가 맺힌 채 네덜란드 프리슬란트(Friesland) 북부 지방을 지나는 루트를 따라 눈더미 사이로 나아간다. 해 뜰 무렵부터 스케이트를 타고 달린 사람들이 해질녘이 되어서 프리슬란트 주의 주도 레이우아르던의 결승선으로 다가올 때, 12열로 늘어선 관객들은 열광적인 함성으로 선수들을 격려하며 맞이한다.

레이우아르던에서 출발하고 끝을 맺는 이 유명한 스케이트 경주는 몇 세기 동안 비공식적으로 계속돼 오다, 1909년에 공식적 행사가 되었다. 그 후로 이 '엘프스테덴토흐트(Elfstedentocht, 11개 도시 투어)'는 15번밖에 열리지 못했다. 대회 조직위원회에서는 얼음의 두께가 최소한 15센티미터는 되어야 경주를 개최하기 때문이다. 경주의 개최 여부는 며칠 전, 심한 경우에는 몇 시간 전에야 공표되기도 한다.

대회가 열리는 날은 네덜란드 전국이 공휴일이 된다. 대회에 참가하지 않는 사람들은 TV 앞에 앉아 경기 중계를 지켜본다. 최대한 1만 6천 명이 경기에 참가할 수 있다. 얼음이 녹으면 카약을 타고 같은 루트를 지날 수 있고, 강 옆의 길을 따라 걷거나 자전거, 아니면 인라인스케이트를 타고 갈 수도 있다.

- 엘프스테덴토흐트는 사람들을 매료시킨다. 많은 유럽인들이 아이스스케이팅을 '네덜란드병'이라고도 부른다. 왕족도 이 경주에 참가하기도 한다. 1986년 대회에는 빌렘-알렉산더(Willem-Alexander) 왕세자가 참가했다.

- 프리슬란트 주는 그 자체로 방문할 만한 곳이다. 네덜란드 전국에 있는 1천 2백 개 풍차 가운데 2백 개가 이곳에 있다. 프리슬란트 주 자체의 언어인 프리슬란트 어는 영어와 밀접한 관련이 있다.

When to go 이 경주를 보려면 12월부터 2월까지 네덜란드에, 혹은 네덜란드 근처에 있어야 한다. 다른 방법으로 가 보고 싶다면 7월과 8월이 가장 좋다. 네덜란드의 여름은 그리 덥지 않기 때문이다.

How Long 자전거를 타면 하루 만에 쉽게 달릴 수 있으며, 엘프스테덴토흐트 자전거 경주가 5월에 열린다. 여행사에서 운영하는 대부분의 투어는 일주일 이상이 소요된다.

Planning 현지 여행사들이 여름에 이 루트를 가는 최선의 방법을 선택할 수 있게 도움을 줄 것이다. 스케이트 경주에 참가하고 싶다면 조직위원회에 연락을 해서 참가 자격 등을 알아본다.

Inside Information 엘프스테덴토흐트 루트를 완주하면 11개 도시의 도장이 찍힌 특별한 '여권'을 받는다. 스케이트를 타지 않더라도 루트를 모두 거치면 이 여권을 받을 수 있다.

Websites www.visitfryslan.com, www.elfstedentocht.nl, www.11steden.nl, www.cycletours.com

네덜란드

네덜란드의 튤립 꽃밭 Dutch Bulbfields

원색의 꽃밭 주변을 자전거를 타고 둘러본 다음에
예술적으로 조성된 정원들을 찾아가 보자.

봄이면 자위트홀란트(Zuid-Holland, '남쪽 홀란드'라는 뜻) 주의 유명한 튤립 꽃밭은 원색으로 타오른다. 이곳은 네덜란드 화훼산업의 중심지로, 해마다 수백만 개의 구근이 생산된다. 사실, 화훼 산업의 정수는 구근이고, 꽃은 부산물일 뿐이다. 재배자들은 구근을 수확할 때 꽃을 길가에 산더미처럼 내다 버린다.

튤립이 아직 활짝 피어 있을 때 아름다운 꽃밭 풍경을 즐기는 최선의 방법 중 하나는 해변 휴양지인 노르트베이크(Noordwijk)에서 출발하여 네덜란드 화훼 기술의 최고 수준을 보여 주는 쾨켄호프(Keukenhof)에서 끝나는 자전거 투어에 참가하는 것이다. 쾨

붉은색과 노란색이 섞인 튤립들이 줄 맞춰 피어 사람들의 눈과 카메라를 즐겁게 한다.

쾬호프에 있는 면적이 32헥타르에 달하는 공원과 화원은 15세기에 유력한 귀족 부인 야코바 반 베이에렌의 채마밭으로 조성되었던 것이다. 해마다 봄이면 네덜란드의 우수 구근 재배업자들이 6백만 개의 튤립, 수선화, 히야신스를 쾬켄호프로 보내 와 엄청난 규모의 꽃축제가 펼쳐진다. 쾬켄호프는 전설적인 '검은 앵무새 튤립' 구근을 살 수 있는 몇 안 되는 곳 중 하나인데, 사실 이 튤립은 이름과 달리 짙은 자주색이다.

해마다 다른 주제로 꽃밭이 조성되는데, '영감을 불러 일으키는 정원들'을 여러 가지로 꾸며 놓아서 방문객들에게 자신의 정원을 가꿀 아이디어를 준다. 또한 튤립이 중앙아시아의 초원에서 오스만투르크 제국의 궁들을 지나 암스테르담의 화분에까지 오게 된 사연을 보여 주는 전시도 열린다.

- 쾬켄호프의 그로에 앤드 블로에 온실(Groei and Bloei green house)에는 5만 송이의 튤립이 눈부신 색의 조합으로 전시되어 있다. 비가 오거나 바람이 강하게 불 때는 은신처가 되어 주기도 한다. 영어를 하는 가이드가 무료 투어를 제공한다.
- 레이덴에 간다면 1590년에 설립된 유럽에서 가장 오래된 식물원, 호르투스 보타니쿠스(Hortus Botanicus)를 방문해 보자. 역사 센터이자 미술관인 라켄할 박물관(Lakenhal Museum)도 있다.

When to go 3월 중순부터 6월 중순까지가 좋지만, 가장 좋은 시기는 꽃들이 만개하는 5월이다.

How Long 25킬로미터 거리의 사이클 투어는 하루면 가능하다.

Planning 자전거 투어는 노르트베이크의 VVV 관광안내소에서 출발한다. 쾬켄호프까지는 레이덴 대학교가 위치한 작은 대학 도시 레이덴(Leiden)을 경유하여 대중교통을 이용해서 갈 수 있다. 기차는 암스테르담 중앙역이나 스키폴 공항에서 레이덴까지 하루 두 번 운행된다. 레이덴에서는 54번 버스를 타면 쾬켄호프까지 갈 수 있다.

Inside Information 주말에는 쾬켄호프의 노점에서 색색의 튤립은 물론이고 달리아, 백합, 글라디올러스, 베고니아 등 다양한 꽃들을 할인가에 구입할 수 있다.

Websites www.holland.com, www.hollandrijnland.nl, www.keukenhof.com

TOP 10

자전거 여행 *Cycle Routes*

하루에 주파할 수 있는 루트에서부터 몇 주 동안 달려야 완주할 수 있는 루트까지 다양한 장거리 자전거 루트를 소개한다.

❶ 라 루트 베르트 La Route Verte 캐나다

새롭게 완성된 루트 베르트('녹색 루트'라는 뜻)는 퀘벡 주를 동쪽에서 서쪽으로 횡단하는 길로, 공공 도로 용지와 시골길을 따라 4천 킬로미터 넘게 이어진다. 표지판이 잘 되어 있기 때문에 따라가기 쉽다.

Planning www.routeverte.com.ang

❷ 언더그라운드 레일로드 바이시클 루트
Underground Railroad Bicycle Route 미국 | 캐나다

어드벤처 자전거 여행협회에서 자유를 찾으려 애썼던 노예들과 그들을 도왔던 사람들의 용기를 기리기 위해 미국 앨라배마 주 모빌에서 캐나다 온타리오 주 오웬사운드까지 이어지는 이 루트를 개발했다.

Planning 초봄과 가을에 루트 북쪽 구간의 캠핑장은 폐쇄될 수 있다. www.adv-cycling.org

❸ 루타 오스트랄 Ruta Austral 칠레

대부분 포장되지 않은 채 자갈이 깔려 있는 이 루트는 칠레 중부 푸에르토 몬트(Puerto Montt)에서 북부 파타고니아의 빌라 오히긴스(Villa o' Higgins)까지 1천 3백 킬로미터 이상 이어진다.

Planning 필요한 물품은 모두 스스로 가져가야 한다. www.gochile.cl

❹ 문다비디 트레일 Munda Biddi Trail 오스트레일리아 웨스턴오스트레일리아 주

오스트레일리아 눙가 원주민의 언어로 '문다 비디(Munda Biddi)'는 '숲 사이로 난 길'을 뜻한다. 이 자전거길은 몇 킬로미터의 자라(jarrah, 유칼립투스 나무를 오스트레일리아에서 부르는 이름) 숲 사이를 지난다.

Planning 12월부터 2월까지 오스트레일리아의 여름 더위는 피하자. www.mundabiddi.org.au

❺ 하노이에서 호치민시티까지 Hanoi to Ho Chi Minh City 베트남

자전거와 해변을 모두 좋아하는 사람이라면 베트남에서 가장 큰 두 도시를 이어주는 1천 2백 킬로미터의 모래 깔린 해안선을 달려 보자. 노면 상

태가 상당히 다양하고, 하이 반 고개 같은 자연적 장애물들이 많다.

Planning 보통 하노이에서 훼까지는 기차나 비행기를 타고 이동해서 거리를 반으로 단축하곤 한다. www.exitissimo.com

❻ 그란 폰도 캄파뇰로 Gran Fondo Campagnolo 이탈리아

펠트레(Feltre) 주변의 돌로미테 산맥을 통과하여 달리는 이 사이클 경주는 매년 6월 중순 산악 도로에서 눈이 다 녹은 직후에 열린다. 총 209킬로미터 구간을 따라 4천 2백 미터 이상의 고도를 오른다.

Planning 건강검진 확인서가 있어야 참가할 수 있다. www.infodolomiti.it

❼ 뤼숑에서 바욘까지 Luchon to Bayonne 프랑스

투르 드 프랑스는 1910년에 처음 고산지대의 고개를 넘었다. 그 루트를 따라가 보는 것은 생각보다 쉽다. 페이르수르드(Peyresourde), 아스팽(Aspin), 투르말레(Tourmalet), 오비스크(Aubisque) 등 네 개의 고개를 넘어가면 된다.

Planning 늦가을부터 초봄까지 이 고개들은 눈 때문에 폐쇄된다. www.customgetaways.com, www.clevacances-65.com

❽ 루트 뒤 콩트 장 Route du Comte Jean 벨기에 | 프랑스

루트 뒤 콩트 장은 브뤼헤에서 프랑스 북부까지 220킬로미터에 걸친 자전거 도로망이다. 구간 중에 산은 없지만 연안의 바람 때문에 조금 힘이 든다.

Planning 어느 계절에 가더라도 비올 때를 대비한 장비를 챙겨 가야 한다. www.visitbelgium.com

❾ 랜즈 엔드에서 존 오그로츠까지 Land's End to John O'Groats 영국

어떤 루트를 선택하느냐에 따라 거리가 1,450킬로미터 이상이 될 수도 있다. 장거리를 느긋하게 달리더라도 최초의 공식 기록보다는 빨리 달릴 수 있을 것이다. 최초 공식 기록은 1885년에 65일이 걸린 것이다.

Planning 대부분은 조용한 시골길을 따라 일주일 정도에 달린다. www.ctc.org.uk

❿ 케이프 아거스 픽 앤 페이 사이클 투어
Cape Argus Pick 'n Pay Cycle Tour 남아프리카공화국

총 길이 109킬로미터의 케이프 아거스 사이클 경주는 참가자가 3만 5천 명 정도에 달하는 대규모 경주 중 하나다. 코스는 오르막과 내리막을 끝없이 반복하며 케이프 반도를 한 바퀴 돈다.

Planning 미리 참가 예약을 해야 한다. www.cycletour.co.za

아귀에 뒤 미디에서 스키어들이 발레 블랑쉬로 내려가기 위해 기다리고 있다.

> 프랑스

몽블랑 발레 블랑쉬에서 스키 타기

Skiing Mont Blanc's Vallée Blanche

알프스에서 가장 높은 지점에 있는 가파른 활강 코스들과 극한의 상황들은
숙련된 스키어들에게도 힘겨운 도전이다.

샤모니(Chamonix)에 있는 해발 3,842미터의 봉우리 '에귀 뒤 미디(Aiguille du Midi)'
까지 케이블카를 타고 올라가는 동안은 괜찮았던 사람이라도, 내려가는 길에 기다리고
있는 좁은 산마루를 보는 순간 간담이 서늘해질 것이다. 출발하기 전부터 가이드와 밧
줄로 몸을 연결한 채 스키를 붙잡고 눈 덮인 바위로 이루어진 산등성이를 넘어야 한다.
그 다음 해발고도 4,801미터로 알프스 산맥에서 가장 높은 몽블랑 정상 바로 옆에서 스
키에 발을 고정시키고 22킬로미터의 '발레 블랑쉬(Vallée Blanche, 흰 골짜기라는 뜻)'로 내

려가기 시작한다. 높이 2,804미터의 발레 블랑쉬 수직 급강하 구간은 상상만으로도 겁이 날지도 모르지만, 사실 발레 블랑쉬는 전문가 수준의 스키어들만을 위한 곳은 아니다. 적절한 장비와 샤모니 전문 가이드만 있으면 중간 정도 실력의 건강한 스키어들과 스노보더들도 지구상에서 최고의 스키 활주로라고 불리는 코스를 경험할 수 있다.

바위투성이의 타퀼 빙하(Glacier du Tacul)를 지나고 나면 루트는 프랑스에서 가장 큰 빙하인 메르 드 글라스(Mer de Glace)로 이어진다. 메르 드 글라스는 눈과 얼음이 섞여 소용돌이치고 있는 거대한 바다다. 컨디션에 따라 샤모니에서 끝낼 수도 있고 몽탕베르(Montenvers) 기차 종착역에서 끝낼 수도 있다.

When to go 2월과 3월에 눈 상태가 가장 좋다. 월요일에 리프트를 기다리는 사람들이 가장 적다.

How Long 스키를 정말 좋아하는 사람이라면 적어도 일주일은 머물고 싶을 것이다. 사실 샤모니를 찾는 스키어라면 모두 그럴 것이다. 이 지역에는 산과 스키 활주로가 많이 있고 즐길 수 있는 스포츠도 여러 가지다.

Planning 가이드를 구할 수 있는 곳은 몇 군데가 있다. 중요한 것은 가이드를 예약하는 것이다. 발레 블랑쉬에 처음 가는 사람은 가이드 없이 스키를 타서는 안 된다.

Inside Information 장비를 신중하게 챙겨야 한다. 호루라기와 충분한 양의 간식, 마실 물은 반드시 가져가야 한다. 세락(serac, 빙하의 균열인 크레바스가 교차하면서 생긴 톱니 모양의 울퉁불퉁한 부분)은 정말 위험하다. 해마다 세락이 산사태처럼 스키어들 위로 무너지면서 목숨을 잃는 사고가 발생한다.

Websites www.chamonix.com, www.guides-du-montblanc.com, www.pistehors.com

- 샤모니에는 상점들과 식당들이 가득하다. 스키어들끼리 밤 문화를 즐길 수 있는 곳들도 많다. 샤모니는 1924년에 제1회 동계올림픽이 열린 곳이며 메리 셸리의 《프랑켄슈타인 Frankenstein》의 마지막 결투 장면의 배경이었던 곳이다.
- 추운 날씨 속에서 스포츠를 즐기고 나서 현지 별미인 타티플레트(tartiflette, 감자 그라탕)와 화이트 와인, 흐블로숑 치즈를 맛보자.
- 스키 시즌에 프랑스에 가지 못한다고 해서 너무 안타까워하지 않아도 된다. 봄과 여름에 발레 블랑쉬에서 하이킹을 즐길 수 있다. 스키를 타면서는 만날 수 없는 숲으로 들어갈 수 있다.

루마니아 중심부의 산악 지대에서 산악자전거를 타면 원시의 모습을 간직한 눈부신 풍경을 즐길 수 있다.

> 루마니아

트란실바니아 횡단 *Crossing Transylvania*

야생의 숲과 늑대 울음소리, 외딴 곳에 자리 잡은 중세의 성 등 옛날이야기에나
등장할 것 같은 트란실바니아가 우리를 기다리고 있다.

카르파티아 산맥으로 둘러싸인 트란실바니아는 루마니아 중심부에 자리 잡고 있다. 산책로와 샛길들로 수놓아져 있는 멋진 경치는 산악자전거를 타기에 안성맞춤이다. 특히 가장 인기 있는 곳은 카르파티아 산맥 남동쪽의 휴양도시 '시나이아(Sinaia)'와 '브라쇼브(Brasov)'시 주변이다. 가장 아름다운 자전거 길은 '부체지 산괴'의 고원 지대로 이어진다. 부체지 산은 브라쇼브 남서쪽 시나이아와 '브란(Bran)' 마을 사이에 있는데, 오

래된 너도밤나무와 소나무 숲으로 덮여 있다.

부체지 산은 트란실바니아와 남쪽의 저지대 왈라키아(Wallachia)를 나누는 산맥의 일부다. 이 고지대는 유럽에서는 드물게 사람의 손길이 닿지 않은 자연 그대로의 아름다움을 간직하고 있다.

저지대로 내려가도 풍경은 변함없이 매혹적이다. 자전거를 타고 느긋하게 돌아보다 보면 야생화로 가득한 초원, 다양한 새들, 오래된 삼림지대, 푸르른 목초지 등 주변 풍경이 얼마나 풍요로운지 느끼게 될 것이다. 거기에 전통적인 형태로 쌓아 놓은 건초더미와 말이 끄는 수레가 더해진 풍경은 오래전에 사라진 루리타니아 왕국(앤서니 호프의 소설에 등장하는 유럽 중부에 있던 가상의 왕국)으로 시간여행을 온 듯한 느낌을 준다.

- 브란 남서쪽에서 멋진 내리막길이 푼다타 고개(Fundata Pass)를 지나 피아트라 크라율루이 산맥(Piatra Craiului Mountains)으로 이어진다. 푼다타 마을은 훈제 치즈와 과실로 만든 시럽으로 유명하다.
- 이 지역의 관광 명소는 펠레쉬 성(Peles Castle)과 드라큘라의 성으로 알려진 브란 성(Bran Castle), 그리고 브라쇼브의 그림 같은 구시가지 등이다. 펠레쉬 성은 19세기에 루마니아 왕들의 여름 궁전으로 지어진 웅장한 규모의 성이다.

When to go 4월부터 10월까지가 좋다. 그중에서도 5월과 6월이 특히 아름답다.

How Long 대부분의 투어 기간이 6~8일이다.

Planning EU에 가입과 런던을 비롯한 서부유럽 도시들의 저가 항공 취항을 계기로, 루마니아는 방문하기가 쉬워졌고 관광 인프라도 꾸준히 개선되고 있다. 그러나 아직까지 산악자전거는 이 나라에서 비교적 생소한 것이고 시설이 잘 발달되어 있지는 않다. 대부분의 사람들은 전문 여행사에서 운영하는 투어를 미리 예약하여 여행한다.

Inside Information 혼자 여행하고 싶다면 시나이아와 부스테니(Busteni)에서 산악자전거와 기타 장비를 빌린다. 북쪽의 브라쇼브 근처 부체지 산괴(Bucegi Massif)와 스키 리조트인 포이아나 브라쇼브(Poiana Brasov)로 갈 수 있다.

Websites www.adventuretransylvania.com, www.romaniatravelcentre.com

> 루마니아

다뉴브 삼각주에서 들새 관찰하기
Bird-Watching in the Danube Delta

평화로운 다뉴브 삼각주는 관광객들뿐만 아니라 그들이 관찰하러 오는
각양각색의 다양한 새들에게도 안식처가 되어 준다.

독일 남서부의 슈바르츠발트(흑림)에서부터 발칸 반도까지 유럽 대륙을 가로질러 2천 9백 킬로미터 가까운 거리를 흘러온 다뉴브 강은 광대한 삼각주를 통해 흑해로 흘러들어간다. 3백 종 이상의 새들이 살고 있는 이 습지대는 세계에서 가장 넓은 갈대밭이자 유럽에서 마지막으로 남아 있는 야생의 땅 중 한 곳이다.

이곳에서는 분홍펠리컨, 브론즈따오기, 쇠까오왜가리, 노랑부리저어새 같은 이국적인 새들을 비롯하여 유럽의 섭금류(학이나 백로처럼 강을 걸어 건너다니는 새들)와 물새 대부분, 수많은 맹금들, 무지갯빛물총새, 롤러카나리아, 딱새 등을 볼 수 있다. 또한 수달과

나무로 만든 전통적인 배를 탄 리포반 족 어부가 다뉴브 삼각주의 고요한 강물을 따라 노를 저어 가고 있다.

밍크, 자칼 같은 동물들도 볼 수 있다. 크리샨(Crisan) 근처의 포추나 호수(Lake Fortuna)처럼 가끔씩 등장하는 넓은 개방 구역은 특히 들새를 관찰하는 사람들에게 천국과도 같은 곳이다.

이 외지고 길도 하나 없는 곳에는 세상의 끝과도 같은 고유한 분위기가 있다. 시간이 있다면 노 젓는 배나 카누를 빌려 타고 탐험해 보자. 구석진 곳의 고요한 물길을 따라 노를 저으며 나아갈 때 느낄 수 있는 평화는 그 무엇과도 비교할 수 없다. 그리고 이곳은 흔히 야생동식물들의 피난처로 생각되지만, 인간들에게도 피난처를 제공해 왔다. 18세기 러시아 정교회에서 분리된 리포반 족들이 종교 박해를 피해 이주해 온 곳이 바로 이곳이었다.

When to go 4월부터 5월, 9월부터 10월이 새들을 관찰하기에는 가장 좋다. 시베리아와 아프리카를 오가는 철새들이 멈춰 가는 시기이기 때문이다. 여름에 부화하는 종들이 모두 도착하는 5월이 이상적이다.

How Long 대부분의 삼각주 투어는 일정이 3일에서 5일이다.

Planning 투어에 참가하지 않고 개인적으로 여행할 수도 있다. 툴체아(Tulcea) 시에서 강을 따라 크리샨(Crisan), 술리나(Sulina), 스판투 게오르게(Sfântu Gheorghe) 등의 주요 관광지로 갈 수 있다. 어부나 새들을 관찰하기 위해 온 소규모 투어 그룹을 찾아서 동행할 수도 있다. 하지만 그래도 정식 투어의 일원으로 여행하는 쪽이 가장 좋다.

Inside Information 우크라이나 망명자들과 리포반 족의 후손들은 삼각주 전역의 마을들에서 과거의 어업 문화를 유지하며 살아가고 있다.

Websites www.traveldelta.ro, www.romaniatravelcentre.com, www.eco-romania.ro

- 상승온난기류를 따라 하늘로 날아오르는 분홍펠리컨 떼의 모습은 이곳에서 볼 수 있는 멋진 광경 중 하나다.
- 크리샨(Crisan)이나 스판투 게오르게(Sfântu Gheorghe)에서는 현지 가정에서 묵을 수 있다. 스판투 게오르게 근처에는 아름답고 외딴 해변도 있다.
- 들새 관찰을 성공적으로 하고 하루를 마치는 이상적인 방법은 삼각주에서 잡은 잉어 요리로 저녁식사를 하는 것이다. 타는 듯한 노을과 개구리 울음소리가 배경이 되어 줄 것이다.

노르웨이의 산간벽지에서 스키를 타면, 멋진 장소에서 색다른 스키를 타는 궁극의 경험을 할 수 있다.

> 노르웨이

릴레함메르에서 크로스컨트리 즐기기
Cross-Country Skiing in Lillehammer

같은 트랙은 단 하나도 없는 반짝이는 설경 속에서 노르웨이 사람들의 방식대로 스키를 타며 진정한 여행이란 무엇인지 느껴 보자.

몇 킬로미터에 걸쳐서 펼쳐진 눈밭에 드문드문 자작나무와 소나무가 서 있다. 몇 시간 동안 스키를 타고 달려도 사람 그림자 하나 볼 수 없다. 그러다가 가끔 볼이 발간 어른들과 아이들 무리를 만난다. 그들은 지나가면서 반갑게 손을 흔든다.

노르웨이 남부의 릴레함메르(Lillehammer)는 크로스컨트리 스키를 즐기기에는 으뜸가는 곳이다. 수도 오슬로 북쪽으로 180킬로미터 지점에 있는 미요자 호수(Lake Mjøsa) 북쪽 호반에 자리 잡고 있는 마을을 둘러싼 산들은 먼 곳에서부터 스키어들을 불러 모은다. 비르케베이네렌 스키 경기장(Birkebeineren Ski Stadium)에서부터 많은 스키 활강로들이 뻗어 나가고, 그 중에는 5킬로미터 길이에 매일 밤 10시까지 조명이 켜져 있는 곳도 있다.

아니면 동쪽으로 산허리를 따라 올라가서 과거에 낙농업을 하던 마을인 노르드세테르(Nordseter)와 슈쉔(Sjusjøen) 중 한 곳을 거점으로 삼아 스키를 즐길 수도 있다. 이곳에서는 350킬로미터에 달하는 길이 탁 트인 시골을 종횡으로 누빌 수 있고, 숲을 가로지르고, 얼어 버린 호수 주변을 지난다. 경험 많은 스키어들은 북서쪽의 회브링겐(Høvringen)에서 웅장한 론단 국립공원(Rondane National Park)을 지나 릴레함메르까지 170킬로미터 길이의 트롤 트레일에서 활강을 할 수도 있다.

When to go 노르웨이는 언제든 눈을 볼 수 있는 나라다. 여름에도 크로스컨트리 스키를 탈 수 있는 곳들이 있을 정도다. 하지만 12월부터 3월까지가 가장 좋다.

How Long 릴레함메르는 겨울 스포츠의 천국과도 같은 곳이다. 겨울 스포츠를 좋아한다면 2주는 잡는 게 좋다. 사실 이곳에는 겨울 스포츠 말고는 즐길 게 별로 없다.

Planning 릴레함메르는 오슬로의 가더모엔 국제공항(Gardermoen International Airport)에서 가기 쉽다. 스키 장비는 가져오지 않아도 된다. 릴레함메르와 그 주변 지역에서는 스키와 관련한 모든 물품을 대여할 수 있다.

Inside Information 오렌지, 주스, 초코바 등등 고칼로리 식품과 음료를 충분히 준비해 가야 한다. 스키를 탈 때 간식을 먹는 것은 필수적인 일이다. 하피엘(Hafjell) 정상은 고도가 해발 910미터 밖에 안 되므로 고산증은 걱정할 필요 없다.

Websites www.telemarkskico.com, www.lillehammerturist.no, www.norske-bygdeopplevelser.no

- 아무것도 없는 벌판을 몇 시간 동안 스키를 타고 난 다음에는 펠레스토바(Pellestova)나 회른쇠(Hörnsjö) 같은 작은 마을에 들러서 커피를 한잔 하는 것도 좋다.
- 대부분의 리조트에는 탁아시설, 베이비시터, 유아용 침대, 아동을 위한 스키 강습 등이 모두 준비되어 있다.
- 이 지역은 높은 곳에서 활강하는 것을 좋아하는 사람에게도 적합하다. 노르드세테르와 슈쉔에는 리프트가 있고, 하피엘 알파인 센터는 릴레함메르에서 북쪽으로 15킬로미터 가면 된다.

아조레스 군도

아조레스 군도에서 고래 관찰
Whale-Watching in the Azores

작은 섬들이 빽빽하게 모여 있는 아조레스 군도는 거대한 바다의 포유동물들이 1년 내내 모여드는 해양 낙원이 된다.

배를 타고 끝없이 밀려오는 파도에 부딪치며 '그것'을 찾아 나아갈 때, 대서양의 차가운 바닷물이 뺨으로 튀어 온다. 그리고 순간, 햇볕에 까맣게 그을린 망을 보던 사람이 소리친다. "발레이아 아 비스타! 발레이아 아 비스타! ('고래다!'라는 뜻)" 상상도 하지 못했을 만큼 가까운 거리에 고래가 보인다. 레저용 고무보트나 뗏목에 타고 있었다면 더욱더 가까이에서 고래를 볼 수 있을 것이다.

아홉 개의 작은 화산섬으로 이루어진 아조레스 군도(the Azores) 인근의 바다에는 먹을 것이 풍부하다. 덕분에 1년 내내 많은 종의 고래를 볼 수 있다. 가장 몸집이 크고 가장 흔히 볼 수 있는 것은 향유고래지만, 거두고래, 흰긴수염고래, 긴수염고래, 혹등고래, 밍크고래 등도 볼 수 있다.

피코 섬의 청정한 마을 위로 솟아 있는 화산은 포르투갈에서 가장 높은 산이다.

수면 위로 모습을 드러낸 향유고래의 갈라진 꼬리. 아조레스 군도 주변의 맑은 물은 고래들이 살기에 이상적인 조건을 갖고 있다.

1987년에 불법으로 지정되기 전까지 고래 사냥은 이곳의 주 수입원이었다. 그러므로 우리가 타고 있는 배의 선장이 4반세기 전에는 고래잡이배의 선장이었다고 해도 놀랄 일은 아니다. 지금은 작살을 손에 든 선원들 대신 카메라를 든 관광객들이 바다를 지켜보며 고래의 Y자 모양 꼬리가 수면 위로 올라올 순간을 기다린다.

고래들 중 다수는 꼬리의 고유한 형태로 어떤 종인지 구별하고, 개체수와 이동 양식 또한 추론할 수 있다. 한 가지 고래만 관찰하지 말고 이 섬 저 섬 옮겨 다니면서 매번 다른 고래를 만나 보자. 기분이 좋으면 돌고래는 한동안 배 옆에 붙어 따라오면서 뛰어오르고, 먹이를 먹고, 짝짓기를 하기도 하니, 돌고래를 자세히 관찰할 기회도 있다. 그리고 바다에서의 하루를 마무리하고 나면 섬으로 돌아와 정겨운 사람들과 함께 현지 재료로 만든 요리와 와인으로 편안한 저녁식사를 즐기자.

When to go 5월부터 9월이 좋다. 여름에도 평균 기온이 섭씨 15~22도로 온화하다. 이 시기에는 여러 가지 축제도 열린다.

How Long 고래만 보기 위해 간다면 5일에서 일주일이면 충분하다. 때 묻지 않고 평화로운 섬들을 즐기고 싶다면 더 오래 있어도 좋다.

Planning 아조레스 군도는 포르투갈 리스본에서 비행기로 2시간, 미국 보스턴에서는 5시간이 걸린다. 투어는 고래들이 있는 위치에 따라 각기 다른 장소를 방문하게 되며, 오후 4시 30분에서 5시 30분 정도까지는 바다에서 보내게 된다.

Inside Information 배를 타고 여행하면서 보는 것을 녹화하고 싶을 것이므로, 방수 카메라나 비디오를 구입하는 것도 좋다.

Websites www.azores.com, www.whalewatchazores.com

- 14미터 길이의 향유고래가 배 근처에서 크릴새우 무리를 삼키느라 몸을 옆으로 돌리는 광경을 볼 수 있을지도 모른다.
- 섬들의 서로 다른 매력을 느껴 보자. 상미구엘 섬(São Miguel)은 크기가 가장 크고 산과 호수가 어우러진 풍경을 지니고 있다. 피코 섬(Pico)은 이국적인 식물들과 수영을 할 수 있는 바위 웅덩이들이 장관을 이룬다. '하얀 섬' 그라시오자(Graciosa)는 풍차, 온천, 작은 섬들로 예쁘게 장식된 해안 등이 목가적인 풍경을 만들어 낸다.
- 고래 외에도 엄청나게 빠른 청새치, 황새치, 붉은바다거북, 상어 같은 신기한 바다 동물들과 코리슴새와 긴꼬리제비갈매기 등의 바닷새들도 볼 수 있을 것이다.

| 케냐 | 탄자니아 |

동부 아프리카에서 들새 관찰하기
Bird Watching in East Africa

땅바닥에, 나무 위에, 강가에, 하늘에, 새들이 혼자 혹은 짝을 지어,
아니면 무리 지어 있는 이곳은 조류학자들에게 낙원이나 마찬가지다.

이른 아침, 태양의 첫 햇살이 초원을 비추기 시작할 때 숙소를 떠나 독특한 자연보호구역으로 들어가자. 그중 하나가 케냐의 삼부루(Samburu) 국립자연보호구역이다. 수목이 우거진 이와소 느기로(Ewaso Ngiro) 강 강둑까지 가는 몇 시간 동안 수많은 아프리카 새들을 만나 보자. 왕관 물떼새, 볏달린 자고, 붉은볏까만배 느시, 야자열매 민목독수리, 달마수리, 황갈색수리, 아프리카 탄식비둘기, 나마쿠아 비둘기, 흰머리쥐새, 동부보라색등 태양새, 라일락가슴파랑새 등 이름만 들어도 새가 어떤 색이고 어떻게 생겼을지 대충 상상이 가능하다.

케냐와 탄자니아를 포함한 동부 아프리카에는 들새를 관찰하기에 아주 좋은 곳이 몇 군데 있다. 들새를 관찰하기 좋아하는 사람이 쌍안경을 들고 이곳에 가면 사탕가게에 간 어린아이와도 같을 것이다. 1천 종 이상의 새들이 살고 있고 다양한 서식지들이 가

산까치(베짜는새)들의 둥지가 나무에 매달려 있다.

흰이마딱새가 나뭇가지에 앉아 노래를 부르고 있다.

까이 있어 하루에도 1백 종 정도의 새들을 볼 수 있다. 어디를 가든 새로운 새를 만날 수 있다.

탁 트인 평원에는 아프리카코뿔새, 뱀잡이수리(비서새), 타조, 여러 종류의 해오라기, 느시, 독수리 등이 살고 있다. 물가에는 플라밍고, 망치머리해오라기, 물총새, 학, 아프리카물수리, 물꿩 등이 산다. 물론 들새들 외에도 코끼리, 사자, 물소 등의 야생동물들도 관찰할 수 있다. 케냐의 나쿠루 호수(Lake Nakuru)에서는 기린, 하이에나, 흰코뿔소와 함께 백만 마리가 넘는 분홍색 꼬마홍학들의 장관을 볼 수 있다. 낮뿐 아니라 밤에도 야생동물을 관찰할 수 있는데, 숙소에서 가까운 작은 못 근처에 스포트라이트를 설치해 두면 어두워진 뒤에 물을 마시러 오는 동물들을 볼 수 있다.

- 탄자니아의 세렝게티 국립공원(Serengeti National Park)에서 들새를 관찰하면 최소한 다섯 종의 독수리와 아울러 얼룩말과 톰슨가젤을 가까이서 볼 수 있다.
- '럭셔리 캠핑'을 한다면, 흰색 식탁보가 덮인 식탁에서 웨이터의 시중을 받으며 다양한 와인을 맛볼 수 있는 식사가 준비된다.

When to go 들새는 연중 어느 때든 관찰할 수 있다. 하지만 새들이 이동하는 가을에 가는 것이 좋다. 케냐의 차보 웨스트 국립공원(Tsavo West National Park)의 느굴리아(Ngulia)를 방문해 보자. 새들이 남쪽으로 이동하는 중에 잠시 쉴 곳을 찾아 하늘에서 말 그대로 뚝 떨어지는 곳이다.

How Long 들새를 관찰하는 사파리는 일주일에서 한 달, 혹은 그 이상까지 다양한 일정으로 진행된다.

Planning 성능 좋은 쌍안경은 필수고, 가이드를 대동해야 한다. 출발 전에 병원에서 말라리아 예방약을 처방받아 먹어야 한다.

Inside Information 나이로비 공항에서 비행기를 내리자마자 들새 관찰이 시작된다. 주차장을 떠나기 전에 이미 얼룩까마귀, 솔개, 아프리카얼룩할미새 등을 볼 수 있을 것이다.

Websites www.birdingsafaris.com, www.natureswonderlandsafaris.com

케냐의 알칼리성 호수에서 먹이를 먹고 있는 분홍색 홍학들.

낙타를 타고 사하라 사막 유목민인 베르베르 족의 오래된 교통수단을 경험해 보자.

모로코

모로코의 낙타 행렬 *Moroccan Camel Train*

단봉낙타의 등에 올라 모래언덕을 유람하는 것은 실용적이면서도
무척 낭만적인 여행법이다.

모로코 동부, 와디 시스(Wadi Ziz) 오아시스 지역과 알제리 국경 사이로 끝없이 펼쳐지는 황금빛 모래언덕인 에르그 체비(Erg Chebbi)를 횡단하며 나아가자. 에르그 체비의 황금빛 모래언덕들은 사하라 사막 전 지역에서 가장 경이로운 자연 풍광 중 하나다. 코발트색 옷을 입은 투아레그 족 가이드들의 뒤를 따라 안장 위, 아니면 낙타와 함께 걸으며 하루 대여섯 시간씩 수천 년 동안 이곳을 지켜 온 모래밭을 지나간다. 도중에 사막 가장자리에 천막을 치고 사는 베르베르 족 가족을 곳곳에서 만날 것이다. 베르베르 족의 낙타들은 야자나무 그늘이 드리워진 샘물 주변에 모여 있다. 해질 무렵, 태양이 아틀라스 산맥 뒤로 가라앉을 때 우리도 야영할 준비를 한다. 양고기와 쿠스쿠스(좁쌀처럼 생긴 밀을 쪄서 고기, 야채 등을 곁들인 북아프리카 요리)로 저녁식사를 하고 나서 베르베르 가족들과 함께 캠프파이어에 둘러앉아 그들이 부르는 민속 노래를 듣자. 그리고 가까운 모래언덕 위에 올라가 별이 반짝이는 밤하늘을 바라보는 것도 좋겠다.

When to go 기온이 떨어져서 사막을 여행하기에 괜찮은 시기인 10월부터 5월이 좋다. 한겨울에는 밤에 쌀쌀할 수 있다.

How Long 낙타 트레킹은 3일이 보통이지만, 모로코를 제대로 여행하려면 적어도 열흘에서 2주는 잡아야 한다.

Planning 윌더니스 트래블 같은 국제적 여행사는 마라케시(Marrakech)나 페스(Fez) 같은 도시에서 모래언덕까지 4륜구동 차량과 캠핑 장비를 제공한다. 보통 식사도 포함되어 있다.

Inside Information 자외선 차단크림은 겨울에도 반드시 발라야 한다. 낙타를 탈 줄 모르는 사람은 동일한 루트를 걸어서 여행해도 된다. 속도도 거의 비슷하다.

Websites www.wildernesstravel.com

- 옛날에 사하라를 횡단하던 대상들의 목적지인 리사니(Rissani)는 와디 시스를 끼고 있는 아름다운 오아시스 마을이다. 17세기에 지어진 성채와 활기 넘치는 시장, 그리고 대단히 맛좋은 대추로 유명하다.

- 유목민들의 샘에서 물을 끌어다가 낙타에게 먹이면서 사막에서의 삶을 체험해 볼 수 있다. 아침에는 일찍 일어나 부드럽게 기복을 이루는 평화로운 풍경 위로 태양이 떠오르는 것을 지켜보자.

- 모로코의 사하라 사막에서는 샌드보딩과 듄라이딩을 할 수 있다. 샌드보딩은 사막에서 하는 스노보딩이라고 생각하면 된다. 나무나 섬유 유리로 된 '판'을 타고 모래언덕에서 내려오는 것이다. 듄라이딩은 역시 설상 스포츠를 개조한 것으로, 플라스틱 썰매나 터보건(toboggan, 바닥이 평평하고 긴 썰매)을 타고 모래언덕을 빠르게 내려가는 것이다.

남아프리카공화국

잠수하고 상어 관찰하기 *Diving with Sharks*

배짱이 있다면 지구상에서 가장 치명적인 킬러 중 하나인 상어에 가장 가까이 다가가는 긴장감 넘치는 도전을 해 보자.

무모하게, 혹은 본질적으로 위험하게 보이는 일들이 있다. 거대한 백상아리와 함께 잠수를 하는 것도 그런 일 중 하나일 것이다. 그러나 남아프리카공화국의 오래된 어촌 간스바이(Gansbaai) 근처 워커 만(Walker Bay)의 샤크 앨리(Shark Alley)라고 불리는 곳에서 맑고 푸른 아침에 우리가 할 일이 바로 그것이다.

선장은 물속에 밑밥을 한 양동이 던져 넣어 상어들을 유혹한다. 그리고 승객들에게는 물속으로 내려가서 상어를 가까이서 보는 것이 꽤 안전한 일이라고 안심을 시킨다. 배 측면에 매어 둔 튼튼한 강철 케이지 속에서 보는 것이기 때문이다.

안전한 강철 케이지 속에서는 백상아리도 두려워할 필요 없다.

상어의 등지느러미가 수면 위로 모습을 드러내기까지는 시간이 조금 걸린다. 일단 상어 등지느러미가 보이면 승객들의 심장은 두방망이질하기 시작한다. 잠시 후 승객들은 케이지 안에서 얼굴에 스노클 마스크를 쓰고 입에 공기 호스를 물고 방수 카메라를 손에 쥔 채 상어를 기다린다. 두려움 때문이라기보다는 흥분으로 인해 몸이 떨려온다.

어둠침침한 바닷속 저 멀리에서 커다란 그림자가 다가온다. 그림자가 몸을 돌리자 거대한 회색 등지느러미와 면도날처럼 날카로운 이빨이 보인다. 상어는 조심스럽게 다가와 배 주위를 선회한다. 그리고 마침내 상황을 파악하고는 순식간에 밑밥을 한입 가득 게걸스럽게 먹어 치운다. 넓은 바다에서 가장 유능한 킬러 중 하나가 손을 뻗으면 닿을 듯한 거리에 있다. 그러나 절대 손을 내밀어서는 안 된다. 손을 잃어버릴수도 있다.

When to go 케이프타운 앞바다에는 항상 상어들이 있지만, 겨울에 해당하는 5월부터 9월까지가 상어를 보기에 가장 적합하다. 상어들은 이 시기의 차가운 물과 풍부한 물고기들을 좋아하기 때문이다.

How Long 한나절 정도 걸린다.

Planning 케이지 잠수를 하는 곳은 세 군데다. 케이프타운 근처의 폴스 만(False Bay), 케이프타운 남동쪽 110킬로미터 지점의 간스바이(Gansbaai), 조지 부근의 모셀 만(Mossel Bay). 전국적인 레저업체나 각 지역의 레저업체에서 잠수 투어를 운영한다.

Inside Information 레저업체에서 강철 케이지, 잠수용 고무옷, 마스크, 공기 호스 등 잠수에 필요한 모든 것을 제공한다. 잠수 경험이 있고 자격 요건만 충족하면 된다.

Websites www.visitsaonsaa.com

- 백상아리가 워커 만에 서식하는 유일한 생물은 아니다. 해마다 이곳을 지나 이동하는 서던라이트 고래(Southern right whales)도 자주 눈에 띈다.
- 간스바이 맞은편에 위치한 휴양도시 허머너스(Hermanus)와 와이너리, 해변 등 워커 만 지역에는 다양한 관광명소들이 있다.
- 희망봉(Cape of Good Hope)은 멋진 해안 산책로들이 있고 얼룩말, 타조, 비비(개코원숭이) 등 다양한 야생동물들이 살고 있는 자연보호구역이다.
- 케이프타운의 수족관 투 오션즈 아쿠아리움(Two Oceans Aquarium)에는 사납게 생긴 래기드 투스 상어들(ragged-tooth sharks)이 살고 있다.

당당한 몸집의 검은색코뿔소는 아프리카 사파리에서 만날 수 있는 동물 중 하나다.

보츠와나

빅 파이브 사파리 *Stalking the 'Big Five'*

보츠와나 북부, 초베 강 하류와 오카방고 삼각주가 칼라하리 사막과
만나는 곳에서 '빅 파이브'들을 볼 수 있다.

    초베 강(Chobe River) 유역의 평야에서는 백 마리가 넘는 코끼리들이 우리를 둘러싼다. 그러나 풀을 뜯어먹는 코끼리들은 사람의 존재를 잘 알아차리지 못하고, 새끼들은 어미의 다리 사이로 조심스럽게 걸음을 내딛는다.
    코끼리는 아프리카 야생동물의 '빅 파이브(사자, 표범, 물소, 코뿔소, 코끼리)'를 볼 수 있는 사파리의 하이라이트 중 하나다. 이 다섯 가지 동물들을 '빅 파이브'라 부르는 이유는

사냥하기 가장 어려운 동물들이기 때문이다. 초베 강에서 투어가 시작되면 사파리는 꿈같은 일과에 따라 진행된다.

해가 뜨기 전에 일어나서 이른 아침의 냉기 속에서 동물들을 본 다음 캠프로 돌아와 브런치를 먹고 낮잠을 잔다. 표범들과 다른 야행성 동물들이 움직이기 시작하는 늦은 오후에 다시 밖으로 나가 캠프파이어를 둘러싸고 푸짐한 저녁식사를 한 다음 이야기를 나눈다. 초베 강에서 남서쪽으로 오카방고를 향한 다음, 이곳의 삼각주를 '모코로'라 불리는 나무 카누를 타고 탐험하며 하마, 악어, 리추에영양 같은 희귀한 늪지대 동물들을 찾아본다. 그후 남동쪽으로 이동하여 막가딕가디판 국립공원(Makgadikgadi Pans National Park)으로 향하자. 이곳에서는 칼라하리 늪(Kalahari pans) 가운데 하나를 방문하는데, 바닥이 말라 있는 이 호수는 해가 지고 나서야 동물들이 모여든다.

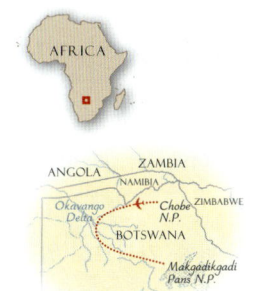

When to go 5월부터 10월(남반구의 겨울과 봄)이 빅 파이브를 보기에 가장 좋은 때다. 기온은 비교적 서늘하고, 수목은 아직 말라 있으며, 야생동물이 물 가까이로 모인다.

How Long 적어도 일주일은 잡아야 하고, 2주 이상이면 더 좋다.

Planning 허가받은 여행사들이 육지를 이동할 4륜구동차량, 보트 여행, 숙소, 텐트, 식사, 영어를 하는 가이드 등을 모두 준비해 준다.

Inside Information 짐바브웨와 잠비아 국경에 있는 빅토리아 폭포는 투어 출발지에서 가까운 거리에 있다. 가능하다면 빅 파이브 투어를 하면서 빅토리아 폭포를 방문해 보자.

Websites www.botswana-tourism.gov.bw, www.ecoafrica.com

- 초베 국립공원에는 아프리카의 어떤 동물 보호구역보다도 많은 코끼리들이 살 뿐만 아니라, 많은 수의 물소, 얼룩말, 영양도 살고 있다. 수로와 초원이 함께 있는 사부티 채널(Savuti Channel)은 이 공원에서 이름난 사파리 구역 중 하나다.
- 건기에 린얀티 야생동물보호구역(Linyanti Wildlife Reserve)에서는 코끼리와 얼룩말, 그리고 그들을 잡아먹는 사자, 표범, 하이에나 등 이동성 동물들이 서식한다.
- 오카방고 삼각주는 들새를 관찰하는 사람들과 그보다 큰 동물들을 찾는 사람들 모두에게 천국 같은 곳이다.

> 나미비아

나미브의 모래언덕에서 ATV 타기
ATVs in the Namib Dunes

나미비아의 높은 모래 봉우리들을 ATV를 타고 올라 보자.

저 위쪽, 가파르고 위험해 보이는 봉우리 윗부분의 오렌지색 모래 윤곽이 푸른 아침 하늘과 극명한 대조를 이룬다. 바닥이 보이지 않을 정도로 깎아지른 절벽 위의 모래언덕이 세상의 끝이라고 느껴질 것이다. 헬멧 아래로 초조하게 가이드를 쳐다보지만, 가이드는 자신만만한 표정으로 ATV(대형 타이어가 달린 4륜차)에 앉아 있을 뿐이다. 당신은 이 멀리까지 가이드를 따라 자갈 깔린 벌판을 헤매고 모래언덕의 언덕과 골짜기를 비틀거리며 넘으면서 달려왔다.

'설마 저 모래언덕 꼭대기에 올라가라고 하지는 않겠지…'라고 생각하는 순간, 가이드는 씩 웃으며 말한다. "액셀 밟아요!" 그리고는 기어를 바꾸고 엄청난 속도로 모래언덕 위로 올라간다. 당신은 깜짝 놀라 꼼짝 못한 채 가이드의 ATV가 몇 초 동안 붕 떠올

나미브 사막의 물결치는 모래언덕 위로 ATV들이 줄을 이어 달려가고 있다.

랐다가 지평선 너머로 사라지는 모습을 지켜본다. 이쯤 되면 숨을 깊이 들이쉬고 가이드의 뒤를 따를 수밖에 없다. 꼭대기를 지나는 순간 아래로 향한 경사면이 당신을 향해 달려든다. 문득 자신이 넘어지지 않고 아직 자리에 앉은 채 흔들리면서 언덕을 내려가고 있다는 것을 깨닫게 된다.

흥분으로 숨이 멎지 않았다면, 지금부터 각오해야 한다. 완만하게 굽이치는 모래밭 너머로 뻗어 있는 광활한 대서양을 보는 순간 엄청난 흥분을 느낄 것이기 때문이다. 그 순간, 이 세상은 사막과 바다 그리고 그 사이로 가느다랗게 달리는 좁은 도로밖에는 보이지 않는다.

- 북쪽으로 차를 달려서 황폐하고 황량하지만 분위기 있는 해골 해안(Skeleton Coast)에 들르자. 안개 속으로 오래된 난파선 잔해를 보고 낚시도 즐길 수 있다.
- 남쪽의 세스림(Sesriem)에서는 세계에서 가장 높은 모래언덕들을 볼 수 있다.

When to go 해안은 나미비아의 내륙보다 시원하므로 11월부터 3월까지의 여름을 포함하여 언제든 가도 좋다. 하지만 나미비아의 다른 지역들까지 여행하고 싶다면 5월부터 10월 사이에 방문하는 게 좋다.

How Long 지정된 루트는 거리가 35킬로미터 정도 된다. 시험 운전을 포함한 ATV 투어는 2시간 30분 정도 소요된다. 나미비아의 어드벤처 스포츠의 중심지인 스바코프문트(Swakopmund)에 며칠 머물면서 이 지역을 제대로 즐기자. 샌드보딩, 승마, 낙타 타기, 경비행기 투어, 사막 스카이다이빙 등을 즐길 수 있다

Planning 스바코프문트의 여행사들과 호텔들이 필요한 모든 예약을 해 준다. 단, 정해진 트랙을 따르고 환경 규정을 지키는 평판 좋은 여행사를 통해서 예약하도록 하자.

Inside Information 모래언덕에는 걸어서라도 혼자 가면 안 된다. 약한 동물들은 사람을 보면 쉽게 불안감을 느끼기 때문이다. 그리고 ATV 타는 기술에 자신이 없는 사람을 위한 반자동 ATV도 있으니 너무 걱정하지 않아도 된다.

Websites www.namibiatourism.com.na, www.outback-orange.com/quads.htm

8

새들의 눈높이에서 바라보는
비행기 여행

Up And Away

높은 곳에서 내려다봐야 하는 곳들이 있다. 그 외의 다른 방법으로는 갈 수 없거나 풍경을 최대한 즐기기 위해서, 혹은 뭔가를 다른 관점에서 보기 위해서거나 야생동물을 관찰하되 안전 거리를 유지하기 위해서 등등, 새들의 눈높이에서 여행을 해야 하는 데에는 여러 가지 이유가 있다.

여기서 소개하는 여행들 중에는 경비행기나 헬리콥터, 혹은 기구를 타야 하는 것들도 있지만, 케이블카나 엘리베이터를 타고 올라가는 것도 있다. 모험을 좋아하는 여행자라면 하와이의 카우아이 섬을 하늘에서 내려다보거나 숙련된 조종사와 함께 알래스카의 황야 위를 나는 것을 즐길 것이다. 야생의 땅에서 사람들 앞에 나서길 꺼리는 희귀한 동물들을 보고 싶은 사람은 남아프리카공화국 크루거 국립공원의 초원 위로 초경량비행기를 타고 날면서 코끼리, 기린, 코뿔소, 악어 등을 볼 수도 있다.

고대의 신비에 매혹된 사람이라면 페루의 나스카 지상 그림 위로 비행기를 타고 날면서 상상력에 자극을 받을 수도 있을 것이다. 2천 5백 년 전에 사람들은 어떻게, 왜, 공중에서만 그 모습을 온전히 알아볼 수 있는 이런 거대한 그림들을 남겼는지 궁금증이 밀려온다.

맑은 날, 나하니 국립공원으로 관광을 떠나는 수상비행기가 캐나다의 포트 심슨에 있는 맥켄지 강 위를 날고 있다.

미국 네바다 주 | 애리조나 주

후버 댐 공중 투어 *Hoover Dam Air Tour*

오렌지색 사막 위의 거대한 인공 오아시스인 후버 댐 위를 날아갈 때면, 라스베이거스를 떠나 온 것이 그리 섭섭하지 않을 것이다.

콜로라도 강은 너무나 바짝 말라서 보기만 해도 갈증이 느껴질 지경인 주홍색 풍경 위로 굽이치며 흐른다. 라스베이거스의 현란한 조명을 뒤로하고 남동쪽으로 56킬로미터 지점으로 날아가면, 우리는 미국 현대 토목공학의 7대 경이 가운데 하나인 후버 댐을 내려다보게 된다.

후버 댐은 대공황시대에 1만 6천 명의 노동자들과 5백만 통의 시멘트가 동원되어 건설되었다. 덕분에 이 댐의 시멘트는 아직도 마르는 중이라는 농담이 있을 정도다. 비행을 하기 전에 이 댐과 관련한 중요 통계 자료들을 머릿속에 넣으려고 해 봐야 감이 오지

콜로라도 주 블랙캐니언에 자리 잡은 후버 댐을 헬리콥터 창에서 내려다본 모습.

않을 것이다. 블랙캐니언(Black Canyon) 위에 걸터앉은 이 국립유적지는 바로 위에서 내려다봐야 그 어마어마한 규모를 실감할 수 있다. 거세게 흘러온 콜로라도 강물은 이곳에 저장되었다가 주변 몇 개 주의 백만 가구 이상에 물과 전기를 공급하고 농지에 물을 댄다. 후버 댐이 완공된 후 생긴 인공 호수 미드 호에 물을 채우는 데는 6년이 넘게 걸렸다. 호수의 짙푸른 물은 오늘날 하우스보트를 즐기는 사람들, 어부들, 제트스키를 즐기는 사람들의 놀이터가 되었다.

비행을 계속하여 그랜드캐니언의 웨스트림 쪽으로 가 보자. 웨스트림의 경치는 사우스림만큼 웅장하지는 않지만, 협곡 아래로 비행을 하거나 협곡에 착륙을 해서 20억 년 가까운 지질학적 역사를 목격하는 일은 대단히 경이로운 경험일 것이다.

When to go 봄과 가을이 좋다. 겨울에는 비나 눈이 오고 바람이 심하게 불 수 있으며, 여름은 타는 듯 덥다. 오전 5시 30분부터 8시까지 이른 아침이 난기류를 피할 수 있어서 가장 좋다. 그 후 시간에는 공기가 데워지면서 난기류가 발생한다.

How Long 라스베이거스에서 시작하여 대개 2시간 30분에서 3시간 30분 정도 진행된다.

Planning 그랜드캐니언에서의 샴페인 피크닉과 강변에서의 점심식사 등이 포함된 여러 패키지 가운데 선택할 수 있다. 후버 댐, 미드 호, 그랜드캐니언까지 해설과 함께 헬리콥터 비행을 제공하는 여행사들도 있다.

Inside Information 좌석이 일렬로 네 개가 놓여 있는 헬리콥터도 있다. 가능하면 창가 자리에 앉도록 하자.

Websites www.hooverdamtourcompany.com, www.scenic.com, www.paradisefoundtours.com

- 후버 댐의 규모는 실로 어마어마하다. 높이가 221미터, 폭은 하부가 2백 미터, 상부는 14미터에 달한다.
- 아름다운 미드 호와 호반을 내려다보면, 요트나 유람선, 수상스키를 타거나 수영을 하면서 거울같이 잔잔한 수면을 횡단하는 사람들의 모습이 점처럼 보일 것이다.
- 후버 댐 북동쪽에 있는 미드 호 국립유원지(Lake Mead National Recreation Area)의 일부인 포티피케이션 힐(Fortification Hill)의 50개가 넘는 오래된 용암류가 이곳이 화산 지역이었음을 말해 준다.
- 해진 후에 반짝이는 라스베이거스 중심부(라스베이거스 스트립)로 돌아가는 일몰 투어를 해 보자.

어슴푸레한 빛 속에서 맥킨리 산 위로 구름이 지나가고 있다.

미국_알래스카 주

알래스카 비행기 여행 Bush Plane Adventure

소형 비행기와 최고로 숙련된 조종사가 알래스카의 황량한 벌판 끝으로
우리를 데려다 줄 것이다.

자갈이 깔린 가설 활주로를 이륙하면, 물살이 빠른 강가에서 느릿느릿 걸어가는 거대한 몸집의 회색곰이 눈에 들어올 것이다. 저 앞으로 보이는 비바람에 깎인 산허리에는 암컷 흑곰과 새끼들이 열매를 찾아 헤매고 있다. 305미터 절벽 꼭대기의 풀로 덮인 봉우리 위에 비행기가 착륙을 할 때, 우리의 심장은 순간 박동을 멈추는 듯하다.

비행기에서 내리면 크고 구부러진 뿔을 가진 한 무리의 돌산양이 아래쪽 가파른 산비탈에서 풀을 뜯고 있다. 다시 비행기에 오르면, 금방이라도 손에 닿을 듯 가까이 있는 눈 덮인 봉우리들로 둘러싸인 골짜기 사이로 날아간다. 조종사는 능수능란하게 비행기를 나선형으로 돌리며 급강하한 다음 다시 한 번 저돌적으로 착륙을 한다. 이번에는 빙하 사이에 입을 쩍 벌리고 있는 한 쌍의 크레바스 사이로 내려앉는다.

공중 사파리는 이렇게 계속되어, 하루는 앵커리지를 출발하여 데날리 국립공원(Denali National Park)이나 클라크 호 야생보호구역(Lake Clark Wilderness)으로 가서 야생동물들을 관찰한다. 데날리 국립공원에는 북아메리카에서 가장 높은 봉우리인 6,194미터의 맥킨리 산이 있다. 다음 날은 방대한 빙하와 푸른 빙산들로 꽉 찬 케나이 피오르드(Kenai Fjords)로 날아간다.

When to go 알래스카의 공중 사파리 시즌은 5월 하순부터 9월 중순까지다.

How Long 앵커리지에서 데날리 국립공원, 클라크 호, 케나이 반도(Kenai Peninsula)까지 가는 당일치기 투어가 있다. 맥카시(McCarthy)에서 랭겔-세인트 엘리어스 국립공원(Wrangell-St. Elias National Park)으로 가는 당일치기 투어도 있다. 알래스카의 외진 지역들을 탐험하려면 열흘에서 2주는 걸릴 것이다.

Planning 비행기로 하는 배낭여행이나 캠핑을 하려면 식량과 조리기구는 물론, 여름에도 침낭과 텐트, 좋은 등산화, 방수 되는 겉옷을 준비해야 한다.

Inside Information 8월 초 이후에 가야 알래스카의 악명 높은 벌레들을 피할 수 있다.

Websites www.nps.gov/dena, www.ultimathulelodge.com, www.lakeclarkair.com

- 한때는 번성했지만 지금은 버려진 도시들과 원주민 정착촌들을 방문해 보자. 그곳들은 몇 주 동안 걸어서 가지 않는 한 비행기 외의 다른 방법으로는 갈 수 없다.
- 알래스카 남동쪽 구석에 위치한 랭겔-세인트 엘리어스 국립공원은 미국에서 가장 넓은 국립공원이다. 넓은 면적에 숲, 산, 해안, 툰드라 대가 펼쳐 있다.
- 수상비행기(floatplane)를 타고 쿡 만(Cook Inlet)을 탐험해 보자. 쿡 만은 흰돌고래들의 서식지다.
- 앵커리지에 있는 알래스카 항공유산박물관(Alaska Aviation Heritage Museum)은 용감한 알래스카의 조종사들을 기리기 위한 곳으로, 20대가 넘는 역사적인 항공기들이 전시되어 있다.

하와이의 푸른 하늘과 바다를 배경으로 칼랄라우 골짜기의 가파른 톱니 모양 절벽들이 솟아 있다.

미국 — 하와이 주

낙원 위의 비행 *Flying High in Paradise*

헬리콥터 투어로 '정원의 섬' 카우아이의 화려하고 다채로운 풍경 위로 다가가자.
지구상에서 하와이 제도의 카우아이 섬만큼 인상적인 풍경을 지닌 곳은 매우 드물다.

하와이 제도에서 가장 오래된 이 섬은 지질학적으로는 비교적 젊다. 분출된 용암이 굳어 섬 북부의 나 팔리 해안(Na Pali Coast)을 따라 해발고도 1,219미터 높이의 요새와도 같은 절벽들이 형성된 것은 6백만 년 전의 일이다. 오늘날 이 절벽들과 내륙의 숨은 골짜기들은 선사시대의 분위기로 가득한 '에덴동산'을 만들어 낸다. 이 섬이 〈남태평양South Pacific〉에서부터 〈쥬라기 공원Jurassic Park〉에 이르기까지 수많은 영화들의 배경이 되었던 것도 놀라운 일은 아니다.

초록으로 가득한, 그러나 뚫고 들어갈 수 없는 풍경을 탐험하는 최선의 방법은 헬리콥터를 이용하는 것이다. 녹색 벨벳을 깔아 놓은 듯한 주름 접힌 해안 위로 미끄러지며 날아가면, 숲으로 뒤덮인 골짜기의 그림자 속으로 힘차게 떨어지는 폭포의 하얀 기둥이 눈에 들어온다. 갑자기 저 밑으로 땅이 사라지고 반짝이는 바다가 나타날 때는 감탄이 절로 나온다. 여기저기 절벽이 튀어나와 있고, 그 아래는 꽃과 수풀로 덮여 있다.

고운 모래가 깔린 초승달 모양 해안으로는 파도가 천천히 밀려왔다 밀려간다. 파도 소리가 배경음악처럼 낮게 깔리다가 가끔씩 거센 바람이 불어오면 세찬 파도와 함께 커다란 파도 소리가 귀를 때린다. 전통적으로 이 지역의 가수들은 바닷가의 큰 호박돌 위를 걸으면서 노래 훈련을 했다. 바람이 불고 파도가 쳐도 그들의 노랫소리가 들려야만 비로소 훈련이 끝나는 것이었다. 이곳의 황홀한 매력을 맛본다면, 당신은 집으로 돌아가고 싶지 않을지도 모른다.

- 1,067미터 깊이의 와이메아 협곡(Waimea Canyon) 사이로 비행을 하면 그랜드캐니언의 축소 버전이라 할 만한 멋진 풍경을 볼 수 있을 것이다.
- 작은 산양들이 무리를 지어 섬 내륙의 바위 절벽을 따라 집으로 가는 모습을 볼 수 있다.
- 흔히 비밀의 해변이라 알려진 카우아페아 해변(Kauapea Beach)의 넓은 모래 해변 위를 날아 킬라우에아 등대(Kilauea Lighthouse)가 있는 바위로 된 반도로 가자.
- 헬리콥터 투어를 한 후에는 북쪽 해안을 따라 18킬로미터에 걸쳐 있는 칼랄라우 트레일을 따라 하이킹을 하며 나 팔리 해안의 풍경을 즐길 수 있다. 칼랄라우 트레일은 힘들지만 무척 인기 있는 하이킹 코스다.

When to go 카우아이 섬은 1년 내내 햇빛이 풍부하지만, 겨울(12월~3월)은 우기다. 또한 겨울은 '성수기'로 가격도 비싸진다. 4월~5월, 9월~10월이 날씨도 좋고, 특가 상품도 나온다.

How Long 비행시간은 55분 정도다. 하지만 섬 전체를 천천히 둘러보려면 적어도 일주일은 잡아야 한다.

Planning 헬리콥터는 리후에(Lihu'e) 마을 외곽에서 운행된다. 비행하기에는 맑은 날이 좋다. 성수기가 아닌 때에 방문하려면 일기예보를 잘 보고 도착한 후 가장 빠른 맑은 날로 예약을 하자. 12월에서 4월 사이에 가려면 한참 전에 예약을 해야 한다.

Inside Information 헬리콥터 내부는 온도가 조절되므로 복장은 특별히 신경 쓸 필요 없다.

Websites www.bluehawaiian.com www.gohawaii.com

공중에서 내려다보니 나하니 국립공원의 유명한 연단 바위가 무척 작게 보인다.

캐나다

수상비행기를 타고 나하니 국립공원으로
Floatplane to the Nahanni

과거 맥켄지 강변의 교역소였던 포트 심슨에서 이륙하여
조각해 놓은 듯한 캐나다의 풍경을 하늘에서 감상해 볼 수 있다.

캐나다 북서쪽의 외진 땅 노스웨스트 준주에 있는 나하니 국립공원(Nahanni National Park)은 1978년에 유네스코 최초의 세계유산으로 등록되었다. 이곳은 물살이 빠른 강과 높은 폭포에 의해 생긴 5백 미터 깊이의 협곡들, 캐나다에서 제일 넓은 튜퍼(다공질 탄산석회의 침전물)로 된 언덕과 원주민인 데네(Déné) 족 사람들이 아직도 사냥을 하고 약초를 채집하며 사는 야생의 땅으로 이루어진 곳이다.

공원에 들어서면 수상비행기는 사우스 나하니 강을 따라 데드멘 밸리(Deadmen Valley)로 들어간다. 데드멘 밸리는 이곳에서 목숨을 잃은 광산 시굴자들을 기리기 위해 붙인 이름이다. 그리고 유명한 연단 바위(Pulpit Rock)를 지나 버지니아 폭포 바로 위로 흐르는 강가에 착륙한다. 잠시 멈춰서 이 강에서 유일하게 육로가 있는 구간을 따라 하이킹을 하며 바로 발 아래에 있는 폭포의 힘을 느껴 보자.

다시 비행기에 올라 선블러드 산(Sunblood Mountain)을 따라 비행하면서 먹이를 찾아 헤매는 회색곰과 흑곰, 말코손바닥사슴 등을 찾아보자. 그리고 강 상류로 올라가 카누 투어가 시작되는 래빗케틀(Rabbitkettle)로 향한다. 국립공원의 경계를 막 벗어나 래기드 산맥(Ragged Range)의 봉우리들이 내려다보고 있는 글레이시어 호(Glacier Lake)에 착륙한 후 다시 75분 동안 램 협곡(Ram Canyons) 사이와 램 고원(Ram Plateau) 위로 비행을 하고, 나하니 산맥의 갈라진 틈을 지나 고요한 리틀 닥터 호수에 착륙한다. 그리고 수면 위를 이동하여 소박한 나하니 산장 앞의 해변으로 갔다가 출발한 곳으로 되돌아간다.

When to go 6월 초부터 9월 말까지, 강의 얼음이 녹은 후 눈이 다시 내리고 기온이 심하게 떨어지기 전이 좋다.

How Long 투어는 8시간 걸린다. 버지니아 폭포에서 글레이시어 호까지의 구간을 제외한 좀 더 짧은 투어는 6시간이 걸린다.

Planning 나하니 강을 따라 하이킹을 할 수도 있다. 비 올 때를 대비한 장비와 태양과 모기로부터 몸을 보호할 것들이 필요하다. 여름의 낮 기온은 섭씨 25도 정도 되고 30도가 넘을 때도 있다.

Inside Information 국립공원 경계 너머에는 래기드 산맥의 가파른 암벽들이 둘러싼 원형 협곡(Cirque of the Unclimbables)과 램 고원이 있다. 여기서도 헬리콥터 투어를 통해 화석으로 가득 찬 동굴들과 1.6킬로미터 깊이의 램캐니언을 탐험할 수 있다.

Websites www.simpson-air.com, www.pc.gc.ca, www.nahanni.com

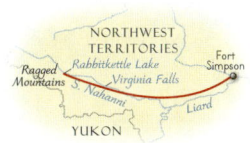

- 90미터 높이의 버지니아 폭포는 나이아가라 폭포 높이의 두 배다. 수상비행기 투어는 이곳에서 하이킹을 할 수 있도록 최대 3시간까지 시간을 준다.
- 나하니 국립공원의 지형은 캐나다 국립공원 가운데 가장 다양하다. 래빗케틀의 튜퍼 언덕, 사암 기둥, 무수한 동굴이 있는 석회암 카르스트 절벽 등등. 그 동굴 중 하나가 그로트 발레리(Grotte Valerie)로, 이곳에는 25만 년 된 석순이 있다.
- 말코손바닥사슴, 흑곰, 회색곰은 나하니 국립공원에서 가장 흔히 볼 수 있는 포유동물들이다. 어미곰들이 뒷다리로 서는 것은 새끼들을 보호하기 위해서다.

| 캐나다 |

브리티시컬럼비아 주 상공 비행

Over British Columbia

작은 해상비행기를 타고 북아메리카 태평양 연안의 피오르드로 갈라진 해안과
근해에 흩어져 있는 섬들 위를 날아 보자.

해상비행기는 밴쿠버 항의 형광 부표까지 수면을 따라 이동한다. 그 다음 물보라를 일으키면서 급히 고도를 높여 라이온스 게이트 브리지 위를 지나 벌크선들과 유람선들 위로 날아간다. 북쪽으로는 봉우리들이 줄지어 서 있고, 서쪽으로 걸프 제도(Gulf Islands)가 자리한 곳의 수면은 야생동물을 관찰하기에 완벽할 정도로 잔잔하다. 여기서 비행기는 급강하하여 갈리아노(Galiano) 섬과 메인(Mayne) 섬 사이의 좁은 해로인 '액티브 패스'를 지그재그로 낮게 난다. 바로 아래로는 페리들이 지나간다. 도중에 흰머리독수리, 바다표범, 돌고래가 무리를 지어 있는 모습을 볼 수 있을 것이다. 한 가구가 살고 있는 조그마한 섬들은 감탄을 자아낸다. 햇빛을 받아 반짝이는 삼각형 돛 아래에 앉아 있는 요트 탄 사람들에게 손을 흔들어 주는 것도 좋을 것이다.

When to go 늦은 봄부터 초가을이 가장 좋다. 해상비행기 투어가 확실히 운영되며 날씨도 좋다. 시간대는 바람이 잦아들고 따뜻한 빛이 풍경에 질감을 더해 주는 해질녘이 좋다.

How Long 20분에서부터 2시간(피크닉이나 식사를 위해 멈추는 시간까지 포함)까지 다양하다. 맞춤식 투어는 원하는 대로 시간을 정할 수 있다. 고래를 관찰하는 보트 투어나 스포츠 낚시와 결합한 투어도 가능하다.

Planning 오후 비행을 예약해도 오전에 체크인을 해야 한다. 정오에 그날의 기상 상태를 알게 되는데, 필요하면 더 맑고 바람이 약한 날로 스케줄을 변경할 수 있다.

Inside Information 해상비행기 투어 시즌이 아닌 때라면 빅토리아나 나나이모(Nanaimo)로 가는 비행기의 조종사 옆자리에 앉거나, 외진 섬들의 항구로 소포나 사람들을 데려다 주는 우편 서비스 비행기를 탈 수도 있다.

Websites www.harbour-air.com, www.adventures.ca

- 밴쿠버에서 북쪽으로 파월 강(Powell River)까지 이어지는 선샤인 해안(Sunshine Coast)은 피오르드가 무늬를 이루고 있다. 이 투어는 중간에 내려서 태평양 연어로 식사를 하는 코스가 포함되어 있다.
- 투어 비행기는 152미터 상공의 낮은 고도로 나는데, 산 정상보다 낮게 나는 비행기에서 풍부한 해양 생태계의 야생동식물을 볼 수 있다.
- 걸프 제도 투어에서는 작은 요트들이 정박해 있는 작은 후미, 물가에 자리 잡고 있는 집들을 볼 수 있다. 범고래, 바다사자(강치), 여러 종류의 바닷새들을 볼 가능성도 높다.
- 마지막 15미터 구간에서 비행기는 마치 바다 속으로 들어갈 듯 가파르게 급강하를 하기 때문에 심장이 멎는 듯한 기분을 느낄 것이다.

섬 북쪽 매리고트 만에 정박되어 있는 요트들.

세인트루시아

세인트루시아 하늘 위로 스카이라이딩

Skyriding over St. Lucia

세인트루시아 섬의 3분의 1 이상을 덮고 있는 우림 사이로 비행하면서 야생동식물들을 두 눈으로 직접 확인하자.

이 섬의 초록빛은 그 색조와 형상이 어찌나 다양한지 초현실적으로 보일 정도다. 마치 평생 지하에 살다가 처음 지상으로 올라와, 공기 자체가 초록빛이고 거기에 노란색 '세인트루시아 꾀꼬리'와 보라색, 오렌지색 꽃들이 점점이 흩어져 있는 세상을 만난 듯한 기분이다. 나무들이 드리운 차양 아래로 '세인트루시아 앵무새'의 꺽꺽거리는 울음소리가 '바나나퀴트새'의 달콤한 노랫소리와 '적갈색목 개똥지빠귀'의 날카로운 휘파람소리가 서로 경쟁을 한다. 공기에서는 난초 향기가 감돌고, 벌새들이 헬리코니아(이곳에서는 옐로우덴서라고 부르는)의 화살처럼 날카로운 꽃잎 근처를 맴돌고 있다.

이쯤 되면 이 생기 넘치는 자연을 방해는 하지 않으면서 그 사이를 날아 동식물을 관찰할 수 있다는 것이 얼마나 감사한 특권인지 알 수 있을 것이다.

산 위에 있는 레인 포레스트 스카이 라이드 파크(Rain Forest Sky Rides Park)에서는 스카이 카노피 지프라인('지프라인'은 계곡 같은 두 지형을 로프로 연결한 후 그 로프를 타고 두 지형 사이로 이동하는 방법)을 타고 나무에서 나무로 건너다니거나, 옆면이 개방되어 있는 아홉 명 정원의 트램을 타고 숲의 높은 곳(37미터 높이까지 올라간다)에서 낮은 곳까지 미끄러져 달려 보자. 숲의 아래쪽으로는 절대 내려오지 않는 생물들을 찾아볼 수 있다. 박물학자가 우림의 식물들 가운데 약효가 있는 것들을 설명해 주고, 세인트루시아 섬의 풍부한 역사와 문화에 대해서도 설명해 준다.

When to go 성수기는 12월 중순부터 4월 중순까지다. 6월부터 11월까지는 특가 여행상품이 나오기도 하지만, 이때는 우기인데다 허리케인도 자주 온다.

How Long 우림 투어는 한나절이 걸린다. 하지만 세인트루시아 섬을 둘러보려면 최소한 일주일은 걸린다.

Planning 카메라와 쌍안경은 필수품이다. 트램은 휠체어도 이용이 가능하다. 스카이 카노피 지프 라인을 타기 전에는 긴 머리를 묶어야 한다. 여행을 떠나기 전에 노벨 문학상을 수상한 이 섬 출신의 작가 데렉 월컷(Derek Walcott)의 시와 희곡을 읽고서 세인트루시아의 문화에 대해 미리 배워 보자.

Inside Information 우림의 생태친화적인 기념품을 사서 돌아가는 것도 좋다. 현지의 공예품 시장에서는 야자나무 잎과 덩굴로 짠 바구니들과 우림 속의 거대한 나무 씨앗으로 만든 목걸이 등을 판매한다.

Websites www.rfat.com

- 숲 위로 비행을 하면서 카리브 해에서 가장 아름다운 세인트루시아 섬의 산과 흰색 모래 해변으로 이루어진 아름다운 풍경을 즐겨 보자.
- 이 섬에서 가장 오래된 도시인 수프리에르(Soufrière) 근처에 있는 화산의 유황 온천들은 피톤 산맥(Piton Mountains) 바로 밑에 자리 잡고 있다. 그 근처에는 뜨겁고 차가운 폭포들과 미네랄 온천들이 있다. 이곳 온천수는 질병 치료에 탁월한 효과가 있다
- 250년 역사를 자랑하는 코코아 농장을 방문해 보자. 여전히 전통적 생산방식으로 갓 만들어진 초콜릿을 먹을 수 있다.

> 페루

나스카 지상 그림 *The Nasca Lines*

이 경이로운 선사시대의 예술 작품은 하늘에서만 그 형태를 제대로 볼 수 있다.
상상력이 풍부한 학자들은 외계인들의 도움을 받았을 거라고 주장하기도 한다.

페루 남부의 바람 한 점 없는 사막 고원에 새겨져 있는 수백 개의 동물 형상과 기하학적 무늬들은 아직도 신비에 싸여 있다. 이 거대한 지상 그림들은 기원전 200년에서 서기 700년 사이에 나스카(Nasca) 인들이 만든 것이다. 그들은 사막을 덮고 있던 자갈을 걷어 내서 그 밑에 밝은 색 흙이 나오게 하는 방법으로 거대한 그림을 그렸다.

고고학자들은 나스카 인들이 이 작품들을 아주 기본적인 측량 도구를 가지고 만들었을 거라고 믿는데, 이는 그 방식을 모사해봄으로써 입증된 사실이다. 상상력이 풍부한 학자들은 외계인들의 도움을 받았을 거라고 주장하기도 했다.

나스카 지상 그림 중 하나인 콘도르 형상. 기하학적 무늬들과 함께 그려져 있다.

또 다른 사람들은 당시에 이미 열기구가 있어서 공중에서 디자인을 볼 수 있었을 거라고 말한다. 이 이론 역시 선사시대의 재료들을 가지고 기구를 만드는 것이 가능하다는 게 입증됨으로써 뒷받침되었다.

현대의 소형 비행기에서 내려다보면서 새, 동물, 수수께끼 같은 삼각형, 원, 사다리꼴, 나선형, 수많은 긴 직선 (긴 것은 14.5킬로미터나 된다) 등의 그림들이 어떻게 해서 생긴 것인지 생각해 보자.

조종사는 승객들이 창문을 통해 창조에 대한 인간의 영원불변의 욕구를 입증하는 이 아름다운 그림들을 더 잘 볼 수 있도록 비행기를 옆으로 기울인다. 각 그림의 디자인과 크기는 공중에서만 제대로 볼 수 있다. 동물 형상 중에는 길이가 축구장 두 개만한 것도 있지만, 정확도는 전혀 떨어지지 않는다.

▪ 하늘에서 대조적인 풍경들 위를 맴돌다 보면, 안데스 산맥의 눈이 녹아 흘러 들어가는 비옥한 강변의 골짜기와 녹색 목화밭, 사막 사이로 펼쳐진 감귤 숲 등을 볼 수 있다.
▪ 지상 그림들 중 동물 형상을 찾아보자. 개구리, 원숭이, 거미, 고래, 도마뱀, 벌새, 콘도르, 그리고 305미터 길이의 펠리컨이 있다.

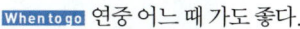

When to go 연중 어느 때 가도 좋다.

How Long 1시간 동안 350제곱킬로미터를 둘러본다.

Planning 리마에서 나스카까지 483킬로미터를 차로 달리는 데 8시간 정도 걸린다. 리마에서 비행기를 타면 1시간쯤 걸린다. 나스카에서 지상 그림이 있는 곳으로 매일 아침 비행기가 출발한다.

Inside Information 나스카에서 북쪽으로 201킬로미터 지점에 있는 플라야 엘 차코(Playa el Chaco)는 리마까지 돌아가기 전에 쉬어가기에 완벽한 곳이다. 지상 그림 투어를 하고 나서 오후에 태평양의 파도 위로 날아가는 펠리컨들을 바라보면서 페루의 전통주 피스코 사워를 마실 수 있다. 다음 날 아침, 보트를 타고 바예스타 섬(Islas Ballestas)으로 가서 북양가마우지, 가마우지, 펠리컨, 바다사자 등 다양한 야생동물들을 볼 수 있다.

Websites www.perufly.com

TOP 10

케이블카 *Cable Cars*

작은 투명 캡슐이 활기 넘치는 도시를 지나 히말라야부터 오스트레일리아의 우림까지 아주 특별한 곳들로 안내한다.

❶ 사카테카스 Zacatecas 멕시코

사카테카스 시의 '텔레페리코(teleférico, 스페인어로 '케이블카'를 가리킴)'는 이 우아한 장밋빛 도시의 모자이크 같은 거리와 광장, 지붕, 돔 위로 흔들리며 올라가 몇 분 만에 라 부파 산(Cerro de la Bufa) 정상에 닿는다.

Planning 시내의 그리요 산(Cerro del Grillo)에서 매일 오전 10시부터 오후 6시까지 운행한다. 바람이 너무 심하면 운행이 중단된다. www.enjoymexico.net

❷ 리우데자네이루 Rio de Janeiro 브라질

이 도시의 케이블카를 타고 도착한 팡데아수카르(Pão de Açucar, 슈거로프) 산에서는 멀리 이 도시의 상징인 코르코바도 산 꼭대기의 거대한 그리스도 상이 보이고, 도시 전경과 해변 풍경이 그 아래로 펼쳐진다.

Planning 매일 오전 8시부터 밤 10시까지 30분마다 운행된다. 왕복 2시간 잡으면 된다. www.braziltravelvacation.com

❸ 메리다 Mérida 베네수엘라

이곳의 케이블카는 해발고도 3,125미터의 안데스 산지의 고원에서 출발하여 에스페호 산(Pico Espejo) 정상까지 올라간다. 도중에 네 곳에서 하차를 할 수 있고, 정상에 올라가면 볼리바르 산 전경을 감상할 수 있다.

Planning 보통 오전 7시부터 정오까지 출발하는데, 출발 시각은 달라질 수 있다. www.andesholidays.com

❹ 피크 트램 The Peak Tram 홍콩

케이블에 의해 움직이는 이 전차는 4도부터 27도까지의 경사로 빅토리아 피크까지 순식간에 올라간다. 경사가 어찌나 심한지 올라가는 도중에 지나는 건물들이 기울어진 것처럼 보인다.

Planning 10~15분 간격으로 운행된다. www.thepeak.com.hk

❺ 겐팅 스카이웨이 Genting Skyway 말레이시아

이것은 세계에서 제일 빠른 케이블카로, 동남아시아에서 제일 긴 케이블웨이를 따라 올라간다. 종착지는 해발고도 2,027미터에 위치한 겐팅하

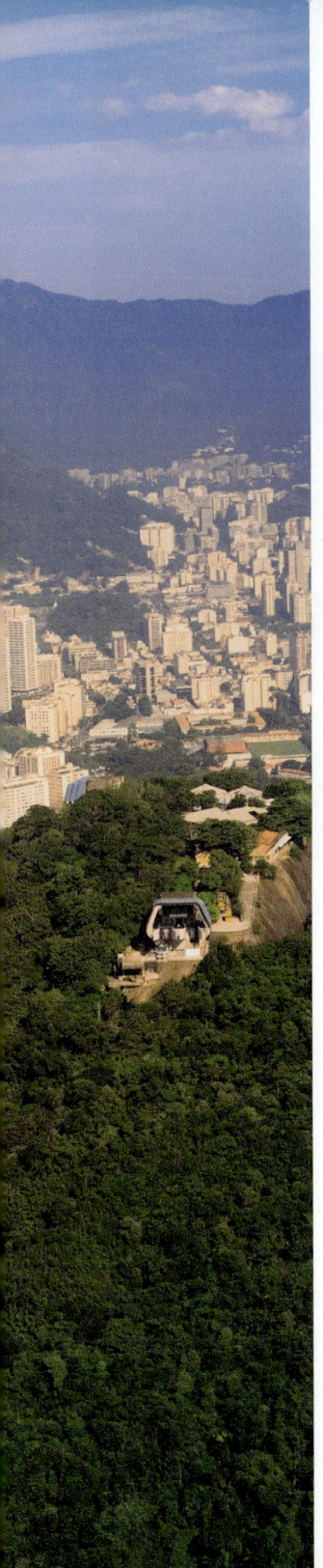

일랜드 리조트(Genting Highland Resort)로, 테마파크와 상점, 호텔, 카지노 등이 있다.

Planning 운행 시간은 일요일부터 금요일은 오전 7시 30분부터 밤 11시, 토요일은 오전 7시 30분부터 자정까지다. www.genting.com.my

❻ 굴마르그 곤돌라 Gulmarg Gondola 인도 자무·카시미르 주

히말라야 북서부 해발고도 2,730미터 지점에 있는 아름다운 굴마르그 계곡(Gulmarg Valley)에서는 프랑스에서 디자인한 케이블카가 소나무들로 뒤덮인 비탈 위를 수직으로 3,980미터 지점까지 올라간다.

Planning 굴마르그는 스리나가르(Srinagar) 시에서 남서쪽으로 56킬로미터 지점에 위치해 있다. www.skihimalaya.com.au

❼ 피코스 데 에우로파 국립공원 Picos de Europa National Park 스페인

스페인 북부의 피코스 데 에우로파 산맥은 뛰어난 자연 풍광을 자랑한다. 가파르게 올라가는 케이블카를 타고 1,840미터 높이의 숲으로 덮인 계곡으로 가는 것이 이 산맥을 올라가는 가장 좋은 방법이다.

Planning www.asturiaspicosdeeuropa.com

❽ 그린델발트-맨리헨 케이블웨이
Grindelwald-Männlichen Cableway 스위스

세계에서 가장 긴 케이블카 중 하나인 그린델발트-맨리헨 케이블웨이는 그린델발트-그룬트 마을(해발 943미터)과 스위스 알프스의 맨리헨(2,230미터) 봉을 이어준다.

Planning 계절에 따라 운행 시간이 다르다. www.maennlichenbahn.ch

❾ 테이블 마운틴 케이블웨이
Table Mountain Cableway 남아프리카공화국 케이프타운

이 케이블카는 테이블 마운틴 정상(1,085미터)까지 올라가면서 좌우 360도로 회전을 하여 승객들이 최대한 전망을 즐길 수 있게 해 준다. 정상에 도착하면 많은 산책로 중 하나를 선택하여 산을 탐험할 수도 있다.

Planning 케이블카를 타는 곳까지는 표지판이 잘 되어 있다. 첫 차 시간은 계절에 따라 다르므로 미리 확인하도록 한다. www.tablemountain.net

❿ 파웰-하이드 라인 Powell-Hyde Line 미국 샌프란시스코

샌프란시스코의 명물인 케이블카 파웰-하이드 라인은 이 도시를 여행하는 데 필수 코스다. 이 케이블카는 고급 주택가인 러시안힐을 지나 샌프란시스코의 유명한 언덕들을 가파르게, 흔들리면서 내려간다.

Planning 승차권은 케이블카 안에서 구입할 수 있다. www.streetcar.org

다섯 개의 당당한 탑과 정교한 벽 조각 장식들을 지닌 앙코르 사원은 공중에서야 그 웅장한 규모를 제대로 볼 수 있다.

캄보디아

헬리콥터 타고 앙코르 유적지 투어

Angkor by Helicopter

크메르 제국의 수도였던 앙코르를 공중에서 내려다보고, 밀림 속에
보물처럼 숨어 있는 사원들을 탐험해 보자.

혼잡한 도시 프놈펜을 뒤로하고 북쪽으로 톤레삽 호수(Tonle Sap Lake)를 향해 출발할 때, 새벽의 푸른 안개가 시야를 가득 메운다. 강렬한 더위가 고개를 들기 전 가장 시원하고 고요한 순간이다. 고도 305미터를 넘어서면 도로는 개미 같은 자동차들이 점처럼 찍혀 있는 먼지투성이 황토색 리본으로 변한다. 톤레삽 호수 위에는 장난감 같은 마

을들과 작은 고기잡이배들이 떠 있다. 수면에 간간이 떠 있는 작은 점은 수영하는 사람들일 것이다. 톤레삽 호수를 지나고 넓은 평야지대를 거쳐 시엠립(Siem Reap)으로 향한다. 이 도시를 둘러싼 밀림은 수백 년 동안 앙코르의 비밀을 지켜 왔고, 덕분에 현지인들도 앙코르의 존재를 거의 알지 못했다.

앙코르의 정교하고 복잡한 구조는 공중에서 보아야만 제대로 파악할 수 있다. 한 치의 오차도 없는 사각형은 왕국의 수도인 앙코르 톰(Angkor Thom)을 묘사하고 있다. 정교하게 조각된 외벽과 넓은 테라스, 연꽃처럼 장식된 돔들로 이루어진 일련의 왓(사원)들이 덤불 위로 고개를 내밀고 있다. 헬리콥터에서 내리면 완벽한 고요가 우리를 맞이한다. 소리라고는 밀림에서 간간이 들려오는 동물의 외침뿐이다. 얼마나 더 많은 사원들이 우리가 찾아와 주기를 기다리고 있을지 궁금해진다.

When to go 캄보디아는 열대몬순기후 지역이다. 겨울(11월~3월)이 가장 시원하고 비오는 날도 가장 적다.

How Long 303킬로미터 거리를 여행하는 데 2시간 정도 걸린다. 헬리콥터를 임대한 것이므로 중간에 원하는 만큼 정차할 수 있다.

Planning 캄보디아에 입국할 때 비자를 발급받을 수 있지만, 출발 전에 대사관에 확인해 보는 게 좋다.

Inside Information 시엠립에서부터 며칠 동안 사원들을 탐험할 수 있으므로, 바이온 사원(Bayon Wat)에서 해 뜨는 것을 보자. 탑에 새겨진 얼굴들이 아침 햇빛을 받아 마치 살아 있는 것처럼 보인다. 해질녘에는 서쪽을 향하고 있는 앙코르 사원을 꼭 봐야한다. 시간 여유를 두고 가서 사람들이 너무 몰리지 않는 곳에 자리를 잡자.

Websites www.phnompenhtours.com, www.sacred-destinations.com

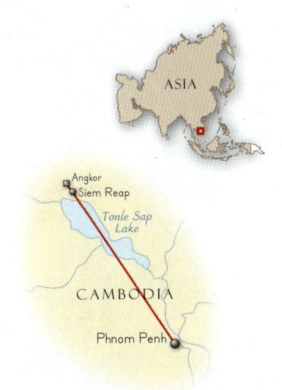

- 세계에서 가장 큰 규모의 종교 유적인 앙코르 사원은 넓은 해자(垓子) 뒤에 평화롭고 눈부시게 자리 잡고 있다. 회색 바위 앞으로 가끔씩 오렌지색 가운을 입은 승려가 지나갈 때면 이 사원의 엄청난 규모를 확인할 수 있다.

- 타프롬 사원(Ta Prohm)은 19세기에 발견되었을 때와 똑같은 모습으로 보존되고 있다. 거대한 나무 뿌리와 가지들이 엉켜 있는 바위로 된 사원을 걸어서 산책해 보자.

- 사원 곳곳에 있는 동물 조각과 동물상들은 밀림에 사는 야생동물들과 흡사한 모습이다. 밀림에서는 원숭이들이 시끄럽게 떠들고, 코끼리들이 소리를 지르고, 앵무새들이 노래한다. 톤레삽 호수가 동남아시아에서 가장 넓은 생태계 중 하나인 이곳을 지켜 주고 있다.

퀸즈랜드 주 버즈빌 호텔의 술집 내부. 온갖 기념품들로 장식된 벽이 이곳을 찾는 사람들의 과거와 현재를 보여 준다.

오스트레일리아

비행기로 오지의 술집 유람

Great Australian Pub Crawl

갈증을 일으키는 사막의 샘들 사이를 날며 다양한 술을 맛보자.
운전은 조종사가 책임질 테니 마음껏 마셔도 된다.

　조종사는 비행기를 급강하해서 오지의 술집 위를 낮게 날다가 인근의 가설 활주로에 엄청난 먼지를 일으키며 착륙한다. 술집까지의 거리가 좀 있는 곳에 내린다면, 주인이 차를 갖고 와서 목마른 승객들을 태워갈 것이다.
　애들레이드를 벗어나서 낮은 고도로 나는 비행기에서 내려다보는 풍경은 말라버린 강바닥과 가끔씩 등장하는 몇 채씩 모여 있는 건물들 외에는 온통 황토색, 붉은색, 회색, 분홍색의 메마른 땅뿐이다. 오스트레일리아 남부 사우스오스트레일리아 주와 북동부의 퀸즐랜드 주에서는 가장 가까운 이웃 마을이라도 몇 백 킬로미터씩 떨어져 있는 경우가 흔하다. 가장 가까운 술집은 그보다 다섯 배는 더 멀리 떨어져 있는 경우가 대부분이다. 목동들은 술 한잔과 말벗을 찾아 유럽의 작은 나라 넓이쯤 되는 소 농장을 가로질러 차를 달려 온다.

오스트레일리아의 오지는 놀라운 것들로 가득 차 있고, 외진 곳마다 고유한 매력이 있다. 먼저라니(Mungerannie)에는 온천들이 있고, 이나밍카(Innamincka)에는 커다란 버거와 사막에서의 보트 투어가 있다. 윌리엄크릭(William Creek)에 있는 소박한 술집의 벽은 특이하게도 방문객들의 속옷으로 장식되어 있다. 기품 있는 마리 호텔에는 애들레이드에서 비행기를 타고 식사를 하러 오게 만들 정도로 뛰어난 요리사가 있다. 그리고 파라칠나(Parachilna)에서는 수백 킬로미터 근방에서 가장 고급 호텔인 프래리 호텔에서 하룻밤 묵기 전에 낙타 소시지, 훈제 캥거루 고기, 에뮤 파테 등의 야생동물 요리를 꼭 먹어 보자.

When to go 수요만 있다면 연중 어느 때나 투어가 진행된다. 봄(9월~11월)에는 아카시아 나무가 꽃으로 뒤덮이고 사막에 잠깐 꽃이 필 때도 있다.

How Long 항공 여행과 육로 여행을 합하여 5일 정도면 된다.

Planning 자외선 차단크림을 충분히 바르고 챙이 넓은 모자를 써야 한다. 카메라 편광 필터와 용량이 넉넉한 메모리카드를 준비하자.

Inside Information 9월에 퀸즈랜드 주 버즈빌(Birdsville)에서 열리는 버즈빌 레이스에 맞춰 여행하는 것도 좋다. 1882년부터 열려온 버즈빌 레이스는 오스트레일리아 오지에서 열리는 최대의 행사다. 전시회와 경매가 열리고, 엄청난 양의 술이 소비된다. 작은 비행장으로 수백 대의 비행기들이 몰려들고, 조종사들과 승객들은 비행기 날개 그림자 밑에서 캠핑을 한다.

Websites www.banksia-adventures.com.au

- 오지의 대도시인 버즈빌은 인구가 거의 세 자리 수에 가깝다. 1882년에 생긴 호텔 겸 술집과 크리켓 경기장, 오지의 삶을 주제로 한 박물관 등이 있다.
- 쿠퍼크릭(Cooper Creek)의 이나밍카에서부터 사막에서 보트를 탈 수 있다.
- 오팔을 채굴하는 광산촌 쿠버페디(Coober Pedy)에서 지하 생활이 어떤 것인지 알아보자. 지하에 호텔, 주택, 상점, 교회들이 있다.

6명 정원의 스카이레일 곤돌라가 쿠란다와 케언스 사이의 나무들 위로 지나간다.

오스트레일리아

오스트레일리아 우림 감상

Skimming Ancient Australian Rain Forest

작은 나비들의 무리부터 나무에 매달려 있는 뱀에 이르기까지
믿기 어려울 만큼 멋진 오스트레일리아 우림의 풍경을 즐기자.

    쿠란다 터미널(Kuranda Terminal)을 출발한 스카이레일 레인포레스트 케이블웨이(Skyrail Rainforest Cableway)는 배런 강의 흙탕물 위를 천천히 미끄러져서 퀸즈랜드 주 열대우림의 울창한 수풀 위로 나아간다. 곤돌라를 타고 나무 위를 가다 보면 축 늘어진 채 일광욕을 하고 있는 비단뱀이 눈에 띌 것이다. 잠시 후 로젤라앵무새 무리가 시끄럽게 떠들며 지나간다. 그들의 붉은색과 푸른색 깃털은 그 아래의 초록색 지붕과 화려한 대비를 이룬다.

그 다음에는 지상에 내려가서 우림을 탐험한다. 배런 폴스 정거장(Barron Falls Station)에 내려서 안개 낀 우림 사이를 천천히 걸어 세 군데 전망대로 간다. 거기서 골짜기와 폭포의 매혹적인 풍경을 바라볼 때, 무지갯빛으로 색이 변하는 푸른색 율리시스 나비 한 쌍이 춤을 추며 지나간다.

다시 곤돌라를 타고 레드 피크 정거장(Red Peak Station)에서 내린 다음 가이드를 따라 판자를 깐 산책로를 걸으며 키 큰 나무들, 거대한 양치식물들, 야생란을 감상하자. 그 후 가이드에게 인사를 하고 다시 곤돌라에 올라타서 케언스(Cairns)로 내려간다. 이제 여기가 마지막 구간이다. 숲은 모습을 감추고 광활한 평야가 펼쳐진다. 그리고 저 멀리로는 코럴 해의 바닷물이 풍경을 담청색으로 물들이며 공중 여행의 경이로운 대미를 장식한다.

When to go 연중 어느 때 가도 좋다. 스카이레일은 크리스마스를 제외하고 매일 운행된다. 겨울(6월~9월)은 건조하고 시원한 편이다. 여름(12월~3월)은 비가 자주 오지만, 숲을 깨우는 비는 여행을 더욱 풍요롭게 해 준다.

How Long 중간에 정거장에 30분간 정차하는 것을 포함하여 편도(7.6킬로미터)는 1시간 30분, 왕복은 2시간 30분이 걸린다. 원한다면 정거장에서 더 오래 머무를 수 있다.

Planning 쿠란다(Kuranda)나 케언스에서 출발할 수 있다. 케언스는 시 바로 외곽에 있는 카라보니카 터미널(Caravonica Terminal)에서 출발한다. 줄 서서 기다리고 싶지 않다면 미리 예약을 하자.

Inside Information 숲은 무척 울창하고 빽빽하다. 집중해서 잘 보면 나무 꼭대기에서 자고 있는 뱀들이나 날아가는 새들과 나비들을 볼 수 있을 것이다.

Websites www.skyrail.com.au

- 중간에 정차한 곳에서 키가 1.8미터나 되는 멸종 위기에 처한 큰화식조와 작은 사향쥐캥거루 등 야생동물들을 관찰할 수 있다.
- 쿠란다에서는 오스트레일리아에서 가장 넓은 나비 서식지를 방문할 수 있다. 버드월드에서는 자유롭게 날아다니는 수많은 새들을 볼 수 있으며, 쿠란다 코알라 가든에서는 코알라를 안아 볼 수도 있다.
- 카라보니카에 있는 자푸카이 원주민 문화공원(Tjapukai Aboriginal Cultural Park)에서는 전통 목관악기인 디저리두 부는 법을 배우고, 원주민의 전통음식인 부시터커를 맛보는 등 원주민들의 전통을 경험할 수 있다.

오스트레일리아

그레이트배리어리프 상공 비행
Over the Great Barrier Reef

끝없이 펼쳐진 수중 정원을 비행기 위에서 감상도 하고, 화려한 바다생물들과 함께
바닷속을 떠다니는 신비로운 경험을 할 수 있다.

야자나무들이 에워싸고 있는 소형 비행장을 따라 달려가던 비행기가 이내 날아오르면 순식간에 우리는 육지와 바다, 하늘 사이에 푸른색과 흰색의 반짝이는 세계 속으로 들어간다. 밝은 하늘색이던 바닷물은 옥색으로 변하다가, 얼마 안 가 진한 청색으로 변하고, 아름다운 그레이트배리어리프(Great Barrier Reef)가 우리 아래로 펼쳐진다.

세계에서 가장 넓은 산호초 중 하나인 그레이트배리어리프는 퀸즈랜드 해안을 따라 케이프요크(Cape York) 끝에서 남쪽으로 프레지어 섬(Fraser Island)까지 2,012킬로미터에 걸쳐 뻗어 있다. 2천 9백 개가 넘는 암초와 수백 개의 섬이 있으며, 따뜻하고 투명한 물이 해양 생태계의 일부인 산호와 1천 5백 종 이상의 물고기를 수족관처럼 품고 있다.

그레이트배리어리프 위로 비행기를 타고 날면서 각양각색의 섬들과 흩어져 있는 산호초들을 감상하자.

비행기가 옆으로 몸체를 기울일 때면 초대형 가오리와 바다거북, 상어, 듀공 (dugong, 바다소와 비슷한 듀공과의 바다 포유동물) 등을 볼 수 있다. 정박해 있는 배의 선미에서는 잠수부들이 헤엄을 치고 있고, 근처에서는 한 무리의 돌고래들이 수면 위로 뛰어오른다. 산이 물속에 잠겨서 초록색 봉우리 부분이 나와 있는 '키 큰' 섬들로는 거품을 인 파도가 몰려들고, 하얀 해변으로 둘러싸인 산호섬 혹은 '키 작은' 섬들은 물 위에 떠 있는 듯 보인다. 물속에 잠긴 산호의 무늬는 바다 풍경 속에서 선명하게 드러나지만, 제일 멀리 있는 암초 너머로 가면 갑자기 바다가 깊어지며 그 속을 알 수 없게 된다.

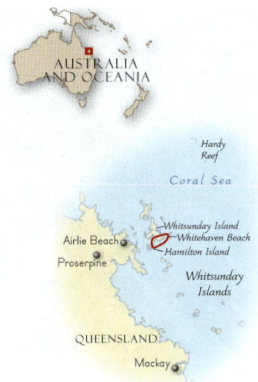

When to go 안전하게 수영을 하고 잠수하려면 가을, 겨울, 봄, 즉 3월부터 11월이 좋다.

How Long 비행은 10분간 나선을 그리며 강하하는 것에서부터 1~3시간짜리까지 다양하다. 전체 일정은 3일도 좋고, 1~2주도 좋다.

Planning 비행기는 경비행기, 수상비행기, 헬리콥터 등이 있고, 출발 장소는 다양하다. 비행만 제공하는 여행사도 있고, 해변 산책, 잠수, 스노클링까지 제공하는 여행사도 있으며, 숙소까지 제공하는 곳도 있다. 숙소는 대부분 대규모 리조트다. 비행기를 몇 번 갈아타야 할 수도 있으므로 예산을 넉넉히 챙기도록 한다. 13세 이상 아동에게는 성인 가격을 받는 여행사도 있고, 16세까지는 성인 가격의 절반만 받는 여행사도 있다.

Inside Information 해안과 그 뒤로 솟아 있는 산도 산호초만큼이나 멋진 풍경을 자랑한다. 숲과 폭포, 골짜기 위로 비행기 투어를 하는 것도 그만한 가치가 있다.

Websites www.whitsundaytourism.com, www.queenslandholidays.com.au

- 자연의 신비 중 하나인 하트 모양의 산호초 '하트 리프(Heart Reef)'는 하디 리프(Hardy Reef)의 일부분이다.
- 해안 마을인 카드웰(Cardwell) 앞바다에 있는 힌친브룩 섬(Hinchinbrook Island)은 '키 큰' 섬 중 가장 크고 멋진 풍광을 자랑한다.
- 해밀턴 섬에서 출발하는 휘트선데이스 리프(Whitsundays Reef)에서는 6.4킬로미터에 걸쳐서 새하얀 모래가 깔려 있는 화이트헤븐 해변(Whitehaven Beach)에 내려서 둘러볼 수 있다.
- 휘트선데이스로 가는 입구인 에얼리 해변(Airlie Beach)에서 비행기로 판타씨 리프월드(Fantasea Reefworld)로 가자. 이곳은 산호초 위에 있는 가장 큰 규모의 떠다니는 시설로, 물에 반쯤 잠긴 플랫폼에서 스노클링을 하며 산호초 사이에 사는 예쁜 물고기들을 볼 수 있다.

세상과 격리된 듯한 프란츠 요세프 빙하 위로 경비행기 한 대가 부드럽게 착륙하고 있다.

뉴질랜드

뉴질랜드 남섬 빙하 항공 투어 Glaciers by Air

뉴질랜드 남섬 쿡 산의 항공기지에서 비행기를 타고 사람의 마음을 사로잡는
고요한 얼음 세계로 여행을 떠난다.

이것이 스키 투어일까 아니면 항공 여행일까? 소형 비행기에 올라탈 때, 기체에 안으로 접어 넣을 수 있는 스키가 달려 있는 것을 보면 이런 궁금증이 생길 것이다. 그런데 빙하 위에 착륙할 수 있는 방법은 스키 말고는 없지 않은가.

비행기가 남알프스 자락을 따라 날아오르면, 저 아래로 자갈밭이 여기저기 박혀 있는 골짜기들이 펼쳐진다. 빙하호는 표면이 유리처럼 매끄럽고, 손을 내밀면 닿을 듯 가까워 보인다. 곧이어 3천 미터가 넘는 봉우리들을 지닌 그레이트 디바이드(Great Divide)가 희미하게 모습을 드러낸다. 산허리에는 뾰족한 얼음 봉우리들이 솟아 있다.

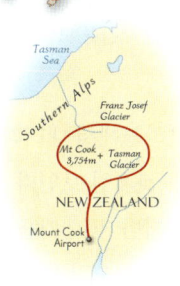

조종사가 비행기의 스키를 내리자, 스키는 쿵 소리와 함께 내려온다. 디바이드를 지나면 비행기는 빙하를 향해 급강하고 숙련된 올림픽 챔피언처럼 부드럽게 눈 위에 착륙한다.

비행기에서 내리면 빙하 위에는 함께 내린 승객들뿐이다. 우리를 둘러싸고 있는 것은 얼음, 눈, 뾰족한 봉우리들, 빛나는 태양, 깊이를 헤아릴 수 없이 푸른 뉴질랜드의 하늘이 어우러진 장엄한 풍경이다. 10분 뒤에 다시 비행기에 올라 얼어붙은 폭포와 눈 덮인 산을 지나 날아간다. 곧이어 바위투성이 서쪽 해안과 태즈먼 해(Tasman Sea)가 왼쪽으로 눈에 들어온다. 오른쪽에는 광활한 해안 평야가 펼쳐져 있다.

빙하 주위를 돌면 돌수록 풍경은 새로운 의미를 갖는다. 멀리서 바라볼 때는 경외의 대상이었으나, 일단 발을 올려놓고 보면 친근하게 느껴지는 것이다.

When to go 기상 상태에 따라 연중 어느 때나 괜찮다. 봄에 비가 내릴 때 비행이 취소되는 일이 가장 많다. 비행이 편안하지 않거나 시야가 좋지 않을 가능성이 있을 때도 취소된다.

How Long 160킬로미터 거리를 비행하는 데 1시간이 걸린다.

Planning 매일 오전 7시 30분부터 오후 5시 30분까지 비행기가 운행된다(겨울에는 오전 9시 30분에 운행 시작). 옷은 두꺼운 옷보다는 얇은 것을 몇 벌 껴입었다가 필요할 때 벗도록 한다. 비행기 내부는 따뜻하고, 빙하도 놀라울 정도로 따뜻할 수 있다. 반드시 장화를 신어야 하고, 무릎까지 빠질 정도의 눈이 쌓여 있을 때를 대비하여 겨울에는 방수용 오버슈즈를 덧신으면 좋다.

Inside Information 사진을 찍으려면 이른 아침이나 늦은 오후에 가는 게 조명이 가장 좋다. 큰 폭풍이 지나간 다음 날 하늘이 가장 맑다.

Websites www.mtcookskiplanes.com

- 호치스테터 얼음폭포(Hochstetter Icefall)는 수킬로미터의 얼음이 산을 따라 무너져 내려서 넓은 고원에 모였다가 얼어붙은 폭포처럼 아래로 떨어지는 것이다. 가끔씩 떨어지는 눈과 얼음이 내는 천둥치는 듯한 소리가 여기서 들을 수 있는 유일한 소리다.

- 프란츠 요세프(Franz Josef) 빙하나 태즈먼(Tasman) 빙하에 착륙하는 것은 완전한 정적 속으로 들어가는 전주곡이다. 다시 없을 경험을 마음속에 소중히 간직하자.

- 야생동물들은 물론 토착 동물도 거의 없다. 그래서 골짜기에서 골짜기로 옮겨가는 영양의 일종인 사무아 무리와 염소의 일종인 히말라야 타르 무리를 만나는 건 흔치 않은 즐거움이다.

> 폴리네시아

코랄 루트 항공 여행 *Fly the Coral Route*

바다새처럼 남태평양의 하늘 위를 날다가 목가적인 섬들에 들러서
멋진 시간을 보낼 수 있다.

하늘에서 내려다보면 광활한 바다는 푸른빛과 초록빛 실크 옷감이 끝없이 펼쳐져 있는 것처럼 보인다. 가끔씩 암초가 둘러싸고 있는 섬들이나 환상 산호섬들만이 떠 있을 뿐이다. 비행기를 타고 뉴질랜드 오클랜드에서 프랑스령 폴리네시아의 타히티까지 전설적인 코랄 루트(Coral Route)를 여행하다 보면, 이 여행이 왜 한때 세계에서 가장 낭만적인 항공 모험으로 여겨졌는지 알게 될 것이다.

피지 섬의 나디(Nadi) 시에 착륙한 다음에는 원색의 산호초 위에 미동도 없이 떠 있는 스노클러들 무리에 합류한다. 북동쪽으로 다시 날아 사모아 섬의 아피아(Apia)에 내리

피지 섬 주변의 짙푸른 태평양에 청옥색 후광에 둘러싸인 산호섬들이 드문드문 흩어져 있다.

면, 향기로운 하이비스커스와 프랑지파니 꽃으로 만든 화환을 들고 있는 섬 주민들로부터 환영을 받는다. 그들은 우리를 유명한 애기 그레이 호텔(Aggie Grey's Hotel)로 데려간다. 이 호텔의 설립자는 작가 제임스 미치너의 소설 《남태평양 이야기 Tales of the South Pacific》의 등장인물 블러디 메리(Bloody Mary)에게 영감을 준 것으로 유명하다.

쿡 제도의 수도 아바루아(Avarua)가 있는 섬 라로통가(Rarotonga)에 도착하면 석호의 투명한 물속에서 수영을 하자. 석호는 하얀 백사장으로 둘러싸여 있고, 그 뒤로는 화산섬들이 서 있다. 최종 목적지는 프랑스령 폴리네시아에서 가장 큰 섬인 타히티 섬의 파페에테(Papeete)다. 50년 전, 비행정이 이곳의 외진 섬들로 사람들을 데려오기 시작한 이래 늘 그래왔던 것처럼, 타히티는 전염성 강한 매력을 내뿜는다.

- 어떤 섬에서든 옥색 석호 위에 세워진 짚을 이어 만든 방갈로에서 잠을 자 보는 게 좋다.
- 피지 섬에서는 중요한 사교 행사인 '카바(kava)' 의식에 참여해서 후추나무 뿌리 분말을 물에 탄 음료를 마셔 보자. 쿡아일랜드에서는 전통의상을 입은 무용수들이 북춤과 엉덩이를 흔드는 '후라(hura)' 춤을 추는 것을 구경하자.
- 스노클링 또는 스쿠버다이빙을 하거나 바닥이 유리로 된 배를 타고 여행을 하면 산호초의 아름다움을 제대로 감상할 수 있다.

When to go 1년 내내 덥고 습하지만, 겨울(5월~10월)이 비교적 건조하고 우기(11월~4월)보다 여행하기가 편하다. 우기에는 사이클론을 만날 위험도 높다.

How Long 총 거리가 7,560킬로미터다. 3주 계획을 세워서 피지 섬, 쿡 제도, 프랑스령 폴리네시아에서 각각 일주일씩 보내자.

Planning 루트를 짠 다음 항공편은 반드시 미리 예약을 해야 한다. 일부 섬으로 가는 항공편은 일주일에 한 번씩밖에 운행을 하지 않기 때문이다. 에어뉴질랜드만이 아니라 다양한 섬으로 가는 항공편들을 예약해야 한다. 일부 여행사에서는 루트 중 일부 구간들에 대해 맞춤식 투어를 제공하기도 한다.

Inside Information 피지 섬에서는 흙으로 된 오븐인 '로보'에 요리한 양념 생선 요리를 먹어 보자.

Websites www.airnewzealand.com, www.airraro.com, www.airpacific.com

목가적인 전원 마을 샤토데의 하늘 위로 색색의 열기구들이 날아오른다.

스위스

알프스 열기구 축제 *Alpine Balloon Festival*

열기구를 타고 땅 위의 일상을 떠나 알프스 산 위를 떠다녀 보자.

거대한 원색의 등불처럼 하늘 위를 조용히 떠다니는 열기구들은 스위스 알프스 산지를 더욱 아름답게 만든다. 열기구가 뜨는 골짜기가 있는 그슈타드(Gstaad) 근처의 샤토데(Château d'Oex)는 1년 내내 기구를 띄우기에 이상적인 기류와 바람이 있는 곳이다.

겨울에 열리는 국제 열기구 축제(International Balloon Festival) 때는 유럽 전역에서 모여든 사람들이 멋진 시각 효과와 조종 기술을 보여 준다. 하루 종일 대형을 이루어 알프스 위를 떠다니거나 장거리 경주를 벌이기도 한다. 다양한 주제별 시합이 열리고, 낙하산 점프 시연도 열린다. '돈키호테 레이스'에서는 각 팀이 열 개의 헬륨 풍선을 찔러 터트려야 한다. '토끼와 사냥개'에서는 '토끼' 기구를 '사냥개' 기구가 뒤쫓다가 착륙 지점 근처에 표적을 떨어뜨린다. 여러 대의 기구가 한꺼번에 이륙할 때는 둥근 기구들이 먼저 떠오르고, 그 뒤를 이어서 풍부한 상상력을 엿볼 수 있는 재미있는 기구들이 떠오른다.

When to go 국제 열기구 축제에 참가하려면 1월 하순에 가야 한다. 주변 국가들도 여행하려면 여름에 가는 게 좋다.

How Long 축제는 보통 일주일 넘게 열리는데, 중요한 행사는 대개 주말에 열린다.

Planning 직접 승용차나 기차를 타고 축제 현장에 가서 구경할 수 있다. 그리고 여행사를 통해 기구에 자리를 예약할 수 있다. 맛있는 음식과 와인이 포함되어 있다.

Inside Information 샤토데에서는 에스파스 발롱(Espace Ballon)을 방문해서 열기구의 역사와 과학에 대해 알아보자.

Websites www.festivaldeballons.ch, www.buddybombard.com

- 특별한 행사가 진행되지 않을 때 전문 열기구 투어에 참가한다면, 눈 덮인 알프스 산맥을 탐험해 보자. 고요한 봉우리들 위에서 소음 하나 없는 열기구를 타고 떠다니는 것은 마법과도 같은 경험이다.
- 기구 축제 중에 행글라이더들과 패러글라이더들이 펼치는 멋진 곡예비행도 즐길 수 있다.
- 20개국 정도에서 온 참가자들과 함께 열기구 타기를 즐기자. 국제적인 커뮤니티가 형성되는 느낌을 받을 수 있을 것이다.
- 별이 빛나는 밤하늘을 배경으로 조명 장식을 한 기구들이 비행을 하는 모습은 매우 환상적이다. 음악과 불꽃놀이가 더해져서 마치 발레 공연을 보는 듯도 하다.

프랑스 오트사부아(Haute-Savoie)에 있는 메리벨 골짜기에서 한 스키어가 몽블랑 쪽을 바라보며 내려가고 있다.

프랑스 | 이탈리아 | 오스트리아 | 스위스

알프스에서 헬리스키 타기 *Heliskiing the Alps*

헬리콥터를 타고 산 위로 올라가 순백의 눈으로 덮인 멋진 봉우리들 사이에서
나 홀로 스키를 타는 스릴을 즐기자.

헬리콥터 창밖으로는 반짝이는 하얀 눈으로 덮인 들쭉날쭉한 석회암 봉우리들이 끝없이 펼쳐져 있다. 잠시 후 조종사는 외딴 산마루에 헬리콥터를 착륙시킨다. 헬리콥터에서 내릴 때에도 프로펠러는 머리 위에서 윙윙 소리를 내며 회전하고 있다. 곧이어 헬리콥터는 눈보라를 일으키며 다시 이륙하여 날아간다. 헬리콥터가 멀어져 가고, 스키어들의 꿈인 그 누구의 발길도 닿지 않은 넓은 눈밭을 바라보며 걸어갈 때 들리는 소리라고는 스키에서 나는 귀에 익은 딸깍딸깍하는 소리뿐이다.

좁은 활강 코스에서 스키를 탈 준비를 마치면, 바위와 빙하로 이루어진 거대한 원형

경기장 같은 공간이 하늘을 향해 아치를 그리는 모습이 눈에 들어온다. 곧이어 중력이 힘을 발휘하여 몸은 커다란 아치를 그리며 미끄러져 내려간다. 바위, 나무, 다른 스키어들의 방해를 받지 않고 부드러운 눈 위를 똑바로 활강하여 다른 산등성이에 닿는다. 그 누구도 지나가지 않은 하얀 눈밭 위로 스키를 타고 내려가면서 나만의 트랙을 남긴다. 헬리콥터는 다시 우리를 태우고 희박한 공기를 뚫고 날아오른 후 다시 한 번 눈보라를 일으키며 착륙한다. 그러면 우리는 똑같은 과정을 반복한다.

봉우리들 사이에서만 스키를 탈 수 있는 건 아니다. 이 나라에서 저 나라로 나라를 옮겨 가면서 탈 수도 있다. 아침은 프랑스에서 크루아상으로 먹고, 점심은 스위스의 뢰스티나 이탈리아 파스타와 와인으로 할 수 있다. 밤에는 자갈이 깔린 거리에 있는 가족이 운영하는 작은 호텔에서 지친 몸을 달랜다. 그리고 다시 수많은 인파를 뒤로 한 채 공기가 희박한 알프스로 올라 순백의 눈 위에서 스키를 타는 즐거움을 만끽한다.

- 헬리콥터와 산 정상에서 원시의 모습을 지닌 아름다운 산악 풍광을 즐겨 보자.
- 한 주, 혹은 하루에 국경을 넘고 서로 다른 문화를 경험하는 것은 비행과 스키를 결합한 헬리스키의 가장 큰 장점 중 하나이다.
- 스키를 타고 청동기시대 이후로 이용되어 온 알프스의 루트인 콜 드 그랑 생 베르나르(Col de Grand St. Bernard)의 해발 고도 2,438미터에 있는 생 베르나르 호스피스에서 수도승들과 함께 차를 마셔 보자. 찾아가기는 힘들지만 역사적인 의미를 지닌 곳이다.

When to go 1월부터 4월이 가장 좋다.

How Long 시간과 예산에 따라 당일치기에서부터 2주 정도에 이르기까지 다양한 일정이 가능하다. 스위스, 오스트리아, 이탈리아, 프랑스 등지에 있는 여행사를 통해 리조트 한 곳을 거점으로 할 수도 있고, 국경을 넘나드는 원정을 할 수도 있다.

Planning 벽지(僻地)의 눈에 적합한 스키가 없다면, K2 아파치 치프스나 볼클 만트라스 같은 최첨단 스키를 대여하는 게 좋다. 단, 스키화는 가져가야 한다.

Inside Information 스키 실력이 중급 정도만 돼도 이런 지형에서 스키를 탈 수는 있지만, 익숙해질 시간은 필요하다.

Websites www.swisskisafari.com, www.9vallees.com

룩소르의 사막에서 거대한 열기구가 띄워지고 있다.

이집트

나일 강 열기구 여행 *Nile Balloons*

열기구를 타고 세계에서 가장 긴 강과 강변의 전설적인 명소들 위를 평화롭게 날면서 찬란한 고대 문명을 만나 보자.

    열기구 바구니를 타고 폭 넓은 나일 강과 강변의 사막 위를 나는 것은 이집트에서 해 볼 수 있는 가장 멋진 경험 중 하나다. 그 경험을 하려면 날이 밝기 전에 출발해야 한다. 열기구가 이륙 준비를 하는 동안 승객들은 야자나무가 드문드문 서 있는 들판에서 샴페인과 함께 아침식사를 제공받는다.

    기구를 타면 어디로 갈지는 바람의 방향이 결정짓는다. 동쪽으로부터 바람이 불어 오면 겹겹이 솟은 바위산과 '왕들의 계곡'과 '왕비들의 계곡'이 있는 왕족의 무덤들 위로 날아가게 되고, 하트셉수트 여왕의 웅장한 신전을 공중에서 내려다본다. 서쪽에서 바람이 불어 오면 녹색 들판과 넓은 나일 강, 그리고 세계에서 가장 큰 규모의 신전군인 카르나크 신전군이 저 아래로 펼쳐진다. 카르나크 신전군은 1천 3백 년에 걸쳐 지어진 것으로, 세계에서 두 번째로 높은 오벨리스크인 하트셉수트 여왕의 화강암 오벨리스크 등 수많은 유적들이 있다.

하트셉수트 여왕의 신전. 나일 강 열기구 여행은 왕비들과 왕의 자제들의 무덤이 있는 '왕비들의 계곡' 위로 지난다.

그 와중에 조종사는 지상에 있는 차량과 무전기나 휴대전화로 계속해서 연락을 주고받는다. 이국적인 고대의 풍경과 유적 사이에서 '룩소르'와 그 주변 마을들의 현재 일상생활도 엿볼 수 있다. 들판이나 평평한 지붕(어울리지 않게 염소들과 오리들이 여기에서 길러진다) 위에서 어린 아이들이 손을 흔든다.

삼각돛을 단 소형 범선인 '펠러커(felucca)'들이 강 위를 움직여 가고, 그 뒤로는 사막이 끝도 없이 펼쳐져서 희미하게 보이는 지평선까지 이어진다. 기구는 무에진(이슬람에서 기도 시각을 알리는 사람)들이 외치는 소리가 들릴 만큼 땅에 가까이 날기도 한다. 비행이 끝나면 열기구는 하강하다가 땅바닥에 충돌하며 착륙한다. 흔히 경작이 이뤄지지 않는 들에 착륙하는데, 그 모습을 보고 농부들이 몰려와 반갑게 환영해 줄 것이다.

- 나일 강을 따라 녹색의 농지가 사막 사이로 뻗어 있고, 양쪽으로는 황폐한 산들이 솟아 있는 풍경을 하늘에서 내려다보자. 마름모꼴 농지 사이사이로 모래 빛깔의 평평한 집들이 여기저기 모여 있다.
- 왕비들의 계곡에 있는 람세스 2세의 왕비 네페르타리(Nefertari)의 무덤을 방문해 보자. 이곳의 벽화들은 그녀의 아름다움을 찬양하고 있고, 왕들의 계곡에 있는 벽화만큼이나 훌륭하다. 네페르타리의 무덤은 하루에 150명까지만 입장할 수 있다. 입장할 때는 마스크를 쓰고 신발에 덧신을 신어야 한다.

When to go 11월부터 2월 사이가 가장 좋다.

How Long 비행시간은 한 시간쯤 된다.

Planning 기구는 룩소르에서 출발한다. 여행사에서 호텔과 기구 출발지까지를 차로 태워 준다. 이른 아침은 쌀쌀할 수 있으므로 스웨터나 플리스 소재 상의를 가져간다. 꼭 필요한 물건만 가져가고, 귀중품은 호텔 금고에 보관한다. 지상에 충돌하며 착륙할 때 물건들을 잃어버릴 수 있기 때문이다.

Inside Information 기구 여행은 천천히 이루어지고 바구니는 무척 안정적이어서 사진을 찍을 때 흔들리는 것을 걱정하지 않아도 된다. 기구는 보통 3백 미터 정도 고도로 날고, 최고 고도는 305미터가 되지 않으므로 풍경을 감상하기에도, 사진을 찍기에도 이상적이다. 상태에 따라 조종사가 기구를 회전시켜 사방을 바라볼 수 있게 해 준다.

Websites www.luxor-westbank.com, www.egyptonthego.com

세이셸공화국

비행기 타고 세이셸 섬 여행
Island-Hopping by Air

헬리콥터나 비행기를 타고 보석같이 아름다운 섬들 사이를 날아다니면서
울창한 숲과 비길 데 없이 아름다운 해안선을 감상하자.

    세이셸공화국(Republic of Seychelles)은 케냐에서 동쪽으로 1천 6백 킬로미터 정도 떨어진 인도양에 위치한 섬나라다. 아름다운 해변, 다양한 새들, 원시의 모습을 간직한 숲 등 세상으로부터 격리된 듯한 곳이다. 섬들 위를 비행기로 날다 보면, 안쪽에 위치한 화강암 섬들과 바깥쪽에 위치한 산호섬들의 극적인 차이를 느낄 수 있다. 또한 비행기를 타고 가장 멀리 떨어져 있고 가장 조용한 곳으로도 쉽게 갈 수 있다.

    프랄랭(Praslin) 섬에서는 숲 사이로 난 길을 따라 태고의 모습을 지닌 비옥한 '발레 드 메(Vallée de Mai, '5월의 계곡'이라는 뜻)'로 가자. 이곳은 19세기 후반, 수단의 하르툼을 함락했던 영국의 고든 장군이 '에덴동산'이라 불렀던 곳이다. 세계에서 가장 큰 열매인 코코 드 메르(쌍둥이 야자)를 볼 수 있을 것이고, 세계에서 가장 아름다운 10대 해변 중 하나로 언급되는 앙스 라지오(Anse Lazio) 해변도 있다. 라디그(La Digue) 섬도 그 못지않게 아름다운 해변을 여럿 지니고 있다. 그 가운데 앙스 수스 다장(Anse Source d'Argent) 해변은 영화와 상업광고의 배경으로 흔히 등장한다.

    해지기 전, 해변의 하얀 모래와 분홍빛 화강암 바위 그리고 코코야자 나무 등이 특별

세이셸 백합은 이곳이 원산지인 수많은 화초들 중 하나다.

라디그 섬의 야자나무가 서 있는 해변의 화강암 바위들.

세이셸 공화국에 속한 섬의 맑은 청옥색 바닷물.

한 빛으로 물든다. 그러나 세이셸에서는 특정 해변만 찾아가서는 안 된다. 모든 해변이 그에 앞서 갔던 해변보다 매혹적일 것이다. 되도록이면 많은 해변을 찾아가자. 멋진 해변들에서 수영, 스노클링도 하고, 청옥색 바닷물을 바라보며 평화를 즐길 수 있다. 가끔은 무릎까지 물속에 담근 채 그물로 물고기들을 잡아 올리는 어부를 만날 수도 있다.

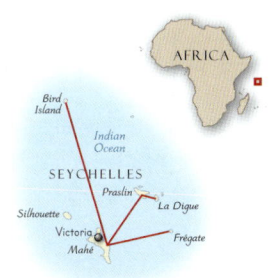

주말에는 라디그 섬 작은 호텔의 댄스 플로어에서 현지인에게 전통춤 모티아(moutia)를 배워 보자. 이 춤은 선정적이라는 이유로 식민지 시대에는 금지되었던 춤이기도 하다. 다음 날, 야외에서 아침식사를 할 때 붉은색 새인 마다가스카르포디(Madagaskar fody)가 당신이 먹고 있는 머핀 조각을 훔쳐 갈지도 모른다.

When to go 10월부터 5월까지가 좋다. 1월과 2월이 우기다.

How Long 섬을 몇 군데 여행할 것이냐에 따라 다르지만, 적어도 2주는 잡아야 한다. 마헤 섬(Mahé, 가장 큰 섬), 프랄랭 섬, 라디그 섬에서는 각각 며칠은 묵어야 한다.

Planning 런던이나 파리에서 비행기로 마헤 섬까지 간 다음, 마헤 섬에서 다시 비행기를 타고 다른 섬들로 간다. 다른 섬들로 가는 비행편은 호텔을 통해서 예약할 수 있다.

Inside Information 현지 맥주는 맛이 좋지만, 와인은 모두 수입된 것들에다 비싸고 맛도 평범하다. 라디그 섬에는 킹사이즈 침대와 차는 없지만 호텔에서 자전거를 빌려 주며, 소가 끄는 수레로 손님과 짐을 실어다 준다. 대양의 해류에 아무리 익숙한 사람이라도 해변에 '위험' 표지판이 세워져 있을 때는 절대로 수영을 해서는 안 된다.

Websites www.seychelles.travel, www.helicopterseychelles.com, www.airseychelles.com

- 조류학자라면 마헤 섬에서 201킬로미터쯤 떨어진 버드 아일랜드(Bird Island)를 반드시 방문해야 한다. 5월부터 9월 사이에는 150만 마리의 제비갈매기들이 와서 둥지를 틀고 알을 낳고, 항상 새들의 노랫소리가 울려 퍼진다. 쿠쟁(Cousin) 섬도 새들의 성소이며, 대모거북들이 알을 낳는 곳이기도 하다.

- 과거에 해적들의 도피처였던 프레가트(Frégate) 섬은 이곳의 화강암 섬들 가운데 가장 외진 곳으로, 한 번에 40명씩만 입장할 수 있다. 파파야, 코코넛을 비롯한 자생 나무들에 군함새들과 염주비둘기 같은 새들이 살고 있다.

- 세계에서 가장 작은 개구리, 가장 무거운 거북, 인도양에서 유일하게 날지 못하는 새 등 토착 동물들이 많이 서식하고 있다. 이 지역 토착 동식물들은 아주 잘 보호되고 있는데, 세이셸 공화국 전체 면적의 절반 정도가 국립공원과 자연보호구역으로 지정되어 있기 때문이다.

TOP 10

엘리베이터 *Elevater Rides*

최첨단 엘리베이터를 타고 세계에서 가장 근사한 도시 풍경과 눈부시게 아름다운 산악 경치를 감상하자.

❶ CN타워 CN Tower 캐나다 토론토

CN 타워는 세계에서 두 번째로 높은 탑이며, 유리로 된 엘리베이터가 58초 만에 야외 전망대로 우리를 안내한다. 현기증이 일어날 정도의 최고의 전망은 해발 447미터에 위치한 스카이팟에서 즐길 수 있다.

Planning 크리스마스를 제외하고 매일 운행된다. www.cntower.ca

❷ 브리티시컬럼비아 해양박물관
Maritime Museum of British Columbia 캐나다 빅토리아

현재까지 운행되는 북아메리카에서 가장 오래된 새장 모양 엘리베이터로, 1899년에 설치되었다. 당시 이 건물에 있었던 주 법원의 법원장이 사용하도록 설치한 것인데, 완성되기 전에 그가 세상을 떠나는 바람에 수많은 유령 이야기를 낳기도 했다.

Planning '유령 투어'는 10월에 열린다. www.mmbc.bc.ca

❸ 웨스틴 세인트 프랜시스 호텔
Western St. Francis Hotel 미국 샌프란시스코

엘리베이터는 분당 305미터의 속도로 급히 올라가고, 30초가 지나면 귀가 멍해지면서 샌프란시스코의 전경이 모습을 드러낸다. 다시 엘리베이터를 타고 내려올 때는 이 도시에 삼켜지는 듯한 기분이 들 것이다.

Planning www.westinstfrancis.com

❹ 엠파이어 스테이트 빌딩 Empire State Building 미국 뉴욕 시

엠파이어 스테이트 빌딩에서 내려다보는 풍경, 특히 뉴욕의 야경은 황홀하다. 이 103층짜리 빌딩의 73대의 엘리베이터들은 분당 183~305미터의 속도로 운행된다. 86층과 102층에 전망대가 있다.

Planning www.esbnyc.com

❺ 타이베이 101 Taipei 101 타이완

여기서는 지구를 떠나지 않고도 로켓 여행을 경험할 수 있다. 현재 세계에서 두 번째로 높은 건물인 타이베이 101은 508미터 높이에 101층으로

이루어져 있다. 67대의 엘리베이터 중 2대가 전망대로 올라간다.

Planning 전망대는 오전 10시부터 밤 10시까지 매일 개방된다. www.taipei-101.com.tw

❻ 바이욕 스카이 호텔 Baiyoke Sky Hotel 태국 방콕

태국에서 가장 높은 호텔(328미터)에 있는 옥외 유리 엘리베이터에서 방콕을 둘러보자. 전망대 외에도 84층에는 360도로 회전하는 옥상이 있다. 스카이라운지에서 바라보는 야경도 놓치지 말자.

Planning 월요일부터 금요일에 오전 10시 30분부터 밤 10시까지 개방된다. www.baiyokehotel.com

❼ 에펠탑 Eiffel Tower 프랑스 파리

에펠탑에서 바라보는 파리 풍경은 해질녘에 특히 아름답다. 320미터를 올라가면 파리의 전망이 한눈에 들어온다. 구스타프 에펠이 설계한 지하에 있는 엘리베이터 엔진은 100년이 더 지난 지금까지도 사용되고 있다.

Planning 매일 오전 9시 30분부터 밤 10시까지 개방된다. www.discoverfrance.net

❽ 하멧슈반트 리프트 Hammetschwand Lift 스위스 뷔르겐슈톡

하멧슈반트(Hammetschwand) 고원에는 유럽에서 가장 높은 곳에 설치된 옥외 엘리베이터가 있다. 1분도 안 되는 시간에 153미터를 올라간다. 정상에서는 스위스 알프스 산맥과 호수들의 멋진 풍광을 즐길 수 있다.

Planning 펠젠베그 산책로를 따라 동쪽으로 20분 정도 걸어가면 된다. www.myswitzerland.com

❾ 부르즈 칼리파 Burj Khalifa 아랍에미리트연합국 두바이

부르즈 칼리파는 160층에 전체 높이가 818미터에 달한다. 이 세계 최고층 건물에는 세계에서 제일 빠른 엘리베이터가 운행되고 있고, 124층에 전망대가 있다.

Planning 대한민국 국민은 비자 없이 두바이에 60일간 체류할 수 있다. 입장료와 운행 시간을 미리 확인하자. www.burjdubaiskyscraper.com

❿ 수르 무나매기 Suur Munamägi 에스토니아 보루마

수르 무나매기는 에스토니아 남부 하뉴에 위치한 산으로, 발트 해 연안 국가들에서 가장 높은 산이다(318미터). 이곳의 엘리베이터를 타고 전망탑으로 올라가면 원시 그대로의 모습을 지닌 숲과 호수를 조망할 수 있다.

Planning 엘리베이터는 4월 하순부터 9월까지는 매일, 10월부터 4월까지는 주말에만 운행된다. www.suurmunamagi.ee

잠비아 | 짐바브웨

빅토리아 폭포 투어 *Victoria Falls by Microlight*

글라이더에 프로펠러를 단 마이크로라이트를 타고 지상
최고의 '워터쇼'와 멋진 주변 풍광을 즐기자.

    엔진 소리가 숲에서 지저귀는 태양새들의 노랫소리를 삼키고, 이제는 돌이킬 수 없음을 알린다. 당신은 지금 무척 약해 보이는 마이크로라이트(글라이더에 프로펠러를 단 초경량 비행기) 뒷자리에 안전띠를 맨 채 앉아 있다. 당신이 탄 마이크로라이트는 곧 마람바 비행장 좌우에 줄지어 서 있는 아카시아 나무 꼭대기를 스치며 날아오를 것이다. 이 여행은 짧은 시간 동안 이루어지지만 평생 잊지 못할 경험을 안겨 준다. 몇 분 후면 빅토리아 폭포를 향해, 잠베지 강에 떠 있는 나무로 덮인 작은 섬들 위로 날아갈 것이기 때문이다.

    지구상에서 가장 거대한 물로 이루어진 커튼 위로 안개가 서려 있고, 그 속에 무지개가 떠올라 있다. 바로 밑을 내려다보면 잠비아와 짐바브웨 사이에 1.6킬로미터에 걸쳐

곤충처럼 생긴 비행기 아래로 빅토리아 폭포에서 물안개가 피어오르고 있다.

뻗어 있는 108미터 높이의 현무암 절벽이 보인다. 근처 바위산에 둥지를 틀고 있는 송골매처럼 폭포 위로 날아오르면, 엄청난 양의 물이 소용돌이치며 모여서 바다의 좁은 틈으로 쏟아져 내려가는 모습이 보인다. 그 순간 가슴도 소용돌이치며 철렁 내려앉는다. 쏟아져 내린 물은 다시 소용돌이치며 바토카 계곡(Batoka Gorge)을 향해 흘러간다.

계곡 가장자리에서 사람이 뛰어내리는 모습이 조그맣게 보인다. 이는 최근에 생긴 어드벤처 스포츠인 '고지 스윙(Gorge Swing)'이라는 것으로, 밧줄에 몸을 매고 계곡에서 뛰어내리는 것이다. 그 아래로는 고무보트와 제트보트가 급류를 뚫고 나아가고 있다. 자연의 어마어마한 힘 앞에서 새삼스럽게 인간이 얼마나 작은 존재인지를 실감할 수 있을 것이다.

When to go 심한 폭풍우가 몰아칠 때가 아니면 비행은 1년 내내 가능하다. 이른 아침(오전 6시 30분~10시)과 늦은 오후(오후 3시~6시)가 바람이 세지 않아 좋다.

How Long 빅토리아 폭포 위로 비행하는 것은 15분쯤 걸린다. 폭포와 모시-오아-툰야 국립공원(Mosi-oa-tunya National Park)까지 감상하는 그레이트 아프리칸 애리얼 어드벤처(Great African Aerial Adventure)는 30분이 걸린다.

Planning 전화나 인터넷으로 예약할 수 있고, 현지 여행사를 통해 신청할 수도 있다.

Inside Information 낙하복과 헬멧이 제공된다. 프로펠러 속으로 떨어질 위험이 있기 때문에 카메라는 갖고 탈 수 없다. 비행기 날개 끝에 35밀리 카메라가 장착되어 있어서 조종사가 촬영을 하고, 나중에 기념사진을 준다.

Websites www.adventure-africa.com, www.go2africa.com

- 잠베지 강의 잠비아 쪽 강변에 있는 모시-오아-툰야 국립공원(Mosi-oa-tunya National Park) 위로 비행하면 코뿔소, 하마, 기린, 큰 영양 등의 야생동물들을 볼 수 있다.
- 빅토리아 폭포 주변에 서식하는 4백 종 정도의 새들을 볼 수 있다. 계곡에서는 아프리카검은칼새와 흰털발제비류를, 얕은 물에서는 검정왜가리와 해오라기 등을 볼 수 있고, 머리 위로는 독수리, 자칼말똥가리, 회색머리앵무새, 댕기물떼새, 물수리 등이 날아간다.

크루거 국립공원의 랜드마크 중 하나인 올리펀츠 강. 연중 많은 동물들이 물을 마시러 오는 곳이다.

남아프리카공화국

크루거 국립공원 상공 비행
Buzzing over Kruger National Park

다양한 야생동물들이 만들어 내는 끝없이 변화하는 영상 덕분에
늘 생명력이 넘치는 아프리카의 초원 위로 날아 보자.

풀로 덮인 벌판에서 이륙한 마이크로라이트는 상승기류를 타고 남아프리카의 초원 위로 날아오른다. 850종 이상의 동물들이 살고 있는 아프리카에서 가장 오래되고 가장 큰 규모의 야생동물보호구역 중 한 곳인 크루거 국립공원(Kruger National Park) 위 305미터 상공으로 올라가면, 저 멀리 희미하게 보이는 모잠비크의 땅 위로 태양이 솟아오르고 공기는 놀라울 정도로 차고 고요하다.

지금 우리는 끝없이 펼쳐진 평원을 순찰하는 두갈래꼬리바람까마귀와 골리앗왜가리, 아프리카물수리 같은 새들과 같은 시점에서 세상을 바라보고 있다. 초콜릿 색 강의 둑을 따라 걸어가는 코끼리 무리도 보인다. 조종사가 가리키는 곳을 보면, 얕은 물속에 떠다니는 통나무 밑에 있던 악어가 우리가 탄 작은 비행기의 그림자에 놀라 잠에서 깨어 고개를 든다.

비행기는 가파르게 몸체를 기울인 채 비행기로만 탐험할 수 있는 길 하나 없는 넓은 삼림지대 위를 지난다. 키 큰 나무의 부드러운 잎을 먹고 있는 우아한 기린 한 쌍, 평화롭게 풀을 뜯고 있는 얼룩말과 누(영양의 일종), 어딘가로 급히 가는 자칼 등 어느 쪽으로 눈길을 돌리든 야생동물들이 보인다. 가장 보기 드문 장면은 마룰라 나무 그늘에서 쉬고 있는 흰코뿔소 어미와 새끼의 모습이다. 눈을 크게 뜨고 찾아보자.

When to go 동물들을 보기에는 겨울(6월~10월)이 제일 좋다. 초목이 무성하지 않고 동물들이 물가로 모이기 때문이다.

How Long 비행은 15분부터 1시간까지 다양하다. 직접 운전을 하거나 가이드가 인솔하는 사파리 투어로 국립공원을 탐험하려면 일주일은 잡아야 한다.

Planning 숙소를 통해 예약을 하거나 크루거 국립공원 상공의 마이크로라이트 비행을 제공하는 등록된 여행사에 직접 예약하면 된다. 상공에서는 추울 수 있으므로 스웨터를 준비한다.

Inside Information 크루거 국립공원은 열기구, 헬리콥터, 작은 고정날개 항공기로도 공중에서 탐험할 수 있다. 국립공원 근처에 있는 리딩 엣지 플라이트 스쿨(www.lefssa.com)에서 2~3주 과정을 통해 마이크로라이트 조종법을 배울 수 있다.

Websites www.southafrica-travel.net, www.timbavati.com, www.lefssa.com

• 크루거 국립공원에서 가장 유명한 사유 자연보호구역인 사비 사비(Sabi Sabi)는 남아프리카공화국에서 가장 많은 야생동물이 살고 있는 지역에 위치해있다. 코끼리, 코뿔소, 표범, 사자, 물소 등 '빅파이브'를 모두 볼 수 있다.

• 팀바바티(Timbavati) 사유 자연보호구역은 과거에 흰코뿔소로 유명했는데, 지금은 크루거 국립공원 중앙부 옆에 있는 6만 4,750헥타르의 원시 덤불에서 야생동물들을 볼 수 있는 곳으로 더 잘 알려져 있다.

• 공원 안에는 일곱 개의 야생 탐사 트레일이 있어서 아프리카의 덤불 사이를 걸어서 탐험할 수 있다. 가이드와 함께 하는 당일 하이킹(최대 16킬로미터)을 통해 공중에서 보았던 광경들을 지상에서 더욱 가깝게 관찰할 수 있다.

9

위대한 사람들의 발자취를 따라가는
인물 여행

In Their Footsteps

여기서 소개하는 여행들은 지식인들과 예술가들, 탐험가들에게 양분을 주고 상상력을 자극했던 곳으로 우리를 안내한다. 역사, 문학, 음악, 미술, 그 어느 것에라도 매혹된 사람이라면 이 여행들에서 특별한 만족감을 얻을 수 있을 것이다.

사라진 세계나 상상 속 세계로 여행하는 길에는 여러 가지가 있다. 알렉산더대왕이 정복했던 땅을 따라 유럽에서 아시아의 중심부로 갈 수도 있고, 중국의 역사를 바꿔 놓은 중국 공산당의 대장정에서 마오쩌둥과 그 지지자들이 이동했던 길을 따라 갈 수도 있다. 아니면 루이스와 클라크의 북아메리카 횡단이나 쿡 선장의 폴리네시아 탐험처럼, 스릴 넘치는 원정길을 더듬어 보는 것도 가능하다. 어떤 사람들에게는 인도에서 부처의 추억이 깃든 곳을 더듬어 보거나 성지에서 예수의 자취를 찾아가는 것처럼, 영적인 의미까지 있는 여행이 가장 멋진 여행일 것이다. 톨스토이의 러시아나 제인 오스틴의 잉글랜드, 혹은 안셀 애덤스의 사진에 영감을 준 요세미티 국립공원을 찾아가거나, 20세기의 고전인 잭 케루악의 《길 위에서 *On the Road*》를 따라 미국을 새롭게 발견해 보는 것은 어떨까.

잉글랜드 북서부의 레이크 디스트릭트(Lake District)에 있는 엘터워터(Elterwater) 근처의 아름다운 가을 풍경. 혼자 산책하는 사람이 풍경과 하나가 된 모습이다.

캐나다

캐벗 트레일 *Cabot Trail*

탐험가 존 캐벗은 1497년에 노바스코샤에 상륙했다. 그때 그가 만났던 야생의 아름다움은
몇 세기가 지난 지금까지도 그대로 남아 있다.

갈매기들이 바닷바람을 따라 공중을 선회한다. 혹등고래들은 차가운 앞바다의 수면 위로 떠올라 물을 내뿜었다가 먹이를 먹곤 한다. 캐나다 남동쪽 끝에 위치한 노바스코샤 주의 케이프브레턴 섬(Cape Breton Island)은 칸소 해협(Strait of Canso)에 의해 본토와 분리되어 있다. 섬 북쪽 끝 도로는 아름다운 자연 속으로 우리를 이끈다. 배덱(Baddeck)에서 출발하여 고속도로를 따라 섬의 동해안을 달리다 보면, 파도가 와서 부딪치는 세인트로렌스 만 뒤로 솟은 6백 미터 정도 높이의 산 풍광을 카메라에 담느라 바빠질 것이다.

도로는 케이프브레턴하일랜즈 국립공원(Cape Breton Highlands National Park)을 통과하여 내륙으로 들어간다. 숲속으로 폭포들이 떨어지고, 말코손바닥사슴들이 습지에서

케이프브레턴 섬의 존 캐벗 트레일에서 광활한 북대서양과 우리 사이에 있는 것은 자갈 깔린 해변뿐이다.

풀을 뜯어 먹는다. 가을엔 둥근 언덕과 깊은 골짜기는 붉은색, 황금색, 오렌지색으로 불타오른다. 서쪽 해안에 다다르면, 바위로 된 항구의 가파른 경사면에 달라붙은 마을에서 어부들이 그물을 정리하고 배를 손질하는 모습이 보인다.

이 섬의 마을들은 대부분 스코틀랜드의 유산을 자랑스럽게 간직하고 있다. 하지만 쉐티캠프(Chéticamp)에는 아카디아(노바스코샤 주를 포함하는 캐나다 남동부 지역의 옛 이름) 스타일의 카펫을 파는 상점들, 래피 파이(rappie pie, 고기와 간 감자 등으로 만든 음식)를 판매하는 식당, 그리고 이곳 사람들이 쓰는 아카디아풍 프랑스어의 부드러운 발음 등 살아 있는 아카디아 문화를 느낄 수 있는 요소들이 곳곳에 산재해 있다.

When to go 캐벗 트레일에서 드라이브를 즐기기 가장 좋은 때는 초가을부터 10월 첫 주까지다. 이때는 낮이 길고 따뜻하다. 단풍은 9월 하순에 절정에 이른다. 봄과 6월까지는 서늘하고 비가 자주 온다.

How Long 대부분은 노바스코샤까지 자동차로 오거나(보스턴에서 핼리팩스까지 12시간이 걸린다), 메인 주 바하버(Bar Harbr) 시에서 페리로 오거나, 비행기를 타고 핼리팩스로 들어온다. 핼리팩스에서 캐벗 트레일까지는 차로 이틀이 걸린다. 그리고 3백 킬로미터에 달하는 캐벗 트레일을 도는 데 이틀을 더 잡아야 한다.

Planning 배낭에는 멋진 식당들과 숙소들이 있다. 케이프브레턴 섬의 날씨는 하루에도 몇 번씩 바뀔 수 있으므로 따뜻한 방수옷을 준비한다. 방충제와 품질 좋은 등산화, 새와 고래를 관찰할 때 필요한 쌍안경 등을 가져가자.

Inside Information 가장 경치가 멋진 드라이브 구간은 쉐티캠프에서 북쪽으로 10킬로미터의 해안도로 구간이다.

Websites www.novascotia.com

- 포장되지 않은 도로를 따라 잠깐 샛길로 빠져 미트 코브(Meat Cove)에 가 보자. 케이프브레턴 섬 북쪽 끝에 있는 산들의 측면을 따라 뱀처럼 구불구불한 커브길을 따라가면 된다.
- 잉고니시(Ingonish) 근처에 있는 스키장인 스키 케이프 스모키(Ski Cape Smokey)의 리프트는 3백 미터 지점까지 올라가는데, 케이프브레턴 섬의 산으로 이루어진 해안선을 조망할 수 있다.
- 케이프브레턴하일랜즈 국립공원에서는 보그 트레일(Bog Trail)을 따라 산책을 하며 말코손바닥사슴을 볼 수 있다.
- 마부(Mabou)를 지나는 캐벗 트레일 남쪽의 유명한 레드슈 펍(Red Shoe Pub)에서 켈트족의 생음악 연주도 즐기고, 현지에서 양조된 글레노라 위스키도 마셔 보자.

과거에 모피 사냥꾼들의 표적이었던 비버. 이제는 자유롭게 헤엄쳐 다닐 수 있다.

캐나다

허드슨 베이 컴퍼니의 사냥꾼들
The Hudson's Bay Company Trappers

캐나다의 외진 곳, 사람도 거의 살지 않는 야생의 땅에서 그 옛날 모피 사냥꾼들의 세계를 느껴 보자.

1670년, 두 명의 프랑스 상인과 몇 명의 영국인 동업자들이 캐나다의 비버 모피를 유럽으로 보내기 위해 허드슨 베이 컴퍼니를 설립했다. 아직도 남아 있는 많은 교역소들이 입증하듯, 그 후 2백 년 넘는 시간 동안 허드슨 베이 컴퍼니는 이 지역의 지주이자 교역 조직으로 성장하여 경쟁 업체들과의 격렬하고도 과격한 경쟁에 맞섰다. 오래된 아름다운 도시 위니펙(Winnipeg)에서 시작된 허드슨 베이 컴퍼니는 1812년, 이곳에 유통의 거점인 포트 더글러스를 세우고 많은 수의 크리 족(Cree, 캐나다 동부에 살던 원주민) 사냥꾼들과 덫 사냥꾼들을 고용했다.

위니펙 호수(Lake Winnipeg) 북쪽에 있는 외진 마을 노르웨이하우스(Norway House)에서는 모피 교역에 관여했던 원주민들의 삶이 어떠했는지를 볼 수 있다. 노르웨이하우스는 모피가 수집되었던 유통의 거점이었다. 이곳에서 모피는 헤이스 강(Hayes River)을 따라 이 회사의 가장 중요한 교역소였던 허드슨 만의 요크 팩토리(York Factory)로 보내졌다. 거기서 북쪽으로 더 올라간 처칠의 프린스 오브 웨일스 포트(Prince of Wales Fort)에는 영국에서 온 배들이 정박해 있었다.

헤이스 강을 따라 카누를 타고 원시의 모습을 지닌 숲을 지나 사냥꾼들이 살던 오두막과 식민지 유적들을 찾아가면서, 허드슨 베이 컴퍼니에서 일했던 사람들의 야생의 삶을 들여다보자.

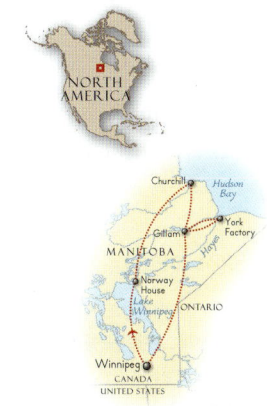

When to go 이 지역은 무척 춥다. 기온이 섭씨 영하 20도까지 내려가기도 한다. 따라서 따뜻한 여름철에 여행하는 게 좋다. 매년 8월, 노르웨이하우스에서는 정착의 역사를 기념하기 위한 트리티 앤드 요크 보트 데이스(Treaty & York Boat Days)가 개최된다.

How Long 주요 관광지 몇 곳과 박물관들을 결합하여 며칠 만에 둘러볼 수 있다. 하지만 헤이스 강에서 카누 여행을 하려면 며칠을 더 잡아야 한다.

Planning 외진 곳까지 여행하는 가장 빠른 방법은 전세기를 이용하는 것이고, 가장 쉬운 방법은 투어에 참가하는 것이다. 노르웨이하우스는 위니펙에서 비행기나 자동차로 갈 수 있다. 요크 팩토리는 길럼에서 비행기로만 갈 수 있다. 헤이스 강의 카누 여행은 노르웨이하우스나 요크 팩토리에서 출발한다.

Inside Information 방충제를 넉넉히 가져가야 한다. 캐나다에는 전 세계에서 모기가 가장 많은 지역이 몇 군데 있다.

Websites www.heartlandtravel.ca, www.nhcn.ca

- 마니토바 박물관에 있는 허드슨 베이 컴퍼니 갤러리와 위니펙에 있는 허드슨 베이 컴퍼니 기록보관소를 방문해 보자.
- 노르웨이하우스에서는 아치웨이 웨어하우스(Archway Warehouse)를 방문하고, 모피를 하류로 운반하는 데 사용되었던 커다란 나무 보트 중 하나인 요크를 타 보자.

TOP 10
탐험가들의 발자취 *Explorers' Footsteps*

탐험가 에드워드 존 에어는 "아무도 지나지 않은 길이 있다면 나는 그 길을 가리라"라고 말했다.

❶ 붉은 에이리크 Erik the Red 그린란드 카시아수크

살인죄로 아이슬란드에서 추방된 붉은 에이리크는 서쪽으로 항해를 하여 982년에 그린란드를 발견했고, 그곳에 정착했다. 그의 부인 초드힐드(Thjodhild)는 카시아수크에 예배당을 지었다.

Planning 그린란드에는 도로가 없으므로 나르사수아크에서 카시아수크까지 배(3시간)나 헬리콥터(15분)로 가야 한다. www.greenland.com

❷ 에르난 코르테스 Hernán Cortez 멕시코 베라크루스

에르난 코르테스는 멕시코 정복을 시작하던 1519년에 멕시코의 베라크루스에 상륙했다. 오늘날 베라크루스는 활기 넘치는 문화로 가득한 바쁜 항구 도시다. 항구 앞의 보도 말레콘을 따라 산책을 하거나, 아르마스 광장에 앉아서 밴드가 연주하는 음악을 들어 보자.

Planning www.visitmexico.com

❸ 크리스토퍼 콜럼버스 Christopher Columbus 바하마 와틀링 섬

워낙 외진 곳에 위치한 덕에 와틀링 섬은 원시 그대로의 아름다운 섬으로 남을 수 있었다. 니냐(Niña), 핀타(Pinta), 산타 마리아(Santa Maria) 등 콜럼버스의 배가 상륙한 곳들을 탐험해 보자.

Planning www.geographia.com/bahamas/bsssin01.htm

❹ 프란시스코 피사로 Francisco Pizarro 페루 쿠스코

1533년, 잉카제국의 도시 쿠스코는 스페인의 프란시스코 피사로에 의해 점령당했다. 이 도시에 있는 산토도밍고 교회는 과거에 태양의 신전이었다. 여기서 잉카제국의 마지막 도시인 마추픽추로 가 보자.

Planning 쿠스코에서 마추픽추까지는 기차로 간다. www.cuscoperu.com

❺ 이사벨라 버드 Isabella Bird 대한민국 서울

영국왕립지리학회의 최초 여성 회원이었던 이사벨라 버드는 1897년에 한국을 방문한 최초의 서양인이었다. 버드의 발자취를 따라 서울을 탐험해 보고, 14세기에 지어진 왕궁인 경복궁을 방문하자.

Planning 여름에는 무척 덥고 겨울엔 매우 추우므로 봄과 가을에 방문하자.
www.visitseoul.net

❻ 아벨 타스만 Abel Tasman 폴리네시아

폴리네시아를 처음 발견한 것은 네덜란드 동인도회사의 아벨 타스만이었다. 오늘날에는 이곳의 푸른 바다에서 놀고 있는 혹등고래를 관찰하고, 밝은 햇살 아래에서 산호초를 탐험할 수 있다.

Planning 폴리네시아 섬의 일부인 통가타푸(Tongatapu), 하파이(Ha'apai), 바바우(Vava'u)는 비행기로 갈 수 있다. www.tongaholiday.com

❼ 에드워드 존 에어와 와일리
Edward John Eyre and Wylie 오스트레일리아

스트리키 만(Streaky Bay)에서 올버니까지, 영국인 탐험가 에드워드 존 에어와 그의 오스트레일리아 원주민 동료 와일리의 발자취를 따라 가혹한 오지를 여행해 보자.

Planning 널라버 평원의 남쪽 끝에 있는 에어 하이웨이를 따라가자. www.nullarbornet.com.au, www.atn.com.au

❽ 데이비드 리빙스턴 David Livingstone 탄자니아 탕가니카 호

곰베 강 국립공원(Gombe Stream National Park)에 가서 리빙스턴과 스탠리가 탐험했던 탕가니카 호 주변과 울창한 밀림을 여행하자. 가이드를 따라 깊은 숲속으로 들어가면 영장류학자 제인 구달 덕분에 유명해진 침팬지 서식지를 둘러볼 수 있다.

Planning www.tanzaniatouristboard.com, www.janegoodall.org

❾ 메리 킹슬리 Mary Kingsley 앙골라 루안다

1890년대에 영국의 작가이자 탐험가 메리 킹슬리는 앙골라 루안다(Luanda)의 깊은 숲속으로 들어갔다. 관목숲을 따라 조성된 트레킹 코스를 따라 가면서 코끼리도 보고, 키사마 국립공원(Quissama National Park)의 아름다움을 만끽해 보자. 루안다 해변의 일몰은 꼭 봐야 한다.

Planning 경험 있는 여행사의 투어에 참가하는 게 좋다. www.angola.org

❿ 알프레드 러셀 월리스 Alfred Russel Wallace 인도네시아 발리 섬과 롬복 섬

영국의 박물학자 알프레드 러셀 월리스는 말레이 제도의 야생동식물을 연구했고, 그의 연구는 찰스 다윈의 이론을 입증하는 데 도움을 주었다. 발리 섬과 롬복 섬을 방문하여 직접 확인해 보자.

Planning 롬복 섬은 발리 섬보다 보수적이므로 현지 전통을 감안하여 복장을 단정히 하도록 하자. www.tourismindonesia.com

수심도 깊고 몹시 구불구불하여 '돌아올 수 없는 강'이라 불리는 새먼 강.

미국 몬태나 주 | 아이다호 주

루이스와 클라크의 원정길을 따라

Across the Continental Divide with Lewis and Clark

위대한 두 개척자와 그들의 팀이 지나갔던 산 위의 길은 지금은 덜 위험하지만 여전히 험하고 경외감을 불러일으킨다.

몬태나 주 남서부의 로스트 트레일 고개(Lost Trail Pass)가 그런 이름을 갖게 된 데는 이유가 있다. 1805년 여름, 메리웨더 루이스(Meriwether Lewis, 1774~1809)와 윌리엄 클라크(William Clark, 1770~1838)는 태평양으로 가는 루트를 찾으러 가는 길에 비터루트 산맥(Bitterroot Range)에 도달했다. 클라크 팀은 새먼 강을 따라가기 위해 간신히 이 고개를 넘었지만, 길은 더욱 험난해졌다. 말들은 계속해서 쓰러졌고, 쇼쇼니 족(Shoshone, 아메리카 인디언의 한 종족) 가이드는 길을 잃었다.

식량도 다 떨어져 생선과 나무열매를 먹으며 버티던 클라크 팀은 어쩔 수 없이 길을 되돌아가 루이스의 팀에 다시 합류했다. 그러나 그 역시 어려운 여정이긴 마찬가지였다. 다시 모인 루이스와 클라크는 더 북쪽으로 루트를 찾기로 결정했고, 현재 롤로 고개(Lolo Pass)에 해당하는 산들을 넘었다. 로스트 트레일 고개라는 이름은 그래서 붙인 것이다.

지금은 도로가 뚫려 있지만, 비터루트 산맥의 기슭은 2백 년 전과 마찬가지로 가파르고 험하다. 배낭여행자들은 탐험가들이 지나갔던 로스트 트레일 고개 남쪽의 컨티넨털 디바이드 국립풍경가도(Continental Divide National Scenic Trail)의 높고 외진 구간을 따라 며칠 동안 산지를 탐험할 수 있다. 대서양으로 흘러가는 강들과 태평양으로 향하는 강들을 가르는 분수령인 컨티넨털 디바이드 정상에서는 잠시 멈춰 쉬어 가는 것이 좋겠다. 체력이 약한 사람들은 루이스 앤드 클라크 국립역사로(Lewis & Clark National Historic Trail)를 따라 자동차로 여행을 할 수도 있다.

When to go 루이스와 클라크 시절과 마찬가지로 이 지역 산들은 6월 하순부터 9월까지 눈이 녹았을 때만 지날 수 있다. 8월이 가장 건조하고 모기도 적다.

How Long 하이킹 시간 외에 역사 유적지들을 둘러보기 위해 적어도 3일은 더 필요하다.

Planning 가장 가까운 곳에 위치한 대규모 공항이 몬태나 주 미줄라(Missoula)에 있다. 이곳에서 차를 빌려야 한다. 대중교통은 거의 전무하다.

Inside Information 몬태나 주의 그림 같이 예쁜 위즈덤(Wisdom) 마을은 차나 도보로 여행할 때 거점으로 삼기에 좋다. 서쪽으로 비터루트 산맥의 멋진 풍경도 즐길 수 있다.

Websites www.lewisandclark.org, www.nps.gov/lecl, www.fs.fed.us/r1/b-d

- 로스트 트레일 고개 바로 동쪽에 있는 빅홀 국립전투유적지를 방문해 보자. 이곳은 또 다른 중요한 역사적 사건인 1877년 네즈퍼스(Nez Perce) 인디언과 미국 육군 사이의 빅홀 전투를 기념하는 유적지다.
- 아메리카 원주민 야영장이 있던 곳에 위치한 트래블러스 레스트 주립공원(Traveler's Rest State Park)에서 한숨 돌리고 가자. 루이스와 클라크가 마지막으로 쉬어 갔던 곳이다.
- 아이다호 주 새먼에 있는 29헥타르 면적의 세카하우아 문화 교육 자료관(Sacajawea Interpretive Cultural & Education Center)은 아가이디카 족과 루이스와 클라크의 원정을 기념하는 곳이다.

미국 | 매사추세츠 주 | 메인 주

헨리 데이비드 소로의 숲 속의 집
Thoreau's Wilderness Home

위대한 철학자의 영혼이 아직도 살아 숨쉬는 뉴잉글랜드 동부의 바닷가,
숲, 강들을 유랑해 보자.

헨리 데이비드 소로(Henry David Thoreau, 1817~1862)가 살았던 매사추세츠 주 콩코드(Concord)의 월든 연못을 둘러싼 월든 연못 주립 보류지(Walden Pond State Reservation)의 소나무숲과 활엽수림을 따라, 작은 자갈이 깔린 산책로가 굽이굽이 이어진다. 소로의 오두막집이 있던 개척지에 잠깐 멈춰 서면, 이 위대한 자연주의 사상가의 정신을 사방에서 느낄 수 있다. 소로의 글을 따라 '케이프 코드 국립 해안 공원'으로 향하면, 모래 언덕과 바닷물이 드나드는 늪지가 64킬로미터에 걸쳐 펼쳐져 있다. 미색 모래 위를 거

매사추세츠 주 콩코드의 월든 연못 근처 삼림 개척지에, 소로가 살던 작은 오두막집을 그대로 모사한 집이 있다.

닐 때마다 소금기를 머금은 공기에 바다 자두와 들장미 향기가 간간이 실려 온다.

소로의 발자취를 계속 따라 북쪽으로 메인 주의 숲속에 자리 잡은 그린빌로 가 보자. 그리고 무스헤드 호수 (Moosehead Lake)에서 카누를 타고 페놉스코트 강(Penobscot River)의 어퍼 웨스트 브랜치(Upper West Branch)를 지나 체선쿡 호수(Chesuncook Lake)로 간다. 메마른 나무 꼭대기에서 흰머리독수리가 내려다보고 있는 가운데 카누는 천천히 흐르는 물 위를 부드럽게 나아간다. 굴곡진 부분을 돌면 물속에 무릎까지 담그고 서 있는 수컷 큰사슴과 마주치게 된다. 갈대와 거머리말 덤불 속에 얼굴을 묻고 풀을 뜯는 사슴의 얼굴에서는 물이 뚝뚝 떨어진다.

여정의 마지막, 소로가 살았던 오두막집 근처 체선쿡 레이크 하우스의 현관에서는 저 멀리로 1,605미터 높이의 카타딘 산(Mount Katahdin)이 보인다. 소로가 올랐듯 카타딘 산의 바위투성이 산비탈을 올라 보는 것도 좋을 것이다.

When to go 여름에는 사람들이 많이 찾아 붐비므로, 늦봄이나 가을에 방문하자.

How Long 물 위에서 보내는 3~5일을 포함하여 7~10일 정도 잡으면 된다. 월든 연못 산책로를 걷는 데는 35분쯤 걸린다.

Planning 수시로 바뀌는 날씨에 대비해야 한다. 방충제와 카누를 탈 때 필요한 캠핑 장비를 가져가고, 해안에서는 자외선 차단제를 충분히 발라야 한다.

Inside Information 월든 연못 주립 보류지는 부지가 꽉 차면 폐쇄하므로 미리 전화를 해서 주차 가능 여부를 확인해야 한다.

Websites www.mass.gov/dcr/parks/northeast/wldn.htm, www.nps.gov/caco, www.maineoutdoors.com/canoeing

- 소로가 살던 오두막집은 사라졌지만, 월든 연못 국립 보류지에 그 집을 흉내 내어 만들어 놓은 오두막을 방문할 수 있다.
- 케이프 코드 국립 해안 공원은 대서양 철새 이동로에 위치해 있어서, 봄과 가을에는 다양한 철새들을 볼 수 있다. 이곳에 있는 세 개의 등대 투어를 해도 좋다.
- 외진 곳에 자리 잡고 있는 산장인 체선쿡 레이크 하우스에서 수영을 하거나 쉬어 가자. 고독을 즐길 수 있고, 신선한 재료로 정성스럽게 만든 식사를 먹을 수도 있다.

테네시 주 멤피스의 빌 스트리트에 있는 B.B. 킹의 블루스 클럽 간판.

미국 | 미시시피 주 | 테네시 주

클라크스데일 블루스 순례

Blues Pilgrimage in Clarksdale

블루스의 탄생지이자 음악적 재능을 지닌 사람들로 넘치는 도시에서
온몸으로 리듬을 느껴 보자.

미시시피 주 코아호마 카운티(Coahoma County)에 있는 클라크스데일(Clarksdale)은 저 멀리 지평선까지 펼쳐져 있는 농지로 둘러싸인 작은 도시다. 그리 아름다운 도시는 아니지만, 햇살이 강하게 내리쬐는 도로와 벗겨진 페인트 너머로 블루스 음악의 전통이 깊이 스며들어 있는 공동체가 있다. 클라크스데일을 지나는 미시시피 블루스 트레

일과 이 도시의 박물관들은 블루스의 역사와 블루스가 서양 대중음악에 기여한 바를 기념하기 위한 것이다.

블루스 연주의 전통은 미시시피 삼각주와 테네시 주에 산재한 클럽들과 정기적으로 열리는 축제들 속에 활발하게 살아 있다. W.C. 핸디(W.C. Handy)와 존 리 후커(John Lee Hooker) 같은 위대한 음악가들의 그림자를 따라 걸어 보고, 블루스 앨리(Blues Alley)에 있는 그라운드 제로(Ground Zero) 같은 블루스 클럽에서 연주하는 음악가들에게서 그들의 유산을 느껴 보자. 그라운드 제로는 영화배우 모건 프리먼이 공동 소유주이기도 하다.

한 달 정도의 시간을 낼 수 있는 블루스 팬이라면 '블루스 하이웨이'라 불리는 61번 고속도로를 따라가 보자. 흑인들이 남부에서 시카고로 블루스 음악을 갖고 이주한 길이다. 이 루트에는 뉴올리언스, 클라크스데일, 멤피스가 있다.

When to go 클라크스데일을 최대한 즐기려면 4월 초에 열리는 쥬크 조인트 축제(Juke Joint Festival)나 8월의 선플라워 리버 블루스 앤드 가스펠 축제(Sunflower River Blues and Gospel Festival)에 맞춰서 가자.

How Long 클라크스데일 외에 미시시피 삼각주와 멤피스까지 포함하는 광범위한 지역을 순례해도 좋다.

Planning 최근에 고속버스가 클라크스데일로의 운행을 중단하여 버스정류장은 이제 관광센터가 되었다. 대신 기차나 승용차로 갈 수 있다.

Inside Information 미시시피 주의 맛있는 음식을 맛보려면 가격이 저렴한 마디디(Madidi) 레스토랑에 가 보자. 이 식당도 모건 프리먼이 공동 소유주다.

Websites www.msbluestrail.org/blues_trail, www.jukejointfestival.com, www.rootsofrhythm.com

- 리버사이드 호텔은 1944년에 호텔로 바뀌기 전에 G.T. 토머스 병원이었다. 1920년대에 가장 몸값이 비싼 흑인 연주자 베시 스미스(Bessie Smith)가 61번 고속도로에서 교통사고를 당한 후 이 병원에서 세상을 떠났다.
- 델타 블루스 박물관(Delta Blues Museum)은 절대 놓치면 안 된다. 이 박물관에는 미국의 블루스 음악가 머디 워터스(Muddy Waters)가 살던 통나무 오두막집이 있는데, 원래 클라크스데일에서 몇 킬로미터 떨어진 스토발 플랜테이션에 있던 것을 옮겨 온 것이다.
- 블루스 음악가 로버트 존슨(Robert Johnson)이 악마와 계약을 맺고 '크로스로드 블루스(Crossroad Blues)'란 노래의 영감을 받은 곳이라고 알려진 49번 고속도로와 61번 고속도로의 교차로에서 경의를 표하자.

> 미국

케루악을 따라 '길 위에서'
On the Road after Kerouac

서쪽 해안에서 동쪽 해안으로 미국을 횡단하면서, 비트 제너레이션 잭 케루악이 쓴 고전소설 속에서 빛나는 청춘의 자유를 경험해 보자.

잭 케루악(Jack Kerouac, 1922~1969)은 한 도시를 떠나 다른 도시로 빠르게 옮겨 갔다. 이 서사적인 여정에서는 케루악이 영감을 얻었던 재즈 클럽과 카페를 비롯하여 미국에서 가장 멋진 곳들을 방문하게 될 것이다.

먼저 이 비트 제너레이션(Beat Generation) 작가가 가장 자유로운 곳이라고 느꼈던 샌프란시스코에서 여정을 시작하자. 여전히 비트 제너레이션의 안식처인 자유분방한 노스 해변은 반드시 들러야 한다. 지금까지도 1950년대의 리듬이 살아 있고, 훌륭한 이탈리아 레스토랑들과 비트 박물관(The Beat Museum)이 있다. 다음에는 비행기를 타고 샌프란시스코를 떠나 콜로라도 주의 덴버로 향한다. 이곳은 《길 위에서 On the Road》의

샌프란시스코 노스 해변에 있는 시티라이츠 서점에서 책을 고르는 사람들.

주요 등장인물인 '딘 모리아티'에 영감을 준 케루악의 친구 닐 캐서디(Neal Cassady)의 고향이다. 덴버는 공식적인 고도가 정확히 1마일이어서 '마일 하이 시티'라고도 불린다. 네온사인이 화려하게 밝혀진 건물들이 미래 도시 같은 느낌을 주기도 하지만, 로키산맥으로 둘러싸인 이 도시는 여전히 케루악의 마음을 사로잡았던 미국 중서부의 아담한 정취를 지니고 있다.

덴버를 출발하여 48시간 동안 기차를 타고 황금빛 들판을 지나 동쪽으로 나아가면, 뉴욕의 에너지가 우리를 기분 좋게 깨운다. 뉴욕의 빠른 리듬은 케루악의 속도감 있는 시와 닮았다. 핫도그를 입에 물고 지하철 E 라인에 올라 퀸즈 지구로 가자. 퀸즈 지구의 오존파크에 있는 부모님의 집에서 케루악은 첫 번째 소설 《읍내와 도시 The Town and the City》를 집필했다. 마지막으로 들를 곳은 매사추세츠 주의 로웰(Lowell)이다. 붉은 벽돌로 된 집들로 가득한 이곳은 케루악의 고향이자, 그의 낯설고도 환상적인 소설 《색스 박사 Dr. Sax》의 배경이 된 곳이다.

When to go 가을, 즉 9월이나 10월이 좋다. 너무 많은 인파를 피하려면 샌프란시스코에는 주초에 도착하도록 한다.

How Long 각 도시에서 3일씩 12일은 잡아야 한다.

Planning 이동하기 쉽도록 짐을 가볍게 싸도록 한다. 《잭 케루악 전집 The Portable Jack Kerouac》과 '잭 케루악이 읽은 《길 위에서 On the Road》' CD를 가지고 가자. 공책과 펜을 가지고 다니면서 일기를 써 보는 것도 좋다.

Inside Information 가난하게 살았던 작가의 기분을 가깝게 느껴 보려면 저렴한 숙소에 묵는 게 좋다. 샌프란시스코의 워프 인(Wharf Inn)과 덴버 시내의 컴포트 인(Comfort Inn)이 적당하다.

Websites www.frontierairlines.com, www.amtrak.com

- 샌프란시스코 노스 해변의 발레조 스트리트(Vallejo Street)에 있는 카페 트리스트(Caffe Trieste)가 사람들을 구경하기에 아주 좋다. 밤이면 카페에서 시와 재즈를 즐길 수 있다.
- 샌프란시스코의 시티라이츠 서점(City Lights Bookstore)에서 비트 제너레이션 작가들의 작품을 읽고 케루악의 정신세계를 느껴 보자.
- 덴버의 엘 차풀테펙(El Chapultepec)에서는 매일 밤 재즈 라이브가 열린다. 케루악과 닐 캐서디는 이곳 문 옆 부스에서 맥주를 마셨다.
- 뉴욕 퀸즈 지구의 오존파크에 있는 글렌 패트릭 펍(Glen Patrick's Pub)은 케루악이 부모님과 함께 살던 집 건너편에 있다. 맥주를 한 잔 시키고 앉아 창밖을 내다보며 그가 소설을 쓰는 장면을 상상해 보자.

미국 캘리포니아 주

안셀 애덤스의 요세미티 국립공원
Ansel Adams' Yosemite

사진작가 안셀 애덤스가 자신의 집이자 평생의 피사체로 삼았던
요세미티 국립공원의 자연에 집중해 보자.

안셀 애덤스(Ansel Adams, 1902~1984)의 부모는 요세미티 계곡으로 처음 놀러 가는 열네 살짜리 아들에게 코닥 No. 1 박스 브라우니 카메라를 쥐어 주었다. 그들은 그것이 아들의 인생을 어떻게 바꿔 놓을지 알지 못했다. 애덤스가 60년 넘는 시간 동안 필름에 포착했던 미국 서부의 서사적인 흑백 이미지들 속에는 그 지역 고유의 풍경과 자연의 힘이 담겨 있는데, 그 사진들은 애덤스가 그랬던 것만큼이나 큰 목소리를 지니고 있다.

애덤스는 미국에서 가장 오래되고 가장 규모가 큰 환경단체인 시에라 클럽(Sierra Club)의 오랜 임원이었다. 그는 미국 대통령들에게 야생의 땅을 보존하는 것이 얼마나 중요한지에 대해 역설하면서 국립공원의 지정을 끊임없이 요구했다.

겨울날 요세미티 국립공원의 코요테.

이 지역의 '중심가'로 알려진 요세미티 계곡에서 30년 이상 살면서, 애덤스는 휴대용 암실과 45킬로그램에 달하는 장비를 들고 이곳의 화강암 봉우리, 산비탈, 강바닥, 고산의 초원을 누볐다. '성당의 첨탑', '유니콘 봉우리' 같이 이름만 들어도 그 모습이 상상되는 산과 언덕을 탐험하면서 애덤스의 발자취를 밟아 보자. 사계절에 걸쳐서 애덤스는 세계에서 가장 큰 단일 화강암 바위산인 엘카피탄(El Capitan)의 수많은 분위기를 잡아냈다. 동시에 꽃이 핀 층층나무, 오크나무 한 그루, 줄지어 서 있는 미루나무 등 나약하고 작은 것들에도 렌즈를 갖다 댔다. 그는 1984년에 82세의 나이로 세상을 떠났지만, 대가의 훌륭한 사진들은 여전히 야생을 보호하기 위해 헌신한 그의 삶의 증거로 남아 있다.

When to go 요세미티 국립공원은 1년 내내 개방되어 있다. 계절에 따라 방문객의 수와 도로 접근성이 다르다. 시원하게 쏟아지는 폭포를 보려면 봄에, 따뜻하고 건조한 날씨를 원한다면 여름에(하지만 사람은 가장 많다), 조용히 즐기고 싶다면 겨울에 가자. 단, 겨울에는 접근할 수 없는 도로들이 많을 수 있다.

How Long 9만 3,182헥타르에 달하는 방대한 규모의 요세미티 국립공원을 둘러보려면 적어도 하룻밤은 묵어야 한다. 일주일 이상 머물면 더 만족스럽게 탐험할 수 있을 것이다.

Planning 아화니 호텔(Ahwahnee Hotel) 같은 고급 숙소부터 캠핑장까지 숙박은 여러 가지 형태가 가능하다. 야심 찬 사진작가라면 요세미티 관광협회에서 마련한 가이드 투어를 해 보자.

Inside Information 안셀 애덤스 갤러리에서는 애덤스가 요세미티 계곡에서 사진을 찍었던 곳 열 군데 이상을 소개한 안내서를 나눠 준다. 인쇄물이나 포스터에서 흔히 보았던 풍경들 이상의 장소로 우리를 안내할 것이다.

Websites www.nps.gov/yose, www.anseladams.com,

- 요세미티 계곡에 있는 안셀 애덤스 갤러리를 놓치지 말자. 워크숍도 진행되고 애덤스 가족이 걸었던 하이킹 코스를 따라 가이드 투어도 할 수 있다. 사진작가들은 애덤스가 사진을 찍었던 장소들 중 일부로 하이킹을 하면서 그의 구성과 기법을 배울 수 있다.
- 애덤스는 사람이 없는 풍경 사진으로 유명하다. 하지만 눈 속에서 놀고 있는 방문객들의 흑백사진 여러 장이 아화니 호텔에 전시되어 있다. 이 호텔은 요세미티 국립공원에서 가장 좋은 숙소 중 하나로, '아화니'는 아메리카 원주민 종족의 이름이다. '요세미티'는 아화니 족 언어로 '회색곰'을 뜻한다.
- 근처에 있는 미나레츠 자연보호구역(Minarets Wilderness)은 애덤스가 주창한 1964년 야생보호법에 의해 보호받는 360만 헥타르 넓이의 땅에 포함되어 있다. 애덤스 사후 안셀 애덤스 자연보호구역(Ansel Adams Wilderness)으로 새롭게 명명되었고, 역시 그의 발자취를 따라 흥미진진한 여행을 할 수 있다.

칠레

파블로 네루다가 살던 집
Pablo Neruda at Home

칠레 출신의 가장 중요한 작가 중 한 사람이자 정치적 인사였던 네루다의 집을
방문하는 것은 그의 정신세계를 여행하는 것과도 같다.

    칠레의 시인 파블로 네루다(Pablo Neruda, 1904~1973)는 불과 열세 살 때 지역 신문에 글을 쓰기 시작할 정도로 일찌감치 문학적 재능을 나타냈다. 그는 평생 정치에 깊은 관심을 갖고 있었고, 그의 작품은 그런 사회적·정치적 관심을 반영했다. 1971년, 그는 노벨문학상을 수상했는데, 지금은 박물관이 된 네루다의 자택 세 군데를 둘러보면서 그곳에 깃들어 있는 그의 에너지, 지성, 열정을 느껴 보자.
    제일 먼저 갈 곳은 산티아고의 벨라비스타(Bellavista) 구역에 있는 라 차스코나(La Chascona)다. 네루다가 자신과 세 번째 부인 마틸드 우라시아를 위해 지은 이 집은 원

색의 도기류, 조개와 나비 수집품이 산만하게 널려 있다. 아름다운 침실은 탑 속에 자리 잡고 있다. 네루다의 두 번째 집이자 가장 덜 알려진 집은 산티아고에서 북서쪽으로 119킬로미터 떨어져 있는 항구 도시 발파라이소에 있는 라 세바스티아나(La Sebastiana)다. 가파른 언덕에 위치한 이 타운하우스는 바다를 굽어보고 있으며, 항해 장비들과 박제된 사자 등 각종 장식품들로 가득하다.

네루다의 진짜 집은 발파라이소에서 남쪽으로 45분 거리의 튀어나온 바위산에 자리 잡고 있는 이슬라 네그라(Isla Negra)였다. 네루다는 원래 돌로 된 오두막이었던 이 집을 구입한 후 건물을 추가하고 자신의 취향에 맞게 다시 꾸몄다. 뱃머리에 장식했던 사람이나 동물의 상들이 벽을 장식하고 있고, 네루다의 책상은 바다를 향하고 있다.

When to go 칠레의 여름은 11월 중순부터 2월 중순으로 기온이 무척 높이 올라갈 수 있다. 겨울, 특히 7월과 8월은 비가 자주 오고 춥다.

How Long 세 집을 둘러보는 여행은 일주일 내에 마칠 수 있다. 칠레의 와인 산지인 아타카마 사막이나 남쪽 끝의 파타고니아 지방을 둘러보고 싶다면 시간을 더 잡아야 한다.

Planning 산티아고에서 차를 빌려서 가는 게 좋다. 저택들은 화요일부터 일요일까지 오전 10시~오후 1시, 오후 3시~6시 사이에 개방되는데, 네루다의 세 번째 부인이었던 마틸드가 설립한 네루다 재단이 운영한다. 도로 사정은 좋은 편이므로, 내친 김에 해안 드라이브를 해도 좋다.

Inside Information 이슬라 네그라 아래쪽 바다 옆으로 둘러쳐진 담에 네루다의 작품과 사상으로부터 영감을 받은 전 세계에서 온 사람들의 메시지가 적혀 있다.

Websites www.fundacionneruda.org

- 라 차스코나에서는 멕시코 화가 디에고 리베라(Diego Rivera)가 그린 네루다의 부인 마틸드 우라시아 초상화를 볼 수 있다. 서재에는 네루다가 부인 마틸드를 위해 쓴 시들을 넣어 둔 나무 상자가 있다.
- 라 차스코나의 식당 찬장에는 비밀 통로가 있다. 네루다는 집을 찾아온 손님들이 너무 지루하게 굴면 통로를 통해 도망칠 거라고 말하곤 했다.
- 이슬라 네그라의 위층 방 한 곳에는 배의 문을 깎아 만든 나무 책상이 있다. 이는 네루다의 집 아래로 파도에 밀려 온 것을 발견해 만든 것으로, 네루다가 가장 아끼던 물건 중 하나다.

호텔 암보스 문도스의 헤밍웨이가 머물렀던 방. 그가 사용했던 타자기를 비롯 그가 떠날 때 모습 그대로 보존되어 있다.

> 쿠바

헤밍웨이의 쿠바 *Hemingway in Cuba*

많은 곳을 여행한 저널리스트이자 작가, 노벨문학상 수상자인 헤밍웨이는 이 사랑스러운 카리브 해의 섬에서 안전하지만 자극적인 안식처를 찾았다.

1928년, 어니스트 헤밍웨이(Ernest Hemingway, 1899~1961)는 플로리다의 키웨스트 섬에서 낚시 여행을 위해 쿠바에 왔고, 곧 아바나와 쿠바 사람들과 사랑에 빠졌다. 1년 후, 그는 구 아바나 중심부에 있는 호텔 암보스 문도스(Hotel Ambos Mundos)에 거처를 정했다. 그의 흔적을 좇는 우리의 여정도 이곳에서부터 시작된다.

이 호텔에서 헤밍웨이가 다이키리(Daiquiri, 럼주에 라임 주스, 설탕, 얼음을 섞은 칵테일)를 한 잔씩 하던 바인 엘 플로리디타(El Floridita)까지는 걸어서 금방 갈 수 있다. 헤밍웨이가 앉았던 자리는 언제나 경쟁이 몹시 치열하다.

헤밍웨이는 아바나 동쪽에 있는 작은 어촌 코히마르(Cojimar)에서 바다낚시에 빠져들었다. 이곳은 소설《노인과 바다 The Old Man and The Sea》의 배경이 된 곳이기도 하다. 그는 1939년부터 아바나 근처 샌프란시스코데파울라(San Francisco de Paula)의 울창한 열대 숲에 자리 잡은 소박한 시골집 핀카 비히아(Finca Vigía)에 살며 집필을 했다. 넓은 창을 통해 안을 들여다보면 9천 권의 책이 있는 서재와 타자기, 사진들이 보인다. 그 집에서는 욕실에서 내다보는 전망이 가장 좋다. 헤밍웨이도 그곳에서 항구 너머로 아바나와 바다를 바라보았을 것이다.

When to go 가장 좋은 때는 12월부터 5월까지다. 여름에는 무척 덥고 습하며, 10월과 11월에는 허리케인이 찾아온다.

How Long 열흘이면 여행할 수 있다. 그러나 쿠바의 매력적인 도시들과 남쪽의 아름다운 카리브 해 해안을 충분히 여행하려면 2~3주 정도 걸린다.

Planning 한국인이 쿠바를 여행하려면 비자는 필요 없지만 여행자 카드(Tourist Card)를 발급받아야 한다. 여행자 카드는 쿠바가 지정한 여행사나 항공사, 기관에서 발급하며, 한국에서는 발급받을 수 없다. 멕시코에 들른다면 멕시코의 지정된 여행사에서 발급받거나, 중간 경유지의 공항에서 해당 항공사에 의뢰하여 받을 수 있다.

Inside Information 코히마르에 있는 라 테라차(La Terraza)라는 식당도 헤밍웨이가 자주 갔던 곳이다. 헤밍웨이의 사진이 많이 걸려 있는 이곳에서 식사도 하고 항구 전망도 즐기자.

Websites www.cuba.com

- 구 아바나에 있는 작은 바인 보데히타 델 메디오(Bodeguita del Medio)도 헤밍웨이가 자주 찾던 곳이다. 칵테일 '모히토(Mojito)'를 마셔 보자.
- 코히마르의 헤밍웨이 광장에는 기둥들로 둘러싸인 누각에 헤밍웨이 흉상이 있다. 코히마르 사람들이 직접 세운 이 흉상은 고기잡이배의 청동 프로펠러로 만든 것이다.
- 핀카 비히아의 정원에는 헤밍웨이가 아꼈던 요트 '엘 필라르'가 있다. 12미터 길이의 이 요트는 헤밍웨이가 멕시코 만류 속으로 청새치를 잡으러 갈 때 탔던 것이다.
- 아바나의 해안 산책로 말레콘(Malecón)을 따라 걸어 보자. 산책로 옆에는 낡은 식민지 시대에 지어진 건물들이 플로리다 해협을 내려다보며 서 있는데, 이것이 헤밍웨이가 미국에서 배를 타고 와서 처음 보았던 풍경이다. 그때와 마찬가지로 지금도 럼주를 마시고 바위에 앉아 낚시를 하는 현지인들로 활기가 넘친다.

에콰도르

갈라파고스 탐험
A Voyage to the Galápagos

영국의 박물학자 찰스 다윈에 의해 유명해진 이 외딴 섬들은
흥미로운 생명체들로 가득하다.

    유람선에서 떨어져 나온 작은 배가 승객들을 태우고 갈라파고스 제도의 '산타페 섬'으로 향할 때면, 부드러운 물보라가 뺨을 스친다. 장난기 많은 바다사자 새끼들은 섬을 찾은 사람들을 환영하듯 이리저리 뛰어다닌다. 배에서 내리면 나무처럼 키가 큰 가시투성이 선인장들로 덮인 황량한 화산섬 풍경이 우리를 맞이한다. 이곳의 섬들은 각기 다른 자연의 보물들을 품고 있고, 우리는 매일 배를 타고 다른 섬으로 이동한다. 이 여행은 1835년에 찰스 다윈이 HMS 비글(HMS Beagle) 호를 타고 했던 것과 같은 경로를 따라간다. 다윈은 그 여행에서 자연선택설에 대한 영감을 얻었다.

짝짓기 철이면 갈라파고스 제도의 군함새 수컷들은 이렇게 목을 선홍색 풍선처럼 부풀려서 자신의 생식 능력을 과시한다.

발길을 옮기는 곳마다 두려움을 모르는 낯선 동물들이 나타난다. 갈라파고스 흉내지빠귀는 우리의 신발끈을 부리로 쫀다. '에스파뇰라 섬'에서는 톡 쏘는 사향 냄새를 맡을 수 있고, 가이드를 따라 암컷 바다사자들을 구경하러 가면 힘세 보이는 수컷이 질투하듯 곁을 지키고 선다. '산티아고 섬'에서는 바다이구아나들이 녹조류를 먹기 위해 바위에서 바다로 뛰어든다.

바위 위로 하이킹을 하다 보면, 발밑에서는 오래된 검은 용암석이 우지직 소리를 내며 부서지고, 오렌지색과 붉은색의 샐리라이트풋크랩들이 잰걸음으로 허둥지둥 바위틈으로 숨는다. 유람을 계속하다 보면 푸른발가마우지들이 물고기를 잡아먹기 위해 태평양으로 뛰어들고, 붉은 부리를 가진 열대새들이 날카롭게 소리를 지르며 날아가는 모습도 보인다. 날지 못하는 가마우지들은 몸을 구부린 채 바닷물 속에 머리를 집어넣어 먹이를 찾고, 바닷물 깊은 곳에서는 바다거북들과 대형 가오리들이 천천히 미끄러지듯 헤엄을 치며 다닌다.

When to go 언제든 방문해도 좋지만, 6월부터 11월까지가 다른 때보다 조금 시원할 수 있다.

How Long 에콰도르에서 갈라파고스 제도의 '발트라'나 '산크리스토발'까지 966킬로미터는 비행기로 간다. 거기서부터 작은 배로 섬들을 유람하는데, 4일에서 2주까지 일정은 다양하다.

Planning 적도의 강렬한 태양으로부터 피부를 보호하려면 자외선 차단크림을 충분히 바르고 챙이 넓은 모자를 써야 한다. 좋은 등산화를 신자.

Inside Information 산타크루즈(Santa Cruz) 섬의 푸에르토아요라(Puerto Ayora) 마을에는 인터넷 카페가 있고, 필름과 자외선 차단크림 등을 살 수 있는 가게들이 있다.

Websites www.igtoa.org

- 갈라파고스는 스페인어로 '거북'이라는 뜻이다. 자유롭게 섬들을 돌아다니는 코끼리거북들 덕분에 붙은 이름이다. 산타크루즈에 있는 찰스 다윈 연구소에는 갈라파고스 제도가 원산인 코끼리거북의 마지막 남은 개체인 '외로운 조지(Lonesome George)'가 서식하고 있다.
- 갈라파고스 제도에는 언제나 사랑이 가득하다. 4월경 에스파뇰라 섬에서는 열광적으로 짝짓기 춤을 추는 갈라파고스 알바트로스들을 볼 수 있다. 암수 한 쌍이 얼굴을 맞댄 채 아랫부리와 윗부리를 부딪치고, 부리를 상대방 부리 주위에서 빙빙 돌리거나 한다. 부리 부딪치는 소리가 엄청나게 크다.
- '바르톨로메 섬'의 달 표면 같은 풍경을 지닌 산 위로 올라가면, 뾰족한 바위와 해변의 멋진 풍광을 한눈에 볼 수 있다.

해양 생물이 많은 타히티 섬의 코발트색 바닷물 속, 산호초 위로 바다거북이 헤엄치고 있다.

폴리네시아

쿡 선장의 폴리네시아 Captain Cook's Polynesia

마법의 세계와도 같은 열대의 섬들을 유람하며 몇 세기 전부터
사람들의 마음을 사로잡아 온 특유의 문화를 발견해 보자.

1770년대에 쿡 선장(Captain James Cook, 1728~1779)은 폴리네시아를 방문하고 돌아 왔다. 그리고 그는 이 열대 섬들의 아름다움을 찬양하며 알리기에 바쁜 최초의 유럽인이 되었다. 그 후로 많은 이들이 그의 뒤를 따랐다. 폴리네시아 제도 탐험은 타히티 섬에서 가장 큰 도시이자 가장 인구가 많은 도시며, 프랑스령 폴리네시아의 수도인 파페에테에서 시작한다. 이곳에서는 진주 박물관과 공예품 시장을 둘러보자.

배를 타고 타히티를 떠나며 돌아보면, 건물들의 윤곽은 점점 희미해지고 얼마 안 가서 섬 위로 솟은 산봉우리밖에 보이지 않는다. 이 모습은 2백 년도 더 전에 쿡 선장이 이곳을 찾았을 때 만났던 풍경과 비슷할 것이다.

후아히네(Huahine) 섬과 라이아테아(Raiatea) 섬은 파페에테의 부산스러움과는 대조를 이루는 곳들이다. 후아히네 섬에는 고대의 신전인 마라에(marae)가 40곳 이상 모여 있는 마에바 마라에(Maeva marae)가 있다. 타히티 섬보다는 덜 알려져 있지만, 옛날 폴리네시아의 종교적 중심지였던 라이아테아 섬의 타푸타푸아테아(Taputapuatea)에는 가장 큰 규모이자 가장 중요한 마라에가 있다. 그 다음 라이아테아 섬을 떠나 보라보라 섬으로 향한다. 이 섬에서는 잠수도 하고 석호 주변을 항해하고, 제2차 세계대전 당시 대포가 설치되어 있던 곳들을 방문해 보자.

When to go 5월, 6월, 9월, 10월이 가장 좋다. 7월과 8월은 여행 성수기이고 11월부터 4월까지의 겨울은 비가 자주 내린다.

How Long 10일간의 크루즈 여행이면 바다에서 시간도 보내고 섬들도 탐험하기에 충분하다.

Planning 프랑스령 폴리네시아는 여행하기에 돈이 많이 드는 곳이다. 섬들은 서로 멀리 떨어져 있으므로 가능한 많은 것을 볼 수 있는 가장 편한 방법은 크루즈 선을 타고 여행하는 것이다. 대부분의 섬에서는 자동차를 빌려서 다닐 수 있다.

Inside Information 파페에테로 돌아오기 전에 무레아(Moorea) 섬에 들러 보자. 특히, 화산 절벽들은 폴리네시아에서 가장 유명한 풍경 중 하나다. 섬 주위로 쌍동선을 타고 둘러보면 절벽 풍경이 가장 잘 보인다. 또 '티키 빌리지 극장'에서는 옛날 폴리네시아의 분위기를 되살린 댄스쇼와 뮤직쇼를 공연한다.

Websites www.tahiti-tourisme.com, www.princess.com

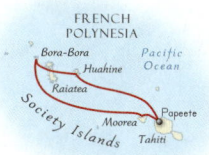

- 타히티 섬 남쪽의 고갱 박물관에서는 폴 고갱이 폴리네시아에서 보냈던 시절들을 살펴볼 수 있다.
- 잠수를 하면 상어, 대형 가오리들과 함께 헤엄치면서 해저 세계를 탐험할 수 있다. 잠수를 못하는 사람들은 바닥이 유리로 된 배나 잠수함을 타거나 헬멧 잠수, 스노클링 등을 통해 바닷속을 탐험해 보자.
- 아무 섬에서나 진주 양식장을 방문하여 세계적으로 유명한 '타히티의 검은 진주'가 어떻게 양식되는지 구경하자.

베이징 톈안먼 광장에 있는 마오쩌둥 기념관 밖에 세워져 있는 동상.

중국

마오쩌둥의 대장정

Mao's Long March

거세게 휘몰아치는 강과 깊은 골짜기, 빙하가 있는 땅인 쓰촨성 서부 산악지대에 있는 대장정 기념비를 찾아가 보자.

    1935년, 마오쩌둥이 이끌던 공산당 병사 22명이 2년에 걸쳐서 중국 내륙으로 1만 2,875킬로미터라는 어마어마한 거리를 행군하여 다두 강(大渡河)에 놓인 전략적 요충지 루딩교(瀘定橋)를 함락했다. 이는 소위 '대장정'이라 불렸다.
    급속히 발전하고 있는 중국에서 최근 들어 공산당의 자취를 따라가는 여행, 일명 '붉은 관광(Red Tourism)'이 각광받고 있다. 덕분에 대장정의 유적 가운데 가장 상징적인 쓰촨성 루딩교에 대한 관심도 증폭되고 있다. 무척 외진 곳이라 거기까지 가려면 시간이 많이 걸리지만, 역사적 의미만 지닌 것이 아니라 압도적인 풍경도 간직하고 있기 때문에 방문해도 후회는 없을 것이다.

여정은 베이징에서 시작하자. 톈안먼 광장에 있는 마오쩌둥 기념관을 방문한 후, 비행기를 타고 청두(成都)로 간다. 청두에서 자동차를 타고 멋진 풍경을 자랑하는 다두 강 계곡으로 향한다. 루딩(瀘定)에서는 소용돌이치며 흐르는 다두 강 위에 걸려 있는 체인으로 된 다리를 건너 대장정에 참가한 군인들을 기리는 기념관으로 가자. 루딩 뒤로는 높고 험한 산들이 티베트까지 굽이치며 끝도 없이 이어진다.

루딩 서쪽으로 쓰촨성의 간쯔 티베트 족 자치주(甘孜西藏族自治州)의 캉딩(康定) 시를 지나면, 늠름한 다쉐산맥(大雪山脈)이 뻗어 있다. 한편, 남쪽으로 조금만 내려가면 빙하폭포인 하이루거우(海螺溝)가 공가 산 계곡 사이로 밀려 내려온다. 러 산(樂山)에는 거대한 불상이 있다. 청두에서 북쪽에 있는 운무림(雲霧林)과 계곡들은 중국의 보물인 자이언트판다가 사는 곳이다.

When to go 5월부터 9월이 좋다. '하이루거우'나 '캉딩'을 방문할 생각이라면 더운 날씨에 맞는 복장을 준비한다. 5월부터 9월 사이에 고도가 낮은 곳은 덥고 습하다. 여름에는 집중 호우가 내릴 수 있으므로 방수 장비는 필수다.

How Long 청두에서 이 지역까지 왕복 여행은 3~4일이면 된다. 좀 더 구석구석 둘러보고 싶다면 최소한 열흘은 잡아야 한다.

Planning 베이징에서 청두까지 비행기로 간다. 이 지역 여행은 청두에 있는 여행사들이 알선해 준다. 혼자 여행하려면 오랜 시간 불편한 버스 여행을 할 각오를 해야 한다. 루딩교로 가는 여행사 투어는 대부분 하이루거우 빙하나 캉딩 중 한 곳이나 두 곳을 모두 포함한다.

Inside Information 쓰촨 성 성도인 청두는 중국에서 가장 활기찬 도시들 중 하나다. 매운 맛으로 유명한 쓰촨 요리를 맛보자.

Websites www.chinatravelguide.com, www.4panda.com

- 루딩교는 13개의 쇠로 된 체인과 체인에 묶은 나무판자들로 만들어져 있다.
- 티베트 고원 가장자리에 자리 잡고 있는 활기 넘치는 교역의 중심지인 캉딩을 탐험해 보자. 시장, 골동품 시장, 도르제 드락 수도원(Dorje Drak Monastery) 등이 있다.
- 쓰촨성에서 가장 높은 산인 7,556미터의 공가 산의 웅장한 풍경에 경외감을 느낄 수 있을 것이다.
- 청두에서 북서쪽으로 160킬로미터 정도 떨어진 곳에 있는 세계적으로 유명한 워롱 판다 보호연구센터(Wolong Panda Reserve)를 방문해 보자.

네팔 | 인도

부처의 깨달음으로의 길
Road to Enlightenment

부처의 영적 여행의 자취가 남아 있는 신성한 장소들을 방문하며
기원전 6세기로 돌아가 부처의 삶을 살펴보자.

    부처는 '깨달음을 얻은 자'라는 뜻이다. 고타마 싯다르타가 6년간 극단적인 고행을 한 후 보리수 아래에서 명상을 하면서 깨달음을 얻었을 때, 그는 '부처'라는 이름으로 불리기 시작했다. 부처가 깨달음을 얻기까지의 과정, 그리고 그 후에 그가 걸었던 길은 4백 년간 사람들의 입을 통해 전해지다가 문서로 기록되었고, 덕분에 오늘날 그의 여정을 따라 가볼 수 있게 되었다.
    여정은 네팔 남부의 작은 마을 '룸비니(Lumbini)'에서 시작된다. 룸비니는 산스크리

기원전 543년 부처가 화장된 곳인 람바르 스투파 앞에서 승려들이 기도를 올리고 있다.

트어로 '사랑스러운 자들'이라는 뜻이며, 부처가 태어난 곳이다. 이곳에는 부처의 어머니인 마야 부인을 모신 '마야 데비 사원'과 불교의 가르침을 조각한 아쇼카 석주(Ashoka pillar)가 있다. 동쪽으로 인도 갠지스 평원에 위치한 쿠시나가라(Kushinagar)는 부처가 반열반(般涅槃, parinirvana), 즉 세상을 떠날 장소로 택한 곳이다.

쿠시나가라의 사원에는 금박으로 덮인 6미터 길이의 와불상이 있다. 인도 바라나시 근처의 사르나트(Sarnath)에서는 부처가 최초로 설법을 한 사슴동산(녹야원, 鹿野園)을 찾아가 보자. 거기서 동쪽으로 가면 나오는 부다가야(Bodhgaya)에서는 부처가 명상을 했던 보리수의 3대손이라고 일컬어지는 보리수를 볼 수 있다. 지구상에서 사람이 가장 오랫동안 거주해 온 곳 중 하나인 파트나(Patna)에서 여정은 끝이 난다. 부처가 반열반을 위해 쿠시나가라로 가던 마지막 여정에서도 바로 이 파트나를 지나갔다.

When to go 10월부터 4월이 가장 좋다. 6월 하순 혹은 7월 초부터 2달 정도 계속되는 우기는 피하자.

How Long 룸비니에서 파트나까지 도로의 길이는 885킬로미터다. 최소한 5일은 잡아야 한다.

Planning 룸비니는 러크나우(Lucknow)나 바라나시에서 자동차로 갈 수 있다.

Inside Information 스투파와 기타 성스러운 건조물 주위를 시계방향으로 걷자. 파트나 박물관에는 부처의 석상과 부처의 유골이 담긴 함 등 진귀한 물건들이 보존되어 있다. 서양 음식은 먹지 않는 게 좋다. 현지 음식만큼 신선하지 않기 때문이다. 그 자리에서 뜨겁게 요리한 음식만 먹자.

Websites www.incredibleindia.org, www.indianembassy.org

- 쿠시나가라에서는 부처가 반열반에 오른 곳인 대반열반사(Mahaparinirvana Temple)와 스투파, 그리고 부처가 화장된 람바르 스투파(Rambhar Stupa)를 찾아볼 수 있다.
- 바라나시의 비쉬와나트 사원과 바라트 마타 사원, 그리고 바나라스 힌두 대학교를 둘러보자. 그리고 이른 아침에 갠지스 강에서 보트를 타보자.
- 부다가야의 마하보디 사원에 있는 보리수 밑에 앉아 보자. 이곳이 부처가 깨달음을 얻은 곳이다.

모스크바의 톨스토이 박물관에 전시되어 있는 톨스토이의 문구 상자와 편지.

러시아

톨스토이의 러시아 *Tolstoy's Russia*

역사상 가장 위대한 작가이자 가장 급진적인 사상가 중 한 사람의 삶에서
아주 중요한 의미를 지닌 장소들로 순례를 떠나자.

레프 톨스토이(Lev Nikolaevich Tolstoi, 1828~1910)의 발자취를 따라 여행을 하려면 화려한 궁과 번쩍거리는 무도회장, 미술품들이 가득한 박물관이 있는 과거 러시아 제국의 수도 상트페테르부르크에서 시작해야 한다. 그것이 톨스토이가 어려서부터 잘 알던 세계이며, 그가 《안나 카레니나*Anna karenina*》 같은 소설에서 묘사했던 세계다. 또한 러

시아 귀족들의 풍요로운 생활과 가난한 사람들의 불행한 삶의 극명한 차이를 상징적으로 보여 주고 있는 곳이기도 하다. 톨스토이는 노년에 이르러 그런 차이에 깊이 주목했다.

그 다음 모스크바로 발길을 돌려서 '톨스토이의 집 박물관(Tolstoy House Estate Museum)'을 방문하자. 1882년에서 1901년 사이에 그가 가족과 함께 겨울을 보냈던 집이다. 순례의 하이라이트는 모스크바에서 남쪽으로 2백 킬로미터 정도 떨어진 툴라 근처의 야스나야폴랴나(Yasnaya Polyana)에 있는 톨스토이 집안의 영지를 찾아가는 것이다. 톨스토이는 자신이 태어나고 자란 이곳에서 소설을 쓰고, 자연과 벗하고, 실험적인 학교를 운영하고, 농부들과 함께 일하고, 친구들과 즐거운 시간을 보냈다. 그리고 지금은 이곳의 소박한 무덤에 잠들어 있다.

When to go 봄, 여름, 가을이 좋다. 겨울도 가능하긴 하지만 지독하게 춥다.

How Long 적어도 7일은 잡아야 한다. 야스나야폴랴나까지는 모스크바에서 기차나 버스로 하루가 걸린다. 현대적인 야스나야폴랴나 호텔에서 하룻밤을 보내면서 톨스토이 영지를 천천히 둘러보자.

Planning 출발하기 전에 박물관 개관 시간을 확인하자. 불규칙한 경우가 가끔 있다.

Inside Information 모스크바에는 톨스토이 박물관이 두 곳 있다. '톨스토이의 집 박물관'과 그보다 좀 더 문학적인 '톨스토이 박물관(Tolstoy Museum)'으로, 후자에는 그의 친필 원고와 초판본, 기념물 등이 소장되어 있다. 때로는 강연도 이루어지며, 일반 집단이나 학교를 위해 주제에 따른 소풍을 진행한다.

Websites www.yasnayapolyana.ru, www.moscow-taxi.com/museums/tolstoy-museums.html

- 모스크바에 있는 톨스토이의 집 박물관은 톨스토이를 떠올리게 하는 물건들로 가득 차 있어서, 지금도 사람들이 살고 있는 집처럼 보인다.

- 톨스토이가 목가적 유년시절을 보낸 야스나야폴랴나는 평생 그의 정신적 고향이었다. 이곳에 있는 톨스토이 집 박물관에는 톨스토이와 그의 가족이 떠날 때의 모습 그대로인 방들이 있다.

- 야스나야폴랴나의 초원에서는 린덴나무 가로수가 늘어선 거리도 걸어 보고, 톨스토이에게 평생 영감이 되어 주었던 풍경도 즐기자.

중국 | 키르기스스탄 | 우즈베키스탄

실크 로드 The Silk Road

고대의 교역로를 따라 중국과 중앙아시아의 이국적인 땅이 우리 앞에 펼쳐진다.

중국과 중동 지방, 유럽을 이어 주던 실크 로드는 하나의 루트가 아니라 중국 북서부에서부터 오늘날의 터키 동부나 이란 서부까지 이어지던 여러 갈래의 길들을 일컫는다. 적어도 기원전 2세기부터 육로 교역이 해상 무역에 추월당할 때까지, 여행자들은 이 길을 이용했다. 또한 이 길을 따라 위대한 도시들과 문명이 번성했고 기술적 · 사회적 변화가 많은 지역으로 퍼져나갔다. 예를 들어 실크 로드를 따라 화약이 서양으로 전해졌고 불교가 중국으로 전파되었다.

현대의 여행자들은 베이징이나 상하이에서 출발하여 시안(西安)과 둔황(敦煌) 등 실크 로드의 동쪽인 중국 구간의 고고학 유적지들을 방문하자. 여기서 타클라마칸 사막

중앙아시아의 울퉁불퉁하고 메마른 실크 로드를 현지인들은 여전히 최적의 교통수단을 이용해 지나간다.

을 가로지르는 구간이 시작되었다. 그 다음의 주요 기착지는 톈산산맥(天山山脈)의 산기슭이 굽어보는 신장웨이우얼자치구(新疆維吾爾自治區)의 오아시스 도시 카슈가르(喀什地區)다. 카슈가르는 중앙아시아, 인도, 페르시아로 가는 산길들을 관리했다. 지금은 일요일에 큰 시장이 열리고, 아팍 호자(17세기 신장 위구르 자치구의 종교 지도자이자 정치 지도자)의 묘와 중국에서 가장 큰 이슬람 사원인 이드 카 모스크 등 이슬람 유적들도 있다.

한참 더 서쪽으로 가면 중앙아시아의 전설적인 두 도시 사마르칸트(Samarqand)와 부하라(Bukhara)가 있다. 사람이 살아온 가장 오래된 도시 중 하나인 사마르칸트의 건물들은 다양한 푸른빛의 도기 타일로 장식되어 있다. 부하라는 과거에 이슬람 학문의 중심지였는데, 이곳의 시장은 중앙아시아에서 가장 부유한 곳이었다.

- 둔황 근처의 막고굴(모가오쿠, 둔황 석굴)에서는 1천 년이 넘는 시간에 걸쳐서 만들어진 멋진 프레스코 벽화들과 조각들을 볼 수 있다.
- 시안에서는 병마용을 놓치지 말자. 병마용은 테라코타로 만든 실물 크기의 병사들로 진시황의 장례에 사용되었다.

When to go 3~4월이나 9~10월이 산지와 사막으로 이루어진 이 지역의 극단적 기온을 피하기에 가장 좋다.

How Long 많은 여행사들이 실크 로드의 중국 구간이나 중앙아시아 구간을 따라 여행하는 최대 2주 일정의 투어를 운영한다. 한 달 정도 시간이 있다면 베이징이나 상하이에서 시작해서 우즈베키스탄의 타슈켄트(Tashkent)까지 여행할 수 있다.

Planning 중앙아시아의 국가들은 여러 가지 문제를 안고 있다. 출발하기 전에 주의사항 등을 확인하고 가자.

Inside Information 콜린 더브런의 《살아 있는 길, 실크 로드 240일 Shadow of the Silk Road》은 실크 로드를 따라 1만 1,265킬로미터를 여행한 매혹적인 기록이다. 실크 로드를 여행하려는 사람에게는 필독서다.

Websites www.thegreatsilkroad.com, www.silkroad.co.nz

에페소스 바로 남쪽에 있는 프리에네(Priene)의 아테나 신전. 기둥들이 산기슭을 배경으로 우아하게 서 있다.

터키

알렉산드로스대왕의 유산을 따라

Alexander's Legacy

고대의 정복자가 닦아 놓은 길을 따라 고고학적 유적들로 가득한
역사적 루트를 밟아 보자.

2천 년이 넘는 시간 동안, 마케도니아의 알렉산드로스대왕(356~323 BC)은 전 세계 수많은 사람들의 상상력을 자극해 왔다. 스무 살을 넘긴 지 얼마 되지도 않은 나이에 그는 4만 5천 명의 병사를 이끌고 아시아를 침략하여 거대한 페르시아제국을 정복했다. 그 후 트로이에서 알렉산드리아, 사마르칸트, 바빌론까지 3만 5,400킬로미터를 원정했다. 32세에 세상을 떠났을 때, 그는 당시 알려져 있던 세상의 끝을 넘어 그리스에서 아프가니스탄, 이스라엘, 인도까지 이어지는 거대 제국을 건설했다. 트로이부터 이스켄데룬(İskenderun)까지 알렉산드로스의 발자취를 따라가면, 멋진 풍경과 맛 좋은 음식, 놀라운 고고학적 유적들을 즐길 수 있다.

에페소스와 보드룸 사이에 있는 디디마(Didyma)에서는 알렉산드로스가 페르시아에

승리를 거두리라는 신탁을 받은 것으로 전해지는 아폴론 신전을 볼 수 있다. 우뚝 솟은 기둥들 아래를 천천히 걸어 보자. 둥근 천장이 덮인 복도를 따라 안쪽으로 들어가면 그 옛날 신들의 기운을 지금도 느낄 수 있을 것이다.

고르디움(Gordium) 유적지는 고르디우스의 매듭(이 매듭을 푸는 자가 아시아를 지배하게 되리라는 신탁이 주어진 전설 속의 매듭)이 있던 곳이다. 알렉산드로스는 칼로 그 매듭을 잘라 버렸고, 실제로 후에 아시아를 지배하게 되었다. 기원전 333년에 이수스(Issus)에서 페르시아 군에 승리를 거둔 후, 알렉산드로스는 전투지 남쪽에 새로운 도시를 세웠다. 바로 오늘날의 복잡한 항구 도시 이스켄데룬(이스켄데르는 터키어로 '알렉산드로스'를 뜻한다)이다. 우리의 여정도 이곳에서 끝을 맺는다.

When to go 여름의 심한 더위와 인파를 피하려면 4월 중순부터 6월 초나 9월부터 10월이 좋다.

How Long 주요 장소만 둘러보려 해도 적어도 일주일은 잡아야 한다. 2~3주면 더 넓은 지역의 많은 유적지들을 둘러보면서 알렉산드로스대왕이 맞닥뜨렸을 육체적·병참학적 어려움을 실감할 수 있다.

Planning 많은 여행사들이 알렉산드로스대왕과는 거의 관련 없는 투어에 그의 이름을 사용하고 있으므로, 투어를 선택할 때 여행사에서 제시하는 여정을 꼼꼼히 살펴보자. 독자적으로 여행하는 사람은 자세한 지도를 준비해야 한다. 터키에서는, 특히 대도시를 벗어나면 대축적지도를 구하기 어렵다.

Inside Information 터키 내륙에서는 양과 염소를 늑대들로부터 보호하는 사납기로 유명한 '캉갈 개'들을 조심해야 한다. 개를 쫓을 수 있도록 지팡이나 돌을 가지고 다니자.

Websites www.isidore-of-seville.com/alexander, www.pothos.org, www.petersommer.com/alexander.html

- 이스탄불의 고고학 박물관에는 알렉산드로스대왕의 석관이 있다. 관 측면에는 흰색 대리석에 사냥을 하고 있는 그의 모습과 뒷다리로 서 있는 말에 앉아 있는 모습이 조각되어 있다.
- 에페소스에는 저택들, 목욕탕들, 2만 8천 명을 수용할 수 있는 극장, 훌륭한 도서관 유적 등이 보존되어 있다.
- 보트를 타고 파셀리스(Phaselis)로 가자. 알렉산드로스대왕은 이곳을 정복한 후 머리에 황금 화관을 썼다. 카쉬(Kas) 북동쪽 리키아 해안에 있다.
- 테르메소스(Termessos)는 안탈리아(Antalya) 북서쪽 타우로스 산맥의 바위산 위에 서 있다. 알렉산드로스대왕에게 저항하고 살아남은 몇 안 되는 도시 중 한 곳이다.

코르푸 해안 앞바다의 작은 섬에 블라케르나(Vlacherna) 수도원이 서 있다.

터키 | 그리스

호메로스의 오디세이아 *The Odyssey*

그리스신화 속 영웅 오디세우스와 함께 트로이에서 이타카 섬까지 항해하면서
태양과 바다, 그리고 고대 신화로 뒤덮인 곳들을 즐겨 보자.

고대 그리스의 시인 호메로스(Hómēros)의 대서사시 〈오디세이아Odýsseia〉에서 서술되는 오디세우스의 여정, 즉 오디세우스가 트로이를 함락한 후 고향으로 돌아오기까지의 여정은 물론 전설이다. 오디세우스가 지나갔던 곳들 중 그 어느 곳도 정확하게 밝혀낼 수 없다. 그러나 우리는 그 여행이 어디서 시작되고 어디서 끝났는지는 안다. 그렇다면 오디세우스가 어떤 섬들을 지나갔을지 추측해 보는 것은 어떨까.

신들의 저주를 받은 오디세우스는 트로이를 떠나 그리스의 여러 섬들을 누비다 어렵게 고향으로 돌아왔다. 지나가는 배들에게 커다란 바위를 던졌던 거인 라에스트리고니안들이 살던 섬이 혹시 아름다운 산토리니 섬은 아닐까? 산토리니 섬의 화산은 오디세우스가 살던 시대의 용암과 자갈들을 분출하고 있는 것은 아닐까?

현지에는 크레타 섬 남쪽 앞바다에 있는 작은 섬 가브도스(Gávdos)가 여자 마법사 키르케의 섬이었다는 전설이 여전히 전해지고 있다. 또한 크레타 섬과 테나론 곶 사이에 있는 가파른 바위섬 키테라(Kíthira)는 아름다운 노랫소리로 뱃사공들을 꾀어 죽인 사이렌이 살던 섬일지도 모른다. 오디세우스의 이야기를 들은 후 알키노오스 왕은 오디세우스에게 배를 한 척 주어 고향인 이타카(Ithaca) 섬으로 돌아갈 수 있게 했다. 그러자 이에 노한 포세이돈이 오디세우스를 태워 주고 돌아온 배를 돌로 변하게 하고 항구를 산으로 막았다고 신화에는 기록되어 있다. 코르피오트 인들은 코르푸(Corfu) 항 앞바다에 있는 배처럼 생긴 바위가 오디세우스가 타고 갔던 배가 바위로 변한 것이라고 말한다.

When to go 4월부터 10월이 가장 좋다.

How Long 길게는 3주 정도 잡으면 좋다.

Planning 호메로스의 〈오디세이아〉에 등장하는 오디세우스의 여정을 제대로 따라 갈 수 있는 유일한 방법은 요트를 빌리는 것이다. 하지만 트로이까지는 이스탄불에서 버스로 갈 수 있고, 배를 타고 아이발릭(Ayvalik)에서 레스보스(Lesbos)까지 간 다음 거기서 크레타 섬으로 간다. 크레타 섬 남쪽 해안의 코라 스파키온(Chora Sfakion)에서 배를 타면 가브도스 섬까지 갈 수 있다. 페리가 크레타 섬의 카스텔리(Kastéli) 마을에서 키테라 섬과 그리스 본토 남부의 마을 기티오(Gíthio)까지 운행한다. 기티오에서는 버스로 파트라스(Patras)까지 갈 수 있고, 파트라스에서는 이타카 섬으로 가는 페리가 매일 있다.

Inside Information 오디세이아를 따라 가는 여행을 끝낸 후에, 오래된 예쁜 집들과 카페들이 늘어선 항구가 있는 코르푸에서 평화로운 시간을 보내도 좋을 것이다.

Websites www.gnto.gr, www.gototurkey.co.uk

- 고대의 무덤들은 트로이에서 가장 중요한 랜드마크들이다. 다르다넬스 해협(Dardanelles strait)에 자리 잡고 있다는 사실이 트로이가 옛날에 부와 권력을 누릴 수 있던 열쇠였다.
- 오디세우스가 약탈했던 레스보스 섬의 중심 도시 미틸레네(Mytilíni)에 있는 고고학 박물관을 방문해 보자. 올림포스 산 아래에 있는 아기 아소스(Agíassos) 마을에서는 전통적 생활방식이 이어지고 있다.
- 기티오 항구의 선창가에 늘어서 있는 훌륭한 생선 요리 전문 식당들 중 한 곳에서 식사를 해 보자. 기티오 항구는 트로이의 왕자 파리스가 스파르타의 왕비 헬레네를 데리고 트로이를 향해 떠난 곳이다.
- 이타카 섬에서는 중심 도시 바티(Vathí)에서 느긋하게 쉬어가거나, 섬의 멋진 하이킹 루트들을 산책할 수 있다.

`TOP 10`

영화 촬영지 여행 *Film Footsteps*

과거와 현재의 영화들과 그 주인공들을 따라
세상에서 가장 매력적인 곳들로 여행을 떠나 보자.

❶ 뉴욕 New York 미국 뉴욕 주

〈화니 걸Funny Girl〉 바브라 스트라이샌드처럼 배를 타고 자유의 여신상 곁을 지나거나 로버트 드 니로가 거닐던 리틀 이탈리아의 〈비열한 거리들 Mean Streets〉을 걸어 보자.

`Planning` 자유의 여신상을 잘 보려면 스태튼 아일랜드 페리를 타자. www.easynewyorkcity.com/movielocations.htm

❷ 할리우드 Hollywood 미국 캘리포니아 주

그로먼 차이니스 극장(Grauman's Chinese Theater) 밖에서는 말 그대로 스타들의 발자국을 밟아 볼 수 있다. 영화사 초기의 많은 스타들이 할리우드 포에버 공동묘지(Hollywood Forever Cemetery)에 묻혀 있다.

`Planning` 스타들의 집과 영화 스튜디오들을 둘러보는 가이드 투어가 많이 있다. www.seeing-stars.com

❸ 모뉴먼트 밸리 Monument Valley 미국 애리조나 주 | 유타 주

운전을 해서 모뉴먼트 밸리로 가면 카우보이 영화의 세트장으로 들어가는 듯한 기분이 든다. 이곳은 1939년 작품 〈역마차Stagecoach〉를 시작으로 많은 서부영화를 만들었던 존 포드 감독이 좋아하던 장소였다.

`Planning` www.navajonationparks.org

❹ 뭄바이 Mumbai 인도

뭄바이의 주후(Juhu) 지역은 발리우드(Bollywood) 영화산업의 중심지로, 해마다 2백 편 이상의 영화가 이곳에서 만들어진다. 대형 영화사의 촬영소를 방문하면 발리우드 영화가 만들어지는 과정을 볼 수 있다.

`Planning` 많은 영화사들이 투어를 제공한다. www.westernoriental.com

❺ 도쿄 Tokyo 일본

빌 머레이와 스칼렛 요한슨이 출연한 〈사랑도 통역이 되나요?Lost in Translation〉의 한 장면을 떠올리며 파크 하얏트 호텔에서 도쿄의 야경을 즐겨 보자. 〈킬 빌Kill Bill〉에서 우마 서먼이 그랬던 것처럼 곤파치 레스토

랑에서 식사를 해 보는 것도 좋다.

Planning 파크 하얏트 호텔은 니시신주쿠에 있고, 곤파치는 니시아자부에 있다.
www.tourism.metro.tokyo.jp/english

❻ 퀸스타운 Queenstown 뉴질랜드

〈반지의 제왕 Lord of the Rings〉 속 중간계(Middle-earth)로 들어가 프로도, 간달프, 사루만을 만나 보자. 〈반지의 제왕〉의 많은 장면들이 서던알프스 산맥에서 촬영되었다.

Planning 웰링턴(Wellington)에서 출발하는 투어는 뉴질랜드 북섬의 영화 촬영지들을 둘러본다. www.lordoftheringstours.co.nz

❼ 로마 Rome 이탈리아

스페인 계단, 트레비 분수, 판테온, 천사의 성, 산피에트로 광장 등 댄 브라운의 소설이 원작인 영화 〈다 빈치 코드 The Da Vinci Code〉의 주인공이 고대의 미스터리를 풀기 위해 다녔던 자취를 따라가 보자.

Planning www.througheternity.com

❽ 파리 Paris 프랑스

장-폴 벨몽도는 프랑스 영화의 누벨바그를 촉발한 〈네 멋대로 해라 A Bout de Souffle〉에서 생제르맹의 술집들과 샹젤리제 거리를 헤매고 다녔다. 몽마르트르에서는 〈아멜리에 Amélie〉의 오드리 토투처럼 성당의 아름다움에 빠져 보자.

Planning 파리의 지하철 패스를 구입하면 지하철을 타고 편리하게 여행할 수 있다. movies.pidf.com

❾ 프라하 Praque 체코공화국

〈블레이드 2 Blade Ⅱ〉에서 웨슬리 스나입스는 흡혈귀를 쫓아 프라하 구시가지를 헤매고 다녔고, 톰 크루즈는 〈미션 임파서블 Mission Impossible〉에서 카를 교에서 자동차가 폭발하는 장면을 지켜보았다.

Planning 편리한 지하철 노선 덕에 지하철로 모든 곳을 갈 수 있다. www.myczechrepublic.com

❿ 런던 London 잉글랜드

줄리아 로버츠와 휴 그랜트가 진정한 사랑을 찾았던 노팅힐의 거리를 걸어 보자. 해리 포터의 팬들이라면 킹스 크로스 역(King's Cross Station)의 9와 4분의 3 승강장(실제로는 4 승강장에서 촬영되었다)에 가 봐도 좋겠다.

Planning 지하철 및 버스 1일 패스를 이용하자. www.filmlondon.org.uk/content.asp?CategoryID=844&ArticleID=796

[이탈리아]

헨리 제임스의 이탈리아 *A Novelist in Italy*

소설가 헨리 제임스에게 영감을 주었던 이탈리아 북부의 위대한 도시들을 돌아보자.

미국의 소설가 헨리 제임스(Henry James, 1843~1916)는 과거의 유럽에 매혹되었다. 특히 베네치아, 피렌체, 로마는 그의 소설 속에 중요하게 등장한다. 베네치아는 헨리 제임스의 단편 《애스펀의 편지 *The Aspern Papers*》의 배경이 되었던 때와 마찬가지로, 지금도 제임스가 매혹됨과 동시에 비판하기도 했던 바로 그 우아한 퇴폐에 싸여 있다. 베네치아에서 남쪽으로 피렌체로 내려가면 토스카나의 완만한 구릉지대에 자리 잡은 이 르네상스의 중심 도시의 역사에 놀라게 될 것이다.

《한 여인의 초상 *The Portrait of a Lady*》에는 피렌체와 로마가 모두 등장한다. 리소르지멘토(Risorgimento, 이탈리아 통일국가의 형성과정, 1815~1871)의 막바지였던 1870년대 로

피렌체 피티 궁의 천장 벽화. 르네상스시대 저택의 호화롭고 사치스러운 면을 함축적으로 잘 보여 주고 있다.

마에서, 헨리 제임스는 로마가 이탈리아의 새로운 수도가 되면서 생겨난 엄청난 변화들을 목격했다. 그는 미국의 언론에 당시 로마에서 겪었던 일들을 생생하게 묘사했고, 그 내용은 1909년에 《이탈리아의 시간들Italian Hours》이라는 제목으로 발간되었다. 로마의 콜로세움 주변을 걸으면서 제임스가 이 '산 같이 거대한 것'을 무엇이라 불렀을지 생각해 보자.

산타 마리아 마조레 성당도 우리를 감동시킬 것이다. 그에게 그곳은 '끝없이 무언가를 연상시켜서, 인식을 혼란스럽게 뒤섞인 이미지들로 만들어 버리는 곳'이다. 산 피에트로 대성당의 어마어마한 규모 역시 제임스가 묘사했던 것처럼 깊은 인상을 줄 것이다. '처음 눈에 들어온 모습이 전체일 거라고 생각하겠지만, 계속해서 드러나는 크고 웅장한 모습은 당신이 처음 가늠했던 크기를 초라하게 만들 것이다.'

When to go 날씨는 봄과 가을이 가장 좋다. 여름에 베네치아는 숨막힐 듯이 습하고, 피렌체와 로마는 탈 듯이 덥다.

How Long 각 도시와 도시 사이의 시골을 최대한 즐기려면 적어도 열흘은 잡아야 한다. 제임스의 소설을 따라간다면 몇 년은 걸릴 것이다.

Planning 기차나 버스, 렌터카로 여행할 수 있다. 숙소는 일찌감치 예약해야 한다. 세 도시 모두 1년 내내 전 세계에서 수많은 관광객들이 몰려드는 곳들이다.

Inside Information 베네치아로 비행기를 타고 들어간다면, 공항에서 도시까지 수상버스(Alilaguna)를 타거나, 주머니에 여유가 있다면 수상택시를 타도 된다. 70분 동안의 수상버스 여행은 석호를 지나 산마르코 광장으로 우리를 이끈다. 이는 '베네치아 공화국'을 처음으로 만나는 가장 완벽한 방법이다.

Websites www.enit.it, www.italiantourism.com

- 베네치아에서는 금속 세공으로 장식된 르네상스시대 궁전들이 굽어보고 있는 대운하가 여전히 멋진 풍광을 자랑한다. 헨리 제임스가 마음이 통하는 동료 작가들과 여행자들을 정기적으로 만난 곳이기도 하다.

- 피렌체의 피티 궁에 소장되어 있는 라파엘로와 티치아노 등 뛰어난 화가들의 작품이 《한 여인의 초상》에 등장한다. 그 작품들은 주인공 이사벨 아처에게 낯설고 강렬한 감정을 불러일으킨다. 이는 제임스의 소설에 자주 등장하는 주제로, 그의 이탈리아에 대한 사랑과도 일치하는 것이다.

- 로마의 산피에트로 대성당은 제임스에게 큰 감동을 주었다. 그는 이 성당에 대해 긴 글을 몇 편 썼다.

교회이기도 하고 무덤이기도 한 판테온은 로마에서 가장 잘 보존된 고대 건축물 중 하나다.

이탈리아

괴테의 이탈리아 기행 *Goethe's Italian Journey*

위대한 시인을 따라 이탈리아의 남쪽 끝까지 내려가면서
이 나라의 가장 아름다운 보물들을 발견할 수 있을 것이다.

　소설가이자 시인, 극작가, 과학자, 이론가, 화가였던 '요한 볼프강 폰 괴테'(Johann Wolfgang von Goethe, 1749~1832)는 국정에도 참여하여 바이마르공국의 재상을 역임하기도 했다. 행정관으로서의 삶에 지친 괴테는 어느 날 갑자기 한밤중에 혼자 이탈리아로 여행을 떠났다(1786~1788). 괴테는 호기심이 많으면서도 섬세한 여행자였고, 자신이 경험한 것을 매혹적인 문체로 남겼다. 그것이 바로 유명한 《괴테의 이탈리아 기행 *Italienische Reise*》이다.
　오늘날에도 북쪽의 베로나와 베네치아부터 남쪽의 로마, 나폴리, 시칠리아에 이르는 그의 여정을 따라 갈 수 있다. 괴테는 가르다 호숫가의 마을 토르볼레(Torbole)에 머무르면서 이곳을 '자연의 영광스러운 작품'이라고 묘사했다. 여행을 계속하면서 그는 경이로운 풍경들을 더 많이 만날 수 있었다. 그리고 로마의 동상들과 유적들을 스케치로 남겼다.

당시 이탈리아에서 가장 활기 넘치는 도시였던 나폴리에서는 영향력 있던 영국 대사 윌리엄 해밀턴(William Hamilton)과 절친한 사이가 되었다. 해밀턴은 화산학자로, 당시 활발히 활동하던 베수비오 산으로 사람들을 데리고 올라가 화산 활동을 연구했다. 시칠리아에서 괴테는 오늘날 고전적인 여행자들의 루트가 된 길을 따라 여행했다. 팔레르모(Palermo)에서는 팔레르모 식물원 및 연구센터에서 중요한 연구를 행하여 여러 종을 새롭게 발견하기도 했다. 팔레르모 근교를 여행한 후에는 동쪽으로 이동하여 카타니아(Catania)와 타오르미나(Taormina) 같은 도시들을 여행하며 고대의 사원들에도 들르고 웅장한 에트나 산에 오르기도 했다.

When to go 봄과 가을이 가장 좋다. 로마, 나폴리, 시칠리아는 여름에 몹시 덥다.

How Long 일주일 만에 여행을 끝낼 수도 있지만, 한 달이나 그 이상을 보낼 수도 있다.

Planning 기차와 버스표는 그 자리에서 구입할 수 있다. 렌터카는 이탈리아에 도착하기 전에 미리 예약하는 게 좋다. 이탈리아 투어를 운영하는 여행사들은 무척 많지만, 괴테의 여정을 따라 가는 투어는 없다. 하지만 괴테의 이탈리아를 향한 애정에 대한 정보를 모아 놓은 웹사이트는 아주 많다.

Inside Information 이탈리아에 도착하면 현지 여행사를 방문하여 현지의 괴테 협회들에 대해 알아보는 것도 좋다. 협회는 가이드 북에서 만날 수 없는 정보를 많이 가지고 있을 수 있다.

Websites www.enit.it, www.collettevacations.com, www.romeartlover.it, www.bestofsicily.com

- 베수비오 산에 올라 왜 괴테가 이 산을 '낙원 한가운데에 솟아 있는 지옥의 봉우리'라고 불렀는지 생각해 보자. 괴테가 시칠리아로 떠난 날 밤에 용암이 분출했는데, 그는 그 광경을 놓친 것을 몹시 아쉬워했다고 한다.

- 바닷가의 아름다운 도시 타오르미나에는 고대 그리스 시대의 원형 극장이 있다. 뒤로는 완만한 언덕들과 연기에 그을린 에트나 산이, 앞으로는 푸른 바다가 펼쳐져 있다. 에트나 산 기슭의 예쁜 마을들을 자동차로 둘러보거나 케이블카를 타고 분화구까지 올라가 보자.

- 팔레르모에서 내륙으로 들어가면 비잔틴 양식의 모자이크로 장식되어 있는, 중세에 세워진 몬레알레 성당(Cathedral of Monreale)을 볼 수 있다.

세벤 산맥의 꽃으로 덮인 골짜기에서 풀을 뜯고 있는 양떼와 외로운 여행자.

프랑스

당나귀와 떠난 여행 Travels with a Donkey

《보물섬 Treasure Island》의 작가 로버트 루이스 스티븐슨이
당나귀와 함께 떠났던 여정을 따라 유럽에서 몇 군데 남지 않은 황야로 떠나자.

    1878년, 스코틀랜드 출신의 소설가 로버트 루이스 스티븐슨(Robert Louis Stevenson, 1850~1894)은 프랑스로 여행을 떠났다. 여행 후 그는 《당나귀와 떠난 세벤 산맥 기행 Travels with a Donkey in the Cévennes》을 썼다. 프랑스 중남부의 산악지대인 상트랄 산괴(Massif Central) 남동쪽 구석에 있는 황량한 화강암 고지대는 흰목대머리수리들이 날아다니는 넓은 하늘이 내려다보고 있다. 스티븐슨이 살았던 시대보다 지금이 훨씬 더 인적이 드물어 마치 버림받은 땅인 듯하다.

르퓌(Le Puy)에서 시작된 GR70 하이킹 루트는 화산과 현무암으로 이루어진 풍경으로 눈길을 사로잡는 오베르뉴(Auvergne) 지방에서부터 세벤 산맥의 중심부인 석회암 대고원(Grands Causses)까지, 스티븐슨과 그의 당나귀 모데스틴(Modestine)이 갔던 길을 따라간다. 그 길은 알리에(Allier), 로트(Lot), 타른(Tarn) 골짜기를 구불구불 지나 소나무와 히스로 덮인, 그래서 아마도 스티븐슨의 고향 스코틀랜드를 떠올리게 했을 높고 황폐한 땅으로 우리를 이끈다. 돌무더기들과 나무로 된 푯말들이 밤나무 숲을 지나 로제르 산(Mont Lozère)을 가로지르는 길을 표시해 준다.

이 여정에서 가장 높은 지점인 1천 7백 미터의 피니엘 산(Mont Finiels)을 지나면서 길은 좀 더 사람들의 온기가 느껴지는 프로방스 지방의 경계 쪽으로 내려간다. 프로방스 지방으로 내려가면 따뜻한 공기와 포도밭 풍경이 여정이 끝나간다는 것을 알려줄 것이다.

When to go 4월부터 9월이 좋다.

How Long 총 길이는 257킬로미터다. 전체 구간을 하이킹하는 데 체력에 따라 10~14일 정도가 걸린다.

Planning 등산 실력은 물론이고, 지도를 잘 볼 줄 알아야 한다. 캠핑장, 지트(gîte, 일종의 B&B), 호텔 등 숙박 시설은 잘 구비되어 있지만 사전에 예약을 해야 한다. 품질 좋은 등산화와 따뜻한 옷, 방수가 되는 옷 등은 꼭 챙기자. 연중 어느 때라도 폭우, 안개, 강풍이 찾아온다. GR70 루트는 산악자전거나 아니면 당나귀를 타고 갈 수도 있다.

Inside Information 부쉐 호(Lac de Bouchet)를 놓치지 말자. 이 호수는 분화구에 물이 차 있는 것으로, 숲으로 둘러싸여 있으며 맑고 고요하다.

Websites www.gr70-stevenson.com

- 사람들이 이 지역을 떠나면서 야생동물들이 돌아왔다. 독수리, 야생양, 비버를 다시 들여오자 수달, 검은 딱따구리, 수리부엉이는 스스로 돌아왔다.
- 르블레이마르(Le Bleymard) 마을 앞에서 라굴레(La Goulet)의 숲으로 덮인 언덕을 오른다. 이곳이 세벤 산맥이 시작되는 곳이다.
- 르블레이마르에서 남쪽으로 18킬로미터 지점에 위치한 예쁜 마을 르 퐁 드 몽베르(Le Pont de Mont vert)는 타른 강, 뢰말레 강, 마르티네 강 등 세 강이 만나는 곳이다. 강 위쪽 바위 언덕에는 르네상스시대에 지어진 집들이 서 있다.

프랑스

노르망디 해안 *Normandy Beaches*

60년이 넘는 시간이 흐른 지금도, 제2차 세계대전 당시 연합군이 상륙작전을 감행한 노르망디 해안을 찾아가면 그 뭉클함을 고스란히 느낄 수 있다.

여름 날, 평화롭기 그지없는 '노르망디 해안'을 거닐다 보면, 여기서 1944년 6월 6일 (소위 D-데이)에 유혈이 낭자한 전투가 발발했다는 것을 상상하기란 불가능하다. 하지만 이곳엔 히틀러의 제3제국이 세웠던 '대서양 방벽'의 무너진 콘크리트 벙커와 대포 쏘는 설치물에서부터 수많은 연합군 병사들의 묘에 이르기까지, '노르망디 상륙작전'의 흔적이 곳곳에 남아 있다. 미군 3개 사단, 영국군 2개 사단, 캐나다군 1개 사단의 연합군 대부분은 영국의 포츠머스(Portsmouth)에서 항해해 와서 쉘부르(Cherbourg)와 르아브르(Le Havre) 사이에 위치한, 현재는 칼바도스 해안(Côte du Calvados)이라고 불리는 해변에 상륙했다.

르클레르(Leclerc) 사령관이 이끌던 자유프랑스군(FFL, Forces Françaises Libres)을 기념하는 유타 해변의 기념비.

연합군은 유타, 오마하, 골드, 주노, 스워드 등의 교두보에서 출발하여 노르망디를 지나 내륙으로 파리까지 진격할 계획이었다. 칼바도스 해안 중간쯤에 위치한 작은 마을 아로망셰(Arromanches)에서는 가장 격렬한 전투가 벌어졌다.

이곳에는 지금 노르망디 전투를 기념하는 박물관이 두 곳 있다. 아로망셰 박물관은 연합군이 교두보들로부터 돌파해 나오는 데 결정적 역할을 한 두 개의 멀베리 항구(Mulberry harbors) 가운데 하나가 있던 자리 옆에 세워져 있다. 그러나 D-데이의 진정한 의미를 알기 위해서는 콜빌-쉬르-메르(Colleville-sur-Mer)에 위치한 미군 묘지를 방문해야 한다. 이곳에 잠들어 있는 병사들은 거의 모두 젊은 나이였고, 많은 수가 십대였다. 그들은 해방된 파리에서 샴페인을 들며 축배를 나누지 못한 채 어린 나이에 스러져 갔다.

When to go 연중 어느 때 가도 되지만, 6월부터 9월까지가 가장 좋다.

How Long 하루에서 일주일까지 다양한 일정이 가능하다.

Planning 포츠머스에서 쉘부르나 르아브르로 매일 몇 대의 페리가 운행된다. 프랑스로 들어갈 때와 나갈 때 각기 다른 항구를 이용하도록 계획을 세워 보자. 전문 지식을 갖고 있는 가이드가 인솔하는 다양한 투어가 운영되고 있다.

Inside Information 유타 해변(Utah Beach) 뒤쪽에 위치한 생-메르-에글리즈(Ste.-Mère-Église)에 있는 교회의 스테인드글라스 유리창 중 둘은 이 교회의 첨탑에 착륙한 낙하산병 존 스틸(John Steele)을 기념하고 있다. 영화 〈지상 최대의 작전 The Longest Day, 1962〉은 이 사건을 기초로 한 것이다.

Websites www.normandie-tourisme.org

- 〈아로망셰 360〉은 노르망디 상륙작전의 현장에 갔던 촬영기사들이 찍었던 자료 필름을 이용해서 만든 영상으로, D-데이에 보병들이 겪어야 했던 지옥 같은 순간을 조금이나마 느낄 수 있다.

- 롱빌(Ranville)에 있는 페가수스 기념관은 동트기 전에 이루어진 영국군 제6 공수부대 사단의 '통가 작전(Operation Tonga)'을 기념하는 곳이다. 이 작전으로 페가수스 다리와 근처의 롱빌 다리를 연합군이 점거하여 독일군의 접근을 막았고, 노르망디 상륙작전이 성공으로 이어질 수 있었다.

- '바이외 태피스트리(Bayeux Tapestry, 11세기 후반에 제작된 마로 만든 벽걸이로, 노르만 왕의 잉글랜드 정복에 관한 설화가 수놓아져 있다)'로 유명한 바이외를 방문해 보자. 노르망디 상륙작전을 통해 연합군이 가장 먼저 탈환한 도시로, 전쟁의 포화를 거의 입지 않아 중세의 모습을 잘 간직하고 있다.

항수 냄새가 은은하게 공기를 메우고 있는 도시 그라스. 언덕에 위치한 이 도시의 멋진 전경을 놓치지 말자.

프랑스

나폴레옹 루트 Route Napoléon

프랑스의 해안에서 알프스 산맥까지 나폴레옹이 진군했던 루트를 따라가면서
역사적 도시들과 멋진 풍경을 만날 수 있다.

1815년 3월 1일, 나폴레옹 보나파르트(Napoléon Bonaparte, 1769~1821, 나폴레옹 1세)는 유배되어 있던 이탈리아 서해안의 엘바(Elba) 섬에서 탈출하여 프랑스의 지중해 해안에 있는 골프-쥐앙(Golfe-Juan)에 상륙했다. 그리고 그로부터 6일 후, 왕당파 군대를 피해 프랑스 남동부를 행군하여 그르노블(Grenoble)에 도착했다. 나폴레옹은 원래 1천 2백 명의 병사를 데리고 출발했으나, 마지막에 나폴레옹 지지자들 덕에 그 수가 늘어났다. 나폴레옹이 행군했던 길은 1932년에 '나폴레옹 루트'라고 명명되었다.

여정은 지중해변의 칸에서 시작한다. 1815년 나폴레옹이 하룻밤을 보냈을 때 칸은 작은 항구였다. 칸을 지나 프랑스 향수 산업의 고향인 그라스(Grasse)의 라벤더로 덮인

언덕으로 향한다. 나폴레옹과 그의 병사들을 따라 언덕을 넘어 카스텔란(Castellane)을 지나 눈으로 덮인 1,145미터의 레크 고개(Col des Lecques)를 넘어 바렘(Barrême)으로 간다. 듀랑스(Durance) 강변에 위치한 시스테롱(Sisteron)에서는 중세에 지어진 요새를 볼 수 있다. 놀랍게도 무방비 상태였던 이 요새를 지나 나폴레옹은 알프스 고산지대에 위치한 갸프(Gap)로 나아갈 수 있었다. 장대한 숲으로 덮여 있는 1,247미터 높이의 바야르 고개(Col Bayard)와 코르(Corps) 마을을 지나면, 그 옛날 환호하는 군중이 나폴레옹을 황제로 맞이했던 그르노블에 도착한다.

When to go 연중 어느 때라도 좋다. 나폴레옹의 행군을 제대로 따르고 싶다면 3월에 가는 게 좋지만, 아직 눈에 덮여 있을 수 있다. 7월과 8월에 관광객이 가장 많다.

How Long 걸어서 일주일 걸린다. 나폴레옹은 잠을 잘 때를 제외하고는 쉬지 않고 행군하여 322킬로미터인 이 구간을 지나는 데 6일이 걸렸다. 차를 타고 가면 중간에 멈춰서 구경하는 것까지 하루면 된다. 운전 시간은 4시간 정도 된다.

Planning 그의 발자취를 더듬을 수 있는 최선의 방법은 차를 이용하는 것이다. 현대의 N85 고속도로는 나폴레옹의 3월 행군 경로를 따라간다. 여행 출발지점에서 가장 가까운 공항이 있는 니스에서 차를 렌트할 수 있다. 도중에 카스텔란과 시스테롱에 들르면 좋다. 연중 어느 때든 숙소는 미리 예약해야 한다.

Inside Information 매년 3월 일주일 이상 당시의 기록에 근거한 시나리오에 따라 나폴레옹의 골프-쥐앙 상륙이 재연된다. 해변에서 전투 장면이 재연되고, 기병대 모형이 전시되고, 각종 전시회가 열린다.

Websites www.go-provence.com, www.provenceweb.fr, www.route-napoleon.om

- 현대의 카스텔란은 베르동 강(Verdon River)의 장려한 계곡들로 들어가는 입구다. 현재 국립공원으로 지정되어 있다. 이렇게 험한 지형 사이로 가혹한 날씨 속에 병사들을 이끌었던 나폴레옹의 능력에 감탄하게 될 것이다.

- 역사적인 도시 그라스에서는 칸의 전망을 최고로 즐길 수 있다. 화가 장 오노레 프라고나르(Jean-Honoré Fragonard) 박물관도 들러 보자.

- 그르노블은 대학 도시이기도 하다. 3월부터 7월까지 재즈, 록, 연극 축제가 열린다.

해 뜰 무렵의 풍차들과 콘수에그라 성. 라만차 지방의 정신과 황량한 아름다움을 함축적으로 보여 준다.

스페인

돈키호테의 스페인 *Don Quixote's Spain*

돈키호테가 활약하던 라만차에서 우리를 기다리는 메마른 풍경 속의
낭만적 폐허와 오래된 풍차를 찾아 떠나 보자.

가난하고 힘없는 사람들을 돕겠다는 시대에 맞지 않는 기사도 정신으로 넘치는 나이 든 말단 귀족. 이것이 바로 모험가이자 군인이었다가 작가가 된 미겔 데 세르반테스(Miguel de Cervantes, 1547~1616)가 창조해 낸 망상에 빠져 있지만 사랑스러운 인물, 돈키호테다.

세르반테스는 돈키호테의 여정을 스페인에서 가장 사람이 살기 힘든 풍경, 즉 문화도 사람도 없는 바짝 마르고 텅 빈 공간을 배경으로 풀어냈다. 그곳의 이름은 라만차(La Mancha)로, '메마른 땅'을 뜻하는 아랍어 '알만샤(al Manshah)'에서 온 것이다. 여러 세기 동안 기독교도가 지배하는 카스티유와 이슬람교도가 지배하는 안달루시아 사이에서 완충 지대 역할을 했었다.

돈키호테는 특정 루트를 따라가지는 않았기 때문에 지금 그 길을 되밟아 볼 수는 없다. 하지만 아름다운 톨레도(Toledo)에서 시작해서 쿠엔카(Cuenca)에 이르기까지 우리 스스로 루트를 만들어 볼 수 있다. 라만차 지방 전역에는 돈키호테와 연관이 있다고 주장하는 도시와 마을들이 많이 흩어져 있다. 콘수에그라(Consuegra), 캄포 데 크립타나(Campo de Criptana), 모타 델 쿠에르보(Mota del Cuervo)의 메마른 산기슭과 평원에는 돈키호테가 거인으로 착각했던 풍차들이 많이 늘어서 있다.

돈키호테가 찾으려 했던 환상 속 여인 둘시네아는 모타 델 쿠에르보 서쪽에 있는 마을 엘토보소(El Toboso) 출신으로, 둘시네아가 살았다고 전해지는 집에 키호테 박물관이 있다. 하지만 이 마을은 무엇보다도 아름다운 풍경으로 유명하다.

When to go 푸른 들판에 붉은 양귀비꽃이 피어 있는 풍경을 보려면 봄에 가야 한다. 겨울에는 무척 춥고 여름에는 몹시 더울 수 있다.

How Long 톨레도에서 캄포 데 크립타나를 거쳐 쿠엔카까지 거리는 2백 킬로미터다.

Planning 이 지역을 여행할 때 거점이 되는 곳은 흔히 톨레도와 쿠엔카다. 역사적 건축물을 개조한 국영 호텔인 파라도르(parador)가 쿠엔카와 알마그로(Almagro)에 있다. 두 곳 모두 16세기 수녀원을 개조한 것이다.

Inside Information 2005년에 돈키호테 루트(Ruta de Don Quijote)가 만들어졌다. 이것은 라만차 지방의 주요 도시들과 마을들을 잇는 거대한 도로망으로, 도보나 자전거로 여행하는 게 가장 좋다.

Websites www.okspain.org

- 포탑이 여럿 있는 벨몬테 성은 스페인에서 가장 아름다운 성 중 하나다. 1456년에 세워진 이 성은 1870년대에 프랑스의 나폴레옹 3세의 황후 으제니를 위해 복원되었으나, 그 후 다시 파손되었다.
- 라만차 지방에는 '데노미나시온 데 오리헨(Denominación de Origen)'이라는 고유의 와인(현지에서 생산되는 포도와 특유의 방식을 사용하여 이 지역에서만 생산된다)과 양젖으로 만든 단단한 치즈인 만체고(Manchego)가 특산품이다.
- 캄포 데 크립타나에는 라만차 지방에서 가장 많은 수의 풍차가 모여 있다. 이중에는 작동을 하고 있어서 방문할 수 있는 곳도 있다. 풍차들은 해 뜰 무렵이나 해질녘의 분홍빛 햇빛 속에서 특히 더 아름답다.

> 스페인

산티아고 순례길 *Pilgrimage to Santiago*

산티아고 데 콤포스텔라로 가는 길은 기독교 순례자들에게도,
교인이 아닌 사람들에게도 유럽에서 가장 멋진 여행지 중 하나가 되어 준다.

    1천 2백 년 가까운 시간 동안 기독교도들은 스페인 서쪽 끝에 있는 기독교의 3대 성지 가운데 한 곳으로 순례를 떠났다. 이곳에 있는 '산티아고 데 콤포스텔라 대성당'에는 사도 야고보의 유골이 안치돼 있다고 알려져 있다. 산티아고는 갈리시아 지방의 항구인 비고와 아코루냐 사이, 스페인에서 가장 아름다운 해안 가까이에 위치해 있다.
    이 지역에 모여 있는 순례길 중 가장 잘 알려진 것은 1993년에 유네스코 세계문화유산으로 등재된 '카미노 프랑세(Camino Francés, 프랑스 루트)'다. 이 루트는 전설적인 프랑크족 기사 롤랑이 마지막 전투를 했던 론세스바예스 고개를 지나 피레네 산맥을 넘은 다음 서쪽으로 향하여, 유럽에서 가장 뛰어난 중세 종교 건축물 몇 곳을 지난다.
    서쪽으로 더 가서 팜플로나를 막 지난 다음, 카미노 프랑세는 푸엔테 라 레이나에서

순례자들의 동상이 과거부터 현재까지 이 길을 걷고 있는 신자들이 추구하는 영적 가치를 상징적으로 보여 주고 있다.

'카미노 아라고네(Camino Aragonés, 아라곤 루트)'와 합쳐지며 11세기에 세워진 우아한 다리를 건넌다. 중세의 순례자들은 산토 도밍고 데 라 칼자다 순례자 숙소에서 쉬어갔는데, 현대의 여행자들도 이곳에서 머물 수 있다. 단, 중세 시대의 여관은 지금은 호화로운 파라도르(스페인 숙박 시설의 일종으로 고성을 개조하여 만든 특색 있는 숙소)로 변모했다.

서쪽으로 계속 나아가다 만나게 되는 부르고스와 레옹의 아름다운 성당들은 중세의 순례자들이 추구하던 평온을 상징하는 듯 보인다. 물론, 거칠고 혼란스러운 과거의 유적들도 만날 수 있다. 그중 하나가 폰페라다의 웅장한 템플 기사단의 성이다. 하지만 이 여행의 클라이맥스는 역시 중세 도시 산티아고 데 콤포스텔라에 도착하는 것이다. 순례가 막바지에 이르러 저 멀리로 산티아고 데 콤포스텔라 대성당의 첨탑이 눈에 들어올 때는 큰 성취감을 느끼게 된다.

When to go 연중 어느 때 가도 좋지만, 봄과 초여름(4월~6월)이나 가을(9월~10월)이 가장 좋다. 겨울은 춥고 비가 자주 내릴 수 있고, 여름 역시 걷기에는 너무 덥다.

How Long 총 거리가 240킬로미터 정도 된다. 하루에 10~30킬로미터씩 걸으면 2주 정도에 갈 수 있다.

Planning 걷기 좋은 신발과 방수 옷을 준비해야 한다. 갈리시아 지방은 연중 어느 때라도 폭우가 쏟아질 수 있다. 매우 인기 있는 여행지이므로 숙소는 미리 예약하는 게 좋다. 대중교통도 잘 발달되어 있고, 산악자전거를 타고 지날 수 있는 구간도 있다.

Inside Information 카미노 프랑세는 길가의 벽과 나무에 노란색 화살표가 표시되어 있고, 성 야고보와 이 순례길의 상징인 가리비가 그려져 있는 표지판이 세워져 있다.

Websites www.spain.info

- 론세바예스 고개(Roncesvalles Pass) 정상에 오르면 한숨 돌리고 나서 스페인 쪽으로 난 내리막길을 내려가자.
- 순례길에서 처음으로 만나는 도시는 산 페르민 축제(San Fermín Festival) 중에 열리는 '황소 달리기'로 유명한 팜플로나(Pamplona)다. 이곳에는 황토색 돌로 된 아름다운 고딕 양식의 성당이 있다.
- 부르고스(Burgos)는 팜플로나에 이어 두 번째로 만나는 큰 도시로, 웅장한 13세기의 고딕 양식 성당이 있다. 조금 더 가서 스테인드글라스 창이 아름다운 레옹 성당(León Cathedral)도 방문해 보자.
- 한나절 걷고 나서 노천카페에서 와인과 스페인의 전채 요리 타파스를 즐기자.

독일 | 스위스

마크 트웨인 따라 걷기 여행
Tramping after Mark Twain

세계에서 가장 재미있는 작가 중 한 사람의 발자취를 따라
숲과 폭포를 지나 산과 빙하, 스키장으로 가 보자.

하이델베르크 성 유적 옆에 서서 저 아래에 펼쳐진 초록의 골짜기와 구시가지의 붉은색과 갈색이 어우러진 지붕들과 네카 강(Neckar River)의 반짝이는 푸른 물을 바라보고 있노라면, 과거의 시간 속으로 돌아간 기분이 든다. 여기서는 '자신을 향상시키기 위해' 여행을 떠난 용감무쌍한 미국인 여행자의 역할을 해 보자. 그 겁 없는 모험가는 바로 위트 넘치는 여행작가이자 소설가 마크 트웨인(Mark Twain, 본명 Samuel Langhorne Clemens, 1835~1910)이다.

이 여행의 즐거움 가운데 하나는 체르마트 근처의 야외에서 마터호른 산을 바라보며 식사를 하는 것이다.

그는 1878년에 43세의 나이로 혼자 유럽 여행을 떠났다. 자신의 풍자적인 여행일지 《해외 방랑기 A Tramp Abroad》의 주인공이 되기 위한 것이었다. 독일 남부에서 스위스를 지나 이탈리아로 이어지던 그의 여행 루트를 따라가 보자. 독일의 삼림지대인 슈바르츠발트(Schwarzwald, 흑림)의 소나무 향내 가득한 매혹적인 그늘 속을 걸을 때, 그리고 나무들 사이에 수직으로 계단처럼 자리 잡은 일곱 개의 화강암 바위 위를 차례로 쏟아져 내리는 트리베르크 폭포(Triberg Wasserfalle) 같은 숨어 있는 명소를 발견할 때면 기쁨을 누를 수 없을 것이다.

스위스의 농가들이 점점이 흩어져 있는 알프스로 나아갈 때는, 마크 트웨인이 그랬던 것처럼 '뻐꾸기시계의 쿠쿠 소리처럼 공허하고, 바보 같고, 약 오르는 소리가 없다'고 느낄지도 모른다. 하지만 곧 늠름한 마터호른 산이 굽어보는 체르마트의 멋진 스키 리조트에서 스키를 타면서 기분 전환을 할 수 있다.

When to go 연중 어느 때 가도 좋지만, 스위스의 스키장은 11월에 문을 연다. 크리스마스 기간과 2월부터 4월까지가 가장 붐빈다.

How Long 몇 곳만 선택해서 며칠 동안 여행할 수도 있고, 마크 트웨인처럼 이탈리아까지 내려가면서 천천히 여러 곳을 즐길 수도 있다.

Planning 하이킹을 하려면 좋은 등산화와 장비를 갖춰야 한다. 필요한 물건과 가져갈 수 있는 건 무엇인지 잘 계획해야 한다.

Inside Information 유레일 패스 가운데 국경이 맞닿아 있는 3~5개국을 여행할 수 있는 유레일 셀렉트 패스를 구입해서 여행하는 것도 좋다.

Websites www.germany-tourism.co.uk, www.myswitserland.com, www.interrail.com

- 배를 타고 네카 강을 여행해 보자. 이 여행은 마크 트웨인이 허클베리 핀의 여행을 떠올리는 데 영감을 주었다.
- 독일 역사와 민속에 대해 공부를 한 다음 트웨인이 방문했던 네카 강변에 위치한 네카슈타이나흐(Neckarsteinach)의 성 네 곳을 비롯하여 성을 몇 군데 가 보는 것도 좋다.
- 인생을 즐기던 19세기의 식도락가처럼 로마시대부터 있어 온 온천 휴양지 바덴바덴(Baden-Baden)에서 온천욕을 즐길 수 있다.
- 마크 트웨인처럼 걷는 게 싫다면, 체르마트에서 생모리츠(장크트모리츠)까지 운행되는 빙하특급열차(Glacier Express)를 타고 편안하게 스위스를 감상할 수 있다.

오레스트 헤드(Orrest Head) 산에서 바라본 윈더미어 전경. 전원 풍경에 웅장한 분위기가 섞여 있다.

> 잉글랜드

워즈워드의 레이크 디스트릭트
Wordsworth in the Lakes

들판과 호수와 언덕으로 이루어진 잉글랜드 북부의 때 묻지 않은 자연은 위대한 낭만파 시인 워즈워드의 작품 세계에 큰 자양분이 되어 주었다.

회칠을 한 작은 시골집의 앞뜰을 따라 걷노라면, 코끝에 와 닿는 공기는 신선하고 달콤하다. 돌로 된 현관을 지나 거실(잉글랜드 북부에서는 houseplace라고 부르는)로 들어가자. 벽에 어두운 색 나무판이 붙어 있는 방에는 격자무늬 창을 통해서만 빛이 들어온다. 바닥에는 슬레이트가 깔려 있으며, 천장에는 들보들이 가로지르고 있다. 이곳은 영국의 낭만파 시인 윌리엄 워즈워드(William Wordsworth, 1770~1850)가 여동생 도로시와 함께 레이크 디스트릭트(Lake District, 잉글랜드 북서부의 호수가 많이 모여 있는 지방)에서 살았던 첫 번째 집인 도브 카티지(Dove Cottage)다.

이 집 자체는 지금까지 거의 변한 게 없지만, 그 후에 지어진 집들이 전망을 가리고 있다. 집 정원에서부터 호수까지 초원이 펼쳐져 있고, 호수 건너 북쪽 호반에는 헬벨린(Helvellyn) 산 밑에 자리한 그라스미어(Grasmere) 마을이 보인다.

워즈워드의 발자취를 따라 그의 시들이 탄생한 곳들을 찾아가 보자. 워즈워드는 레이크 디스트릭트의 마법 같은 경치와 근면한 이곳 사람들의 삶에서 영감을 받으며 시를 썼다. 당시 썼던 시들은 그의 작품 가운데 가장 많이 읽히고 있다. 워즈워드는 언덕을 거닐면서 자신이 쓴 시들을 소리 내서 읊곤 했다. 근처에 있는 라이달 마운트(Rydal Mount) 저택은 워즈워드가 노년을 보내다가 1850년에 세상을 떠난 곳이다.

When to go 인파를 피하고 가장 아름다운 전원 풍경을 즐기려면 봄과 가을이 좋다. 봄에는 색색의 야생화들이 들판을 가득 메우고, 가을에는 단풍이 눈부시다.

How Long 레이크 디스트릭트는 폭이 48킬로미터 정도밖에 안 되는 작은 지역이지만, 걸으면서 경치를 즐기려면 시간을 넉넉히 잡아야 한다.

Planning 윈더미어 호수는 버스나 기차로 쉽게 갈 수 있고, 그라스미어까지는 정기적으로 버스가 운행된다. 숙소는 많이 있지만, 여름에는 예약을 해야 한다. '그라스미어'와 '앰블사이드'는 여행의 거점으로 삼기에 좋은 마을들 이다.

Inside Information 산지의 날씨는 갑작스럽게 바뀔 수 있다. 자세한 지도와 나침반, 휴대전화를 휴대하자. 바람이 세게 불고 비가 자주 오므로, 아주 더울 때가 아니면 방수 장비와 열량을 보충할 수 있는 간식을 가져가는 게 좋다. 출발하기 전에 주변 사람들에게 이곳으로 여행한다는 사실을 알리도록 하자.

Websites www.wordsworthlakes.co.uk

- 워즈워드는 그라스미어 호수 가운데 있는 섬으로 자주 소풍을 갔다. 교회 옆에 있는 작은 상점에서 파는 생강빵을 만드는 법은 절대 비밀에 부쳐져 있다. 하나 사서 먹어 보는 것도 좋다.
- 라이달 산에서 윈더미어(Windermere)와 라이달 워터(Rydal Water)의 멋진 풍광을 감상하자.
- 혹스헤드(Hawkshead)의 워즈워드가 다녔던 학교의 한 책상 위에는 그의 이름이 새겨져 있는 것을 아직도 볼 수 있다.
- 그라스미어 뒤쪽 골짜기를 올라 이즈데일 호수(Easedale Tarn)에서 워즈워드의 시를 읊어 보자. 봄에 이곳에 가면 얼스워터(Ullswater) 호반을 걸길 권한다. 워즈워드가 그의 시 속에서 생생하게 노래한 수선화가 피어 있을 것이다.

조지왕조 시대의 건축양식으로 지어진 이 저택은 인상적인 도시 바스의 아름다움을 응축하여 보여 준다.

잉글랜드

제인 오스틴 투어 *Jane Austen Tour*

작가의 저택, 우아한 조지왕조 시대의 도시, 그리고 역사적인 바닷가 마을에서
한 소설가의 삶을 떠올려 보자.

영국 남부 햄프셔 주에 있는 충실하게 복원된 제인 오스틴(Jane Austen, 1775~1817)의 집 초튼 카티지(Chawton Cottage)의 넓은 식당에 서면, 제인 오스틴이 방에서 글을 쓰고 있는 모습을 쉽게 상상할 수 있다. 이곳에 살았던 8년 동안 제인 오스틴은 《맨스필드 파크 *Mansfield Park*》, 《엠마 *Emma*》, 《설득 *Persuasion*》, 《지성과 감성 *Sense and Sensibility*》 개정판, 그리고 《노생거 사원 *Northanger Abbey*》을 썼다.

초튼 카티지에서 차로 '바스(Bath)'로 가자. 곳곳에 네모난 광장, 길게 늘어선 저택들, 초승달 모양의 광장이 있는 이 도시는 조지왕조 시대의 도시들 가운데 가장 인상적이다. 그리고 많은 지역이 제인 오스틴이 살던 시대의 모습을 그대로 간직하고 있다.

펌프룸(Pump Room)의 뜨거운 김이 올라오는 화려하게 장식된 샘에서 물을 떠서 마셔 보자. 냄새와 맛은 좀 이상하지만 뜨겁고 광물질이 풍부하여, 그 물로 병을 고치기 위한 사람들로 붐빈다. 경사가 심한 거리를 올라 어퍼룸(Upper Rooms)으로 가자. 제

인 오스틴은 황금색과 녹색으로 장식된 무도장의 샹들리에 아래에서 춤을 춘 적이 있다. 지금은 어셈블리 룸(Assembly Rooms)이라 불리는 이 건물에는 복장 박물관이 들어서 있는데, 영국 섭정기(the Regency period, 1811~1820, 정신질환으로 인해 조지 3세 대신 그의 아들이 조지 3세가 사망할 때까지 대리인으로 섭정을 행하던 시기)의 의상들을 볼 수 있다.

바스에서 남쪽으로 바닷가의 작은 마을 라임레지스(Lyme Regis)로 가 서항구를 둘러싸고 있는 코브(The Cobb)라 불리는 돌담을 따라 걸어 보자. 그리고 《설득》의 등장인물 루이자 무스그로브가 넘어졌던 돌계단을 찾아보자. 여행은 윈체스터(Winchester)에서 마무리된다. 윈체스터의 성당에는 제인 오스틴이 잠들어 있다. 그녀가 세상을 떠난 집은 근처의 칼리지 스트리트에 있는데, 금속 명판이 붙어 있다.

When to go 지금은 '제인 오스틴 하우스'라 불리는 초튼 카티지는 작고 방문객들로 붐빌 수 있으니 봄이나 가을의 평일에 방문하자. 제인 오스틴이 살던 시대와 마찬가지로 바스는 활기 넘치고 부산하다. 주말에는 관광객들로 무척 붐빈다.

How Long 3일이면 된다. 초튼 카티지와 라임레지스에서 각각 하루를 보내고, 가능하다면 바스에서는 더 오래 머무르자.

Planning 모든 장소가 잉글랜드 남부 중앙부에 있어서 승용차나 대중교통으로 쉽게 갈 수 있다.

Inside Information 바스의 펌프룸에서 점심을 먹으면 과거로 돌아간 듯한 기분이 들 것이다. 좀 더 현대적인 경험을 하려면 최근에 개장한 화려한 온천 써미 바스 스파(Thermae Bath Spa)의 최신 시설에서 쉬어 보자.

Websites www.jane-austens-house-museum.org.uk, www.visitbath.co.uk, www.museumofcostume.co.uk

- 제인 오스틴의 부유한 오빠 에드워드 오스틴이 살던 저택 초튼 하우스(Chawton House)를 찾아가 보자. 초튼 카티지와 마찬가지로 초튼에 있는 이 저택은 엘리자베스 1세 시대 양식으로 화려하게 지어졌는데, 현재는 초기 영국 여성 작가들의 책을 소장하고 있는 도서관으로 이용되고 있다. 제인 오스틴은 이 도시에 있는 성 니콜라스 교회에서 예배를 드렸다. 그 교회에는 그녀의 어머니와 언니가 묻혀 있다.
- 《노생거 사원》의 여주인공 캐서린 몰란드가 헨리 틸니와 일리노어 틸니 남매와 함께 거닐었던 비첸 절벽(Beechen Cliff)에서 바스 시의 탁 트인 전경을 바라보자.
- 라임레지스의 해안가 가까이에 있는 절벽면의 작은 정원을 놓치지 말자. 제인 오스틴을 추모하며 조성된 곳으로, 정원에는 돌로 된 제인 오스틴의 흉상도 있다.

아일랜드

제임스 조이스의 더블린 *James Joyce's Dublin*

1920년대에 한 혁신적인 작가가 창조해 낸 가공의 하루를 따라
아직도 많은 사람들이 아일랜드의 수도 더블린으로 모여든다.

더블린에서 태어나고 자랐지만 제임스 조이스(James Joyce, 1882~1941)는 성인이 된 후 대부분의 시간을 외국에서 보냈다. 20대에도 그는 '더블린에 넌더리가 난다'고 말했다. 그는 자진해서 고국을 떠나 이탈리아의 트리에스테(Trieste), 스위스의 취리히, 그리고 마지막에는 파리에서 살았다. 그러나 고향 더블린은 그의 위대한 문학 작품들의 중심에 자리 잡고 있다. 그의 책들은 이 특색 있는 도시를 생생하고 코믹하며 솔직하게 묘사하고 있다.

조이스의 대표작인 《율리시스 *Ulysses*》는 '의식의 흐름(stream of consciousness)' 기법

더블린의 문학 투어에서 빼놓을 수 없는 파넬 광장에 있는 더블린 박물관의 우아한 내부.

을 이용해 지적인 활동에서부터 성적인 활동에 이르기까지 인간의 모든 행동을 숨김없이 묘사하고 있으며, 현대 문학에 한 획을 그은 작품으로 평가받는다. 지금도 많은 사람들을 더블린으로 이끌고 있는 이 책은 1904년 6월 16일 하루에 더블린에서 일어나는 일들을 세 명의 주요 등장인물인 스티븐 데덜러스와 몰리 블룸, 레오폴드 블룸을 통해 묘사하고 있다. 이야기는 더블린 만에 있는 샌디코브(Sandycove)의 마텔로 타워(Martello Tower)에서 시작되고, 블룸 부부의 집, 몇 군데 펍, 국립 도서관, 장례식장 등등으로 옮겨가며 진행된다.

오늘날의 조이스 팬들은 1920년대 복장을 하고 해마다 6월 16일이면 더블린에서 '블룸스데이(Bloomsday)' 행사를 연다. 그들은 소설 속 여정을 따라가며 소설에 등장하는 행적들을 재연한다.

When to go 블룸스데이 조직위원회 같은 것은 없지만, 6월 16일 즈음해서 조이스와 관련한 행사가 그 어느 때보다 많이 열린다. 하지만 더블린은 연중 어느 때 방문해도 좋다.

How Long 《율리시스》에 묘사되는 사건들은 오전 8시쯤 시작되어 다음 날 새벽 2시경까지 이어진다. 블룸스데이를 정확하게 지킬 생각이 없다면 며칠은 잡아야 한다. 더블린은 며칠 동안 탐험하기에 충분히 매력 있는 도시다.

Planning 《율리시스》는 끝까지 읽기가 대단히 어려운 책이다. 조이스를 처음 접하는 사람들은 단편집 《더블린 사람들 Dubliners, 1914》을 먼저 읽는 게 좋다.

Inside Information 더블린 패스를 반드시 구입하자. 이 패스가 있으면 30여 곳의 관광지를 입장할 수 있고, 공항버스를 이용할 수 있으며, 할인도 받을 수 있다. 더블린 가이드북도 준다.

Websites www.visitdublin.com, www.jamesjoyce.ie

- 레오폴드 블룸은 기네스 맥주를 좋아했다. 기네스 스토어하우스(Guinness Storehouse)는 더블린 최고의 관광명소다. 아니면 더블린에 있는 1천 곳의 펍 가운데 제일 괜찮은 펍들이 모여 있는 템플 바(Temple Bar) 지역에서 한잔해도 좋겠다.
- 듀크 스트리트 21번지에 있는 데비 번스 펍(Davy Byrnes pub)은 《더블린 사람들》과 《율리시스》에 모두 등장한다. 레오폴드 블룸처럼 치즈 샌드위치를 먹고 와인을 한잔 마셔 보자.
- 제임스 조이스 센터는 연중 다양한 행사와 전시를 열고 블룸스데이 주간에는 특별 프로그램을 진행한다. 또한 문학적으로 중요한 장소들을 방문하며 조이스와 더블린의 관계를 설명해 주는 정기 걷기 여행도 운영한다.

| 이스라엘 | 웨스트뱅크 |

성지의 예수 그리스도 *Jesus in the Holy Land*

예수가 설교를 했던 언덕과 거리를 거닐면 이 성스러운 땅에 깊이 남아 있는 옛 기운을 느낄 수 있다.

이 여행에서 방문하게 될 장소들 중에서 예루살렘과 베들레헴은 감정적으로 가장 강력한 곳이므로 두 도시는 마지막으로 미뤄 두자. 먼저 예수가 자랐던 도시 나사렛에 있는 수태고지 교회에서 여정을 시작하자.

예수는 서른 살쯤 되었을 때 요단 강에서 세례 요한에게 세례를 받고 목회를 시작했다. 갈릴리 바닷가(티베리아스 호수)에 있는 가버나움(Capernaum)은 베드로를 비롯한 예수의 제자들의 고향이었고, 예수가 근거지로 삼아 설교를 하고 기적을 행했던 곳이다. 이곳에는 아직도 예수가 설교를 했던 회당의 유적이 남아 있다.

예수가 체포되었던 예루살렘의 겟세마네 동산 자리에는 세계에서 가장 오래된 올리브 나무들이 있다.

근처에는 예수가 산상 설교를 했던 것으로 알려진 산상수훈 언덕(Mount of the Beatitudes)과 빵과 물고기의 기적을 기념하는 교회가 세워진 타브가(Tabgha)가 있다. 팔레스타인 자치정부하에 있는 베들레헴에는 예수가 태어난 작은 동굴 위에 세워진 예수탄생 교회(Church of the Nativity)가 있다. 예루살렘의 성전산(Temple Mount)은 예수가 성전 관리자들에게 맞섰던 곳이다. 이 산의 평평한 정상에 지금은 황금 돔이 얹혀 있는 이슬람교 순례자들의 성지인 바위사원(the Dome of the Rock)과 알-아크사 모스크(Al-Aqsa Mosque)가 서 있다.

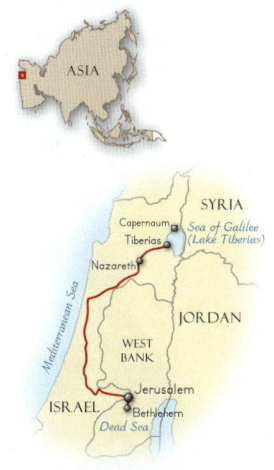

예루살렘을 굽어보고 있는 올리브 산(감람산이라고도 함)은 예수가 배신당하고 붙잡혔던 겟세마네(Gethsemane) 동산이 있던 곳이다. 그가 십자가에 못 박혀 죽음을 맞이한 후 묻힌 장소에 지금은 성묘교회(Church of the Holy Sepulchre)가 서 있다.

When to go 연중 어느 때 가도 좋다. 여름은 몹시 덥고(8월이 가장 덥다), 겨울에는 눈이 내릴 수 있다. 부활절에 예루살렘은 순례자들로 가득 찬다.

How Long 이 지역 투어는 대개 일주일에서 열흘 정도 일정인데, 일정의 절반 정도는 예루살렘과 베들레헴에서 보낸다.

Planning 국경의 수비 때문에 예수의 삶과 관련한 모든 장소를 자유롭게 다니거나 장소 사이를 이동하기가 어려울 수 있다. 여행 스케줄을 금방 바꿀 수 있도록 준비하고 있어야 한다. 하지만 이스라엘을 찾는 관광객들 중 다수가 순례를 온 기독교도이므로 많은 사람들이 찾는 익숙한 루트다.

Inside Information 이스라엘에서 다닐 때 히치하이킹은 좋은 이동 방법이다. 운전자들은 히치하이커들을 잘 태워 준다.

Websites www.biblewalks.com, www.goisrael.com

- 배를 타고 갈릴리 바다의 푸른 물에서 예수가 설교를 했던 곳과 기적을 행했던 장소들을 바라보자.
- 베들레헴의 예수 탄생 교회는 세계에서 가장 오래된 교회 중 하나로, 지금은 로마가톨릭, 그리스정교회, 아르메니아교회가 공동으로 관리하고 있다.
- 예루살렘의 통곡의 벽(Western Wall, Wailing Wall)은 헤로데스 왕이 재건한 성전에서 유일하게 남아 있는 부분으로, 서기 70년에 로마인들에 의해 파괴되었다. 성전산은 유대교도, 기독교도, 이슬람교도 모두에게 대단히 중요한 성지다.

감비아에서는 박의 속을 긁어낸 다음 단단한 껍질로 북을 만든다.

감비아

알렉스 헤일리의 '뿌리' *Alex Haley's Roots*

베스트셀러 소설《뿌리》의 작가 알렉스 헤일리는
아프리카로 자신의 뿌리를 찾으러 떠났다.

퓰리처상을 수상한 《뿌리Roots》의 작가 알렉스 헤일리(Alex Haley, 1921~1992)는 이 책이 출간된 직후인 1976년에 감비아로 떠났다. 그는 《뿌리》의 중추적 등장인물인 쿤타 킨테가 태어난 곳을 찾고 있었다. '킨테 씨족'은 감비 볼롱고(Kamby Bolongo, 감비아 강) 북안에 위치한 '주푸레' 마을에 살고 있던 것으로 밝혀졌다. 17세기에 쿤타 킨테는 밀림에서 북을 만들 나무를 찾던 중에 붙잡혀 노예가 되었다.

여정은 감비아의 수도인 반줄(Banjul)의 항구에서 시작된다. 여기서 배를 타고 상류로 24킬로미터를 올라가면 주푸레 마을이 나온다. 마을에 도착하면 반타바(bantaba, 만남의 장소)에서 추장을 찾아 인사를 해야 한다. 근처에 있는 오래된 프랑스 교역항 알데브라(Aldebra)에 있는 박물관에서는 감비아 강변에서 3세기가 넘는 시간 동안 계속되어 온 노예 매매에 대한 내용을 생생하게 전시하고 있다. 거기서 조금만 더 배를 타고 가면 나오는 제임스 섬은, 쿤타 킨테가 배에 태워져 아메리카 대륙으로 보내졌던 노예 교역항이었다.

- 주푸레에서는 쿤타 킨테의 증손녀인 빈타 킨테(Binta Kinte, 1912년경에 태어남)와 그 가족을 찾아가 보자.
- 매년 5월과 6월에 열리는 뿌리 홈커밍 축제(Roots Homecoming Festival)는 알렉스 헤일리의 소설에서 영감을 받아, 강제로 노예가 되어야 했던 비극을 기억하고자 시작된 것이다. 이 지역의 교육, 문화, 전통을 강조하며 음악, 춤, 요리에 대한 워크숍도 진행된다. 역사적 장소와 박물관, 감비아의 가정집 등을 방문할 수도 있다.
- 도모다(domodah, 쌀을 넣은 땅콩 스튜), 플라사스(plasas, 채소잎과 함께 요리한 고기와 생선 요리), 푸푸(foufou, 으깬 카사바 요리), 베네친(benechin, 생선과 쌀 요리) 등의 전통 음식들을 먹어 보자.

When to go 날씨가 건조하고 따뜻한 12월부터 2월이 좋다.
How Long 주푸레 마을만 방문하려면 하루면 되지만, 며칠 동안 감비아 곳곳을 탐험하자.
Planning 감비아는 이슬람교가 우세한 나라다. 종교적 에티켓을 반드시 지켜야 한다. 감비아 강에서는 편안한 크루즈선이나 좁은 통나무배인 피로그를 타고 여행을 해 보자.
Inside Information 주푸레 관광은 1970년대 한창 인기였다가 그 후로는 쇠퇴하고 있다. 덕분에 자연 속의 삶을 더욱 제대로 경험할 수 있다. 반줄에서는 알버트 시장(Albert Market)에 가 보자.
Websites www.cbettexplore.com, www.southtravels.com

찾아보기

북아메리카

과테말라
마야 사원	340

그린란드
붉은 에이리크	616

니카라과
니카라과 호수	40

멕시코
마야 사원	340
멕시코 앞바다에서 카약 타기	504
멕시코의 식민지 도시들	342
사카테카스	580
악툰 첸 에코 파크 동굴	280
에르난 코르테스	616
엘 체페	184
올드 노스 트레일	156

미국
12번 도로, 브라이스캐니언에서 캐피톨 리프까지_유타 주	118
66번 도로, 애리조나 주 횡단_애리조나 주	120
골든 하이웨이_미주리 주, 캔자스 주, 콜로라도 주	112
그랜드캐니언에서 래프팅하기_애리조나 주	498
그레이트 스모키 산맥_노스캐롤라이나 주, 테네시 주	242
그리니치빌리지_뉴욕 주	238
나파 밸리 와인 투어_캘리포니아 주	408
낙원 위의 비행_하와이 주	570
내셔널 몰_워싱턴 주	240
노새 타고 그랜드캐니언 여행하기_애리조나 주	487
뉴올리언스~앨지어스 페리_루이지애나 주	28
뉴욕 델리 투어_뉴욕 주	402
뉴욕 스태튼 섬 페리_뉴욕 주	28
뉴욕 주 운하_뉴욕 주	80
뉴욕_뉴욕 주	110, 648
레이니어 산 풍경 열차_워싱턴 주	190
루이스와 클라크의 원정길을 따라_몬태나 주, 아이다호 주	618
루이지애나의 케이준 요리_루이지애나 주	406
루프_일리노이 주	344
매머드 동굴 국립공원_켄터키 주	280
맥킨리 바 트레일에서 맥고나걸 고개로_알래스카 주	252
모뉴먼트 밸리_애리조나 주	648
모래밭에서 듄버기 타기_오리건 주	492
미국 서부 국립공원 순례_네바다 주, 뉴멕시코 주, 아이다호 주, 애리조나 주, 와이오밍 주, 유타 주	182
미시간 호 호반 드라이브_미시간 주, 위스콘신 주	104
미시시피 강 외륜선_루이지애나 주, 미시시피 주, 아칸소 주, 테네시 주	30
버몬트 주의 가을_버몬트 주	102
버지니아 식민지_버지니아 주	334
브루클린 브리지_뉴욕 주	296
비외 카레_루이지애나 주	344
산타페 트레일 말로 달리기_뉴멕시코 주, 미주리 주, 캔자스 주	496
산후안 스카이웨이_콜로라도 주	116
새먼 강 미들 포크_아이다호 주	508
샌프란시스코~소살리토 페리_캘리포니아 주	28
세인트 찰스 전차_루이지애나 주	220
시애틀에서 알래스카로_알래스카 주, 워싱턴 주	35
아미시 마을_펜실베이니아 주	338
아우터 뱅크의 12번 도로_노스캐롤라이나 주	106
안셀 애덤스의 요세미티 국립공원_캘리포니아 주	626
알래스카 비행기 여행_알래스카 주	568
알래스카에서 개썰매 타기_알래스카 주	478
앙트안스_루이지애나 주	410
애팔래치아 트레일_버몬트 주	244
알섹 강과 태츠헨시니 강_알래스카 주	508
언더그라운드 레일로드 바이시클 루트_앨라배마 주	540

항목	페이지
에버글레이즈의 수상비행기_플로리다 주	32
엠파이어 스테이트 빌딩_뉴욕 주	604
오리건 트레일_네브래스카 주, 미주리 주, 아이다호 주, 오리건 주, 와이오밍 주, 캔자스 주	114
오버시즈 하이웨이, 마이애미에서 키웨스트까지_플로리다 주	108
오스틴 앤드 텍사스 센트럴 레일로드_텍사스 주	190
오크파크에서 만나는 프랭크 로이드 라이트_일리노이 주	336
웨스트버지니아 주에서 래프팅하기_웨스트버지니아 주	494
웨스틴 세인트 프랜시스 호텔_캘리포니아 주	604
윈드리버 산맥_와이오밍 주	246
전차 F_캘리포니아 주	220
조지 벤슨 워커프론트 스트리트카_워싱턴 주	220
존 뮤어 트레일_캘리포니아 주	257
찰스턴, 로우컨트리 크루즈_사우스캐롤라이나 주, 조지아 주, 플로리다 주	26
칼랄라우 트레일_하와이 주	254
캐터마운트 트레일_버몬트 주	490
캘리포니아 제퍼_유타 주, 콜로라도 주	178
컴버스 앤드 톨텍 시닉 철도_뉴멕시코 주, 콜로라도 주	180
케루악을 따라 '길 위에서'_캘리포니아 주	624
켄터키 버번위스키 투어_켄터키 주	404
콜로라도 트레일_콜로라도 주	248
클라크스데일 블루스 순례_미시시피 주, 테네시 주	622
태평양 연안 1번 고속도로_캘리포니아 주	122
파리아캐니언_애리조나 주, 유타 주	250
파웰-하이드 라인_캘리포니아 주	581
프런티어 컨트리_오하이오 주, 켄터키 주, 테네시 주	24
프렌치 런드리_캘리포니아 주	410
프리덤 트레일_매사추세츠 주	344
플리머스 정착촌_매사추세츠 주	380
피터 루거 스테이크 하우스_뉴욕 주	410
하와이에서 서핑하기_하와이 주	500
할리우드_캘리포니아 주	648
헨리 데이비드 소로의 숲 속의 집_매사추세츠 주, 메인 주	620
헬스 키친 벼룩시장_뉴욕 주	306
후버 댐 공중 투어_네바다 주, 애리조나 주	566

바하마

항목	페이지
크리스토퍼 콜럼버스	616

벨리즈

항목	페이지
마야 사원	340
벨리즈의 보초 탐험	506

세인트루시아

항목	페이지
세인트루시아 하늘 위로 스카이라이딩	576

자메이카

항목	페이지
블루마운틴 커피	412

캐나다

항목	페이지
501 퀸 스트리트카	220
노바 스코샤&래브라도 톨 쉽스	86
라 루트 베르트	540
로키 마운티니어	176
맥파이 강	508
밴쿠버 페리	28
브리티시컬럼비아 주 상공비행	574
브리티시컬럼비아 주에서 헬리하이킹하기	482
브리티시컬럼비아 해양박물관	604
세인트로렌스 강	20
수상비행기를 타고 나하니 국립공원으로	572
아이스필즈 파크웨이	128
알섹 강과 태츠헨시니 강	508
언더그라운드 레일로드 바이시클 루트	540
언더그라운드 시티	280
올드 노스 트레일	156
캐나다의 북극곰	480
캐벗 트레일	612
트랜스 캐나다 트레일	485
트렌트-세번 워터웨이	22
허드슨 베이 컴퍼니의 사냥꾼들	614
CN타워	604

케이맨 제도

항목	페이지
파이어리트 크루즈	86

쿠바

항목	페이지
헤밍웨이의 쿠바	630

파나마

항목	페이지
파나마 운하	80

푸에르토리코

항목	페이지
푸에르토리코 동굴 탐험	502

남아메리카

베네수엘라
메리다	580
오리노코 강 크루즈	42

볼리비아
볼리비아에서 칠레까지 안데스 산맥 횡단	126
아마존 강	47
오토바이로 데스 하이웨이 달리기	516
판타날 습지의 야생동물	512

브라질
리우데자네이루	580
리우에서 행글라이딩을	518
아마존 강	47
판타날 습지의 야생동물	512

아르헨티나
가이만	380
도레고 광장	306
멘도사의 말벡 와인	416
부에노스아이레스에서 탱고를	510
안데스 산맥 말 타고 트레킹하기	520
여성의 다리	296
체 게바라의 자취를 따라	514
팬 아메리칸 하이웨이	124
피츠로이 산괴	264

에콰도르
갈라파고스 탐험	632
아마존 강	47
안데스 산맥 말 타고 트레킹하기	520
우파노 강	508
치바 익스프레스	186

칠레
루타 오스트랄	540
볼리비아에서 칠레까지 안데스 산맥 횡단	126
안데스 산맥 말 타고 트레킹하기	520
체 게바라의 자취를 따라	514
칠레 센트럴 밸리 와인	414
토레스 델 파이네	267
파블로 네루다가 살던 집	628
팬 아메리칸 하이웨이	124
푸탈레우푸 강	508

카리브 해
윈드재머 크루즈	86
동부 카리브 해 크루즈	37

콜롬비아
카르타헤나	322

파라과이
판타날 습지의 야생동물	512

페루
나스카 지상 그림	578
아마존 강	47
안데스 산맥 말 타고 트레킹하기	520
안데스 익스플로러	188
잉카 트레일	259
체 게바라의 자취를 따라	514
케스와차카 다리	296
코르디예라 우루밤바 산맥	380
티티카카 호수의 페리	44
페루 중앙 열차	190
프란시스코 피사로	616

오세아니아

뉴질랜드
그랜드 트래버스	294
뉴질랜드 남섬 빙하 항공 투어	590
밀퍼드 트랙	246
밀퍼드사운드 크루즈	62
센트럴 오타고 와인 트레일	434
웨스트 코스트 로드	143
퀸스타운	649
통가리로 크로싱	292
트랜스알파인	214

오스트레일리아
96번 트램	221
그레이트 머레이 리버 런 크루즈	60
그레이트배리어리프 상공비행	588
노스 존스턴 강	509
마가렛 강 와인 투어	438
머레이 밸리 트레일	290
문다 비디 트레일	540

브리즈번 시티캣	29
블루마운틴스 국립공원	140
비행기로 오지의 술집 유람	584
시드니 식도락 투어	436
시드니 하버 브리지	297
아넘랜드 문화 사파리	357
에드워드 존 에어와 와일리	617
오스트레일리아 우림 감상	586
오스트레일리아 캐틀 드라이브	527
올드 그레이트 노스 로드	157
인디언 퍼시픽	212
타나미 트랙	138
퍼핑 빌리 열차	190
한난 북부 광산	280

파푸아뉴기니

세픽 강	58
키리위나 섬	380

폴리네시아

스타 클리퍼 투 프렌치 폴리네시아	86
아벨 타스만	617
코랄 루트 항공 여행	592
쿡 선장의 폴리네시아	634

아시아

네팔

부처의 깨달음으로의 길	638
순코시 강	509
안나푸르나 우회로	278
에베레스트 베이스캠프	284
코끼리 사파리	522

대한민국

이사벨라 버드	616

라오스

메콩 강	56

말레이시아

겐팅 스카이웨이	580
말레이시아 맛 기행	432
이스턴 앤드 오리엔탈 익스프레스	200

헤드헌터스 트레일	269

몽골

고르히 테렐지 국립공원	380
시베리아 횡단열차	207

베트남

구찌 터널	280
밧 단 가 49번지	410
베트남 요리 투어	422
통일 특급	194
하노이에서 호치민시티까지	540
하롱베이	87

부탄

릭섬 곰파 트렉	282

스리랑카

스리랑카 차 농장	430

시리아

왕의 대로	157

싱가포르

이스턴 앤드 오리엔탈 익스프레스	200

아랍에미리트연합국

두바이	345
부르즈 칼리파	605

아제르바이잔

바쿠	322

예멘

사다	322
예멘의 진흙 건축물	396

오만

다우 크루즈	87
오만 요새	166

요르단

베두인 족의 진수성찬	472
요르단의 보물	354

우즈베키스탄

실크 로드	642

웨스트뱅크

성지의 예수 그리스도	672

이란
페르시아 로열 로드	157

이스라엘
성지의 예수 그리스도	672
예루살렘	323

인도
골든 트라이앵글	352
굴마르그 곤돌라	581
그랜드 트렁크 로드	131
닐기리 산악 열차	191
다르질링 토이 트레인	202
델리에서 아그라까지	134
랄 킬라	344
뭄바이	648
부처의 깨달음으로의 길	638
인도 요리 투어	427
찬드니 초크	306
케랄라의 후미진 강줄기들	49
파테푸르 시크리	322
팰리스 온 휠스	205
호랑이 사파리	524

인도네시아
알프레드 러셀 월리스	617

일본
가부키	346
나카센도	156
다케노우치 가도	136
도쿄	648
도쿄, 데파치카 쇼핑	418
스시를 찾아서	420
신칸센	192
일본의 고도, 교토	348
후지 산 등반	272

중국
다구 다리	296
리 강	54
마오쩌둥의 대장정	636
만리장성	274
베이징	110
베이징 따둥 카오야디엔	410
시베리아 횡단열차	207
시안	322
실크 로드	642
양쯔 강의 삼협	52
자금성	344
칭짱철도	196

카자흐스탄
이식-쿨 호수	288

캄보디아
스피언 프랍토스	296
크메르 고속도로	157
헬리콥터 타고 앙코르 유적지 투어	582

키르기스스탄
실크 로드	642
이식-쿨 호수	288

타이완
타이베이 101	604

태국
바이욕 스카이 호텔	605
방콕-칸차나부리-남톡 철도	198
이스턴 앤드 오리엔탈 익스프레스	200
정크 크루즈	86
치앙마이의 언덕 위 마을들	276
크메르 고속도로	157
태국 요리 투어	425
태국의 사원들	350
팟퐁 야시장	306

터키
그랜드 바자	307
리비에라 해안	90
알렉산드로스대왕의 유산을 따라	644
에그나티아 가도	157
이스탄불 구시가지	345
이스탄불의 보스포러스 페리	29
카파도키아 동굴 교회	389
코루 강	509
토로스 익스프레스	226
페르시아 로열 로드	157
호메로스의 오디세이아	646

티베트
칭짱철도	196

파키스탄
그랜드 트렁크 로드	131
콘코르디아	246
훈자 계곡	286

홍콩
스타 페리	29
유엔취엔 고도	156
템플 스트리트 야시장	306
피크 트램	580
홍콩 트램	220

유럽

그리스
고전 그리스	392
베네치아의 유산	374
사마리아 협곡	324
에비아 섬 크루즈	87
키클라데스 제도 유람	75
핀도스 트래버스	246
호메로스의 오디세이아	646

네덜란드
2번 트램	221
거장 화가들의 자취를 따라서	364
네덜란드의 튤립 꽃밭	538
다퍼르 시장	307
암스테르담	80
프리슬란트 주 11개 도시 스케이트 투어	536

노르웨이
노르웨이 피오르드	66
릴레함메르에서 크로스컨트리 즐기기	548
바이킹의 유산	362
베르겐 철도	216

덴마크
바이킹의 유산	362
코펜하겐	80

독일
68번 트램	221
다뉴브 강 크루즈	82
라인 강 크루즈	78
마크 트웨인 따라 걷기 여행	664
바바리아 로만틱 가도	154
베를린 핵무기 지하 벙커	281
브란덴부르크 수로	81
하르처 협궤열차	191

라트비아
발트 해 연안 식도락 투어	440
야외 민족학 박물관	381

러시아
모스크바	110
발트 해 운하	80
볼쇼이 익스프레스	210
시베리아 횡단열차	207
차르의 물길	70
톨스토이의 러시아	640
호박 가도	157

루마니아
다뉴브 삼각주에서 들새 관찰하기	546
몰다비아의 수도원들	386
카르파티아 산맥	300
트란실바니아 횡단	544
흑해의 운하	81

리투아니아
그루타스 공원	381
발트 해 연안 식도락 투어	440

맨 섬
맨 섬 빅토리안 증기 열차	191

벨기에
루트 뒤 콩트 장	541
트라피스트 수도원 맥주	446

북아일랜드
캐릭커리드 밧줄 다리	297

스웨덴
고타 운하	81
바이킹의 유산	362
사우토쇼카	381
스톡홀름	110
스톡홀름 군도	68
인란즈바난	218
쿵스르덴	298

스위스

그린델발트-맨리헨 케이블웨이	581
마크 트웨인 따라 걷기 여행	664
베니스 심플론 오리엔트 익스프레스	224
빙하특급열차	230
알프스 열기구 축제	594
알프스에서 헬리스키 타기	596
오트 루트	247
융프라우 산악열차	228
투르 뒤 몽블랑	310
하멧슈반트 리프트	605

스코틀랜드

랜즈 엔드에서 존 오그로츠까지	541
서던 업랜드 웨이	247
스코틀랜드 위스키 트레일	442
스코틀랜드에서 골프 치기	529
인버니스에서 카일 오브 로할시까지	222
재커바이트 열차	191
페나인 웨이	247
하일랜즈를 따라서	150

스페인

돈키호테의 스페인	660
로마네스크 양식 교회들	382
마드리드	111
무어 시대의 유산	384
바르셀로나의 타파스	468
산티아고 순례길	662
스페인의 역사 속으로	162
아빌라	323
아우구스타 가도	157
안달루시아의 하얀 마을	164
엘 불리	411
페스토 소스부터 빠에야까지	451
피레네 오트 루트	247
피코스 데 에우로파 국립공원	581
황금 지구	345

아이슬란드

아이슬란드 링 로드	148

아일랜드

딩글 웨이	304
제임스 조이스의 더블린	670
코네마라 스카이 로드	152

포장마차 타고 아일랜드 유람	532

아조레스 군도

아조레스 군도에서 고래 관찰	550

안도라

피레네 오트 루트	247

알바니아

에그나티아 가도	157

에스토니아

발트 해 연안 식도락 투어	440
수르 무나매기	605
탈린	110
탈린 구시가지	345
페입시 호수	381

오스트리아

다뉴브 강 크루즈	82
베니스 심플론 오리엔트 익스프레스	224
알프스에서 헬리스키 타기	596
중부 유럽으로의 음악 여행	372
티롤	308
호텔 자허	411

웨일스

페스티니오그 철도	191

이탈리아

괴테의 이탈리아 기행	652
그란 폰도 캄파뇰로	541
나빌리 골동품 시장	307
나폴리~카프리 페리	29
노체 강	509
돌로미테 도로	145
돌로미테 하이 루트	312
로마	111,649
루카	323
르네상스 이탈리아	378
모스카토 디 파시토 디 판텔레리아	459
베네치아의 바포레토	29
베네치아의 유산	374
베니스 심플론 오리엔트 익스프레스	224
베르나치아 디 산 지미냐노	458
베르멘티노 디 갈루라	459
베키오 다리	297

브루넬로 디 몬탈치노	458
블랑 드 모르젝스 에 드 라 살	458
사그란티노 디 몬테팔코	458
송로와 버섯	462
시칠리아의 음식과 와인	466
알리아니코 델 불투레	459
알프스에서 헬리스키 타기	596
움브리아 산책	314
이탈리아 호수 지방 유람	84
친퀘테레	317
카타콤	281
콘테아 디 스크라파니	459
타우라시	459
토스카나의 슬로푸드	464
투르 뒤 몽블랑	310
팔라디오의 이탈리아	376
페스토 소스부터 빠에야까지	451
프란치아코르타	458
해리스 바	411
헨리 제임스의 이탈리아	650
호박 가도	157

잉글랜드

랜즈 엔드에서 존 오그로츠까지	541
런던	111,649
머지 페리	29
베니스 심플론 오리엔트 익스프레스	224
사우스 웨스트 코스탈 패스	247
슈롭셔 유니언 운하	81
워즈워드의 레이크 디스트릭트	666
웨인라이트 코스트 투 코스트 워크	302
잉글랜드의 정원들	359
제인 오스틴 투어	668
클리프턴 현수교	297
팻 덕	411
페나인 웨이	247
포토벨로 마켓	307
화이트채플 거리	345

체코공화국

중부 유럽으로의 음악 여행	372
체코 라거 비어의 맛	444
카를교	297
프라하	649

크로아티아

달마시아 해안	88
두브로브니크	323

포르투갈

28번 트램	221
리스본에서 포르투까지	160
마데이라 섬의 레바다	319
포르투와 도우로 강	470

폴란드

비엘리치카 소금 광산	281

프랑스

나폴레옹 루트	658
노르망디 치즈	456
노르망디 해안	656
당나귀와 떠난 여행	654
라틀리에 드 조엘 로뷔숑	411
레 뿌세	307
루트 뒤 콩트 장	541
뤼숑에서 바욘까지	541
몽블랑 발레 블랑쉬에서 스키 타기	542
베니스 심플론 오리엔트 익스프레스	224
보르도 와인	460
사이클로 루베롱 산맥 횡단	534
샴페인 투어	454
솜 전투지	366
알프스에서 헬리스키 타기	596
에펠탑	605
영국 해협~지중해	81
오트 루트	246,247
투르 뒤 몽블랑	310
파리	111,649
파리 하수도	281
페스토 소스부터 빠에야까지	451
프랑스 인상주의 화가들	368
프랑스의 성당들	370
프렌치 리비에라의 해안도로	158
피레네 오트 루트	247

핀란드

삼포 북극 쇄빙선 크루즈	64

헝가리

2번 트램	221

다뉴브 강 크루즈	82
부다페스트	111
아동 열차	191
중부 유럽으로의 음악 여행	372
헝가리 와인 루트를 따라서	448

아프리카

감비아
알렉스 헤일리의 '뿌리'	674

나미비아
나미브의 모래언덕에서 ATV 타기	562

남아프리카공화국
남아프리카공화국 가든 루트	172
드라켄즈버그 산맥	330
로보스 레일 - 야생동물 사파리	233
잠수하고 상어 관찰하기	558
줄루족 문화 투어	398
카이로에서 케이프타운까지 아프리카 종단 여행	168
케이프 아거스 픽 앤 메피 사이클 투어	541
케이프 주의 와인 루트	474
크루거 국립공원 상공 비행	608
테이블 마운틴 케이블웨이	581

마다가스카르
망고키 강	98

말리
니제르 강의 통나무배들	94

모로코
모로코의 낙타 행렬	556
사하라 사막 횡단	170
아틀라스 산맥	326

모리타니
사하라 사막 횡단	170

보츠와나
빅 파이브 사파리	560

서 사하라
사하라 사막 횡단	170

세이셸공화국
비행기 타고 세이셸 섬 여행	601
세이셸 군도	87

앙골라
메리 킹슬리	617

이집트
고대 이집트	394
나일 강 열기구 여행	599
나일 강 펠루카 여행	92
대 피라미드	281
시나이 사막	381
왕의 대로	157
카이로에서 케이프타운까지 아프리카 종단 여행	168

잠비아
빅토리아 폭포 투어	606
잠베지 강	509
잠베지 강 하류 카누 사파리	96

짐바브웨
그레이트 짐바브웨	323
빅토리아 폭포 투어	606
잠베지 강	509
잠베지 강 하류 카누 사파리	96

케냐
동부 아프리카에서 들새 관찰하기	553
라무 섬	87
카이로에서 케이프타운까지 아프리카 종단 여행	168

탄자니아
데이비드 리빙스턴	617
동부 아프리카에서 들새 관찰하기	553
카이로에서 케이프타운까지 아프리카 종단 여행	168
킬리만자로 등반	328

남극

남극대륙
남극으로의 크루즈	73

사우스조지아
섀클턴 크로싱	262

옮긴이 | 서영조

한국외국어대학교 영어과와 동국대학교 대학원 연극영화과를 졸업하였다. 영어권 도서들을 번역하고 부산국제영화제를 비롯한 여러 영화제 출품작 번역가로 활동하고 있다. 번역한 책으로는 《세계에서 가장 아름다운 도시 100》,《세계에서 가장 아름다운 성당 100》,《지식의 책》,《브레인 룰스》, 《처음 만나는 자유》,《우리는 개보다 행복할까?》,《Daily Joy_365일 새 힘을 주는 한마디》,《하루 5분, 얼굴 스트레칭》 등이 있다.

세계여행사전 ❶
일생에 한번은 가고 싶은 여행지 500

초판 1쇄 발행   2010년 5월 15일
2판 2쇄 발행   2018년 1월 10일

엮은이   내셔널 지오그래픽
옮긴이   서영조
펴낸이   진영희
펴낸곳   (주)터치아트
출판등록   2005년 8월 4일 제396-2006-00063호
주소   10403 경기도 고양시 일산동구 백마로 223, 630호
전화번호   031-905-9435 팩스 031-907-9438
전자우편   editor@touchart.co.kr

ISBN 979-11-87936-02-2 13980

• 책값은 뒤표지에 표시되어 있습니다.

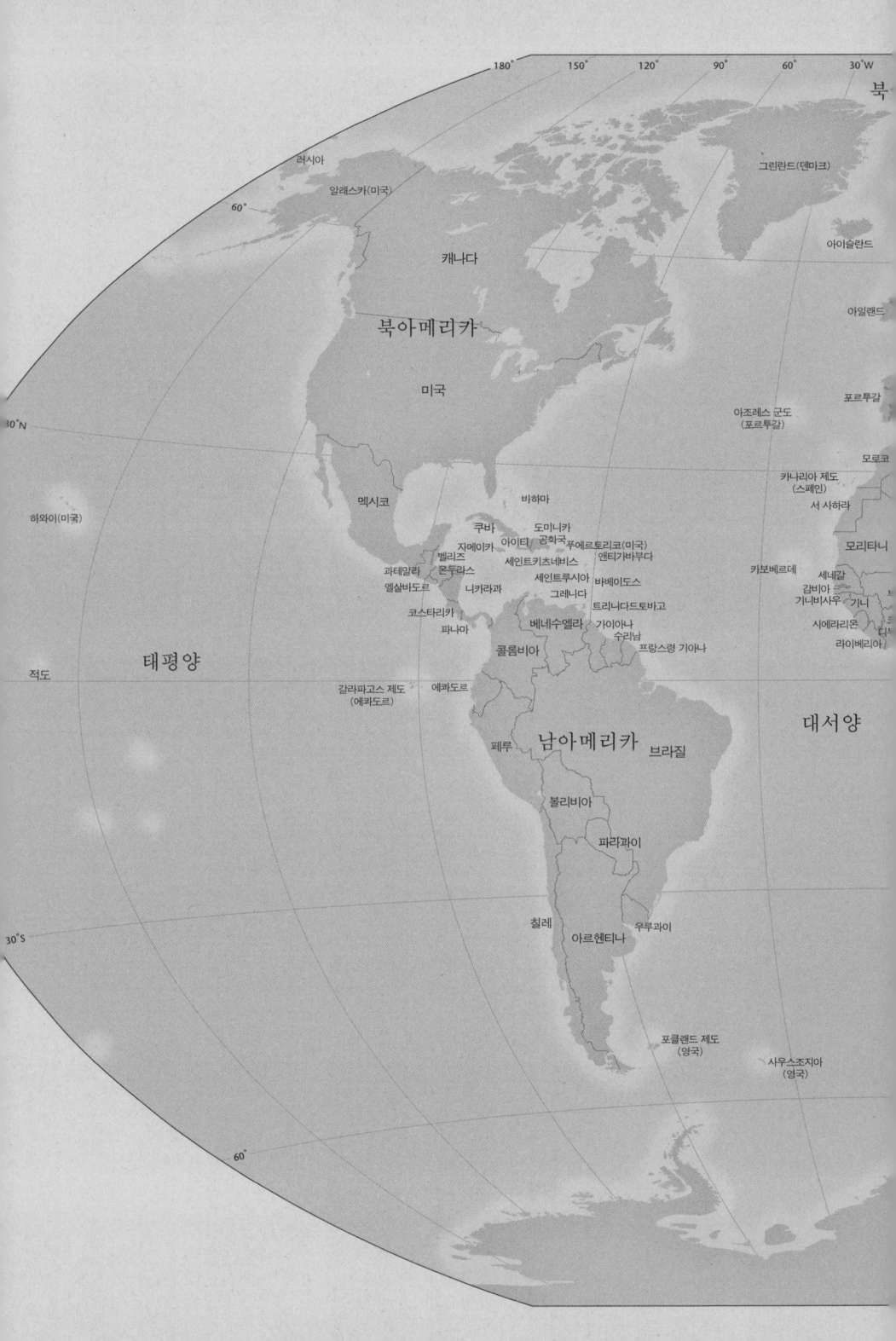